제7판

경영분석

박정식 · 신동령 · 양철원 · 김류미

다산출판사

제7판 머리말

2016년 8월에 본서 「경영분석」 제6판을 출판한 후 7년이 지나서야 이번 개정판을 준비하게 되었다. 그 기간 동안 기업 경영환경에 많은 변화가 있었을 뿐 아니라 새로운 기업들이 출현하는 등 기업 자체에도 많은 변화가 있었다. 가장 큰 변화는 제4차 산업혁명으로 대변되는 새로운 기술의 발전일 것이다. 다양한 분야에서 새로운 혁신을 추구하는 스타트업들이 많이 생겨났다. 특히, 금융 분야에서는 금융과 기술이 결합한 '핀테크' 열풍이 일어났으며, 우리의 일상생활에 많은 변화를 주었다.

한편, 2019년 12월 중국 우한에서 처음 발생한 코로나19는 팬데믹으로 발전하며 세계경제에 강력한 충격파를 던졌다. 코로나19 확산으로 인한 경제활동 수축을 방어하기 위해 중앙은행은 금리를 대폭 인하하였고, 정부는 확장적 재정정책을 펼쳤다. 이는 부동산, 주식 등 자산가격의 상승을 촉발하였으며, 금융자산과 실물경제가 괴리되는 현상이 발생하기도 하였다. 이는 세계적인 인플레이션을 일으키며 사람들에게 많은 고통을 주었다. 이를 해결하기 위한 출구전략으로 미국을 비롯한 세계 각국은 기준금리를 빠르게 인상하였다. 이는 자산가격의 하락, 신용경색 등으로 인한 한계기업 출현 등 많은 문제들을 가져오고 있다. 이러한 일련의 사건들은 여전히 기업의 신용위험과 경영실태를 정확히 판단하고 예측하는 것이 매우 중요하며, 경영분석이 실무적으로나 학문적으로 필수적이라는 것을 다시 한번 확인시켜 주고 있다.

제7판에서 새롭게 보완하거나 추가한 내용은 다음과 같다. 첫째, 각 장 내용의 설명에 사용된 통계 수치를 경제 및 기업경영 상황의 변화에 대응하여 대폭 최근의 것들로 교체하였다. 둘째, 사례나 표본기업 등을 새롭게 한 부분이 있다. 4장에서 국내기업과 외국기업의 재무비율을 비교하면서 대표적인 스마트폰 제조기업인 삼성전자와 애플의 사례를 소개하였고, 14장에서 기업 인수와 합병에서 삼성물산과 제일모직 합병, LG화학의 물적 분할 등 최신 사례들을 소개하였다. 셋째, 각 장의 내용을 새로운 내용으로 보완하였다. 예를 들면, 8장에서 제약 · 바이오 연구개발비 회계처리 관련 내용이 추가되었고, 10장과 11장에서 기업부도예측이나 신용등급 예측에 사용하는 모형을 소개하며 최근에 활발하게 진행되고 있는 머신러닝(machine learning)이나 텍스트마이닝(text mining) 연구들을 소개하였다.

무엇보다 이번 경영분석 제7판을 개정하며 저자로서 단국대 양철원 교수와 충북대 김

류미 교수가 새롭게 참여하였다. 이 분들의 노고를 통해 본서가 앞으로도 계속해서 발전할 수 있길 기대하게 된다. 본서의 개정이 늦어졌음에도 불구하고 본서를 교재로 선택하고 사용해 준 많은 분들께 감사드린다. 또 좋은 책을 만들기 위해 아낌없이 수고해 주신 다산출판사의 강희일 사장님과 편집부 여러분께도 감사의 뜻을 표한다.

2023년 2월 저자

서 문

오늘날 생산의 주체인 기업이 국가경제에서 차지하는 중요성은 그 어느 때보다도 커지고 있으며, 이에 따라 기업의 경영실태와 전망에 대하여 관심을 갖는 사람들도 많아지고 있다. 투자자와 채권자 등 기업을 둘러싸고 있는 이해관계자들이 갖는 관심은 매우 다양하지만 대개는 기업의 수익성과 성장가능성, 그리고 부채지급능력의 현황과 전망에 관하여 알고 싶어한다. 이와 같은 경우 도움이 되는 분석방법이 바로 경영분석이다.

본서는 저자들이 과거에 집필하였던 「現代經營分析」(다산출판사, 1987)을 기초로, 기업경영을 종합적으로 분석할 수 있는 여러 가지 경영분석의 개념과 방법을 설명하고 있다. 본서의 특징은 다음 세 가지로 요약할 수 있다.

첫째, 경영분석의 내용을 체계화하려고 노력하였다. 이를 위하여 본서의 전반부에서는 경영분석의 학문적 성격과 경영분석의 기본적 개념 및 분석기법을 설명하였고, 후반부에서는 경영분석의 활용을 다루었다.

둘째, 경영분석의 기법이나 개념을 설명할 때 가급적 우리나라 기업의 실제자료를 이용하려고 하였다.

셋째, 학부수준의 학생들이 이해하기 어려운 계량경제학적 방법들에 의한 설명을 최소화하였으며, 꼭 필요한 경우에는 이들을 부록에 제시하거나 쉬운 말로 설명하였다.

본서는 모두 14장으로 구성되어 있어 분량이 많지 않으므로 가능하면 한 학기내에 전체를 공부하기 바란다. 그러나 가르치는 사람의 취향이나 배우는 학생들의 수준에 따라 중요하고 기본적인 章들을 먼저 가르치는 것이 좋을 것이다. 저자의 의견으로는 1장~8장을 가르친 다음, 9장~11장, 그리고 12장~14장의 내용 중에서 취사선택하여 가르치기를 권한다.

본서를 집필함에 있어 여러 사람의 도움을 받았다. 자료수집에 도움을 많이 준 「대우증권」의 文明權 과장과 「동양증권」의 高京雄 과장께 감사한다. 그리고 교정과 내용의 수정을 맡아주어 많은 도움을 준 서울대학교 경영대학의 조교 金享泰 군에게도 감사한다.

끝으로 본서를 출간하는 데 많은 고생을 한 다산출판사의 姜熙一 사장과 朴銀子 실장께 감사드린다.

1989년 1월

저 자

차 례

제 I 편 경영분석의 개요

제 1 장 경영분석의 개요

제 II 편 경영분석의 기본개념 및 분석기법

제 2 장 비율분석의 기초

제 4 장 비율분석의 보완

제 5 장 자금흐름분석

제 6 장 재무계획과 추정재무제표

제 7 장 기업위험분석

제 8 장 재무제표의 한계와 분식회계

제 9 장 경영환경, 산업 및 기업 분석

제Ⅲ편 경영분석의 주요 과제 : 부실예측, 신용평가 및 여신결정

제 10 장 기업부실의 원인분석과 예측

제 11 장 채권의 신용평가와 수익률차분석

제 15 장 합병, 인수 및 기업구조의 재편성

제 I 편

경영분석의 개요

제 1 장

경영분석의 개요

제1절 경영분석의 의의와 목적

제2절 경영분석의 발전과정

제3절 현대적 경영분석의 내용

제4절 경영분석의 방법

제5절 본서의 구성

오늘날의 국가경제에서 생산의 주체인 기업이 차지하는 중요성은 점점 커지고 있고, 이에 따라 기업의 경영내용에 관심을 갖는 이해관계자가 늘어나고 있다. 이 같은 이해관계자들은 나름대로의 이유에서 기업의 재무상태와 경영성과를 분석하고 더 나아가 기업의 미래를 전망하고자 한다. 경영분석은 특정기업의 경영실태를 파악하고 미래를 예측하는 것을 목적으로 삼고 있다.

전통적으로 경영분석은 재무제표를 분석하여 경영실태를 파악하고자 하는 비율분석에 의존하여 왔다. 그러나 지금은 기업의 경영다각화나 국제화가 활발하게 진행되고 있고, 주식시장을 비롯한 자본시장의 자유화 등 금융환경도 급속하게 변화하고 있다. 따라서 경영분석도 비율분석 등 전통적인 분석만으로는 이해관계자가 원하는 정보를 제공하기가 어렵게 되었고, 기업 내외의 경영환경에 대한 분석을 포함하는 종합적 분석이 요구되고 있다.

제1절에서는 경영분석의 의미와 이용자의 분석목적을 설명한다. 제2절에서는 경영분석의 역사적 발전과정을 개략적으로 살펴보고, 제3절에서는 이용자들이 필요로 하는 정보를 제공하기 위해 경영분석이 어떤 내용을 담고 있어야 할 것인가를 알아본다. 제4절에서는 경영분석에서 기본이 되는 분석방법에 어떤 것이 있는가를 간단히 설명하고, 제5절에서는 본서의 구성을 소개하기로 한다.

제1절 경영분석의 의의와 목적

1. 경영분석의 의의

경영분석(business analysis)은 두 가지 의미로 사용되고 있다. 좁은 의미로 말할 경우, 경영분석이란 기업의 재무제표를 비롯한 회계자료를 분석하여 과거 경영의 실태나 업적을 평가하고 현재의 경영실태를 파악하려는 활동이라 할 수 있다. 그러므로 좁은 의미의 경영분석은 포괄손익계산서, 재무상태표(대차대조표), 현금흐름표 등 기업의 재무제표에 대한 분석, 즉 재무제표분석(財務諸表分析, financial statement analysis)과 내용이 같다.

넓은 의미의 경영분석은 경영자 · 투자자 · 금융기관 등 기업의 내부 · 외부의 이해관계자가 경제적 의사결정에 필요한 정보를 획득할 목적으로 기업과 관련된 자료를 수집 · 분석하는 활동을 말한다. 이와 같은 분석을 통해 이해관계자들은 현재의 경영실태를 파악하는 것은 물론이고 미래의 경영성과까지 예측하고자 한다. 넓은 의미로 정의되는 경영분석에는 회계자료의 분석은 물론 경영성과에 영향을 미치는 각종 요인들과 관련된 비회계자료(非會計資料)의 분석과 질적 자료의 분석이 포함된다. 이 경우에는 국내외의 경제동향, 자본시장동향, 산업동향 등 기업외적 환경에 대한 분석에서부터 제품구성, 연구개발력, 경영전략, 경영자원, 경영활동 등 기업내적 요인에 대한 분석까지 다루게 된다.

학문으로서의 경영분석의 출발지라 할 수 있는 미국에서는 경영분석이라는 명칭보다는 재무제표분석 또는 재무분석(財務分析, financial analysis)이라는 명칭이 더 많이 사용되고 있다. 그러나 미국의 경우, 재무제표분석의 대상에 회계자료뿐만 아니라 주가나 기업내용 등 비회계자료까지도 포함시킴으로써 우리가 말하는 넓은 의미의 경영분석과 별 차이가 없다. 동일한 분야를 대상으로 하는 학문이 우리나라나 일본에서는 「경영분석」으로, 미국 등에서는 「재무제표분석」 또는 「재무분석」으로 서로 다르게 불려지고 있을 뿐이다.

2. 경영분석의 주체와 목적

경영분석을 수행하는 주체는 기업의 현재와 미래의 재무상태와 경영성과에 관심을 가지고 있는 사람들이다. 이들은 기업 내에서 경영을 담당하고 있는 경영자일 수도 있으며, 기업외부의 이해관계자일 수도 있다. 경영분석을 경영자 등 기업내부자가 수행하는 내부분석(內部分析)과 기업외부의 이해관계자들이 수행하는 외부분석(外部分析)으로 나누어 각각의 목적을 살펴보기로 한다.[1)]

내부분석은 기업의 경영자 등 내부자가 경영관리에 필요한 정보를 얻기 위하여 행하는 분석을 말한다. 내부분석의 경우 재무제표는 물론 일반에게 공개되지 않은 내부자료가 분석에 이용되며, 산업자료 · 증권시장자료 등 모든 외부자료가 분석에 동원된다. 내부분석의 목적은 다음과 같다.

1) 본서에서는 경영분석의 대상을 영리조직인 기업에 국한하고 있다. 그러나 경영분석은 당연히 비영리조직인 병원이나 학교 등을 대상으로 할 수도 있다. 이 경우 내부분석은 경영자가 행하는 분석으로서 조직을 합리적으로 운영하고 재무적 건전성을 유지하기 위하여 이와 관련된 정보를 획득하고자 하는 것이다. 반면, 외부분석은 대개 비영리조직을 관장하는 행정기관이 수행하는 분석을 말하며, 이 경우에는 적절한 감독과 규제를 하기 위하여 이와 관련된 정보를 얻고자 하는 것이 분석목적이 된다.

첫째, 경영자는 업무계획의 수립이나 내부통제에 필요한 정보를 얻기 위하여 경영분석을 실시한다. 경영자는 경영분석을 통하여 자기회사의 강점과 약점을 파악할 수 있으며, 강점은 더욱 강화하고 약점은 보완함으로써 경영성과를 높일 수 있다.

둘째, 경영자는 경영전략이나 경영계획의 수립에 필요한 정보를 얻기 위하여 경영분석을 실시한다. 이때 분석의 중점은 매출전망, 제품의 기술수준, 신제품개발능력, 조직효율성, 주요 거래처, 금융기관을 비롯한 대외기관과의 관계, 사회적 책임 등에 두어진다.

셋째, 경영자가 대외적으로 행하는 분석으로 거래처의 신용분석, 경쟁기업의 분석, 인수대상기업의 분석이 있다. 거래처의 신용분석은 신용거래가 주류를 이루고 있는 현대경영에서 신용도와 수익성, 그리고 성장가능성이 있는 거래처를 선정하고 계속적으로 관리하기 위하여 필요하다. 거래처의 도산으로 연쇄도산이 발생하는 경우도 있을 수 있기 때문에 거래처의 신용도를 사전에 분석하여 적절히 대응하는 것은 매우 중요하다. 경쟁기업의 분석은 주요 경쟁대상기업의 강점과 약점을 파악하기 위한 것으로서 경쟁기업의 경영능력과 경영전략이 분석의 대상이 된다. 인수대상기업의 분석은 그 기업의 경제적 가치를 사전에 분석하여 합병 · 인수(merger and acquisition: M&A) 시에 교섭력(交涉力, bargaining power)의 우위를 확보하기 위한 것이다.

외부분석이란 기업외부의 여러 이해관계자가 서로 다른 목적에 따라 행하는 경영분석을 말한다. 분석의 주체별로 그 목적들을 살펴보면 다음과 같다.

• **금융기관** : 은행 등의 금융기관이 실행하는 경영분석을 신용분석(信用分析, credit analysis)이라고 한다. 이는 금융기관에서 돈을 빌려쓰려는 자가 과연 그 돈을 갚을 능력이 있는가를 평가하기 위한 분석이다. 신용분석은 대개 대출의 목적, 기간, 용도, 대출자에 따라서 분석의 중점이 달라진다. 자금을 단기로 빌려주는 경우에는 유동성분석이, 장기로 빌려주는 경우에는 레버리지분석, 즉 장기채무상환능력에 대한 분석이 중요시된다.

• **채권투자자와 신용평가기관** : 회사채 등 채권에 투자하고 있는 채권투자자는 발행된 채권의 채무불이행위험, 즉 원금과 이자를 약속대로 되돌려 받을 가능성에 대한 분석을 중요시한다. 채무불이행가능성은 기업의 장기채무상환능력이나 현금흐름, 수익성에 대한 분석을 통하여 판단하게 된다. 한편, 특정채권이나 채권발행기업의 부도가능성과 부도발생 시의 손실비율 등을 평가하여 AAA, Aaa 등의 신용등급으로 표시하는 것을 신용평가(credit rating)라 한다. 신용평가를 전문으로 하는 회사가 신용평가기관(credit rating agency)인데, 미국의 무디스(Moody' s Investors' Service)나 S&P, 우리나라의 한국신용평가 등이 이에 해

당한다. 이들 신용평가기관은 신용등급을 결정함에 있어 경영분석에 크게 의존하고 있다.

• 주식투자자와 애널리스트 : 주식투자자나 증권회사의 애널리스트(analyst)들은 주식의 투자가치를 판단하기 위하여 엄청난 노력을 기울이고 있다. 이들이 행하는 경영분석을 증권분석(證券分析)이라 한다. 증권분석의 목적은 특정주식에 대한 투자결정, 즉 매수나 매도, 보유 등의 판단에 필요한 정보를 얻는 것이며, 그 핵심은 특정주식을 발행한 기업의 미래 이익과 현금흐름, 배당금과 리스크 등을 추정하여 그 주식의 내재가치를 구하는 데 있다.

• 외부감사인 : 공인회계사가 외부감사를 행할 때 수행하는 분석으로 감사분석(監査分析)이라고도 한다. 회계처리의 적정성과 기업발전의 가능성을 평가하기 위하여 감사인은 비율분석과 같은 전통적 경영분석기법은 물론 기업부실예측모형 등 각종 분석기법을 활용하고 있다. 외부감사인은 기업이 작성한 재무제표의 적정성은 물론 그 회사의 존속가능성까지 평가하여 감사의견을 표명하게 된다.

• 정부기관 등 : 많은 정부기관이나 감독기관이 관할기업에 대한 감독과 규제, 지원을 효율적으로 하기 위하여 경영분석을 수행하고 있다. 예를 들면, 산업통상자원부는 국제경쟁력을 갖춘 기업의 육성, 국제경쟁력 변화에 따른 산업구조조정, 신성장동력의 발굴을 위하여 관련 기업의 동향을 파악하고 있다. 국세청은 기업의 담세능력평가, 적정과세, 탈세방지를 위한 세무분석(稅務分析)을 행한다. 이때는 특히 과세대상 소득계산이 적절한가를 조사하기 때문에 수익성분석이 중요시된다.

금융감독원은 투자자보호와 증권시장의 건전한 발전을 꾀하기 위하여 은행과 증권회사, 보험회사 등에 대하여 행정지도를 하고 있다. 이를 위하여 금융회사들의 자산구성이나 자산의 질, 수익성에 대한 분석을 통하여 건전성을 평가하게 된다. 특히 외환위기를 겪으면서 기업구조조정촉진법을 제정하고 금융회사들로 하여금 부실징후기업을 조기에 선별하도록 함으로써 경제적 충격을 사전에 예방하는 데 힘을 쏟고 있다.

• 기타의 분석자 : 이 밖에도 많은 기관과 단체들이 경영분석을 행한다. 가령, 연구기관이나 언론기관에서는 기업활동을 정확하게 알고 관련 정보를 이해관계자에게 제공하기 위한 조사분석을 실시하고 있다. 노동조합은 단체교섭의 근거를 마련하기 위하여 수익성분석을 중심으로 기업의 인건비지급능력을 분석하고 있다. 일반소비자는 자동차나 가전제품 등 내구성소비재를 구입할 때 제품의 질이나 애프터서비스 전망 등을 평가하기 위하여 기업의 존속능력과 발전가능성을 분석하고 있다. 그리고 학생들은 직장선택에 필요한 정보를 얻기 위하여 취업대상기업의 수익성과 성장가능성, 존속능력을 분석한다.

제2절 경영분석의 발전과정

최근 들어 경영분석의 대상과 목적이 다양화되고 있지만, 어떠한 대상을 어떤 목적으로 분석할 경우라도 경영분석의 기본은 재무제표분석에 두게 된다. 그러므로 경영분석이 본격적으로 이용되기 시작한 시기는 재무제표의 작성을 규정한 상법이나 회계제도가 정착된 이후라고 볼 수 있다. 그러나 경영분석의 발전은 경제의 발전 정도, 특히 증권시장의 발전 정도와 깊은 관계가 있다. 경영분석이 가장 발전된 미국의 경영분석 발전과정을 먼저 살펴보기로 한다.

미국에 있어서 경영분석의 기원은 19세기 후반까지 거슬러 올라간다. 그 당시 두 가지의 주요한 경제적 사건으로 말미암아 기업의 재무자료를 체계적으로 분석할 필요성이 대두되었다. 첫째는 새로운 기업조직형태로서 주식회사가 출현하여 소유와 경영의 분리가 실현되었다는 점이고, 둘째는 자본의 주요 공급자로서 은행·보험회사 등 금융기관의 역할이 급속하게 증대되었다는 점이다. 이에 따라 기업의 신용도를 평가할 수 있는 공식적 평가체계가 필요하게 되었다. 이때부터 주식투자자와 금융기관은 기업의 재무자료를 체계적으로 분석하기 시작하였는데 전자는 영업성과의 평가를, 후자는 지급능력의 평가를 분석목적으로 하였다. 이 당시에는 재무자료를 많이 이용한 은행이 재무제표분석의 발전에 크게 기여하였다.

경영분석 발전의 다음 단계는 1910년대로서, 이때부터 재무비율(財務比率, financial ratios)이 본격적으로 이용되었다. 이 당시에는 신용분석이 경영분석의 주기능이었기 때문에, 가장 흔히 사용된 재무비율은 기업의 지급능력을 나타내는 유동비율이었다. 그러나 곧 기업의 경제적 실태를 보다 종합적으로 파악할 수 있는 재무비율들이 새롭게 제안되었다.

1920년대에는 기업의 재무담당자, 금융기관, 학술기관 등이 재무제표분석을 널리 활용함으로써 경영분석이 보편화되기 시작하였으며, 한편으로는 기업평가를 위한 새로운 재무비율들이 많이 개발되었다.

비율분석(比率分析, ratio analysis)을 중심으로 한 경영분석은 1960년대 중반까지도 별 진전이 이루어지지는 않았으나 1940년대부터 이때까지 이루어진 몇 가지 중요사항을 소개하면 다음과 같다.

첫째, 1950년대에는 미국의 석유화학회사인 듀퐁(DuPont)이 총자산순이익률(ROA)을 매출액순이익률과 총자산회전율로 분해하여 경영계획 수립과 통제의 실무에 활용하였다. 이 분석방법은 회사의 이름을 따 '듀퐁재무분석시스템'으로 잘 알려져 있고, 다수의 재무비율을 동시에 활용하는 종합적 비율분석의 개발을 향한 첫 단계로 평가되고 있다.

둘째, 재무비율을 이용하여 기업의 부실가능성이나 신용위험의 정도를 예측하고자 하는 연구가 수행되었다. 그중에서도 비버(W.H. Beaver)는 몇 가지 재무비율을 통해 기업의 도산을 5년 이전부터 예측할 수 있음을 제시하였다.[2] 비버의 연구는 비율분석에 관한 60년대 이후의 연구 중에서 매우 중요한 업적으로 평가되고 있다.[3]

셋째, 현금흐름표가 중요한 재무제표로 등장함에 따라 이를 이용한 새로운 비율들이 개발되었다.

그러나 부정적 관점에서 평가한다면 1960년대 중반까지의 비율분석은 이론체계가 결여되어 있었다고 하겠다. 즉 비율분석은 재무비율의 예측력, 신빙성 정도가 검증되지 않은 채 반복적으로 이용되었으며, 비율분석에 관한 대부분의 문헌도 재무비율을 계산하는 방법만을 제시하는 경우가 많았다.

1970년대 이후 미국에서는, 비율분석을 중심으로 하는 종래의 재무제표분석과 자본시장이론 등 1950년대 후반부터 급속하게 발전한 재무이론을 통합시켜 경영분석을 행함으로써 마침내 경영분석은 모형구성과 검증을 필요로 하는 실증과학(實證科學, positive science)의 범주에 속하게 되었다. 이와 같은 노력을 경주한 대표적인 학자로는 레브(B. Lev)와 포스터(G. Foster)를 들 수 있다.[4]

미국 이외의 국가에서 경영분석은 경제발전의 진전과 더불어 회계제도나 상법 등 기업관계법규가 정비된 시점으로부터 본격적으로 발전되기 시작하였다. 우리나라의 경우에는 회계기준과 상법 등의 법규가 정비되고 경제개발 5개년계획의 실시로 기업규모가 양적으로 팽창하기 시작한 1960년대 초부터 비율분석을 중심으로 하는 경영분석이 본격적으로 실시되었다고 보아야 할 것이다. 그러나 1960년대의 경영분석은 주로 학계나 공공기관이 이용하였고, 금융기관이나 실무자들에 의한 활용은 비교적 적었다고 할 수 있다.[5]

---

2) W.H. Beaver, "Financial Ratios as Predictors of Failure," *Empirical Research in Accounting : Selected Studies*, 1966 (University of Chicago, 1967), pp. 71~111.

3) J.O. Horrigan, "A Short History of Financial Ratio Analysis," *Accounting Review*, 43 (April 1968), p. 291.

4) 이들의 저서는 다음과 같다. B. Lev, *Financial Statement Analysis : A New Approach* (N.J. : Prentice-Hall, 1974) ; G. Foster, *Financial Statement Analysis* (New Jersey : Prentice-Hall, 1986).

5) 金熙執, 「體系經營分析」(서울 : 박영사, 1983), pp. 28~29.

1962년에 우리나라에서는 처음으로 한국은행이 업종평균재무비율을 수록한 「기업경영분석」을 발간하여 비율분석의 유용성을 향상시켰으나, 경영분석이 본격적으로 실무에 활용되기 시작한 것은 1970년대부터라고 볼 수 있다. 그 당시 이를 촉진시킨 요인으로는 경영규모의 확대로 인한 경영합리화의 필요성, 금융기관 대출방식을 담보위주에서 신용위주로 전환하기 위한 노력, 증권시장의 규모확대로 인한 투자정보의 필요성을 들 수 있다.

1980년대 후반에 들어와 우리나라의 경영분석은 몇 가지 요인에 의해 괄목할 만한 발전을 하였다고 평가된다. 첫째, 주식시장의 발달을 배경으로 민간 경제연구소 및 투자자문회사가 다수 설립되었다. 이들 기관은 증권분석은 물론, 기업분석 · 산업분석 · 경제분석을 활발하게 수행하여 다양한 투자정보를 제공하고 있다. 둘째, 한국신용평가, 한국기업평가, 한국신용정보(현재 NICE신용평가) 등 3개의 민간 신용평가회사가 설립되었다. 이들 신용평가회사는 회사채, 기업어음(CP) 등의 신용등급을 결정하고 그 정보를 투자자에게 제공함으로써 채권시장의 발전과 채권투자의 활성화에 기여하고 있다.

1990년대에 들어와서는 주식시장 및 금융시장의 개방과 더불어 경영분석의 질적인 발전을 가져온 몇 가지 주목할 만한 사건들이 전개되었다. 1992년부터는 외국인 투자자들에게 국내의 주식시장이 전면적으로 개방되었으며 외국인 투자자가 국내증시에서 점하는 비중이 날로 증대되어 가고 있다. 주식시장의 개방은 기업분석과 주식의 내재가치 판단에 필요한 재무정보의 중요성을 더 높이는 계기가 되었다. 우리나라의 경제협력개발기구(OECD) 가입(1995년)은 외국금융기관의 국내시장진출을 가속화시키고, 금융기관경영에 대한 각종 규제를 완화시켜 금융기관경영의 자율화를 촉진시켰고, 기업의 신용위험평가에 있어 경영분석의 역할이 더욱 증대되게 되었다.

1997년에 일어난 외환위기 및 극심한 불황기에 우리나라의 많은 대기업과 금융기관이 도산하였고, 금융기관을 구제하기 위하여 막대한 공적 자금이 투입된 바 있다. 이 당시 S&P는 우리나라의 신용등급을 투기등급인 B+까지 떨어뜨림으로써 엄청난 국가신용도의 추락을 경험하였다. 외환위기를 극복하는 과정에서 기업의 경영패러다임은 금융기관 차입에 의존하여 성장과 규모의 확대를 추구하는 '성장제일주의' 로부터 수익성과 주주가치 및 경영투명성을 강조하는 방향으로 바뀌었다. 또한 2008년 미국의 서브프라임 모기지(sub-prime mortgage, 비우량 주택담보대출) 사태로 촉발된 글로벌 금융위기 시 미국의 리먼 브라더스 등의 대형투자은행이 몰락하고, 뱅크오브아메리카(BOA) 및 자동차회사 GM 등이 부실화로 인하여 정부의 구제금융이 투입되는 사태에 이름으로써, 경영분석 특히 신용평가의 중요성은 다시 한번 강조되었다.

한편, 1990년대 이후 컴퓨터 통신망을 이용한 자료서비스가 일반화되고 있으며, 특히 인터넷(internet)은 자료입수의 범위를 전 세계로 확대시켜 줌은 물론 시간과 비용을 절감시켜 주고 있다. 이에 따라 특정 기업 및 산업, 경제동향에 관한 각종 자료의 신속한 수집과 분석이 가능하게 되어, 경영분석의 유용성이 더욱 높아져 가고 있다.

제3절 현대적 경영분석의 내용

경영분석을 편의상 전통적 경영분석과 현대적 경영분석으로 구분하여 그 내용을 설명하여 보자. 전통적 경영분석은 재무비율을 이용한 비율분석에 중점을 둔 경영분석을 말한다. 이는 좁은 의미의 경영분석인 재무제표분석이라 할 수 있다.

비율분석의 핵심이 되는 재무제표의 분석은 기업의 과거 경영실적이나 재무상태를 나타내는 포괄손익계산서, 재무상태표 등 회계자료를 분석하는 것이다. 그러나 비율분석이라고 하여 과거자료에만 의존하는 것은 아니다. 미래의 예측자료를 이용하여 미래의 경영실적이나 재무상태를 파악할 수도 있다. 이때 이용되는 자료에는 미래의 수익계획과 비용계획을 나타내는 추정포괄손익계산서, 미래 일정시점의 재무상태를 나타내는 추정재무상태표, 현금의 조달계획과 운용계획을 나타내는 추정현금흐름표 등이 있다.

그러나 이와 같이 회계자료의 분석을 중심으로 하는 전통적 경영분석은 몇 가지 문제점이 있다. 첫째, 비율분석은 원래 경험에 입각하여 발전되었기 때문에 재무비율의 유용성에 대한 올바른 평가 없이 행해지는 경우가 많다. 둘째, 경영분석을 실제로 누가 이용하는가 하는 문제, 즉 이용자의 분석목적을 충족시키지 못하고 있다. 셋째, 경영분석이 증권시장 관련 자료를 비롯한 다양한 자료를 충분히 활용하지 못함으로써, 증권투자자의 정보욕구를 충족시키지 못하고 있다. 넷째, 재무제표에 반영되지 않는 질적 요인(質的 要因)에 대한 분석이 부족하다.

이와 같은 전통적 경영분석방법이 지니고 있는 본래의 문제점 외에도 새로운 환경변화, 즉 기업의 국제화 및 다각화, 자본시장의 자유화 등은 종래와는 다른 새로운 경영분석을 요구하고 있다. 또한 컴퓨터 통신기술의 발전, 특히 인터넷은 경영분석에 필요한 막대하고 다양한 자료를 신속히 입수 · 처리할 수 있게 해 줌으로써 새로운 경영분석의 활용을 가능케 하고 있다.

이상에서 살펴본 전통적 경영분석의 문제점을 보완하는 동시에 경영환경의 변화에 부응할 수 있는 경영분석은 다음과 같은 내용을 지녀야 할 것이고 이를 현대적 경영분석이라 부르기로 한다.

첫째, 단순한 비율분석이 아니라 재무비율이 실제의 의사결정과정에서 어떻게 활용되고 있는가를 파악할 수 있어야 한다.

둘째, 경영분석의 실천적 측면을 폭넓게 다루어야 한다. 지금까지 연구된 적용분야에는 기업부실예측, 신용평가, 여신결정, 증권분석, M&A 등이 있으며 앞으로는 적용분야가 더욱 확대될 전망이다.

셋째, 앞으로의 경영분석에서는 기업의 위험과 수익성을 평가할 경우 반드시 주가나 채권가격(수익률) 등 증권시장자료를 함께 분석하여야 한다. 왜냐하면 증권시장이 발달하고 점점 효율적으로 되어감에 따라 기업에 관한 각종 정보가 증권가격에 신속하게 반영되기 때문이다.

넷째, 재무제표에는 나타나지 않지만 기업의 재무상태나 경영성과에 중대한 영향을 미치는 질적 정보에 대한 분석이 이루어져야 한다. 예를 들면 경제환경 및 산업동향의 분석, 기업의 제품내용 및 경영자능력 등에 대한 분석이 이에 해당한다.

다섯째, 기업의 국제화와 사업다각화가 기업경영에 미치는 영향을 평가하여야 한다. 또 자본시장의 자유화가 진전되어 필요로 하는 질적으로 높은 수준의 투자정보를 경영분석이 어떻게 충족시킬 것인가도 고려해야 한다.

제 4 절 경영분석의 방법

경영분석의 방법은 분석자료로 무엇을 쓰느냐에 따라 회계자료분석과 비회계자료분석으로 구분된다([그림 1-1]).

회계자료분석은 재무제표 등 회계자료를 기본으로 하는 분석으로 여전히 경영분석에서 중요한 위치를 차지하고 있다. 비율분석은 가장 중요한 경영분석기법으로서 재무비율을

| 그림 1-1 | 경영분석의 방법

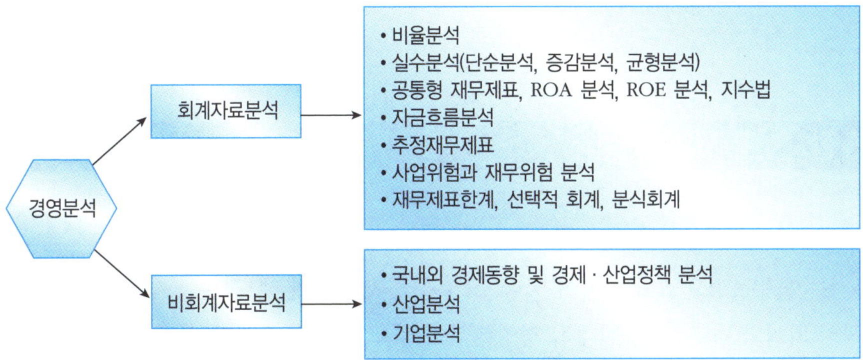

계산하여 기업의 경영성과와 재무상태를 파악하는 데 이용된다. 실수분석(實數分析)은 재무제표의 수치를 그대로 이용하는 분석방법으로 두 기간의 재무제표항목을 비교하는 단순분석, 매출이나 손익 등의 증감원인을 파악하는 증감분석, 손익분기점 등을 파악하는 균형분석으로 나누어진다.

공통형 재무제표는 기업 간 규모의 차이를 조정하여 재무상태나 경영성과를 상호비교하거나 추세를 분석하는 데 이용되며, ROA 분석과 ROE 분석은 총자산순이익률과 자기자본순이익률을 그 구성요소로 분해함으로써 ROA나 ROE의 변동원인을 규명하는 데 활용된다. 지수법은 종합적인 경영분석방법으로 분석목적에 따라 몇 개의 재무비율을 선정하고 가중치를 부여하여 산출된 종합점수(지수)로 경영성과 등을 평가하는 분석기법이다.

자금흐름분석은 기업의 자금사정을 파악하는 데 유용하며, 현금흐름표 및 현금예산의 작성과 분석으로 이루어진다. 추정재무제표는 미래의 경영활동의 결과를 추정하여 요약한 것으로, 사업계획수립이나 주식가치평가, 신용위험분석에 필수적인 분석방법이다. 사업위험과 재무위험의 분석은 기업의 매출변동, 영업이익변동, 순이익변동의 관련성을 분석하는 것으로, 기업의 매출과 이익이 경기변화나 업종, 자산구조 및 재무구조에 따라 어떤 영향을 받게 되는가를 파악하는 데 유용하다.

비회계자료분석은 재무제표에는 나타나지 않지만 기업의 경영성과 및 재무상태에 중대한 영향을 미치는 질적 자료를 분석하는 것을 말한다. 여기에는 국내외의 경제동향과 정부의 경제정책에 대한 분석, 업종동향을 파악하기 위한 산업분석, 그리고 제품내용, 연구개발력, 경영진 등을 파악하여 기업의 종합적 경영능력을 평가하기 위한 기업분석이 포함된다.

제5절 본서의 구성

본서는 모두 4편으로 구성되어 있다(〈표 1-1〉). 제Ⅰ편의 제1장은 경영분석의 개요로 경영분석의 의미와 발전과정, 현대적 경영분석의 내용, 경영분석의 방법 등을 소개하였다.

제Ⅱ편에서는 경영분석의 기본개념 및 분석기법을 설명한다. 제2장~제9장에서 소개되는 경영분석기법은 기본적으로 회계자료를 이용한 분석방법에 해당한다. 제2장에서는 비율분석의 의의와 재무비율, 비율분석에 필요한 자료, 표준비율 등에 관하여 설명한다. 제3장은 비율분석의 실제로서 사례기업의 재무자료를 이용하여 재무비율을 계산하고 해석하는 방법을 설명하고, 제4장에서는 공통형 재무제표, ROA 분석과 ROE 분석, 경영다각화기업의 비율분석, 재무비율의 국제비교 등 비율분석을 보완할 수 있는 여러 가지 분석기법을 소개한다. 제5장에서는 기업의 지급능력을 동태적으로 분석하기 위한 자금흐름분석을 설명한다. 특히 장기적인 현금흐름의 분석에 유용한 현금흐름표의 작성과 분석을 먼저 설명하고, 현금예산 작성과 단기적인 추정재무제표의 작성을 통한 단기재무예측을 뒤에 설명한다. 제6장에서는 경영계획수립이나 주식가치평가, 신용평가 등에 필수적인 추정재무제표의 작성방법을 자세하게 설명한다. 제7장에서는 기업의 사업위험과 재무위험을 파악할 수 있는 기업위험분석을 설명한다. 제8장에서는 재무제표의 한계와 회계처리의 다양성(선택적 회계처리), 그리고 분식회계 등 재무제표분석 시 유의해야 하는 내용들을 다룬다. 제9장은 비회계자료에 대한 분석으로, 경제분석 · 산업분석 등 경영환경분석과 질적인 기업분석의 방법을 설명한다.

제Ⅲ편은 경영분석의 주요 과제로서 부실예측과 신용평가 및 여신결정에 관한 내용을 다룬다. 제10장에서는 기업부실의 원인분석과 예측의 방법을 설명한다. 제11장에서는 회사채와 기업어음 등 채권의 채무불이행위험을 평가하고 이를 신용등급으로 제시하는 신용평가에 관한 내용을 설명한다. 제12장에서는 경영분석기법이 금융기관의 여신결정과 신용위험평가에서 어떻게 적용되는지를 설명한다.

제Ⅳ편도 경영분석의 주요 과제로서 주식가치평가와 M&A에 관한 내용을 다룬다. 제

13장에서는 주식가치평가의 개요를 설명하고 이론적으로 우수한 배당할인모형과 여유현금흐름할인모형 등 현금흐름평가모형을 다룬다. 제14장에서는 주식가치평가모형 중 증권실무계를 중심으로 많이 사용되고 있는 상대가치평가모형을 설명한다. 제15장에서는 최근에 큰 관심을 끌고 있는 합병 · 인수 · 기업구조 재편성 등 M&A에 관한 내용을 다룬다. 특히, 목표기업의 가치평가나 M&A의 경제적 효과를 분석함에 있어 경영분석방법이 어떻게 활용되고 있는가를 설명한다.

표 1-1 본서의 구성

편	편 제목	장	장 제목
Ⅰ	경영분석의 개요	1	경영분석의 개요
Ⅱ	경영분석의 기본개념 및 분석기법	2	비율분석의 기초
		3	비율분석의 실제
		4	비율분석의 보완
		5	자금흐름분석
		6	재무계획과 추정재무제표
		7	기업위험분석
		8	재무제표의 한계와 분식회계
		9	경영환경, 산업 및 기업 분석
Ⅲ	경영분석의 주요 과제 : 부실예측, 신용평가 및 여신결정	10	기업부실의 원인분석과 예측
		11	채권의 신용평가와 수익률차분석
		12	여신결정과 신용위험평가
Ⅳ	경영분석의 주요 과제 : 주식가치평가와 M&A	13	주가결정요인과 현금흐름평가모형
		14	상대가치평가모형
		15	합병, 인수 및 기업구조의 재편성

연 습 문 제

01 경영분석의 의미를 설명하라.

02 경영분석의 목적을 분석주체와 관련시켜 설명하라.

03 경영분석의 발전과정과 현대적 경영분석의 내용을 설명하라.

04 금융기관은 대출을 원하는 기업과 개인에 대하여 어떻게 신용위험을 평가하는지, 경영분석은 어떻게 활용되는지를 조사하여 제시해 보라.

05 주식투자자와 애널리스트들은 주식가치평가를 위하여 경영분석을 어떻게 활용하고 있는지를 설명하라.

06 1997년에 발생한 외환위기와 2008년에 발생한 글로벌 금융위기의 발생원인과 경과, 그 차이점을 설명하라. 그리고 경영분석에서 소개되는 여러 분석방법이 이러한 사태의 발생을 사전에 경고하거나 예방하는 데 어떻게 활용될 수 있는지를 제시하여 보라.

제 II 편

경영분석의 기본개념 및 분석기법

제 2 장

비율분석의 기초

전통적으로 경영분석은 재무제표분석을 중심으로 수행되어 왔으며, 재무제표분석에서는 재무비율을 계산하고 이를 이용하여 기업의 재무상태나 경영성과를 파악하는 비율분석이 중요한 위치를 차지하고 있다. 비율분석은 재무비율의 작성이나 해석이 간편하고 자료의 수집과 처리에 드는 비용이 저렴하다는 면에서 대표적인 경영분석기법으로 활용되고 있다. 재무비율은 기업부실예측, 신용등급예측, 주식가치추정 등 중요한 의사결정에 아주 유용하다는 사실이 실증적으로도 검증됨으로써, 비율분석의 이용은 더욱 확대되어 가는 추세이다.

본장에서는 비율분석을 실시하기에 앞서 그 기초가 되는 내용을 다루고자 한다. 제1절에서는 재무비율과 비율분석의 의미를 설명하고, 제2절에서는 비율분석에 필요한 자료를 소개한다. 제3절에서는 재무비율의 분류를 소개하고, 제4절에서는 표준비율을 설명한다.

제1절 재무비율과 비율분석

1. 재무비율

기업의 재무상태 및 경영성과는 기업이 공표하는 재무상태표, 포괄손익계산서 등의 재무제표에 요약되어 나타난다. 그러나 기업의 재무제표나 그 밖의 회계자료를 구성하는 항목은 대단히 많고 복잡하므로 재무제표의 이용자가 재무제표를 그대로 관찰해서는 의사결정에 도움이 될 수 있는 정보를 얻기가 힘들다.

그래서 재무제표에 포함된 경제적 정보를 쉽게 파악할 수 있도록 하는 지표의 필요성이 일찍부터 대두되었는데, 이를 위해 제안된 것이 재무비율(財務比率, financial ratio)이다. 재무비율은 기본적으로 재무제표를 구성하는 항목 중에서 한 항목(혹은 여러 항목의 합계)을 분자로 하고, 다른 한 항목(혹은 여러 항목의 합계)을 분모로 한 다음 분자를 분모로 나누어 계산한다.

한편, 재무비율은 재무제표나 그 밖의 재무자료를 구성하는 수많은 항목 중에서 특정한 항목들을 대응시켜 계산되므로, 가능한 재무비율은 수없이 많을 수 있다. 하지만 유용성 있는 재무비율이 되기 위해서는 경제적 의미가 분명해야 한다. 그러나 경제적으로 유용한 정보를 담고 있는 재무비율의 수는 제한되어 있으므로 소수의 재무비율에 의하여 유용한 재무정보의 대부분이 전달될 수 있다.

2. 비율분석

비율분석(比率分析, ratio analysis)은 재무제표를 구성하고 있는 두 항목을 대응시켜 재무비율을 계산하고, 작성된 재무비율을 업종평균비율 같은 표준비율(標準比率)과 비교하거나 과거의 실적치와 비교하여 기업의 재무상태나 경영성과를 평가하는 분석방법을 말한다. 비율분석은 크게 상호비교분석과 추세분석으로 구분된다. 상호비교분석(相互比較分析)은 횡단면분석(cross-sectional analysis)이라고도 하며, 같은 시점이나 같은 기간을 대상으로 특정기업의 재무비율을 업종평균비율이나 경쟁기업 등 비교대상기업의 재무비율과 비교하여 분석하는 것을 말한다. 추세분석(趨勢分析, trend analysis)은 시계열분석(time series analysis)이라고도 하며 일정한 기간을 대상으로 특정기업의 재무비율이 어떤 변화를 보이고 있나, 즉 그 추세를 분석하는 것으로 이때의 비교대상은 같은 회사의 과거의 재무비율을 사용하게 된다. 기업의 경영성과나 재무상태에 관한 더 유용한 정보를 얻기 위해서는 상호비교분석과 추세분석을 동시에 진행하는 것이 바람직하다.

예를 들어, 식료품업종에 속하는 롯데제과의 최근 3년간 타인자본의존도의 변화를 부채비율(부채총계/자본총계)로 분석하여 보기로 하자. 분석에 필요한 자료로서 부채총계와 자본총계를 롯데제과의 재무상태표와 식료품업종의 종합재무상태표에서 구하여 〈표 2-1〉과 같이 정리하였다.

표 2-1 롯데제과와 식료품업종의 부채총계와 자본총계(연말) (단위 : 10억 원)

	재무항목	2019.12.31.	2020.12.31.	2021.12.31.
롯데제과	부채총계	1,415	1,363	1,340
	자본총계	1,301	1,280	1,327
식료품업종	부채총계	50,125	52,640	59,718
	자본총계	48,110	51,598	56,140

먼저 2019년 말을 기준으로 롯데제과의 타인자본의존도를 측정할 수 있는 부채비율을 계산하여 보자. 롯데제과의 부채비율은 다음과 같다.

$$\text{부채비율(롯데제과, 2019년 말)} = \frac{\text{부채총계}}{\text{자본총계}} = \frac{1,415}{1,301} = 1.0876 \ \ (108.76\%)$$

2019년 말 롯데제과의 부채비율은 108.76%로서 회사의 자본구성상 타인자본에 대한 의존도가 크게 낮지도 높지도 않다는 것을 알 수 있다.

이제 상호비교분석을 위하여 같은 시점을 기준으로 식료품업종의 부채비율을 계산하면 104.19%가 된다. 즉,

$$\text{부채비율(식료품업종, 2019년 말)} = \frac{50,125}{48,110} = 1.0419 \ (104.19\%)$$

그러므로 롯데제과의 타인자본의존도는 식료품업종의 평균보다 약간 높다고 평가할 수 있다.

다음으로는 추세분석을 위하여 2019~2021년 말의 부채비율을 모두 계산하여 보면, 〈표 2-2〉와 같다. 이 표에는 상호비교분석도 병행할 수 있도록 식료품업종의 부채비율도 계산하여 제시하였다.

표 2-2 롯데제과와 식료품업종의 부채비율 추이 (단위 : %)

	2019.12.31.	2020.12.31.	2021.12.31.
롯데제과	108.76	106.48	100.98
식료품업종	104.19	102.02	106.37

〈표 2-2〉는 롯데제과의 부채비율이 이 기간 중 108.76%에서 100.98%로 꾸준히 감소하여 재무구조가 다소 개선되었다는 것을 보여주고 있다. 같은 기간 중 식료품업종의 부채비율은 104.19%에서 106.37%로 소폭 상승하여 타인자본의존도가 약간 증가하였다.

제2절 비율분석을 위한 주요 기초자료와 자료원천

비율분석에는 재무제표가 주로 이용되지만 주가 등 증권시장자료도 흔히 이용되고 있다. 여기서는 이들 자료를 재무제표와 기타자료로 나누어 자료의 종류, 내용, 자료의 원천에 대하여 살펴보기로 한다. 현재 우리나라의 경우 유가증권시장이나 코스닥시장 상장법인, 그리고 금융회사는 한국채택 국제회계기준에 의한 재무제표를 작성해야 하며, 외부감사대상 비상장주식회사는 일반기업회계기준에 의한 재무제표를 작성하도록 되어 있다.

1. 재무제표와 자료원천

(1) 한국채택 국제회계기준과 재무제표

1) 한국채택 국제회계기준(K-IFRS)

국제회계기준(international financial reporting standards : IFRS)은 자본시장의 자유화에 따라 국제회계기준위원회(IASB)가 제정한 국제적으로 통일된 회계기준이다. 현재 OECD 가입국의 80% 이상이 IFRS를 채택하고 있고, 우리나라는 기업의 회계투명성을 국제적 수준으로 제고하기 위하여 상장기업과 금융회사에 대하여 2011년부터 전면적으로 채택한 바 있다.[1] 한국채택 국제회계기준(이하, K-IFRS)의 적용대상은 주권상장법인(향후 2년 내 주권상장법인이 되고자 하는 주식회사 포함), 금융지주회사, 은행, 증권회사, 종합금융회사, 보험회사, 신용카드회사 등의 금융회사로 되어 있다.

일반기업회계기준과 비교하여 K-IFRS의 특징은 다음과 같다.[2] 첫째, K-IFRS는 모든 회계처리절차를 구체적으로 제시하는 것이 아니라 회계담당자의 회계처리선택권을 넓게

---

1) 국제회계기준을 도입한 배경으로는 세계적인 회계기준 단일화 추세에 적극 대응할 필요성이 증대된 것, 국제회계기준과의 차이에서 생기는 외국인 투자자들의 불신을 제거하고 '코리아 디스카운트'를 해소시킬 필요가 커졌다는 것, 국내기업의 해외증시 상장 시 국제회계기준에 의한 재무제표를 그대로 사용할 수 있게 되어 이중으로 재무제표를 작성하는 부담이 없어진다는 것 등이 제시되고 있다(금융감독원 회계제도실, 「국제회계기준의 이해와 도입준비」(2009.12.), pp. 137~138).

2) 금융감독원 회계제도실, 「국제회계기준의 이해와 도입준비」(2009.12.), p. 137.

허용하는 원칙중심의 기준이다. 둘째, K-IFRS는 종속회사가 있는 기업은 종속회사의 재무제표를 합산한 연결재무제표를 작성하여 공시해야 한다. 그러므로 사업보고서, 반기 및 분기보고서 등 모든 공시서류는 연결회사 전체에 대하여 작성 · 발표된다. 셋째, K-IFRS는 기업의 재무상황에 대하여 유용한 정보를 제공하기 위하여 금융자산 및 부채, 유형자산, 투자자산 등에 대하여 공정가치(fair value)로 측정하는 것을 의무화하거나 선택하도록 하여 그 적용을 확대하고 있다.[3] 넷째, K-IFRS에서는 재무제표가 재무상태표, 포괄손익계산서, 자본변동표, 현금흐름표, 주석으로 구성되어 있다.[4] 다섯째, K-IFRS는 회계처리의 선택권을 기업에게 크게 허용함으로써 회계처리방법, 재무제표의 체제, 포함되는 계정과목의 명칭이나 분류, 배열되는 순서 등이 기업 간에 상당한 차이가 있을 수 있으므로, 재무제표 이용자는 반드시 연결감사보고서 등에 첨부된 주석을 잘 활용하여야 한다.

2) 재무제표

재무제표(財務諸表, financial statements)란 기업의 거래가 측정 · 기록되어 작성되는 회계보고서인데, K-IFRS는 재무상태표, 포괄손익계산서, 자본변동표, 현금흐름표, 주석을 재무제표로 규정하고 있다. 이들 재무제표는 기업의 재무상태, 경영성과, 자본의 변동내역과 결과, 현금의 유입과 유출 등을 나타내며, 기업의 모든 경영활동의 결과가 최종적으로 요약되는 표이다.

가. 재무상태표

재무상태표(財務狀態表, statement of financial position)는 일정시점에 있어서 기업의 자산, 부채, 자본의 상태, 즉 기업의 재무상태를 나타내는 재무제표이며, 「자산=부채+자본」의 재무상태표 등식에 의하여 작성된다.[5] 재무상태표에서 차변에 표시되어 있는 자산 항목은 기업소유재산의 운용상태를 나타내고, 대변에 표시되어 있는 부채 및 자본 항목은 자본의 조달상태를 나타낸다. K-IFRS에 의한 재무상태표의 양식은 〈표 2-3〉과 같다.

K-IFRS는 재무상태표의 표시방법을 유동성구분법을 원칙으로 하되 보다 신뢰성이 있고 목적 적합한 정보를 제공할 수 있는 경우에는 유동성배열법도 사용할 수 있도록 하고 있

---

3) 공정가치란 거래의 내용을 잘 알고 거래의사가 있는 당사자 간에 자산을 매각하면서 받거나 부채를 청산(상환)하면서 지급하게 될 금액을 의미한다.

4) 따라서 과거의 기업회계기준에서 재무제표로 포함되었던 이익잉여금처분계산서(또는 결손금처리계산서)는 제외되었으므로 그 내용은 주석을 통해 확인해야 한다.

5) 재무상태표의 기존의 명칭은 대차대조표(貸借對照表, balance sheet)이다.

다. 유동성구분법은 자산은 유동자산과 비유동자산으로, 부채는 유동부채와 비유동부채로 구분하고, 표시는 자산→자본→부채의 순으로, 자산과 부채는 다시 비유동→유동의 순으로 하는 방법이다. 한편, 유동성배열법은 표시를 자산→부채→자본의 순으로 하고, 자산과 부채의 표시는 유동→비유동의 순으로 하는 방법으로 일반적으로 많이 사용되고 있다.[6)]

자산(asset)은 과거 거래나 사건의 결과로서 현재 특정기업에 의해 지배되고 미래에 경제적 효익을 창출할 것으로 기대되는 자원을 말한다. 이러한 자산은 일반적으로 유동성이나 환금성의 정도에 따라 유동자산과 비유동자산으로 나누어진다. 유동자산(流動資産, current asset)은 1년 이내에 또는 '원자재매입–제조–판매' 라는 정상적인 영업주기(one operating cycle) 내에 거래 · 매각 · 소비되거나 현금으로 실현될 것으로 기대되는 자산을 말한다. 반면에, 비유동자산(非流動資産, non–current asset)은 1년 이내 또는 정상영업주기 내에 매각되거나 소비될 것으로 기대되지 않는 자산을 말하는데, 통상 유동자산 이외의 자산은 비유동자산으로 분류된다. 유동자산과 비유동자산에 속하는 주요 계정과목은 다음과 같다.

- 유동자산[7)]: 현금 및 현금성자산,[8)] 단기금융자산,[9)] 매출채권,[10)] 기타채권,[11)] 재고자산,[12)] 기타유동자산,[13)] 매각예정분류자산[14)] 등
- 비유동자산 : 장기금융자산,[15)] 유형자산,[16)] 관계기업 및 공동기업 투자주식,[17)] 투자

6) 대부분의 상장회사들은 유동성배열법에 따라 재무상태표를 작성하고 있는데, 이것은 재무상태표의 표시 순서가 기존의 대차대조표와 크게 다르지 않아 작성자나 이용자 모두 익숙하기 때문일 것이다.

7) 일반기업회계기준의 재무상태표에서는 유동자산을 현금화 속도에 따라 당좌자산과 재고자산으로 구분 · 표시하고 있으나 K-IRFS의 재무상태표에서는 그 구분 · 표시가 없다. 그러나 재무제표를 분석하는 입장에서는 유동자산을 당좌자산과 재고자산으로 구분하여 분석하는 것도 유익할 것이다.

8) 현금은 통화 및 타인발행수표 등 통화대용증권, 당좌예금, 보통예금 등을 포함한다. 현금성자산은 현금등가물(cash equivalents)이라고도 하며, 큰 거래비용 없이 현금으로 전환이 용이하고 취득당시 만기일(또는 상환일)이 3개월 이내인 금융상품을 말한다.

9) 만기 1년 이내의 단기예금, 대여금 및 수취채권, 당기손익인식금융자산, 1년 이내 처분예정인 매도가능금융자산, 만기보유금융자산을 포함한다. 이 중 당기손익인식금융자산, 매도가능금융자산, 만기보유금융자산은 주식이나 회사채, 국·공채 등의 금융자산을 보유목적과 의도에 따라 분류한 것이다.

10) 일반적인 상거래에서 발생한 외상매출금과 받을어음을 포함한다.

11) 단기대여금, 미수금, 단기보증금, 미수수익 등을 포함한다.

12) 상품, 제품, 반제품, 재공품, 원재료, 소모품 등을 포함하는데, 반제품은 자가제조한 중간제품과 부분품 등을 말하고, 재공품(work-in-process)은 가공과정에 있는 것을 말한다.

13) 선급금, 선급비용 등을 포함한다.

14) 계약이 이루어지고 계약금을 수령하여 1년 이내의 매각계획이 확정된 비유동자산을 말한다.

15) 장기예금과 매도가능금융자산 및 만기보유금융자산을 포함한다.

16) 토지, 건물, 구축물, 기계장치, 건설 중인 자산, 선박, 차량운반구, 공구와 기구, 비품 등을 포함한다. 유형자

표 2-3 재무상태표 양식

재무상태표

제×기(당기) 20××년 ×월 ×일 현재
제×기(전기) 20××년 ×월 ×일 현재

회사명 (단위 : 원)

과 목	당 기	전 기	과 목	당 기	전 기
자 산			부 채		
유동자산	×××	×××	유동부채	×××	×××
현금 및 현금성자산	×××	×××	매입채무	×××	×××
단기금융상품	×××	×××	기타채무	×××	×××
단기매도가능금융자산	×××	×××	단기차입금	×××	×××
매출채권	×××	×××	유동성장기부채	×××	×××
미수금	×××	×××	단기충당부채	×××	×××
선급금	×××	×××	단기법인세부채	×××	×××
선급비용	×××	×××	기타비유동부채	×××	×××
재고자산	×××	×××	매각예정분류부채	×××	×××
기타유동자산	×××	×××	비유동부채	×××	×××
매각예정분류자산	×××	×××	장기차입금	×××	×××
비유동자산	×××	×××	사채	×××	×××
장기매도가능금융자산	×××	×××	장기매입채무	×××	×××
유형자산	×××	×××	기타채무	×××	×××
관계기업 및 공동기업 투자주식	×××	×××	확정급여부채	×××	×××
투자부동산	×××	×××	장기충당부채	×××	×××
영업권	×××	×××	이연법인세부채	×××	×××
영업권이외 무형자산	×××	×××	기타비유동부채	×××	
장기매출채권	×××	×××	부채총계	×××	×××
기타채권	×××	×××	자 본		
이연법인세자산	×××	×××	자본금	×××	×××
기타비유동자산	×××	×××	보통주자본금	×××	×××
			우선주자본금	×××	×××
			자본잉여금	×××	×××
			자본조정	×××	×××
			기타포괄손익누계액	×××	×××
			이익잉여금(결손금)	×××	×××
			지배기업소유주지분	×××	×××
			비지배지분	×××	×××
			자본총계	×××	×××
자산총계	×××	×××	부채와 자본총계	×××	×××

부동산,[18] 영업권,[19] 영업권이외의 무형자산,[20] 장기매출채권, 기타채권,[21] 이연법인세자산,[22] 기타비유동자산 등

부채(負債, liability)는 과거 거래나 사건의 결과로서 현재 특정기업이 부담하고 그 이행에 자원의 유출이 예상되는 경제적 의무이다. 부채는 상환만기(償還滿期)가 빠른 순에 의해 유동부채와 비유동부채로 대별된다. 유동부채(current liabilities)는 1년 이내에 지급기한이 도래하는 부채이며, 비유동부채(non-current liabilities)는 고정부채(fixed liabilities)라고도 하며, 회사의 결산일로부터 1년 이후에 만기가 도래하는 채무를 말한다. 부채에 속하는 주요 계정과목은 다음과 같다.

■ 부 채

- 유동부채 : 단기차입금, 매입채무,[23] 미지급법인세, 미지급비용, 유동성장기부채,[24] 미지급배당금, 선수금, 선수수익, 매각예정부채[25] 등
- 비유동부채 : 장기차입금, 사채, 신주인수권부사채, 전환사채, 확정급여부채,[26] 장기

산은 매 결산기마다 손상검사를 해야 하므로, 유형자산의 장부가액은 자산의 취득원가나 공정가치에서 감각상각누계액과 손상차손누계액을 차감한 것이다. 그런데 유형자산의 평가는 원가모형이나 재평가모형 중에서 선택할 수 있으므로 어느 것을 선택하느냐에 따라 장부가액이 달라질 수 있다.

17) 관계기업이란 투자회사가 지분투자로 인해 유의적인 영향력을 행사할 수 있는 피투자회사를 말하며, 공동기업이란 다른 회사와 약정에 의해 공동으로 경영권을 행사할 수 있는 피투자회사를 말한다. 일반적으로 피투자회사에 대한 지분율이 20% 이상 50% 미만인 경우 관계기업이 되며, 투자회사는 관계기업의 당기순이익(손실)에 대하여 지분율에 해당하는 금액을 포괄손익계산서에 지분법이익(손실)으로 계상하게 된다.

18) 임대수익이나 시세차익을 얻기 위해 소유하는 토지나 건물 등의 부동산이다.

19) 영업권은 M&A에서 취득자산의 이전대가(인수대가)가 해당 자산의 순공정가치를 초과하는 차액으로서 자산으로 인식한다. 영업권은 상각하지 않고 매년 손상검사를 하여 손상차손을 인식한다. 한편, 이전대가가 순공정가치에 미달하는 경우 그 차액을 염가매수차익이라 하며 당기이익으로 인식된다.

20) 특허권, 실용신안권, 상표권, 디자인권, 개발비, 골프회원권 등을 포함한다. 한편, R&D와 관련하여 연구단계에서 발생하는 연구비는 당기비용으로 처리하고, 보다 진전된 개발단계에서 발생하는 R&D비용은 요건(개별적으로 식별가능하고 미래의 경제적 효익을 확실하게 예상할 수 있는지 여부 등)에 따라 무형자산(개발비)이나 당기비용(경상개발비)으로 인식한다.

21) 장기대여금, 장기미수금, 임차보증금, 영업보증금 등을 포함한다.

22) 이는 기업회계를 적용하여 산출한 법인세가 세법에 의해 산출된 법인세보다 클 때 그 차액은 향후 납부할 법인세에서 공제받을 수 있으므로 자산으로 계상한 것을 말한다. 반대로 세법에 의해 산출된 법인세가 기업회계로 산출된 법인세보다 클 경우에는 그 차액을 이연법인세부채로 계상한다.

23) 상품이나 원재료 구입 등 일반적 상거래에서 발생한 외상매입금과 지급어음의 합계이다.

24) 회사채나 장기차입금 등의 비유동부채 중에서 만기가 다가와 1년 내에 상환될 장기부채(유동성장기차입금, 유동성사채)를 말한다.

25) 1년 이내에 매각이 완료될 매각예정 비유동자산에 포함된 부채를 말한다.

26) 종업원의 퇴직급여와 관련하여 확정급여채무에서 사외적립자산의 공정가치를 차감한 잔액이다.

충당부채,[27] 이연법인세부채, 기타비유동부채 등

자본((資本, equity)은 기업의 자산에서 부채를 차감하여 산출된 순자산으로, 주주지분(shareholders' equity) 혹은 소유주지분(owners' equity)이라고도 한다. 자본은 그 성격에 따라 자본금, 자본잉여금, 자본조정, 기타포괄손익누계액, 이익잉여금(결손금), 지배기업 소유주지분, 비지배지분 등으로 구분되고 있다.[28] 자본금은 주주의 납입자본 중에서 발행이 완료된 주식의 액면가액총액을 말하며, 보통주자본금과 우선주자본금 등으로 분류된다. 자본잉여금은 유상증자, 감자 등 자본거래에서 발생한 잉여금으로 원칙적으로 배당이 불가능하다. 기타포괄손익누계액은 자본의 증가나 감소를 가져오는 거래 중에서 실현되지 않은 손익으로서 당기순이익에는 포함되지 않으나 포괄손익에는 포함되어 자본의 변동을 가져오는 미실현손익항목의 누계액을 말한다. 이익잉여금(또는 결손금)은 기업의 경영활동의 결과로 창출된 이익이 누적된 것으로 이익배당의 원천이 된다.[29] 한편, K-IFRS는 연결재무제표인 경우 자본총계를 지배기업 소유주에게 귀속되는 부분(지배기업 소유주지분)과 종속회사의 지분 중 지배기업 소유의 지분이 아닌 부분(비지배지분)으로 구분하여 표시하도록 요구하고 있다. 이 경우 자본총계는 지배기업 소유주지분과 비지배지분의 합과 같다. 자본에 속하는 주요 계정과목은 다음과 같다.

■ 자 본

- 자본금 : 보통주자본금, 우선주자본금[30] 등
- 자본잉여금 : 주식발행초과금,[31] 기타자본잉여금(감자차익,[32] 자기주식처분이익, 전환권대가 등)

---

27) 법률이나 계약, 관행 등에 의해 발생하는 것으로 지출의 시기나 금액이 불확실한 채무이며, 예를 들면 장기제품보증충당부채, 고객충성제도(항공사의 마일리지나 카드회사의 포인트) 등이 있다.

28) K-IFRS에서는 자본을 자본금, 이익잉여금, 기타적립금(기타자본구성요소)의 세 가지로만 분류하고 있고, 구성항목을 상세하게 예시하지는 않고 있다. 따라서 자본의 분류에 일반기업회계기준을 준용하는 경우도 많고, 회사마다 자본의 분류가 다른 경우도 많기 때문에 주석을 참고할 필요가 있다.

29) 과거의 경우 이익준비금 등 법정적립금은 배당의 재원으로 사용할 수 없었으나 2012년 상법개정으로 법정적립금이 자본금의 1.5배를 초과하는 경우 그 초과한 부분을 감액할 수 있어 배당의 재원으로 쓸 수 있게 되었다.

30) 자본금은 종류별 발행주식수×주당액면가액으로 산정된다.

31) 주식의 발행가액(증자의 경우에 신주발행수수료 등 신주발행을 위하여 직접 발생한 기타의 비용을 차감한 후의 가액임)이 액면가액을 초과하는 경우 그 초과하는 금액을 말하며, 무상증자의 재원으로 활용된다.

32) 감자차익은 자본감소의 경우에 환급액이 감소되는 주식의 액면가액에 미달하는 경우 그 차액을 의미한다. 감자차손은 주식의 환급액이 액면가액보다 큰 경우 그 차액을 말하며 자본조정(차감항목)으로 처리한다.

- 자본조정 : 자기주식,[33] 기타자본조정(주식할인발행차금,[34] 주식선택권,[35] 출자전환채무, 감자차손, 자기주식처분손실 등)
- 기타포괄손익누계액 : 매도가능증권평가손익, 해외사업환산손익, 재평가잉여금 등
- 이익잉여금(또는 결손금) : 법정적립금(이익준비금 등), 임의적립금(사업확장적립금, 감채적립금 등), 재평가적립금, 미처분잉여금(또는 미처리결손금) 등
- 지배기업 소유주지분
- 비지배지분

나. 포괄손익계산서

포괄손익계산서(包括損益計算書, statement of comprehensive income)는 기업의 모든 수익과 비용을 대응시켜 일정기간 동안의 영업성적을 나타내는 당기순손익과 미실현된 손익으로 자본의 증가나 감소를 가져오는 기타포괄손익을 기록한 회계보고서이다. 포괄손익계산서는 기간손익의 계산은 물론 회계정보의 이용자로 하여금 손익발생의 원인까지도 분석할 수 있도록 한다. 이와 같은 목적을 위하여 K-IFRS는 매출총이익, 영업이익, 법인세비용차감전 순손익, 당기순손익으로 구분하여 표시하도록 정하고 있다. 포괄손익계산서는 당기경영활동의 성과를 측정하여 기업의 수익력을 판단하고 미래의 순이익흐름을 예측할 수 있도록 함으로써 재무상태표와 함께 비율분석을 위한 가장 중요한 자료가 되고 있다. K-IFRS에서 정한 포괄손익계산서의 양식은 〈표 2-4〉와 같다.[36] 포괄손익계산서를 공시하는 방법은 〈표 2-4〉와 같은 한 개의 포괄손익계산서를 공시하는 방법과, 수익(매출액)에서 당기순손익까지의 내용은 '손익계산서'로 공시하고, 당기순손익부터 총포괄손익까지는 '포괄손익계산서'로 하여 두 개의 손익계산서로 나누어 공시하는 방법이 있다. 포괄손익계산서를 구성하는 주요 항목과 손익의 계산요령은 다음과 같다.

---

33) 자기주식은 회사가 이미 발행한 주식을 주주로부터 주가관리나 주식보상 등을 위해 취득한 경우 그 취득가액을 기재한 것이며 자본의 차감항목이다.

34) 주식할인발행차금은 신주의 발행가액이 액면가액에 미달하는 경우 그 미달하는 금액을 말하며, 차감항목이다.

35) 주식선택권(stock option)은 회사가 임직원에게 회사주식을 약정한 가격(행사가격)으로 살 수 있는 권리를 부여한 것으로, 자본의 가산항목이다.

36) 중단사업손익이 없을 경우에 〈표 2-4〉의 포괄손익계산서의 양식은 '법인세비용차감전 순손익' 이하의 부분이 다음과 같이 바뀐다. 「법인세비용차감전 순손익-법인세비용=당기순손익」.

표 2-4 포괄손익계산서 양식

포괄손익계산서

제×기(당기) 20××년 ×월 ×일부터 20××년 ×월 ×일까지
제×기(전기) 20××년 ×월 ×일부터 20××년 ×월 ×일까지

회사명 (단위 : 원)

과 목	당 기	전 기
수익(매출액)	×××	×××
매출원가	(×××)	(×××)
매출총이익	×××	×××
판매비와 관리비	(×××)	(×××)
영업이익	×××	×××
기타수익	×××	×××
기타비용	(×××)	(×××)
금융수익	×××	×××
금융비용	(×××)	(×××)
관계기업 및 공동기업 투자손익	×××	×××
법인세비용차감전 순손익	×××	×××
법인세비용	(×××)	(×××)
계속사업손익	×××	×××
중단사업손익	×××	×××
당기순손익	×××	×××
기타포괄손익	×××	×××
당기손익으로 재분류되지 않는 포괄손익	×××	×××
당기손익으로 재분류되는 포괄손익	×××	×××
총포괄손익	×××	×××
당기순익의 귀속		
지배기업 소유주지분	×××	×××
비지배지분	×××	×××
총포괄손익의 귀속		
지배기업 소유주지분	×××	×××
비지배지분	×××	×××
주당이익		
기본주당이익	×××	×××
희석주당이익	×××	×××

- 매출액 : 상품과 제품의 기간 중 매출액(순액)을 기록한다.
- 매출원가 : 판매업에 있어서는 「기초상품재고액+당기상품매입액−기말상품재고액」으로 계산되며, 제조업에 있어서는 「기초제품재고액+당기제품제조원가−기말제품재고액」으로 계산된다.

- 매출총이익 : 「매출액－매출원가」로 구한다.
- 판매비와 관리비 : 상품과 서비스의 판매활동이나 기업의 관리 · 유지에서 발생하는 비용이다. 관리직 직원급여, 임원급여, 퇴직급여, 복리후생비, 임차료, 접대비, 감가상각비(본사건물 및 차량운반구), 세금과 공과, 지급수수료, 광고선전비, 연구비, 경상개발비, 대손상각비 등 모든 영업비용을 포함한다.
- 영업이익: 「매출총이익－판매비와 관리비」로 산출한다.
- 기타수익과 금융수익 : 기업의 주된 영업활동과 관계없이 발생하는 수익으로, 기타수익에는 외환차익, 외화환산이익, 유형자산처분이익, 관계기업투자주식 처분이익, 임대료수익 등이 포함되고, 금융수익에는 이자수익과 배당금수익, 파생상품관련 이익 등이 포함된다.
- 기타비용과 금융비용: 기업의 주된 영업활동과 관계없이 발생하는 비용으로, 기타비용에는 외환차손, 외화환산손실, 임대비용, 기부금, 유형자산처분손실, 무형자산처분손실, 무형자산손상차손, 재고자산폐기손실 등이 포함되고, 금융비용에는 이자비용, 파생상품관련 손실 등이 포함된다.
- 관계기업 및 공동기업 투자손익 : 관계기업 투자에서 발생하는 지분법이익이나 지분법손실, 공동기업 투자에서 발생하는 이익과 손실을 기록한다.
- 법인세비용차감전 순손익 : 「영업이익+기타수익+금융수익－기타비용－금융비용+관계기업 및 공동기업투자이익(손실의 경우는 차감)」에 의하여 산출한다.[37)]
- 법인세비용 : 법인세법 등의 법령에 의하여 법인이 각 사업연도의 과세상의 소득금액을 과세표준으로 하여 산출한 금액이다.
- 계속사업손익 : 「법인세비용차감전 순손익－법인세비용」으로 구한다. 만약 중단사업이 없다면 이 부분이 당기순손익이 된다.
- 중단사업손익 : 중단사업손익은 중단사업에서 발생한 영업손익과 중단사업관련 직접비용, 중단사업자산의 손상차손으로 구성되며, 법인세효과를 차감한 순액으로 표시한 것이다.
- 당기순손익 : 「계속사업손익+중단사업손익」으로 계산한다.
- 기타포괄손익 : 당기순손익에는 포함되지 않으나 자본의 증감을 가져오는 미실현손익항목으로는 ① 확정급여부채의 재측정요소, ② 지분법이익잉여금, ③ 해외사업 환산손익, ④ 매도가능 금융자산평가이익, ⑤ 지분법자본변동 등이 있으며, ①~②는 후

---

37) 여기서 「기타수익+금융수익－기타비용－금융비용+관계기업 및 공동기업투자손익」은 일반기업회계기준 손익계산서의 「영업외수익－영업외비용」, 즉 영업외수지차(營業外收支差)에 해당한다.

속적으로 당기순이익으로 재분류되지 않으나, ③~⑤는 당기순이익으로 재분류된다.

- 총포괄이익 : 「당기순손익+기타포괄손익」으로 계산한다.
- 당기순손익의 귀속 : 당기순손익을 지배기업 소유주 귀속부분과 비지배지분 귀속부분으로 구분하여 표시한 것이다.
- 총포괄손익의 귀속 : 총포괄손익을 지배기업 소유주 귀속부분과 비지배지분 귀속부분으로 구분하여 표시한 것이다.
- 주당이익 : 주당순이익을 기본주당순이익과 전환사채, 신주인수권부사채 등 주식관련 사채에 포함된 잠재주식의 수를 반영한 희석주당순이익으로 나누어 표시한 것이다.

다. 자본변동표

자본변동표(statement of changes in equity)는 자본의 크기와 그 변동에 관한 정보를 제공하는 재무보고서로서 자본금, 주식발행초과금, 기타자본항목, 기타포괄손익누계액, 이익잉여금(또는 결손금) 등 자본을 구성하는 각 항목의 변동에 대한 세부적인 정보를 제공한다. 연결자본변동표의 경우는 지배기업 소유주지분과 비지배지분으로 나누어 자본의 변동을 기록하여야 한다(〈표 2-5〉).

표 2-5 자본변동표의 양식

자본변동표

제×기(당기) 20××년 ×월 ×일부터 20××년 ×월 ×일까지
제×기(전기) 20××년 ×월 ×일부터 20××년 ×월 ×일까지

회사명 (단위 : 원)

과 목	지배기업 소유주지분						비지배지분	자본 합계
	자본금	주식발행초과금	기타자본항목	기타포괄손익누계액	이익잉여금	지배기업 소유주지분 합계		
20××.1.1.(기초자본)	×××	×××	(×××)	×××	×××	×××	×××	×××
당기순손익					×××	×××	(×××)	×××
지분법자본변동				×××		×××		×××
매도가능금융자산평가손익				(×××)		(×××)		(×××)
순확정급여부채재측정요소					×××	×××		×××
해외사업환산손익				(×××)		(×××)	(×××)	(×××)
현금배당					(×××)	(×××)		(×××)
유상증자(감자)	×××	×××				×××		×××
자기주식취득			(×××)			(×××)		(×××)
20××.12.31.(기말자본)	×××	×××	(×××)	×××	×××	×××	×××	×××

자본변동표가 제공하는 정보는 다음과 같다. 첫째, 자본의 변동내용에 대한 포괄적인 정보를 제공한다. 예를 들어, 회계기간 중 자본이 증가한 경우 유상증자에 의한 것인지, 이익발생에 의한 것인지 등 그 내역을 알 수 있다. 둘째, 재무제표 간의 연계성을 제고시키며 재무제표의 이해가능성을 높인다. 그러나 자본변동표는 재무상태표나 포괄손익계산서에 비하여 재무제표분석에서 그 활용도가 낮다.

라. 현금흐름표

현금흐름표(statement of cash flow)는 일정기간 동안 기업의 현금흐름을 나타내는 회계보고서이다. 현금흐름표에서는 현금의 유입과 현금의 유출에 관한 정보를 얻을 수 있다. 다음의 〈표 2-6〉에는 K-IFRS에서 규정하는 현금흐름표의 양식이 나와 있다. 현금흐름표는 영업활동으로 인한 현금흐름, 투자활동으로 인한 현금흐름, 재무활동으로 인한 현금흐름으로 구분하여 표시하고, 이에 기초의 현금을 가산하여 기말의 현금을 산출하는 형식으로 작성된다. 현금흐름표의 양식, 작성방법, 활용에 관한 자세한 내용은 제5장의 자금흐름분석에서 다룬다.

마. 주석

주석(註釋, footnotes)은 재무제표상의 해당 과목이나 금액에 기호를 붙이고 별지(別紙)에 회계정책과 회계처리의 세부내용, 주요 계정과목의 내역 등을 기재한 것을 말한다. 주석을 다는 목적은 재무제표의 이해가능성과 비교가능성을 높이는 데 있다. K-IFRS에서 주석은 그 중요성 때문에 재무제표의 하나로 포함되어 있고, 재무제표 이용자들은 반드시 주석의 내용을 잘 살펴야 한다.

주석의 내용은 회사마다 차이가 있으나 다음의 사항들로 구성되어 있다. 첫째, 재무제표를 작성하는 회사에 관한 정보로서 지배기업 및 종속기업의 개요, 종속기업의 요약재무정보 및 비지배지분 정보, 연결대상 종속기업의 현금흐름에 관한 정보 등을 알 수 있다. 둘째, 회계정책과 재무제표 작성기준, 회계처리방법 등에 관한 정보를 알 수 있다. 예를 들면, 재고자산과 관련하여 취득원가결정, 단위원가, 평가손실, 감모손실에 관한 회계처리방법을 알 수 있고, 유형자산에 관해서는 취득원가결정방법, 손상차손, 장부가액, 후속원가, 내용연수, 감가상각방법 등에 관하여 알 수 있다. 셋째, 회사의 영업부문과 관련하여 지역별 매출, 부문별 매출액과 영업손익, 자산과 부채에 관한 정보를 알 수 있다. 넷째, 중요한 계정과목에 대해서는 그 내역을 설명하고 있는데, 어느 회사의 연결감사보고서에 첨부된

표 2-6 현금흐름표의 양식

현금흐름표

제×기(당기) 20××년 ×월 ×일부터 20××년 ×월 ×일까지
제×기(전기) 20××년 ×월 ×일부터 20××년 ×월 ×일까지

회사명 (단위 : 원)

과 목	당 기	전 기
영업활동으로 인한 현금흐름	×××	×××
영업에서 창출된 현금흐름	×××	×××
당기순이익	×××	×××
조정	×××	×××
영업활동으로 인한 자산부채의 변동	×××	×××
이자의 수취	×××	×××
이자의 지급	(×××)	(×××)
배당금수입	×××	×××
법인세납부액	(×××)	(×××)
투자활동으로 인한 현금흐름	(×××)	(×××)
단기금융상품의 순증가	×××	×××
장기금융상품의 취득	(×××)	(×××)
장기금융상품의 처분	×××	×××
관계기업주식의 취득	(×××)	(×××)
관계기업주식의 처분	×××	×××
유형자산의 취득	(×××)	(×××)
유형자산의 처분	×××	×××
무형자산의 취득	(×××)	(×××)
사업결합으로 인한 현금유출입액	(×××)	(×××)
기타투자활동으로 인한 현금유출입액	×××	×××
재무활동으로 인한 현금흐름	×××	×××
단기차입금의 순증가	×××	×××
자기주식의 취득	(×××)	(×××)
자기주식의 처분	×××	×××
사채 및 장기차입금의 차입	×××	×××
사채 및 장기차입금의 상환	(×××)	(×××)
배당금지급	(×××)	(×××)
비지배지분의 증감	×××	×××
환율효과반영전 현금 및 현금성자산 순증감	×××	×××
외화환산으로 인한 현금변동	×××	×××
기초 현금 및 현금성자산	×××	×××
기말 현금 및 현금성자산	×××	×××

주석의 내용을 요약하면 〈표 2-7〉과 같다.

표 2-7 주요 계정과목과 관련된 주석내용 예시

구분	주요 계정과목 및 주석내용(괄호 안에 표시)
자산	현금 및 현금성자산(구성내역), 당기손익-공정가치측정금융자산 내역(금융자산별 금액), 매출채권 및 기타채권(계정별 금액, 대손충당금 설정내역, 신용위험정보, 대손충당금 변동내역), 기타포괄손익-공정가치측정금융자산(변동내역, 세부내역), 상각후원가측정금융자산(구성내역), 재고자산(취득원가, 평가충당금, 장부가액), 관계기업투자 및 종속기업투자내역(기업별 보유주식수, 지분율, 장부금액), 유형자산(종류별 당기 · 전기 중 변동), 사용권자산 및 리스부채(당기 · 전기 중 변동내역, 리스 관련손익), 무형자산(변동액, 손상차손), 투자부동산(변동액, 관련손익)
부채	차입금내역(차입처, 이자율, 상환일정), 매입채무 및 기타채무 내역, 법인세(구성요소, 이연법인세자산 변동내역), 충당부채(변동내역)
자본	자본금 및 자본잉여금 내역, 자본조정, 기타포괄손익누계액, 이익잉여금내역
수익과 비용 등	종업원급여(급여내역, 확정급여부채내역, 사외적립자산 공정가치변동, 확정급여부채재측정요소내역, 보험수리적 평가가정), 매출액내역, 비용의 성격별 분류, 판매비와 관리비 내역, 금융수익 및 금융비용 내역, 기타수익 및 기타비용, 주당이익 산출내역, 영업현금흐름내역
기타	범주별 금융상품(장부금액, 공정가치 서열체계), 파생상품(내역, 관련손익), 우발채무와 약정사항(계류 중인 소송사건, 주요 대출 약정사항), 특수관계자공시(특수관계자명단, 거래내역, 주요 채권채무내역, 경영진보상내역, 지급보증내역), 위험관리(신용위험, 유동성위험, 환위험, 이자율위험 등의 관리내용)

자료 : 오뚜기, 2021년도 사업보고서.

(2) 일반기업회계기준과 재무제표

일반기업회계기준은 2009년 11월 한국회계기준원 회계기준위원회에서 제정한 회계기준으로 주식회사외부감사에 관한 법률에서 정한 외부감사대상 법인 중 K-IFRS의 적용대상이 아닌 기업이 적용해야 하는 회계기준이다.[38] 일반기업회계기준은 비상장기업 등이 K-IFRS의 적용에 의한 회계처리 부담을 줄여주기 위하여 제정된 것이다. 물론, 이들 기업도

38) "주식회사 등의 외부감사에 관한 법률 시행령"(2022.5. 기준)은 자산총액 500억 원 이상인 주식회사, 주권상장법인 및 1년 이내 주권상장법인이 되려는 주식회사, 매출액이 500억 원 이상인 회사, 다음 항목 중 2개 이상에 해당되는 회사(가. 자산총액이 120억 원 이상, 나. 부채총액 70억 원 이상, 다. 매출액이 100억 원 이상, 라. 종업원이 100명 이상)인 주식회사를 외부감사대상으로 지정하고 있다. 한편, 외부감사대상이 아닌 주식회사는 중소기업회계기준(2013.2. 제정)에 의거 재무제표를 작성하도록 하고 있으며, 이 기준의 재무제표는 재무상태표, 손익계산서, 자본변동표, 이익잉여금처분계산서(또는 결손금처리계산서)로 구성되어 있다.

원하는 경우는 K-IFRS를 적용하여 재무제표를 작성할 수 있고, 상장기업의 종속회사인 경우는 K-IFRS에 의한 재무제표를 작성해야 함은 물론이다.

일반기업회계기준의 재무제표는 재무상태표, 손익계산서, 현금흐름표, 자본변동표, 주석으로 구성되어 있다. 일반기업회계기준은 K-IFRS와 달리 재무제표의 구조나 분류, 계정과목 명칭 등에 대하여 통일적이고 상세하게 규정하고 있어 재무제표의 체제가 기업 간에 차이가 없어 이해하기가 쉽다. 예를 들면, 재무상태표의 경우(〈표 2-8〉) 유동자산은 당좌자산과 재고자산으로, 비유동자산은 투자자산, 유형자산, 무형자산, 기타비유동자산으로, 부채는 유동부채와 비유동부채로, 자본은 자본금, 자본잉여금, 자본조정, 기타포괄손익누계액, 이익잉여금으로 구분하여 표시하도록 정하고 있으며, 자산과 부채는 유동성이 큰 항목부터 배열하는 것을 원칙으로 하고 있다.

표 2-8 비상장 외감기업 재무상태표 양식

재무상태표

제×기(당기) 20××년 ×월 ×일 현재
제×기(전기) 20××년 ×월 ×일 현재

회사명 (단위 : 원)

과 목	당 기	전 기	과 목	당 기	전 기
자산			부채		
유동자산	×××	×××	유동부채	×××	×××
당좌자산	×××	×××	비유동부채	×××	×××
재고자산	×××	×××	부채총계	×××	×××
비유동자산	×××	×××	자본		
투자자산	×××	×××	자본금	×××	×××
유형자산	×××	×××	자본잉여금	×××	×××
무형자산	×××	×××	자본조정	×××	×××
기타비유동자산	×××	×××	기타포괄손익누계액	×××	×××
			이익잉여금(결손금)	×××	×××
			자본총계	×××	×××
자산총계	×××	×××	부채와 자본총계	×××	×××

또한 손익계산서는 매출액, 매출원가, 매출총이익, 판매비와 관리비, 영업손익, 영업외수익, 영업외비용, 법인세비용차감전 계속사업손익, 계속사업법인세비용, 계속사업손익, 중단사업손익(법인세효과 차감 후), 당기순손익의 순으로 표시하도록 정하고 있다(〈표 2-9〉). 영업외수익과 영업외비용은 주된 영업활동이 아닌 활동에서 발생한 것으로 영업외수익에

표 2-9 비상장 외감기업 손익계산서 양식

손익계산서

제×기(당기) 20××년 ×월 ×일부터 20××년 ×월 ×일까지
제×기(전기) 20××년 ×월 ×일부터 20××년 ×월 ×일까지

회사명 (단위 : 원)

과 목	당 기	전 기
매출액	×××	×××
매출원가	(×××)	(×××)
매출총이익	×××	×××
판매비와 관리비	(×××)	(×××)
영업손익	×××	×××
영업외수익	×××	×××
영업외비용	(×××)	(×××)
법인세비용차감전계속사업손익	×××	×××
계속사업법인세비용	(×××)	(×××)
계속사업손익	×××	×××
중단사업손익(법인세효과 차감 후)	×××	×××
당기순손익	×××	×××

서 영업외비용을 차감한 것을 영업외수지차라 한다.

한편, 현금흐름표와 자본변동표의 체제는 대체로 K-IFRS의 그것과 큰 차이는 없다. 현금흐름표는 영업활동으로 인한 현금흐름, 투자활동으로 인한 현금흐름, 재무활동으로 인한 현금흐름으로 구분표시하고, 여기에 기초의 현금을 가산하여 기말현금을 산출하는 형식으로 표시하고 있다. 자본변동표의 구조는 자본금, 자본잉여금, 자본조정, 기타포괄손익누계액, 이익잉여금(또는 결손금)의 각 항목별로 기초잔액, 회계기간 중 변동사항, 기말잔액을 표시하도록 되어 있다.

(3) 연결재무제표

현재 상장법인이나 금융회사가 K-IFRS에 의거 작성하는 재무제표는 종속회사가 있는 경우 연결재무제표를 기본재무제표로 공시해야 한다. 연결재무제표(連結財務諸表, consolidated financial statements)란 법률적으로 독립적인 2개 이상의 회사가 실질적으로 지배 · 종속의 관계에 있는 경우, 이들을 단일의 경제적 실체로 간주하고 지배회사가 종속회사와의 내부거래를 제거하고 일정한 기준에 따라 지배회사의 재무제표와 종속회사의 재

무제표를 합하여 만든 재무제표를 말한다. 그러므로 연결재무제표를 작성하는 목적은 주주 및 채권자 등 회계정보이용자가 연결실체(지배회사 및 종속회사)에 관하여 합리적인 의사결정을 할 수 있도록 연결실체의 재무상태와 경영성과 및 현금흐름 등에 관한 유용하고 적정한 정보를 제공하는 것으로 요약된다.

연결재무제표의 작성에는 어느 회사를 종속회사로 보아 연결시킬 것인가, 즉 지배 · 종속관계의 판단이 중요하다. K-IFRS는 지배기업이 피투자회사의 의결권 있는 주식의 과반(50%) 이상을 직접 또는 간접으로 소유하거나(지분율기준), 실질적으로 피투자회사를 지배하는 경우(실질지배력기준)에는 피투자회사를 종속회사로 판단하여 연결대상으로 포함시키고 있다.[39] 즉, 지분율이 50% 미만이라도 다른 투자자와 약정으로 피투자회사에 과반 이상의 의결권을 행사할 수 있는 경우, 법규나 약정에 의해 피투자회사의 재무정책이나 영업정책을 결정할 수 있는 경우, 이사회 등의 의사결정기구가 피투자회사를 지배한다면, 그 의사결정기구 구성원의 과반수를 임명하거나 해임할 수 있는 능력이 있는 경우는 실질적인 지배력이 있는 것으로 보아 종속회사에 포함시켜야 한다는 것이다.[40]

연결재무제표의 유용성으로는 지배 · 종속회사의 포괄적인 재무상태와 경영성과의 파악이 가능하며, 개별재무제표에 나타날 수 있는 지배회사와 종속회사 간의 내부거래를 통한 회계조작을 방지할 수 있다는 점을 들 수 있다.[41] 그러나 그 한계점으로는 연결재무제표에 의해서는 개별회사의 재무상태와 경영성과에 관한 재무정보를 파악하기 어렵고, 연결회사 간의 내부거래에 관한 정보를 알 수 없어 개별재무제표를 완전히 대체할 수 없다는 점, 연결대상이 되는 기업들의 업종, 결산기, 회계처리방법 등이 서로 다를 경우에는 그 유용성이 저하된다는 점, 연결손익계산서의 당기순이익에 대하여 투자자가 배당가능한 이익으로 오해할 소지가 있다는 점 등이 제시되고 있다. 그러므로 재무제표 이용자는 연결재무제표와 더불어 지배회사만의 재무제표(이를 별도재무제표라 함)도 함께 분석할 필요가 있는데, 별도재무제표는 사업보고서 등에 연결재무제표 다음으로 공시되어 있다.

39) K-IFRS의 기업회계기준서 제1110호(연결재무제표, 2015.5.)는 투자회사가 "피투자회사에 대한 힘이 있거나, 피투자회사에 관여함에 따라 변동이익에 노출되거나 변동이익에 대한 권리가 있고, 투자회사의 이익에 영향을 미치기 위해 피투자회사에 자신의 힘을 사용할 능력이 있을 때" 피투자회사에 대한 지배력을 갖는 것으로 판단하고 있다.

40) 이병권, 「상장기업 IFRS 재무제표분석」(새로운 제안, 2012.7.), pp.71~75.

41) 유재규, 「최신기업회계기준해설」(이나우스출판, 1997), p.426.

사례 2-1

현대자동차의 연결재무정보와 별도재무정보

현대자동차의 경우 제54기(2021년도)의 연결재무제표 작성에는 현대캐피탈, 현대카드, 현대로템, 현대케피코, 현대파텍스, 현대엔지비 등의 국내 종속법인과 Hyundai Motor America(HMA), Hyundai Capital America(HCA), Hyundai Motor Manufacturing Alabama(HMMA), Hyundai Motor India(HMI) Beijing Jingxianronghua Motor Sale 등의 해외 종속법인 등 125개사가 포함되어 있다. 주요 종속회사의 대부분은 과반 이상의 지분율로 종속회사에 포함되었으나, 현대카드(지분율 36.96%)와 현대로템(지분율 33.77%)은 실질지배력을 기준으로 포함되었다. 또한 대부분의 종속회사는 국내외의 자동차 생산과 판매, 서비스, 연구개발 등과 관련되어 있으나, 금융(현대캐피탈, 현대카드 등), 철도차량(현대로템), 전북현대모터스FC(프로축구단), Hyundai Auto Canada Captive Insurance(보험) 등 업종이 다른 회사들도 포함되어 있다.

현대자동차의 연결재무제표와 별도재무제표의 주요 항목을 비교하면 〈표 2-10〉과 같다. 연결재무제표의 경우 부채비율은 183.17%, 이자보상비율은 21.93배, 총자산순이익률은 2.43%, 매출액영업이익률은 5.68%, 매출액순이익률은 4.84%, 총자산회전율은 0.50회로서 별도재무제표의 경우에 비하여 타인자본의존도가 높고 수익성은 높으며, 활동성(효율성)은 낮은 것으로 나타나고 있다. 이는 연결대상 종속회사에 금융업종에 속한 회사가 포함되어 있으며, 지배회사인 현대자동차가 종속법인들에 비해 비용이 많고, 일부 해외법인들이 아직은 현대자동차만큼 매출을 내지 못하고 있음을 의미한다.

표 2-10 현대자동차의 연결재무정보 VS 별도재무정보 (금액 단위 : 10억 원)

주요 항목 및 재무비율	연결재무제표	별도재무제표
자산총계	233,946	79,758
부채총계	151,331	27,083
자본총계	82,616	52,675
매출액	117,611	55,605
영업이익	6,679	662
(이자비용)	305	87
당기순이익	5,693	646
부채비율(부채총계/자본총계)	183.17%	51.42%
이자보상비율(영업이익/이자비용)	21.93배	7.59배
총자산순이익률(당기순이익/자산총계)	2.43%	0.81%
매출액영업이익률(영업이익/매출액)	5.68%	1.19%
매출액순이익률(당기순이익/매출액)	4.84%	1.16%
총자산회전율(매출액/자산총계)	0.50회	0.70회

자료 : 현대자동차의 제54기 사업보고서(2021년도)

(4) 회계자료의 원천

1) 사업보고서, 반기보고서, 분기보고서

우리나라의 주요 기업, 특히 유가증권시장과 코스닥시장에 상장된 모든 기업의 재무제표는 회사가 공시하는 사업보고서 등을 통하여 입수할 수 있다. 그런데 상장기업은 사업보고서를 비롯한 모든 공시사항은 전자문서로 전자공시시스템에 탑재하도록 되어 있기 때문에, 현재 주요 기업의 공시서류를 가장 빠르고 쉽게 검색하는 방법은 전자공시시스템인 DART(data analysis, retrieval and transfer system)를 이용하는 것이다. 또한 상장기업이 아니더라도 채권이나 주식을 발행하여 일반투자자로부터 자금을 조달하는 기업은 금융위원회에 등록하도록 되어 있어, 이들 등록기업의 결산재무제표도 전자공시시스템을 통하여 검색할 수 있다. 전자공시시스템(http://dart.fss.or.kr)은 금융감독원(www.fss.or.kr)에서 운영하고 있으며, 금융위원회(www.fsc.go.kr)나 한국거래소(www.krx.co.kr), 그리고 NAVER 등 국내 주요 포털의 웹 사이트를 통해서도 접속할 수 있다. [그림 2-1]은 전자공시시스템에 접속하여 오뚜기의 정기공시자료를 검색하는 화면이다.

| 그림 2-1 | DART를 이용한 오뚜기의 정기공시자료 검색화면

한편, 최근 우리나라 증시가 미국시장의 영향을 많이 받게 됨에 따라 증권투자자들은 미국기업의 영업실적에도 관심을 갖게 되었다. 미국기업의 영업실적을 확인하려면 미국기업들이 증권거래위원회(SEC)에 제출한 연간 혹은 분기 사업보고서를 참고하면 좋다. 이들 자료는 SEC 홈페이지(www.sec.gov)에서 EDGAR(electronic data gathering, analysis and retrieval)에 접속하여 검색하면 된다. [그림 2-2]는 SEC의 홈페이지에 접속하여 구글(Google, Inc, 현재는 Alphabet)의 분기보고서(10-Q)를 검색하는 화면이다.

| 그림 2-2 | EDGAR를 이용한 구글(Alphabet)의 분기보고서 검색화면

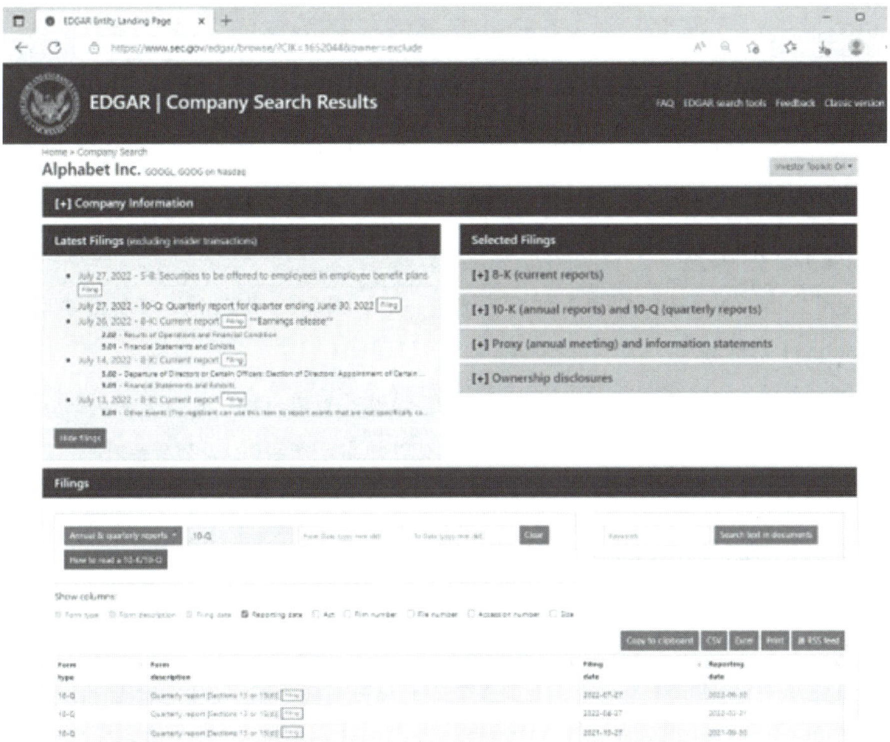

자료 : SEC Home Page(2022.8.11.).

사업보고서(事業報告書)는 '자본시장과 금융투자업에 관한 법률'(자본시장통합법)에서 정한 연차보고서(年次報告書, annual report)로서 동 법률의 시행령에서 서식, 기재내용, 작성방법을 엄격히 규정하고 있고 허위 · 부실기재나 누락 시 회사는 민사 · 형사상의 책임을 져야 한다. 반면에 영업보고서(營業報告書)는 상법상의 연차보고서로서 그 기재사항은 상법규정에 의하나, 서식 및 기재방법에 관해서는 명시적인 제한이 없다. 따라서 많은 기업은 영업보고서를 당해 기업의 홍보자료로 겸용하는 경우가 많고, 이 때문에 영업보고서를 일명 '호화 양장판 보고서' (glossy reports)라 부르기도 한다.

사업보고서는 각 사업연도 경과 후 90일 이내에 주권상장법인은 금융위원회와 한국거래소에, 그 밖의 법인은 금융위원회에 각각 제출해야 한다. 현재(2022년 8월 말 기준) 사업보고서의 제출의무자는 주권상장법인, 주권 외의 지분증권, 무보증사채권, 전환사채권 등의 증권을 증권시장에 상장한 발행인, 주권 및 주권 외의 상기 증권을 모집 또는 매출한 적이 있는 발행인(상장이 폐지된 발행인 포함), 외부감사대상법인으로 증권(주권 및 상기 증권)별로 그 증권의 소유자 수가 500명 이상인 법인 등으로 정해져 있다. 사업보고서는 그 회사의 목적, 상호, 사업내용, 재무에 관한 사항 등을 기재하여야 하며, 업종별 · 사업부문별로 구분하여 소정의 기재방법 및 서식에 따라서 작성하여야 한다. 구체적인 기재사항과 첨부서류는 다음과 같다.

■ 사업보고서 기재사항

- 회사의 개요 : 연결대상 종속회사 등 개요, 연혁, 자본금 변동사항, 주식의 총수, 정관에 관한 사항 등
- 사업의 내용(업종별로 차이) : 사업의 개요, 영업의 현황, 주요 제품과 서비스, 주요 원재료, 생산 및 설비, 매출, 수주상황, 시장위험과 위험관리, 파생상품거래, 경영상의 주요 계약, 연구개발활동, 기타 투자의사결정에 관한 사항 등
- 재무에 관한 사항(연결재무제표와 별도재무제표로 구분 작성) : 요약재무정보, 연결재무제표, 연결재무제표 주석, 재무제표, 재무제표 주석, 배당에 관한 사항, 증권의 발행을 통한 자금조달에 관한 사항, 기타 재무에 관한 사항
- 이사의 경영진단 및 분석의견 : 예측정보에 대한 주의사항, 경영진단의 개요, 재무상태 및 영업실적, 유동성 및 자금조달과 지출, 부외거래, 그 밖의 투자의사결정에 필요한 사항 등
- 감사인의 감사의견 : 회계감사인 명칭 및 감사의견, 감사용역 체결현황, 비감사용역 체결현황, 감사(내부감사)의 감사의견, 내부통제에 관한 사항 등
- 이사회 등 회사의 기관에 관한 사항 : 이사회에 관한 사항, 감사제도에 관한 사항, 주주총회 및 주주의 의결권행사 등에 관한 사항

- 계열회사에 관한 사항 : 계열회사의 현황, 타법인 출자현황
- 주주에 관한 사항 : 최대주주 및 특수관계인의 주식소유, 최대주주의 변동사항, 주식소유현황, 주가 및 주식거래실적 등
- 임원 및 직원 등에 관한 사항 : 임원 및 직원 등의 현황, 임원의 보수 등
- 이해관계자와의 거래내용 : 대주주 등에 대한 신용공여, 대주주와의 자산양수도, 대주주와의 영업거래, 대주주 이외의 이해관계자와의 거래 등

■ 사업보고서 첨부서류

- 회계감사인의 감사보고서 및 연결감사보고서
- 감사(監事)의 감사보고서
- 법인의 내부감시장치의 가동에 관한 감사의 평가의견서
- 내부회계관리제도 운영보고서
- 영업보고서
- 정관

한편, 사업보고서 제출법인은 사업연도 개시일부터 6월간의 기간에 대한 사업보고서인 반기보고서(半期報告書)와 사업연도 개시일부터 3월간 및 9월간의 사업보고서인 분기보고서(分期報告書, quarterly report)를 제출할 의무가 있다. 반기 및 분기 보고서를 제출해야 하는 기한은 그 기간 경과 후 45일 이내로 되어 있다. 반기 및 분기 보고서의 기재사항은 기본적으로 사업보고서와 동일하다. 따라서 분기 및 반기 보고서는 분석대상 기업의 최근 경영실태를 파악하는 데 아주 유용한 자료가 되고 있다.

2) 기업분석자료

요약된 형태의 기업별 재무제표는 각 증권회사가 발행하고 있는 「상장기업재무분석자료」 등에서 얻을 수 있다. 이들 자료는 단행본을 이용해도 되지만 대부분의 내용을 인터넷을 통하여 검색할 수 있다. 다음의 〈표 2-11〉은 한 증권회사가 투자자에게 인터넷으로 제공하는 기업분석자료의 예이다.

표 2-11 기업분석자료의 예

기업정보 ETF/ETN 정보 리포트 실적속보 컨센서스 스크리닝 랭킹 분석 캘린더 부가정보 이용안내

Snapshot 기업개요 재무제표 재무비율 투자지표 컨센서스 지분분석 업종분석 경쟁사비교 거래소공시 금감원공시

삼성전자 005930 | 12월 결산
KSE 코스피 전기,전자 | FICS 휴대폰 및 관련부품 | K200

PER	12M PER	업종 PER	PBR	배당수익률
10.37	10.21	11.85	1.37	2.41%

연결 별도 차트 보이기

포괄손익계산서 [연간] 단위 : 억원 연간 분기

IFRS(연결)	2019/12	2020/12	2021/12	2022/03	전년동기	전년동기(%)
매출액	**2,304,009**	**2,368,070**	**2,796,048**	**777,815**	**653,885**	**19.0**
매출원가	1,472,395	1,444,883	1,664,113	470,721	415,000	13.4
매출총이익	831,613	923,187	1,131,935	307,094	238,885	28.6
판매비와관리비	553,928	563,248	615,596	165,880	145,057	14.4
영업이익	**277,685**	**359,939**	**516,339**	**141,214**	**93,829**	**50.5**
영업이익(발표기준)	**277,685**	**359,939**	**516,339**	**141,214**	**93,829**	**50.5**
금융수익	101,616	122,676	85,432	35,022	22,386	56.4
금융원가	82,749	113,181	77,046	30,333	19,939	52.1
기타수익	17,787	13,841	22,057	7,002	2,997	133.6
기타비용	14,147	24,889	20,560	4,531	3,242	39.7
종속기업,공동지배기업및관계기업관련손익	4,130	5,065	7,296	2,325	1,475	57.6
세전계속사업이익	**304,322**	**363,451**	**533,518**	**150,698**	**97,506**	**54.6**
법인세비용	86,933	99,373	134,444	37,452	26,090	43.6
계속영업이익	217,389	264,078	399,075	113,246	71,417	58.6
중단영업이익						
당기순이익	**217,389**	**264,078**	**399,075**	**113,246**	**71,417**	**58.6**
지배주주순이익	215,051	260,908	392,438	111,291	70,928	56.9
비지배주주순이익	2,338	3,170	6,637	1,955	489	299.9

자료 : 삼성증권, 기업분석(2022.8.11.).

2. 기타자료 및 자료원천

재무제표가 아닌 기타자료 가운데 비율분석에서 가장 많이 이용되는 것은 증권시장자료이다. 증권시장자료는 증권시장에서 거래되는 주식과 채권에 관한 자료로서 주가 및 주식거래량, 국·공채와 회사채의 수익률과 거래량, 주가이익비율(PER), 배당수익률, 주당순이익(EPS) 등이 이에 포함된다.

오늘날 증권시장의 발달과 더불어 많은 투자자와 애널리스트, 기업들이 증권시장에 커다란 관심을 보이고 있다. 경영분석이 투자자의 투자결정에 도움을 주기 위해서는, 비율분석에 증권시장자료를 보다 많이 활용할 필요가 있다. 아울러 분석대상 기업 및 업종, 일반

경제동향에 관한 자료에 대한 분석도 중요하다. 오늘날 관련 자료는 대부분 인터넷을 통하여 입수할 수 있으므로, 여기서는 한국거래소가 온라인으로 발간하는 「증권시장지」의 내용을 간단히 설명하고, 주요 자료의 검색에 도움이 되는 인터넷 사이트를 정리하기로 한다.

(1) 「증권시장지」

투자자들이 이용할 수 있는 일간자료에는 우선 한국거래소(www.krx.co.kr)가 인터넷으로만 발행하는 「증권시장지」라는 일간지가 있다. 이 자료에는 유가증권시장과 코스닥시장, 코넥스시장, 파생상품시장 등에서 해당일에 거래된 주식과 채권, 파생상품에 관한 주요 자료 및 공시사항 등이 수록되어 있다. 주식관련 자료로는 매일의 주가지수, 종목별 주식시세 및 거래량 그리고 각종 공시사항 등이 수록되어 있고, 채권관련 자료로는 각종 채권의 수익률동향, 거래량 등이 수록되어 있다.

〈표 2-12〉에는 「증권시장지」(2022.8.11.)의 「주식시세표」 일부가 제시되어 있다. 〈표 2-12〉에 제시되어 있는 주식시세표(株式時勢表)의 내용을 간단히 살펴보자.

표 2-12 「증권시장지」의 주식시세표

단축코드	종목명	종가	대비	등락률	시가	고가	저가	거래량(주)	거래대금(원)	상장주식수(주)	시가총액(백만원)	증권구분
A088350	한화생명	2,320	+20	0.87	2,340	2,345	2,295	1,376,195	3,192,002,035	868,530,000	2,014,990	주권
A000370	한화손해보험	4,970	-70	-1.39	5,010	5,030	4,905	438,321	2,171,758,005	116,738,915	580,192	주권
A009830	한화솔루션	46,500	+1,500	3.33	46,150	47,300	45,250	4,074,235	189,003,978,700	191,278,497	8,894,450	주권
A009835	한화솔루션우	50,300	+2,850	6.01	49,000	51,700	48,000	185,682	9,285,546,800	1,123,737	56,524	주권
A272210	한화시스템	15,500	+150	0.98	15,400	15,550	15,200	606,827	9,349,996,450	188,919,389	2,928,251	주권
A012450	한화에어로스페이스	70,700	0	0	71,400	71,600	69,200	1,127,454	79,214,909,200	50,630,000	3,579,541	주권
A000885	한화우	37,450	+100	0.27	37,500	37,550	37,400	1,262	47,348,350	479,294	17,950	주권
A003530	한화투자증권	3,500	+210	6.38	3,350	3,500	3,330	1,735,549	5,958,611,845	214,547,775	750,917	주권
A003535	한화투자증권우	7,660	+250	3.37	7,450	7,660	7,450	14,928	113,914,740	4,800,000	36,768	주권

자료 : 한국거래소, 「증권시장지」(2022.8.11.).

- 종가 · 시가 · 고가 · 저가 : 당일 최종거래에서 체결된 주식가격이 종가(終價)이며, 당일 최초거래에서 체결된 가격이 시가(始價)이다. 고가와 저가는 그날 형성된 가격 중에서 제일 높은 가격과 제일 낮은 가격을 말한다. 이날 한화생명의 종가는 2,320원으로 전일 대비 20원 상승하였으며, 이러한 +20을 전일 종가 2,300원으로 나누면 등락률 0.87%가 된다. 이날 한화생명의 장 중 최고가는 2,345원이고 최저가는 2,295원이었다.

- 거래량(주)과 거래대금(원) : 거래량은 하루 동안 매매완료된 주식수를 말한다. 거래대금은 하루 동안 매매된 총금액으로, 매매가 체결된 주식가격과 그 거래량을 곱한 값을 그날 하루 동안에 대해 모두 합산하여 계산한다.
- 상장주식수(주) : 기업이 발행하여 상장시킨 총주식수를 말한다. 〈표 2-12〉에서 한화생명의 경우는 보통주만 868,530,000주가 상장되어 있음을 알 수 있다.[42] 우선주가 상장된 경우에는 보통주 아래에 '우'로 표시되어 있다.
- 시가총액(백만 원) : 상장된 모든 주식을 그날의 종가로 평가한 금액으로, 상장주식수와 종가를 곱하여 계산한다. 한화생명의 경우 시가총액은 [868,530,000×2,320원]=2,014,989,600,000원, 약 2조 149억 9천만 원이다.
- 불성실공시법인여부 : 상장법인이 공시규정에 의한 공시의무를 성실히 이행하지 아니하여 공시불이행이나 공시번복, 또는 공시변경에 해당될 경우 불성실공시법인으로 지정되어 「증권시장지」에서 이를 표시한다.

(2) 인터넷 자료

효과적인 경영분석을 위해서는 기업공시자료, 주식시세를 비롯한 증권시장자료, 업계동향 및 국내외 경제동향에 관한 자료를 보다 신속하고도 손쉽게 입수할 필요가 있다. 이러한 경우 필수적인 도구가 인터넷(internet)이다. 인터넷은 원래 1969년 미국 국방부의 ARPANET와 미국과학재단의 NSFNET를 중심으로 발전된 컴퓨터 통신망인데, 지금은 세계 각국의 컴퓨터가 네트워크로 연결된 국제적인 정보통신망이 되었다. 인터넷을 이용할 경우 전자우편(E-mail)의 송·수신은 물론, 네트워크상에 있는 세계 각국의 컴퓨터에 수록된 정보(문자 · 그림 · 음성 · 숫자)를 누구나 신속하고 저렴하게 입수할 수 있게 된다.

인터넷을 효과적으로 활용하기 위해서는 찾고자 하는 정보를 제공하고 있는 정부, 기업, 민간연구소 등 관련 기관의 정확한 명칭이나 웹 사이트(web site)의 주소(URL)를 알고 있어야 한다.[43] 다음의 〈표 2-13〉에는 경영분석에 유용한 각종 정보를 제공하고 있는 일부 주요 기관의 명칭과 웹 사이트 주소를 적어 놓았다.

---

42) 이날 현재 회사가 주가관리 등을 목적으로 재매입한 자기주식수는 117,139,750주이다. 그러므로 주식시장에서 실제로 거래될 수 있는 유통주식수는 발행주식수에서 자기주식수를 차감한 751,390,250주이다.

43) 물론 찾고자 하는 기관을 모르거나 어느 기관에서 해당 정보를 제공하는지 모를 경우에는 네이버(www.naver.com)나 구글(www.google.co.kr) 등 인터넷 포털(portal) 사이트에서 키워드 등으로 검색하면 된다.

표 2-13 경영분석에 유용한 정보를 제공하는 주요 웹 사이트

구분	제공하는 주요 정보	관련 기관명과 웹 사이트 주소
주요 정부 정책	재정 및 금융 정책	기획재정부(www.mosf.go.kr) 금융위원회(www.fsc.go.kr)
	산업 및 중소기업 정책	산업통상자원부(www.motie.go.kr) 중소벤처기업부(www.mss.go.kr)
경제 및 금융 통계 및 관련 규정	금융, 외환, 국제금융, 국민소득관련 통계 및 자료	한국은행(www.bok.or.kr) 금융감독원(www.fss.or.kr)
	생산, 고용, 소비자물가, 경기관련 통계 및 자료	통계청(www.kostat.go.kr)
	경제일반 및 특정산업의 현황분석과 전망, 연구자료 발간	한국개발연구원(www.kdi.re.kr) 산업연구원(www.kiet.re.kr) 대외경제정책연구원(www.kiep.go.kr) 한국금융연구원(www.kif.re.kr) 삼성글로벌리서치(https://samsungsgr.com) LG경영연구원(www.lgbr.co.kr)
업계, 산업 및 무역	업계의 현황과 전망 분석, 대정부 정책건의	전국경제인연합회(www.fki.or.kr) 대한상공회의소(www.korcham.net) 한국무역협회(www.kita.net)
주식, 채권, 파생상품	증권관련 통계 및 분석자료	한국거래소(www.krx.co.kr) 한국금융투자협회(www.kofia.or.kr)
증권투자	유망 종목 분석 및 추천	삼성증권(www.samsungpop.com) 한국투자증권(https://securities.koreainvestment.com) 현대차증권(www.hmsec.com)
신용평가	기업어음, 전자단기회사채, 회사채, ABS 등 신용등급, 기업 및 산업 분석	한국신용평가(www.kisrating.com) 한국기업평가(www.korearatings.com) NICE신용평가(www.nicerating.com) 무디스(www.moodys.com) S&P(https://www.spglobal.com)
세계 경제, 금융, 증권시장	주가, 환율, 원자재가격 동향, 시황, 뉴스, 투자전략	국제금융센터(www.kcif.or.kr) CNN Business(http://edition.cnn.com) 블룸버그통신(www.bloomberg.com) 뉴욕증권거래소(www.nyse.com) 나스닥(www.nasdaq.com)

제3절 재무비율의 분류

재무비율은 재무제표의 두 항목을 관련시켜 임의로 계산할 수 있으므로 수없이 많은 재무비율을 생각할 수 있다. 그러나 실제로는 경제적 의미가 명확한 비율만이 유용성이 있으므로 실무에서 이용하고 있는 재무비율의 수는 그리 많지 않다. 그런데 이와 같은 재무비율을 몇 가지 범주로 분류하여 이용하면 분석목적에 보다 적합한 재무비율을 선택할 수 있어 대단히 유용하다. 자주 이용되고 있는 재무비율의 분류방법을 소개하면 다음과 같다.

1. 자료원천에 따른 분류

재무비율을 분류하는 방법 중 가장 간단한 것은 재무비율의 계산에 이용된 재무제표의 종류에 따라서 분류하는 것이다. 여기서는 재무비율을 구성하는 분자항목과 분모항목이 재무상태표와 손익계산서의 어느 회계자료에서 나왔느냐에 따라 다음과 같이 분류한다.

① 재무상태표비율 : 재무비율의 분자 · 분모항목이 모두 재무상태표항목인 경우(예 : 유동비율, 자기자본비율 등)

② 손익계산서비율 : 재무비율의 분자 · 분모항목이 모두 손익계산서항목인 경우(예 : 매출액영업이익률, 매출액순이익률 등)

③ 혼합비율 : 재무비율의 분자 · 분모항목이 서로 다른 회계자료의 항목인 경우(예 : 총자산순이익률, 총자산회전율 등)

위와 같은 분류방법은 자료의 원천에 따른 것인데, 재무상태표는 일정시점을 기준으로 작성된 회계자료이고 손익계산서는 일정기간을 기준으로 작성된 회계자료이므로 이상의 분류는 다시 정태비율과 동태비율로 분류될 수 있다.

① 정태비율(靜態比率, static financial ratios) : 일정시점에서 기업의 재무상태를 나타내는 재무비율로서 재무상태표비율을 말한다.

② 동태비율(動態比率, dynamic financial ratios) : 일정기간 중 기업의 경영성과를 나타내는 재무비율로서 손익계산서비율을 말한다. 앞서 설명한 혼합비율은 내용상 손익계

산서의 한 항목과 재무상태표의 한 항목을 대응시켜 작성된 재무비율이므로 동태비율에 포함시킬 수 있다.

2. 분석방법에 따른 분류

비율분석을 실제로 수행할 때는 재무비율을 계산하여 이를 업종평균비율과 비교하거나 재무비율의 역사적 추이를 관찰하는 분석방법을 이용한다. 그러나 기업 간에 자산규모의 차이가 존재할 때에는 기업 간의 경영성과나 재무상태를 비교하기 위하여 재무제표의 각 항목을 자산총계나 매출액으로 나누어 백분비로 표시한 다음 기업 상호 간을 비교하는 분석방법을 이용한다. 이와 같은 측면에서는 재무비율을 관계비율과 구성비율로 분류할 수 있다.

① 관계비율(relative ratios) : 관계비율이란 재무제표의 두 항목을 대응시켜 계산한 재무비율을 말한다. 대개 비율분석은 관계비율에 의하여 이루어지며, 앞서 소개한 정태비율(재무상태표비율), 동태비율(손익계산서비율, 혼합비율)도 관계비율에 따르는 분류방법이다.

② 구성비율(component ratios) : 재무상태표의 구성비율은 자산 · 부채 · 자본의 각 항목을 자산총계(부채와 자본총계)로 나누어 계산한 백분비를 말하며, 손익계산서의 구성비율은 각 항목을 매출액으로 나누어 계산한 백분비를 말한다. 구성비율을 이용하면 자산규모나 매출액이 서로 다른 기업의 재무상태나 경영성과가 왜 차이가 나는지, 그리고 시간의 흐름에 따라서 기업의 자산규모, 재무구조, 비용구조가 어떻게 변화하였는지를 파악할 수 있다. 구성비율의 이용은 제4장의 '공통형 재무제표'에서 구체적으로 설명된다.

3. 분석자의 이용목적에 따른 분류

재무정보는 기업에 관련된 분석자의 의사결정에 도움을 줄 때 가치가 있다. 그러나 분석자마다 필요로 하는 정보의 내용은 차이가 있다. 예를 들어, 투자자는 기업의 수익성에 관심이 많고, 채권자는 기업의 장·단기 채무이행능력에 관심을 갖게 되며, 경영자는 기업

경영 전반의 효율에 관하여 알고자 한다. 이와 같은 정보는 재무비율의 분석에 의해서 제공될 수 있으므로 재무비율은 분석자의 이용목적, 즉 정보필요(information needs)에 따라 분류하는 것이 가장 좋다. 재무비율을 이 기준으로 분류하면 ① 유동성비율, ② 레버리지비율 또는 안전성비율, ③ 수익성비율, ④ 회전율(활동성비율), ⑤ 성장성비율, ⑥ 증권시장비율 등으로 분류하고 있다.

4. 한국은행의 분류

한국은행은 「기업경영분석」을 통하여 업종평균비율을 발표하고 있는데, 재무비율의 분류는 원칙적으로 이용자의 정보필요에 따라 이루어진다.

한국은행은 매년 국세청 법인세 신고기업 중 조사제외업체를 제외한 비금융 영리법인 전체를 모집단(2021년의 경우 858,566개)으로 하여[44] 이들 기업이 법인세 신고서류에 첨부한 재무제표를 집계하여 업종별 종합재무제표를 작성한 다음 이로부터 재무비율을 계산하여 「기업경영분석」을 발간하고 있다. 「기업경영분석」에는 ① 총자산증가율, 매출액증가율 등 성장성에 관한 지표 6종, ② 총자산순이익률, 이자보상비율 등 손익의 관계비율 34종, ③ 자기자본비율, 유동비율 등 자산 · 자본의 관계비율 13종, ④ 총자산회전율, 유형자산회전율 등 자산 · 자본의 회전율 10종, ⑤ 총자본투자효율, 부가가치율 등 생산성에 관한 지표 5종 등 모두 68종의 재무비율과 부가가치의 구성이 수록되어 있다. 「기업경영분석」에 수록된 재무비율의 예는 〈표 2-15〉에 제시되어 있다.

5. 본서의 분류

본서는 분석자의 이용목적에 따른 분류방법을 택하고 있다. 분석자의 이용목적을 충족시킬 수 있는 방향으로 재무비율을 분류하더라도 학자에 따라서는 약간의 차이가 있다. 본서에서는 그중에서 대표적인 분류방법이라고 생각되는 웨스턴과 브리감(J.F. Weston and E.F. Brigham)의 분류를 기본으로 하여 〈표 2-14〉와 같은 분류를 채택하였다.[45] 각 비율의

44) 조사제외업체는 다음과 같다. ① 결산월 1~5월 업체, ② 「2021년 공공부문계정」의 공공부문 중 비금융공기업을 제외한 일반정부 및 금융공기업 등 비영리법인, ③ 임업, 수도업, 금융 및 보험업, 연구개발업, 공공행

표 2-14 본서의 재무비율의 분류

기본분류	내 용	주요 재무비율
유동성비율 (liquidity ratios)	기업의 단기채무를 상환할 수 있는 능력을 측정	유동비율, 당좌비율, 현금비율, 방어기간비율
레버리지비율 (leverage ratios)	기업의 자본구성과 존속능력, 특히 장기채무상환능력을 측정	부채비율, 자기자본비율, 비유동장기적합률, 이자보상비율
수익성비율 (profitability ratios)	기업의 경영성과와 이익창출능력을 측정	총자산순이익률, 자기자본순이익률, 매출액영업이익률, 매출액순이익률, 금융비용부담률
활동성비율 (activity ratios)	기업이 보유하는 자산의 물리적 활용도를 측정	총자산회전율, 매출채권회전율, 재고자산회전율, 유형자산회전율, 매입채무회전율
성장성비율 (growth ratios)	기업의 자산과 자본, 매출액 등 기업규모와 외형 등의 증가추세를 측정	총자산증가율, 자기자본증가율, 매출액증가율
주식분석비율 (equity analysis ratios)	주식의 투자가치를 판단하기 위한 비율	주가이익비율, 주가순자산비율, 주가매출액비율, 배당성향, 배당수익률, 주가 EBITDA 비율, EVA

내용과 계산방법에 대해서는 제3장에서 자세히 설명할 것이다.

제 4 절 표준비율

일반적으로 재무비율을 이용하여 기업의 재무상태나 경영성과의 좋고 나쁨을 평가할 때 추세분석이나 상호비교분석을 이용한다. 여기서는 상호비교분석에서 중요한 역할을 하는 세 가지 비교기준에 관하여 그 특징을 살펴보기로 한다.

정 · 국방 및 사회보장행정, 초·중·고등 교육기관, 보건 · 사회복지서비스업, 협회 · 단체, 가구 내 고용활동 및 달리 분류되지 않는 자가소비생산활동 등 제외업종 영위업체, ④ 비사업지주회사, 종업원이 없는 특수목적 회사(SPC, PFV 등) 등, ⑤ 매출액 또는 자산이 (-)인 업체.

45) J.F. Weston and E.F. Brigham, *Managerial Finance*(Hinsdale, Illinois : The Dryden Press, 1981), pp. 138~152.

1. 이상적 표준비율

이상적 표준비율(理想的 標準比率, ideal bench marks)은 각 기업이 속한 업종이나 기업의 규모 등과 관계없이 어느 기업의 재무비율이 이 수준을 상회하여야 그 기업의 재무상태나 경영성과가 양호하다고 판단하게 되는 절대적 기준이다. 초기의 비율분석에 있어서는 이상적 표준비율이 많이 이용되었는데, 특히 은행은 기업의 유동비율이 200% 이상 되어야 기업의 단기지급능력이 확보되는 것으로 판단하였다.

이상적 표준비율은 실무에서는 업종별 특성으로 인한 재무비율의 차이 등으로 인하여 잘 이용되지 않는다. 그러나 외환위기를 극복하는 과정에서 정부가 대기업의 재무구조를 개선하기 위하여 부채비율을 200% 이하로 낮추도록 유도한 것이나, 기업구조조정과 관련하여 이자보상비율이 1배에도 못 미치는 기업은 부실화의 가능성이 있는 한계기업으로 판단하는 사례 등은 나름대로의 이상적 표준비율을 적용한 것이라 할 수 있다.

2. 업종평균비율

상호비교분석 시 가장 널리 이용되는 표준비율은 업종평균비율(業種平均比率, industry average ratios)이다. 업종평균비율은 표준산업분류와 같은 일정한 기준에 의하여 업종을 세분한 다음, 같은 업종에 속하는 기업들의 재무비율을 계산하고 이로부터 그 업종을 대표하는 재무비율의 값을 산출함으로써 결정된다.

업종평균비율이라 하더라도 평균값을 구하는 방법에 따라서 기업규모를 고려하지 않은 단순평균비율과 기업규모를 고려한 가중평균비율 등으로 나눌 수 있다. 한국은행의 「기업경영분석」에 수록된 업종평균비율은 표본으로 포함된 개별기업의 재무제표를 합산한 업종별 종합재무제표에서 계산되므로 일종의 가중평균비율이라 할 수 있다. 다음의 〈표 2-15〉는 「기업경영분석」에 수록된 업종평균비율을 보여주고 있다.

「기업경영분석」에서는 한 업종에 대하여 한 페이지에는 종합재무제표를, 다른 한 페이지에는 최근 3개년간의 재무비율을 수록하고 있으므로 어느 한 기업에 대하여 추세분석과 상호비교분석을 동시에 할 수 있는 이점이 있다.

표 2-15 업종평균비율의 예 : C10, 식료품업(종합)

5. 성장성에 관한 지표 Indicators concerning Growth

단위 : % Unit : %

Code No.	내 역 Contents	2019	2020	2021
501	총자산증가율	5.71	5.78	8.91
502	유형자산증가율	6.33	5.56	6.65
503	유동자산증가율	8.58	4.44	9.55
504	재고자산증가율	4.94	4.47	13.19
505	자기자본증가율	−0.15	8.23	5.99
506	매출액증가율	3.31	6.25	9.52

6. 손익의 관계비율 Relationship Ratios of Income and Expense

단위 : % Unit : %

Code No.	내 역 Contents	2019	2020	2021
601	총자산세전순이익률	3.66	4.56	3.93
602	총자산순이익률	2.73	3.39	2.97
603	기업세전순이익률	4.66	5.45	4.75
604	기업순이익률	3.74	4.29	3.79
605	자기자본세전순이익률	7.26	9.31	8.00
606	자기자본순이익률	5.43	6.93	6.06
607	자본금세전순이익률	48.47	61.40	55.15
608	자본금순이익률	36.24	45.74	41.74
609	매출액세전순이익률	3.28	4.00	3.41
610	매출액순이익률	2.45	2.98	2.58
611	매출액영업이익률	3.87	3.99	3.56
612	매출원가 대 매출액	78.94	78.81	79.55
613	변동비 대 매출액	63.66	64.02	65.14
614	고정비 대 매출액	35.13	34.71	33.57
615	연구개발비 대 매출액	0.42	0.41	0.41
616	인건비 대 매출액	11.82	11.67	11.30
617	인건비 대 영업총비용	14.02	13.95	13.50
618	재료비 대 매출액	49.48	49.32	50.17
619	재료비 대 영업총비용	58.69	58.95	59.96
620	순외환손익 대 매출액	-0.03	0.19	−0.16
621	EBIT 대 매출액	4.18	4.79	4.13
622	EBITDA 대 매출액	6.78	7.39	6.67
623	감가상각률	10.50	10.27	10.30
624	금융비용 대 부채	2.02	1.76	1.61
625	차입금평균이자율	3.22	2.78	2.48
626	금융비용 대 총비용	0.91	0.80	0.72
627	금융비용 대 매출액	0.90	0.79	0.71
628	순금융비용 대 매출액	0.65	0.58	0.55
629	이자보상비율	430.67	505.56	498.41
630	순이자보상비율	597.34	688.53	647.86
631	손익분기점률	90.97	88.87	90.21
632	사내유보율	96.07	95.50	96.67
633	배당률	10.21	12.64	9.81
634	배당성향	22.27	22.53	17.60

고기 · 수산물 · 과실 · 채소 및 유지 가공업, 낙농제품 및 식용빙과류, 곡물가공품 · 전분제품, 사료 및 조제식품 제조업, 기타 식품 제조업

자료 : 한국은행, 「기업경영분석」(2021년도).

7. 자산 · 자본의 관계비율 Relationship Ratios of Assets, Liabilities and Stockholders' Equity

단위 : % Unit : %

Code No.	내 역 Contents	2019	2020	2021
701	자기자본비율	48.97	49.50	48.46
702	유동비율	133.58	139.34	130.39
703	당좌비율	90.92	94.97	87.56
704	현금비율	16.10	20.82	20.43
705	비유동비율	120.07	119.39	122.63
706	비유동장기적합률	85.03	83.66	86.27
707	부채비율	104.19	102.02	106.37
708	유동부채비율	62.97	59.30	64.23
709	비유동부채비율	41.22	42.72	42.15
710	차입금의존도	31.68	32.47	33.84
711	차입금 대 매출액	27.90	28.42	28.76
712	매출채권 대 매입채무	167.89	172.01	157.40
713	순운전자본 대 총자본	10.36	11.554	9.46

8. 자산 · 자본의 회전율 Turnover Ratios of Assets, Liabilities and Stockholders' Equity

단위 : 회 Unit : times

Code No.	내 역 Contents	2019	2020	2021
801	총자산회전율	1.11	1.14	1.15
802	자기자본회전율	2.21	2.32	2.34
803	자본금회전율	14.76	15.34	16.15
804	경영자산회전율	1.38	1.38	1.42
805	비유동자산회전율	1.88	1.93	1.93
806	유형자산회전율	2.97	3.01	3.08
807	재고자산회전율	8.44	8.69	8.79
808	상(제)품회전율	15.66	16.19	16.64
809	매출채권회전율	9.45	9.79	10.24
810	매입채무회전율	16.26	16.72	16.80

9. 생산성에 관한 지표 Indicators concerning Productivity

단위 : % Unit : %

Code No.	내 역 Contents	2019	2020	2021
901	총자본투자효율	21.09	21.49	20.72
902	설비투자효율	59.07	59.31	58.09
903	기계투자효율	268.23	272.43	274.91
904	부가가치율	21.91	22.01	21.08
905	노동소득분배율	74.75	73.84	75.52

10. 부가가치의 구성 Composition of Gross Value Added

단위 : % Unit : %

Code No.	내 역 Contents	2019	2020	2021
1001	영업잉여	16.35	17.71	16.38
1002	인건비	62.47	61.80	62.75
1003	금융비용	4.75	4.18	3.96
1004	조세공과	2.70	2.56	2.79
1005	감가상각비	13.73	12.99	14.12

Note : Given in English terms on pp.670~678

참고 4분위 재무비율

일반적으로 비율분석에서는 어느 기업의 재무비율을 계산하고 이를 업종평균비율과 비교하여 기업의 경영성과나 재무상태를 평가하게 된다. 이 경우 단순히 업종평균보다 좋다거나 나쁘다는 평가만이 아니고, 좋

표 2-16 4분위 재무비율(Quartile Financial Ratio)의 예 (단위 : %)

		부채비율			차입금의존도		
		1분위	2분위 (중위수)	3분위	1분위	2분위 (중위수)	3분위
제 조 업(C10~34)	2019	55.7	156.4	432.5	7.1	35.2	58.7
	2020	56.6	157.9	446.2	7.8	36.3	59.8
	2021	56.7	160.1	460.6	7.8	36.4	60.1
식음료담배(C10~12)	2019	76.8	194.8	597.0	16.8	45.9	66.1
	2020	79.5	197.9	604.5	18.0	46.6	66.8
	2021	81.0	200.0	634.7	18.6	46.6	67.3
섬유의복(C13~15)	2019	66.4	175.6	641.3	9.3	35.7	60.4
	2020	67.8	184.5	763.8	10.7	37.9	63.5
	2021	72.3	206.1	1,326.2	11.0	39.5	66.4
목재종이(C16~18)	2019	56.1	159.8	420.0	6.5	34.0	57.3
	2020	56.4	160.5	445.5	6.6	35.2	57.8
	2021	56.7	162.9	454.4	6.5	35.5	58.3
석유화학(C19~22)	2019	54.6	152.3	427.0	8.7	36.5	59.4
	2020	56.7	155.3	451.2	9.3	37.5	60.1
	2021	56.1	159.2	471.7	10.0	38.0	61.2
비금속광물(C23)	2019	44.4	122.8	365.3	5.8	30.0	53.7
	2020	42.7	123.3	377.0	6.4	31.3	54.8
	2021	42.7	128.2	378.8	6.6	31.1	55.3
금속제품(C24~25)	2019	57.6	154.8	370.9	6.7	34.7	56.9
	2020	56.7	153.9	370.5	6.9	35.4	57.6
	2021	56.5	153.5	363.3	7.0	34.7	56.9
기계전기전자(C26~29, C34)	2019	49.4	141.2	389.9	4.9	32.3	56.4
	2020	49.2	141.1	386.4	5.5	33.1	57.1
	2021	48.5	139.1	384.5	5.1	32.7	56.9
운송장비(C30~31)	2019	69.1	185.7	476.4	6.8	38.8	61.3
	2020	71.4	190.6	505.0	7.5	39.7	62.5
	2021	71.8	189.8	500.4	6.7	39.4	61.8
가구 및 기타(C32~33)	2019	57.3	167.8	647.6	5.5	34.5	61.5
	2020	58.8	173.4	788.5	7.7	36.9	63.2
	2021	59.8	182.6	813.9	8.5	37.8	64.5

자료 : 한국은행, 「기업경영분석」(2021년도).

으면 얼마나 좋은지 혹은 나쁘면 어느 정도나 나쁜지를 알 수 있으면 더 나은 평가를 내릴 수 있을 것이다. 이러한 경우에 업종을 구성하는 재무비율의 분포가 필요하며, 그 한 예가 4분위 재무비율(quartile financial ratio)이다.

4분위 재무비율은 업종을 구성하는 기업의 재무비율을 크기순으로 나열한 다음, 1분위(상위 25%), 2분위(상위 50%, 중위수), 3분위(상위 75%)에 각각 해당하는 값을 취하여 작성한다. 〈표 2-16〉은 제조업 및 구성업종(2021년도)의 부채비율 및 차입금의존도의 4분위 재무비율을 보여주고 있다. 예를 들면, 2021년도의 경우 식품 및 음료업종의 부채비율을 보면 1분위가 81.0%, 2분위가 200.0%, 3분위가 634.7%로 나와 있다. 이는 이 업종을 구성하는 업체의 수가 2021년도에 16,921개(식료품(C10) 16,073개, 음료품(C11), 848개)이므로 부채비율이 낮은 순으로 4,231번째에 해당하는 회사가 81.0%, 8,461번째에 해당하는 회사가 200.0%, 그리고 12,691번째에 해당하는 회사가 634.7%라는 것을 의미한다. 그러므로 연결재무제표기준으로 2021년도의 오뚜기의 부채비율은 69.38%(〈표 3-6〉)이므로 이 회사의 부채비율은 업종평균보다 낮으며 상위 25% 이내에 있다고 판단할 수 있다.

3. 경쟁상대기업 및 최고기업의 재무비율

재무비율의 비교기준으로서 경쟁상대기업이나 산업 내에서 경영성과가 뛰어난 기업의 재무비율을 이용하는 것이 분석에 도움이 될 때가 많다. 이것은 앞서 소개한 산업평균비율이 산업분류상의 문제 때문에 이용될 수 없거나, 제품시장(製品市場)이 소수의 기업에 의하여 점유되고 있는 경우에 특히 그러하다. 경쟁상대기업은 사업의 경제적 특성이 유사하고 경영환경의 변화에 대처해야 하는 상황도 유사하기 때문에, 경쟁상대기업의 재무비율과 비교함으로써 분석대상기업의 재무적 강점과 약점을 명확하게 파악할 수 있다. 우리나라의 많은 기업이 외국의 기업과 수출시장을 두고 치열한 경쟁을 벌이고 있으므로, 비교기준을 해외시장에서의 경쟁상대기업에서 구하는 것도 의미가 있다.

또 같은 업종에서 가장 성과가 뛰어난 기업의 재무비율을 비교기준으로 이용하는 것도, 분석대상기업이 최고기업에 비하여 어느 부분이 취약한지 그리고 그 정도가 얼마나 되는지를 알 수 있어 유용하다.

세계적인 경영컨설팅회사인 A. T. Kerney사는 전 세계 기업을 대상으로 매출증가율(sales growth rates)과 주식가치증가율(value growth rates)을 중심으로 경영실적이 뛰어난 25개 기업을 선정하여 '글로벌 챔피언'(Global Champions)으로 발표한 바 있다. [그림 2-3]은 2009년에 글로벌 챔피언으로 선정된 25개 기업 중 최상위 5개 기업의 명단인데, 일본의 닌텐도(Nintendo, 任天堂), 미국의 구글(Google)과 애플(Apple), 그리고 한국의 두산중공

| 그림 2-3 | 글로벌 챔피언 최상위기업

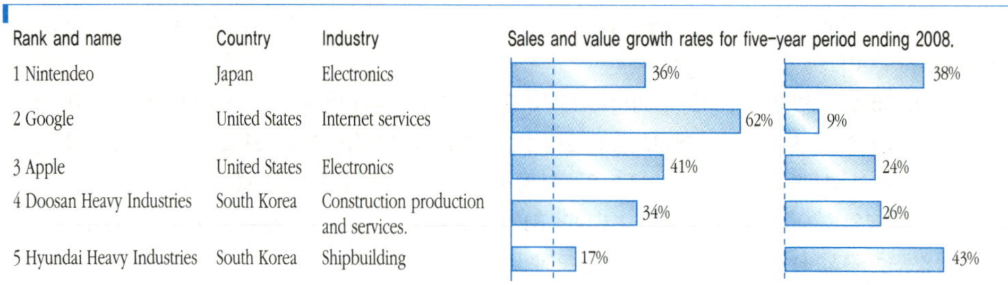

자료 : A. T. Kerney, *The A. T. Kerney Global Champions 2009*.

업과 현대중공업이 포함되어 있다. 조사대상 전체기업의 경우 5년간 매출증가율의 평균(중앙값)은 11%, 주식가치증가율의 평균(중앙값)은 −8%에 그친 것과 비교하면 이들 기업의 성장성이 뛰어난 것임을 알 수 있다.

그리고 〈표 2-17〉은 이들 5개 글로벌 챔피언의 주요 재무상황을 각 회사의 연차보고서에서 뽑아 정리한 것이다. 예상한 대로 닌텐도와 구글, 그리고 애플의 경우 매출액순이익률(NIS)과 매출액영업이익률(OIS)로 측정한 수익성이 매우 높고, 부채비율(TLTE)은 아주 낮아 초우량기업으로 손색이 없다는 것을 알 수 있다. A. T. Kerney사는 두산중공업에 대해서는 원자력발전 주기기제작과 해수담수화 플랜트의 강자로서 지니고 있는 성장가능성을 높게 평가하고 있다. 현대중공업에 대해서는 LNG선과 군함 등 고부가가치선박의 제조, 세계최대의 풍력터빈제조공장 건설, 태양전지공장(solar cell plant) 건설 등 다각화된 사업포

표 2-17 글로벌 챔피언 최상위 5개 기업의 재무상황

(단위 : Nintendo : 백만 엔, Google과 Apple : 백만 달러, 두산중공업과 현대중공업 : 백만 원, %)

Company Name	Fiscal Year	Net Sales	Operating Income	Net Income	Total Assets	NIS (%)	OIS (%)	TLTE (%)
Nintendo	2009. 3.	1,672,423	487,220	257,342	1,802,490	15.39	29.13	46.55
Google	2008.12.	21,796	6,632	4,227	31,768	19.39	30.43	12.50
Apple	2008. 9.	32,479	6,275	4,854	39,572	14.95	19.32	88.17
Doosan Heavy Industries	2008.12.	19,231,783	965,436	−351,362	30,162,100	−1.83	5.02	417.03
Hyundai Heavy Industries	2008.12.	27,483,590	3,181,964	2,574,199	38,377,653	9.37	11.58	475.63

주 : NIS=Net Income/Net Sales, OIS=Operating Income/Net Sales, TLTE=Total Liabilities/Total Shareholder's Equity

자료 : Nintendo, 「第69期 有價證券報告書」, Google, Apple, 「Annual Report(10-k)」, Doosan, Hyundai, 「Annual Report」.

트폴리오를 확보함으로써 글로벌 금융위기에 잘 대처하고 있다는 것을 강점으로 거론하고 있다. 그러나 이 두 회사는 수익성이나 재무구조의 측면에서는 상위 3개 챔피언기업에 비하여 상당히 밀리는 모습을 보여주고 있다.

연 습 문 제

01 다음 용어를 설명하라.

① 재무비율 ② DART

③ EDGAR ④ 성장성비율

⑤ 동태비율 ⑥ 이상적 표준비율

02 비율분석에 이용되는 자료에 관하여 설명하라.

03 사업보고서의 기재사항을 설명하라.

04 한국채택 국제회계기준(K-IFRS)과 일반기업회계기준에서 규정하는 재무제표의 내용과 그 차이에 관하여 설명하라.

05 연결재무제표의 유용성과 한계점을 설명하라.

06 업종평균비율의 의미와 계산방법을 설명하라.

제 3 장

비율분석의 실제

제1절 사례기업과 재무자료

제2절 비율분석의 실제

제3절 비율분석의 유용성과 한계

본장에서는 경영분석에서 가장 널리 활용되고 있는 분석기법인 비율분석을 설명하고자 한다. 제1절에서는 분석대상기업으로 선정한 사례기업을 소개하고 이 회사의 재무자료를 제시한다. 제2절에서는 각종 재무비율의 의미와 계산방법, 그리고 계산된 재무비율의 해석을 다룬다. 제3절에서는 비율분석의 유용성과 한계를 제시한다.

제1절 사례기업과 재무자료

본절에서는 구체적인 비율분석에 들어가기에 앞서 사례기업을 소개하고, 이 회사의 재무제표 등 재무자료를 제시하고자 한다. 사례기업으로는 우리나라 주요 식품회사의 하나인 오뚜기(www.ottogi.co.kr)를 선정하였다.

1. 사례기업 : 오뚜기

오뚜기는 1969년 5월에 설립되어 1994년에 8월에 유가증권시장(당시 한국증권거래소)에 상장된 회사로서, 식료품과 음료품의 제조 및 판매를 주요 목적사업으로 하는 회사이다. 1989년 경기도 안양에 '오뚜기 중앙연구소'를 개소하여 소비자의 요구에 부응하는 신제품을 개발하여 오고 있고, '오뚜기 뉴질랜드'(1997.5.)와 '오뚜기 아메리카'(2005.5.) 등 해외법인을 설립하여 해외시장에 진출하였으며, 2007년 6월에는 '임직원윤리규정'을 제정하여 윤리경영에도 힘쓰고 있다. 이러한 노력에 의해 '씻어나온 맛있는 오뚜기 쌀', '맛있는 오뚜기 밥', '3분요리' 등 세 제품은 2005년 11월에 '올해의 브랜드 대상'을 받았고, 특히 '맛있는 오뚜기밥'은 2008년 2월에 우주식품으로 최종인증을 통과하였으며 2008년 6월에는 '명품 브랜드 대상'을 받는 실적도 올렸다.

오뚜기는 CJ제일제당, 대상, 농심과 더불어 국내 4대 식품업체(Big 4)의 하나로, 조미식품류, 소스류, 수산물(참치캔), 면류(라면), 유지류(마아가린, 튀김유, 쇼트닝) 등을 생산 · 판매하고 있다. 이들 제품 중 카레, 스프, 케첩, 마요네즈 등으로 구성된 조미식품분야에서는 국내 1위를 점하고 있다. 특히, 동사의 중앙연구소는 신제품개발의 축적된 노하우를 바탕으로 강황함유 음료의 제조방법, 인스턴트 죽의 제조방법, 레토르트 참치볼 또는 참치스테이크의 제조방법, 커큐민을 유효성분으로 하는 항암 및 항염증 치료제 등을 개발하고 이에 대한 특허를 출원한 바 있다.

2021년의 경우 이 회사의 매출액은 전기 대비 3.1% 증가한 1조 7,817억 원(수출 1,749억 원, 내수 1조 6,068억 원), 영업이익은 10.3% 증가한 1,159억 원, 당기순이익은 2.0% 증가한 941억 원으로 업체 간의 치열한 경쟁속에서도 양호한 영업실적을 기록하였다. 이 회사의 자본금은 172억 원으로 발행주식수는 보통주 3,440,000주에 불과하며, 유통주식수(3,376,920주)를 기준으로 한 주당순이익은 전기 대비 2.6% 증가한 27,767원(액면가액은 5,000원)에 달하고 있다. 한편, 이 회사는 설립 이후 40년간 안양공장건물을 본사로 대신해 써오다가, 2009년 12월에야 서울 강남구 대치동의 한국토지주택공사 빌딩을 매입하여 처음으로 자체 사옥을 마련할 정도로, 생산과 영업 이외에는 비용을 낭비하지 않는다는 이른바 '짠돌이' 즉 내실위주의 기업문화로도 화제가 된 바 있다.[1] 한편, 오뚜기는 내수비중이 높기는 하지만 오뚜기뉴질랜드(1997년), 오뚜기아메리카(2005년), 오뚜기베트남(2007년) 등을 설립하는 등 해외시장 진출에도 적극적이고 해마다 수출실적도 증가하고 있다.

2. 재무자료

다음 〈표 3-1〉부터 〈표 3-3〉까지는 재무제표 중에서 오뚜기의 최근 3~4년간의 연결재무상태표와 연결포괄손익계산서, 연결자본변동표를 요약된 형태로 보여주고 있다.[2] 이들 자료는 기업의 유동성 · 안전성 · 수익성 · 효율성 · 성장성 등의 실태를 파악하기 위한 재무비율의 계산에 이용될 것이다. 〈표 3-4〉의 주식분석관련 자료는 이 회사의 주가이익비율, 주가순자산비율 등 주식의 투자가치판단에 참고가 될 수 있는 투자지표를 계산하는 데 이용된다.[3]

---

1) 오뚜기 사업보고서(2008년도) 및 머니투데이, 오뚜기관련 기사(2010.1.4.).

2) 연결대상이 된 종속회사는 다음의 20개 사이다(괄호 안은 오뚜기의 지분비율임). 오뚜기냉동식품(100.0%), 오뚜기에스에프지주(100.0%), 오뚜기에스에프(100.0%), 알디에스(100.0%), 애드리치(83.33%), 오뚜기물류서비스지주(87.02%), 오뚜기물류서비스(87.02%), 강소부도옹식품유한공사(73.64%), 강소태동식품유한공사(100.0%), 오뚜기뉴질랜드(97.79%), 오뚜기아메리카홀딩스(100.0%)와 그 자회사 및 손자회사(OTTOGI AMERICA, OTTOGI USA, OA LA MIRADA, OA WALNUT CREEK), 오뚜기베트남(100.0%), 오뚜기제유(100.0%), 상미식품(100.0%), 풍림피앤피(100.0%), 오뚜기프렌즈(100.0%).

3) 기존의 재무제표 중의 하나였던 이익잉여금처분계산서는 사내유보 및 사외유출(배당금)의 내역을 아는 데 도

표 3-1 연결재무상태표 (단위 : 백만 원)

과 목	2018.12.31.	2019.12.31.	2020.12.31.	2021.12.31.
자 산				
Ⅰ. 유동자산	822,591	669,847	779,890	1,028,062
1. 당좌자산	637,774	491,623	520,702	684,488
(현금 및 현금성자산)	139,854	122,150	85,713	222,280
(단기금융상품)	298,069	163,736	202,634	239,707
(매출채권)	180,397	188,939	214,461	201,573
2. 재고자산	184,817	178,224	259,187	343,574
Ⅱ. 비유동자산	1,240,888	1,482,276	1,559,410	1,577,777
1. 유형자산	1,006,917	1,246,864	1,262,473	1,256,262
2. 관계기업투자 및 투자부동산	166,329	165,143	210,484	225,573
3. 무형자산	53,229	51,333	63,587	59,966
4. 기타비유동금융자산	11,859	13,543	11,859	12,273
5. 기타비유동자산	2,554	5,393	11,007	23,704
자산총계	2,063,479	2,152,124	2,339,300	2,605,839
부 채				
Ⅰ.유동부채	521,665	524,803	570,150	701,331
1. 매입채무	230,222	245,231	181,791	214,215
2. 단기차입금 및 유동성장기차입금	137,461	144,656	213,235	342,963
3. 기타유동부채	153,981	134,916	175,125	144,153
Ⅱ. 비유동부채	266,155	280,838	327,225	366,056
1. 장기차입금	133,639	109,265	155,364	203,465
2. 기타비유동부채	132,517	171,572	171,861	162,591
부채총계	787,820	805,641	897,375	1,067,387
자 본				
Ⅰ.자본금	18,026	18,026	18,360	18,360
(보통주 자본금)	18,026	18,026	18,360	18,360
Ⅱ. 자본잉여금	131,906	131,906	177,548	175,614
(주식발행초과금)	129,249	129,249	169,095	169,095
(기타자본잉여금)	2,657	267	6,062	4,128
Ⅲ. 기타자본구성요소	−220,767	−220,767	−220,769	−220,769
(자기주식)	−215,821	−215,821	−215,823	−215,823
(기타포괄손익누계액)	18,629	17,311	14,326	15,524
Ⅳ. 이익잉여금(결손금)	1,260,225	1,331,164	1,411,945	1,516,436
Ⅴ. 지배기업소유주지분	1,208,019	1,277,641	1,401,410	1,505,165
Ⅵ. 비지배지분	67,639	68,842	40,515	33,288
자본총계	1,275,659	1,346,482	1,441,924	1,538,452
부채와 자본총계	2,063,479	2,152,124	2,339,300	2,605,839

자료 : 오뚜기 각 연도 사업보고서.

표 3-2 연결포괄손익계산서 및 참고자료 (단위 : 백만 원)

과 목	2019.1.1.~12.31.	2020.1.1.~12.31.	2021.1.1.~12.31.
Ⅰ. 수익(매출액)	2,359,651	2,595,881	2,739,037
Ⅱ. 매출원가	1,951,178	2,133,596	2,297,455
Ⅲ. 매출총이익	408,473	462,285	441,581
Ⅳ. 판매비와관리비	260,194	263,839	275,006
(급여 등)	127,255	128,925	133,012
(광고선전비)	43,166	41,081	42,542
(지급수수료)	40,743	46,663	47,011
Ⅴ. 영업이익(손실)	148,278	198,445	166,575
금융수익	5,709	3,809	8,541
(이자수익)	5,609	3,452	3,525
금융원가	7,916	32,661	9,018
(이자비용)	7,869	8,646	8,995
기타수익	11,279	30,585	13,820
(외환차익)	2,169	13,005	2,573
(임대료수익)	2,322	1,138	789
기타비용	22,067	33,912	28,612
(외환차손)	3,034	2,896	12,275
(기부금)	9,418	7,082	7,001
관계기업 지분법손익	6,707	10,738	11,595
Ⅵ. 법인세비용차감전순이익(손실)	141,991	177,004	162,901
법인세비용	42,196	66,624	32,923
Ⅶ. 당기순이익(손실)	99,795	110,380	129,978
Ⅷ. 기타포괄손익	−6,871	−4,004	3,206
Ⅸ. 총포괄손익	92,924	106,377	133,184
Ⅹ. 당기순이익(손실)의 귀속			
지배기업 소유주지분	96,839	106,254	129,410
비지배지분	2,956	4,126	568
XI. 포괄손익의 귀속			
지배기업 소유주지분	89,898	102,256	132,308
비지배지분	3,026	4,121	876
〈참고〉 감가상각비	77,953	93,928	97,531
무형자산상각비	3,596	4,296	7,589

자료 : 오뚜기 각 연도 사업보고서.

움이 되는데 K-IFRS에서는 주석으로 표시하도록 되었다. 한편, 현금흐름표 및 현금흐름관련 재무비율은 제5장의 자금흐름분석에서 설명하기로 한다.

표 3-3 연결자본변동표 (단위 : 백만 원)

구분	지배기업 소유주지분						비지배 지분	자본합계
	자본금	자본 잉여금	자본조정	기타포괄 손익 누계액	이익 잉여금	지배기업 소유주 지분		
2021.1.1.(기초자본)	18,360	177,548	−220,769	14,326	1,411,945	1,401,410	40,515	1,441,924
당기순이익					129,410	129,410	568	129,978
확정급여부채의 재측정요소					1,324	1,324	−23	1,301
해외사업환산손익				8,747		8,747	331	9,078
지분법자본변동				−7,440		−7,440		−7,440
지분법이익잉여금					352	352		352
파생상품평가손익				301		301		301
기타포괄손익-공정가치금융자산평가손익				−385		−385		−385
기타포괄손익의 이익잉여금 대체				−24	24			
배당금지급					−26,619	−26,619	−223	−26,842
비지배지분의 취득		−1,934				−1,934	−7,880	−9,815
2021.12.31. (기말자본)	18,360	175,614	−220,769	15,524	1,516,436	1,505,165	33,288	1,538,452

자료 : 오뚜기 2021년도 사업보고서.

표 3-4 주식분석관련 자료

	2019	2020	2021
주식수관련 자료(보통주)			
발행주식수(주)	3,605,237	3,671,981	3,671,981
자기주식수(주)	212,850	271,327	271,327
유통주식수(주)	3,392,387	3,400,654	3,400,654
가중평균유통주식수(주)	3,392,387	3,398,977	3,400,654
배당성향관련 자료			
당기순이익(백만 원)	96,839	106,254	129,410
배당금(백만 원)	25,443	27,205	27,205
주당자료			
주당순이익(원)	28,546	31,261	38,054
주당순자산(원)	414,248	440,425	468,681
주당매출액(원)	654,507	706,943	745,929
주당EBITDA(원)	63,748	80,793	73,991
주당배당금(원)	7,500	8,000	8,000
주가자료	**2020.6.30.**	**2021.6.30.**	**2022.6.30.**
종가(원)	557,000	544,000	424,000

자료 : 오뚜기 각 연도 사업보고서. 주당자료는 FnGuide 참조.

제2절 비율분석의 실제

본절에서는 경영분석에서 자주 활용되고 있는 각종 재무비율의 의미와 계산, 그리고 계산된 재무비율을 이용하여 기업의 경제적 실태를 평가하는 방법을 다루고자 한다. 재무비율은 유동성비율, 레버리지비율, 수익성비율, 활동성비율, 성장성비율, 주식분석비율로 분류하여 설명하기로 한다.[4] 재무비율은 앞의 〈표 3-1〉부터 〈표 3-4〉까지에 수록된 재무자료를 이용하여 계산하였으며, 업종평균비율은 한국은행 「기업경영분석」의 식료품(C10, 종합)에 제시된 비율을 이용하거나 종합재무제표에서 계산하였다. 재무비율의 계산 예는 2021년도 재무제표를 이용한 것이다.

1. 유동성비율

일반적으로 유동성(流動性, liquidity)이라 함은 단기간에 확실한 가격으로 현금화될 수 있는 가능성을 의미하며, 유동자산(流動資産, current assets)이란 1년 이내에 현금화가 가능한 자산을 말하는데 이에는 현금 및 현금성자산, 유가증권, 단기금융상품, 매출채권, 재고자산 등이 포함된다.

유동성비율(liquidity ratios)은 단기채무를 상환할 수 있는 기업의 능력을 나타내는 것으로서 단기채무상환능력비율(短期債務償還能力比率)이라고도 한다. 따라서 유동성비율에 대해서는 기업에 운전자금을 대출한 금융기관이나 신용으로 상품을 공급한 납품업체와 같은 단기신용의 제공자가 큰 관심을 갖게 된다. 재무비율 가운데서 가장 먼저 이용되기 시작한 것이 바로 유동성비율이다. 유동성비율은 대개 유동자산이나 당좌자산 등 1년 내에 현금화가 가능한 자산을 1년 이내에 만기가 도래하는 유동부채로 나누어 계산하게 된다.

4) 이들 재무비율 이외에도 기업경영의 효율성을 측정하는 지표로 생산성비율이 있다. 생산성은 기업이 일정기간 중 창출한 부가가치에 의해 측정될 수 있으며, 한국은행의 「기업경영분석」(2021)에서는 부가가치를 「영업잉여(영업손익+대손상각비−금융비용)+인건비+금융비용+조세공과+감가상각비」로 정의하고 있다. 이들 부가가치 구성항목은 손익계산서와 제조원가명세서에서 구할 수 있다. 부가가치가 산출되면 부가가치율(부가가치/[매출액+당기총제조비용−매출원가−외주가공비]), 총자본투자효율(부가가치/총자본), 설비투자효율(부가가치/[유형자산−건설 중인 자산]), 노동소득분배율(인건비/요소비용부가가치) 등의 재무지표를 구하여 생산성분석에 활용하게 된다. 생산성비율은 실무적인 유용성이 적어 별도의 설명은 생략하기로 한다.

(1) 유동비율

유동비율(流動比率, current ratios)은 유동자산을 유동부채로 나누어 산출한다. 유동자산은 단기채무를 상환할 재원이 되기 때문에, 유동비율이 높을수록 단기채권자의 안전도는 향상된다고 볼 수 있다. 단, 유동비율은 암묵적으로 매출채권과 재고자산 등의 유동자산이 현금으로 전환되는 데 문제가 없다는 것을 전제로 한다.

$$\text{유동비율} = \frac{\text{유동자산}}{\text{유동부채}} (\%)$$

$$= \frac{1{,}028{,}062}{701{,}331} = 1.4659\,(146.59\%)$$

업종평균 : 130.39%

(2) 당좌비율

유동비율의 분자에 포함된 유동자산 중에서 재고자산은 유동성이 높은 자산으로 간주하기 곤란하다. 그러므로 단기채무의 상환에 쉽게 이용될 수 있는 자산에 초점을 두기 위하여 당좌비율(當座比率, quick ratio)이 제안되었다.[5] 당좌비율의 분자는 유동자산에서 재고자산을 제외한 당좌자산(當座資産, quick assets)으로 현금 및 현금성자산, 유가증권, 단기투자자산, 매출채권, 단기대여금, 미수금 등으로 구성되며, 분모는 유동부채이다.[6] 이 비율은 특히 경기변동에 민감한 재고자산이나 진부화의 속도가 빠른 재고자산의 비중이 높은 기업의 실질적 유동성을 파악하는 데 효과적이다.

$$\text{당좌비율} = \frac{\text{당좌자산}}{\text{유동부채}} (\%)$$

$$= \frac{684{,}488}{701{,}331} = 0.9760\,(97.60\%)$$

업종평균 : 87.56%

---

5) 당좌비율은 산성시험비율(酸性試驗比率, acid-test ratio)이라고도 하는데, 이는 유동성이 보다 빠른 자산만을 이용하여 유동성을 측정한다는 데서 붙여진 이름이다.

6) 당좌자산을 좁은 의미로는 유동자산 중 미수수익, 선급비용, 이연법인세자산 등을 제외한 「현금 및 현금성자산+단기금융상품+기타유동금융자산+매출채권」으로 정의하여 보다 단기간에 현금화할 수 있는 자산으로 국한시켜 사용하기도 한다.

(3) 기타의 유동성비율

기업의 유동성 파악에 도움이 되는 기타유동성비율로는 현금비율과 방어기간비율, 매출액유동부채비율 등을 들 수 있다.

현금비율(cash ratio)은 유동자산 중 현금 및 현금성자산과 단기금융상품의 합계만을 유동부채로 나눈 비율로서, 금융긴축이나 경기침체 등 위기상황에서의 유동성을 측정하기 위한 것이다. 그러나 현금비율도 금융위기상황하에서는 보유 유가증권의 가격도 급락할 수 있기 때문에 유동성에 관한 완전한 지표가 될 수는 없다.

방어기간비율(defensive interval ratio)은 당좌자산을 1일현금영업비지출액(daily cash expenditure)으로 나눈 비율이다. 1일현금영업비지출액은 포괄손익계산서의 매출원가 및 판매비와 관리비의 합계액에서 감가상각비와 무형자산상각비 등 비현금영업비용을 차감하고 이를 365로 나누어 계산한다. 방어기간비율은 외부에서 추가적으로 현금을 조달하지 않고 현금영업비용을 계속 지급할 수 있는 기간(일수, days)을 나타내므로, 방어기간비율이 높을수록 회사의 유동성은 높은 것으로 평가한다.

매출액유동부채비율은 매출액을 유동부채로 나눈 비율이며, 부도위기 등 어려운 상황에 처해 있는 기업의 유동성을 파악하는 데 도움이 된다. 즉, 이 비율은 회사가 부실화되어 부도위기에 처할 경우 매출이 급격히 감소하면서 동시에 단기차입금과 매입채무 등 유동부채는 급격히 증가하는 경향이 있다는 데 근거를 두고 있다. 그러므로 이 비율이 높을수록 바람직하며, 100%에 미달하는 경우에는 유동성부족이 매우 심각한 상황으로 판단한다.

$$\text{현금비율} = \frac{(\text{현금 및 현금성자산} + \text{단기금융상품})}{\text{유동부채}} (\%)$$

$$= \frac{(222,280 + 239,707)}{701,331} = 0.6587\ (65.87\%)$$

업종평균 : 39.43%

$$\text{방어기간비율} = \frac{\text{당좌자산}}{\text{1일현금영업비지출액}} (\text{일수, days})$$

$$= \frac{684,488}{6,760} = 101.26\text{일}$$

업종평균 : 94.24일

$$1일현금영업비지출액(오뚜기) = \frac{(매출원가 + 판매비와\ 관리비 - 감가상각비 - 무형자산상각비\ 등)}{365}$$

$$= \frac{(2,297,455 + 275,006 - 97,531 - 7,589)}{365} = 6,760백만\ 원$$

$$매출액유동부채비율 = \frac{매출액}{유동부채}(\%)$$

$$= \frac{2,739,037}{(570,150 + 701,331)/2} = 4.3084(430.84\%)$$

업종평균 : 383.68%

(4) 평 가

〈표 3-5〉에 유동비율과 당좌비율, 현금비율, 방어기간비율, 매출액유동부채비율 등 유동성비율을 종합적으로 제시하였다. 분석대상기업인 오뚜기에 대하여 재무비율의 추세를 볼 수 있도록 2019~2021년의 3년간의 재무비율을 수록하였고 식료품업종과의 상호비교가 가능하도록 2020~2021년의 업종평균비율도 함께 제시하였다.

표 3-5 유동성비율

재무비율	오뚜기			식료품업종	
	2019	2020	2021	2020	2021
유동비율(%)	127.64	136.79	146.59	139.34	130.39
당좌비율(%)	93.68	91.33	97.60	94.97	87.56
현금비율(%)	54.47	50.57	65.87	44.17	39.43
방어기간비율(일)	84.25	82.66	101.26	96.53	94.24
매출액유동부채비율(%)	450.97	474.15	430.84	379.00	383.68

2021년 말을 기준으로 오뚜기의 유동성비율들은 매출액유동부채비율을 제외하고 전년에 비하여 약간 증가하고 있다. 더욱이 이들 비율들은 업종에 비해서는 모두 양호한 모습을 보이고 있고, 특히 유동비율과 당좌비율, 현금비율 및 매출액유동부채비율은 업종과의 격차가 작지 않다. 따라서 오뚜기의 단기지급능력이 업종에 비하여 좋다고 평가할 수 있다.

2. 레버리지비율

레버리지비율(leverage ratio)이란 존속능력비율(solvency ratio)이라고도 하며, 기업이 장기채무(long-term debt obligation)를 상환할 수 있는 능력을 측정하는 비율을 말한다. 어느 기업에 대하여 장기채무를 상환할 수 있는 능력, 즉 이자와 원금을 상환할 수 있는 능력을 측정하기 위해서는 그 기업의 재무구조를 구성하는 요소에 대한 분석이 필요하다. 레버리지비율은 기업의 타인자본(부채)과 자기자본의 상대적인 구성이 어떤가, 이자비용과 리스료 등 고정금융비용을 지급하는 데 충분한 이익이나 현금흐름이 발생하는가에 관한 정보를 제공한다.

일반적으로 기업이 부채를 사용하는 이유는 다음과 같다. 첫째, 부채의 조달비용은 이자비용이 대부분의 국가에서 과세표준의 계산 시 공제되므로 자기자본의 조달비용에 비하여 더 낮아진다. 둘째, 부채에 의한 자금조달은 자동으로 원리금의 상환의무를 갖도록 하므로, 경영진에 대하여 현금 등 기업자원의 불필요한 낭비적 지출을 못하도록 강제하는 규율(discipline)을 부과한다. 셋째, 부채에 의한 자본조달은 경영진이 회사의 장래전망에 관하여 낙관하고 있다는 사적 정보(private information)를 자본시장에 전달하여, 자본조달비용을 낮추는 효과도 있다. 넷째, 부채로 자금을 조달함으로써 주주(소유자)는 일정한 지분의 투자만으로 경영권을 확보하여 기업을 지배할 수 있다.

그러므로 적절한 수준의 부채사용은 기업의 경영성과와 주주의 부를 제고하는 데 도움이 된다. 그러나 부채의 사용은 고정금융비용의 지급으로 인하여 영업이익의 변동에 비하여 세후순이익의 변동이 확대되는 재무레버리지효과에 의해 재무위험을 증대시킨다.[7] 특히, 과다한 부채사용에 의한 사업확장은 기업도산의 직접 원인이 될 수도 있다.

레버리지비율은 두 가지 방법으로 측정한다. 한 가지 방법은 재무상태표를 이용하여 부채와 자기자본의 상대적 구성을 측정하는 것이다. 부채비율과 자기자본비율 등 부채관련비율(負債關聯 比率, debt related ratios)이 이에 속한다. 또 다른 방법은 부채를 조달함으로써 발생하는 금융비용의 지급능력을 포괄손익계산서를 이용하여 측정하는 것으로서, 이자보상비율과 고정금융비용보상비율과 같은 보상비율(報償比率, coverage ratios)이 이에 속한다. 그 밖에도 비유동자산에 대한 자금조달의 적합성을 측정하는 비유동장기적합률 등의 재무비율도 실무에서 사용되고 있다.

---

7) 이와 같은 효과를 재무레버리지효과라 부르며 제7장에서 그 내용을 자세히 다룬다.

(1) 부채비율과 부채총자본비율

대표적인 부채관련 비율로는 부채비율(debt-to-equity ratio)을 들 수 있다. 부채비율의 분자는 유동부채와 비유동부채의 합인 총부채(부채총계)이고 분모는 자기자본(자본총계)이다. 부채비율이 100%라는 것은 총자본의 절반씩이 부채와 자기자본으로 조달되었다는 것을 의미한다. 일반적으로 부채비율이 높을수록 기업의 재무위험이 높고 존속능력이 약화되는 것으로 해석한다.[8)]

만약, 기업의 부실화로 인하여 자산보다 부채가 더 많아 자본잠식이 되어 자기자본이 음수(-)가 되는 경우에는 부채비율은 사용할 수가 없고, 이때는 부채총계를 총자본(부채와 자본총계)으로 나눈 부채총자본비율을 이용한다. 부채총자본비율이 50%라는 것은 총자본의 절반이 부채로 조달되었다는 것을 의미하며, 이는 부채비율 100%와 동일하다.

$$\text{부채비율} = \frac{\text{총부채}}{\text{자기자본}} = \frac{\text{부채총계}}{\text{자본총계}} = \frac{1,067,387}{1,538,452} = 0.6938\ (69.38\%)$$

업종평균 : 106.37%

$$\text{부채총자본비율} = \frac{\text{부채총계}}{\text{부채와 자본총계}} = \frac{1,067,387}{2,605,839} = 0.4096\ (40.96\%)$$

업종평균 : 51.56%

(2) 자기자본비율

자기자본비율(自己資本比率, equity-to-total capital ratio)은 자기자본(자본총계)을 총자본(부채와 자본총계)으로 나누어 계산한다. 자기자본비율이 높다는 것은 채권자의 입장에서 원금과 이자에 대한 안전도가 그만큼 보장된다는 것을 의미한다. 우리나라의 경우 자기자본비율은 부채비율과 더불어 기업의 재무구조를 측정하는 가장 중요한 지표로 활용되고 있다.

8) 우리나라의 경우 부채관련 비율로는 부채비율을 가장 많이 사용하며, 1997년의 외환위기 이후 정부는 대기업의 재무구조 개선을 유도하기 위하여 부채비율을 200% 이하로 낮추는 정책을 강력히 시행한 바 있다.

$$자기자본비율 = \frac{자기자본}{총자본} = \frac{자본총계}{부채와\ 자본총계}$$

$$= \frac{1,538,452}{2,605,839} = 0.5904\ (59.04\%)$$

업종평균 : 48.46%

(3) 차입금의존도

차입금의존도(interest-bearing debt to total capital ratio)는 부채 중에서 이자비용을 발생시키는 실질적인 부채, 즉 이자지급부채가 총자본에서 차지하는 비중을 보기 위한 것이다. 이자지급부채는 단기 및 장기 차입금과 회사채(전환사채 및 신주인수권부사채 포함)의 합으로 측정한다. 차입금의존도는 부채비율과 더불어 실무에서 많이 활용되고 있다.

$$차입금의존도 = \frac{이자지급부채}{부채와\ 자본총계}$$

$$= \frac{342,963 + 203,465}{2,605,839} = 0.2097\quad (20.97\%)$$

업종평균 : 33.84%

(4) 비유동장기적합률

기업자금의 조달에 있어 중요한 원칙은 비유동자산 등 자금의 회수에 장기간이 소용되는 장기성 투자는 자기자본과 같은 장기성 자본으로 조달하고, 매출채권이나 재고자산 등 운전자본에 대한 투자는 단기성 자본으로 조달해야 한다는 것이다. 만약 기업이 시설자금을 단기차입금 등으로 조달한다면 투자자금의 회수가 시작되기도 전에 차입금을 상환해야 하는 상황도 발생함으로써 기업의 재무위험이 높아질 우려가 있다. 이러한 자금조달의 안전성을 측정하고자 하는 비율이 비유동장기적합률이다.

비유동장기적합률(非流動長期適合率)은 비유동자산을 자기자본(자본총계)과 비유동부채의 합으로 나누어 산출한다. 이 비율은 100% 이내일 경우에는 비유동자산에 대한 투자가 자기자본과 비유동부채의 범위 이내로 이루어져 바람직한 것으로 평가하고, 만약 이 비율이 100%를 초과한다면 비유동자산에 대한 투자에 단기부채까지 사용되었다는 것을 의미하므로 재무위험이 높은 것으로 평가하게 된다.

$$\text{비유동장기적합률} = \frac{\text{비유동자산}}{(\text{자본총계} + \text{비유동부채})}$$

$$= \frac{1,577,777}{(1,538,452 + 366,056)} = 0.8284 \quad (82.84\%)$$

업종평균 : 86.27%

(5) 이자보상비율

이자보상비율(利子報償比率, interest coverage ratio)은 영업이익을 이자비용으로 나누어 산출하며, 기업이 영업이익으로 이자비용을 몇 번이나 지급할 수 있는지를 나타낸다.[9] 이자보상비율의 최저기준은 1배라 할 수 있는데, 이는 정상적인 영업활동의 결과로 창출되는 영업이익이 적어도 이자비용은 감당할 수 있어야 한다는 데 근거하고 있다. 이자보상비율이 높을수록 부채를 약정대로 상환할 수 있는 회사의 능력에 확신을 제공하므로 존속능력이 강한 것으로 평가한다.[10]

$$\text{이자보상비율} = \frac{\text{영업이익}}{\text{이자비용}}$$

$$= \frac{166,575}{8,995} = 18.52\text{배}$$

업종평균 : 4.98배

기업에 따라서는 영업이익에 비하여 지분법이익 등으로 기타수익(영업외수익)이 많은 경우도 있다. 이자지급은 반드시 영업이익만으로 할 필요는 없으므로 이 경우에는 세전이익을 기준으로 하는 이자보상비율을 사용한다. 세전이익기준 이자보상비율은 세전이익과 이자비용의 합계를 이자비용으로 나누어 구한다.[11]

---

9) 이 비율은 이자보상배율이라고도 하며 단위도 배수가 아닌 %로 표시하는 경우도 있다.

10) 한편, 영업이익을 순이자비용(이자비용−이자수익)으로 나누어 이자보상비율을 구하려는 시도도 있는데, 이자비용보다 이자수익이 많은 경우에는 분모가 음수가 되어 영업이익이 흑자라도 이 비율의 값이 음수가 되는 문제가 있다.

11) 한편, 고정금융비용보상비율(fixed charge coverage ratio)은 리스료(lease payments) 등 리스부채에 대한 고정비용까지 포함하여 이자를 지급할 수 있는 능력을 측정하며, (영업이익+리스료)/(이자비용+리스료)에 의해 계산된다.

$$\text{세전이익기준 이자보상비율} = \frac{(\text{법인세비용차감전 순이익} + \text{이자비용})}{\text{이자비용}}$$

$$= \frac{162,901 + 8,995}{8,995} = 19.11\text{배}$$

업종평균 : 5.79배

(6) 평 가

〈표 3-6〉에는 장기채무상환능력을 측정할 수 있는 레버리지비율을 정리하였다. 2021년의 경우 오뚜기의 장기채무상환능력은 부채비율 등 부채관련 비율로 측정하거나 이자보상비율 등 보상비율로 측정하더라도 아주 양호한 모습이고, 업종보다도 뛰어난 것으로 평가할 수 있다. 2021년 말 기준으로 전년에 비해 오뚜기의 부채비율, 부채총자본비율, 차입의존도는 증가하고 자기자본비율은 감소하는 것으로 보아 장기채무는 증가하는 추세였으나, 비유동장기적합률은 감소하고 영업이익기준 이자보상비율은 18.52배로 식료품업종에 비해 상당히 높아, 자금조달의 안정성과 장기부채상환에 아무 문제가 없다는 것을 알 수 있다. 한편, 이 회사의 비유동장기적합률은 82.84%로서 업종과 유사하지만 약간 높으며, 유형자산 등 비유동자산에 대한 투자가 장기성 자본의 범위 내에서 이루어지고 있음을 나타내고 있다.

표 3-6 레버리지비율

재무비율	오뚜기			식료품업종	
	2019	2020	2021	2020	2021
부채비율(%)	59.83	62.23	69.38	102.02	106.37
부채총자본비율(%)	37.43	38.36	40.96	50.50	51.54
자기자본비율(%)	62.57	61.64	59.04	49.50	48.46
차입금의존도(%)	11.80	15.76	20.97	32.47	33.84
비유동장기적합률(%)	91.09	88.14	82.84	83.66	86.27
이자보상비율(영업이익기준)(배)	18.84	22.95	18.52	5.06	4.98
이자보상비율(세전이익기준)(배)	19.04	21.47	19.11	6.07	5.79

참고 **계산된 재무비율의 효과적 제시요령**

비율분석의 결과를 제시할 경우 도표 형식으로만 제시하는 것보다는 그래프 등을 적절히 활용하는 것이 좋다. 비율의 계산이나 그래프의 작성은 엑셀(Microsoft's Excel) 등의 스프레드시트를 이용하면 된다. 다음 [그림 3-1]은 엑셀을 이용하여 그린 오뚜기와 식료품업종의 부채비율 추이를 보여주고 있다.

| 그림 3-1 | 오뚜기와 식료품업종의 부채비율

(단위 : %)

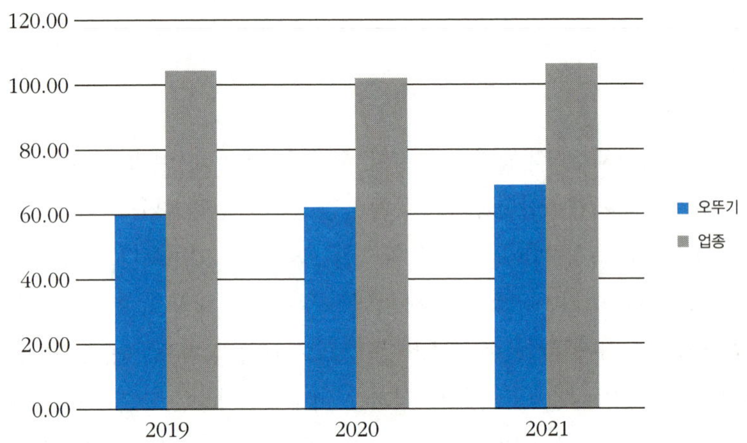

3. 수익성비율

기업이 투자한 자본에 대하여 얼마나 이익을 창출하였는가는 기업의 전체가치와 주식의 가치를 결정하는 핵심요소(key determinant)가 된다. 특정기업의 수익성은 그 회사의 시장에서의 경쟁력과 그 회사 경영진의 질을 반영한다. 회사가 벌어들인 이익은 부채의 원리금을 상환할 수 있는 원천이 되며, 주주들에게 배당금으로 지급되거나 내부유보액으로서 재투자될 수 있다. 재투자된 내부유보액은 회사의 존속능력을 높이는 동시에 재무위험에 대한 쿠션(cushion, 완충작용)을 제공하게 된다.

수익성비율(收益性比率, profitability ratios)은 기업의 경영자, 채권자, 주식투자자와 애널리스트, 종업원, 세무당국 등 주요 이해관계자들이 가장 중요하게 여기는 재무비율이다. 경영자는 사업확장이나 신규사업참여 시의 판단기준으로, 채권자는 채무상환능력의 판단기준으로, 주식투자자와 애널리스트(equity analysts)들은 주식의 투자가치 판단기준으로, 종업원은 임금교섭(賃金交涉)의 기준으로, 세무당국은 담세능력평가(擔稅能力評價)의 기준으로 수익성비율을 활용하고 있다.

대부분의 수익성비율의 계산 시 분자에는 이익항목이, 분모에는 투자액 또는 매출액이 들어간다. 따라서 수익성비율은 투자액에 대한 이익의 비율로 계산되며 총자산순이익률, 총자산영업이익률 등이 이에 속한다. 또 수익성비율은 매출액에 대한 이익의 비율로도 계산되는데 매출액총이익률, 매출액영업이익률, 매출액세전이익률, 매출액순이익률 등이 이에 속한다. 그 밖에도 이자비용의 부담수준을 측정하는 금융비용부담률도 수익성비율에 포함된다.

(1) 총자산순이익률과 총자산영업이익률

총자산순이익률(net income to total assets)은 기업에 투자된 총자산을 이용하여 얼마나 이익을 올렸는가를 측정하는 지표로서 수익성비율의 대표격이라 할 수 있다. 총자산순이익률은 세후순이익(당기순이익)을 총자산으로 나누어 계산하며, 높을수록 바람직하다. 분모의 경우 분석기간 중 자산규모의 변동이 있다면 기초와 기말의 총자산을 평균하여 이용하는 것이 좋다.

$$\text{총자산순이익률} = \frac{\text{당기순이익}}{\text{자산총계}}(\%)$$

$$= \frac{129,978}{(2,339,300 + 2,605,839)/2} = 0.0526\ (5.26\%)$$

업종평균 : 2.97%

총자산순이익률의 계산에 있어 문제가 되는 점은, 이 비율의 분모는 총자산으로 측정되는 데 반하여 분자는 재무구조의 차이, 즉 이자비용의 차이에 의하여 영향을 받는 당기순이익으로 측정된다는 것이다. 따라서 재무구조의 차이에 의한 영향을 배제하고 순수하게 영업활동의 수익성을 측정하기 위해서는 이 비율의 분자를 이자비용을 차감하기 전인 영업이익으로 하는 것이 바람직하다. 여기서 제시된 수익성비율이 영업이익을 총자산으로 나눈 총자산영업이익률이다.[12)]

$$\text{총자산영업이익률} = \frac{\text{영업이익}}{\text{총자산}}(\%)$$

12) 분자를 「당기순이익+이자비용×(1−법인세율)」로 조정하고 분모를 총자산으로 하는 총자산순이익률을 이용하는 경우도 있다.

$$= \frac{166,575}{(2,339,300 + 2,605,839)/2} = 0.0674\ (6.74\%)$$

업종평균 : 3.92%

한편, 총자산순이익률은 ROA(return on assets)라고도 하며, 당기순이익을 매출액으로 나눈 매출액순이익률과 매출액을 총자산으로 나눈 총자산회전율로 분해될 수 있다. 즉,

$$\text{ROA} = \text{총자산순이익률} = \frac{\text{당기순이익}}{\text{총자산}}$$

$$= \frac{\text{당기순이익}}{\text{매출액}} \times \frac{\text{매출액}}{\text{총자산}}$$

$$= \text{매출액순이익률} \times \text{총자산회전율}$$

ROA를 구성요인으로 분해하여 경영 · 계획 및 통제에 활용하는 ROA 분석은 재무통제의 주요 기법으로 이용되고 있으며 미국의 듀퐁사에 의하여 개발되었다.[13] 참고로 오뚜기와 식료품업종의 2021년도 ROA를 그 결정요인으로 분해하여 보면 다음과 같다.

표 3-7 오뚜기와 식료품업종의 ROA와 결정요인(2021년도)

구 분	ROA(%)	매출액순이익률(%)	총자산회전율(회)
오뚜기	5.26	4.75	1.11
식료품업종	2.97	2.58	1.15

〈표 3-7〉에서 오뚜기의 ROA는 5.26%로 식료품업종평균의 2.97%에 비하여 1.77배 높은데, 그 구성요소로 보면 매출액순이익률이 1.84배 높고 총자산회전율은 0.97배 수준이다. 따라서 오뚜기가 업종평균보다 자산효율성은 약간 떨어지지만 순이익마진이 높기 때문에 ROA가 높다는 것을 알 수 있다.

(2) 자기자본순이익률

자기자본순이익률은 당기순이익(세후순이익)을 자기자본(자본총계)으로 나눈 비율이며, 분모는 기초와 기말 자본의 평균을 쓰는 것이 바람직하다. 자기자본순이익률은 기업의 소유주(주주)가 공급한 자기자본의 수익성을 나타내며 높을수록 바람직하다.[14]

---

13) ROA 분석의 자세한 내용은 제4장에서 설명된다.

14) 주주 전체가 아닌 지배기업 소유주 입장에서 자기자본의 수익성을 측정한다면 자기자본순이익률(ROE)은

$$\text{자기자본순이익률} = \frac{\text{당기순이익}}{\text{자본총계}}$$

$$= \frac{129,978}{(1,441,924 + 1,538,452)/2} = 0.0872 \quad (8.72\%)$$

업종평균 : 6.06%

자기자본순이익률은 ROE(return on equity)로 더 잘 알려져 있으며, 기업이 부채를 사용하고 있다면 재무레버리지효과에 의하여 총자산순이익률에 비하여 확대된다. ROE와 ROA의 관계는 다음과 같다.[15]

$$\text{ROE} = \text{ROA} \times \left(1 + \frac{\text{부채총계}}{\text{자본총계}}\right)$$

(3) 매출액총이익률, 매출액영업이익률, 매출액세전이익률, 매출액순이익률

매출액총이익률(gross profit to sales ratio)은 매출총이익을 매출액으로 나눈 비율로, 총이익마진(gross profit margin)을 측정하는 지표이다. 높은 총이익마진은 가격을 높게 책정할 수 있거나 제품원가를 낮출 수 있을 때 가능하다. 높은 가격의 책정은 대개 경쟁에 의하여 제한되므로, 만약 어느 제품이 우수한 브랜드가치나 품질, 배타적 특허권 등에 의해 경쟁우위(competitive advantage)가 있다면, 그 기업은 높은 가격을 책정할 수 있다. 또한 경쟁이 치열하더라도 높은 총이익마진을 누리는 기업이 있다면, 그 회사는 제품의 원가 면에서 경쟁우위가 있다고 할 수 있다.

매출액영업이익률(operating profit to sales ratio)은 영업이익을 매출액으로 나눈 비율로, 영업이익마진(operating profit margin)을 측정하는 지표이다. 어느 기업의 영업마진이 증가추세에 있다면 이는 회사가 판매비와 관리비 등 영업비용을 적절하게 통제하고 있다는 증거이고, 영업이익이 감소추세에 있다면 회사의 영업비용의 통제력이 약화되고 있다는 증거가 된다. 매출액영업이익률은 기업의 가장 중요한 수익성지표로 간주되고 있다.

매출액세전이익률(net profit before tax to sales ratio)은 세전이익, 즉 법인세비용차감전순이익을 매출액으로 나눈 비율로, 세전이익마진(pretax margin)을 측정하는 지표이다. 세전이익은 영업이익에 금융수익 · 기타수익 · 지분법이익(즉, 영업외수익)을 더하고 금융원

'당기순이익 중 지배기업 소유주지분' 을 '자본총계 중 지배기업 소유주지분' 으로 나누어 구하면 된다. 이 방식으로 구한 오뚜기의 2021년 ROE는 8.90%로서 별 차이가 없다.

15) ROE와 ROA의 관계 및 ROE의 구성요소 등은 제4장에서 다룬다.

가 · 기타비용 · 지분법손실(즉, 영업외비용)을 차감하여 계산되므로, 결국 영업외수지차가 세전이익마진의 결정에 중요하다. 만약, 어느 기업의 이자수익과 배당금수익, 지분법이익 등 영업외수익이 이자비용과 지분법손실 등 영업외비용에 비하여 더 많다면 이 회사의 영업외수지차는 흑자로서 세전이익마진은 영업이익마진보다 더 상승하게 된다.

매출액순이익률(net income to sales ratio)은 당기순이익을 매출액으로 나눈 비율로, 순이익마진(net profit margin)을 측정하는 지표이다.[16] 매출액순이익률은 총자산회전율과 더불어 ROA를 결정하는 중요한 요소이다.

$$\text{매출액총이익률} = \frac{\text{매출총이익}}{\text{매출액}} = \frac{441,581}{2,739,037} = 0.1612\ (16.12\%)$$

업종평균 : 20.45%

$$\text{매출액영업이익률} = \frac{\text{영업이익}}{\text{매출액}} = \frac{166,575}{2,739,037} = 0.0608\ (6.08\%)$$

업종평균 : 3.56%

$$\text{매출액세전이익률} = \frac{\text{법인세비용차감전 순이익}}{\text{매출액}} = \frac{162,901}{2,739,037} = 0.0595\ (5.95\%)$$

업종평균 : 3.41%

$$\text{매출액순이익률} = \frac{\text{당기순이익}}{\text{매출액}} = \frac{129,978}{2,739,037} = 0.0475\ (4.75\%)$$

업종평균 : 2.58%

(4) 금융비용부담률

금융비용부담률(financial expenses to sales ratio)은 금융비용이 매출액에서 차지하는

16) 당기순이익은 경상적 항목과 비경상적 항목을 모두 반영하여 결정되므로, 미래의 수익성을 판단하기 위해서는 비경상적 항목을 조정한 당기순이익을 사용하는 것이 좋다.

비중을 나타낸다. 금융비용은 지급이자와 할인료, 사채이자 등의 이자비용을 말하며, 이는 기업의 부채규모와 이자율에 의하여 결정된다. 금융비용은 대표적인 고정비용항목이므로 기업경영의 안정을 기하고 불황에 대한 저항력을 강화하기 위해서는 이 비율을 낮추는 것이 바람직하다. 1997년 외환위기와 같은 심각한 경기불황기에 금융비용부담률이 높은 수준에 머물러 있는 기업들이 도산한 경우가 많았다.

$$\text{금융비용부담률} = \frac{\text{이자비용}}{\text{매출액}}$$

$$= \frac{8{,}995}{2{,}739{,}037} = 0.0033\ (0.33\%)$$

업종평균 : 0.71%

한편, 기업의 경우 여유자금을 유가증권이나 단기금융상품 등의 금융자산에 투자하여 이자수입을 올리는 경우가 많으므로 순금융비용부담률도 도움이 된다. 순금융비용부담률은 순금융비용(이자비용−이자수익)을 매출액으로 나누어 계산한다.

$$\text{순금융비용부담률} = \frac{\text{순금융비용}}{\text{매출액}}$$

$$= \frac{(\text{이자비용} - \text{이자수익})}{\text{매출액}}$$

$$= \frac{8{,}995 - 3{,}525}{2{,}739{,}037} = 0.0020\ (0.20\%)$$

업종평균 : 0.55%

(5) 평 가

〈표 3-8〉은 오뚜기와 식료품업종의 수익성비율을 보여주고 있다. 2021년의 경우 투자액에 대한 수익성을 나타내는 지표인 총자산순이익률, 총자산영업이익률, 자기자본이익률은 모두 업종보다 상당히 높다. 이를 마진 면에서 보면, 매출액총이익률은 업종보다 낮지만, 매출액영업이익률은 6.08%로서 업종평균 3.56%의 1.71배로 업종을 상회하고 있고, 매출액순이익률은 4.75%로서 역시 업종평균 2.58%의 1.84배에 이르고 있다. 전체적으로 오뚜기가 업종보다 수익성이 높은 것은 경영진이 비교적 비용을 효율적으로 통제하고 있고, 보유자산을 효율적으로 활용하고 있기 때문으로 요약할 수 있다. 다만, 오뚜기의 수익성비율이 2020년에 전년 대비 모두 상승하였으나, 2021년에는 전년 대비 모두 하락하였는

표 3-8 수익성비율

재무비율	오뚜기			식료품업종	
	2019	2020	2021	2020	2021
총자산순이익률(ROA)(%)	4.73	4.92	5.26	3.39	2.97
총자산영업이익률(%)	7.03	8.84	6.74	4.42	3.92
자기자본순이익률(ROE)(%)	7.61	7.92	8.72	6.93	6.06
매출액총이익률(%)	17.31	17.81	16.12	21.19	20.45
매출액영업이익률(%)	6.28	7.64	6.08	3.99	3.56
매출액세전이익률(%)	6.02	6.82	5.95	4.00	3.41
매출액순이익률(%)	4.23	4.25	4.75	2.98	2.58
금융비용부담률(%)	0.33	0.33	0.33	0.79	0.71
순금융비용부담률(%)	0.10	0.20	0.20	0.58	0.55

데, 이는 코로나(Covid-19)의 영향으로 매출은 증가하였지만 주요 원재료의 국내외 가격의 급등으로 인한 비용 증가에 기인한 것으로 보인다.

4. 활동성비율

활동성비율(活動性比率, activity ratios)은 자산활용비율(asset utilization ratios) 또는 영업효율성비율(operating efficiency ratios)로도 알려져 있으며, 기업이 보유하는 자산을 얼마나 효율적으로 이용하고 있느냐를 측정하는 비율이다. 활동성비율은 대개 매출액을 해당 자산으로 나눈 회전율로 계산하며, 이들 비율을 이용하여 얻을 수 있는 정보는 다음과 같다.

① 총자산회전율, 재고자산회전율, 유형자산회전율 등은 투자된 자본 1단위에 대하여 매출액이 얼마나 실현되었는가를 나타낸다. 따라서 이 비율은 기업이 보유하는 주요 자산의 관리효율성(管理效率性)에 관한 정보를 제공한다.

② 매출채권회전율, 재고자산회전율, 매입채무회전율 등은 영업활동 순환과정(operating cycle)의 각 단계(즉, 신용구입-매입채무발생-재고자산증가-신용매출-매출채권발생-현금회수-매입채무지급-신용구입)에 얼마 정도의 자금이 묶여 있는가에 대한 정보를 제공한다.

(1) 총자산회전율

총자산회전율(total asset turnover)은 총자본회전율이라고도 부르며 매출액을 총자산으로 나누어 측정하는 비율이다. 이 비율은 기업이 보유하고 있는 총자산이 1년 동안 몇 번 회전하였는가를 나타내므로 자산이용(資産利用)의 능률을 총괄적으로 나타내는 지표라 할 수 있다. 총자산회전율이 높으면 유동자산과 비유동자산이 효율적으로 이용되고 있다는 것을 뜻하고, 총자산회전율이 낮으면 과대투자나 비효율적 투자를 하고 있다는 것을 의미한다. 이 비율은 매출액순이익률과 함께 총자산순이익률, 즉 ROA를 결정하는 중요한 요인이 된다. 총자산회전율의 계산 시 분자는 결산기간의 매출액이므로, 분모인 자산총계는 기초자산과 기말자산의 평균을 사용하는 것이 바람직하다.

$$
\begin{aligned}
\text{총자산회전율} &= \frac{\text{매출액}}{\text{자산총계}} \\
&= \frac{2{,}739{,}037}{(2{,}339{,}300 + 2{,}605{,}839)/2} = 1.11\text{회} \\
&\text{업종평균 : 1.15회}
\end{aligned}
$$

(2) 매출채권회전율과 매출채권회전기간

매출채권회전율(receivables turnover)은 매출액을 매출채권으로 나눈 비율로서, 매출채권의 현금화속도(現金化速度)를 측정하는 지표가 된다. 이 비율이 높다는 것은 매출채권의 현금화속도가 빨라서 기업의 유동성에 도움이 된다는 것을 나타낸다. 여기서도 분모는 기초와 기말 매출채권의 평균을 사용하는 것이 바람직하다.

$$
\begin{aligned}
\text{매출채권회전율} &= \frac{\text{매출액}}{\text{매출채권}} \\
&= \frac{2{,}739{,}037}{(214{,}461 + 201{,}573)/2} = 13.17\text{회} \\
&\text{업종평균 : 10.24회}
\end{aligned}
$$

매출채권회전기간(days of sales outstanding : DSO)은 매출채권평균회수기간(average collection period)이라고도 하며, 매출채권의 발생에서 회수까지의 경과기간을 나타낸다. 대체로 회전기간이 짧을수록 매출채권의 관리가 효율적으로 이루어지고 있다는 것을 의미하지만, 특정기업의 신용정책(credit policy)이나 판매조건 등을 함께 고려하여 최종적인 평가를 내려야 한다. 매출채권회전기간은 365일을 매출채권회전율로 나누어 계산하면 된다.[17)]

$$\text{매출채권회전기간} = \frac{365\text{일}}{\text{매출채권회전율}} \ (\text{일, days})$$

$$= \frac{365}{13.17} = 27.72\text{일}$$

업종평균 : 35.64일

(3) 재고자산회전율과 재고자산회전기간

재고자산회전율(inventory turnover)은 매출원가를 재고자산으로 나눈 비율로서, 재고자산이 일정기간 동안에 몇 번이나 판매되어 매출원가로 전환되었는가를 측정한다.[18)] 재고자산회전율이 낮다는 것은 판매활동에 비하여 과다한 재고를 소유하고 있다는 것이며, 높다는 것은 적은 재고자산으로 판매활동을 효율적으로 수행하고 있다는 뜻이다. 그러나 재고자산회전율이 업종평균이나 경쟁업체에 비하여 지나치게 높을 경우에는 적정재고수준을 유지하지 못함으로써 긴급수요에 대처할 능력에 문제점도 생길 수 있다. 재고자산회전율 역시 분자인 매출원가가 결산기간 중 판매된 제품이나 상품의 원가이므로, 분모는 기초와 기말의 재고자산을 평균하여 쓰는 것이 바람직하다.

$$\text{재고자산회전율} = \frac{\text{매출원가}}{\text{재고자산}}$$

$$= \frac{2,297,455}{(259,187 + 343,574)/2} = 7.62\text{회}$$

업종평균 : 6.59회

재고자산회전기간(days of inventory on hand : DOH)은 역시 재고자산관리의 효율성을 측정하는 지표로서, 365일을 재고자산회전율로 나누어 계산하며 재고자산이 판매될 때까지 걸리는 평균기간(일수)을 나타낸다. 재고자산회전기간이 업종평균이나 경쟁업체에 비하여 짧으면, 재고자산이 신속하게 매출로 전환되어 재고자산에 운전자본이 적게 투자되

17) 매출채권회전기간은 연간 매출액을 365일로 나누어 1일평균매출액을 구하고, 매출채권을 1일평균매출액으로 나누어 계산해도 된다.

18) 매출액을 재고자산으로 나누어 계산하는 경우도 있다.

고 있다는 것을 의미한다. 반대로 재고자산회전기간이 업종평균이나 경쟁업체에 비하여 너무 길면, 재고자산이 매출로 전환되는 데 많은 시일이 걸려 운전자본에 대한 소요가 크게 발생한다는 것을 의미한다.

$$재고자산회전기간 = \frac{365}{재고자산회전율} \text{(일, days)}$$
$$= \frac{365}{7.62} = 47.88일$$
$$업종평균 : 55.41일$$

(4) 매입채무회전율과 매입채무회전기간

매입채무회전율(payables turnover)은 매출원가를 매입채무로 나눈 비율로서, 매입채무의 결제속도를 측정하는 것이다.[19] 따라서 업종평균에 비하여 높은 매입채무회전율은 매입채무의 지급이 다른 기업에 비하여 빠르다는 것을 나타낸다.

$$매입채무회전율 = \frac{매출원가}{매입채무}$$
$$= \frac{2,297,455}{(181,791 + 214,215)/2} = 11.60회$$
$$업종평균 : 12.36회$$

한편, 매입채무회전기간(days of payables : DOP)은 매입채무평균지급기간(average payment period)이라고도 하며, 365일을 매입채무회전율로 나누어 구할 수 있다. 매입채무회전기간이 업종평균이나 경쟁업체에 비하여 지나치게 길다면 거래처가 제공한 신용조건을 충분히 활용하고 있거나, 아니면 자금사정으로 인하여 대금결제가 적시에 이루어지지 못한다는 것을 의미한다. 반대로 매입채무회전기간이 지나치게 짧다면, 이는 거래처가 제공한 신용조건을 충분히 활용할 수 없는 상황이거나, 조기결제로 할인혜택을 받기 위한 것으로 해석할 수 있다. 만약 회사가 현금자산 등 충분한 유동성을 확보하고 있음에도 매입채무회전기간을 길게 가져가고 있다면, 이는 거래처의 관대한 신용조건을 100% 활용하고 있다고 보아야 한다.

---

19) 도소매업의 경우에는 결산기간 중의 매입액을 매입채무로 나누어 계산하기도 한다. 매입액은 「기초상품재고액+당기매입액−기말상품재고액=매출원가」의 관계를 이용하여 구한다. 기초상품재고액과 기말상품재고액이 비슷한 규모라면 매입액은 매출원가와 같다.

$$\text{매입채무회전기간} = \frac{365}{\text{매입채무회전율}}\ (\text{일, days})$$

$$= \frac{365}{11.60} = 31.46\text{일}$$

업종평균 : 29.52일

참고 현금전환주기

현금전환주기(cash conversion cycle)는 영업활동 순환과정의 주요 단계에 어느 정도의 운전자본이 소요되는가를 파악하기 위한 것으로, (매출채권회전기간+재고자산회전기간−매입채무회전기간)으로 계산되며 일수(days)로 측정된다. 현금전환주기는 기업이 매출채권과 재고자산 등 운전자본(working capital)에 투자한 후 현금을 회수하기까지의 기간을 의미한다. 현금전환주기가 짧으면 회사가 운전자본에 단기간만 투자하면 된다는 것을 의미하므로 소요되는 운전자본이 줄어들어 유동성이 개선되는 것으로 해석하고, 그 현금전환주기가 길다면 소요되는 운전자본이 증가하여 유동성이 저하된다는 것으로 해석한다. 2021년의 경우 오뚜기와 식료품업종의 현금전환주기를 계산하면 〈표 3-9〉와 같다. 오뚜기의 현금전환주기는 44.14일로서 업종평균 61.53일보다 상당히 짧다.

표 3-9 현금전환주기(2021년) (단위 : 일)

	오뚜기	식료품업종
매출채권회전기간(A)	27.72	35.64
재고자산회전기간(B)	47.88	55.41
매입채무회전기간(C)	31.46	29.52
현금전환기간(A+B−C)	44.14	61.53

(5) 비유동자산회전율과 유형자산회전율

비유동자산회전율(non-current assets turnover)은 매출액을 비유동자산으로 나눈 비율이며, 대부분 기업에서 상당부분을 차지하는 비유동자산 투자의 효율성을 측정한다. 제조기업의 경우 이 비율이 낮다면 투자자산이나 유형자산에 과대한 투자가 이루어졌거나 이들 중 수익창출에 기여하지 못하는 자산이 있음을 의미한다.

$$\text{비유동자산회전율} = \frac{\text{매출액}}{\text{비유동자산}}$$

$$= \frac{2,739,037}{(1,559,410 + 1,577,777)/2} = 1.75\text{회}$$

업종평균 : 1.93회

유형자산회전율(有形資産回轉率, tangible assets turnover)은 매출액을 유형자산으로 나눈 비율로서 설비자산 규모의 적정여부와 효율적 이용정도를 측정하는 지표가 된다. 업종평균이나 경쟁기업에 비하여 이 비율이 낮은 경우에는 설비자산의 과다여부를 검토해야 한다.

$$\text{유형자산회전율} = \frac{\text{매출액}}{\text{유형자산}}$$

$$= \frac{2,739,037}{(1,262,473 + 1,256,262)/2} = 2.17\text{회}$$

업종평균 : 3.08회

(6) 평 가

〈표 3-10〉은 오뚜기와 식료품업종의 활동성비율을 제시하고 있다. 오뚜기의 활동성비율은 대부분 업종보다는 양호한 모습을 보여주고 있다. 그중에서도 매출채권회전율과 재고자산회전율은 업종평균보다 높은 반면 매입채무회전율은 낮아 운전자본에 대한 관리가 매우 양호하게 이루어지고 있다는 것을 보여준다. 이와 관련하여, 이 회사의 현금전환주기는 2021년의 경우 44.14일로서 이는 이 회사의 운전자본에 대한 투자가 44.14일이면 현금으로 회수된다는 것을 의미한다. 이 회사의 현금전환주기는 업종평균보다 상당히 낮아 운전자본에 대한 투자를 업종에 비하여 크게 줄일 수 있어 유동성과 수익성 제고에 큰 도움이 된다는 것도 알 수 있다.

표 3-10 활동성비율

재무비율	오뚜기			식료품업종	
	2019	2020	2021	2020	2021
총자산회전율	1.12	1.16	1.11	1.14	1.15
매출채권회전륟(회)	12.78	12.87	13.17	9.79	10.24
매출채권회전기간(일)	28.57	28.36	27.72	37.28	35.64
재고자산회전율(회)	10.75	9.76	7.62	6.70	6.59
재고자산회전기간(일)	33.96	37.41	47.88	54.48	55.41
매입채무회전율(회)	8.21	9.99	11.60	13.19	12.36
매입채무회전기간(일)	44.47	36.53	31.46	27.66	29.52
현금전환주기(일)	18.05	29.25	44.14	64.10	61.53
비유동자산회전율(회)	1.73	1.71	1.75	1.93	1.93
유형자산회전율(회)	2.09	2.07	2.17	3.01	3.08

다만, 오뚜기의 총자산회전율은 2021년에 1.11회로서 업종평균보다는 미미하게 낮은데, 이는 업종보다 낮은 유형자산회전율과 비유동자산회전율에 그 원인이 있다. 이러한 지표는 업종에 비해 유형자산을 효율적으로 이용하지 못했다는 것을 의미하며, 따라서 오뚜기는 관계회사에 대한 투자자산 및 유형자산 등에 대한 관리에 보다 면밀한 관심을 기울여야 할 것으로 보인다.

5. 성장성비율

성장성비율(成長性比率, growth ratios)은 일정기간 중에 기업규모 및 경영성과가 얼마나 성장하였는가를 나타내는 비율로서, 일반적으로 재무제표 해당 항목에 대한 일정기간 동안의 증가율로 측정한다.

기업의 외형(매출액)이나 자산규모, 영업이익 등의 성장속도를 파악할 경우 기업의 이해관계자는 다음과 같은 중요한 정보를 얻게 된다. 첫째, 특정기업의 외형이나 자산규모의 성장률이 동일산업 내의 다른 기업에 비하여 높다는 것은 그만큼 강한 경쟁력을 갖고 있다는 것을 의미한다. 둘째, 매출액이나 영업이익의 성장률이 높다는 것은 해당 기업의 기업가치와 주식가치 역시 높게 상승한다는 것을 의미한다. 한편, 높은 성장률은 일단 바람직하지만, 외형이나 기업규모가 급격히 팽창한 경우에는 성장에 필요한 자금의 조달방법, 보유하는 현금자산의 변화, 유동성부족의 가능성 등을 동시에 파악할 필요가 있다.

(1) 총자산증가율

총자산증가율(total assets growth rate)은 총자본증가율이라고도 하며, 기업에 투하·운용된 총자산이 그해에 얼마나 증가하였는가를 나타내는 비율로서 기업규모의 전체적인 성장속도를 측정하는 지표가 된다.

$$\text{총자산증가율} = \frac{(\text{당기말 자산총계} - \text{전기말 자산총계})}{\text{전기말 자산총계}}$$

$$= \frac{(2{,}605{,}839 - 2{,}339{,}300)}{2{,}339{,}300} = 0.1139 \quad (11.39\%)$$

업종평균 : 8.91%

(2) 자기자본증가율

자기자본증가율(owner's equity growth rate)은 일정기간 중 내부유보 또는 유상증자 등을 통해 자기자본이 얼마나 증가했는가를 나타낸다. 이 비율이 높다는 것은 기업성장에 필요한 자금을 자기자본으로 조달하고 있으며, 재무적 안정성이 증가한다는 것을 의미한다.

$$\text{자기자본증가율} = \frac{(\text{당기말 자본총계} - \text{전기말 자본총계})}{\text{전기말 자본총계}}$$

$$= \frac{(1{,}538{,}452 - 1{,}441{,}924)}{1{,}441{,}924} = 0.0669\ (6.69\%)$$

업종평균 : 5.99%

자기자본이 증가한 내역은 〈표 3-3〉의 연결자본변동표에서 알 수 있다. 기간 중 자기자본이 6.69% 증가한 이유는 당기순이익 등으로 자본은 전기말 대비 9.80% 증가하였으나, 배당금지급 등으로 자본은 3.08% 감소하는 데 그쳤기 때문이다.

(3) 매출액증가율

매출액증가율(sales growth rate)은 당기매출액의 전년도 매출액에 대한 증가액을 전기매출액으로 나누어 계산한다. 매출액증가율은 기업의 외형적 신장세(外形的 伸張勢)를 나타내는 대표적인 지표라 할 수 있다.

$$\text{매출액증가율} = \frac{(\text{당기매출액} - \text{전기매출액})}{\text{전기매출액}}$$

$$= \frac{(2{,}739{,}037 - 2{,}595{,}881)}{2{,}595{,}881} = 0.0551\ (5.51\%)$$

업종평균 : 9.52%

(4) 평 가

〈표 3-11〉은 오뚜기와 식료품업종의 성장성비율을 정리한 것이다. 2021년의 경우 오뚜기의 총자산증가율은 11.39%로서 업종평균 8.91%보다 높으며, 유동자산의 확보로 인한 것으로 보여진다. 자기자본증가율은 6.69%로서 역시 업종평균 5.99%를 웃돌고 있지만,

표 3-11 성장성비율

재무비율	오뚜기			식료품업종	
	2019	2020	2021	2020	2021
총자산증가율(%)	4.30	8.70	11.39	5.78	8.91
자기자본증가율(%)	5.55	7.09	6.69	8.23	5.99
매출액증가율(%)	5.02	10.01	5.51	6.25	9.52

자산의 증가는 상당부분 부채 조달로 이루어졌음을 알 수 있다. 오뚜기의 매출액증가율은 5.51%로 업종평균보다 낮다. 최근 코로나19 사태로 인해 집콕 생활이 늘어나면서 즉석밥과 컵밥 등 간편식의 매출이 크게 늘어 2020년 오뚜기와 2021년 식료품업종의 매출액증가율이 비교적 높았다. 그러나 2021년 오뚜기의 줄어든 매출액증가율을 회복시키기 위해서는 프리미엄제품의 개발과 해외시장의 개척 등에 대한 노력이 한층 강화되어야 할 것으로 보인다.

6. 주식분석비율

주식분석비율(株式分析比率, equity analysis ratios)은 주식의 투자가치분석에 관련된 비율들을 말한다. 증권시장이 효율적이라면 특정기업과 관련되어 발표된 미래의 수익성과 위험에 관한 모든 정보가 그 기업의 주가에 반영되게 된다. 따라서 앞서 살펴본 기업의 유동성, 장기부채상환능력, 수익성, 활동성, 성장성에 관한 재무비율도 주식의 투자가치를 판단하는 데 당연히 활용된다.

경영분석의 방법을 가장 빈번하게 이용하는 그룹이 투자자들과 애널리스트들이며, 이들은 보유하고 있는 주식 또는 보유하려는 주식의 투자가치를 판단하기 위하여 별도의 다양한 분석지표를 사용하고 있다. 주로 이용되는 주식분석비율로는 주가이익비율, 주가순자산비율, 주가매출액비율, 배당성향, 유보율 등이 있다. 그리고 최근 투자지표로 등장하여 애용되는 EBITDA와 경제적 부가가치(EVA) 등도 중요하다.[20]

20) 이외에도 q비율이 있다. q비율(q ratio)이란 기업이 보유하는 부채와 지분의 시장가치를 기업이 보유하는 자산의 대체원가(replacement cost)로 나눈 비율을 말하며, 저명한 경제학자인 토빈(J. Tobin)의 연구업적에 따라 그 명칭이 붙여진 것이다. 그러나 이 비율은 학문적 연구에서 주로 사용되며 실무적 유용성은 낮으므로 별도의 설명은 생략한다.

(1) 주가이익비율

주가이익비율(株價利益比率, price earnings ratio : PER)은 주가수익비율이라고도 하며, 보통주의 현재주가를 주당순이익(earnings per share : EPS)으로 나눈 비율로 정의된다.[21] 이론적으로는 현재의 주가를 결정하는 것은 예상이익이므로, PER은 현재의 주가를 예상 EPS로 나누어 구하는 것이 바람직하다. 그러나 예상 EPS 수치는 추정상의 문제가 있으므로 공식적으로는 현재주가를 전기의 주당순이익으로 나누어 PER을 계산하고 있다.[22] 주가이익비율은 낮을수록 그 주식이 저평가되는 것으로 판단하며, 업종평균이나 경쟁기업 등과 비교하여 평가한다.

오뚜기의 2021년도 주당순이익을 계산하여 보자. 이 회사는 보통주만을 발행하고 있으므로 당기순이익 중 지배기업 소유주지분 129,410백만 원을 가중평균유통주식수 3,400,654주로 나누면 주당순이익은 38,054원이 된다. 즉,

$$\text{주당순이익(2021년도)} = \frac{129,410,000,000}{3,400,654} = 38,054.4\ (38,054\text{원})$$

오뚜기의 2022년 6월 30일 종가는 424,000원이다. 이날 종가를 기준으로 이 회사의 주가이익비율을 계산하면 얼마인가? 먼저 전년도의 주당순이익 38,054원을 이용하여 계산하면 11.14배가 된다.

---

21) 주당순이익(EPS)의 계산 시 분자는 보통주에 귀속되는 당기순이익, 즉 세후순이익에서 우선주배당금을 차감한 순이익이며, 분모는 보통주의 가중평균유통보통주식수가 된다. 유통주식수란 발행주식수에서 주가안정 등을 목적으로 취득한 자기주식수를 차감한 실제로 유통되는 주식수이다. 가중평균유통주식수는 유상증자나 무상증자, 전환사채 등의 전환, 자기주식 취득 등으로 인하여 변동된 주식수에 대하여 각각의 유통기간에 따른 가중치를 고려하여 산출한 주식수를 말한다.

한편, 기업이 전환우선주, 전환사채 등 보통주로 전환할 수 있는 증권을 발행하고 있는 경우에는 주당순이익 계산 시 이를 반영하여 조정하는 것이 바람직하다. 이와 같이 조정된 주당순이익을 '희석주당순이익'(diluted EPS)이라고 한다. 가령, 어느 기업의 세후순이익이 500백만 원(법인세율은 22%), 발행주식수는 200,000주라고 하면, 기본주당순이익은 500,000,000원/200,000주=2,500원이 된다. 그런데 이 회사는 액면가액 10,000백만 원의 전환사채(액면이자율 : 연 6%)를 발행하고 있으며, 전환비율은 사채액면 1백만 원에 대하여 보통주 20주로 되어 있다 하자. 이 경우 전환사채가 연초에 모두 보통주로 전환된다고 가정하면, 20×(10,000백만 원/1백만 원)=200,000주의 보통주가 추가로 발행될 것으로 상정할 수 있다. 따라서 평균발행주식수는 400,000주로 증가한다. 분자의 세후순이익은 [최초의 500백만 원+사채이자(600백만 원)×(1-법인세율〈22%〉)]=968백만 원으로 조정된다. 그러므로 조정된 주당순이익, 즉 '희석주당순이익'은 968,000,000/400,000=2,420원이 되어, 조정 전의 기본주당순이익에 비하여 3.2%가 줄어든다.

22) 주당이익이 음수인 경우 PER은 음수가 되어 의미가 없다. 이때는 PER의 역수인 주당순이익주가비율(주당순이익/주가, earnings yield)을 사용할 수 있다.

$$\text{주가이익비율(전년도 실적기준)} = \frac{\text{현재주가}}{\text{주당순이익}} = \frac{424,000}{38,054} = 11.14\text{배}$$

그러나 만약 2022년 6월 말 현재 애널리스트들이 추정한 2022년의 주당순이익이 43,000원이었다면, 이날의 주가이익비율은 9.86배로 낮아진다.

$$\text{주가이익비율(2022년도 추정기준)} = \frac{\text{현재주가}}{\text{주당순이익}} = \frac{424,000}{43,000} = 9.86\text{배}$$

(2) 주가순자산비율

주가순자산비율(株價純資産比率, price book-value ratio: PBR)은 Market-to-Book Ratio(시장가치 대 장부가치비율)라고도 하며, 주가를 주당순자산으로 나누어 계산된다. 주가순자산비율은 장부상에서 평가된 소유주지분의 가치가 주식시장에서는 얼마의 가치로 평가되는가를 비교한 지표라 할 수 있다. 주가순자산비율은 PER과 더불어 유용한 투자지표로 인식되고 있으며, PBR이 낮은 주식일수록 특히 1.0에 미달하는 주식일수록 저평가된 주식으로 간주되고 있다.[23)]

주당순자산(book value per share : BPS)은 자본총계 중 지배기업 소유주지분을 기말 발행주식수(보통주+우선주)로 나누어 계산하는데, 자본총계로부터 자기주식이 차감되어 있을 경우에는 지배기업 소유주지분에 이를 더한다. 일반적으로 내부유보로 이익잉여금이 많이 누적되거나 주식발행초과금 등 자본잉여금이 많은 기업일수록 주당순자산도 많다. 오뚜기의 2021년도 주당순자산을 계산하면 468,681원이다. 즉,

$$\text{주당순자산(2021년도)} = \frac{(\text{지배기업 소유주지분} + \text{자기주식})}{\text{발행주식수}} = \frac{(1,505,165,000,000 + 215,823,000,000)}{3,671,981} = 468,681\text{원}$$

23) 주당순자산이 음수인 경우에는 PBR은 의미가 없으며, 이때는 주가순자산비율의 역수인 주당순자산주가비율(주당순자산/주가, book to market ratio)을 이용할 수 있다.

오뚜기의 2022년 6월 30일 종가는 424,0000원이다. 이날 종가를 기준으로 이 회사의 주가순자산비율을 계산하면 얼마인가? 이 회사의 2021년도의 주당순자산은 468,681원이므로 이를 이용하여 계산하면 0.90배가 된다.

$$주가순자산비율(전년도\ 실적기준) = \frac{현재주가}{주당순자산} = \frac{424,000}{468,681} = 0.90\ 배$$

그러나 만약 2022년 6월 말 현재 애널리스트들이 추정한 2022년의 주당순자산이 500,000원이라면, 추정된 주당순자산을 이용한 이날의 주가순자산비율은 0.85배로 낮아진다. 즉,

$$주가순자산비율(2022년도\ 추정기준) = \frac{현재주가}{주당순자산} = \frac{424,000}{500,000} = 0.85\ 배$$

(3) 주가매출액비율

주가매출액비율(price to sales ratio : PSR)은 주가를 주당매출액으로 나눈 비율로서, 업종평균이나 경쟁기업과 비교하여 낮을수록 그 주식이 저평가된 것으로 판단한다. 주가매출액비율은 특히 아직 이익이 나지 않은 창업 초기의 벤처기업이나 컨설팅회사 등 서비스업종에 속하는 회사의 상대적인 주가수준을 평가하는 데 이용되고 있다. 주당매출액(sales per share : SPS)은 연간매출액을 발행주식수(보통주+우선주)로 나누어 구한다. 오뚜기의 2021년도 주당매출액을 계산하면 745,929원이다. 즉,

$$주당매출액 = \frac{매출액}{발행주식수(보통주+우선주)} = \frac{2,739,037,000,000}{3,671,981} = 745,929\ 원$$

오뚜기의 2021년도 주당매출액을 이용하여 2022년 6월 말의 주가매출액비율을 구하면 다음과 같다.

$$\text{주가매출액비율} = \frac{\text{현재주가}}{\text{주당매출액}} = \frac{424{,}000}{745{,}929} = 0.57\text{배}$$

(4) 주가 EBITDA 비율

EBITDA(earnings before interest, taxes, depreciation and amortization)는 이자비용, 법인세비용, 감가상각비, 무형자산상각비를 차감하기 전의 영업이익으로서 현금흐름기준 영업이익이라 할 수 있다. 뒤에 설명하는 EVA와 마찬가지로 EBITDA의 계산은 복잡하지만, 영업이익에다 감가상각비와 무형자산상각비를 더하여 약식으로 산출하여 사용하기도 한다.[24] 예를 들어 오뚜기의 2021년도 EBITDA와 주당 EBITDA는 다음과 같다.

$$\begin{aligned}\text{EBITDA(2021년도)} &= \text{영업이익} + \text{감가상각비} + \text{무형자산상각비}\\ &= 166{,}575 + 97{,}531 + 7{,}589 = 271{,}695\text{백만 원}\end{aligned}$$

$$\text{주당 EBITDA(2021년도)} = \frac{\text{EBITDA}}{\text{발행주식수}} = \frac{271{,}695{,}000{,}000}{3{,}671{,}981} = 73{,}991\text{원}$$

주가 EBITDA 비율은 주가를 주당 EBITDA로 나눈 것으로 역시 상대적 주가수준의 평가에 이용되고 있다. 오뚜기의 2022년 6월 30일 주가를 기준으로 이날의 주가 EBITDA 비율은 다음과 같이 계산된다.

$$\text{주가 EBITDA 비율} = \frac{\text{주가}}{\text{주당 EBITDA}} = \frac{424{,}000}{73{,}991} = 5.73\text{배}$$

(5) 배당성향, 내부유보율, 배당수익률

배당성향(配當性向, dividend payout ratio)은 기업의 당기순이익 중 배당금으로 지급되

24) EBITDA를 「세전이익+이자비용+감가상각비+무형자산상각비」로 계산하는 경우도 있다.

는 부분의 비율을 말한다. 배당성향은 기업의 성장전망 및 자금사정, 주력제품의 라이프사이클상의 위치, 순이익규모 등에 의해 영향을 받는다. 오뚜기의 2021년도 배당성향은 다음과 같다.

$$배당성향 = \frac{배당금}{당기순이익}$$

$$= \frac{27,205}{129,410} = 0.2102\ (21.02\%)$$

업종평균 : 17.60%

한편, 당기순이익 중에서 배당금을 지급하고 남은 부분은 내부유보액(유보이익)으로서 기업내부에 적립된다. 여기서 내부유보액을 당기순이익으로 나눈 비율을 내부유보율(retention rate)이라 하며, 내부유보율이 높을수록 배당을 적게 하고 내부자금 조달비율이 높다는 것을 의미한다.

$$내부유보율 = \frac{내부유보액}{당기순이익}$$

$$= \frac{(당기순이익 - 배당금)}{당기순이익}$$

$$= 1 - 배당성향(소수표시) = 1 - 0.2102 = 0.7898\ (78.98\%)$$

배당수익률(配當收益率, dividend yield)은 주당배당금을 주가로 나눈 비율로서, 주식투자 시 배당소득에서 기대하는 수익률을 나타낸다. 실무적으로 배당수익률은 전년도의 주당배당금을 현재주가로 나누어 계산한다. 오뚜기의 2022년 6월 30일의 배당수익률은 1.89%가 된다.

$$배당수익률 = \frac{주당배당금}{주가}$$

$$= \frac{8,000}{424,000} = 0.0189\ (1.89\%)$$

(6) EVA

경제적 부가가치(經濟的 附加價値, economic value added : EVA)는 기업이 재무활동이나 투자활동을 제외한 본연의 영업활동을 통하여 새로이 창출한 가치를 말하며, 세후영업이익(net operating profit after taxes : NOPAT)에서 자본비용(금액)을 차감한 것으로 정의된다. 세후영업이익은 매출액에서 영업활동비용 및 법인세비용을 차감한 것으로 채권자 및 주주에게 배분할 수 있는 이익이며, 자본비용에는 타인자본비용은 물론 기회비용 형태로 발생하는 자기자본비용도 포함된다. 따라서 EVA는 전통적인 손익계산에서는 고려되지 않는 자기자본에 대한 비용까지도 차감하여 계산된 것이므로 기업의 진정한 경영성과지표라 할 수 있다.[25)]

EVA는 다음 (식 3-1)에 의하여 계산된다.

$$\begin{aligned} \text{EVA} &= \text{세후영업이익} - \text{자본비용(금액)} \\ &= \text{세후영업이익} - \text{자본비용(\%)} \times \text{투하자본} \\ &= [\text{투하자본이익률(\%)} - \text{자본비용(\%)}] \times \text{투하자본} \qquad (3\text{-}1) \end{aligned}$$

투하자본은 기업이 영업활동에 투자한 순자산을 의미하며, 영업자산(영업유동자산+유형자산+무형자산+기타영업관련 자산)에서 매입채무 등 이자를 지급하지 않는 부채를 차감한 것이다.[26)] 따라서 투하자본이익률(return on invested capital : ROIC)은 세후영업이익을 투하자본으로 나눈 것과 같다. 퍼센트로 측정된 가중평균자본비용(weighted average cost of capital : WACC)은 타인자본비용과 자기자본비용의 가중평균으로 계산되며, 투하자본에 대하여 주주와 채권자가 기대하는 평균요구수익률이다.[27)] 그러므로 위 식은 투하자본이익률이 자본비용을 초과하는 투자를 해야만 기업가치의 증대가 가능하며, 반대로 투하자본이익률이 자본비용에 미달될 경우에는 기업가치가 하락하고 주주가 손해를 보게 된다는 것을 보여주고 있다.

(식 3-1)은 기업의 경영성과가 어떻게 하면 개선될 수 있는가도 보여준다. 즉, 기존 사업에 자본을 추가로 투자하지 않고 더 많은 영업이익을 올리거나, 이익률이 저조한 사업으로부터 철수하고 투하자본을 줄이거나, 투하자본이익률이 자본비용을 초과하는 신규 유망

25) 경제적 부가가치는 경제적 이익(economic profit)이라고도 하며, 미국의 컨설팅회사인 Stern Stewart에서 도입한 것이다. 이에 관해서는 다음 책을 참조 바람. G. Stewart, *The Quest for Value*(Harper Business, 1991).

26) EVA를 실무에 적용하기 위해서는 복잡한 계산과정을 거쳐야 한다. 그 계산과정에 대해서는 다음 책을 참고 바람. 김응한 · 이재경, 「상장기업 EVA 분석」(한국증권거래소, 1998.2.).

27) 가중평균자본비용은 다음 식으로 계산된다. $WACC = k_d \times (1-t) \times D/V + k_e \times S/V$. 여기서, k_d 는 타인자본비용, t는 실효법인세율, D/V 는 총자본 중 타인자본의 비중, k_e 는 자기자본비용, S/V는 총자본 중 자기자본의 비중을 가리킨다. 이에 관한 자세한 내용은 제13장을 참조 바람.

사업으로 진출할 수 있는 경우 ROIC와 EVA가 증가한다는 점이다. 현재 EVA는 가치기반 경영(價値基盤經營, value-based management)의 중심지표로 자리잡고 있으며, 사업부문 및 기업전반의 경영전략수립, 성과측정 및 경영자보상에 활용되고 있다.

사례 3-1 EVA 계산

기업경영에서 주주가치의 증대를 최우선으로 하는 High-TOP사의 경우 금년도 결산결과 투하자본은 8,000억 원, 영업이익은 1,750억 원, 법인세비용은 620억 원을 기록하였다. 이 회사의 자기자본비용은 14.3%이고 세금차감후 타인자본비용[$k_d(1-t)$]은 5.2%이다. 총자본에 대한 자기자본의 비중은 67%, 타인자본의 비중은 33%이다. 한편, 주주가치와 자본비용에 대하여 별 관심을 두지 않은 채 경영하고 있는 Low-END사의 경우 투하자본은 1,600억 원, 영업이익은 200억 원, 법인세비용은 73억 원을 기록하였으며, 자기자본비용은 18.3%, 세금차감후 타인자본비용은 6.8%로 추정되었다. 이 회사의 자기자본의 비중은 37%이고 타인자본의 비중은 63%이다. 이 두 회사의 자본비용(WACC)과 EVA를 계산하여 보기로 하자.

우선 두 회사의 자본비용을 계산하면 아래와 같으며, High-TOP사가 11.3%, Low-END사가 11.1%로서 유사하다. Low-END사가 자기자본비용이 높음에도 불구하고 전체 자본비용을 High-TOP사 수준으로 유지할 수 있는 것은 자본비용이 저렴한 타인자본(부채)의 조달비중을 높였기 때문이다.

$$\text{High-TOP}: \text{WACC}=5.2\%\times0.33+14.3\%\times0.67=11.297\ (11.3\%)$$
$$\text{Low-END}: \text{WACC}=6.8\%\times0.63+18.3\%\times0.37=11.050\ (11.1\%)$$

두 회사의 EVA를 계산하면 아래 표와 같다. High-TOP사의 경우 EVA는 226억 원, Low-END사의 EVA는 −51억 원으로 적자로 나타났다.

두 회사의 EVA 계산

회사명	세후영업이익(억 원)(A)	자본비용(억 원)(B)	EVA(억 원)(A−B)
High-TOP	1,750−620=1,130	8,000×0.113=904	226
Low-END	200−73=127	1,600×0.111=178	−51

참고로 두 회사의 ROIC를 계산하여 보면, High-TOP사는 14.1%(=1,130/8,000)로서 자본비용 11.3%를 초과하고 있고, Low-END사는 7.9%(=127/1,600)로서 자본비용 11.1%에도 못 미치고 있다. 이로 인하여 High-TOP사의 기업가치와 주가는 상승했을 것이고, Low-END사의 기업가치와 주가는 하락했을 것으로 추정할 수 있다.

사례 3-2

Coca-Cola의 EVA 경영

EVA는 미국 등 선진국의 주요 기업에서 가치중시경영의 핵심지표로 활용되고 있다.[28] 1980년대 중반 미국 Coca-Cola의 CEO였던 로베르토 고이주에타(Roberto Goizueta)는 이 회사의 EVA를 개선하기 위하여 세 가지 전략을 실시하였다.

첫째, 회사의 투하자본을 수익성이 매우 높은 청량음료사업(soft drink business)에 집중하였다. 이에 따라 ROIC가 7~8% 수준으로 자본비용 12%에 훨씬 미달하던 '파스타(pasta)', '인스턴트 차', '플라스틱 나이프와 포크', '탈염(脫鹽)장비' 등의 제조사업으로부터 철수하였다. 이 당시 청량음료부문의 ROIC는 29.4%에 달하고 있었다.

둘째, 고이주에타는 레버리지(부채)를 적극 활용하여 자본비용을 낮추는 재무전략을 채택하였다. 즉, 1980년대 초 이 회사는 부채가 거의 없는 재무구조를 갖고 있었지만, 코스트가 훨씬 낮은 타인자본을 더 사용하여 자본비용을 종전의 16% 수준에서 12% 수준으로 낮출 수 있었다.

셋째, 같은 투하자본에서 더 많은 이익을 올리거나 투하자본을 줄이고도 이익을 유지하는 전략을 실시하였다. 즉, 종전의 52개 공장을 40개로 줄이고도 더 많은 콜라원액을 생산하였고, 비싼 금속제 용기를 싼 플라스틱 용기로 대체하여 영업이익을 증가시켰다.

이러한 노력의 결과로 EVA는 1988~1993년 중 연평균 27%씩 증가하였고 주가는 CEO취임당시인 1981년 초의 $3대에서 12년 후인 1993년 8월에는 $43 수준으로 상승하였다. 이 회사의 재무담당이사(chief financial officer : CFO)였던 잭 스탈(Jack Stahl)은 "EVA는 적은 자본으로 더 많은 성과를 달성할 수 있도록 보다 창의적인 방법을 찾도록 강요한다(EVA forces you to find ingenious ways to do more with less capital)."라고 하여 EVA의 중요성을 요약하여 말하고 있다.

(7) 평 가

다음 〈표 3-12〉는 오뚜기의 주식분석비율을 보여주고 있다. 주가이익비율, 주가순자산비율, 주가매출액비율, 주가 EBITDA 비율, 배당수익률의 경우 분자의 주가는 편의상 다음 연도 6월 말 종가를 사용하였다.

2022년 6월 말 기준, 주가이익비율, 주가순자산비율, 주가매출액비율, 주가 EBITDA 비율 등의 투자지표로 판단할 때 오뚜기의 이익과 매출액은 증가추세임에도 주가는 하락추세에 있음을 알 수 있다. 이 시기에 코로나19로 인해 주식시장이 높은 상승 이후 하락을 겪었는데, 오뚜기도 그러한 경기 흐름의 영향을 받은 것으로 보인다. 주당배당금이 상승하면서 오뚜기의 배당성향은 21.02% 수준으로 업종에 상회하는데, 주가는 하락함에 따라 배당

28) S. Tully, "The Real Key to Creating Wealth," *Fortune*(September 20, 1993), pp. 34~42.

표 3-12 주식분석비율

구분	2020.6.30.	2021.6.30.	2022.6.30.
주가이익비율(PER)(배)	19.51	17.40	11.14
주가순자산비율(PBR)(배)	1.34	1.24	0.90
주가매출액비율(PSR)(배)	0.85	0.77	0.57
주가EBITDA비율(배)	8.74	6.73	5.73
배당수익률(%)	1.35	1.47	1.89
	2019	2020	2021
배당성향(%)	26.27	25.60	21.02
내부유보율(%)	73.73	74.40	78.98

수익률은 지속적으로 증가하였다.

제 3 절 비율분석의 유용성과 한계

비율분석은 재무제표항목을 경영성과 및 재무상태를 나타내는 몇 가지 범주의 재무비율로 축소시킴으로써 재무제표의 해석을 도와주는 기능을 한다. 또한 비율분석을 위한 자료수집이 용이하고 분석결과를 이해하기 쉽기 때문에 널리 이용되고 있다. 그러나 재무비율은 어디까지나 기업의 경제적 실태에 대한 징후(indicator)일 뿐이므로, 비율분석에만 의존해서는 완벽한 분석을 하였다고 볼 수 없다. 그러므로 깊이 있는 기업분석을 위해서는 회계자료의 분석뿐만 아니라 질적 성격을 갖는 비회계자료에 대한 분석과 더불어 가능한 한 업체방문 등의 실지조사 등도 병행하여야 한다.

1. 비율분석의 유용성

주식과 채권의 투자자, 애널리스트, 금융기관, 신용평가회사, 투자자문회사 등은 경영분석의 실무에서 비율분석을 많이 활용하고 있다. 물론 분석목적에 따라서 사용하는 재무비율이 각각 다르고, 다른 경영분석기법도 병행하여 쓰고 있지만 비율분석을 주로 이용하는 것은 다음과 같은 이유 때문이다.

첫째, 분석자로 하여금 분석대상기업의 과거의 경영실적과 현재의 경영상황을 평가하고, 미래경영성과를 추정하는 데 유용한 기초를 제공한다.

둘째, 분석자가 기업의 이익과 현금흐름 등을 추정하는 데 도움이 되는 기업 내의 미시경제적 관계에 관한 지식을 얻을 수 있다. 또한 예기치 못한 상황에서 기업이 성장발전과 채무상환에 필요한 자금을 확보할 수 있는 재무적 유연성(financial flexibility)이나 능력을 확보하고 있는지, 그리고 그 기업의 경영진의 능력은 어떠한지 등에 관한 이해를 높일 수 있다.

셋째, 구체적이고 복잡한 기업분석을 하기 이전의 예비분석으로서 유용하다. 또한 인터넷 등을 이용하여 해당 기업의 사업보고서 등의 자료를 쉽게 얻을 수 있어 자료수집에 시간과 비용이 절약되며, 분석기법이 간단하며 이해가 쉬워 전문가가 아니라도 사용할 수 있다.

특히 실무에서 널리 사용되는 재무비율이 기업부실예측, 신용등급예측, 주가추정 등에 효과적으로 이용될 수 있다는 사실이 실증적으로도 확인됨에 따라, 비율분석은 그 적용범위가 점차 확대되어 가는 추세에 있다.

2. 비율분석의 한계

비율분석은 중요한 경영분석기법의 하나로서 쉽고 간단하기 때문에 실무에서 널리 이용되고 있다. 그러나 비율분석은 다음과 같은 한계가 있어 실무에서 유의해야 한다.

첫째, 비율분석의 기초자료인 재무제표에 분식(粉飾)이 없다는 것이 전제되어야 한다. 만약, 어떤 목적하에서 회사의 경영성과나 재무상태가 왜곡되어 재무제표에 기재된다면, 그와 같은 재무제표를 이용한 비율분석이 아무 의미를 갖지 못하는 것은 당연하다. 재무제표의 분식에 관해서는 제8장에서 다루고 있다.

둘째, 비율분석은 원칙적으로 계수화가 가능한 재무자료의 분석에 의해 기업의 경제적 실태를 파악하고자 하는 기법이다. 그러므로 기업의 신용도, 설비나 기술수준의 우열, 조직의 효율성, 경영자의 인격과 리더십, 노사관계 등과 같이 기업의 유동성이나 존속능력, 수익성 등에는 영향을 미치지만 계수화가 곤란한 질적 요인의 분석은 비율분석에서는 다룰 수 없게 된다. 깊이 있는 기업분석을 위해서는 질적 요인에 대한 분석이 추가되어야 한다.

이에 관해서는 제9장에서 다룬다.

셋째, 경영분석의 근본목적은 기업의 미래상태를 예측하기 위한 것인데, 비율분석은 과거의 재무제표자료에 의존하고 있다. 재무제표는 보통 결산기가 지난 후에 발표되므로 이를 바탕으로 미래의 경영성과나 재무상태를 판단하는 데는 한계가 있다. 예를 들어, 아무리 과거의 유동성비율이 나쁘더라도 미래의 사정이 달라짐에 따라 기업의 지급능력은 개선될 수도 있으며, 현재는 지급능력이 좋은 것으로 평가되더라도 금융위기나 환율변동 등에 적절히 대응하지 못하는 기업은 유동성이 급격히 악화될 수도 있다.

넷째, 합리적인 경영을 하는 같은 산업에 속하는 기업들 사이에도 경영방침이나 기업의 성격에 따라 재무비율에는 커다란 차이가 생긴다. 예를 들어 고급제품을 취급하는 의류업체는 신용거래가 많으나 저가제품을 취급하는 업체는 신용거래를 하지 않을 경우, 두 기업 간의 매출채권회전기간이 큰 차이가 나고 우열을 비교할 수 없는 것은 너무나 당연하다.

다섯째, 전통적으로 비율분석에서는 재무비율을 개별적으로 작성 · 검토 · 해석하는 방법을 취하고 있다. 따라서 총자산순이익률은 업종평균 이상이지만 부채비율은 업종평균 이하인 경우와 같이 각 재무비율이 주는 정보가 서로 어긋나는 경우가 종종 나타난다. 이러한 경우 재무비율의 종합적 해석이 상당히 곤란하게 된다. 이와 같은 문제를 해결하기 위한 분석방법이 지수법과 같은 종합적 비율분석인데, 이는 제4장에서 다루어진다.

여섯 째, 업종평균비율은 비율분석에서 비교기준으로 가장 널리 이용되고 있으나, 업종평균비율의 사용 시 다음과 같은 문제점이 따른다는 것을 유의해야 한다. 먼저, 업종평균비율을 수록한 「기업경영분석」(한국은행)에는 업종별로 우리나라 모든 법인기업들이 포함되어 있다. 이 경우 삼성전자나 현대자동차, POSCO와 같이 해당 업종에서 매출액이나 자산의 비중이 압도적으로 큰 기업은 이들 회사가 포함된 업종의 평균비율을 비교기준으로 삼기가 곤란해진다는 점이다.

일곱째, 최근에 활발히 진행되고 있는 기업의 경영다각화(經營多角化)에 따라 비교기준으로서의 업종평균비율 자체가 무의미하게 될 우려가 있다는 점이다. 가령, 효성과 같이 한 회사가 섬유, 화학, 중공업, 산업자재, 무역, 건설 등 여러 업종에 동시에 진출하고 있을 때, 이 기업을 어느 업종으로 분류할 것인가 하는 문제가 생긴다. 「기업경영분석」(한국은행)에서는 단일사업체가 여러 종류의 사업을 겸영하는 경우에는 편의상 '매출액이 가장 많은 사업의 업종'으로 그 기업의 업종을 결정하고 있으나, 업종평균비율이 순수한 비교기준이 될 수 없다는 문제는 여전히 남는다. 다각화기업의 비율분석은 제4장에서 다룬다.

여덟째, 선택적 회계처리방법(alternative accounting methods)의 허용에서 오는 문제가 있다. 예를 들면, 기업은 재고자산평가에 관하여는 선입선출법(FIFO), 평균원가법, 개별법 중에서 한 가지를 선택할 수 있기 때문에, 어느 방법을 사용하느냐에 따라 매출원가와 영업이익이 달라져 재무제표에 적절한 조정을 하지 않는 한 재무비율의 기업 간 비교가 곤란해진다. 이에 관한 내용은 제8장에서 다룬다.

연 습 문 제

01 다음 용어를 설명하라.

① 당좌비율
② 부채비율
③ 이자보상비율
④ 매출채권회전기간
⑤ 현금전환주기
⑥ ROA
⑦ ROE
⑧ PER
⑨ EVA
⑩ 주가 EBITDA 비율

02 본장에서는 분석자의 이용목적에 따라 재무비율을 유동성비율, 레버리지비율, 수익성비율, 활동성비율, 성장성비율, 주식분석비율의 6개 그룹으로 분류하였다.

① 6개 그룹에 속하는 비율의 성격을 설명하라.
② 경영분석 이용자별로 비율분석 시 중요시하는 재무비율을 열거하고, 그 이유를 설명하라.

03 비율분석의 유용성과 한계를 설명하라.

04 주식분석비율의 종류를 들고, 증권분석실무에서 어떻게 활용되고 있는지 설명하라.

05 기업의 장기채무상환능력을 동태적으로 파악해야 하는 필요성은 무엇이며, 이를 파악할 수 있는 재무비율을 설명하라.

06 다음 자료를 이용하여 A사의 매출액과 매출원가를 계산하고 재무상태표를 완성하라.

〈자 료〉
부채비율(=부채총계/자본총계) : 150%
당좌비율 : 40%
총자산회전율 : 1.5회
매출채권평균회수기간 : 20일
매출액총이익률(=매출총이익/매출액) : 25%
재고자산회전율 : 5회

① 매 출 액(　　) 매출원가(　　)

② 재무상태표(20×4.12.31.) (단위 : 백만 원)

현금	(　　)	매입채무	(　　)
매출채권	(　　)	자본금	10,000
재고자산	(　　)	이익잉여금	20,000
유형자산	(　　)		
자산총계	(　　)	부채와 자본총계	(　　)

07 다음은 G가구회사의 재무제표자료와 가구제조업의 업종평균비율자료이다.

① 각 재무비율을 계산하라.

② 업종평균비율과 비교하여 이 회사의 재무적 · 영업적 문제점을 분석하라.

재무상태표(20×4.12.31.) (단위 : 천 원)

자산		부채와 자본	
현금	19,000	매입채무	77,500
매출채권	180,000	단기차입금	36,000
재고자산	433,000	기타유동부채	67,000
유동자산합계	632,000	유동부채합계	180,500
유형자산	190,500	비유동부채	200,000
		자본총계	442,000
자산총계	822,500	부채와 자본총계	822,500

손익계산서(20×4.1.~20×4.12.) (단위 : 천 원)

매출액	1,315,000
매출원가	912,000
매출총이익	403,000
판매비와 관리비	332,500
영업이익	70,500
(차감)이자비용	23,000
법인세차감전 순이익	47,500
(차감)법인세	19,000
당기순이익	28,500

재무비율	G사	업종평균비율
유동자산 / 유동부채	(　　)	310%
부채총계 / 자산총계	(　　)	45%
이자보상비율	(　　)	5.8배
매출원가 / 재고자산	(　　)	6.2회
매출채권평균회수기간	(　　)	46일
순 이 익 / 매 출 액	(　　)	2.8%
순 이 익 / 총 자 산	(　　)	8.6%
순 이 익 / 자기자본	(　　)	10.2%

08 Y씨는 스마트폰을 생산 · 판매하는 M전자의 주식을 다량 보유하고 있다. 그리고 Y씨는 연간소득의 상당부분을 이 회사로부터 지급받는 배당금에 의존하고 있다. 그런데 20×3년도의 영업실적에 대한 주당배당금이 종전의 1,750원에서 1,250원으로 대폭 감소되었다. 이에 충격을 받은 Y씨는 최근의 재무자료를 분석하여 이 회사의 경영실태를 파악하고자 한다. 재무자료는 가~라와 같다.

① 이 회사의 최근 3개년간의 주요 재무비율을 구하라. 주요 재무비율과 업종평균재무비율을 그래프로 나타낸 다음, 이 회사의 수익성 · 유동성 · 레버리지 · 활동성 비율의 추세를 분석하라.

② 비율분석에 의하여 나타난 이 회사의 강점과 약점은 무엇인가?

가. M전자의 재무상태표

(단위 : 백만 원)

	20×1	20×2	20×3
현금	76,250	72,000	40,000
매출채권	401,600	439,000	672,000
재고자산	493,000	794,000	1,270,000
유동자산	970,850	1,305,000	1,982,000
토지와 건물	126,150	138,000	125,000
기계	169,000	182,000	153,000
기타비유동자산	74,600	91,000	82,000
자산총계	1,340,600	1,716,000	2,342,000
매입채무	171,000	368,800	679,240
미지급비용	78,600	170,000	335,000
유동부채	249,600	538,800	1,014,240
비유동부채	304,250	304,290	408,600
자본금	575,000	575,000	575,000
잉여금	211,750	297,910	344,160
부채와 자본총계	1,340,600	1,716,000	2,342,000

나. M전자의 손익계산서

(단위 : 백만 원)

	20×1	20×2	20×3
매출액	4,135,000	4,290,000	4,450,000
매출원가	3,308,000	3,550,000	3,560,000
매출총이익	827,000	740,000	890,000
판매비와 관리비	315,000	236,320	256,000
기타영업비용	130,000	159,000	191,000
영업이익	382,000	344,680	443,000
이자비용	64,000	134,000	318,000
법인세차감전 순이익	318,000	210,680	125,000
법인세	127,000	84,270	50,000
당기순이익	191,000	126,410	75,000

다. 주식관련 자료

	20×1	20×2	20×3
발행주식수(천 주)	23,000	23,000	23,000
EPS(원)	8,304	5,496	3,261
주당배당액(원)	1,750	1,750	1,250
평균주가(원)	48,870	25,500	13,250

라. 업종평균비율(20×3년)

당좌비율	100%
유동비율	270%
재고자산회전율	7.0회
매출채권평균회수기간	32일
비유동자산회전율	13.0회
총자산회전율	2.6회
총자산영업이익률	14.0%
자기자본순이익률	18.0%
자기자본비율	50.0%
매출액순이익률	3.5%
PER	6.0배

09 다음은 반도체 소자 부분품 및 소형 컴퓨터 제조기업인 H텔레텍과 같은 업종에 있는 회사로서 ATM기기를 제조하던 C컴퓨터의 19×6년도 요약 재무자료이다. 물음에 답하라.

H텔레텍과 C컴퓨터의 재무자료 (단위 : 백만 원)

재무상태표	H텔레텍	C컴퓨터
유동자산	136,718	56,244
(매출채권)	41,676	9,875
(재고자산)	39,817	22,398
비유동자산	64,315	37,299
(투자자산)	21,993	17,171
(유형자산)	35,486	18,301
(무형자산)	15	0
자산총계	201,033	93,543
유동부채	52,569	6,575
(매입채무)	7,241	4,204
비유동부채	68,203	12,395
(회사채)	39,374	4,907
자본총계	80,261	74,573
부채와 자본총계	201,033	93,543

손익계산서	H텔레텍	C컴퓨터
매출액	85,457	96,565
매출원가	63,525	77,728
매출총이익	21,932	18,837
판매비와 관리비	17,478	14,057
영업이익	4,454	4,780
영업외수익	11,648	10,160
영업외비용	12,713	4,780
(이자비용)	8,972	2,999
세전이익	3,389	10,160
법인세비용	780	2,933
당기순이익	2,609	7,227

주식분석자료	H텔레텍	C컴퓨터
19×6년 말 주가(원)	15,000	34,300
주당순이익(원)	507	7,227
주당순자산(원)	14,912	23,323

재무비율	H텔레텍	C컴퓨터	평가의견
유동비율(%)			
부채비율(%)			
비유동장기적합률(%)			
이자보상비율(배)			
매출액순이익률(%)			
금융비용부담률(%)			
총자산회전율(회)			
매출채권회전율(회)			
재고자산회전율(회)			
매입채무회전율(%)			

* 비율의 단위 예 : 유동비율 121.86%, 총자산회전율 1.23회, 이자보상비율 2.38배 등으로 표시할 것.

① 다음의 재무비율을 계산하여 H텔레텍의 재무내용을 C컴퓨터와 비교하여 평가하라. 그리고 비율분석으로 파악한 H텔레텍의 경영상의 문제는 무엇인지 진단하여 보라.

유동비율, 부채비율, 비유동장기적합률, 이자보상비율(영업이익기준), 매출액순이익률, 금융비용부담률, 총자산회전율, 매출채권회전율, 재고자산회전율, 매입채무회전율

② 두 회사 중 한 회사는 외환위기 시기인 19×7년도에 도산하였다. 어느 회사가 도산하였겠는가? 19×6년도의 재무비율 중 이 회사의 도산예측에 도움이 된다고 생각되는 비율을 제시하여 보라.

③ 두 회사의 주식분석자료를 이용하여 주가이익비율과 주가순자산비율을 계산하고 비교하여 보라.

제 4 장

비율분석의 보완

제3장에서는 재무비율의 의미와 계산방법, 그리고 계산된 재무비율을 이용하여 기업의 경제적 실태를 평가하는 방법을 설명하였다. 그러나 비율분석은 재무제표를 구성하는 두 항목을 서로 대비시켜 구한 재무비율에 의해 기업의 경영실태를 개별적으로 평가하고자 하는 방법이므로, 이것만으로는 재무제표가 지니는 회계정보를 충분히 활용하였다고는 볼 수 없다. 이에 본장에서는 재무제표를 이용하되 전통적인 비율분석을 보완할 수 있는 몇 가지 분석방법을 설명하고자 한다.

제1절에서는 재무제표의 각 항목을 백분비나 지수로 나타내어 기업의 경영성과와 재무상태를 평가할 수 있는 공통형 재무제표와 재무제표항목의 추세를 볼 수 있는 지수형 재무제표를 다룬다. 제2절에서는 경영성과의 종합적 지표인 투자수익률을, 이를 구성하고 있는 여러 요인으로 분해하여 경영성과의 계획과 통제를 하고자 하는 분석방법을 설명한다. 제3절에서는 여러 재무비율을 동시에 이용하여 기업을 종합적으로 평가하고자 하는 지수법을 다루며, 제4절에서는 최근에 급속한 진전을 보이고 있는 기업의 경영다각화를 감안하여, 다각화기업의 비율분석과 관련된 문제를 살펴본다. 제5절에서는 재무비율의 국제비교를 다루었다.

제1절 공통형 재무제표와 지수형 재무제표

재무비율은 재무제표의 두 항목을 서로 대응시켜 계산된 비율이므로 재무상태표나 손익계산서에 담겨 있는 모든 정보를 충분히 활용할 수 없는 문제가 있다. 이와 같은 문제는 백분비나 지수로 작성된 재무제표인 공통형 재무제표나 지수형 재무제표로 보완할 수 있다. 공통형 재무제표는 기업 간의 규모차이를 조정하여 상호비교하는 데 좋고, 지수형 재무제표는 재무제표항목의 추이를 판단하는 데 유용하다.

1. 공통형 재무제표

총자산이나 매출액의 규모가 서로 다른 두 기업의 재무제표를 직접 비교하여 경영성과나 재무상태를 평가한다면 잘못된 결론이 나올 수 있다. 예를 들어 기업 A는 100억 원의 비유동부채를, 기업 B는 80억 원의 비유동부채를 보유하고 있을 때 자산규모의 차이를 고려하지 않고서 기업 A가 기업 B보다 더 많은 부채를 이용한다고 단정하는 것은 그릇된 판단이다. 재무제표분석에 있어 이와 같은 문제를 해결할 수 있는 한 가지 방법은 공통형 재무제표(共通型 財務諸表, common-size financial statements)를 이용하는 것이다. 많이 이용되는 공통형 재무제표로서 공통형 재무상태표와 공통형 손익계산서가 있다. 공통형 재무상태표(common-size statement of financial position)는 자산총계 및 부채와 자본총계를 100%로 하고 자산의 각 항목, 부채 · 자본의 각 항목의 구성비를 백분비로 표시하여 작성한다. 공통형 손익계산서(common-size statement of income)는 매출액을 100%로 하고 비용과 수익의 각 항목의 구성비를 백분비로 표시하여 작성한다.

이와 같은 공통형 재무제표는 상호비교분석과 추세분석에 모두 이용할 수 있다. 첫째, 규모가 서로 다른 회사의 자산구조 혹은 재무구조, 수익과 비용구조를 상호비교하는 데 도움이 된다. 둘째, 한 회사의 자산구조나 재무구조, 수익과 비용구조가 시간의 경과에 따라 어떻게 달라졌는가를 검토하는 데 사용된다. 셋째, 추정재무제표의 작성에 필요한 정보를 제공한다. 즉, 회사의 과거 자산의 구성비율이나 부채와 자본의 구성비율은 추정재무상태표를 작성하는 데 참고할 수 있고, 과거 수익과 비용의 구성비율은 추정손익계산서의 작성에 활용할 수 있다. 또한 과거 영업실적이 없거나 미미한 신생 벤처기업의 경우에는 회사가 속한 업종 혹은 유사회사의 공통형 재무제표 구성비율을 이용하여 추정재무제표를 작성할 수 있을 것이다.

(1) 상호비교분석

공통형 재무제표는 일정시점 또는 일정기간에 있어서 기업 간의 재무상태나 경영성과를 비교하는 상호비교분석(cross-sectional analysis)을 위한 기법으로서 활용할 수 있다. 〈표 4-1〉과 〈표 4-2〉는 식료품업종(C10, 식료품, 종합)에 속하는 세 회사 및 업종의 재무상태표와 공통형 재무상태표를 보여주고 있다.

표 4-1 식료품업 3사 및 업종의 재무상태표(2021.12.31.) (단위 : 백만 원)

구 분	오뚜기	CJ제일제당	대상	업종
Ⅰ. 유동자산	1,028,062	7,695,895	1,523,432	47,015,134
(현금 및 현금성자산)	222,280	1,096,870	586,322	7,367,867
(단기금융상품)	239,707	248,194	21,183	6,849,331
(매출채권)	201,573	2,616,118	334,942	12,949,669
(재고자산)	343,574	2,338,252	515,073	15,441,999
Ⅱ. 비유동자산	1,577,777	19,130,203	1,347,098	68,842,927
(관계기업투자 등)	225,573	439,373	78,672	20,523,809
(유형자산)	1,256,262	11,160,866	992,793	42,789,065
(무형자산)	59,966	4,520,299	111,774	2,494,986
자산총계	2,605,839	26,855,804	2,870,530	115,858,061
Ⅰ. 유동부채	701,331	7,915,868	953,798	36,057,109
(매입채무)	214,215	2,153,029	199,447	8,227,334
(단기차입금)	342,963	2,360,786	342,433	18,891,765
Ⅱ.비유동부채	366,056	8,133,136	669,510	23,660,770
(장기차입금 등)	203,465	4,911,190	462,098	20,319,879
부채총계	1,067,387	16,049,004	1,623,308	59,717,879
Ⅲ. 자본총계	1,538,452	10,806,800	1,247,223	56,140,183
(자본금)	18,360	81,908	36,018	7,982,096
(이익잉여금)	1,516,436	4,940,161	947,398	34,162,909
부채와 자본총계	2,605,839	26,855,804	2,870,530	115,858,061

주 : 식료품업 3사의 수치는 연결기준임. 관계기업투자 등에는 투자부동산을 포함. 단기차입금에는 유동성장기부채 포함. 장기차입금 등에는 회사채 포함.

자료 : 식료품업 3사의 2021년도 사업보고서. 업종(식료품, C10)자료는 한국은행, 「기업경영분석」(2021년) 참조.

〈표 4-2〉의 공통형 재무상태표는 〈표 4-1〉의 자산의 각 항목을 자산총계로 나누거나 부채 및 자본의 각 항목을 부채와 자본총계로 나눈 다음 백분비로 표시하여 작성한 것이다. 〈표 4-2〉는 자산구성이나 재무구조가 각 기업마다 다르다는 것을 잘 보여주고 있다. 재무구조를 보면 오뚜기가 업종평균이나 다른 두 업체에 비하여 양호한데 이는 특히 이익의 유보로 이익잉여금의 비율이 높은 데 기인하고 있다. 오뚜기의 부채구성을 보면, 다른 두 회사와 업종에 비해 비유동부채 비중은 더욱 낮아 장기성의 투자는 장기부채보다는 자기자본을 활용할 것으로 판단된다. 그리고 상대적으로 높은 유형자산과 관계기업투자와 투자부동산 등의 비율로 볼 때 이익잉여금을 활용한 자기자본의 투자는 주로 이러한 자산으로 이루어졌을 것으로 추론할 수 있다. 오뚜기는 또 타 업체에 비하여 단기차입금보다 많은 현금 및 현금성자산과 단기금융상품을 보유하고 있어 단기지급능력도 뛰어나다는 것을 알

표 4-2 식료품업 3사 및 업종의 공통형 재무상태표(2021.12.31.) (단위 : %)

구 분	오뚜기	CJ제일제당	대상	업종
Ⅰ. 유동자산	39.5	28.7	53.1	40.6
(현금 및 현금성자산)	8.5	4.1	20.4	6.4
(단기금융상품)	9.2	0.9	0.7	5.9
(매출채권)	7.7	9.7	11.7	11.2
(재고자산)	13.2	8.7	17.9	13.3
Ⅱ. 비유동자산	60.5	71.2	46.9	59.4
(관계기업투자 등)	8.7	1.6	2.7	17.7
(유형자산)	48.2	41.6	34.6	36.9
(무형자산)	2.3	16.8	3.9	2.2
자산총계	100.0	100.0	100.0	100.0
Ⅰ. 유동부채	26.9	29.5	33.2	31.1
(매입채무)	8.2	8.0	6.9	7.1
(단기차입금)	13.2	8.8	11.9	16.3
Ⅱ. 비유동부채	14.0	30.3	23.3	20.4
(장기차입금 등)	7.8	18.3	16.1	17.5
부채총계	41.0	59.8	56.6	51.5
Ⅲ. 자본총계	59.0	40.2	43.4	48.5
(자본금)	0.7	0.3	1.3	6.9
(이익잉여금)	58.2	18.4	33.0	29.5
부채와 자본총계	100.0	100.0	100.0	100.0

수 있다. 자산구조를 보면 오뚜기는 다른 두 회사나 업종평균에 비하여 현금과 현금성자산, 단기금융상품 등 금융자산의 보유비중이 높고, 매출채권이나 재고자산의 비중은 낮거나 업종과 비슷하고 매입채무의 비중은 높아 운전자본에 대한 투자가 상대적으로 적다는 것을 알 수 있다. 또한 관계회사에 대한 투자비중은 업종평균보다는 낮으나 다른 두 회사에 비해서는 높아 관계회사의 경영실적이 오뚜기의 경영성과에도 상당한 영향을 미칠 것임을 나타내 주고 있다.

〈표 4-3〉과 〈표 4-4〉는 식료품업 3사 및 업종의 포괄손익계산서와 공통형 포괄손익계산서이다.

〈표 4-4〉의 공통형 포괄손익계산서는 〈표 4-3〉의 포괄손익계산서에 있는 수익과 비용의 각 항목을 매출액으로 나눈 다음 백분비로 표시하여 작성하면 된다. 〈표 4-4〉의 공통형 손익계산서를 통하여 기업 간의 매출원가구성, 판매비와 관리비 구성, 영업외수지구성 등을 서로 비교하여 기업 간 순이익의 원천을 분석할 수 있다. 오뚜기의 경우 매출원가구성

표 4-3 식료품업 3사 및 업종의 포괄손익계산서(2021.1.1.~12.31.) (단위 : 백만 원)

구 분	오뚜기	CJ제일제당	대상	업종
Ⅰ. 매출액	2,739,037	26,289,228	3,469,993	127,870,222
Ⅱ. 매출원가	2,297,455	20,507,137	2,586,789	101,719,076
Ⅲ. 매출총이익	441,581	5,782,091	883,203	26,151,146
Ⅳ. 판매비와 관리비	275,006	4,257,662	729,958	21,605,225
(급여 등)	133,012	1,567,197	294,000	6,806,373
(광고선전비)	42,542	175,943	32,202	1,575,962
Ⅴ. 영업이익(손실)	166,575	1,524,429	153,245	4,545,921
금융수익 등	22,361	778,080	111,318	2,539,317
(이자수익)	3,525	34,200	3,413	210,398
금융비용 등	37,630	1,117,866	92,248	2,654,474
(이자비용)	8,995	272,783	17,562	912,081
관계기업 등 지분법이익(손실)	11,595	33,143	12,021	−64,907
Ⅵ. 법인세비용차감전 순이익(손실)	162,901	1,217,787	184,336	4,365,857
법인세비용	32,923	325,394	39,386	1,061,879
Ⅶ. 당기순이익(손실)	129,978	892,393	144,950	3,303,978

주 : 식료품업 3사의 수치는 연결기준임. 급여 등에는 퇴직급여, 복리후생비 포함. 금융수익 등에는 기타수익 포함. 금융비용 등에는 기타비용 포함.

자료 : 각 회사의 사업보고서(2021년도), 업종(식료품, C10)자료는 한국은행, 「기업경영분석」(2021년) 참조.

표 4-4 식료품업 3사 및 업종의 공통형 포괄손익계산서(2021.1.1.~12.31.) (단위 : %)

구 분	오뚜기	CJ제일제당	대상	업종
Ⅰ. 매출액	100.0	100.0	100.0	100.0
Ⅱ. 매출원가	83.9	78.0	74.5	79.5
Ⅲ. 매출총이익	16.1	22.0	25.5	20.5
Ⅳ. 판매비와 관리비	10.0	16.2	21.0	16.9
(급여 등)	4.9	6.0	8.5	5.3
(광고선전비)	1.6	0.7	0.9	1.2
Ⅴ. 영업이익(손실)	6.1	5.8	4.4	3.6
금융수익 등	0.8	3.0	3.2	2.0
(이자수익)	0.1	0.1	0.1	0.2
금융비용 등	1.4	4.3	2.7	2.1
(이자비용)	0.3	1.0	0.5	0.7
관계기업 등 지분법이익(손실)	0.4	0.1	0.3	−0.1
Ⅵ. 법인세비용차감전 순이익(손실)	5.9	4.6	5.3	3.4
법인세비용	1.2	1.2	1.1	0.8
Ⅶ. 당기순이익(손실)	4.7	3.4	4.2	2.6

은 업종이나 다른 두 기업보다 높다. 반면에 판매비와 관리비의 구성은 업종평균이나 다른 두 기업보다 낮다. 그 결과 영업마진은 6.1%로서 업종평균은 물론 다른 두 회사보다도 높게 나타나고 있다. 또한 오뚜기의 영업외수지차도 흑자를 기록한 대상을 제외하면 CJ제일제당보다는 적자 정도가 양호하고, 지분법손익도 0.4%의 흑자를 기록함으로써, 매출액 대비 세전이익 구성비율이 5.9%, 그리고 당기순이익의 구성비율이 4.7%로서 상대적으로 양호한 모습을 보여주고 있다.

(2) 추세분석

공통형 재무제표는 일정기간에 걸쳐서 특정기업의 영업성과나 재무상태의 변화를 분석하는 추세분석(trend analysis)을 위한 도구로 활용되기도 한다. 따라서 추세분석을 통하여 일정기간 중 자산구성, 재무구조, 비용구조 등이 어떻게 변화하였는가를 명확하게 알아볼 수 있는 이점이 있다.

〈표 4-5〉는 오뚜기의 재무상태표(〈표 3-1〉)를 이용하여 작성한 공통형 재무상태표다. 공통형 재무상태표에 따르면 오뚜기의 부채는 점차 증가해 왔으며, 단기차입금과 장기차입금 비중이 모두 증가해 왔고, 자기자본 구성비율(즉, 자기자본비율)은 약간 하락세이다. 그러나 지속적으로 높은 이익잉여금에 따라, 자기자본 구성비율이 59%에 이르고 있어, 재무구조가 건전하다는 것을 알 수 있다. 또한, 현금 및 현금성자산과 단기금융상품도 증가하고 있어 부채의 증가에도 지급능력이 크게 감소하지 않았다. 그리고 매출채권의 비중이 감소하고 유형자산의 비중도 감소하는 추세에 있어 자산활용의 효율성도 향상되는 추세라는 것을 알 수 있다. 다만, 재고자산의 비중은 증가하고 있다.

〈표 4-6〉은 오뚜기의 포괄손익계산서(〈표 3-2〉)를 이용하여 작성한 공통형 포괄손익계산서이다.

공통형 포괄손익계산서에서 볼 수 있는 특징으로는 2021년의 매출원가의 구성이 상승했다는 것이다. 이는 이 시기에 원재료 가격의 상승에 기인한다. 영업비용의 관리를 통해 판배비와 관리비는 감소하였으나, 오뚜기의 영업이익은 6.1%로 감소하였다. 그럼에도 영업외수지로 금융손익이 증가하고 법인세비용이 감소하면서, 이 회사의 당기순이익 구성비율은 기간 중 3.9%에서 4.9%로 상승하고 있다.

표 4-5 오뚜기의 공통형 재무상태표 (단위 : %)

구 분	2019.12.31.	2020.12.31.	2021.12.31.
자산			
Ⅰ. 유동자산	31.1	33.3	39.5
1. 당좌자산	22.8	22.3	26.3
(현금 및 현금성자산)	5.7	3.7	8.5
(단기금융상품)	7.6	8.7	9.2
(매출채권)	8.8	9.2	7.7
2. 재고자산	8.3	11.1	13.2
Ⅱ. 비유동자산	68.9	66.7	60.5
1. 유형자산	57.9	54.0	48.2
2. 관계기업투자 및 투자부동산	7.7	9.0	8.7
3. 무형자산	2.4	2.7	2.3
4. 기타비유동금융자산	0.6	0.5	0.5
5. 기타비유동자산	0.3	0.5	0.9
자산총계	100.0	100.0	100.0
부채			
Ⅰ.유동부채	24.4	24.4	26.9
1. 매입채무	11.4	7.8	8.2
2. 단기차입금 및 유동성장기차입금	6.7	9.1	13.2
3. 기타유동부채	6.3	7.5	5.5
Ⅱ. 비유동부채	13.0	14.0	14.0
1. 장기차입금	5.1	6.6	7.8
2. 기타비유동부채	8.0	7.3	6.2
부채총계	37.4	38.4	41.0
자본			
Ⅰ.자본금	0.8	0.8	0.7
(보통주 자본금)	0.8	0.8	0.7
Ⅱ. 자본잉여금	6.1	7.6	6.7
(주식발행초과금)	6.0	7.2	6.5
(기타자본잉여금)	0.0	0.3	0.2
Ⅲ. 기타자본구성요소	−10.3	−9.4	−8.5
(자기주식)	−10.0	−9.2	−8.3
(기타포괄손익누계액)	0.8	0.6	0.6
Ⅳ. 이익잉여금(결손금)	61.9	60.4	58.2
Ⅴ. 지배기업소유주지분	59.4	59.9	57.8
Ⅵ. 비지배지분	3.2	1.7	1.3
자본총계	62.6	61.6	59.0
부채와 자본총계	100.0	100.0	100.0

표 4-6 오뚜기의 공통형 포괄손익계산서 (단위 : %)

구 분	2019.1.1.~12.31.	2020.1.1.~12.31.	2021.1.1.~12.31.
Ⅰ. 수익(매출액)	100.0	100.0	100.0
Ⅱ. 매출원가	82.7	82.2	83.9
Ⅲ. 매출총이익	17.3	17.8	16.1
Ⅳ. 판매비와 관리비	11.0	10.2	10.0
(급여 등)	5.4	5.0	4.9
(광고선전비)	1.8	1.6	1.6
(지급수수료)	1.7	1.8	1.7
Ⅴ. 영업이익(손실)	6.3	7.6	6.1
금융수익	0.2	0.1	0.3
(이자수익)	0.2	0.1	0.1
금융원가	0.3	1.3	0.3
(이자비용)	0.3	0.3	0.3
기타수익	0.5	1.2	0.5
(외환차익)	0.1	0.5	0.1
(임대료수익)	0.1	0.0	0.0
기타비용	0.9	1.3	1.0
(외환차손)	0.1	0.1	0.4
(기부금)	0.4	0.3	0.3
관계기업 지분법손익	0.3	0.4	0.4
Ⅵ. 법인세비용차감전 순이익(손실)	6.0	6.8	5.9
법인세비용	1.8	2.6	1.2
Ⅶ. 당기순이익(손실)	4.2	4.3	4.7
Ⅷ. 기타포괄손익	−0.3	−0.2	0.1
Ⅸ. 총포괄손익	3.9	4.1	4.9

2. 지수형 재무제표

지수형 재무제표(指數型 財務諸表, index financial statements)는 손익계산서나 재무상태표를 구성하는 각 항목이 일정기간에 걸쳐 어떤 추세를 보이는가를 알기 위한 것이다. 지수형 재무제표는 어느 한 결산기의 재무제표수치를 기준으로 설정하고, 그 이후 결산기의 재무제표항목을 기준이 되는 재무제표항목으로 나눈 다음 100을 곱하여 구한 지수(指數, index)로 작성된다. 〈표 3-2〉의 오뚜기의 포괄손익계산서로부터 매출액, 매출원가, 판매비와 관리비, 영업이익, 법인세비용, 당기순이익 항목의 지수를 2019년도의 수치를 기준으로 작성하면 〈표 4-7〉과 같다. 이 표의 지수들은 2019년도의 수치를 100으로 하고 나머지 연도의 수치를 2019년도의 수치로 나눈 다음 100을 곱하여 계산된 것이다. 가령, 2021년도의 매출액에 대한 지수는 (2,739,037/2,359,651)×100=116.1이다. 여기서 2021년의 경우 매출원가의 증가속도가 매출액 증가속도보다 빠름에도 이 회사의 당기순이익이 이전 연도에 비하여 개선된 것은 판매비와 관리비의 증가속도를 억제하는 동시에 법인세비용을 축소시킬 수 있었다는 데에 기인한다는 판단이 가능하다.

표 4-7 오뚜기의 포괄손익계산서항목의 지수(2019~2021)

구 분	2019.1.1.~12.31.	2020.1.1.~12.31.	2021.1.1.~12.31.
수익(매출액)	100.0	110.0	116.1
매출원가	100.0	109.3	117.7
판매비와 관리비	100.0	101.4	105.7
영업이익(손실)	100.0	133.8	112.3
법인세비용	100.0	157.9	78.0
당기순이익(손실)	100.0	110.6	130.2

제2절 투자수익률의 분석

기업의 경영성과를 종합적으로 판단하고자 할 때 널리 이용되는 지표가 투자수익률이다. 투자수익률을 그 구성요인별로 분석하면, 경영개선이나 미래경영계획에 도움이 되는 정보들을 얻을 수 있다. 여기서는 투자수익률분석의 의의와 목적, 분석구조, 유용성과 한계를 알아보기로 한다.

1. 투자수익률분석의 의의와 목적

기업이나 사업부의 경영성과를 측정할 수 있는 재무적 기준에는 여러 가지가 있다. 예를 들면 일정기간 중 매출액, 당기순이익 또는 생산액의 증가율 등이 자주 이용되고 있는 기준들이다. 그러나 이들 기준은 일정한 경영성과를 달성하는 데 필요한 투자액을 고려하지 않기 때문에 불완전한 것이다.

투자수익률(return on investment)은 일정기간 중 이익을 투자액으로 나누어 측정하는데, 가장 대표적인 지표로는 세후(당기)순이익을 총자산으로 나눈 총자산순이익률이 있다. 총자산순이익률은 ROA(return on asset)로 더 잘 알려져 있다. 원래 ROA 분석은 미국의 화학회사인 듀퐁(DuPont)에 의하여 사업부의 업적을 평가하고 관리하기 위한 내부통제수단으로 개발된 것이다. 듀퐁재무분석시스템으로 알려진 ROA 분석은 ROA를 결정하는 요인을 수익성과 회전율로 분해한 다음, 각 결정요인의 세부항목에 대한 관리를 통하여 궁극적으로는 회사의 경영성과를 계획 · 통제하는 것을 목적으로 한다. 그러나 최근에는 ROA 분석이 기업 전체 경영성과의 계획과 통제, 기업 내의 자원배분결정, 이익예측, 채권자 · 투자자에 의한 기업경영성과의 평가 등 여러 목적에 활용되고 있다.

투자수익률의 또 다른 지표로는 자기자본순이익률(return on equity), 즉 ROE가 있다. ROE는 세후순이익을 자기자본(자본총계)으로 나눈 것으로 주주입장에서 중시하는 수익성 지표이다. ROE 역시 그 구성요소로 분해하면 ROE의 결정요인을 알 수 있고, 이는 경영진이 ROE를 제고할 수 있는 경영전략을 수립하거나 내부통제 등을 하는 데 도움이 된다.

2. ROA 분석의 구조와 방법

(1) ROA 분석의 기본구조

ROA 분석은 총자산순이익률이 (식 4-1)과 같이 수익성을 나타내는 매출액순이익률(profit margin on sales)과 총자산회전율(總資産回轉率, asset turnover ratio)로 분해될 수 있다는 데 기초를 두고 있다.

$$
\begin{aligned}
\text{ROA} = \text{총자산순이익률} &= \frac{\text{세후순이익}}{\text{총자산}} \\
&= \frac{\text{순이익}}{\text{매출액}} \times \frac{\text{매출액}}{\text{총자산}} \\
&= \text{매출액순이익률} \times \text{총자산회전율} \qquad (4\text{-}1)
\end{aligned}
$$

결국 ROA를 구성하는 주요 변수는 매출액, 순이익, 자산(투자액)이며, 세 변수를 관리

| 그림 4-1 | ROA 분석의 기본구조

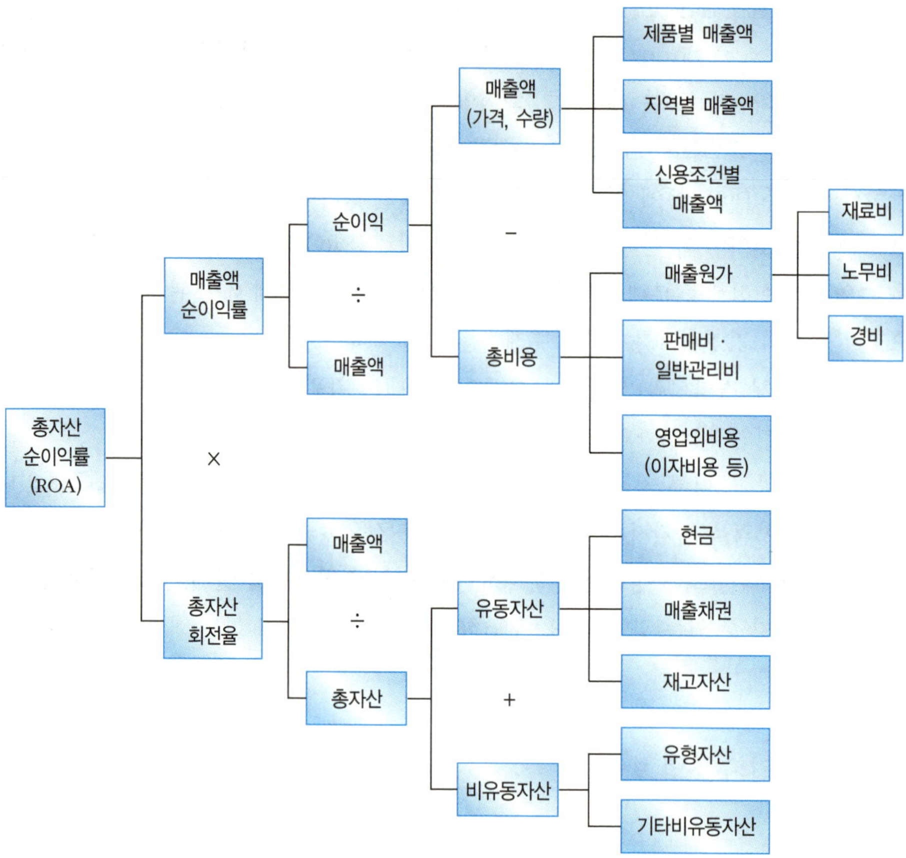

하여 기업의 경영성과를 계획 · 통제하는 것이 그 골자가 된다. (식 4-1)의 내용을 보다 자세하게 그림으로 표현하면 [그림 4-1]과 같다.

[그림 4-1]의 상반부는 세후순이익을 결정하는 주요 요인들이 개략적으로 그려져 있다. 매출액 등의 총수익에서 법인세비용을 포함한 총비용을 차감하면 세후순이익이 산출된다. 총비용 중에는 매출원가의 비중이 크므로 제조기업의 경우에는 재료비, 노무비, 경비 등 제조원가의 동향을 분석하는 것이 중요하다. 그 밖에 차입금의 이용에 의한 지급이자규모의 변동이나 세금 등도 고려할 필요가 있다.세후순이익을 매출액으로 나누면 수익성의 지표인 매출액순이익률이 계산된다.

[그림 4-1]의 하반부는 총자산회전율을 결정하는 요인들이다. 유동자산과 비유동자산

이 합해져서 총자산, 즉 투자액을 구성한다는 것을 알 수 있다. 유동자산 중에는 매출채권과 재고자산의 비중이 크므로, 매출채권관리가 잘 되고 있는지 또 적정수준의 재고가 유지되고 있는지를 분석하여야 한다. 비유동자산 중에는 유형자산의 비중이 크므로 유휴시설의 존재유무나 과잉투자, 시설의 경제적 이용 정도를 분석하는 것이 중요하다. 또 관계회사 등에 대한 지분투자가 늘어나는 경향이 있어 투자자산의 규모와 투자성과도 검토해야 한다. 매출액을 총자산으로 나누면 총자산회전율이 계산된다.

(2) ROA 분석의 방법

ROA 분석은 기업의 경영성과를 결정하는 요인을 명확히 보여줄 수 있다. 예를 들어, 〈표 4-8〉과 같이 같은 업종에 속하는 두 회사 A, B의 총자산순이익률이 모두 3%로서 산업평균인 6%에 크게 미달하여 경영성과가 부진하다고 가정하자.

표 4-8 ROA와 경영성과의 분석

	A회사	B회사	산업평균
매출액(백만 원)	10,000	30,000	-
순이익(백만 원)	300	300	-
총자산(백만 원)	10,000	10,000	-
매출액순이익률(%)	3	1	3
총자산회전율(회)	1	3	2
ROA(%)	3	3	6

〈표 4-8〉에서 볼 때 두 회사의 경영성과가 저조한 원인에는 서로 차이가 있음을 알 수 있다. A회사의 경우에는 총자산회전율이 1회로 업계평균 2회의 절반수준에 그치고 있는데, 이는 수익을 발생시키지 못하는 자산이 존재하거나 자산이 비효율적으로 이용되는 것이 그 원인임을 알 수 있다. 따라서 마진을 확대하는 방법보다는 매출액증대에 노력하거나 유휴자산의 처분 및 자산의 효율적 활용 등을 통하여 성과의 개선을 찾는 것이 좋다. B회사의 경우에는 매출액순이익률이 1%에 불과하여 마진이 업계평균에 크게 미달하는 것이 그 원인이다. 그러므로 B회사의 경우에는 수익성이 낮은 제품계열의 존재, 제조원가 및 영업비용의 상승, 과다한 금융비용의 부담, 계열사실적 저조 등의 유무를 확인하고 성과를 개선해 나가는 것이 바람직하다.

이상과 같은 ROA 분석은 [그림 4-1] 듀퐁재무분석시스템에 따라서 도표를 작성한 다음 구체적 원인을 규명하는 절차로 진행하는 것이 좋다.

사례 4-1 유한양행의 ROA 분석

ROA 분석을 위하여 〈표 4-9〉에 유한양행의 요약재무제표와 의약품제조업의 종합재무제표를 제시하였다. 유한양행은 1926년도에 설립되어 1962년도에 거래소에 상장된 제약회사로서, 중대형 OTC품목 및 다수의 오리지널 치료제를 보유한 매출기준 2위(2021년도)의 대형 제약사이다.[1] 동 회사는 국내 최고수준의 신약개

표 4-9 유한양행과 제약업종의 요약재무제표 (단위 : 백만 원)

재무상태표(2020.12.31.)			손익계산서(2020.1.~12.)		
	유한양행	제약업종		유한양행	제약업종
자산			매출액	1,619,865	33,503,343
유동자산	1,195,517	27,813,123	매출원가	1,061,443	18,796,497
(현금 등)	441,177	10,118,762	매출총이익	558,423	14,706,845
(매출채권)	442,704	7,790,724	판매비와 관리비	331,534	9,846,684
(재고자산)	251,985	7,393,975	(광고선전비)	68,908	908,578
비유동자산	1,198,006	29,764,942	영업이익	84,255	4,860,161
(투자자산)	776,877	7,102,627	금융수익 등	151,663	1,602,469
(유형자산)	325,883	17,071,100	(이자수익)	6,800	123,511
(무형자산)	58,501	3,986,925	금융비용 등	59,528	1,988,127
자산총계	2,393,522	57,578,065	(이자비용)	2,363	371,794
부채와 자본			지분법투자손익	63,502	−22,526
유동부채	382,175	14,296,535	법인세비용차감전 순이익	239,892	4,451,977
(단기차입금 등)	68,975	5,772,307	법인세비용	49,490	1,163,706
비유동부채	164,845	7,848,591	당기순이익	190,402	3,288,271
(장기차입금 등)	46,775	5,315,247			
부채총계	547,020	22,145,126			
자본총계	1,846,502	35,432,938			
(이익잉여금)	1,691,264	15,937,314			
부채와 자본총계	2,393,522	57,578,065			

주 : 1) 유한양행 실적은 연결기준임.
2) 현금 등은 현금 및 현금성자산, 단기금융상품, 단기투자자산 포함, 투자자산은 관계기업 및 공동기업 투자, 장기투자자산, 투자부동산 포함, 단기차입금 등은 유동성장기부채 포함, 장기차입금 등은 회사채 포함, 금융수익 등은 기타수익 포함, 금융비용 등은 기타비용 포함.

자료 : 유한양행, 사업보고서(2020년도). 한국은행, "의료용 물질 및 의약품(종합) 재무제표,"「기업경영분석」(2020년도) 참조.

1) 2021년도의 국내제약회사의 매출액순위(연결기준)는 셀트리온(1조 9,006억 원), 유한양행(1조 6,878억 원), 삼성바이오로직스(1조 5,680억 원), 녹십자(1조 5,378억 원), 종근당(1조 3,436억 원) 등의 순이다.

발력을 바탕으로 위궤양치료제 레바넥스(Revanex)와 폐암 항암제 렉라자를 개발하였고, AIDS 치료신약 중간체 원료의약품을 개발하여 해외제약기업에 공급 중이며, 주요 제품으로 복제의약품인 고지혈증치료제 아토르바와 개량신약인 고혈압치료제 로자살탄정 등이 있다. 그 밖에도 퇴행성 디스크와 간염, 알레르기질환 치료제 등 바이오의약품과, 골다공증 치료제, 고지혈/고혈압 치료제 등을 개발 중에 있다. 이 회사는 특히 유한킴벌리, 한국얀센, 유한메디카, 유한크로락스 등의 우량자회사를 두고 있어 지분법이익이 수익성제고에 큰 도움이 되고 있다.

〈표 4-9〉에 주어진 자료를 이용하여 유한양행의 총자산순이익률을 계산하면 7.95%이며, 이는 매출액순이익률 11.75%와 총자산회전율 0.68회로 분해되며 이를 업종과 비교하면 다음과 같다. 즉,

ROA(유한양행) = 7.95% = 매출액순이익률(11.75%) × 총자산회전율(0.68회)
ROA(제약업종) = 5.71% = 매출액순이익률(9.81%) × 총자산회전율(0.58회)

총자산순이익률과 이를 구성하는 요인들을 매출액과 총자산에 대한 백분비로 표시하여 작성한 ROA 분석도표가 [그림 4-2]이다. 그림에서 알 수 있듯이 유한양행의 ROA는 업종평균 5.71%의 약 1.4배 수준에서 형성되고 있는데, 이는 총자산회전율은 업종평균보다 약간 높고 수익성이 업종평균보다 1.2배 높은 데서 비롯된다는 것을 알 수 있다.

| 그림 4-2 | 유한양행과 제약업종의 ROA 분석도표(2020년도)

ROA : 유한양행 = 7.95%, 제약업종 = 5.71%

	유한양행	제약업종
매출액순이익률(%)	11.75	9.81
매출원가/매출액(%)	65.53	56.10
판매비와 관리비/매출액(%)	20.47	29.39
광고선전비/매출액(%)	4.25	2.71
금융수익 등/매출액(%)	9.36	4.78
이자수익/매출액(%)	0.42	0.37
금융비용 등/매출액(%)	3.67	5.93
이자비용/매출액(%)	0.15	1.11
지분법손익/매출액(%)	3.92	−0.07
법인세비용/매출액(%)	14.81	13.29

	유한양행	제약업종
총자산회전율(회)	0.68	0.58
유동자산/총자산(%)	49.95	48.31
현금 등/총자산(%)	18.43	17.57
매출채권/총자산(%)	18.50	13.53
당좌자산/총자산(%)	39.42	35.46
재고자산/총자산(%)	10.53	12.84
비유동자산/총자산(%)	50.05	51.69
투자자산/총자산(%)	32.46	12.34
유형자산/총자산(%)	13.62	29.65
무형자산/총자산(%)	2.44	6.92

이 회사가 수익성이 뛰어난 것은 판매비와 관리비의 지출을 업종에 비하여 낮은 수준으로 억제하는 한편, 우량계열사에 의한 지분법이익과 금융수익으로 업종평균보다 훨씬 높은 영업외의 수익을 올릴 수 있기 때문

이다. 또한 이자비용을 포함한 금융비용 등도 업종평균보다 낮은 수준에 머물러 수익성 향상에 기여하고 있다. 이 회사의 경우 효율성은 업종평균과 유사하나 자산구성의 내용은 매우 다르다. 즉, 유한양행은 우량계열사 등에 대한 투자로 투자자산의 비중이 32.46%나 되어 지분법이익을 창출하는 원천이 되고 있고, 현금 등 금융자산의 비중이 18.43%로 비교적 높아 이자수익이 업종평균보다 많이 발생하고 있다. 그러나 유형자산의 비중은 13.62%로 업종평균 29.65%에 비하여 매우 낮고 재고자산의 비중도 업종평균에 비하여 낮아 이들 자산의 효율성이 높은 것으로 평가된다.[2] 향후에도 이 회사의 ROA는 뛰어난 연구개발력과 우량계열사를 기반으로 상승세를 지속할 전망이다.

3. ROE 분석

ROA와 마찬가지로 자기자본순이익률(ROE)도 그 구성요소로 분해할 경우 ROE의 변동요인을 알 수 있고, 경영진이나 주주입장에서 ROE의 개선을 위해서 어느 요소에 집중해야 하는가를 알 수 있어 도움이 된다. ROE는 다음과 같이 분해할 수 있다.

$$\begin{aligned} \text{ROE} &= \frac{\text{세후순이익}}{\text{자본총계}} \\ &= \frac{\text{세후순이익}}{\text{총자산}} \times \frac{\text{총자산}}{\text{자본총계}} \\ &= \text{ROA} \times \left(1 + \frac{\text{부채총계}}{\text{자본총계}}\right) \\ &= \text{ROA} \times (1+\text{부채비율}) \qquad (4\text{-}2) \end{aligned}$$

그러므로 ROE는 ROA와 (1+부채비율)(leverage)의 함수가 된다. ROE를 높이는 방법은 ROA를 높이거나, 차입으로 조달한 자금으로 벌어들이는 수익이 차입비용을 상회하는 범위 내에서 부채를 적극 이용하는 것으로 달성가능하다.

ROA는 매출액순이익률과 총자산회전율로 분해되었으므로 ROE는 다음 구성요소로 분해될 수 있다.

$$\text{ROE} = \text{매출액순이익률} \times \text{총자산회전율} \times (1+\text{부채비율}) \qquad (4\text{-}3)$$

그리고 매출액순이익률은 법인세효과, 영업외수지차효과, 매출액영업이익률로 분해될 수 있다. 즉,

2) 유형자산회전율은 유한양행 4.97회, 업종평균 1.96회, 재고자산회전율(매출원가기준)은 유한양행 4.21회, 업종평균 2.54회로 유한양행의 유형자산, 재고자산 활용의 효율성이 업종평균보다 높다.

$$\text{매출액순이익률} = \frac{\text{세후순이익}}{\text{매출액}}$$

$$= \frac{\text{세후순이익}}{\text{세전순이익}} \times \frac{\text{세전순이익}}{\text{영업이익}} \times \frac{\text{영업이익}}{\text{매출액}}$$

$$= \text{법인세효과} \times \text{영업외수지차효과} \times \text{매출액영업이익률}$$

그러므로 최종적으로 ROE는 다음 5개 요소로 분해될 수 있다.

$$ROE = \text{법인세효과} \times \text{영업외수지차효과} \times \text{매출액영업이익률} \times \text{총자산회전율} \times (1+\text{부채비율}) \quad (4\text{-}4)$$

(식 4-4)에서 법인세효과는 (1-법인세비용/세전이익)과 같으므로 세전이익 대비 법인세비용의 비율이 낮을수록 법인세효과가 높아져 ROE가 상승한다. 대개의 경우 법인세효과는 기업 간에 차이가 없겠지만, 설비투자나 연구개발투자 등에서 소득공제나 세액감면 등의 혜택이 주어지는 경우가 많으므로 절세수단을 얼마나 활용하느냐에 따라 법인세효과가 달라진다. 영업외수지차효과는 세전순이익이 영업이익에 (금융수익 등-금융비용 등+지분법손익), 즉 영업외수지차를 더한 것과 같기 때문에, 이자수익이나 지분법이익이 이자비용이나 지분법손실 등에 비하여 많을수록 영업외수지차효과가 개선되어 ROE가 증가한다. 회사의 기본적인 수익성지표인 매출액영업이익률이 높아지면 ROE가 상승하는 것은 당연하다. 또 자산이 효율성이 높을수록, 그리고 부채를 효과적으로 활용할 수 있다면 ROE가 상승한다.

사례 4-2 유한양행과 제약업종의 ROE 분석

〈표 4-10〉 자료는 유한양행과 제약업종의 ROE와 그 구성요소를 구하는 데 필요한 자료이다.

표 4-10 유한양행과 제약업종의 ROE 자료(2020년도) (단위 : 억 원)

	매출액	영업이익	세전이익	세후순이익	자산총계	부채총계	자본총계
유한양행	16,199	843	2,399	1,904	23,935	5,470	18,465
제약업종	335,033	48,602	44,520	32,883	575,781	221,451	354,329

자료 : 〈표 4-9〉.

유한양행과 제약업종의 ROE와 ROA를 구하고, (식 4-2)~(식 4-4)를 이용하여 ROE를 그 구성요소로 분해하여 보기로 하자. 분해결과를 〈표 4-11〉에 정리하였다. 〈표 4-11〉의 첫째 행은 (식 4-2)의 구성요소를 제시한 것으로 제약업종의 ROA는 유한양행의 72% 수준이나 레버리지(1+부채비율)를 적극 활용함으로써 ROE는 유한양행의 90% 수준까지 도달하고 있다. 둘째 행은 (식 4-3)의 구성요소를 계산한 것으로 제약업종의 수익

표 4-11 유한양행과 제약업종의 ROE 구성요소

	ROE	ROA	1+부채비율	매출액순이익률	총자산회전율	법인세효과	영업외수지차효과	매출액영업이익률
유한양행	10.31%	7.95%	1.30					
제약업종	9.28%	5.71%	1.62					
유한양행	10.31%		1.30	11.75%	0.68			
제약업종	9.28%		1.62	9.81%	0.58			
유한양행	10.31%		1.30		0.68	0.79	2.85	5.20%
제약업종	9.28%		1.62		0.58	0.74	0.92	14.51%

성은 유한양행의 83% 수준이나 재무레버리지를 적극 활용하여 ROE를 증가시키는 것으로 나타나고 있다. 셋째 행은 ROE를 구성하는 (식 4-4)의 5개 요소를 모두 제시한 것으로, 유한양행의 ROE가 제약업종보다 높은 것은 영업외수지차효과에 기인한다는 것을 잘 보여주고 있다.

제3절 지 수 법

개별재무비율에 의하여 기업의 경영성과 및 재무상태를 평가하고자 하는 비율분석은 평가결과를 하나의 단일지표로 나타낼 수 없는 문제가 있다. 지수법은 여러 개의 재무비율을 동시에 고려하여 기업의 경영상태를 종합적으로 평가하고자 하는 방법이다. 본절에서는 지수법의 의의와 절차, 이용의 예, 그리고 지수법의 유용성과 한계를 설명한다.

1. 지수법의 의의

지수법(指數法, index method)은 기업의 경영성과와 재무상태를 종합적으로 평가할 수 있는 분석기법으로서 1919년에 월(A. Wall)에 의해 제안된 것이다. 지수법은 전통적인 비율분석이 기업경영의 평가에 재무비율을 따로따로 이용하고 있다는 데서 비롯되었다. 하나의 재무비율에 의해서는 기업의 경제적 실태를 종합적으로 평가하기가 곤란하고, 동일한 경제적 측면을 측정하는 재무비율이라도 서로 다른 정보를 제공할 경우 재무비율의 해석이 모호하게 될 우려가 있기 때문이다. 예를 들면, 어느 기업의 유동성이나 지급능력은

업종평균보다 높지만 수익성은 업종평균 이하로 나타날 경우 그 기업의 경영상태에 대한 종합적 판단이 어렵게 된다. 또한 같은 수익성비율이라도 매출액순이익률은 업종평균 이상이지만 총자산순이익률은 업종평균 이하일 경우 그 기업의 수익성을 어떻게 평가해야 할지가 곤란하게 된다. 따라서 금융기관이 대출을 결정할 때 객관적인 기준을 마련하기 위해서는 지수법과 같은 종합적 비율분석기법이 필요하다. 지수법은 개별재무비율에 가중치를 부여하여 지수를 산출하기 때문에 가중비율종합법(加重比率總合法, weighted ratio method)이라고도 한다.

학자에 따라 중요한 재무비율을 선정하거나 가중치를 부여하는 과정에서 차이가 있지만 지수법을 적용하는 일반적인 절차는 다음과 같다.

- 중요재무비율의 선정 : 많은 재무비율 가운데 분석목적에 적당하다고 생각되는 몇 개의 중요비율을 선정한다.
- 가중치의 부여 : 선정된 중요재무비율의 중요도에 따라 가중치를 부여한다. 부여된 가중치의 합계는 100점이 되도록 한다.
- 관계비율의 계산 : 선정된 중요재무비율에 대한 각 기업의 실제비율과 업종평균비율을 구하고, 실제비율을 업종평균비율로 나누어 관계비율을 계산한다.[3] 평가대상기업의 재무비율이 업종평균비율보다 좋으면 관계비율은 1보다 높게 되고, 업종평균비율보다 나쁘면 관계비율은 1보다 낮게 된다.
- 중요비율별 평점의 계산 : 관계비율에 가중치를 곱하여 비율별 평점을 계산한다.
- 종합지수의 계산과 종합평가 : 중요비율별 평점을 모두 합계하여 종합지수를 계산하고 종합지수에 의하여 종합적 평가를 내린다. 종합지수가 100점 이상이면 기업의 경영성과 및 재무상태가 업종평균보다 좋은 것으로, 이에 미달하면 나쁜 것으로 평가한다.

3) 관계비율은 분석대상기업의 재무비율을 비교대상의 재무비율로 나눈 것을 말한다. 비교대상은 반드시 업종평균일 필요는 없고 분석목적에 따라서는 경쟁기업의 재무비율 등을 사용하여 계산할 수 있다.

2. 지수법의 적용

(1) 중요재무비율과 가중치

지수법을 적용할 경우에는 먼저 중요재무비율을 선정하고, 각 비율의 중요도에 따라 가중치를 부여하여야 한다. 초기의 학자들이 제안한 지수법을 살펴보자.

1) 월과 트랜트의 지수법

지수법을 최초로 제안한 학자는 월(A. Wall)이다.[4] 월은 기업의 신용능력을 평가하기 위하여 3개의 정태비율(靜態比率, 유동비율, 고정비율, 부채비율)과 4개의 동태비율(動態比率, 매출채권회전율, 재고자산회전율, 비유동자산회전율, 자기자본회전율) 등 모두 7개의 재무비율을 선정하였다. 월은 정태비율인 유동비율과 부채비율 등에 큰 비중을 부여하고 있다. 트랜트(J. B. Trant)도 지수법을 제안하였는데, 트랜트가 선정한 중요재무비율은 월의 자기자본회전율을 매입채무회전율로 대체한 것 이외에는 차이가 없지만 가중치는 크게 다르다.[5] 즉, 트랜트는 월과는 달리 동태비율에 더 큰 비중을 두고 있다. 월과 트랜트가 지수법에 사용한 비율과 가중치를 〈표 4-12〉에 나타내었다.

표 4-12 월과 트랜트의 중요재무비율과 가중치

중요재무비율	가중치	
	월	트랜트
유동비율	25	15
고정비율[1)]	25	10
부채비율	15	10
매출채권회전율	10	10
재고자산회전율	10	20
비유동자산회전율	10	20
자기자본회전율	5	-
매입채무회전율	-	15
합 계	100	100

주 : 1) 비유동자산/자기자본.

4) A. Wall, "Study of Credit Barometers," *Federal Reserve Bulletin*, 5(March 1919), pp. 229~243.
5) J.B. Trant, *Bank Administration*(1931), p. 180.

2) 브리체트의 지수법

기업의 지급능력(支給能力)을 분석할 때 분석자와 분석목적에 따라 중요비율의 선정과 가중치의 부여가 달라질 것이라는 점을 우리는 쉽게 짐작할 수 있다. 브리체트(F. F. Burichett)는 이러한 생각을 중요재무비율과 가중치의 선정에 반영하였다(〈표 4-13〉).[6] 브리체트가 선정한 재무비율에는 월이나 트랜트와는 달리 수익성을 측정하는 지표들이 포함되어 있다. 또한 가중치를 보면 금융기관의 신용분석(信用分析)에서는 유동비율, 당좌자산비율, 매출채권회전율 등 단기지급능력을 나타내는 비율이 큰 비중을 차지하고 있고 사채권자(社債權者)의 신용분석에서는 부채비율, 이자보상비율 등 장기지급능력을 나타내는 비율이 큰 비중을 차지하고 있다.

표 4-13 브리체트의 중요재무비율과 가중치

중요재무비율	가중치	
	금융기관	사채권자
유동비율	20	3
당좌자산/유동자산	20	3
매출채권/재고자산	5	3
부채비율	5	20
재고자산회전율	10	4
매출채권회전율	25	4
총자산회전율	5	20
이자보상비율	2	30
매출액순이익률	5	8
총자산순이익률	3	5
합 계	100	100

(2) 지수법의 예

지수법의 예로서 전 세계 정보기술(IT)업계에서 절대강자의 하나로 자리매김을 한 삼성전자의 재무비율과 업종(C26: 전자부품, 컴퓨터, 영상, 음향 및 통신장비 제조업)의 평균재무비율을 이용하여 실제 분석을 해 보기로 한다. 삼성전자는 특히 2009년의 경우에는 매출액 136조 500억 원, 영업이익 10조 9,200억 원을 달성하여 국내기업으로는 사상 최초로 '100

6) F.F. Burichett, *Corporate Finance*(1942), p.562.

조-10조'의 대기록을 달성한 바 있다. 2008년도 기준으로 전 세계에서 '100조-10조' 클럽에 가입한 동업종(同業種) 기업으로는 IBM과 HP(Hewlett Packard)의 2개사뿐으로 삼성전자는 '글로벌 금융위기 속에서 빛난 기업'으로 주목받았다. 2021년에는 세계적인 브랜드 컨설팅 회사인 Interbrand가 Global best brand로 삼성을 5위로 선정하였다. 이는 미국기업이 아닌 기업 중에서는 가장 높은 순위이다. 2021년도의 영업실적을 보면 매출액은 279조 6,048억 원, 영업이익은 51조 6,339억 원, 당기순이익은 39조 9,075억 원을 기록하고 있다. 사채권자의 입장에서 삼성전자의 장기지급능력을 평가한다고 가정하고, 브리체트가 제시한 가중치를 이용하여 이 회사를 종합적으로 평가하여 보자. 〈표 4-14〉에는 삼성전자와 업종의 요약된 재무제표(2021년도)를 제시하였다.

표 4-14 삼성전자와 업종의 요약재무제표(2021) (단위 : 10억 원)

재무상태표(2021.12.31.)			손익계산서(2021.1.~12.)		
	삼성전자	업종		삼성전자	업종
자 산			매출액	279,605	445,846
유동자산	218,163	211,495	매출원가	166,411	325,665
당좌자산	176,779	168,743	매출총이익	113,193	120,180
(매출채권)	40,713	75,797	판매비와관리비	61,560	62,910
재고자산	41,384	42,752	영업이익	51,634	57,270
비유동자산	208,458	367,866	금융수익 등	10,749	22,587
(유형자산)	149,929	211,512	(이자수익)	1,278	955
(기타비유동자산)	58,529	21,892	금융비용 등	9,761	13,634
자산총계	426,621	579,360	(이자비용)	431	1,732
부채와 자본			법인세비용차감전 순이익	53,352	66,572
유동부채	88,117	136,419	법인세비용	13,444	14,154
비유동부채	33,604	48,540	당기순이익	39,907	52,418
자본총계	304,900	394,401			
부채와 자본총계	426,621	579,360			

주 : 업종은 전자부품, 컴퓨터, 영상, 음향 및 통신장비(C26).
자료 : 삼성전자, 사업보고서(2021년도). 업종자료는 한국은행, 「기업경영분석」(2021년도).

지수법을 이용하여 특정기업을 평가하는 데는 표를 작성하는 방법이 좋다. 표를 작성하면 종합평점 계산은 물론이고 각 재무비율의 종합평점에 대한 공헌도를 일목요연하게 살펴봄으로써 그 기업의 재무적 강점과 약점을 파악할 수 있기 때문이다. 〈표 4-14〉를 이용하여 삼성전자의 종합평점을 계산한 결과가 〈표 4-15〉에 제시되어 있다. 〈표 4-15〉에서 A란에는 평가대상기업의 재무비율을 기재하고 B란에는 비교기준인 업종평균비율을 기재한다. C란에 기재할 관계비율은 높을수록 좋은 비율에 대해서는 A/B로 계산하고, 부채비율과 같이 낮을수록 좋다고 판단되는 비율에 대해서는 편의상 B/A로 계산한다. 관계비율에다 미리 설정된 개별재무비율의 가중치를 곱한 것이 각 재무비율의 평점이다. 각 재무비율의 평점을 모두 합한 것이 종합평점, 즉 종합지수이다. 삼성전자의 장기재무상환능력에 관한 종합지수는 180.37로 업종평균보다 1.8배 높게 나타났는데, 이는 주로 이 회사의 우량한 재무구조 및 이자지급능력, 그리고 뛰어난 수익성 등에서 비롯된 것이다.

표 4-15 지수법의 적용 예

재무비율	삼성전자 비율(A)	업종평균 비율(B)	관계비율 (C=A/B)	가중치 (D)	평점(지수) (E=C×D)
유동비율(%)	247.58	155.03	1.60	3.00	4.79
당좌자산/유동자산(%)	81.03	79.79	1.02	3.00	3.05
매출채권/재고자산(%)	98.38	177.29	0.55	3.00	1.66
부채비율(%)	39.92	46.90	1.17	20.00	23.49
재고자산회전율(회)	4.02	7.62	0.53	4.00	2.11
매출채권회전율(회)	6.87	5.88	1.17	4.00	4.67
총자산회전율(회)	0.66	0.77	0.85	20.00	17.03
이자보상비율(배)	119.80	33.07	3.62	30.00	108.68
매출액순이익률(%)	14.27	11.76	1.21	8.00	9.71
총자산순이익률(%)	9.35	9.05	1.03	5.00	5.17
합계				100.00	180.37

주 : 부채비율은 다른 재무비율과는 달리 B/A로 관계비율을 계산함.

3. 지수법의 유용성과 한계

지수법은 기업의 경영성과와 재무상태를 종합적으로 평가할 수 있고, 또 다수의 재무비율이 분석과정에서 동시에 이용되고 있기 때문에 유용한 분석기법이다. 또한 지수법은 지수의 작성과 해석이 비교적 쉬우므로 실무에서 많이 활용되고 있다. 각국의 금융기관이 여신결정 시에 흔히 이용하는 신용평점모형(信用評點模型)은 모형의 기본골격을 지수법에 두고 있으며, 경영자의 인격 등 재무자료에서 얻을 수 없는 질적 요인(質的 要因)에 대한 평가도 가능하다는 특징이 있다.

그러나 지수법은 지수작성에 이용되는 재무비율과 가중치를 분석자가 임의로 선택한다고 하는 한계가 있다. 즉, 평가에 이용되는 재무비율과 가중치가 대개 분석자의 경험이나 지식에 의존하여 선택된다는 말이다. 그러므로 지수법을 종합적인 경영평가에 사용할 경우에는 재무비율이나 가중치가 평가목적을 달성할 수 있도록 세심하게 선정되어야 한다.

제4절 경영다각화와 비율분석

기존업종에서 성장의 한계를 느끼거나 경영환경의 변화에 따른 새로운 사업기회를 활용하는 기업들의 경우 경영다각화를 활발하게 추진하고 있다. 여기서는 경영다각화의 의의와 우리나라 기업의 현황 그리고 경영다각화가 비율분석에 대해 제기하고 있는 문제점을 알아보기로 한다.

1. 경영다각화의 의의와 현황

최근 들어 우리나라에서는 경영환경의 변화에 따라 많은 기업들이 경영다각화(經營多角化, business diversification)를 추진하고 있다. 경영다각화는 한 기업이 여러 업종에 진출함을 말하는데, 여러 업종으로 분산된 제품포트폴리오(product portfolio)를 보유함으로써 위험을 최소화하는 동시에 수익과 성장을 극대화하는 것을 목적으로 한다. 경영다각화를 이룬 기업을 다각화기업(多角化企業, diversified company)이라 하며, 이는 수익성 · 위험 · 성장기회가 서로 다른 여러 사업부문을 소유한 기업을 의미한다.[7)]

경영다각화의 유형은 수직적 통합형, 관련형 다각화, 비관련형 다각화 등으로 구분할 수 있다. 수직적 통합형은 동일한 원료를 이용하여 여러 단계의 제품을 생산하는 유형으로서, 원유를 도입하여 무연휘발유와 경유 등 석유류제품, 에틸렌 등 화학제품, 윤활유, 아스팔트 등을 생산하는 SK이노베이션, 조림사업을 통하여 목재를 확보하여 합판과 마루 등을

7) A. Rappaport and E.M. Lerner, "Public Reporting by Diversified Companies," *Financial Analysts Journal*(January-February 1970), p.55.

표 4-16 일부 상장기업의 경영다각화 사례

업체명	매출액 (10억 원)	사업부문	주요 품목	매출비중 (%)
CJ제일제당	26,289.23	식품	설탕, 밀가루, 식용유, 햇반, 비비고, 육가공(햄)	36.4
		바이오	핵산, 아미노산 등	23.5
		물류	운송, 하역, 건설, 택배 등	40.1
SK이노베이션	46,843	석유	휘발유, 등유, 경유, 아스팔트 등	63.2
		화학	에틸렌, 벤젠, 합성수지 등	20.4
		윤활유	기유(Ybase), 윤활유(ZIC) 등	7.2
		배터리	전기차 및 ESS용 배터리 등	6.5
		소재와 석유개발 및 기타	분리막(LiBS), 석유탐사 등	2.8
대상	3,469.99	식품	장류, 조미료, 종합양념류, 육가공류, 냉동식품, 건강식품	68.5
		소재	전분류, 당류, 바이오류	31.5
삼성전자	279,604.80	소비자가전(CE)	TV, 모니터, 냉장고, 세탁기, 에어컨, 프린터, 의료기기 등	18.6
		모바일(IM)	HHP, 네트워크시스템, 컴퓨터, 디지털카메라 등	36.4
		반도체	DRAM, NAND Flash, 모바일 AP 등	31.1
		디스플레이	TFT-LCD, OLED 등	10.5
		Harman	디지털 콕핏, 텔레매틱스, 스피커 등	3.4
이건산업	276.83	목재	합판, 주택자재, 합판마루, 강화마루, 베니어	85.7
		조림	조림, 원목, 베니어	5.1
		에너지	스팀에너지, 전기 등	9.1
코오롱 인더스트리	4,662.05	산업자재	타이어코드, 에어백, 산업용사, 샤무드(인공피혁), 아라미드 등	42.9
		패션	아웃도어, 캐주얼, 패션잡화, 남성정장 및 여성복, 수입명품	21.8
		화학소재	석유수지, 페놀수지, 에폭시수지, 우레탄수지 등	19.6
		필름 및 전자재료	PET필름, 나일론필름, DFR 등	13.1
		기타	의류소재 등	2.6
태광산업	2,591.85	섬유	PTA, 프로필렌, 나일론, 스판덱스, 토지 및 건물 임대	95.7
		방송통신	방송통신업(디지털 케이블방송, 인터넷, 인터넷전화, 광고)	4.3
현대중공업	8,311.28	조선	원유운반선, 컨테이너선, LNG선 등	76.1
		해양플랜트	해상구조물, 부유식 원유생산설비, 화공설비, 보일러 등	5.1
		엔진기계	선박용엔진, 디젤발전설비, 펌프, 유체기계 등	18.0
		기타	기타	0.9
효성	3,538.94	무역	철강, 타이어 보강재 등	21.7
		지주	지주사 CI로열티수익, 연구 용역 등	32.5
		정보통신	금융 자동화기기	26.2
		섬유	에어백 쿠션, 타이어 보강재 등	6.1
		펌프 제조	펌프제조	5.9
		수입차딜러	수입차 딜러	6.5
		기타	건설, 나일론 필름 등	2.3

주 : 매출액과 매출비중은 2021년도 연결결산기준임.
자료 : 각 회사의 사업보고서(2021년도).

생산하고, 폐자재를 이용한 우드칩으로 에너지까지 생산하는 이건산업 등이 이러한 다각화를 이룬 예가 된다. 관련형 다각화는 기술 · 공정 · 시장의 관점에서 관련성이 높은 제품을 생산 · 판매하는 유형이다. 관련형 다각화의 예로서는 디지털 TV와 냉장고 등 생활가전제품, 스마트폰과 네트워크시스템 등 정보통신관련 제품, 메모리반도체와 시스템 LSI 등 반도체제품, OLED 등 디스플레이제품을 생산하는 삼성전자, 장류와 조미료 등의 종합식품사업과 전분류와 당류 등 전분당사업을 영위하는 대상 등을 들 수 있다. 비관련형 다각화는 이업종다각화(異業種多角化)로서 기술 · 공정 · 시장의 관점에서 관련성이 거의 없는 제품을 생산하는 경우를 말하는데, 사업부문이 섬유와 방송통신 사업으로 구성된 태광산업, 주력사업이 무역, 변압기 등의 중공업부문, 타이어코드와 산업용원사 등의 산업자재부문, 나일론필름 등의 화학부문, 나일론과 폴리에스터원사 등의 섬유부문으로 분산된 효성 등이 이러한 유형의 다각화를 추구하고 있다.

최근 우리나라 기업들은 무역자유화에 의한 경쟁격화 및 임금인상과 같은 경영환경변화에 대한 대응과 신성장동력(新成長動力)의 발굴을 위한 경영전략의 일환으로 경영다각화를 추진하고 있으며, 특히 비관련 업종진출을 통한 기업변신을 활발히 추진하고 있다. 다각화가 추진되고 있는 업종은 섬유 · 철강 · 화학 · 식품 · 제약 · 전기전자 등 거의 전 업종에 걸쳐 있다. 앞의 〈표 4-16〉은 우리나라 일부 기업의 다각화현황을 보여주고 있다.

2. 다각화기업의 비율분석

경영다각화를 이룬 기업의 경영성과와 재무상태를 평가할 때 나타나는 문제점은 다음 두 가지로 요약된다.

첫째, 비율분석 시 다각화기업의 업종이 무엇인가를 결정하는 데 문제점이 있다. 특히 비관련형 다각화의 경우 이러한 문제는 더욱 심각하다. 분석하고자 하는 기업의 업종이 결정되어야 비교기준으로 어떤 업종의 표준비율을 이용할 것인가를 결정할 수 있는데, 다각화기업의 경우에는 업종구분이 어렵다. 그래서 업종평균비율을 수록하고 있는 한국은행의 「기업경영분석」 등에서는 매출액비중이 가장 큰 제품을 기준으로 특정기업의 업종을 정하는 방법을 쓰고 있다. 이런 방법에 따르면, 가령 이건산업의 업종은 '목재 및 나무제품(C16)' 으로, 태광산업의 업종은 '화학섬유(C205)' 등으로 분류된다. 그러나 이와 같은 편법을 쓰더라도 '목재 및 나무제품', '화학섬유' 의 업종평균비율은 이러한 다각화기업의 평가에 있어서 비교기준으로 삼기가 어렵다는 문제가 남는다. 또한 기업 상호 간의 비교도 곤란하게 된다.

둘째, 다각화기업의 경영성과 및 재무상태의 예측이 단일제품을 생산하는 기업에 비하여 복잡하다는 점이다. 즉, 다각화기업은 성장기회, 수익성, 위험이 여러 사업부문으로 구성되어 있으므로 그만큼 재무내용의 예측이 힘들게 된다는 말이다. 그러나 만약 제품별 매출액비중, 제품의 가격과 단위당 제조원가, 제품의 라이프사이클상의 위치, 해당 사업부문에 대한 투자액 등의 정보를 알 수 있다면 기업의 성장성 및 수익성에 관한 예측이 비교적 쉬울 것이나, 실제 비율분석에서 이처럼 자세한 자료를 구한다는 것은 쉽지 않기 때문에 다각화기업의 분석에는 어려움이 따르게 마련이다.

그러면 다각화기업의 비율분석과 관련된 두 가지 문제를 해결할 수 있는 방법은 무엇인가? 이에 대한 답은 기업의 사업부문별로 경영성과와 재무상태를 보여주는 부문별 재무제표(部門別 財務諸表)가 제공되어야 한다는 것이다. 미국의 경우 당초 기업측에서 부문별 재무보고가 제품의 수익성, 신제품개발계획 등 기밀에 속하는 정보를 경쟁기업에 노출시키고 공통비의 부문별 배분이 어렵다는 이유를 들어 부문별 재무제표 작성에 반대하는 입장을 취하였다. 그러나 재무회계기준심의회(FASB)는 1976년에 사업부문별 재무제표를 요구하는 것은 아니나, 사업부문별 수익, 사업부문별 영업손익, 사업부문별 식별가능한 자산에 대하여 공시를 요구하는 "기업의 부문에 대한 재무보고"((FASB Statement NO. 14)를 발표하게 되었다. 이러한 부문별 재무보고는 회계정보의 이용자에게 다음과 같은 유용성이 있다.

- 기업의 경영성과에 대한 심층적 이해 제공
- 미래의 경영위험, 이익, 현금흐름에 대한 정확한 예측
- 사업별 · 지역별로 다각화된 기업에 대한 체계적인 판단

우리나라의 경우에도 상장기업은 사업보고서의 "사업내용—사업부문별 요약 재무현황"을 통하여 해당 정보를 공시하고 있다. 현재로는 사업부문별 외부매출액, 부문 간 내부매출액, 영업손익, 자산 정도의 정보를 제공하는 수준에 그치고 있다.

〈표 4-17〉은 SK이노베이션의 사업부문과, 부문별 매출액, 영업손익, 부문별 자산을 보여주고 있다. 표의 하단에는 이들 자료를 이용하여 산출한 부문별 매출비중, 부문별 수익성 등을 적어 놓았다.

〈표 4-17〉에 제시된 사업부문별 재무정보로부터 매출액비중은 석유, 화학, 윤활유, 배터리, 소재, 석유개발 등의 순이나, 매출액 대비 영업이익률로 측정한 수익성은 윤활유, 소

표 4-17 SK이노베이션의 부문별 재무정보와 부문별 수익성 (단위 : 10억 원)

	석유	화학	윤활유	배터리	소재	석유개발 및 기타
1. 매출액(A)	29,597	9,543	3,351	3,040	344	968
2. 영업손익(B)	1,160	161	961	−684	81	76.128
3. 자산(C)	7,314	3,995	913.97	5,830	1,903	1,302
부문별 매출비중(%)	63.18	20.37	7.15	6.49	0.73	2.07
부문별 수익성(B/A)(%)	3.92	1.69	28.67	−22.50	23.50	7.86
부문별 수익성(B/C)(%)	15.86	4.03	105.10	−11.73	4.25	5.85

주 : 매출액, 영업손익, 자산은 2021년도 결산기준임.
자료 : SK이노베이션, 사업보고서(2021년도).

재, 석유개발 등, 석유, 화학, 배터리 순이고, 자산 대비 영업이익률로 측정한 수익성은 윤활유, 석유, 석유개발 등, 소재, 화학, 배터리 순이라는 것을 알 수 있다. 또 배터리부문은 자산규모가 윤활유나 화학부문에 비해서도 크지만, 차량용 반도체 수급 이슈, 해외 공장 초기 가동 고정비용 반영 및 메탈가격 상승으로 영업손익이 적자상황이라는 것도 나타나 있다.

제5절 재무비율의 국제비교

비율분석은 일반적으로 특정기업의 재무비율을 계산한 다음, 이를 업종평균비율과 비교하여 그 기업의 경영성과 및 재무상태의 좋고 나쁨을 판단하는 방식으로 진행된다. 그러나 제3장의 비율분석의 한계에서 지적한 바와 같이 비교기준으로서의 산업평균비율도 몇 가지 문제점을 지니고 있다. 예를 들면 “특정기업의 성과를 산업 내에서 가장 성공적인 기업의 성과와 비교하여 평가하는 것이 더 합리적이지 않을까?” 등의 의문이 제기되고 있는 것이다. 우리나라 기업의 경우 궁극적으로는 해외시장에서의 성과에 따라 기업의 성패가 결정된다고 볼 때, 비교대상으로서 동일시장에서의 경쟁상대기업 중 가장 성공적인 외국기업을 선정하는 것도 유익할 것이다.

여기서는 먼저 우리나라 기업과 미국의 대표적인 스마트폰제조기업을 비교하고, 제조업 전체의 수익성과 재무구조 및 유동성에 대하여 우리나라 기업과 미국 · 일본의 기업을 비교하였다.

1. 스마트폰제조기업 재무비율의 한 · 미비교

다음 〈표 4-18〉과 〈표 4-19〉에는 삼성전자와 미국의 대표적인 스마트폰제조기업인 애플(Apple Inc., www.apple.com)의 재무제표를 제시하고 주요 재무비율을 계산하여 비교하였다.[8] 애플은 아이폰(iPhone), 아이패드(iPad), 아이맥(iMac), 맥북(MacBook) 등의 하드웨어와 iOS, iPadOS, macOS 등의 소프트웨어를 설계하고 생산하는 기업이다. 그 소프트웨어에는 애플 앱 스토어(Apple App Store), 뮤직(Apple Music), 뉴스(Apple News+), 아케이드(Apple Arcade), tv(Apple TV+), 페이(Apple Pay), 저장 클라우드(Cloud) 등의 서비스를 포함한다. 애플은 2015년 2월 세계 최초로 시가총액이 7,000억 달러를 넘은 기업이 되었다. 2021년 애플의 아이폰은 전 세계 약 2억 3,790만 대를 판매하며 시장점유율 17%로 전 세계 2위를 차지하였다. 이러한 판매량은 전년 대비 18%가 증가한 것으로 역대 최고치를 경신하였다. 2021년 전 세계 스마트폰 판매량 순위에서 1위부터 5위까지는 모두 애플의 아이폰 모델이었다.[9] 2021년도의 영업실적을 보면 순매출액은 약 3,658억 달러로 전기 대비 33.3% 증가하였고, 영업이익은 1,089억 달러로 전기 대비 64.4%나 증가하였다. 이러한 영업실적의 증가는 전 제품에서 전기 대비 매출액증가율이 상당히 상승한 것에 기인한다. 특히 아이폰의 매출액이 전기 대비 39% 증가하였는데 이는 해당 회계기간 1분기와 4분기에 아이폰 신제품인 아이폰13과 아이폰14가 각각 출시되면서 매출이 크게 증가하였다.

한편, 삼성전자(www.samsung.com)의 2021년 전 세계 휴대폰 판매량은 2억 8,500만 대로, 시장점유율 약 19%를 기록하며 전 세계 1위를 차지하였다. 이러한 판매량은 코로나19로 인해 공급에 차질이 있었음에도 전년 대비 6%가 증가한 것이다. 삼성전자는 폴드3 및 Z플립3 시리즈의 좋은 반응으로 프리미엄 시장에서 선전하였고 폴더블 시장에서의 브랜드 인지도를 확대했다고 평가받았다. 2021년도의 연결기준 영업실적을 보면 매출액은 279조 6,048억 원으로 전기 대비 18%가 증가하면서 역대 최대 매출액을 달성하였다. 영업이익은 51조 6,339억 원, 당기순이익은 39조 9,075억 원으로 전기 대비 각각 43% 및 51%가 증가하였다. 삼성전자가 글로벌시장에서 선전하고 있는 것은 스마트폰 부문뿐만 아니라 반도체와 TV · 가전 등의 분야에서의 차별화된 제품과 기술 경쟁력에 기인한다고 할 수 있다. 미국 시사주간지 「타임」(*Time*)은 2021년 최고의 발명품 100개를 선정하였는데 스마

8) 미국기업의 사업보고서는 우리나라 금융감독원의 DART에 해당하는 미국 증권거래위원회(SEC)의 EDGAR(www.sec.gov/edgar)을 통하여 입수할 수 있다.

9) 글로벌 리서치회사인 카운터포인트리서치(Counterpoint research)에 따르면, 전 세계 판매량 1위 모델은 아이폰12였으며, 아이폰12 프로 맥스, 아이폰13, 아이폰12 프로, 아이폰11이 그 뒤를 이었다.

표 4-18 삼성전자와 애플의 요약재무제표 (단위 : 백만 달러, 백만 원)

구분	Apple Inc.		삼성전자	
	2020.9.	2021.9.	2020.12.	2021.12.
자산				
유동자산	143,713	134,836	198,215,579	218,163,185
(현금 및 현금성자산 등)	38,016	34,940	121,824,281	120,740,401
(매출채권)	16,120	26,278	30,965,058	40,713,415
(재고자산)	4,061	6,580	32,043,145	41,384,404
비유동자산	180,175	216,166	180,020,139	208,457,973
(유형자산)	36,766	39,440	128,952,892	149,928,539
자산총계	323,888	351,002	378,235,718	426,621,158
부채와 자본				
유동부채	105,392	125,481	75,604,351	88,117,133
(매입채무)	42,296	54,763	9,739,222	13,453,351
(단기차입금)	8,773	9,613	17,269,528	15,017,761
비유동부채	153,157	162,431	26,683,351	33,604,094
(장기차입금 등)	98,667	109,106	2,947,853	3,374,388
부채총계	258,549	287,912	102,287,702	121,721,227
자본총계	65,339	63,090	275,948,016	304,899,931
부채와 자본총계	323,888	351,002	378,235,718	426,621,158
매출액	274,515	365,817	236,806,988	279,604,799
영업이익	66,288	108,949	35,993,876	51,633,856
기타손익	803	258	351,241	1,717,971
(이자비용)	2,645	2,873	583,013	431,540
법인세비용차감전 순이익	67,091	109,207	36,345,117	53,351,827
법인세비용 등	9,680	14,527	9,937,285	13,444,377
당기순이익	57,411	94,680	26,407,832	39,907,450

주 : 연결재무제표 기준. 현금과 현금성자산 등은 삼성전자의 경우는 단기금융상품 포함. 단기차입금에는 유동성장기부채 포함. 장기차입금 등에는 회사채 포함. 기타손익은 지분법손익, 금융손익 포함.
자료 : 삼성전자, 사업보고서(2021년도), 애플, 연간보고서(annual report)(2021년도).

트폰으로는 유일하게 삼성전자의 갤럭시 Z플립3를 포함하였으며 2022년 최고의 발명품 200개 중 하나로 이 회사의 갤럭시 S22 울트라를 선정하였다.[10] 삼성전자의 품질, 고객만족도, 상품성의 향상은 브랜드가치의 제고로 이어져 글로벌 브랜드 컨설팅회사 인터브랜드(Interbrand)사가 발표한 최고 글로벌 브랜드조사에서 2020년부터 2022년까지 연속 3년

10) 「타임」에서 선정한 2022년 최고의 발명품 200개에 포함된 스마트폰은 갤럭시 S22 울트라와 영국 스타트업

표 4-19 삼성전자와 애플의 주요 재무비율

구분	주요 재무비율	Apple Inc.		삼성전자	
		2020.9.	2021.9.	2020.12.	2021.12.
유동성비율	유동비율(%)	136.36	107.46	262.17	247.58
	당좌비율(%)	132.51	102.21	219.79	200.62
레버리지비율	부채비율(%)	395.70	456.35	37.07	39.92
	자기자본비율(%)	20.17	17.97	72.96	71.47
	이자보상비율(A)(배)	25.06	37.92	61.74	119.65
	이자보상비율(B)(배)	26.37	39.01	63.34	124.63
	차입금의존도(%)	33.17	33.82	5.35	4.31
수익성비율	총자산순이익률(%)	17.73	26.97	6.98	9.35
	매출액영업이익률(%)	24.15	29.78	15.20	18.47
	매출액순이익률(%)	20.91	25.88	11.15	14.27
	금융비용부담률(%)	0.96	0.79	0.25	0.15
	자기자본순이익률(%)	17.73	26.97	6.98	9.35
활동성비율	총자산회전율(회)	0.85	1.04	0.63	0.66
	유형자산회전율(회)	7.47	9.28	1.84	1.86
	매출채권회전율(회)	17.03	13.92	7.65	6.87
	재고자산회전율(회)	67.60	55.60	7.39	6.76
	매입채무회전율(회)	6.49	6.68	24.31	20.78
	현금전환주기(일)	−29.40	−21.86	82.11	89.61

주 : 당좌비율은 (유동자산 − 재고자산)/유동부채, 이자보상비율(A)는 영업이익/이자비용, 이자보상비율(B)는 (세전이익 + 이자비용)/이자비용, 차입금의존도는 (단기차입금 + 사채 + 장기차입금)/부채와 자본총계, 회전율은 모두 매출액 기준임.

간 5위를 차지하였다.[11)]

〈표 4-19〉에 제시된 애플의 2021년 9월 결산기 자료와 삼성전자의 2021년 12월 결산기 자료에서 구한 주요 재무비율을 중심으로 검토하면 다음과 같은 사실을 알 수 있다. 첫째, 유동비율(107.5% 대 247.6%), 당좌비율(102.2% 대 200.6%) 등에서 볼 수 있듯이, 단기지급능력 면에서는 삼성전자가 애플에 비하여 양호하다.

둘째, 부채비율(456.4% 대 39.9%)이나 자기자본비율(18% 대 71.5%) 및 차입금의존도(33.8% 대 4.3%)로 볼 때 삼성전자가 더 우수한 장기지급능력을 갖춘 것으로 평가된다. 이자보상비율(A)도 삼성전자가 119.7배로 애플의 37.9배보다 높고, 이자수익 등의 기타수익

기업인 낫싱(Nothing)의 폰원(phone(1))뿐이다.

11) 인터브랜드(Interbrand)사가 발표한 2022년 최고 글로벌 브랜드 1위는 애플이며, 마이크로소프트(Microsoft), 아마존(Amazon), 구글(Google)이 2위부터 4위를 차지하였다.

을 포함시켜 계산한 이자보상비율(B)의 경우도 삼성전자가 124.6배로 애플의 39배보다 높아 이자지급능력이 우수한 것으로 판단된다.

셋째, 총자산순이익률, 매출액영업이익률, 자기자본순이익률 등 수익성비율을 보면, 애플이 삼성전자에 비하여 다소 우세한 것으로 나타나고 있다. 이는 삼성전자는 스마트폰 부문을 비롯하여, 반도체, 가전 등 하드웨어 중심의 제조업을 영위하며 많은 유형자산과 유동자산을 보유하고 있지만, 애플은 스마트폰과 pc를 제외하면 여러 소프트웨어 서비스를 제공하는 기업으로 그러한 자산이 상대적으로 적다. 또한 애플은 판매비와 관리비와 같은 영업비용과 자기자본이 비교적 적어 매출액영업이익률과 자기자본순이익률이 낮게 계산되었다.

넷째, 자산의 활용도를 측정하는 총자산회전율, 유형자산회전율, 매출채권회전율, 재고자산회전율은 애플이 삼성전자보다 상당히 크다. 특히 재고자산회전율은 애플이 삼성의 8배 이상으로, 이는 두 기업의 생산품 특성의 차이에 기인한 것으로 보인다. 그런데 매입채무회전율은 삼성전자가 애플의 3배 이상 높다. 따라서 이를 종합하면, 애플은 삼성에 비해 매출채권을 현금화하는 속도는 빠르지만, 매입채무를 결제하는 속도는 느려서 소요되는 운전자본이 상대적으로 적을 것으로 예상된다. 이를 확인하기 위해 두 기업의 현금전환주기를 계산해 보면 삼성전자보다 애플이 훨씬 낮고, 더욱이 애플의 현금전환주기는 음수(−)라는 것을 알 수 있다. 즉, 애플은 영업활동 과정에서 운전자금이 소요되지 않으며 오히려 자금이 미리 유입된다는 것을 의미한다. 이는 애플이 강력한 구매력을 바탕으로 자신들에게 유리한 결제 조건을 달성했기 때문으로 보인다. 결론적으로 삼성전자는 유동성과 재무구조 및 이자지급능력이 양호하고 애플은 수익성과 자산활용의 효율성이 우수한 것으로 평가된다.

2. 제조업 재무비율의 국제비교

〈표 4-20〉에는 우리나라 제조업의 수익성을 미국 · 일본 등 주요국과 비교한 결과가 제시되어 있다.

2021년의 경우 한국기업의 수익성지표는 전반적으로 미국기업보다는 낮고 일본기업에 비해서는 높은 것으로 나타나고 있다. 특히 한국기업의 경우는 매출액영업이익률에 비하여 매출액순이익률이 상당히 낮은데, 이는 금융수익에 비하여 금융비용이 많아 영업외수

표 4-20 제조업 수익성의 국제비교 (단위 : %)

	한국			미국	일본
	2019	2020	2021	2021	2021
매출액영업이익률	4.4	4.6	6.8	10.0	5.2
매출액순이익률	3.2	3.5	6.0	13.8	6.5
총자산영업이익률	3.8	3.7	5.8	6.0	4.0
배당성향	41.33	52.4	25.7	34.3	44.0

자료 : 한국은행, 「기업경영분석」(2021년도).

지차가 적자로 나온 것에 원인이 있다. 이에 비해 미국기업과 일본기업은 영업외수지차가 흑자로 매출액영업이익률보다 매출액순이익률이 더 높다. 결과적으로 매출액순이익률은 한국기업이 가장 낮다. 한국기업의 배당성향은 기간 중 2020년까지 증가추세이기는 하나 2021년에는 감소하였다. 그럼에도 미국기업이나 일본기업과 비교하면 상당히 낮아, 향후에도 글로벌 기업의 평균수준을 향하여 지속적으로 증가할 것으로 보인다.

〈표 4-21〉에는 제조업의 재무구조를 미국 · 일본과 비교한 결과가 나와 있다.

표 4-21 제조업 재무구조와 유동성의 국제비교 (단위 : %)

	한국			미국	일본
	2019	2020	2021	2021	2021
부채비율	73.5	76.3	78.6	132.7	102.4
유동비율	146.5	145.1	144.2	137.0	154.6

자료 : 한국은행, 「기업경영분석」(2021년도).

한국기업의 부채비율은 2021년 말의 경우 78.6%로서, 미국의 132.7%나 일본의 102.4%에 비해 낮아 기업의 재무구조가 건실하다는 것을 알 수 있다. 이는 외환위기 및 글로벌 금융위기 이후 한국기업들이 활발한 구조조정을 실시하여 차입의존도를 낮추고 수익성 중시의 경영을 한 결과이다. 한편, 단기지급능력을 측정하는 유동비율은 한국기업이 144.2%로 미국기업보다 높고 일본기업보다는 낮은 것으로 나타나고 있다. 결론적으로 한국기업의 장기 및 단기 지급능력은 최근 상당히 개선되어 미국기업이나 일본기업에 비하여 오히려 양호하거나 대등한 수준에 있다는 평가를 내릴 수 있다.

연 습 문 제

01 다음 용어를 설명하라.

① 공통형 재무제표
② 지수형 재무제표
③ 듀퐁재무분석시스템
④ 경영다각화
⑤ 부문별 재무보고

02 ROA 분석의 의의, 방법, 유용성을 설명하라.

03 경영다각화의 의의와 유형 및 현황을 설명하고, 이로 인하여 비율분석에서 나타나는 문제점을 제시해 보라.

04 재무비율의 국제비교가 필요한 이유를 설명하라.

05 다음은 컴퓨터 및 통신기기제조업체인 동양정밀의 요약재무제표와 상장된 전기 · 전자제품제조업체의 종합재무제표자료이다. 동양정밀은 장기간의 노사분규 및 컴퓨터업종의 불황에 의해 자금압박을 받아오다 19×1년 9월 법정관리를 신청한 바 있으며, 19×4년도에 파산선고를 신청하고 상장폐지된 업체이다.

동양정밀과 전기 · 전자업종의 요약재무제표

(단위 : 동양정밀→백만 원, 업종→10억 원)

요약재무상태표(19×0.12.31.)			요약손익계산서(19×0.1.~12.)		
	동양정밀	전기 · 전자업종		동양정밀	전기 · 전자업종
자　산			매출액	119,124	15,339
유동자산	164,794	7,225	매출원가	99,585	12,386
(매출채권)	34,827	2,586	매출총이익	19,539	2,953
(재고자산)	95,294	2,976	판매비와 관리비	6,645	1,663
비유동자산	40,346	7,936	영업이익	12,894	1,290
투자자산	13,114	2,043	영업외수익	9,085	426
유형자산	23,031	5,380	영업외비용	25,961	1,345
기타비유동자산	4,201	514	(이자비용)	22,644	808
자산총계	205,140	15,161	법인세비용차감전 순이익	−3,979	365
부채와 자본			법인세비용	0	111
유동부채	133,218	6,284	당기순이익	−3,979	253
비유동부채	35,830	4,577			
자본총계	36,092	4,299			
부채와 자본총계	205,140	15,161			

주 : 전기 · 전자업종의 재무제표는 당시 상장된 85개 사의 합계임.

① 유동성, 레버리지, 수익성, 활동성에 속하는 재무비율을 선정하여 동양정밀의 재무내용을 업종 평균과 비교하여 평가하라.

② 지수법을 이용하여 동양정밀의 재무상태와 경영성과를 종합적으로 판단하라. 단, 종합적인 판단에 사용할 중요재무비율과 가중치는 다음에 제시된 자료를 이용하라.

중요재무비율	가중치(%)
유동비율	10
부채비율	15
이자보상비율	10
비유동장기적합률	10
매출채권회전율	10
재고자산회전율	10
유형자산회전율	15
총자산순이익률	20
합 계	100

06 지수법을 이용하여 삼성전자의 장기지급능력을 애플을 기준으로 평가하여 보라. 단, 재무제표는 〈표 4-18〉의 2021년 결산자료(애플은 2021년 9월 결산자료)를 이용하고, 중요재무비율과 가중치는 브리체트의 사채권자 모형을 이용한다. 당좌자산은 '현금 및 현금성자산 등+매출채권'으로 산출하고, 재고자산회전율은 매출액기준을 사용하여 측정한다.

제 5 장

자금흐름분석

기업의 자금사정이 괜찮다든지 자금사정이 좋지 않다든지 하는 말을 자주 듣게 된다. 불경기 때나 금융긴축을 택하는 경제상황에서는 자금조달(資金調達)과 자금관리(資金管理)가 기업의 사활(死活)에 결정적인 역할을 한다. 따라서 기업의 미래자금사정에 대한 예측은 기업의 재무담당자는 물론 투자자나 채권자(금융기관 등)에게 매우 중요하다.

본 장에서는 기업자금의 조달과 사용이 현재까지 어떻게 되어 왔는가를 분석하고, 미래의 자금사정이 어떠할 것인가를 예측하는 방법을 설명하려 한다. 이를 위하여 제1절에서는 자금흐름분석의 의의와 중요성을 살펴볼 것이다. 제2절에서는 기업이 어떻게 자금을 조달하여 어떤 용도로 사용하였는가를 보여주는 현금흐름표의 작성과 분석 방법을 설명하겠다. 제3절에서는 자금사정의 예측에 도움이 되는 분석기법인 현금예산과 단기재무예측 방법을 공부하기로 한다.

제1절 자금흐름분석의 의의와 중요성

일반적으로 기업에서의 자금은 기업이 보유하는 현금 및 현금성자산을 의미한다. 현금은 수표 및 당좌예금을 포함하며, 현금성자산은 현금과 거의 유사한 환금성을 가진 유가증권 및 단기금융자산으로서 취득 당시 만기 또는 상환일이 3개월 이내에 도래하는 채권이나 상환우선주 등을 말한다.

기업은 자금이 부족하면 유동성이 상실되어 도산할 우려가 있으므로, 특정기업에 대하여 자금의 유입과 유출, 즉 조달과 사용을 예측하는 것은 그 기업의 경영자는 물론 투자자나 채권자 등 외부이해관계자로서도 중요하다. 그러므로 자금의 흐름을 예측하기 위해서는 먼저 기업의 자금이 어떠한 경로로 유입되고 유출되는가를 잘 이해하여야 한다.

[그림 5-1]은 기업 내에서 자금이 어떻게 흘러가는가를 보여주고 있다. 자금흐름도의 하단중앙에는 기업의 현금잔고가 있고 그 수준은 현금의 유입과 유출에 의하여 결정된다는 것이 나타나 있다. 현금의 유입(cash inflow)은 제품의 현금판매, 매출채권의 회수, 금융기관차입이나 회사채발행, 주식발행, 유형자산의 처분 등을 통해 이루어진다. 현금의 유출(cash outflow)은 인건비의 지급, 원재료 구입대금의 지급, 유형자산의 취득 등 제품생산에 필요한 생산요소들을 구입하거나, 이자와 배당금의 지급, 부채의 상환, 자기주식의 취득

등을 통하여 발생한다.

자금흐름분석에서 중요한 것은 미래에 발생하는 자금의 유입과 유출의 규모와 시기를 예측하는 것이다. 이를 통하여 미래의 어느 시기에 얼마 정도의 과부족이 발생하는지, 언제 외부자금조달이 가장 필요하게 되는지 등에 관한 정보를 얻을 수 있다. 자금흐름의 예측을 위해서는 당해 기업의 경영전략과 장·단기 경영계획은 물론 예상되는 경기상황에 따른 매출전망 등에 관한 정보가 필요하며, 자금의 조달과 사용에 관한 과거의 자료를 분석하여 자금흐름의 특징을 파악하는 것도 도움이 된다.

| 그림 5-1 | 기업의 자금흐름

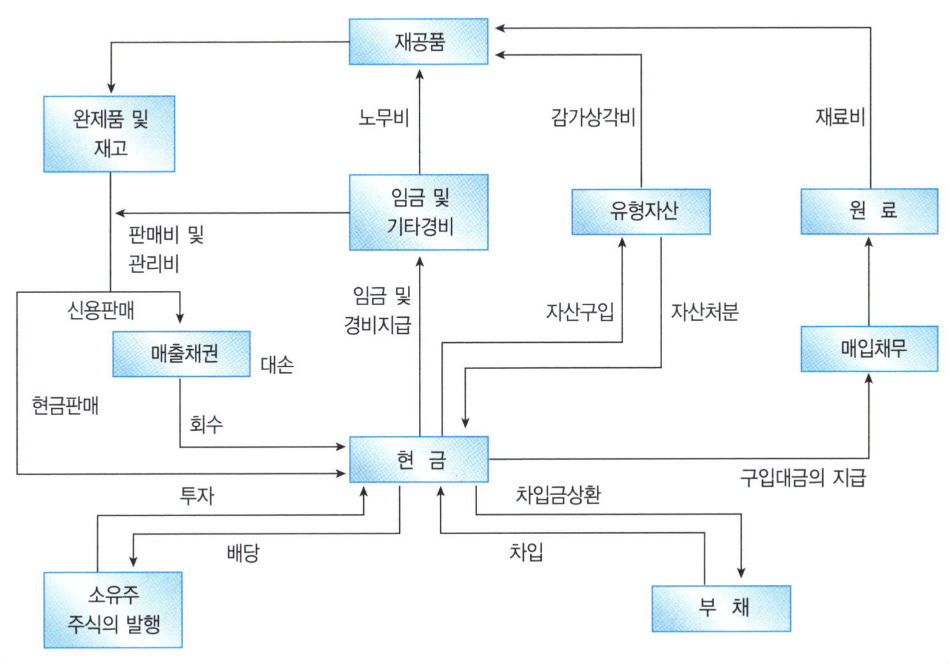

제2절 현금흐름표

1. 현금흐름표의 의미와 중요성

(1) 현금흐름표의 의미와 현금흐름의 구분

현금흐름표(statement of cash flow)란 기업의 현금흐름을 나타내는 재무제표로서, 일정기간 중 현금의 원천(유입)과 운용(유출) 및 그 결과에 관한 정보를 제공한다. 현금흐름표에서 의미하는 현금은 현금과 현금성자산으로 정의되고 있다. 이 중 현금성자산이란 현금의 단기적 운용을 목적으로 하는 유동성이 높은 유가증권이나 단기금융상품으로서, 취득시 만기가 3개월 이내에 도래하는 채권, 취득 당시 3개월 이내의 상환우선주, 그리고 3개월 이내 환매조건의 환매채(還買債) 등이 이에 포함된다.

현금흐름표는 기업의 현금흐름을 그 발생원천별로 분류하여, 영업활동으로 인한 현금흐름, 투자활동으로 인한 현금흐름, 재무활동으로 인한 현금흐름의 세 가지로 구분하고 있다. 영업활동(營業活動, operating activities)이란 주로 제품 및 용역의 구매 · 생산 · 판매 등과 관련한 활동을 말하며, 투자활동과 재무활동에 속하지 않는 모든 거래를 포함한다. 투자활동(投資活動, investing activities)이란 현금의 대여와 회수, 현금성자산이 아닌 유가증권의 취득, 투자자산 · 설비자산 등 비유동자산의 취득과 처분 활동을 말한다. 한편, 재무활동(財務活動, financing activities)이란 재무적 거래로서 나타나며 자금의 차입과 상환, 신주발행이나 배당금의 지급 등과 같이 부채 및 자본계정에 영향을 미치는 거래를 의미한다. 각 활동으로 인한 현금의 유입과 유출을 구성하는 대표적 거래는 다음과 같다.

■ 영업활동으로 인한 현금흐름

- 현금의 유입 : 제품 및 서비스의 매출(매출채권의 회수 포함), 이자수입과 배당금수입
- 현금의 유출 : 원재료 · 상품의 구입(매입채무의 결제 포함), 종업원 인건비지급, 법인세비용지급, 이자비용지급[1]

1) K-IFRS에서 이자수입과 배당금수입은 투자활동으로, 이자지급은 재무활동으로 분류할 수도 있도록 허용하고 있다.

■ 투자활동으로 인한 현금흐름

- 현금의 유입 : 대여금의 회수, 유가증권 · 투자자산 · 유형자산 · 무형자산의 처분
- 현금의 유출 : 현금의 대여, 유가증권 · 투자자산 · 유형자산 · 무형자산의 취득

■ 재무활동으로 인한 현금흐름

- 현금의 유입 : 장·단기 차입금의 차입, 어음 및 사채의 발행, 주식의 발행, 자기주식의 처분
- 현금의 유출 : 장·단기 차입금의 상환, 어음 및 사채의 상환, 유상감자, 자기주식의 취득, 배당금의 지급

(2) 현금흐름표의 유용성

현금흐름표가 주요 재무제표로서 등장한 배경은 다음과 같다. 첫째, 기업의 현금흐름에 관한 정보의 유용성이 증가하고 있으며, 현금흐름전망을 평가하기 위한 정보의 제공이 요청되고 있다. 둘째, 기업의 국제화 및 자본시장의 개방화에 따라서 기업회계기준의 국제화가 진행되고 있으며, 제18차(1993년도) 국제증권관리위원회기구(IOSCO)에서도 현금흐름표의 작성을 결정한 바 있다. 셋째, 기업경영자의 경우 현금 및 현금성자산의 변동에 관한 정보를 필요로 하고 있다. 넷째, 1990년대 이후 상당수의 상장기업들이 경기침체국면에서 투자실패 등의 원인으로 부도를 내거나 법정관리를 신청하였으며, 도산의 직접적인 원인이 되는 자금부족 여부를 진단하고 예측함에 있어 현금흐름정보가 필요하게 되었다.

현금의 유입과 유출에 관한 정보를 제공하는 현금흐름표는 이용자에게 다음과 같은 유용한 정보를 제공한다.

- 기업의 미래현금흐름의 발생시기와 금액 등 현금흐름의 예측에 관한 정보를 얻을 수 있다.
- 기업의 부채상환능력과 배당금지급능력을 평가하는 데 유용한 정보를 알 수 있으며, 이 경우 영업활동으로 인한 현금흐름이 매우 중요하다.
- 일정기간 중 이루어진 자금의 조달과 운용 및 그 결과에 관한 사항을 알 수 있으며, 생산활동 · 설비투자 · 차입금상환 · 배당금지급 등 기업의 주요 활동에 필요한 자금을 어떤 원천으로 조달하고 있는지 파악할 수 있다.
- 많은 추정과 평가를 거쳐 계산된 당기순이익과 현금흐름의 차이를 보여줌으로써, 이

익의 질(quality of earnings)에 관한 판단을 할 수 있게 한다.

2. 현금흐름표의 작성

(1) 작성의 기본원리

현금흐름표 작성의 기본원리는 재무상태표등식에서 나온다. 즉,

$$\text{유동자산}(CA) + \text{비유동자산}(NCA) = \text{유동부채}(CL) + \text{비유동부채}(NCL) + \text{자본}(C) \quad (5\text{-}1)$$

위 식에서 유동자산은 현금 및 현금성자산(이하 현금이라 함)(CASH)과 이를 제외한 기타 유동자산(other current assets : OCA)으로 나누고, 유동부채는 단기차입금(short-term borrowings : SB)과 기타유동부채(other current liabilities : OCL)로 나누어 다시 쓰면 아래와 같다.

$$\begin{aligned}&\text{현금}(CASH) + \text{기타유동자산}(OCA) + \text{비유동자산}(NCA)\\&= \text{기타유동부채}(OCL) + \text{단기차입금}(SB) + \text{비유동부채}(NCL) + \text{자본}(C)\end{aligned} \quad (5\text{-}2)$$

위 (식 5-2)에서 현금을 제외한 나머지 항목을 등호 오른쪽으로 옮기면,

$$CASH = OCL - OCA - NCA + SB + NCL + C \quad (5\text{-}3)$$

가 된다. 이 식은 현금은 이를 제외한 재무상태표의 다른 항목으로 표시할 수 있다는 것을 의미한다. 일정기간 중의 현금의 증감변화가 어떤 요인에 의하여 발생하였는가를 설명하고자 하는 것이 현금흐름표의 내용이므로, 식 (5-3)에서 현금의 변화와 나머지 항목 간의 변화 간에는 다음의 관계가 성립한다.

$$\Delta CASH = \Delta OCL - \Delta OCA - \Delta NCA + \Delta SB + \Delta NCL + \Delta C \quad (5\text{-}4)$$

(5-4)는 일정기간 중 현금의 변화는 기타유동자산의 증가와 감소, 기타유동부채의 증가와 감소, 투자자산 및 유형자산 등 비유동자산의 취득과 처분, 단기차입금의 조달과 상환, 장기차입금 및 사채 등 비유동부채의 발행과 상환, 그리고 주식발행과 감자, 자기주식의 취득과 처분, 배당금지급 등 자본항목의 증감으로 설명할 수 있다는 것을 의미한다.

(식 5-4)의 의미를 알아보기 위하여 몇 가지 대표적인 거래가 현금의 증감에 미치는 효과를 〈표 5-1〉에 정리하였다. 예를 들어 외상매출로 인하여 매출채권이 증가할 경우 이는 *OCA*를 증가시키므로 ΔOCA의 부호는 (+)이지만, 그 앞에 (−)부호가 붙어 있으므로 현금의 변화에는 (−)의 효과를 미치게 된다.[2] 또 시설투자로 인한 설비자산의 취득의 경우는 ΔNCA의 부호가 (+)이나 그 앞에 (−) 부호가 붙어 있어, 현금에 미치는 영향은 (−), 즉 현금이 감소된다는 것을 나타낸다.

표 5-1 주요 거래가 현금의 증감에 미치는 효과

거래의 예	구분	해당 항목과	부호	현금에 미치는 영향
매입채무 증가	영업활동	ΔOCL	+	+
미지급비용 감소	영업활동	ΔOCL	−	−
매출채권 증가	영업활동	ΔOCA	+	−
재고자산 감소	영업활동	ΔOCA	−	+
설비자산 취득	투자활동	ΔNCA	+	−
투자자산 처분	투자활동	ΔNCA	−	+
단기차입금 차입	재무활동	ΔSB	+	+
회사채 상환	재무활동	ΔNCL	−	−
유상증자	재무활동	ΔC	+	+
배당금지급	재무활동	ΔC	−	−
당기순이익 발생	영업활동	ΔC	+	+

(2) 영업활동으로 인한 현금흐름의 표시와 현금흐름표의 작성

현금흐름표에서 영업활동으로 인한 현금흐름을 표시하는 방법은 직접법(直接法, direct method)과 간접법(間接法, indirect method)의 두 가지로 나누어진다.

직접법은 손익계산서법이라고도 하는 것으로 영업활동에서 얻은 현금유입액에서 영업활동에서 나간 현금유출액을 직접 차감하여 영업활동으로 인한 현금흐름을 계산하는 방법이다. 중요한 현금유입액(cash inflow)의 항목으로는 매출 등 수익활동, 수입이자, 수입배당금 등이 있고, 현금유출액(cash outflow)의 항목으로는 매입 및 종업원급여, 지급이자, 법인세비용 등이 있다. 직접법에서 영업활동 현금흐름을 계산하는 방법으로는 (1) 그 기업의

2) 만약 매출로 인하여 현금이 들어오지 않고 매출채권이 증가한다면 이익이 발생하고 유동자산 및 순운전자본(유동자산−유동부채)도 증가하게 된다. 그러나 매출채권의 증가는 현금흐름을 감소시킬 것이므로 현금의 회수가 이루어질 때까지는 기업의 지급능력은 오히려 악화될 수 있다.

회계장부로부터 직접 수익 · 비용항목을 조사하여 현금유입액과 현금유출액을 구하는 방법과, (2) 손익계산서상의 매출액 · 매출원가에 현금의 유출과 유입이 없는 항목과 재고자산 · 매출채권 · 매입채무의 증감을 가감하여 계산하는 방법이 있다.

간접법은 당기순이익에다 현금의 유출이 없는 비용 등은 가산하고 현금의 유입이 없는 수익 등은 차감한 다음, 영업활동 관련 자산과 부채의 증감을 반영하여 영업활동으로 인한 현금흐름을 계산하는 방법이다. 이들 당기순이익에 대한 조정항목의 예는 다음과 같다.

〈현금의 유출과 유입이 없는 비용과 수익항목의 예〉

■ 가산항목

- 현금의 지출이 없는 비용 : 감가상각비, 무형자산상각비, 단기매매금융자산평가손실, 외화환산손실, 투자자산평가손실, 유가증권평가손실 등
- 현금의 지출은 있으나 영업활동의 비용이 아닌 것 : 유가증권처분손실, 투자자산처분손실, 유형자산처분손실, 사채상환손실 등

■ 차감항목

- 현금의 유입이 없는 수익 : 대손충당금환입, 단기매매금융자산평가이익, 외환환산이익, 투자자산평가이익, 유가증권평가이익 등
- 현금의 유입은 있으나 영업활동의 수익이 아닌 것 : 투자자산처분이익, 유형자산처분이익, 유가증권처분이익 등

〈영업활동 관련 자산과 부채 증감항목의 예〉

■ 가산항목

- 영업활동과 관련된 자산계정의 감소액 : 매출채권감소액, 재고자산감소액, 선급비용감소액, 선급금감소액, 미수수익감소액[3)]
- 영업활동과 관련된 부채계정의 증가액 : 매입채무증가액, 선수금증가액, 선수수익증가액 등

■ 차감항목

- 영업활동과 관련된 자산계정의 증가액 : 매출채권증가액, 재고자산증가액, 선급비용증가액, 선급금증가액, 미수수익증가액 등

---

3) 유가증권감소액과 미수금감소액은 투자와 재무 활동의 현금흐름유입액에 포함시키고, 유가증권증가액과 미수금증가액은 투자와 재무 활동의 현금흐름유출액에 포함시킨다.

• 영업활동과 관련된 부채계정의 감소액 : 매입채무감소액, 선수금감소액, 선수수익감소액 등

이제 간단한 예를 가지고 현금흐름표를 작성하여 보자. 작성에 필요한 자료는 두 회계기간의 자산, 부채, 자본의 증감을 보여주는 비교재무상태표, 한 회계기간의 손익계산서, 그리고 한 회계기간 중 발생한 비유동자산의 취득과 처분, 비유동부채의 조달과 운용, 유상증자, 현금배당 등 재무상태표 주요 계정의 변동을 설명하는 보충정보(supplementary information) 등이다. A-tech전자의 현금흐름표의 작성에 필요한 자료가 〈표 5-2〉에서 〈표 5-3〉 및 보충정보에 제시되어 있다. 비교재무상태표와 손익계산서에는 오른쪽 비고란에 각 계정의 성격을 적어 놓았다.

표 5-2 A-tech전자의 비교재무상태표 (단위 : 백만 원)

	20×0.12.31.	20×1.12.31.	비고
자 산			
현금(현금성자산 포함)	2,400	3,000	현금
매출채권	4,000	3,900	영업활동
재고자산	5,000	6,000	영업활동
유동자산합계	11,400	12,900	
토지	10,000	19,500	투자활동
설비자산	72,000	73,000	투자활동
(감가상각누계액)	−9,500	−14,000	영업활동
자산총계	83,900	91,400	
부 채			
매입채무	4,000	2,900	영업활동
미지급법인세	1,600	2,000	영업활동
유동부채합계	5,600	4,900	
회사채	35,000	40,000	재무활동
자 본			
자본금(보통주)	36,000	39,000	재무활동
이익잉여금	7,300	7,500	혼합활동
자본총계	43,300	46,500	
부채와 자본총계	83,900	91,400	

표 5-3 A-tech전자의 손익계산서 (단위 : 백만 원)

	20×1.1.1.~12.31.	비고
매출액	22,000	영업활동
영업비용	17,500	영업활동
영업이익	4,500	
토지처분이익	1,000	투자활동
법인세비용차감전 이익	5,500	
법인세비용	2,000	영업활동
당기순이익	3,500	

■ 보충정보(20×1년)

- 3,300백만 원의 배당금을 지급(재무활동)
- 원가 500백만 원의 토지가 1,500백만 원에 매각됨(투자활동)
- 1,000백만 원의 설비자산을 취득(투자활동)
- 회사채 5,000백만 원을 상환(재무활동)
- 보통주 3,000백만 원을 발행(재무활동)
- 영업비용에는 4,500백만 원의 감가상각액이 포함됨(영업활동)
- 토지 10,000백만 원을 매입하고 회사채 10,000백만 원을 발행하여 교부 (비현금거래)[4]

제시된 자료를 이용하여 현금흐름표를 작성하여 보기로 한다. 순서는 다음과 같다.

① **현금의 증감을 계산** : 현금흐름표는 현금(현금성자산 포함)의 변동을 가져온 요인을 설명하는 것이므로, 먼저 비교재무상태표로부터 현금의 증감을 파악한다. 기초의 현금은 24억 원이고 기말의 현금은 30억 원이므로 기간 중 6억 원의 현금이 증가하였다.

표 5-4 현금의 증감 (단위 : 백만 원)

	20×0.12.31.	20×1.12.31.	증(감)
현금 · 예금	2,400	3,000	600

4) 현물출자로 인한 유형자산의 취득, 비유동부채발행에 의한 유형자산의 취득, 전환사채의 전환 등과 같은 현금이 개재되지 않는 거래를 비현금거래라고 하며, 회계기준은 이를 현금흐름표의 주석으로 기재하도록 하고 있다.

② **영업활동으로 인한 현금흐름을 계산** : 영업활동으로 인한 현금흐름을 계산하는 방법은 이미 설명한 것과 같이 직접법과 간접법의 두 가지로 나누어진다. 또한 직접법에 의한 경우에도 (1) 회계장부에서 직접 현금유입항목과 현금유출항목을 조사하여 구하는 방법과 (2) 발생주의 손익계산서상의 매출액과 매출원가에 현금의 유출과 유입이 없는 항목과 재고자산 · 매출채권 · 매입채무의 증감을 가감하여 계산하는 방법이 있다. 전자보다는 후자의 방법이 자료입수의 간편성으로 인하여 더 많이 이용되고 있다.

〈표 5-5〉는 A-tech전자에 대해 직접법 중 방법 (2)에 의한 계산을 보여주고 있다. 조정항목으로 매출채권의 감소는 현금매출액의 증가로, 감가상각비는 현금영업비용의 감소로, 그리고 재고자산의 증가 및 매입채무의 감소는 현금영업비용의 증가로 연결되고 있다. 토지매각이익은 투자활동에 속하는 거래이므로 전액을 제외시켰고, 미지급법인세의 증가는 현금흐름을 증가시키는 거래이므로 4억 원만큼 현금법인세비용을 감소시키는 것으로 처리되고 있다.

표 5-5 영업활동으로 인한 현금흐름의 계산(직접법) (단위 : 백만 원)

발생기준		조정항목	가산(차감)		현금기준
매출액	22,000	매출채권의 감소	100		22,100
영업비용	17,500	감가상각비	−4,500		
		재고자산의 증가	1,000		
		매입채무의 감소	1,100	−2,400	15,100
영업이익	4,500				7,000
토지처분이익	1,000	투자활동으로 분류	−1,000		0
법인세비용차감전 이익	5,500				7,000
법인세비용	2,000	미지급법인세 증가	−400		1,600
당기순이익	3,500			영업활동 현금흐름	5,400

영업활동 현금흐름의 요약	
1. 매출 등 수익활동유입액	22,100
2. 매입 등 영업비용유출액	−15,100
3. 법인세비용 등 유출액	−1,600
합 계	5,400

A-tech전자에 대한 간접법에 의한 영업활동으로 인한 현금흐름의 계산결과가 〈표 5-6〉에 제시되어 있다. 대부분의 기업들은 영업활동으로 인한 현금흐름을 계산할 때 간접법

표 5-6 영업활동으로 인한 현금흐름의 계산(간접법) (단위 : 백만 원)

1. 당기순이익	3,500
2. 현금의 지출이 없는 비용 등의 가산	
가. 감가상각비	4,500
3. 현금의 수입이 없는 수익 등의 차감	
가. 토지처분이익	1,000
4. 영업활동으로 인한 자산 · 부채의 변동	
가. 매출채권의 감소	100
나. 재고자산의 증가	−1,000
다. 매입채무의 감소	−1,100
라. 미지급법인세의 증가	400
합 계	5,400

을 이용하는 것으로 나타나고 있다. 여기서는 당기순이익 35억 원에다 현금의 지출이 없는 비용항목으로 감가상각비 45억 원을 가산하고, 투자활동에 속하는 토지처분이익 10억 원을 차감한 다음, 매출채권의 감소 등 영업활동으로 인한 자산 및 부채의 변동금액으로 16억 원을 차감하여 영업활동 현금흐름으로 54억 원이 계산되었다.

③ **현금의 증감을 가져오는 투자와 재무활동을 분석** : (식 5-4)에서 영업활동 이외의 활동에 의한 현금의 증감요인을 파악한다. A-tech전자의 예에서 투자활동의 경우 현금의 유입항목으로 토지의 처분 15억 원이 있고, 유출항목으로 설비자산의 취득 10억 원이 있다. 재무활동의 경우 현금의 유입항목으로 보통주발행 30억 원이 있고, 유출항목으로 회사채의 상환 50억 원과 배당금지급 33억 원이 있다. 그리고 회사채 100억 원의 발행에 의한 토지의 취득은 비현금거래로서 주석사항으로 기재하면 된다.

④ **현금흐름표의 작성** : 위의 ①~③의 분석을 종합하여 현금흐름표를 작성하여 보자. 〈표 5-7〉은 직접법에 의한 것이고 〈표 5-8〉은 간접법에 의한 것이다. 20×1년 중 현금이 6억 원 증가하였는데 이는 영업활동 현금흐름이 양호하여 회사채의 상환과 배당금의 지급을 충당하고도 1억 원의 여유가 있는데다, 토지의 처분 등으로 투자활동에서도 5억 원의 순현금유입이 있었기 때문이다.

표 5-7 A-tech전자의 현금흐름표(직접법)(20×1.1.1.~20×1.12.31.) (단위 : 백만 원)

항목		
Ⅰ. 영업활동으로 인한 현금흐름		
1. 매출 등 수익활동유입액	22,100	
2. 매입 등 영업비용유출액	−15,100	
3. 법인세비용 등 유출액	−1,600	5,400
Ⅱ. 투자활동으로 인한 현금흐름		
1. 토지의 처분	1,500	
2. 설비자산의 취득	−1,000	500
Ⅲ. 재무활동으로 인한 현금흐름		
1. 보통주발행	3,000	
2. 회사채상환	−5,000	
3. 배당금지급	−3,300	−5,300
Ⅳ. 현금의 증가(감소)		600
Ⅴ. 기초의 현금		2,400
Ⅵ. 기말의 현금		3,000
주석 : 비현금투자 및 재무활동		
1. 회사채발행에 의한 토지취득		10,000

표 5-8 A-tech전자의 현금흐름표(간접법)(20×1.1.1.~20×1.12.31.) (단위 : 백만 원)

항목		
Ⅰ. 영업활동으로 인한 현금흐름		
1. 당기순이익	3,500	
2. 현금의 지출이 없는 비용 등의 가산		
가. 감가상각비	4,500	
3. 현금의 수입이 없는 수익 등의 차감		
가. 토지처분이익	1,000	
4. 영업활동으로 인한 자산 · 부채의 변동		
가. 매출채권의 감소	100	
나. 재고자산의 증가	−1,000	
다. 매입채무의 감소	−1,100	
라. 미지급법인세의 증가	400	5,400
Ⅱ.투자활동으로 인한 현금흐름		
1. 토지의 처분	1,500	
2. 설비자산의 취득	−1,000	500
Ⅲ. 재무활동으로 인한 현금흐름		
1. 보통주발행	3,000	
2. 회사채상환	−5,000	
3. 배당금지급	−3,300	−5,300
Ⅳ.현금의 증가(감소)		600

Ⅴ.기초의 현금	2,400
Ⅵ.기말의 현금	3,000
주석 : 비현금투자 및 재무활동	
1. 회사채 발행에 의한 토지취득	10,000

사례 5-1 오뚜기의 요약연결현금흐름표

현금흐름표의 예로서 〈표 5-9〉에 오뚜기의 요약연결현금흐름표를 제시하였다. 이 회사는 2021년 중 영업활동 현금흐름 149,782백만 원, 투자활동 현금흐름 (-)131,189백만 원, 재무활동 현금흐름 116,608백만 원을 기록하여 현금이 135,201백만 원이 증가하였다. 이러한 결과는 2021년 중 회사가 양호한 영업활동 현금흐름을 거두었고, 장·단기 차입금의 상환이 차입을 초과하면서 영업활동 현금흐름과 재무활동 현금흐름에서 순유입이 있었지만, 설비투자(유형자산의 취득) 등으로 투자활동 현금흐름에서 순유출이 있었던 것에 기인한다. 영업활동 현금흐름 149,782백만 원은 당기순이익 129,978백만 원에 조정항목 93,234백만 원을 더하고 법인세납부액 64,747백만 원과 이자지급 8,682백만 원을 차감하여 산출된 것이다. 한편 조정항목 93,234백만 원은 손익계산서의 법인세비용에 현금지출이 없는 비용을 가산하고 현금수입이 없는 수익은 차감한 다음 매출채권, 재고자산, 매입채무 등 순운전자본의 증가액을 차감하여 계산되었다.

표 5-9 오뚜기의 요약연결현금흐름표 (단위 : 백만 원)

과 목	2019.1.1.~12.31.	2020.1.1.~12.31.	2021.1.1.~12.31.
Ⅰ. 영업활동 현금흐름	179,297	91,966	149,782
영업에서 창출된 현금흐름	236,132	133,585	223,211
당기순이익	99,795	110,380	129,978
당기순이익 조정	136,337	23,205	93,234
(법인세비용)	42,196	66,624	32,923
(감가상각비)	77,927	93,928	97,531
(무형자산상각비)	3,596	4,296	7,589
법인세납부	−49,789	−33,336	−64,747
이자지급	−7,046	−8,284	−8,682
Ⅱ. 투자활동 현금흐름	−137,277	−192,549	−131,189
이자수취	6,690	3,550	3,396
배당금수취	3,178	3,034	3,841
당기손익-공정가치측정금융자산의 취득(순)	133,784	−151,349	14,235
상각후원가측정금융자산의 취득(순)	−1,088	103,967	−51,151
기타포괄손익-공정가치측정금융자산의처분(순)	−199	−4,674	−460
관계기업투자주식의 취득	0	−23,071	−7,098
단기대여금의 증가(순)	−8	4	−3

장기대여금의 증가(순)	86	47	−17
유형자산의 취득(순)	−272,115	−108,115	−93,405
무형자산의 취득(순)	−4,344	−15,803	−3,901
투자부동산의 취득	0	−141	−92
보증금의 증가(순)	−2,724	−445	−1,506
예치금의 감소	0	5	0
파생상품자산의 감소	0	0	4,972
유형자산 취득관련 미지급금의 감소	−537	0	0
합병으로 인한 유입	0	441	0
Ⅲ. 재무활동 현금흐름	−56,793	66,327	116,608
배당금의 지급	−25,507	−25,456	−26,842
단기차입금의 증가(순)	−24,459	41,072	122,612
유동성장기차입금의 상환	−21,481	−43,370	−70,334
장기차입금의 증가(순)	27,864	106,570	115,520
리스부채의 감소	−12,439	−12,465	−14,613
임대보증금의 증가(순)	80	1	80
자기주식의 취득	0	−25	0
종속기업투자주식의 추가취득	−850	0	−9,815
Ⅳ. 현금 및 현금성자산의 순증가(감소)	−14,773	−34,256	135,201
Ⅴ. 기초현금 및 현금성자산	139,854	122,150	85,713
Ⅵ. 환율변동효과 및 환산 등으로 인한 조정	−2,931	−2,180	1,365
Ⅶ. 기말현금 및 현금성자산	122,150	85,713	222,280

3. 현금흐름표의 분석

현금흐름표의 분석은 공통형 현금흐름표를 작성하거나 주요 재무비율을 계산하여 추세분석이나 상호비교분석을 하는 방식으로 이루어진다. 먼저, 공통형 현금흐름표는 현금유입의 각 항목을 총현금유입액으로 나누거나, 현금유출의 각 항목을 총현금유출액으로 나눈 다음 백분비로 표시하여 작성하면 된다. 공통형 현금흐름표를 이용하면 그 회사의 자금의 조달과 운용에 관한 특징과, 그 결과로서 현금의 증감에 관한 사항을 알 수 있다. 〈표 5-10〉은 앞에서 예로 든 A-tech전자의 현금흐름표를 공통형으로 다시 작성한 것이다.

〈표 5-10〉으로부터 먼저 현금유입액의 83.1%가 영업활동에서 조달되고 있다는 것과 현금유출액의 64.3%가 영업활동에 사용된다는 것을 알 수 있다. 또 이 회사는 기간 중 토지의 처분과 보통주발행을 통하여 나머지 현금을 조달하고 있으며, 현금유출액의 31.9%를

표 5-10 A-tech전자의 20×1년도 공통형 현금흐름표 (단위 : 백만 원, %)

항목	유입액	구성비(%)	유출액	구성비(%)
Ⅰ. 영업활동으로 인한 현금흐름				
1. 매출 등 수익활동유입액	22,100	83.1		
2. 매입 등 영업비용유출액			15,100	58.1
3. 법인세비용 등 유출액			1,600	6.2
Ⅱ. 투자활동으로 인한 현금흐름				
1. 토지의 처분	1,500	5.6		
2. 설비자산의 취득			1,000	3.8
Ⅲ. 재무활동으로 인한 현금흐름				
1. 보통주 발행	3,000	11.3		
2. 회사채 상환			5,000	19.2
3. 배당금 지급			3,300	12.7
Ⅳ. 현금유입액	26,600	100.0		
Ⅴ. 현금유출액	26,000		26,000	100.0
Ⅵ. 현금의 증가(감소)	600			

부채상환 및 배당금지급 등 재무활동에 충당하고 있다. 그리고 설비자산의 취득에는 유출액의 3.8%만이 사용됨으로써, 설비투자에 사용된 자금의 비중은 낮은 것으로 나타나고 있다.

한편, 현금흐름표로부터 몇 가지 재무비율을 계산하여 차입금지급능력 판단, 주식의 투자가치평가 등에 이용할 수 있다.

① 단기지급능력 판단 :
영업활동 현금흐름/유동부채(또는 단기차입금)

② 장기지급능력 판단 :
영업활동 현금흐름/부채총계(또는 장·단기 차입금)

③ 주식투자가치(보통주)평가 :
주당현금흐름 = (영업활동 현금흐름 − 우선주배당금) / 유통보통주식수
단, 유통보통주식수 = 발행보통주식수 − 자기주식수

주가현금흐름비율 = 보통주주가/주당현금흐름

유동부채나 단기차입금, 장·단기 차입금이나 부채총계의 규모에 비하여 영업활동에서

조달한 현금흐름이 많을수록 차입금의 지급능력이 높게 평가된다. 특히 「영업활동 현금흐름/부채총계」의 비율은 기업의 도산가능성을 예측하는 데 매우 유용한 것으로 제시되고 있다(제10장 참조). 또한 현재 주가에 비하여 1주당 현금흐름이 많을수록 주식가치가 저평가되고 있는 것으로 판단한다.

사례 5-2 오뚜기 및 주요 식품기업의 현금흐름관련 재무지표분석

〈표 5-11〉은 ㈜오뚜기와 일부 주요 식품기업의 현금흐름관련 재무지표를 보여주고 있다. 비율에 따르면 전반적으로 오뚜기는 대상보다는 양호하나, 농심보다는 떨어진다. CJ제일제당과 비교하면 영업현금흐름과 장·단기 차입금과의 비율에서 오뚜기가 상대적으로 낮지만, 유동부채와 부채총계로 계산한 현금흐름관련 비율은 오뚜기가 약간 양호하다. 영업현금흐름/부채총계의 비율은 오뚜기가 14.0%로서 CJ제일제당이나 대상에 비해서 장기지급능력이 높고 농심에 비해서 낮은 것으로 평가되고 있다. 보통주의 주당현금흐름은 오뚜기가 44,045원으로 대상의 1,661원과 농심의 28,133원에 비해 높으나, CJ제일제당에 비해서는 낮은 것으로 나타나고 있다.

표 5-11 (주)오뚜기 및 주요 식품기업의 현금흐름관련 재무지표 (단위 : 백만 원, %, 주, 원)

	오뚜기	CJ제일제당	대상	농심
영업현금흐름(A)	149,782	1,686,409	58,662	162,684
투자현금흐름	-131,189	-625,359	-29,642	-318,880
재무현금흐름	116,608	-1,273,855	46,616	-604,026
유동부채(B)	701,331	7,915,868	953,798	537,329
단기차입금(C)	260,992	1,455,600	328,822	3,869
장·단기 차입금(D)	464,457	3,421,624	381,881	86,084
부채총계(E)	1,067,387	16,049,004	1,623,308	699,141
우선주배당금	0	6,698	1,110	0
유동보통주식수(주)	3,400,654	14,696,883	34,648,025	5,782,624
A/B(%)	21.4	21.3	6.2	30.3
A/C(%)	57.4	115.9	17.8	4,204.9
A/D(%)	32.2	49.3	15.4	189.0
A/E(%)	14.0	10.5	3.6	23.3
주당현금흐름(원)	44,045	114,290	1,661	28,133

주 : 각 수치는 2021년 연결결산기준임.
자료 : 각 회사의 2021년도 사업보고서.

제3절 현금예산과 단기재무예측

현금은 기업이 원활한 경영활동을 수행하는 데 반드시 필요하므로, 기업의 미래현금상태를 예측하고 계획하는 것은 기업의 장래활동을 위해 필수적이다. 이러한 현금에 대한 예측과 계획이 바로 현금예산(現金豫算, cash budget)이다. 제2절에서 설명한 현금흐름표는 장기적인 측면에서 현금의 유입과 유출을 분석한 것인 데 반하여, 현금예산은 단기적이고 구체적인 현금흐름의 예측을 요구한다는 특징을 지닌다. 또한 현금예산은 작성에 있어 현금흐름표와 달리 복식부기 체계를 따를 필요가 없다. 기업의 자금수지계획(資金收支計劃)을 보여주는 현금예산은 기업의 단기자금사정을 파악하는 데도 유용하게 쓰이고 있다.

현금예산은 주별, 월별 또는 연도별로 작성할 수 있는데, 이러한 시간적 간격은 기업이 처한 내적 · 외적 환경에 따라 다르게 정할 수 있다. 현금흐름이 매우 불규칙하거나 변동이 심한 기업에서는 짧은 기간을 단위로 하여 현금흐름을 예측하고 현금예산을 세우는 것이 효과적이며, 현금흐름이 비교적 안정된 경우에는 3개월 또는 6개월 단위로 현금예산을 세울 수도 있다. 왜냐하면 예산작성의 단위기간이 길면 길수록 현금예산을 위한 예측의 정확도는 낮아지지만, 현금흐름이 안정된 기업에 있어서는 단위기간이 길어도 어느 정도 정확성을 가질 수 있기 때문이다.

기업의 단기재무예측(short-term financial forecasting)은 현금예산의 작성이 중심이 되며, 추정재무상태표 및 추정손익계산서가 추가로 작성될 수 있다. 이들 추정재무제표는 기업의 단기 수익성 및 유동성, 재무구조 등을 예측하는 데 유용하게 활용된다. 여기서는 간단한 사례를 이용하여 현금예산을 작성하는 방법을 설명하고 이어서 추정손익계산서와 추정재무상태표를 작성하는 요령을 설명하기로 한다. 또한 현금예산의 작성에 사용된 자료를 이용하여 현금흐름표를 작성하고, 현금예산과 현금흐름표가 동일한 자금흐름을 다르게 표시한 것이라는 점을 명확히 하기로 한다.

1. 현금예산의 작성과 활용

(1) 현금 수입과 지출의 추정

현금예산의 수립을 크게 나누어 보면 미래기업활동과 관련된 현금수입과 현금지출을 예측하고, 이를 상호비교하여 현금의 과부족을 추정하는 단계와, 회사의 재무정책 등을 고려하여 부족한 자금의 외부조달계획을 수립하거나 여유자금의 운용계획을 수립하는 단계로 나누어 볼 수 있다.

현금예산 작성을 위한 필수적인 요소는 매출액을 예측하는 것인데, 이를 위해 재무담당자들은 자사 마케팅담당부서의 매출예측을 활용하게 된다. 마케팅담당부서에서는 국내외 경영환경변화의 예측을 토대로 해당 업종에 대한 경기예측을 하고, 이를 기초로 자사(自社)의 시장점유율(市場占有率, market share)을 감안하여 매출액을 예측한다. 그러므로 현금예측의 신뢰도는 결국 매출예측의 질(quality of the sales forecast)에 달려 있게 된다. 매출예측에 있어 분석해야 할 중요사항은 다음과 같다.

- 경제 및 업종 동향
- 시장점유율 전망
- 경쟁기업 동향
- 생산 및 자금조달 능력

매출액을 예측한 후에는 모든 매출액이 즉시 현금화되는 것이 아니기 때문에 제품판매로 인한 현금회수가 어떻게 될 것인가를 예측해야 한다. 현금매출의 경우에는 판매와 동시에 현금을 회수할 수 있지만 신용매출에서는 현금회수가 그 이후에 이루어진다. 현금회수 시기는 제공된 신용조건, 고객의 상황 및 대금회수정책에 따라 달라진다. 다음 사례를 이용하여 현금 수입과 지출을 예측하여 보기로 한다.

설립된 지 2년이 경과한 벤처기업인 장생바이오(Long-Life Bio-Technology Inc.)는 최근 한국의 자생식물(自生植物)로부터 인간의 노화(老化)를 억제하는 신물질을 발견하였다. 회사는 우선 신물질을 이용하여 노화억제를 가능케 하는 기능성 식품을 제조하였으며, 차년도 초인 20×1년 1월부터 출시하기로 결정하였다. 기능성 식품의 제조 및 판매 계획과 관련하여 회사의 마케팅, 생산, 인사, 재무 부문의 각 책임자가 제출한 자료를 취합한 내용은 다음과 같다.

• 마케팅담당자는 시장조사를 실시한 결과 동 제품의 매출액이 1월 200,000천 원, 2월 250,000천 원, 3월 300,000천 원, 4월 350,000천 원, 5월 400,000천 원, 6월 500,000천 원에 달할 것으로 추정하였다. 또 매출액의 40%는 판매된 달에 현금으로 회수되고, 30%는 1개월 후에, 20%는 2개월 후에, 5%는 3개월 후에 회수되며, 나머지 5%는 회수가 불가능한 대손(貸損, bad debt)으로 처리될 것으로 예상하고 있다. 그러므로 마케팅담당자의 월별 현금회수예측을 요약하면 〈표 5-12〉와 같다.

표 5-12 월별 현금회수예측 (단위 : 천 원)

항목	1월	2월	3월	4월	5월	6월	합계
매출액	200,000	250,000	300,000	350,000	400,000	500,000	2,000,000
현금회수액							
판매 당월 : 40%	80,000	100,000	120,000	140,000	160,000	200,000	800,000
1개월 후 : 30%		60,000	75,000	90,000	105,000	120,000	450,000
2개월 후 : 20%			40,000	50,000	60,000	70,000	220,000
3개월 후 : 5%				10,000	12,500	15,000	37,500
총회수액	80,000	160,000	235,000	290,000	337,500	405,000	1,507,500
대손상각액 : 5%				10,000	12,500	15,000	37,500

• 1월부터 6월 사이에 계획된 주요 시설투자, 자산처분, 자금조달에 관한 재무담당자의 예측은 다음과 같다. 우선 매출확대예상에 맞추어 2월 중에 40,000천 원의 기계설비를 할부로 구입하고, 2월부터 매달 2,000천 원씩 갚아나갈 예정이다. 이 기계설비는 8월부터 가동될 예정이다. 회사는 부족한 자금을 충당하기 위하여 4월 초에 100,000천 원, 5월 초에 120,000천 원 등 합계 220,000천 원의 회사채를 발행할 예정이다. 회사채의 발행비용은 5,000천 원이며 4월 중 지급되며, 액면이자율은 기존사채와 마찬가지로 연 8%이며 연말에 지급된다. 회사는 또 보유 중인 부동산(토지) 중 일부를 원가로 매각하여 5월 중에 16,000천 원, 6월 중에 100,000천 원을 조달할 계획이다. 그리고 6월에는 장부가격이 0(취득원가는 50,000천 원)인 구 기계설비를 매각하여 50,000천 원을 조달할 수 있을 전망이다.

• 회사는 필요할 경우를 대비하여 최저한의 현금보유수준을 유지할 계획으로 있는데, 매월말 기준으로 설정된 최저현금보유액(minimum cash balance)은 다음과 같다.[5)]

5) 일반적으로 회사가 목표로 하는 최저현금보유액은 매출증감에 따른 운전자본의 예상변화, 부채상환계획, 설비투자계획, 대은행관계 등을 고려하여 결정된다.

(단위 : 천 원)

	1월 말	2월 말	3월 말	4월 말	5월 말	6월 말
최저현금보유액	40,000	50,000	54,000	60,000	60,000	60,000

각 월말 기준으로 회사의 보유현금이 최저현금보유액에 미달될 것으로 예상되면, 부족한 자금을 주거래은행에서 차입하기로 한다. 이를 위하여 주거래은행과는 회사의 신용으로 한도에 관계없이 1,000천 원 단위로 차입할 수 있는 대출약정을 해 놓았다. 차입은 해당 월의 월초에 이루어지며 이자율은 월 0.5%이다. 회사는 최저현금보유액을 초과하는 여유자금이 발생하면 즉시 차입금을 상환한다. 차입금의 상환은 월말에 1,000천 원 단위로 이루어지며 이때 회사가 부담해야 하는 이자비용도 함께 지급하기로 한다.

• 재무담당자가 추정한 1월~6월간의 비용관련 자료는 〈표 5-13〉과 같다. 회사는 매월 2,000천 원씩 발생하는 감가상각비와, 일부를 외상으로 구입하는 재료비를 제외하고는 모든 비용은 발생한 달에 지급한다.

표 5-13 비용추정자료(1~6월 중) (단위 : 천 원, %)

항목	비율(금액)	기준
재료비	30%	매출액
인건비	25%	매출액
제조간접비		
변동비	10%	매출액
고정비		
감가상각비	2,000	월별
기타비용	14,000	월별
판매비	10%	매출액
일반관리비		
변동비	8%	매출액
고정비	14,000	월별

• 제조부문에서 사용하는 원료의 경우 그달 구입대금의 50%는 그달에 지급하고 50%는 다음 달에 지급한다. 20×0년 12월 말의 원료재고는 114,000천 원이었다. 회사가 계획하고 있는 매월말의 원료재고는 다음과 같다.

(단위 : 천 원)

	1월 말	2월 말	3월 말	4월 말	5월 말	6월 말
원료재고	134,000	135,000	131,000	138,000	134,000	142,000

이 자료를 토대로 원료의 월별 구입액과 현금지출액 등을 추정할 수 있다. 예를 들어 1월의 경우 원료의 구입액을 산출하면 다음과 같다.

당월구입액 = 당월소비액(비용추정자료) + 기말재고액 − 기초재고액
= 200,000 × 0.3 + 134,000 − 114,000
= 60,000 + 20,000 = 80,000

표 5-14 원료구입 및 현금지출예측(1월~6월) (단위 : 천 원)

항목	1월	2월	3월	4월	5월	6월	합계
당월사용액	60,000	75,000	90,000	105,000	120,000	150,000	600,000
기말재고액	134,000	135,000	131,000	138,000	134,000	142,000	814,000
기초재고액	114,000	134,000	135,000	131,000	138,000	134,000	786,000
당월구입액	80,000	76,000	86,000	112,000	116,000	158,000	628,000
현금지출액							
당월 : 50%	40,000	38,000	43,000	56,000	58,000	79,000	314,000
1개월 후 : 50%		40,000	38,000	43,000	56,000	58,000	235,000
현금지출액	40,000	78,000	81,000	99,000	114,000	137,000	549,000

그러므로 1월의 재료구입 대금 중 현금지급액은 40,000천 원이고 나머지는 2월에 지급된다. 1월~6월간의 원료구입액 및 현금지출 계획은 〈표 5-14〉와 같다.

- 법인세율은 세전이익의 22%이며, 상반기의 영업실적에 대하여 산출된 법인세 중 20,000천 원은 6월 말에 중간납부하고, 나머지는 연간법인세가 확정된 이후에 납부한다.
- 6개월 후인 20×1년 6월 말의 추정재무상태표를 작성하기 위해서는 20×0년 12월 말의 재무상태표(실적)가 필요하다. 회사의 20×0년 말 재무상태표는 〈표 5-15〉와 같다.

표 5-15 장생바이오의 재무상태표(20×0.12.31. 현재) (단위 : 천 원)

자산	금액	부채와 자본	금액
유동자산		유동부채	
현금	30,000	매입채무	4,000
매출채권	13,000	비유동부채	
원료재고	114,000	사채	30,000
유동자산합계	157,000	장기미지급금	57,000
비유동자산		비유동부채합계	87,000
투자자산	6,000	부채총계	91,000
토지	116,000	자본	
설비자산	412,800	자본금	336,000
(감가상각누계액)	−72,800	이익잉여금	192,000
비유동자산합계	462,000	자본총계	528,000
자산총계	619,000	부채와 자본총계	619,000

(2) 현금예산의 작성

앞서 제시된 자료를 이용하면 장생바이오의 현금예산을 작성할 수 있다. 현금예산의 형식은 통일된 것은 없고 기초현금잔액, 현금유입액, 현금유출액, 최저현금보유액, 기말현금잔액, 부족한 현금의 조달계획 등이 일목요연하게 제시되도록 작성하면 된다. 〈표 5-16〉은 이 회사의 향후 6개월간의 현금예산 혹은 자금수지계획을 보여주고 있다.

주로 1월달을 예로 들어 작성요령을 간단히 설명하면 다음과 같다.

- 우선 상단에는 기초현금잔액을 기록한다. 1월 초의 현금잔액은 30,000천 원이다.
- 현금수입액에는 매출에 따른 월별 현금회수액과 부동산(토지)매각, 회사채발행, 기타 유형자산(설비자산)매각 등에 의한 현금수입예상액을 항목별로 구분하여 기록한다. 1월의 경우에는 현금매출액 80,000천 원만 들어올 예정이다. 기초현금잔액과 당월의 현금수입액을 합산한 총가용현금(total available cash)을 산출한다.
- 현금지출액에는 우선 〈표 5-14〉의 원료구입계획에 의한 월별 현금지출액을 기록한다. 다음, 〈표 5-13〉의 비용추정자료에 의거 노무비, 제조간접비, 판매비, 관리비를 추정하고 기록한다. 주의할 것은 월별 감가상각비 2,000천 원은 현금비용이 아니므로 현금지출에 포함하지 말아야 한다. 기타회사채발행에 따른 사채발행비, 법인세비용 중 당기지급액, 설비자산의 할부구입에 따른 월별 지급액 등도 빠짐없이 적는다.

- 총가용현금에서 현금지출액합계를 차감하여 잠정현금잔액을 구한다. 잠정현금잔액과 회사가 목표로 하는 최저현금보유액을 비교하면 현금과부족액과 외부에서 조달해야 하는 자금의 규모를 알 수 있다. 1월의 경우 매출에 따른 현금회수액은 적고 현금지출은 상대적으로 많아 현금부족액은 64,000천 원에 이르고 있다. 1월 말에 목표로 하는 최저현금보유액은 40,000천 원이므로 결국 거래은행으로부터 월초에 104,000천 원을 차입해야 한다는 것을 알 수 있다. 월초에 104,000천 원을 차입하게 되면 회사는 40,000천 원의 기말현금을 보유할 수 있게 된다.
- 단기차입금에 대한 이자비용은 회사가 자금여유가 생겨 차입금을 상환할 때 지급하도록 되어 있다. 이 회사의 경우 신용판매정책에 의하여 현금회수액이 저조할 수밖에 없는 1월, 2월, 3월 중에 거래은행으로부터 총 234,000천 원을 차입하게 된다. 그러나 신용판매에 대한 현금회수가 정상적으로 이루어지고 매출의 확대가 시작되는 4월부터는 차입금을 상환할 수 있게 된다. 4월 말에 회사는 61,000천 원을 상환할 수 있게 되며, 이때 지급하는 이자비용은 1월 초에 차입한 104,000천 원, 2월 초에 차입한 91,000천 원, 3월 초에 차입한 39,000천 원에 대한 것으로 다음과 같이 계산된다.

$$\begin{aligned} \text{4월 말 이자비용} &= 104{,}000 \times 0.005 \times 4 + 91{,}000 \times 0.005 \times 3 + 39{,}000 \times 0.005 \times 2 \\ &= 3{,}835\text{천 원} \end{aligned}$$

그러나 5월 말 이자비용과 6월 말 이자비용은 4월 말 및 5월 말 현재 차입금잔액 각각에 대하여 1개월치 이자만 계산하여 지급하면 된다. 즉,

$$\text{5월 말 이자비용} = 173{,}000 \times 0.005 \times 1 = 865\text{천 원}$$
$$\text{6월 말 이자비용} = 57{,}000 \times 0.005 \times 1 = 285\text{천 원}$$

이와 같은 과정을 거쳐 작성된 현금예산을 〈표 5-16〉에 제시하였다. 현금예산의 맨 우측란에는 1월~6월간 현금의 수입과 지출을 모두 합산한 결과를 보여주고 있다. 기간 중 회사의 총가용현금은 기초잔액 30,000천 원과 현금수입액 1,893,500천 원을 합한 1,923,500천 원이며, 이로부터 현금지출액 1,812,000천 원과 단기은행차입금에 대한 이자비용 4,985천 원을 차감한 106,515천 원이 기말잔액이며 이는 6월 말의 현금잔액과 일치하고 있다.

이 회사의 경우 매출이 발생하는 초기인 1월부터 3월에 걸쳐 매출채권의 확대, 원료구입의 증가, 인건비 등 제조비용의 발생 등으로 총가용현금이 현금지출액에 미달하거나 기

표 5-16 장생바이오 현금예산(20×1.1.~20×1.6.) (단위 : 천 원)

항목	1월	2월	3월	4월	5월	6월	합계
Ⅰ. 월초현금잔액	30,000	40,000	50,500	54,500	60,165	60,800	30,000
Ⅱ. 현금수입액							
총회수액〈표 5-12〉	80,000	160,000	235,000	290,000	337,500	405,000	1,507,500
토지매각					16,000	100,000	116,000
회사채발행				100,000	120,000		220,000
설비매각						50,000	50,000
현금수입합계	80,000	160,000	235,000	390,000	473,500	555,000	1,893,500
Ⅲ. 총가용현금(Ⅰ+Ⅱ)	110,000	200,000	285,500	444,500	533,665	615,800	1,923,500
Ⅳ. 현금지출액							
원료구입비〈표 5-14〉	40,000	78,000	81,000	99,000	114,000	137,000	549,000
노무비	50,000	62,500	75,000	87,500	100,000	125,000	500,000
변동제조간접비	20,000	25,000	30,000	35,000	40,000	50,000	200,000
고정제조간접비	14,000	14,000	14,000	14,000	14,000	14,000	84,000
판매비	20,000	25,000	30,000	35,000	40,000	50,000	200,000
변동일반관리비	16,000	20,000	24,000	28,000	32,000	40,000	160,000
고정일반관리비	14,000	14,000	14,000	14,000	14,000	14,000	84,000
사채발행비				5,000			5,000
법인세비용						20,000	20,000
설비자산구입		2,000	2,000	2,000	2,000	2,000	10,000
현금지출합계	174,000	240,500	270,000	319,500	356,000	452,000	1,812,000
Ⅴ. 잠정현금잔액(Ⅲ−Ⅳ)	−64,000	−40,500	15,500	125,000	177,665	163,800	111,500
Ⅵ. 최저현금보유액	40,000	50,000	54,000	60,000	60,000	60,000	
은행차입	104,000	91,000	39,000				234,000
차입금상환				61,000	116,000	57,000	234,000
이자비용지급				3,835	865	285	4,985
Ⅶ. 기말현금잔액	40,000	50,500	54,500	60,165	60,800	106,515	106,515
Ⅷ. 차입금잔액	104,000	195,000	234,000	173,000	57,000	−	−

주 : 1) 2월 초에 회사는 90,500천 원을 차입하면 되지만 1,000천 원 단위로 차입하게 되므로 단기차입금은 91,000천 원이 됨. 3월 초도 54,000−15,500=38,500천 원 차입하면 되나 차입단위로 인하여 39,000천 원 차입.

2) 4월 말에 차입금상환 시 지급하는 이자비용 3,835천 원은 104,000×0.005×4+91,000×0.005×3+39,000×0.005×2로 계산된 것임. 5월 말 지급이자 865천 원은 173,000천 원×0.005×1로, 6월 말 지급이자 285천 원은 57,000천 원×0.005×1로 계산된 것임.

말현금잔액이 최저현금보유액에 미달함으로써 거래은행으로부터 단기운영자금을 차입하여야 회사의 운영에 차질이 발생하지 않는다는 것을 알 수 있다. 4월 이후에는 매출채권의 현금회수가 정상적인 주기로 이루어지고, 회사채발행에 의한 장기자금의 조달과 토지와 기계설비 등의 자산매각이 진행됨으로써 최저현금보유액을 초과하는 현금여유를 갖게 됨으로써 단기차입금을 상환할 수 있다는 것도 잘 나타나 있다. 그러나 만약 계획된 자산의 매각이나 회사채발행이 지연되거나 경제상황의 변동으로 어려워진다면 회사는 일시적으로 자금사정이 빡빡해질 수도 있어 이에 대한 사전대책이 필요할 것으로 보인다.

(3) 현금예산의 활용

현금예산은 어디까지나 미래의 현금흐름에 대한 예측이므로 실제로 그렇게 되리라는 보장은 없다. 경기전망의 예측, 기업의 업종, 재무관리담당자의 예측능력, 다른 개별예산의 정확도 등에 따라서 현금예산의 질적인 차이가 있게 된다. 아무리 정확하다 할지라도 미래의 불확실성을 감안한다면 언제 어떤 일이 일어날지 모르는 것이다.

이렇게 예측에 착오가 생길 가능성을 고려하여 추가적인 현금예산을 미리 작성하여 미래에 대비하는 것이 중요하다. 즉 가장 비관적인 사태가 발생할 경우의 예산은 어떻게 되며, 가장 낙관적인 경우의 예산은 어떻게 되는가를 미리 작성해 두면 현금예산을 보다 효율적으로 이용할 수 있다. 또 결과와 예상이 다른 경우에 기업이 빨리 적응하고 대처할 방안도 함께 분석해야 한다. 예를 들어, 매출액이 기대보다 훨씬 부진한 경우를 극복하기 위해 다각적인 현금예산을 완벽하게 준비함으로써 그 해결책을 구할 수 있는 것이다. 기업에서 내부계획을 수립할 때 예측된 수치 하나만을 이용하는 것보다 여러 가지 결과에 대한 계획을 준비하는 것이 중요하다. 예상매출액만 믿고 있다가 예측과 다른 결과가 나타난 경우에야 비로소 이에 대한 대책을 세우게 되면 시간과 경비가 많이 드는 것은 물론, 부정확한 예측에서 오는 많은 기회비용이 따르게 되기 때문이다.

금융기관의 여신담당자나 벤처기업 투자자가 거래기업 혹은 투자대상회사에 대하여 현금예산(혹은 자금수지계획)의 제출을 요청할 때에도 낙관적인 상황, 보통의 상황, 비관적인 상황을 가정하여 현금예산을 작성하도록 권고해야 한다. 그래야 제출된 현금예산이 현실성이 있는지, 최악의 상황에서도 차입금을 상환할 수 있는지, 또 회사가 최악의 상황에 대하여 적절한 자금조달대책을 마련하고 있는지 등을 제대로 평가할 수 있게 된다.

2. 단기재무예측

앞에서 설명한 현금예산도 단기재무예측을 위한 중요한 도구이며, 단기적인 측면에서 회사의 자금수지상황을 파악하는 데 활용된다. 분석자의 입장에서는 향후 6개월이나 1년간 회사의 수익성은 어떻게 변화할지, 단기지급능력은 개선될지 아니면 악화될지 등에 관하여 당연한 관심을 갖게 된다. 이때 도움이 되는 것이 단기간을 대상으로 작성되는 추정재무제표이며, 추정손익계산서와 추정재무상태표 그리고 추정현금흐름표가 이에 포함된다. 추정현금흐름표는 이미 작성한 현금예산을 다른 형식으로 요약한 것으로 본질적으로 그 내용은 동일하다. 사례를 이용하여 단기의 추정재무제표를 작성하여 보기로 한다.[6)]

이미 제시된 자료와 작성된 현금예산을 이용하면 20×1년의 상반기에 대한 추정재무제표를 쉽게 작성할 수 있다. 추정재무제표의 작성은 추정손익계산서, 추정재무상태표, 추정현금흐름표의 순으로 이루어진다.

먼저 추정손익계산서는 20×1년 1월~6월의 매출액 등의 총수익과 매출원가 및 판매비와 관리비 등 총비용을 추정하여 작성할 수 있다. 기간 중 매출액은 자료 〈5-12〉에 제시된 2,000,000천 원이다. 매출원가는 재료비와 노무비, 제조간접비의 기간 중 합계로 산출되며 감가상각비를 포함시켜야 한다. 판매비와 관리비에는 현금예산에 제시된 자료 및 〈표 5-12〉의 대손상각도 포함시킨다. 기타수익은 유형자산처분이익을 기록하고, 기타비용은 기간 중 발생한 이자비용을 기록한다. 이자비용 9,785천 원은 미지급된 사채이자 4,800천 원(=30,000×0.08×6/12+100,000×0.08×3/12+120,000×0.08×2/12)과 단기차입금에 대한 지급이자 4,985천 원의 합이다. 법인세비용은 세전이익의 22%로 계산하여 기록한다. 이러한 방법으로 작성된 추정손익계산서는 〈표 5-17〉에 제시되어 있다.

20×1년 6월 말의 추정재무상태표는 20×1년 말의 추정재무상태표를 기준으로 기간 중 각 계정과목의 증감을 반영시켜 작성한다. 관련되는 주요 계정과목을 조정하는 요령은 다음과 같다.

- 6월 말 현금 106,515천 원은 현금예산 수치를 그대로 적는다.
- 매출채권 468,000천 원은 다음 식에 의하여 계산한다. 즉,

6) 현금예산 및 추정재무제표의 작성은 전 과정을 엑셀(Excel) 등의 스프레드시트(spreadsheet)를 이용하는 것이 좋다. 그래야 시나리오분석(scenario analysis) 혹은 "What-if analysis" 등을 용이하게 할 수 있다.

표 5-17 장생바이오의 추정손익계산서(20×1.1.~20×1.6.) (단위 : 천 원)

항목	금	액	비고
매출액		2,000,000	〈표 5-12〉
매출원가			
재료비	600,000		〈표 5-14〉
노무비	500,000		〈표 5-16〉
제조간접비	296,000	1,396,000	〈표 5-16〉 및 〈표 5-13〉
매출총이익		604,000	
판매비와 관리비			
판매비	200,000		〈표 5-16〉
관리비	244,000		〈표 5-16〉
대손상각	37,500	481,500	〈표 5-12〉
영업이익		122,500	
기타수익			
유형자산처분이익		50,000	〈표 5-16〉
기타비용			
이자비용		9,785	〈표 5-16〉 및 사채이자
법인세비용차감전 순이익		162,715	
법인세비용(22%)		35,797	
당기순이익		126,918	

주 : 1) 이는 회사채에 대한 사채이자 4,800천 원과 단기차입금에 대한 지급이자 4,985천 원의 합계임.

6월 말 잔액 = 전기 말 잔액 + 당기매출액 − 현금회수액 − 대손상각
= 13,000 + 2,000,000 − 1,507,500 − 37,500 = 468,000

- 재고자산(원료) 142,000천 원은 〈표 5-14〉의 계획수치를 이용한다.
- 설비자산 402,800천 원과 감가상각누계액 (−)34,800천 원은 다음과 같이 계산한다.

설비자산 6월 말 잔액 = 전기 말 잔액 + 설비구입액(원가) − 설비처분액(원가)
= 412,800 + 40,000 − 50,000 = 402,800

감가상각누계액 6월 말 잔액 = −(전기 말 잔액 + 당기증가액 − 당기감소액)
= −(72,800 + 12,000 − 50,000) = −34,800

- 매입채무 83,000천 원은 기초잔액 4,000천 원에 6월 말의 원료외상매입금 79,000천 원을 합한 것이다.

표 5-18 장생바이오 추정재무상태표 (단위 : 천 원)

항목	20×0.12.31.	20×1.6.30.	비고
자　　산			
유동자산			
현금	30,000	106,515	〈표 5-16〉
매출채권	13,000	468,000	〈표 5-12〉
재고자산(원료)	114,000	142,000	〈표 5-14〉
유동자산합계	157,000	716,515	
비유동자산			
투자자산	6,000	6,000	
토지	116,000	-	〈표 5-16〉
설비자산	412,800	402,800	〈표 5-16〉 및 본문
(감가상각누계액)	-72,800	-34,800	〈표 5-13〉 및 본문
비유동자산합계	462,000	374,000	
자산총계	619,000	1,090,515	
부채와 자본			
유동부채			
매입채무	4,000	83,000	〈표 5-14〉
미지급사채이자	0	4,800	
미지급법인세	0	15,797	〈표 5-17〉 및 〈표 5-16〉
유동부채합계	4,000	103,597	
비유동부채			
사채	30,000	250,000	〈표 5-16〉
(사채발행차금)		-5,000	
장기미지급금	57,000	87,000	본문 및 〈표 5-16〉
비유동부채합계	87,000	332,000	
부채총계	91,000	435,597	
자　　본			
자본금	336,000	336,000	
이익잉여금	192,000	318,918	〈표 5-17〉
자본총계	528,000	654,918	
부채와 자본총계	619,000	1,090,515	

주 : 1) 매출채권잔액은 대손충당금을 차감한 순액으로 계산함.

- 미지급사채이자 4,800천 원은 회사채에 대한 미지급이자비용이며, 미지급법인세 15,797천 원은 당기의 법인세비용 35,797천 원에서 6월 중에 지급한 20,000천 원을 차감한 것이다.
- 장기미지급금 87,000천 원은 기초잔액 57,000천 원에 당기에 할부로 구입한 기계설비대금의 미지급금 30,000천 원을 가산한 것이다.
- 이익잉여금 318,918천 원은 기초잔액 192,000천 원에 당기순이익 126,918천 원을 가산한 것이다.

이와 같은 요령으로 작성한 이 회사의 추정재무상태표는 앞의 〈표 5-18〉과 같다.

한편, 제2절에서 이미 공부한 현금흐름표 작성방법을 이용하면 이 회사의 20×1년 상반기의 추정현금흐름표를 쉽게 작성할 수 있다. 추정현금흐름표는 작성형식이 자유로운 현금예산과는 달리 복식부기체계 안에서 일정한 형식으로 작성된다. 또한 이미 설명한 바와 같이 단기적인 재무예측보다는 장기적인 재무예측에, 그리고 내부관리목적보다는 외부분석자가 기업의 현금상황을 예측하는 데 더 적합하다. 그러나 중요한 것은 현금흐름표 역시 기업의 현금유입과 현금유출을 대비하여 기간 중 현금의 증감변화를 설명한 것이므로, 현금예산의 기말현금잔액과 현금흐름표의 기말현금잔액은 당연히 일치해야 한다는 점이다. 간접법을 이용하여 작성된 현금흐름표는 다음의 〈표 5-19〉와 같다.

장생바이오는 기간 중 126,918천 원의 당기순이익을 내고 있음에도 불구하고 영업활동현금흐름은 294,485천 원의 적자를 발생시키고 있는데, 이는 주로 매출채권과 재고자산의 증가로 인한 운전자본이 큰 폭으로 증가한 데 따른 것이다.[7] 이 회사는 부족한 자금을 토지 등 유형자산의 매각과 회사채발행 등으로 충당하고 있다. 그 결과 기간 중 현금은 76,515천 원 증가하고 있고 기말현금은 106,515천 원으로 현금예산의 6월 말 잔액과 일치하고 있다.

단기재무예측을 위하여 작성되는 추정재무제표는 그 자체로도 많은 정보를 제공하지만, 이미 공부한 비율분석을 적용하면 회사의 미래 재무상태와 경영성과에 관한 유익한 정보를 얻을 수 있다. 다음의 〈표 5-20〉은 장생바이오의 추정재무제표에서 구한 주요 재무비율을 보여주고 있다. 기간 중 회사의 유동비율은 급격히 낮아지고 부채비율은 급격히 상승

7) 영업활동 현금흐름의 계산 시 유형자산처분이익 50,000천 원이 차감된 것은 현금수입이 없기 때문이 아니라 이 거래가 투자활동에 속하기 때문에 차감한 것이다. 유형자산처분이익은 투자활동 부분에서 설비의 매각에 반영되어 있다.

표 5-19 장생바이오의 추정현금흐름표(20×1.1.~20×1.6.) (단위 : 천 원)

항목	금액	
Ⅰ. 영업활동 현금흐름		
1. 당기순이익	126,918	
2. 현금지출이 없는 비용 등의 가산		
가. 감가상각비	12,000	
3. 현금수입이 없는 수익 등의 차감		
가. 유형자산처분이익	−50,000	
4. 영업활동으로 인한 자산 · 부채의 변동		
가. 매출채권의 증가	−455,000	
나. 재고자산의 증가	−28,000	
다. 매입채무의 증가	79,000	
라. 미지급사채이자의 증가	4,800	
마. 미지급법인세의 증가	15,797	−294,485
Ⅱ. 투자활동 현금흐름		
1. 토지의 매각	116,000	
2. 설비의 매각	50,000	
3. 설비의 구입	−10,000	156,000
Ⅲ. 재무활동 현금흐름		
1. 회사채발행	220,000	
2. 사채발행비용지급	−5,000	215,000
Ⅳ. 현금의 증가		76,515
Ⅴ. 기초의 현금		30,000
Ⅵ. 기말의 현금		106,515

표 5-20 장생바이오의 추정재무비율 (단위 : %)

주요 재무비율	20×0	20×1.6.
유동비율(유동자산/유동부채)	3,925.0	691.6
부채비율(부채총계/자본총계)	17.2	66.5
자기자본비율(자본총계/부채와 자본총계)	85.3	60.1
매출액영업이익률(영업이익/매출액)		6.1
매출액순이익률(당기순이익/매출액)		6.3

할 것으로 전망되고 있으며, 이는 회사의 본격적인 영업활동의 전개에 따른 것이다. 그러나 600%가 넘는 유동비율과 60.1%에 달하는 자기자본비율로 보아 회사의 지급능력에는 문제가 없을 것으로 판단된다. 한 가지 우려되는 것은 이 회사의 수익성이 높은 편이 아니라는 점이다. 물론 영업활동의 초기라는 면을 감안해야 하겠지만, 이 회사는 제조원가 및 마케팅비용 등의 절감을 통해서 수익성을 개선하는 방안을 강구해야 할 것으로 보인다.

연 습 문 제

01 다음 용어를 설명하라.

① 현금성자산 ② 재무상태표등식
③ 현금흐름표 ④ 현금예산

02 현금흐름표의 분석을 통하여 얻을 수 있는 정보의 내용을 설명하라.

03 현금예산의 중요성을 기업의 자금사정예측과 관련하여 설명하라.

04 현금흐름표와 현금예산의 관련성을 설명하라.

05 다음 자료를 이용하여 C백화점의 20×4년 1월~6월 중의 현금예산을 작성하라.

① 판매가격과 구입원가는 기간 중 변동이 없다.
② 판매 중 75%는 신용으로, 25%는 현금으로 이루어진다.
③ 신용판매분 가운데 60%는 판매된 달의 다음 달에, 30%는 판매된 달 다음의 두 번째 달에, 10%는 판매된 달 다음의 세 번째 달에 각각 회수된다. 대손은 무시할 수 있을 정도이다.
④ 실제매출액(20×3.10.~12.)과 추정매출액(20×4.1.~7.)은 다음과 같다.

(단위 : 천 원)

연월	금액	연월	금액
20×3.10.	300,000	20×4. 3.	200,000
20×3.11.	350,000	20×4. 4.	300,000
20×3.12.	400,000	20×4. 5.	250,000
20×4. 1.	150,000	20×4. 6.	200,000
20×4. 2.	200,000	20×4. 7.	300,000

⑤ 상품의 구매는 판매 1개월 전에 이루어지며, 매입규모는 다음 달 매출액의 80%이다. 대금은 구매시점에서 전액 지급된다.

⑥ 급여와 노임은 다음과 같이 지급된다.

(단위 : 천 원)

연월	금액	연월	금액	연월	금액
20×4.1.	30,000	20×4.3.	50,000	20×4.5.	40,000
20×4.2.	40,000	20×4.4.	50,000	20×4.6.	35,000

⑦ 임차료는 월 2,000천 원이다.

⑧ 사채에 대한 지급이자 7,500천 원은 매분기 마지막 날에 지급된다.

⑨ 20×4년 1기분 부가가치세 50,000천 원이 4월 중에 지급된다.

⑩ 6월 말에 시설확장을 위해 30,000천 원이 지출될 예정이다. 한편, 20×3.12.31.의 현금보유액은 100,000천 원이며, 이 수준이 최저현금보유액이다. 금융기관으로부터의 차입은 5,000천 원 단위로 매월초에 이루어진다. 이자율은 연 6%이며, 이자는 차입금이 상환되는 월말에 지급된다.

06 지문인식기기 수출기업인 하이센서의 재무담당책임자(chief financial officer: CFO)로 최근 새로 임명된 김말동 씨는 회사의 자금사정과 재무상태 등을 예측하기 위하여 다음 2사분기(20×2.4.~6.)의 현금예산과 추정재무제표를 작성하려 한다. 그는 우선 재무 및 마케팅, 제조 팀 등의 협조로 다음의 관련 자료를 수집하였다.

- 20×2년 3월 말의 재무상태표는 다음과 같다.

하이센서 재무상태표(20×2.3.31. 현재) (단위 : 천 원)

자산	금액	부채와 자본	금액
현금	42,000	매입채무	600,000
매출채권	522,000	미지급금	80,000
상품재고	600,000	자본금	600,000
유형자산(순)	300,000	이익잉여금	184,000
자산총계	1,464,000	부채와 자본총계	1,464,000

- 20×2년 2월 및 3월의 실제매출액과 20×2년 4월~7월의 추정매출액은 다음과 같이 예상되었다.

월별	금액(천 원)	월별	금액(천 원)
20×2.2.	400,000	20×2.5.	600,000
20×2.3.	500,000	20×2.6.	600,000
20×2.4.	1,000,000	20×2.7.	400,000

- 매출액의 90%는 신용판매로 이루어진다. 매출채권 중 80%는 판매된 달의 다음 달에 회수되고 나머지 20%는 판매된 달의 다음다음 달에 전액 회수된다. 대손은 발생하지 않는다. 그러므로 20×2년 3월 말의 매출채권 522,000천 원은 2월 신용판매분 중 20%에 해당하는 72,000천 원(=400,000×0.90×0.20)과 3월 신용판매분 전체인 450,000천 원(=500,000×0.90)의 합으로 구성된다.
- 지문인식기기는 전문제조업체인 하이텍으로부터 OEM방식으로 납품받고 있다. 회사는 다음 달의 예상매출원가에 상당하는 상품재고를 월말에 확보하는 것을 원칙으로 하고 있다. 매출원가는 매출액의 60% 수준으로 고정되어 있다. 월말의 납품은 전액 외상으로 이루어지며 다음 달에 전액 지급된다.
- 판매원에 지급되는 급료와 수당은 매출액의 20%에 해당한다. 매월 사무실임대료, 공과금, 관리비 등으로 80,000천 원이 지출되며, 또 매출액의 4%가 직원의 성과급으로 지출된다. 회사가 보유하는 차량, 비품 등 유형자산에 대한 감가상각비는 매월 4,000천 원이 발생한다. 감가상각비를 제외한 모든 비용은 그달에 지급된다.
- 4월 중에 집기구입 시 미지급된 80,000천 원을 지급할 예정이다.
- 회사는 매월말 40,000천 원의 현금을 최소한 보유할 예정이다. 현금잔고가 이 수준에 미달할 것으로 예상되는 때에는 거래은행으로부터 차입할 예정이다. 차입은 월초에 이루어지며 최소단위는 1,000천 원이다. 회사는 여유자금이 발생할 것으로 예상되면 해당 월의 말일에 차입금을 상환하기로 한다. 차입금의 이자율은 연 8%이며, 차입금의 상환은 1,000천 원 단위로 이루어진다. 상환되는 차입금에 대한 이자는 원금의 상환 시에만 지급하는 것으로 하고, 미상환분에 대한 이자는 미지급으로 한다.
- 법인세율은 20%이며 6월 말에는 미지급으로 한다.

① 이상의 자료를 이용하여 20×2년 2사분기(4월~6월)의 현금예산을 작성하라. 그리고 거래은행으로부터 차입을 해야 하는 시기와 이유 등을 제시하여 보라.

② 현금예산과 자료를 이용하여 추정손익계산서와 추정재무상태표를 작성하여 보라. 그리고 기간 중 회사의 유동성과 재무구조에 어떤 변화가 발생하는가도 재무비율을 계산하여 분석하여 보라.

07 다음은 D전자의 비교재무상태표와 손익계산서 자료이다.

D전자의 비교재무상태표 (단위 : 억 원)

	20×4.12.31.	20×3.12.31.	증(감)
자 산			
현금	1	20	(19)
매출채권	20	5	15
재고자산	46	15	31
선급비용	4	2	2
비유동자산(순)	91	50	41
자산총계	162	92	70
부채와 자본			
매입채무	39	14	25
미지급법인세	3	1	2
장기차입금(만기 20×8년)	40	–	40
자본금	70	70	–
이익잉여금	10	7	3
부채와 자본총계	162	92	70

〈참고사항〉 이 회사는 20×4년 중 현금 9억 원과 장기차입금 40억 원의 차입으로 49억 원의 설비자산을 구입하였음.

D전자의 손익계산서(20×4.1.1.~12.31.) (단위 : 억 원)

매출액		100
매출원가		
기초재고액(20×3.12.31.)	15	
당기매입액	104	
판매가능액	119	
기말재고액	46	73
매출총이익		27
영업비용		
일반관리비	11	
감가상각비	8	19
법인세차감전 순이익		8
법인세(50%)		4
당기순이익		4

〈참고사항〉 이 회사는 20×4년 중 1억 원의 현금배당을 실시하였음.

① 이 자료를 이용하여 D전자의 20×4년도 현금흐름표를 작성하라.

② 순운전자본이 증가하고 당기순이익이 4억 원이나 되었음에도 불구하고 현금보유상태가 악화된 이유를 간단하게 설명하라.

③ 현금흐름표를 작성하여 얻을 수 있는 가장 중요한 정보는 무엇인가?

제 6 장

재무계획과 추정재무제표

경영분석을 실시하는 중요한 목적의 한 가지는 특정기업의 유동성, 레버리지, 수익성, 성장성, 현금흐름 등을 분석하여 현재의 차입금상환능력, 이익창출능력, 주식의 내재가치 등을 파악하고 미래의 모습을 예측하는 데 있다. 현재의 경영실태의 파악에는 특정기업이 발표한 과거 및 현재의 재무제표나 기타공시자료를 이용하면 된다. 그러나 미래의 모습을 전망하기 위해서는 추정재무상태표, 추정손익계산서, 추정현금흐름표 등 추정재무제표가 필요하다. 이러한 추정재무제표는 기업이 일상적으로 수립하는 장·단기 사업계획에는 물론이고 벤처기업 등이 외부투자자로부터 자금을 유치하기 위한 사업계획서에도 필수적으로 포함되고 있다.

본장의 제1절에서는 추정재무제표의 작성을 위한 총괄적인 과정인 재무계획수립에 관하여 알아본다. 제2절에서는 추정재무제표의 의미와 유용성, 작성요령을 자세히 설명한다. 제3절에서는 사례를 이용하여 추정재무제표의 작성과정을 설명한다.

제1절 재무계획의 개요

1. 재무계획의 의의와 유용성

사업계획서 작성에 있어 회계나 재무 분야에 익숙치 않은 경영자가 어렵다고 느끼는 부분이 재무계획 작성이다. 재무계획(財務計劃, financial plan)이란 사업계획서상의 전략과 계획을 실행하였을 때 기대되는 재무적 결과를 추정하고, 이를 추정재무제표와 현금예산 등으로 요약한 것이다. 그러므로 사업계획서에 있어 재무계획의 목적은 회사의 예상 재무적 성과가 잘 반영된 신뢰할 수 있고 종합적인 재무적 추정을 투자자 등에게 제공하는 데 있다. 만약 재무적 추정이 면밀하게 준비되고 신뢰할 수 있는 사업계획에 의하여 뒷받침된다면, 재무계획은 사업계획서에 제시된 사업의 매력을 판단하는 가장 핵심적인 정보가 된다. 또한 투자자나 채권자 입장에서 재무계획은 그 사업의 투자에서 기대할 수 있는 예상수익률을 판단하거나 차입금상환능력을 평가하는 기본자료로 활용된다.

기업의 재무계획은 장기계획과 단기계획으로 구분된다. 장기재무계획(long-term financial plan)은 향후 1년을 초과하는 기간에 대하여 수립된 재무계획으로서, 기업의 장기 경영전략과 재무정책의 예상결과를 보여준다. 반면에 단기재무계획(short-term financial plan)은 장기재무계획의 1차연도에 해당하는 것으로서, 추정재무제표 이외에 현금예산이 포함되며 그 내용이 더 자세하고 구체적이다.

기업의 장·단기 재무계획은 재무계획수립과정을 거쳐 작성되는데, 재무계획수립(financial planning)이란 기업의 경영환경에 대한 평가와 자사의 강점과 약점, 기회와 위협에 대한 분석(SWOT analysis)을 통하여 재무전략을 마련하고, 기업목표를 달성하기 위한 장기 및 단기 재무계획을 작성하는 과정을 말한다.[1] 그러므로 재무계획수립은 기업의 경영전략수립과 긴밀하게 연관되며 다음과 같은 절차로 진행된다.[2] 먼저 외부경영환경의 평가 및 회사의 능력과 한계에 대한 평가, 경쟁기업과 업종 및 국내외 경제동향에 대한 평가를 토대로 기업의 사명과 목적이 설정되고 이를 달성할 수 있는 분야별 주요 경영전략이 마련된다. 다음, 핵심제품과 목표시장에 대한 결정을 거쳐 제품믹스전략이 준비되고 이에 의하여 장·단기 매출예측이 행해진다. 이어 생산 · 마케팅 · R&D 등 회사의 주요 부문에 대한 예산을 편성하고 마지막으로 추정재무제표, 현금예산 등을 작성하게 된다. 이를 정리하면 다음과 같다.

- SWOT 분석 : 경영환경평가, 내부역량과 한계 평가, 경쟁기업분석
- 경영전략설정과 매출예측 : 기업의 사명과 목적 설정, 경영전략설정, 제품믹스전략 설정, 장기매출예측, 단기매출예측
- 부문별 계획의 작성 : 생산부문(제조예산, 재료비예산, 노무비예산, 설비투자예산), 마케팅부문(광고비예산, 판매비예산), R&D 및 일반관리부문(R&D예산, 일반관리비예산), 재무통제부문(제품별 예산, 지점별 예산, 지역별 예산)
- 추정재무제표 및 현금예산 작성 : 추정재무상태표, 추정손익계산서, 추정현금흐름표, 현금예산 등

한편, 재무계획이 효과적이기 위해서는 다음과 같은 요소를 갖추고 있어야 한다.[3]

- 기업의 전략, 영업, 재무적 목표에 대한 명확한 표명

---

1) SWOT 분석이란 자사의 강점과 약점(organizational strengths and weaknesses), 외부환경의 기회와 위협(environmental opportunities and threats)을 검토하여 기업목표를 달성하기 위한 경영전략을 수립하는 데 이용되는 분석방법을 말한다.

2) J. Finnerty, *Corporate Financial Analysis*(McGraw-Hill, 1986), pp.441~442.

3) Finnerty(1986), pp.442~443.

- 재무계획 작성의 기초를 이루는 여러 전제와 가정
- 회사의 주요 사업부문에 대하여 수립된 기본적 경영전략에 대한 설명과 예상치 못한 경기불황이나 경쟁기업 반응에 대비한 주요 사업부문별 비상계획
- 기간별, 사업부문별, 혹은 종류별(시설확장과 시설개선 등)로 나누어 수립된 자본지출계획(설비투자계획)
- 기간별, 자금원천별로 나누어 수립된 자금조달계획
- 기간별로 구분하여 작성된 추정재무제표(추정재무상태표, 추정손익계산서, 추정현금흐름표 등)

재무계획의 유용성은 다음과 같다. 첫째, 경영자로 하여금 매출성장, 투자, 자금조달 간의 상호관계를 종합적 관점에서 분석할 수 있게 한다. 둘째, 원하지 않는 충격은 사전에 회피할 수 있게 하며, 불가피하게 발생하는 충격에 대하여는 사전에 대비할 수 있도록 해준다. 셋째, 시나리오분석(scenario analysis)을 통하여 최선의 경우(best case), 보통의 경우(normal case), 최악의 경우(worst case)에 대한 재무계획을 작성하여 경영환경의 변화가 기업에 미치는 영향을 사전에 분석할 수 있게 하고 예기치 못한 상황변화에 신속히 대처할 수 있게 한다. 즉, 만약의 상황에 대비한 분석(what-if analysis) 또는 민감도분석(敏感度分析, sensitivity analysis)이 용이하다. 넷째, 경영자가 달성할 것으로 기대되는 경영목표가 제시되고, 경영성과를 평가할 수 있는 기준이 제공된다. 다섯째, 사업계획의 추진결과를 재무적 측면에서 보여주는 것으로서, 사업계획서에 필수적으로 포함되어야 하는 부분이다. 여섯째, 기업가치의 평가 혹은 주식가치의 정확한 평가를 위해서 재무계획 작성이 필요한 경우가 많다. 특히 영업활동, 투자활동, 재무활동의 변동이나 기업구조조정활동이 미래의 기업가치에 어떤 영향을 미치는가를 종합적으로 보기 위해서는 재무계획의 작성이 필수적이다.

한편, 재무계획이 완성되어 사용되더라도 소기의 목적을 달성하기 위해서는 다음 사항에 유의하여야 한다.

첫째, 재무계획의 작성에 이용된 자료의 신뢰성은 아무리 강조해도 지나치지 않는다. 작성자가 투입한 조사 · 연구의 질은 바로 예측의 정확성에 직결된다. 외부투자자 등이 사업계획서를 평가함에 있어 추정의 타당성을 평가하기 위하여 주요 전제나 가정을 직접 조사하는 경우도 많다. 그러므로 추정된 경영성과가 업종평균과 크게 다르다면 그 이유가 충분히 설명되어야 한다.

둘째, 회사의 재무상황을 주시하여야 하며 외부상황이 변화할 경우 재무목표를 포함하

여 예측의 일부분 혹은 전체를 수정할 필요가 있다. 특히 사업계획서가 회사의 계획수립의 도구로서 효과적이고 자금조달의 근거서류가 되기 위해서는, 재무계획의 내용은 회사의 최근 상황을 반영해야 한다.

셋째, 작성된 재무계획을 주기적으로 검토하고 재무계획 작성대상기간을 더 연장하는 한편, 실적이 재무목표에 얼마나 근접하였는가를 점검한다.

넷째, 회사가 재무계획의 작성에 이용한 최선의 가정보다 더 낙관적인 가정이나 더 비관적인 가정에 근거한 재무계획도 작성하여 보고, 가장 확신이 서지 않는 추정에 대하여 특별한 관심을 기울인다.

다섯째, 재무계획은 사업계획서의 제품개발계획, 마케팅계획, 생산계획 등 다른 부분에 제시된 세부계획의 내용을 반영해야 한다. 재무계획과 다른 부분 간의 상호일관성 결여는 작성자의 부주의나 사업에 대한 이해부족으로 간주되어 사업계획서의 신뢰도를 감소시킨다.

2. 재무계획수립모형

재무계획수립모형(financial planning models : FPM)이란 간단하거나 복잡한 방정식체계를 이용하여 상이한 재무전략 및 시나리오의 실행결과를 용이하게 예측할 수 있도록 하는 계량모형을 말한다. 재무계획수립모형은 많은 시간과 인력이 소요되는 재무계획수립의 중요부분을 자동화함으로써 추정재무제표의 작성을 쉽게 해 준다. 그러므로 복잡하고도 상세한 재무계획을 작성할 경우에는 프로그래밍에 많은 컴퓨터작업시간과 담당자의 창의성이 요구된다. 최근에는 Excel과 같은 스프레드시트 소프트웨어(spreadsheet software)가 복잡한 재무계획수립에 널리 활용되고 있다.

대기업의 재무계획수립에는 많은 인력과 시간이 소요된다. 반면에 신생 벤처기업이나 중소기업의 간단한 재무계획은 아주 쉽게 작성될 수 있다. 그러나 기업규모에 관계없이 재무계획수립모형의 구조는 입력(inputs), 계획수립모형(planning model), 출력(outputs) 등 세 부분으로 구성된다([그림 6-1] 참조).

| 그림 6-1 | 재무계획수립모형의 구성요소

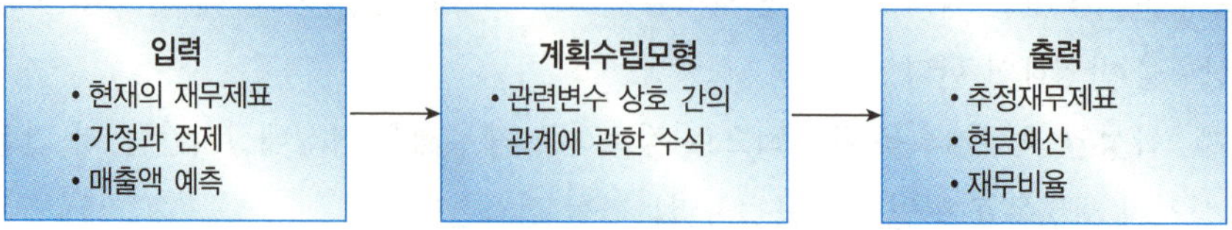

입력 부분은 계획수립의 출발점이 되는 기준연도(base year)의 실제재무제표, 금리 · 환율 · 경기 등 주요 경제지표에 대한 예측, 그리고 업종 및 경쟁기업 동향 등에 관한 주요 전제와 가정, 핵심변수인 매출액예측 등으로 구성된다. 계획수립모형은 추정매출액과 주요 가정이 비용과 이익, 운전자본 및 시설투자, 자금소요 등에 미치는 효과를 일련의 수식관계를 통하여 산출한다. 예를 들어 매출액 1원 증가 시 매출원가가 0.8원 증가하며, 매출액의 유형자산에 대한 비율(유형자산회전율 = 매출액 ÷ 유형자산)이 1.5회를 유지하는 선에서 유형자산규모가 결정되는 구조로 되어 있다면 수식은 다음과 같다.

$$\text{추정매출원가} = 0.8 \times \text{추정매출액}$$

$$\text{추정유형자산} = \text{추정매출액} \div 1.5$$

한편, 출력 부분은 추정손익계산서, 추정재무상태표, 추정현금흐름표 등의 추정재무제표와 현금예산 등으로 구성된다. 또한 계획기간 중의 경영성과와 재무상태 등을 보여주는 추정재무비율도 포함시킬 수 있다.

제2절 추정재무제표의 의의와 작성요령

1. 추정재무제표의 의의와 유용성

추정재무제표(推定財務諸表, pro-forma financial statements)란 기업의 미래재무제표에 대한 예측으로서 재무계획수립의 핵심적인 결과이다. 추정재무제표는 다음의 유용성이 있

다.[4)]

- 추정재무제표를 통하여 미래의 현금흐름과 위험을 추정할 수 있어 기업가치 및 주식 가치의 평가(valuation)에 유용하다.
- 미래의 이익과 현금흐름의 창출가능성 및 부채상환능력을 평가할 수 있어 기업의 미래 신용도(信用度, credit worthiness)의 평가에 유용하다.
- 회사의 전략적 의사결정(strategic decisions)의 타당성을 평가하는 수단이 된다. 따라서 신제품도입, 사업부문의 처분 등 주요 전략적 결정이 미치는 재무적 결과(수익, 비용, 현금흐름, 재무구조, 위험)를 예상할 수 있다.
- 사업계획서 작성의 핵심적인 부분으로서 회사의 비전과 주요 사업계획, 예상실적 등을 설명하는 IR(investor relations) 행사 시 필수적으로 제시된다.

그러나 추정재무제표의 작성과 이용에는 다음과 같은 점을 유의해야 한다.

- Excel 등의 스프레드시트를 이용할 경우 추정재무제표의 작성이 매우 쉬우나, 미래의 경영환경에 대한 전제가 틀리거나 당해 기업과 업종의 동향에 대한 이해가 부족할 경우에는 작성된 추정재무제표가 아무 유용성도 없게 된다는 점이다. 그러므로 작성자는 당해 기업의 경제적 특성에 관한 지식을 깊게 할 필요가 있고, 기업의 미래경영성과에 영향을 미칠 것으로 기대되는 경기동향과 회사의 경영전략의 변화를 고려해야 한다.
- 작성된 추정재무제표가 내적 일관성을 갖추고 있는가를 확인하여야 한다. 예를 들어, 매출과 영업비용에 대한 가정은 매출채권, 재고자산, 매입채무 등의 변화와도 연관되어야 한다. 또 추정현금흐름표의 현금 유입액과 유출액은 추정재무상태표와 추정손익계산서의 변화를 반영하여야 한다.

2. 추정재무제표의 작성순서

추정재무제표의 작성은 대략 다음과 같은 순서로 진행된다.[5)]

4) S. Benninga and O. Sarig, *Corporate Finance : A Valuation Approach*(McGraw-Hill Companies, Inc., 1997), pp.109~110.

5) C. Stickney, *Financial Reporting and Statement Analysis : A Strategic Perspective*(The Dryden Press, 1996), p.544.

- 미래의 일정기간에 대한 매출액을 추정한다.
- 매출원가, 판매비와 관리비 등 영업비용을 추정하고 매출액에서 영업비용을 차감하여 영업이익을 계산한다. 영업이익은 회사의 자본구조와 무관하며 이자비용의 발생에 의한 세금효과와도 무관하다.
- 미래일정시점(회계연도 말)을 기준으로 자산, 부채, 자본(이익잉여금 제외)을 추정하여 추정재무상태표를 작성한다.
- 추정재무상태표의 부채와 외생적으로 가정된 이자율을 근거로 이자비용을 추정한다. 영업이익에 이자비용 등의 금융원가(비용) 등을 차감하고 이자수익 등의 금융수익을 가산하여 법인세비용차감전 순이익을 추정한다. 법인세비용차감전 순이익에서 법인세비용을 차감하여 당기순이익을 계산한다. 추정된 당기순이익에서 예상배당성향을 반영한 추정배당금을 차감하여 추정이익잉여금을 산출한다.
- 추정손익계산서와 두 기간의 추정재무상태표를 이용하여 추정현금흐름표를 작성한다. 추정현금흐름표에는 회사의 미래자금조달계획이 반영되어 있어야 한다.

3. 추정손익계산서의 주요 항목 추정요령

(1) 매출액 등 수익의 추정

추정재무제표의 유용성은 매출액의 정확한 예측에 달려 있다고 해도 과언이 아니다. 이는 이미 지적한 바와 같이 재무제표의 다른 항목이 매출액 수준에 연동되어 변하는 경우가 많기 때문이다. 특히 대부분의 재무상태표 및 손익계산서 항목이 매출액에 연동하여 변화한다는 가정하에 재무계획을 작성하는 방법을 매출액비율법(賣出額比率法, percent of sales methods)이라 한다.

매출액은 「매출수량×가격」으로 산출되므로 수량요인과 가격요인을 동시에 고려한다. 매출수량의 추정에 있어서는 예상되는 경기상황, 고객의 기호변화, 제품의 라이프사이클 등을 우선 고려한다. 예를 들어, 라면 등과 같이 성숙기에 들어간 일반식품의 경우 회사의 시장점유율에 큰 변화를 초래할 요소가 없다면 매출량 증가는 인구증가율에 비례할 것으로 기대할 수 있다. 그러나 풍력이나 태양광 같은 대체에너지를 생산하는 성장기에 속한 제품에 대해서는 급속한 매출량 증가를 기대해도 좋을 것이다. 컴퓨터산업과 같이 라이프사이클이 성장기에서 성숙기로 넘어가는 경우에는 매출량과 가격 증가율이 과거보다 떨어질 수도 있다. 회사가 다수의 제품을 취급할 경우에는 제품별로 매출액을 추정한다

가격요인의 추정에 있어서는 예상되는 물가상승률과 과잉시설 존재 여부, 원자재 가격동향, 대체재의 가격동향, 가격경쟁가능성 등 당해 업종의 고유요인을 파악해야 한다. 예를 들어, 제지업과 같은 자본집약적인 산업의 경우 설비증설에 수년의 시간이 필요한데, 만약 이들 업계가 향후 호황으로 인하여 완전가동상태가 지속될 것으로 예상된다면 종이가격이 상승할 가능성이 높다. 그러나 유휴생산시설이 이미 존재하거나 조만간 증설이 완료될 예정이면 가격상승의 가능성은 낮다.

과거 일정기간 중의 매출액증가율이 아주 안정적이고 향후에도 경제환경, 업종동향, 기업의 경영전략 등에 별 변화가 없다면 과거의 연평균증가율을 적용해도 무방하다. 그러나 합병이나 사업부문의 양도 등의 구조조정이 발생할 것으로 예상된다면 이를 반영하여야 한다.

반도체 · 컴퓨터 · 자동차 등과 같이 경기변동에 민감한 업종의 경우에는 매출의 예측이 더 어렵다. 이 경우에는 과거의 매출액증가율과 향후의 경기전망에 따른 매출변화를 감안하여 기간별로 매출액을 추정하여야 한다.

창업을 한 경우에는 그 제품이 속한 업종의 시장규모와 해당 기업의 추정(목표)시장점유율, 그리고 산업(시장)의 성장전망 등을 고려하여 매출액을 추정한다. 즉,

$$\text{추정매출수량} = \text{시장규모} \times \text{시장성장률} \times \text{목표시장점유율}$$
$$\text{추정매출액} = \text{추정매출수량} \times \text{추정가격}$$

매출수량의 추정에는 작성자의 동 업종에서의 사업경험, 관련협회 · 증권회사 · 시장조사기관의 분석자료, 관련 제품의 부품제조업체나 유통업체의 의견 등을 참조할 수 있다. 일부 제품의 시장성장률은 사회적 · 경제적 추세와 깊은 관련을 갖는 경향이 있다. 예를 들면, 선진국의 경우 자동차시장의 성장은 일반경제동향과 밀접한 관련이 있어 자동차딜러들은 자동차 매출증가율을 추정할 경우 국내총생산(GDP)의 예상증가율을 참조한다. 새로운 개념의 제품이 처음 출시된 경우는 매출증가율을 추정하기가 쉽지 않다. 그러나 대체제품이 있다면 그 제품의 시장성장률을 참고할 수 있는데, 냉동요구르트가 처음 나왔을 때 제조회사는 매출추정에 아이스크림의 시장규모와 성장률을 이용한 적이 있다. 한편, 제품가격의 추정에는 잠재고객이 지불할 수 있는 가격과 경쟁사 제품의 가격을 참고해야 하고, 회사의 제조원가 및 재무상태 등도 고려해야 한다.

사례 6-1

G사의 추정매출액

G사는 청소년을 대상으로 하는 교육용 시뮬레이션 게임을 제조 · 판매할 목적으로 설립되었다. 현재(20×0년) 교육용게임 시장에서는 연간 200,000개의 카피가 팔리고 있으며 시장은 향후 연간 10%씩 성장할 전망이다. 회사는 내년에 제품을 출시할 예정인데 목표시장점유율을 20%로 잡고 있으며, 그 이후에는 매년 5%씩 점유율을 늘려나갈 예정이다. 현재 교육용게임 한 카피는 25,000원에 팔리고 있으나 G사는 제품이 타사에 비하여 대폭 업그레이드되었기 때문에 최초 출시가격을 카피당 30,000원으로 책정할 예정이다. 내년 이후 제품가격은 연간 2,000원씩 인상이 가능하다. 이 경우 20×1년~20×3년에 대한 G사의 추정매출액을 산출하여 보면 〈표 6-1〉과 같다.

표 6-1 G사의 추정매출액(20×1~20×3)

구 분	20×1	20×2	20×3
교육용게임 시장 전체매출량(카피)	210,000	231,000	254,100
목표시장점유율(%)	20	25	30
추정매출수량(카피)	42,000	57,750	76,230
추정가격(원)	30,000	32,000	34,000
추정매출액(천 원)	1,260,000	1,848,000	2,591,820

이자수익이나 배당수익 등의 금융수익은 공통형 손익계산서의 백분비 등을 이용하거나, 추정재무상태표상의 현금과 현금성자산, 장·단기 금융상품 등의 추정잔고에 예상수익률을 곱하여 산출한다. 즉,

$$\text{추정이자수익} = \text{추정매출액} \times \frac{\text{이자수익}}{\text{매출액}}$$

$$\text{추정이자수익} = (\text{추정현금과 현금성자산, 장·단기 금융상품}) \times \text{추정수익률}$$

(2) 비용의 추정

매출원가, 판매비와 관리비를 추정할 경우에는 과거의 공통형 손익계산서를 이용하거나 과거 해당 비용의 연평균증가율을 이용하면 된다. 이들 비용의 추정에는 비용의 행태를 아는 것이 중요하다. 만약 모든 비용이 매출량에 비례하여 변동하는 변동비의 성격을 지니면 각 비용항목의 매출액에 대한 비율이 일정할 것이므로, 기준연도 공통형 손익계산서상의 백분비를 적용하여 추정하면 된다. 즉,

$$추정매출원가 = 추정매출액 \times \frac{매출원가}{매출액}$$

$$추정판매비와\ 관리비 = 추정매출액 \times \frac{판매비와\ 관리비}{매출액}$$

$$추정매출원가 = 과거매출원가 \times (1 + 매출액증가율)$$

$$추정판매비와\ 관리비 = 과거\ 판매비와\ 관리비 \times (1 + 매출액증가율)$$

만약 비용의 대부분이 매출량 변동과는 무관한 고정비로 구성된 경우라면, 공통형 손익계산서상의 백분비는 별 소용이 없다. 이때는 전체 비용을 고정비와 변동비로 분해하여 비용구조를 파악하는 것이 중요하다. 일반적으로 자본집약적인 제조기업일수록 고정비의 비중이 높다. 이러한 경우에는 각 비용항목의 과거증가율을 적용하여 비용을 추정할 수 있다.

창업을 한 경우에는 당해 제품에 대한 원가계산을 바탕으로 추정제조원가를 계산하고, 관리와 마케팅 비용을 추정하여 판매비와 관리비를 산출한다. 제품의 제조원가는 재료비, 노무비, 경비로 구성된다.

금융비용 중 이자비용에 대한 추정은 재무상태표에 장·단기 차입금 등 이자지급부채의 규모가 확정되어야 계산이 가능하다. 즉,

$$추정이자비용 = 추정이자지급부채 \times 차입이자율$$

법인세비용은 법인세비용차감전 순이익(세전이익)에 법인세율을 곱하여 추정한다.[6)] 신규로 창업한 벤처기업은 법인세 등의 감면혜택이 주어지므로 이를 감안하여야 한다. 끝으로 법인세차감전 순이익에서 법인세비용을 차감하여 당기순이익을 계산한다.

4. 추정재무상태표의 주요 항목 추정요령

(1) 자산의 추정

추정재무상태표의 자산은 두 가지 방법을 이용하여 추정할 수 있다. 첫째, 총자산(자산총계)을 먼저 추정한 다음 공통형 재무상태표의 백분비를 적용하여 개별자산항목을 산출한

6) 우리나라의 경우 일반법인에 적용되는 법인세율은 과세표준 2억 원까지는 10%, 2억 원 초과~200억 원 이하의 경우는 20%, 200억 원 초과의 경우는 22%이다(2016년 6월 기준).

다. 둘째, 개별자산항목을 먼저 추정하고 이를 합산하여 총자산을 산출한다.

한편, 총자산을 먼저 추정하든 개별자산항목을 먼저 추정하든 간에 이들의 추정은 특정자산의 과거평균증가율을 이용하는 방법, 특정자산의 회전율(매출액/특정자산)을 이용하는 방법, 과거의 재무제표에서 산출된 특정자산/매출액 비율을 이용하는 방법 등을 사용하면 된다(〈표 6-2〉).

표 6-2 자산항목 추정방법

	총자산 추정	개별자산 추정
증가율을 이용	×	×
회전율을 이용	×	×
자산/매출액의 비율 이용	×	×

1) 총자산 추정방법

총자산의 추정은 총자산의 과거 수년간의 평균증가율을 이용한다. 즉,

$$\text{추정총자산} = \text{전기말 총자산} \times (1 + \text{총자산의 평균증가율})$$

또 다른 방법은 추정매출액을 과거의 총자산회전율(매출액/총자산)로 나누어 총자산을 추정하는 것이다. 즉,

$$\text{추정총자산} = \text{추정매출액} \div \text{총자산회전율}$$

예를 들어 A사의 $t+1$년도 추정매출액이 120억 원이고 이 회사의 과거 5년간 평균 총자산회전율이 1.2회로서 장래에도 큰 변화가 없을 것으로 예상된다면 총자산은 120억 원/1.2회=100억 원으로 추정된다.

총자산의 추정 다음에는 개별자산을 추정해야 한다. 이 경우 만약 현금과 현금성자산, 매출채권, 재고자산, 유형자산, 무형자산 등 개별자산이 총자산에서 차지하는 비중이 일정하다고 하면, 공통형 재무상태표의 백분비를 적용하여 개별자산을 추정할 수 있다. 예를 들어 A사의 차년도의 추정총자산이 100억 원이고, 공통형 재무상태표상 재고자산/총자산의 비율이 0.25(25%)라고 하면 추정재고자산은 다음과 같이 계산된다.

$$\begin{aligned}\text{추정재고자산} &= \text{추정총자산} \times \frac{\text{재고자산}}{\text{총자산}} \\ &= 100\text{억 원} \times 0.25 = 25.0\text{억 원}\end{aligned}$$

그런데 공통형 재무상태표의 백분비를 이용하는 방법의 문제점은 두 가지로 요약된다. 첫째, 개별자산항목들이 총자산에서 차지하는 비중이 변동할 수 있다는 점이다. 예를 들어, 구식 기계설비를 첨단 자동화설비로 교체할 경우 유형자산 비중이 올라갈 수 있다. 둘째, 외부분석자의 경우 개별자산항목의 미래행태에 관한 가정을 변경하기가 쉽지 않다는 점이다. 가령 어느 기업이 재고자산의 감축정책을 쓸 경우 재고자산회전율이 상승하고 재고자산/총자산의 비중이 줄어들 것이지만, 외부분석자가 분석대상기업의 이러한 정책변화를 감안하여 공통형 재무상태표의 비중을 조정하기란 쉽지 않을 수 있다.

2) 개별자산항목 추정방법

이는 개별자산항목을 각 자산의 회전율 혹은 과거평균증가율 등을 이용하여 추정하는 방법이다. 이 경우 개별자산의 과거증가율이 매출액증가율과 어떻게 관련되어 있는지를 검토하고, 개별자산항목의 예상증가율에 매출액의 예상증가율을 반영할 필요가 있다. 특히 매출채권, 재고자산, 유형자산 등 기본적인 영업활동과 관련이 높은 항목의 증가율은 대체로 매출규모 및 증가율과 높은 상관관계가 있다.

개별자산항목의 회전율은 미래의 영업활동수준과 영업정책의 변화 등을 더 잘 반영할 수 있기 때문에 추정에 더 도움이 될 수 있다. 예를 들어 B회사의 차년도 추정매출액이 60억 원이며, 이 회사의 과거 2년간 재고자산회전율(매출액/재고자산)은 8.0회였다고 하자. 회사는 향후 경쟁력을 강화하기 위하여 재고감축방안을 실시할 예정이며 이 경우 재고자산회전율은 12.0회로 상승할 것이 기대된다고 하자. 이 경우 차년도의 추정재고자산규모는 다음과 같다.

$$\text{추정재고자산} = \text{추정매출액} \div \text{재고자산회전율}$$
$$= 60\text{억 원} \div 12.0 = 5.0\text{억 원}$$

벤처기업의 경우처럼 과거자료가 없는 경우에는 추정매출액증가율 등을 적용하여 개별자산항목의 추정치를 구한다.

(2) 부채와 자본의 추정

1) 추정방법

재무상태표의 자산을 추정한 후에 부채와 자본을 추정하게 된다. 부채와 자본의 추정에는 다음 세 가지 방법이 있다. 첫째, 회사가 일정한 재무구조(부채/자본)를 목표로 삼고 있거나 일정기간 이를 유지하여 오는 경우에는 부채와 자본의 상대적 구성이나 개별항목을 추정하는 데 공통형 재무상태표를 이용할 수 있다. 예를 들어 D사의 경우 과거 수년간의 부채구성비율(부채총계/부채와 자본총계)이 60.0%에서 65.0% 사이에서 움직였다면 이 비율을 미래의 재무구조 추정에도 적용할 수 있을 것이다. 둘째, 부채와 자본의 개별항목을 추정하는 데 과거 증가율이나 회전율도 이용할 수 있다. 셋째, 매입채무 등 영업규모와 관련이 있는 부채는 부채항목/매출액의 비율을 적용하여 추정할 수 있다.

2) 개별항목의 추정방법 예

- 매입채무 : 매입채무회전율(매출원가/매입채무)을 적용한다. 예를 들어 D사의 추정매출원가가 72억 원이고, 매입채무회전율이 6.0회라면 추정매입채무는 72억 원/6.0=12.0억 원이 된다.
- 단기차입금 : 회사는 영업활동에서 발생하는 일시적인 자금부족을 충당하기 위하여 단기차입금을 조달하게 된다. 만약 회사가 영업활동규모의 확장과 축소에 따른 자금의 과부족을 금융기관의 차입금으로 조달하기도 하고 상환하기도 한다면 단기차입금은 추정재무상태표의 차변(자산)과 대변(부채와 자본)을 일치시키는 평형항목(平衡項目, balancing item), 즉 플러그(plug)의 역할을 하게 된다.[7] 단기차입금이 플러그가 되는 이유는 단기차입금규모가 확정되어야 손익계산서상의 이자비용을 추정할 수 있고 이자비용이 추정된 후에야 당기순이익규모와 배당금, 그리고 이익유보액을 계산할 수 있기 때문이다. 이익유보액이 확정되어야 재무상태표의 이익잉여금항목이 확정된다. 이 경우 단기차입금은 재무상태표의 차변(자산)과 대변(부채와 자본)을 일치시키도록 일련의 간단한 방정식을 풀어 산출하면 된다. 플러그의 개념과 필요성을 간단한 사례로 살펴보기로 하자.

7) 물론 플러그의 역할은 현금 및 현금성자산, 장기차입금, 자본 등 어느 계정과목으로도 가능하지만, 회사의 자금조달정책과 연관지어 정하는 것이 바람직하다.

사례 6-2 플러그의 계산

F사에 대한 20×0년도의 추정손익계산서와 추정재무상태표를 작성하려 하고 있다. 추정손익계산서상에 추정매출액은 120억 원, 추정영업비용은 80억 원으로 산출되었다. 손익계산서의 경우 금융수익이나 중단손익도 발생하지 않고 이자비용 외의 금융비용은 발생하지 않는다고 가정한다. 추정재무상태표에서는 자산총계가 100억 원으로 산출되었다. 부채는 매입채무와 단기차입금으로만 구성되는데 매입채무는 10억 원으로 추정되었다. 자본은 자본금과 이익잉여금의 두 계정과목으로만 구성된다고 가정하였으며, 자본금은 5억 원으로 추정되었으며 전기말 이익잉여금잔액은 20억 원이다. 법인세율은 22%, 배당성향은 50%, 차입금이사율은 연간 6%로 각각 추정되고 있다.

차변과 대변을 일치시키는 단기차입금규모를 미지수 X라고 둔다. 이 경우 손익계산서상의 추정당기순이익과 추정이익유보액은 다음과 같이 표시된다. 즉,

$$
\begin{aligned}
\text{추정당기순이익} &= \text{세전이익} - \text{법인세비용} \\
&= [(\text{매출액} - \text{영업비용}) - \text{이자비용}] \times (1 - \text{법인세율}) \\
&= [(120 - 80) - X \times 0.06] \times (1 - 0.22) \\
&= [40 - 0.06X] \times 0.78 \\
&= 31.2 - 0.0468X
\end{aligned}
$$

$$
\begin{aligned}
\text{추정이익유보액} &= \text{추정당기순이익} - \text{추정배당금} \\
&= \text{추정당기순이익} \times (1 - \text{배당성향}) \\
&= [31.2 - 0.0468X] \times (1 - 0.50) \\
&= 15.6 - 0.0234X
\end{aligned}
$$

단기차입금을 X로 둔 추정재무상태표의 차변과 대변을 다음과 같이 표시한다.

$$
\begin{aligned}
\text{자산} &= \text{부채} + \text{자본} \\
\text{자산총계} &= (\text{매입채무} + \text{단기차입금}) + (\text{자본금} + \text{이익잉여금}) \\
100 &= (10 + X) + (5 + 20 + 15.6 - 0.0234X) \\
&= 50.6 + X - 0.0234X \\
0.9766X &= 49.4
\end{aligned}
$$

위 식을 풀어 단기차입금을 구하면 X=50.58억 원(근삿값)이 산출된다. 단기차입금규모가 확정되면 추정손익계산서와 추정재무상태표의 나머지 항목을 모두 계산하여 추정재무제표를 모두 완성할 수 있다. 완성된 추정손익계산서와 추정재무상태표는 〈표 6-3〉과 같다.

표 6-3 F사의 추정재무제표 (단위 : 백만 원)

F사의 추정손익계산서(20×0년도)

매출액	12,000	
영업비용	8,000	
영업이익	4,000	
이자비용	303	=5,058×0.06
세전이익	3,697	
법인세비용	813	=3,697×0.22
당기순이익	2,884	
배당금	1,442	=2,884×0.50
이익유보액	1,442	=2,884−1,442

F사의 추정대차대조표(20×0년 말)

자산	금액	부채 및 자본	금액	계산
제자산	10,000	매입채무	1,000	
		단기차입금	5,058	
		자본금	500	
		이익잉여금	3,442	=2,000+1,442
자산총계	10,000	부채와 자본총계	10,000	

참고 엑셀을 이용한 플러그 계산

위의 F사에 대한 간단한 사례에서 간단한 수식을 세우고 이를 풀어 플러그를 구하였다. 그러나 엑셀의 반복계산 기능을 이용하면 플러그를 쉽게 구할 수 있다. 〈표 6-5〉는 반복계산을 위한 준비단계로서 각 셀에는 해당 값을 계산하기 위한 수식이 들어가며 이들 수식은 편의상 각 셀의 우측에 표시하였다. 예를 들면 이자비용은 단기차입금과 이자율의 곱으로 결정되므로 셀 D6에는 계산식 =I4*0.06이 들어간다. 또 이익잉여금은 전기말 이익잉여금과 이익유보액의 합이므로 셀 I6에는 =2000+D11이 들어간다. 단기차입금은 플러그이므로 부채와 자본총계에서 매입채무, 자본금, 이익잉여금을 차감한 잔액으로 결정되도록 하는 계산식 =I7-I3-I5-I6을 넣어둔다. 〈표 6-4〉는 플러그인 단기차입금이 결정되지 않은 것이므로 이자비용이 0으로 처리되어 계산된 미완성 상태를 보여준다. 그 다음 플러그의 값을 계산하기 위하여 엑셀의 반복계산 기능을 활용한다. 즉, 계산식이 들어 있는 셀 I4를 클릭한 후 엑셀(Microsoft Office 2010 기준)의 "파일-옵션-수식-계산옵션(자동)-반복계산사용"을 차례대로 열고 확인하면 플러그의 답이 자동으로 계산되어 나온다. 반복계산의 결과는 〈표 6-5〉와 같으며 당연히 방정식을 풀어 계산한 〈표 6-3〉의 결과와 동일하다.

표 6-4 반복계산 준비단계

	A	B	C	D	E	F	G	H	I	J
1										
2		F사 추정손익계산서(단위: 백만원)				F사 추정재무상태표(단위: 백만원)				
3		매출액		12,000		자산	10,000	매입채무	1,000	
4		영업비용		8,000				단기차입금		=I7-I3-I5-I6
5		영업이익		4,000				자본금	500	
6		이자비용		–	=I4*0.06			이익잉여금	3,560	=2000+D11
7		세전이익		4,000	=D5-D6	자산총계	10,000	부채와자본총계	10,000	=G7
8		법인세비용		880	=D7*0.22					
9		당기순이익		3,120	=D7-D8					
10		배당금		1,560	=D9*0.50					
11		유보이익		1,560	=D9-D10					
12										

표 6-5 반복계산 결과

	A	B	C	D	E	F	G	H	I
1									
2		F사 추정손익계산서(단위: 백만원)				F사 추정재무상태표(단위: 백만원)			
3		매출액		12,000		자산	10,000	매입채무	1,000
4		영업비용		8,000				단기차입금	5,058
5		영업이익		4,000				자본금	500
6		이자비용		304				이익잉여금	3,442
7		세전이익		3,696		자산총계	10,000	부채와자본총계	10,000
8		법인세비용		813					
9		당기순이익		2,883					
10		배당금		1,442					
11		유보이익		1,442					
12									

- 유동성장기부채 : 전기의 장기부채 중에서 당기에 만기가 돌아와 상환해야 하는 부채를 말한다. 만약 장기부채의 평균만기가 3년이라면 전기말 장기부채의 1/3이 차기의 유동성장기부채가 된다.
- 기타유동부채 : 영업활동과 관련된 미지급비용, 미지급법인세 등은 매출액증가율로 증가한다고 가정한다.
- 장기부채 : 공통형 재무상태표의 장기부채 구성비율을 이용한다. 대상회사의 회사채나 전환사채의 발행계획, 혹은 장기차입금 차입계획을 알 수 있으면 이를 반영한다.
- 이연법인세부채 : 이는 기업회계기준과 세법의 차이로 인하여 발생하는 것으로 매출액증가율을 적용한다.
- 기타비유동부채 : 확정급여부채 등 기타비유동부채의 추정은 매출액증가율을 이용

한다.

- 자본금과 자본잉여금 : 회사의 증자계획을 고려하여 추정한다. 벤처기업의 경우에는 향후 투자유치계획을 고려하여 반영한다. 예를 들어, 차년도에 D사가 신주(보통주) 100,000주를 주당 5,000원(주당액면가액은 500원)에 발행할 계획이라 하면 자본금은 100,000주×500원=500,000,000원이 증가하고, 자본잉여금(주식발행초과금)은 100,000주×4,500원=4,500,000,000원 증가하게 된다. 만약 주당발행가격을 확정하기 어렵다면, 발행가격에 대한 다양한 시나리오를 가정할 수 있을 것이다.
- 이익잉여금 : 차기의 추정이익잉여금은 전기말 이익잉여금과 차기의 당기순이익 중의 이익유보액을 합하여 산출된다. 차기의 이익유보액은 차기의 당기순이익에서 추정배당금을 차감한 것이다. 예를 들어 E사의 경우 전기말 이익잉여금(누적액)이 15억 원이고, 차기의 당기순이익은 30억 원으로 이 중 배당금으로 18억 원이 지급될 것으로 예상된다면 차기의 추정이익잉여금은 다음과 같다.

추정이익잉여금 = 전기말 이익잉여금 + 추정이익유보액
= 전기말 이익잉여금 + 추정당기순이익 − 추정배당금
= 15억 원 + 30억 원 − 18억 원 = 27억 원

따라서 추정이익잉여금은 추정손익계산서의 당기순이익과 지급배당금규모가 확정된 후에야 계산할 수 있다.[8] 당기순이익 중에서 지급되는 배당금의 비율을 배당성향이라 하며, 배당성향은 (1−내부유보율)과 같다. 배당성향은 회사의 배당정책에 의하여 결정된다. E사의 예에서 배당성향은 18억 원/30억 원=0.6, 즉 60%이다.

- 기타자본조정항목 : 특별한 근거가 있는 경우가 아니면 추정기간 중 변동이 없는 것으로 가정한다.

5. 추정현금흐름표의 주요 항목 추정요령

추정현금흐름표 역시 직접법이나 간접법에 의하여 작성할 수 있다. 여기서는 일반적으

8) 회사는 당기순이익 중에서 상법 등에서 요구하는 이익준비금이나 법정적립금, 그리고 회사의 정관에서 정한 임의준비금 등을 적립한 이후에 일정액을 배당금을 지급하고 나머지를 이익잉여금으로 차기에 이월시키게 된다. 결국 당기순이익 중에서 배당금으로 지급한 금액을 제외한 모든 부분이 이익유보액으로서 재투자 등에 사용될 수 있게 된다. 이익처분의 안은 이사회에서 마련되고 주주총회에서 확정된다.

로 이용되는 간접법을 염두에 두고 추정요령을 검토하기로 한다.

- 당기순이익 : 추정손익계산서의 추정치를 가져온다.
- 감가상각비 등 비현금비용 : 연도별 감가상각비는 추정재무상태표의 감가상각누계액에서 그 차이를 계산하여 산출하고, 연구개발비상각이나 영업권상각 등 무형자산의 연도별 상각액은 추정손익계산서의 추정치를 이용한다.
- 영업활동으로 인한 자산 · 부채의 변동 : 추정재무상태표의 유동자산과 유동부채 중 투자활동이나 재무활동에 속한 항목을 제외한 나머지 항목의 연간증감액을 산출하여 반영한다. 현금흐름(증가는 +, 감소는 –)에 영향을 미치는 주요한 계정과목으로는 재고자산의 증가액(–) 및 감소액(+), 매출채권의 증가액(–)과 감소액(+), 매입채무의 증가액(+)과 감소액(–) 등을 들 수 있다.
- 유가증권 및 투자유가증권의 취득과 처분 : 추정재무상태표의 연도별 증감액을 이용한다.
- 유형자산의 취득과 처분 : 별도의 자료가 없을 경우 추정재무상태표에 기록된 유형자산의 연도별 증감액을 이용한다. 그러나 별도자료에 의하여 유형자산의 취득이나 처분내용을 알 수 있을 경우 이를 반영한다.

사례 6-3 유형자산변동관련 현금흐름의 추정

K사의 추정재무상태표상 기계장치와 이에 대한 감가상각누계액의 2개연도(20×0~20×1) 추정가액이 다음과 같다 하자.

표 6-6 K사의 기계장치계정의 변동 (단위 : 백만 원)

항목	20×0	20×1
기계장치(원가)	1,200	1,050
감가상각누계액	400	500
순기계장치	800	550

그리고 20×1년 중 기계장치와 관련하여 다음의 거래가 있었다. 연중 발생한 감가상각비는 200백만 원이다. 구식화된 기계장치(취득원가 350백만 원, 감가상각누계액 100백만 원)를 150백만 원에 처분하여 100백만 원의 처분손실이 발생하였으며, 신기계장치를 200백만 원에 구입하였다. 이 경우 기계장치와 관련하여 20×1년 중에 발생한 현금흐름은 얼마인가?

현금흐름을 파악하는 한 가지 방법은 기계장치관련 거래를 항목별로 나누어 분석하는 것이다. 이 경우 현금유입은 450백만 원, 현금유출은 200백만 원으로 현금은 250백만 원 증가한다(〈표 6-7〉).

표 6-7 K사의 기계장치 변동관련 현금흐름 (단위 : 백만 원)

	현금유입	현금유출
감가상각비	200	
유형자산처분손실[1]	100	
기계장치처분	150	
기계장치구입		200
합계	450	200

주 : 1) 비현금비용임.

또 한 가지 방법은 추정재무상태표로부터 기계장치의 감소에 의한 현금유입 150백만 원(1,200백만 원-1,050백만 원)과 감가상각누계액의 증가에 의한 현금유입 100백만 원(500백만 원-400백만 원)을 합하여 구하거나, 순기계장치가액의 감소액 250백만 원으로 구하면 된다. 그러므로 유형자산의 변동이 현금흐름에 미치는 영향은 추정재무상태표의 취득원가 증감액 및 감가상각누계액의 증감액을 이용하거나, 순기계장치가액의 증감액으로 추정하면 된다.

- 장·단기 차입금의 차입과 상환, 회사채의 발행과 상환 : 이들 거래는 재무활동에 속한 것으로 추정재무상태표의 연도별 증감액을 이용한다.
- 주식발행, 자기주식의 취득과 처분, 배당금지급 : 추정재무상태표의 자본금과 주식발행초과금, 이익잉여금, 자본조정항목의 연도별 증감액을 이용한다.

제 3 절 추정재무제표 작성사례

1. 사례기업 소개

ABC전자는 20×0년 초에 설립된 벤처기업으로서 차세대 이동통신용 단말기를 주 생산품목으로 하고 있다. 이 회사가 출시한 단말기 '스카이필(SKYFEEL)'은 뛰어난 기술력과 독창적인 디자인으로 젊은 세대로부터 선풍적인 인기를 끌었으며, 국내 굴지의 이동통신

회사인 S텔레콤을 주요 고객으로 확보하기에 이르렀다. 영업실적을 보면 20×0년도에는 설립 1차연도임에도 불구하고 6,208백만 원의 매출과 1,101백만 원의 당기순이익을 기록하였으며, 금년(20×1년)에는 S텔레콤에 납품이 본격화되어 19,154백만 원의 매출과 2,918백만 원의 당기순이익을 올렸다. 이 회사의 최근의 재무상태표와 손익계산서는 〈표 6-8〉과 〈표 6-9〉와 같다.

표 6-8 ABC전자의 재무상태표 (단위 : 천 원)

항 목	20×0	20×1
유동자산		
현금과 예금	2,219,687	3,786,675
매출채권	1,278,771	4,194,238
재고자산	185,314	759,104
기타유동자산	392,116	1,006,169
유동자산합계	4,075,888	9,746,186
비유동자산		
기계장치 등	4,000,000	13,030,853
(감가상각누계액)	400,000	1,703,085
비유동자산합계	3,600,000	11,327,768
자산총계	7,675,888	21,073,954
유동부채		
매입채무	906,648	3,271,271
단기차입금	846,058	8,597,874
미지급법인세	157,935	423,486
유동부채합계	1,910,641	12,292,631
비유동부채		
확정급여부채	52,910	151,189
부채총계	1,963,551	12,443,820
자 본		
자본금	2,000,000	2,000,000
자본잉여금	2,610,999	2,610,999
이익잉여금	1,101,338	4,019,135
자본총계	5,712,337	8,630,134
부채와 자본총계	7,675,888	21,073,954

표 6-9 ABC전자의 손익계산서 (단위 : 천 원)

항 목	20×0	20×1
매출액	6,207,671	19,153,675
매출원가	2,861,470	9,142,566
매출총이익	3,346,201	10,011,109
판매비와 관리비	1,866,614	6,045,369
영업이익	1,479,587	3,965,740
이자수익	100,812	171,362
이자비용	50,763	84,606
법인세비용차감전 순이익	1,529,636	4,052,496
법인세비용	428,298	1,134,699
당기순이익	1,101,338	2,917,797

주 : 1) 매출원가에 기계설비 감가상각비가 포함되어 있음. 20×0년은 400,000천 원, 20×1년은 1,303,085천 원임.

ABC전자가 20×1년도 영업보고서를 발표한 직후 이 회사의 탁월한 기술력과 성장성을 높게 평가한 국내 유수의 벤처캐피탈인 프라임벤처는 이 회사에 대한 지분투자를 결정하고 의사를 타진하였다. 또한 ABC전자도 생산시설 확충과 지속적인 경영지원네트워크를 구축하기 위하여 프라임벤처와 같은 명성 있는 벤처캐피탈의 투자를 받는 것이 도움이 될 것으로 판단하였다. 이에 ABC전자의 장기경영전략팀은 회사의 미래 비전과 전략을 보여줄 수 있는 향후 20×2년부터 20×6년까지의 사업계획서를 작성하기로 결정하였다. 경영전략팀은 신제품개발, 마케팅, 생산, 시설투자 등에 관한 사업계획을 완성한 다음 재무계획수립의 핵심인 추정재무제표를 작성하였다.

2. 주요 가정과 전제

경영전략팀은 향후의 매출액을 추정하였다. 매출액 추정에는 주요 고객인 S텔레콤과 맺은 장기공급계약과 진행 중인 대 중국 수출추진계획 등과 회사의 대대적인 시설확충계획

표 6-10 추정매출액 및 전년비증가율 (단위 : 천 원, %)

연도	20×2	20×3	20×4	20×5	20×6
매출액	28,048,500	42,021,000	55,993,500	69,966,000	83,938,500
전년비증가율	46.44	49.82	33.25	24.95	19.97

등을 감안하였다. 그 결과 도출된 연도별 매출액추정치는 〈표 6-10〉과 같다.

다음에는 기존 재무제표를 분석하여 매출액과 여타 재무제표항목의 관련성 및 재무비율에 의한 회사의 경영상황을 파악하였다. 분석결과는 〈표 6-11〉과 같다.

표 6-11 ABC전자의 주요 재무지표

항 목	20×0	20×1
현금과 예금/매출액	35.8%	19.8%
매출채권(순)/매출액	20.6%	21.9%
재고자산/매출액	3.0%	4.0%
선급비용/매출액	6.3%	5.3%
설비자산(원가)증가액/매출증가액		69.8%
감가상각액/기말 설비자산(원가)	10.0%	10.0%
매입채무/매출액	14.6%	17.1%
미지급법인세/당기법인세비용	36.9%	37.3%
확정급여부채/매출액	0.9%	0.8%
매출원가/매출액	46.1%	47.7%
판매비와 관리비/매출액	30.1%	31.6%
유동비율	213.3%	79.3%
부채비율	34.4%	144.2%
자기자본비율	74.4%	41.0%
이자보상비율(영업이익/이자비용)(배)	29.15	46.87
매출액영업이익률	23.8%	20.7%
금융비용부담률	0.8%	0.4%
총자산회전율(회)		1.33
매출채권회전율(회)		7.00
재고자산회전율(회)		40.56

경영전략팀은 이 자료를 기초로 하여 추정재무제표 작성에 필요한 가정과 전제를 도출하였다. 주요 내용은 다음과 같다.

- 매출원가는 매출액의 47%로 추정한다.
- 판매비와 관리비/매출액 비율은 20×2년에는 32%로 예상되나 그 후에는 영업효율성의 증가로 매년 1%포인트씩 하락하여 20×6년도에는 28%로 낮아질 것이다.
- 회사는 신제품 개발을 지속적으로 수행하기 위하여 매출액 대비 5%를 연구개발비로 지출할 예정이다. 연구개발비는 전액 당기비용으로 처리한다.
- 이자수익은 현금 및 현금성자산의 평균잔액[(당기말 잔액+전기말 잔액)/2]에 대하여 연

간 6%의 수익률로 발생할 것이 예상되며, 이자비용은 이자지급부채의 평균잔액에 대하여 연간 12%의 이자율로 지급될 예정이다.

- 법인세율(법인세비용/세전이익)은 20×2년부터 연간 22%가 적용된다.
- 회사의 안정적인 경영활동을 보장하기 위해서는 어느 정도의 현금 및 현금성자산을 확보할 필요가 있다고 판단되었다. 이에 따라 현금 및 현금성자산/매출액의 비율을 20×2년은 20%, 20×3년에는 15%로 유지하고, 이후에는 이 비율을 10%로 설정하기로 하였다.
- 매출채권/매출액의 비율은 22%로 예상되었다.
- 재고자산/매출액은 20×2년에는 4.5%, 20×3년에는 5%, 20×4년에는 6%, 그 이후에는 7% 수준을 유지해야 할 것으로 판단하였다.
- 기타유동자산/매출액의 비율은 5%로 예상되었다.
- 매출액의 증가에 따라 기계설비를 지속적으로 확충해야 할 것으로 판단되었다. 설비자산증가액/매출액증가액의 비율은 생산의 효율성 증가로 20×2년 65%, 20×3년 58%, 20×4년 51%, 20×5년 44%의 하향추세를 보이나, 20×6년에는 신규설비 도입으로 75%로 상승할 것으로 판단되었다.
- 연도별 감가상각비는 연말 기계설비(취득원가)의 10%로 예상되었다.
- 매입채무/매출액의 비율은 20×2년의 17%에서 시작, 매년 1%포인트씩 상승하여 20×5년에는 20%에 도달할 것이며, 그 이후에는 변동이 없을 것이다.
- 미지급법인세/당기법인세비용의 비율은 현재는 37% 수준이나 20×2년부터는 25%로 줄여야 할 전망이다.
- 확정급여부채는 매출액의 1%정도로 유지될 것이다.
- 회사는 향후 5년간 현금배당을 실시할 계획이 없다.

회사의 현재 발행주식수(보통주)는 400,000주이며 액면가액은 5,000원이다. 회사는 프라임벤처 측과의 협상이 순조로울 경우 20×2년도에 200,000주의 신주를 주당 25,000원에 발행하여 50억 원의 자금을 조달할 예정이다. 회사는 기타 필요한 자금을 언제라도 회사의 주거래은행으로부터 단기차입금 형태로 조달할 수 있으며, 자금의 여유가 있으면 단기차입금을 우선 상환하기로 하였다. 따라서 단기차입금이 재무상태표의 차변과 대변의 균형을 이루는 플러그의 역할을 하게 된다.

이상의 내용을 정리한 주요 가정과 전제는 〈표 6-12〉와 같다.

표 6-12 추정재무제표 작성을 위한 주요 가정 및 전제

항목	20x1	20x2	20x3	20x4	20x5	20x6
매출증가율		46.44%	49.82%	33.25%	24.95%	19.97%
현금 및 현금성자산/매출액		20%	15%	10%	10%	10%
매출채권(순)/매출액		22%	22%	22%	22%	22%
재고자산/매출액		4.5%	5.0%	5.0%	5.0%	5.0%
선급비용/매출액		5.0%	5.0%	5.0%	5.0%	5.0%
설비자산(원가)증가액/매출증	70%	65%	58%	51%	44%	75%
감가상각비/기말설비자산(원가)		10%	10%	10%	10%	10%
매입채무/매출액		17%	18%	19%	20%	20%
미지급법인세/당기법인세비용		25%	25%	25%	25%	25%
확정급여부채/매출액		1%	1%	1%	1%	1%
매출원가/매출액		47%	47%	47%	47%	47%
판매비와 관리비/매출액		32%	31%	30%	29%	28%
연구개발비/매출액		5%	5%	5%	5%	10%
이자비용/연평균차입금기준		12%	12%	12%	12%	12%
이자수익/연평균현금과 예금		6%	6%	6%	6%	6%
법인세비용/세전이익		22.0%	22.0%	22.0%	22.0%	22.0%

3. 추정재무제표 작성

이제 앞서 제시한 ABC전자의 실적재무제표, 추정매출액, 그리고 주요 가정 및 전제를 이용하여 추정재무제표를 작성하기로 한다. 작성하는 순서는 추정손익계산서, 추정재무상태표, 추정현금흐름표이다. 추정재무상태표의 단기차입금이 플러그의 역할을 하므로 추정손익계산서의 이자비용 이후의 항목은 단기차입금의 추정과 동시에 추정이 이루어진다.

추정재무제표의 실제작성에 있어 스프레드시트인 Excel을 이용하기로 한다. Excel을 활용할 경우 빈번하게 이용해야 하는 기능이 상대참조와 절대참조이다. 상대참조(relative cell reference)란 한 셀(cell)에 있는 공식(수식)을 다른 셀에 복사할 때 공식에 들어 있는 셀참조가 변화하는 것을 말한다. 예를 들어 셀 E5의 내용이 =E3−E4로 되어 있을 경우 이 셀을 F5에 복사하면 F5는 =F3−F4로 바뀐다. 한편, 절대참조(absolute cell reference)는 한 셀에 있는 공식을 다른 셀에 복사할 때, 공식에 들어 있는 셀참조가 변화하지 않는 것을 말한다. 예를 들어 셀 E5의 공식이 =E4*C21의 절대참조를 포함하는 경우 이 공식을 셀 F5에 복사하면 F5에 복사된 공식은 =F4*C21이 되어 셀참조가 변하지 않는다. 수식을 작성할 경우 상대참조와 절대참조를 적절히 활용하여야 한다. 절대참조의 경우에도 특정 셀을 고정시킬 경우에는 C21의 형식으로, 행의 내용은 변동시키고 열은 고정시킬 경우

에는 $C21의 형식으로, 행은 고정시키고 열은 변동시킬 경우에는 C$21의 형식을 사용하면 된다. 이러한 상대참조와 절대참조를 수식작성에 적절히 활용하면 다양한 가정과 전제하의 추정제무제표를 쉽게 작성할 수 있고, 민감도분석(what-if analysis)이 간편해진다.

〈표 6-13〉은 추정 첫 연도인 20×2년의 추정손익계산서이다. 20×2년도 추정치 우측에 각 셀에 들어 있는 수식을 적어 놓았다. 예를 들어 매출원가 13,182,862천 원은 수식이 =D22*D$13이며 이는 =28,048,642×0.47을 의미한다.

표 6-13 20×2년도 추정손익계산서와 수식

	A	B	C	D	E	F
21			20x1	20x2		
22	총매출액		19,153,675	28,048,642	=C22*(1+D$3)	
23	매출원가		9,142,566	13,182,862	=D22*D$13	
24	매출총이익		10,011,109	14,865,780	=D22-D23	
25	판매비관리비		6,045,369	8,975,565	=D22*D$14	
26	연구개발비		-	1,402,432	=D22*D$15	
27	영업이익		3,965,740	4,487,783	=D24-D25-D26	
28	이자수익		171,362	281,892	=((C38+D38)/2)*D$17	
29	이자비용		84,606	985,973	=((C51+D51)/2)*D$16	
30	법인세비용차감전이익		4,052,496	3,783,702	=D27+D28-D29	
31	법인세		1,134,699	832,414	=D31*D$18	
32	당기순이익		2,917,797	2,951,287	=D30-D31	

〈표 6-14〉는 20×2년 말의 추정재무상태표다. 20×1년도 수치는 실적치이다. 20×2년도 추정치 우측에 각 셀에 들어 있는 수식을 적어 놓았다. 추정재무상태표를 작성하는 순서는 다음과 같다.

- 먼저 자산 부분을 완성한다. 예를 들어 현금 및 현금성자산의 추정치 5,609,728천 원은 수식 =D22*D$4=28,048,642×0.20의 계산결과이다. 또 기계설비의 추정치 18,812,581천 원은 다음 수식의 계산결과이다. 즉,

  =C44+(D22−C22)*D$8=13,030,853+(28,048,642−19,153,675)×0.65

- 마찬가지로 단기차입금과 이익잉여금이 산출되지 않은 상태에서 부채와 자본의 나머지 항목에 수식을 입력하고 계산한다. 단기차입금은 「부채와 자본총계−매입채무−미지급법인세−퇴직급여채무−자본총계」로 계산하여야 하므로 상대참조인 =D62−

D50-D52-D55-D61을 셀 D51에 입력해 둔다. 이익잉여금은 당기순이익이 계산된 후에 계산될 수 있으므로 셀 D60에 「전기말 이익잉여금+유보이익」을 의미하는 수식 =C60+D32를 입력하여 둔다.

• 단기차입금은 플러그이므로 이미 제3절에서 설명한 수식을 풀어서 직접 산출할 수도 있다. 그러나 이 경우 D51을 클릭한 후 Excel 메뉴의 '파일–옵션–수식–계산옵션(자동)–반복계산사용'을 차례로 선택하면 해당 셀의 값이 자동으로 계산되는 것을 확인할 수 있다. 단기차입금의 값이 결정되면 추정손익계산서와 추정재무상태표가 모두 완성된다.

표 6-14 20×2년도 추정재무상태표와 수식

	A	B	C	D	E
36	과 목		20x1	20x2	
37	유동자산				
38	현금 및 현금성자산		3,786,675	5,609,728	=D22*D$4
39	매출채권		4,194,238	6,170,701	=D22*D$5
40	재고자산		759,104	1,262,189	=D22*D$6
41	선급비용		1,006,169	1,402,432	=D22*D$7
42	유동자산합계		9,746,186	14,445,050	=SUM(D38:D41)
43	비유동정자산				
44	기계설비		13,030,853	18,812,581	=C44+(D22-C22)*D$8
45	(감가상각누계액)		-1,703,085	-3,584,343	=C45-(D44*D$9)
46	비유동자산합계		11,327,768	15,228,238	=SUM(D44:D45)
47	자산총계		21,073,954	29,673,289	=D42+D46
48					
49	유동부채				
50	매입채무		3,271,271	4,768,269	=D22*D$10
51	단기차입금		8,597,874	7,835,008	=D62-D50-D52-D55-D61(PLUG임)
52	미지급법인세		423,486	208,104	=D31*D$11
53	유동부채합계		12,292,631	12,811,381	=SUM(D50:D52)
54	비유동부채				
55	확정급여부채		151,189	280,486	=D22*D$12
56					
57	자본				
58	자본금		2,000,000	3,000,000	=증자계획에 의함
59	자본잉여금		2,610,999	6,610,999	=증자계획에 의함
60	이익잉여금		4,019,135	6,970,422	=C60+D32
61	자본총계		8,630,134	16,581,421	=SUM(D58:D60)
62	부채와자본총계		21,073,954	29,673,289	=D47

〈표 6-15〉는 20×2년도의 추정현금흐름표이다. 각 셀의 값을 구하는 수식들이 셀 우측에 제시되어 있다. 각 셀은 이미 작성된 추정손익계산서와 추정재무상태표의 내용을 반영하도록 작성되어 있다. 〈표 6-15〉의 맨 하단에는 현금흐름표에 의한 현금 및 현금성자산의

증감과 추정재무상태표에 의한 현금 및 현금성자산의 증감이 일치하는지를 확인하는 수식을 넣어 놓았다.

표 6-15 20×2년도 추정현금흐름표와 수식

	A	B	C	D	E	F
65				20x2		
66	1.영업활동 현금흐름					
67	당기순이익			2,951,287	=D32	
68	감가상각비			1,881,258	=D44*D$9	
69	매출채권증가			-1,976,463	=-(D39-C39)	
70	재고자산증가			-503,085	=-(D40-C40)	
71	기타유동자산증가			-396,263	=-(D41-C41)	
72	매입채무증가			1,496,998	=D50-C50	
73	기타유동부채증가			-215,382	=D52-C52	
74	기타비유동부채증가			129,297	=D55-C55	
75	영업활동 현금흐름합계			3,367,648	=SUM(D67:D74)	
76	2. 투자활동 현금흐름					
77	기계설비증가			-5,781,728	=-(D44-C44)	
78	3. 재무활동 현금흐름					
79	단기부채증가			-762,866	=D51-C51	
80	자본금증가			1,000,000	=D58-C58	
81	자본잉여금증가(주식발행초과금)			4,000,000	=D59-C59	
82	재무활동 현금흐름합계			4,237,134	=SUM(D79:D81)	
83	현금증가(1+2+3)			1,823,053	=D75+D77+D82	
84	기초현금			3,786,675		
85	기말현금			5,609,728		
86	현금증가확인(재무상태표)			1,823,053	=D38-C38	

이제 모든 항목에 대한 20×2년도의 추정이 완료되면, 나머지 연도의 각 셀 수치는 20×2년도의 수식을 나머지 연도의 해당 셀에 복사하여 간단히 구할 수 있다. 특정셀의 수식을 복사하는 요령은 마우스 포인트를 20×2년도 특정셀의 우측 하단에 갖다 대면 십자표시(+표시)로 변하는데, 이 십자표시를 마우스의 왼쪽 버튼을 누른 채로 그대로 우측으로 끌고 가서 놓으면 된다(drag & drop).

〈표 6-16〉부터 〈표 6-18〉은 완성된 추정손익계산서, 추정재무상태표, 추정현금흐름표를 보여주고 있다.

표 6-16 ABC전자 추정손익계산서(20×2~20×6)

(단위 : 천 원)

	A	B	C	D	E	F	G	H
21			20x1	20x2	20x3	20x4	20x5	20x6
22	총매출액		19,153,675	28,048,642	42,022,475	55,994,948	69,965,687	83,937,835
23	매출원가			13,182,862	19,750,563	26,317,625	32,883,873	39,450,783
24	매출총이익			14,865,780	22,271,912	29,677,322	37,081,814	44,487,053
25	판매비관리비			8,975,565	13,026,967	16,798,484	20,290,049	23,502,594
26	연구개발비			1,402,432	2,101,124	2,799,747	3,498,284	8,393,784
27	영업이익			4,487,783	7,143,821	10,079,091	13,293,481	12,590,675
28	이자수익			281,892	357,393	357,086	377,882	461,711
29	이자비용			985,973	1,098,917	1,101,125	643,191	261,480
30	법인세비용차감전이익			3,783,702	6,402,297	9,335,052	13,028,171	12,790,906
31	법인세			832,414	1,408,505	2,053,711	2,866,198	2,813,999
32	당기순이익			2,951,287	4,993,791	7,281,341	10,161,973	9,976,907

표 6-17 ABC전자 추정재무상태표(20×2~20×6)

(단위 : 천 원)

	A	B	C	D	E	F	G	H
36	과 목		20x1	20x2	20x3	20x4	20x5	20x6
37	유동자산							
38	현금 및 현금성자산		3,786,675	5,609,728	6,303,371	5,599,495	6,996,569	8,393,784
39	매출채권		4,194,238	6,170,701	9,244,944	12,318,889	15,392,451	18,466,324
40	재고자산		759,104	1,262,189	2,101,124	3,359,697	4,897,598	5,875,648
41	선급비용		1,006,169	1,402,432	2,101,124	2,799,747	3,498,284	4,196,892
42	유동자산합계		9,746,186	14,445,050	19,750,563	24,077,828	30,784,902	36,932,647
43	비유동경자산							
44	기계설비		13,030,853	18,812,581	26,917,405	34,043,366	40,190,491	50,669,602
45	(감가상각누계액)		−1,703,085	−3,584,343	−6,276,084	−9,680,420	−13,699,469	−18,766,430
46	비유동자산합계		11,327,768	15,228,238	20,641,321	24,362,946	26,491,022	31,903,173
47	자산총계		21,073,954	29,673,289	40,391,884	48,440,773	57,275,924	68,835,820
48								
49	유동부채							
50	매입채무		3,271,271	4,768,269	7,564,045	10,639,040	13,993,137	16,787,567
51	단기차입금		8,597,874	7,835,008	10,480,275	7,871,802	2,848,054	1,509,941
52	미지급법인세		423,486	208,104	352,126	513,428	716,549	703,500
53	유동부채합계		12,292,631	12,811,381	18,396,447	19,024,270	17,557,741	19,001,008
54	비유동부채							
55	퇴직급여부채		151,189	280,486	420,225	559,949	699,657	839,378
56	부채총계		12,443,820	13,091,867	18,816,671	19,584,220	18,257,397	19,840,386
57	자본							
58	자본금		2,000,000	3,000,000	3,000,000	3,000,000	3,000,000	3,000,000
59	자본잉여금		2,610,999	6,610,999	6,610,999	6,610,999	6,610,999	6,610,999
60	이익잉여금		4,019,135	6,970,422	11,964,214	19,245,554	29,407,528	39,384,435
61	자본총계		8,630,134	16,581,421	21,575,213	28,856,553	39,018,527	48,995,434
62	부채와자본총계		21,073,954	29,673,289	40,391,884	48,440,773	57,275,924	68,835,820

표 6-18 ABC전자 추정현금흐름표(20×2~20×6) (단위 : 천 원)

	A	D	E	F	G	H
65		20x2	20x3	20x4	20x5	20x6
66	1.영업활동 현금흐름					
67	당기순이익	2,951,287	4,993,791	7,281,341	10,161,973	9,976,907
68	감가상각비	1,881,258	2,691,740	3,404,337	4,019,049	5,066,960
69	매출채권증가	−1,976,463	−3,074,243	−3,073,944	−3,073,563	−3,073,873
70	재고자산증가	−503,085	−838,935	−1,258,573	−1,537,901	−978,050
71	기타유동자산증가	−396,263	−698,692	−698,624	−698,537	−698,607
72	매입채무증가	1,496,998	2,795,776	3,074,995	3,354,097	2,794,430
73	기타유동부채증가	−215,382	144,023	161,302	203,122	−13,050
74	기타비유동부채증가	129,297	139,738	139,725	139,707	139,721
75	영업활동 현금흐름합계	3,367,648	6,153,200	9,030,557	12,567,948	13,214,438
76	2. 투자활동 현금흐름					
77	기계설비증가	−5,781,728	−8,104,823	−7,125,961	−6,147,125	−10,479,111
78	3. 재무활동 현금흐름					
79	단기부채증가	−762,866	2,645,267	−2,608,472	−5,023,749	−1,338,113
80	자본금증가	1,000,000	0	0	0	0
81	자본잉여금증가(주식발행초과금)	4,000,000	0	0	0	0
82	재무활동 현금흐름합계	4,237,134	2,645,267	−2,608,472	−5,023,749	−1,338,113
83	현금증가(1+2+3)	1,823,053	693,643	−703,876	1,397,074	1,397,215
84	기초현금	3,786,675	5,609,728	6,303,371	5,599,495	6,996,569
85	기말현금	5,609,728	6,303,371	5,599,495	6,996,569	8,393,784
86						
87	현금증가(1+2+3)	1,823,053	693,643	−703,876	1,397,074	1,397,215
88	현금증가확인(재무상태표)	1,823,053	693,643	−703,876	1,397,074	1,397,215

4. 주요 재무비율의 계산과 해석

추정재무제표가 완성된 후에는 이를 이용하여 회사의 미래 경영성과나 재무상태를 분석하거나 회사의 가치평가(valuation)에 필요한 정보를 뽑아볼 수 있다.

표 6-19 ABC전자의 주요 재무지표와 주당순이익의 추이

	20×2	20×3	20×4	20×5	20×6
유동비율	112.75%	107.36%	126.56%	175.34%	194.37%
부채비율	78.96%	87.21%	67.87%	46.79%	40.49%
자기자본비율	55.88%	53.41%	59.57%	68.12%	71.18%
이자보상비율(영업이익/이자비용)(배)	4.55	6.50	9.15	20.67	48.15
매출액영업이익률	16.00%	17.00%	18.00%	19.00%	15.00%
금융비용부담률	3.52%	2.62%	1.97%	0.92%	0.31%
총자산회전율(회)	1.11	1.20	1.26	1.32	1.33
매출채권회전율(회)	5.41	5.45	5.19	5.05	4.96
재고자산회전율(회)	27.75	24.99	20.51	16.95	15.58
주당순이익(원)	4,919	8,323	12,136	16,937	16,628

앞의 〈표 6-19〉는 이 회사의 경영분석에 필요한 주요 재무지표와 주식가치평가에 필요한 주당순이익(EPS)자료가 제시되어 있다.

유동비율로 본 회사의 단기유동성과 부채비율로 본 재무구조는 설비투자가 대규모로 행해지는 20×3년까지는 약간 나빠지는 모습을 보이나 그 이후는 양호한 수익성을 배경으로 개선되고 있다. 금융비용부담률은 계속 하락하고 있으며 이로 인하여 이자보상비율이 대폭 상승하고 있다. 동태적으로 본 ABC전자의 장기지급능력은 전혀 문제가 없는 것으로 보인다. 주당순이익(600,000주 기준)은 20×2년의 4,919원에서 20×6년에는 16,628원으로 상승할 전망이다.

재무계획의 주요 내용을 요약하여 도표나 그림 등으로 제시하면 시각적으로 좋은 효과를 거둘 수 있다. 다음 [그림 6-2]는 유동비율과 부채비율의 추이를 그림으로 표시한 것이다.

| 그림 6-2 | ABC전자의 유동비율과 부채비율 추이

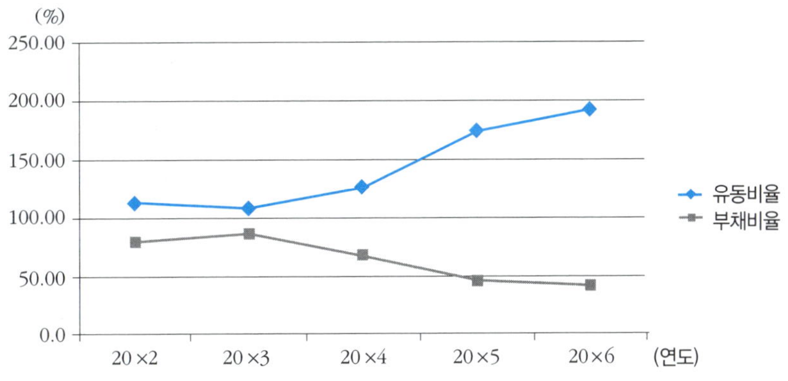

연 습 문 제

01 다음 용어를 설명하라.

① 재무계획 ② 비상계획
③ 매출액비율법 ④ 플러그(plug)
⑤ 절대참조 ⑥ 민감도분석

02 재무계획수립의 과정과 재무계획수립모형을 설명하라.

03 추정재무제표의 의의와 유용성, 작성방법을 설명하라.

04 유가증권시장 상장기업이나 코스닥시장 상장기업 1개를 선정한 다음, 그 회사의 향후 5개년간의 추정손익계산서, 추정재무상태표, 추정현금흐름표를 작성하여 보라. 매출액 등의 추정을 위한 자료는 해당 회사의 사업보고서 및 IR 자료, 증권회사 애널리스트의 분석자료, 산업연구원의 업종동향자료 등을 참고하라.

제 7 장

기업위험분석

제1절 기업위험분석의 의의

제2절 사업위험분석

제3절 재무위험분석

기업의 매출과 이익 등의 경영실적은 경기변동에 의하여 영향을 받는다. 그러나 경기변동에 의한 영향을 받는 정도는 회사마다 다르다. 또 매출변동이 있더라도 영업이익이나 세후순이익의 변동도 회사마다 같지 않고 회사의 비용구조나 재무구조에 의해 달라진다. 본장의 기업위험분석에서는 매출의 변동이나 이익변동의 원인을 규명하고 그 크기를 측정하는 것을 다룬다. 본장에서는 기업의 위험을 사업위험과 재무위험으로 구분한다. 사업위험은 회사의 업종, 손익분기점, 영업레버리지, 영업이익의 변동성 등을 측정하여 분석할 수 있으며, 재무위험은 재무레버리지, 부채비율이나 이자보상비율 등의 재무비율 등을 측정하여 분석할 수 있다.

제1절에서는 기업위험분석의 의의를 설명한다. 제2절에서는 사업위험을 파악하기 위한 손익분기점분석과 영업레버리지분석, 그리고 재무지표를 설명한다. 제3절에서는 재무위험을 분석하기 위한 재무레버리지분석과 재무지표를 다룬다.

제1절 기업위험분석의 의의

일반적으로 기업이 직면하는 위험은 사업위험(事業危險, business risk)과 재무위험(財務危險, financial risk)으로 구분할 수 있다([그림 7-1] 참조).

| 그림 7-1 | 기업위험분석의 구조

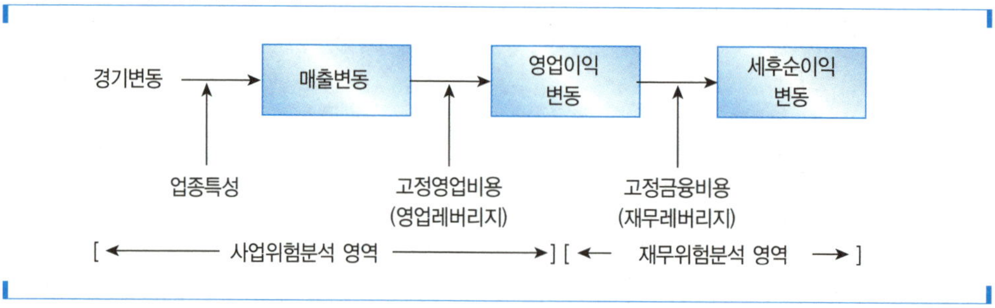

사업위험이란 기업이 속한 업종과 경기변동에 의하여 매출과 영업이익이 변동하는 위험을 말한다. 먼저, 호황과 불황 등의 경기변동에 의하여 특정기업의 매출이 영향을 받게

되는데, 그 영향의 정도는 회사가 영위하는 사업이 속한 업종(산업)에 따라 달라진다. 대체로 자동차 · 조선 · 철강 등 경기민감업종에 속하는 기업들은 제품에 대한 수요가 경기변동에 의해 큰 영향을 받기 때문에 사업위험이 높다. 반면에, 음·식료품, 의약품, 전력 · 가스 등 경기방어업종(경기둔감업종)의 매출이나 이익은 덜 민감한 경향을 보여 사업위험이 낮은 편이다. 다음으로 사업위험은 회사의 비용구조(cost structure)나 자산구조(asset structure)의 차이에 의해서도 영향을 받는데, 일반적으로 고정제조비용이나 고정영업비용의 비중이 클수록 매출변동에 따른 영업이익의 변동이 커 사업위험이 크게 나타난다. 회사의 비용구조나 자산구조의 차이도 업종의 성격에 따라 당연히 달라진다.

한편, 재무위험이란 자금조달방법의 차이에 의해 발생하는 위험을 말하며, 주주에게 돌아가는 세후순이익 또는 주당순이익(earnings per share : EPS)의 변동으로 나타난다. 재무위험은 업종과는 무관하게 회사마다 차이가 나며, 타인자본의존도가 높아 고정금융비용을 많이 부담하는 기업일수록 이 위험이 높다. 극단적으로 높은 재무위험은 기업의 도산을 초래할 수도 있다.

특정기업의 사업위험이나 재무위험에 대한 분석은 경영자나 투자자, 채권자 모두에게 대단히 중요하다. 경영자는 환경변화에 따른 경영전략과 장·단기 경영계획의 수립을 위해 자사(自社)에 대한 위험분석이 필요하다. 투자자는 특정주식을 보유할 경우 그 기업의 사업위험과 재무위험을 그대로 부담하게 되므로, 역시 투자회사에 대한 위험분석을 해야 한다. 특히 분산투자를 하지 않고 소수의 종목에 투자하고 있을 때에는 이 같은 위험을 제거할 수 없기 때문에 더욱 면밀한 분석이 요구된다. 또 특정기업에 대출을 하는 금융기관 등의 채권자도 그 회사의 원리금상환능력이 위험정도에 영향을 받기 때문에 면밀한 분석이 요구된다.

제2절 사업위험분석

1. 손익분기점분석

(1) 손익분기점분석의 의의와 비용구조

매출의 변동에 대하여 영업이익이 얼마나 변동할 것인가를 분석하기 위해서는 우선 매출액, 비용, 영업이익들이 서로 어떤 관계에 있는가를 밝히는 손익분기점분석을 이해하여야 한다. 손익분기점은 매출액과 영업비용(제조원가 및 판매비와 관리비를 포함하는 것으로 정의)이 같아지는 점, 즉 영업이익이 0이 되는 매출량이나 매출액으로 정의된다.[1]

그런데 기업에서 발생하는 모든 영업비용이 제품의 생산량 또는 판매량에 비례하는 변동비라면, 손익분기점의 문제는 일어날 수 없다. 제품의 판매가격이 단위당 변동비보다 크다면 기업은 언제나 이익을 낼 것이며, 판매가격이 작다면 기업은 항상 손해를 볼 것이기 때문이다. 그러나 기업의 활동에는 반드시 고정영업비용이 발생하기 때문에 생산량이나 매출량이 어느 수준까지 이르지 못하면 손실을 가져오게 된다. 다시 말해서 손익분기점분석은 총영업비용과 매출액의 관계를 분석하는 것이므로 매출액이 어느 정도 되어야 총영업비용을 보상하고 영업이익이 발생하기 시작하는가를 찾는 것이 이 분석의 핵심이다. 이것을 규명하기 위해서는 먼저 기업의 영업비용을 고정영업비와 변동영업비로 나누어 검토해야 한다.

고정영업비(固定營業費, fixed operating cost)는 기업의 매출량이나 생산량에 관계없이 일정하게 발생하는 비용이며, 반면에 변동영업비(變動營業費, variable operating cost)는 매출량이나 생산량에 비례하여 발생하는 비용이다. 이러한 기준에 따라 기업의 제조원가와 판매비와 관리비 등 모든 영업비용을 고정영업비와 변동영업비로 나누어 보면 〈표 7-1〉과 같다.

1) 기업의 생산 및 판매 활동에서 발생하는 총수익과 총비용이 같아지는 점, 즉 당기순이익이 0이 되는 매출액이나 매출량을 손익분기점으로 정의하는 경우도 있다. 또 손익분기점분석은 기업이 경영활동을 수행하는 데 있어서 근본적으로 발생하는 비용(cost), 매출액(또는 매출량; volume), 이익(profit)의 상호관계를 분석하기 때문에 CVP분석(cost-volume-profit relationship analysis)이라고도 한다.

표 7-1 고정영업비와 변동영업비

고정영업비	변동영업비
건물과 기계의 감가상각비 임차료 경영진의 보수 기타유지비용, 재산세, 보험료 등	원재료비 노무비 판매수수료 등

영업비용 중에서 변동영업비에 비하여 고정영업비가 클수록 손익분기점이 높아지게 되며, 손익분기점이 높을수록 매출변동이 영업이익변동에 미치는 영향도 크게 나타난다. 그러므로 손익분기점의 분석은 사업위험을 파악하는 데 이용될 수 있는 것이다.

한편, 손익분기점분석은 영입비용을 변동비와 고정비로 분해할 수 있고, 제품가격이나 단위당 변동비 및 고정비가 판매량이나 생산량과 관계없이 일정하다는 가정을 전제로 하는 분석방법이다. 특히 기업의 외부분석자의 경우에는 회사 내부의 원가자료 등에 대한 접근이 어려워 실무에 적용하기는 어려운 면이 있다. 그러나 내부분석자의 경우는 이런 문제를 어느 정도 해결할 수 있어 사업위험 파악은 물론 경영계획수립에 손익분기점분석을 활용할 수 있다.

(2) 손익분기점의 계산

손익분기점은 매출액과 영업비용이 일치하여 영업이익이 0이 되는 매출량으로 정의되므로 매출량과 영업비용, 매출량과 매출액의 관계를 파악해야 한다. 우선 고정영업비, 변동영업비, 총영업비용과 매출량과의 관계는 [그림 7-2]와 같다. 그림에서 보는 바와 같이 고정비는 매출량에 관계없이 일정하며, 변동비는 매출량에 정비례한다. 그러므로 제품 한 단위당 소요되는 변동비를 V라고 하면, 변동영업비(VC)는 단위당 변동비에 매출량(Q)을 곱하면 된다.

$$VC = V \cdot Q$$

따라서 총영업비용(總營業費用, TC)은 변동영업비와 고정영업비(FC)를 합한 것이다.

$$TC = FC + VC = FC + V \cdot Q$$

| 그림 7-2 | 매출량과 영업비용 간의 관계

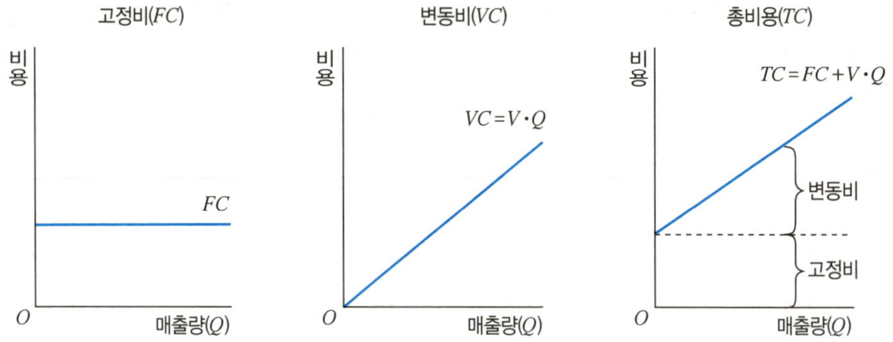

반면에 매출액(*TR*)은 단위당 제품가격(*P*)과 매출량(*Q*)을 곱한 것으로서 다음과 같은 식으로 표시할 수 있으며, 이를 그림으로 나타내면 [그림 7-3]과 같다.

$$TR = P \cdot Q$$

| 그림 7-3 | 매출액과 매출량의 관계

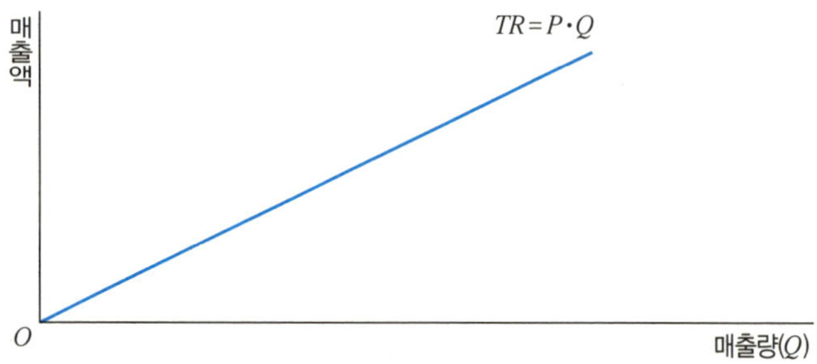

손익분기점(損益分岐點, break-even point : BEP)은 매출액과 총영업비용이 일치하는 점으로서, 이때 기업의 영업이익은 0이 된다. 매출액과 총영업비용이 일치할 때의 매출량을 앞에서 사용한 기호를 써서 나타내면 다음과 같다.

$$P \cdot Q = FC + V \cdot Q \qquad (7\text{-}1)$$

P : 단위당 판매가격
Q : 손익분기점의 매출량

FC : 고정영업비
V : 단위당 변동비

이 식에서 Q를 구하면, 이것이 바로 매출량으로 계산한 손익분기점으로서 (식 7-2)에 나타나 있다. 이때의 $(P-V)$를 제품 한 단위당 **공헌이익(貢獻利益, contribution margin)**이라고 하는데, 이것은 판매단가에서 변동영업비를 뺀 것으로서 이 부분이 기업의 고정영업비를 보상하거나 기업의 이익에 공헌하기 때문에 이러한 명칭으로 부른다.

$$P \cdot Q - V \cdot Q = FC$$

$$\therefore Q(BEP) = \frac{FC}{(P-V)} \qquad (7\text{-}2)$$

예제 7-1

어린이들이 좋아하는 로봇장난감의 전문점인 로보사(Robo, Inc.)는 로봇장난감을 6만 원에 사서 10만 원에 판매한다. 점포를 임차하는 데 월 600만 원이 들며, 기타 차량 감가상각비와 종업원 인건비로 월 200만 원이 들어서 총고정영업비는 800만 원이 든다. 위와 같은 경우에 재고가 전혀 없다고 가정하면 한 달에 몇 개를 팔아야 영업손실(營業損失)을 면할 수 있겠는가?

(식 7-2)를 이용하여 손익분기점을 계산하면 다음과 같다.

$$Q(BEP, \text{Robo}) = \frac{FC}{(P-V)} = \frac{800}{(10-6)} = 200\text{개}$$

| 그림 7-4 | 로보사의 손익분기점

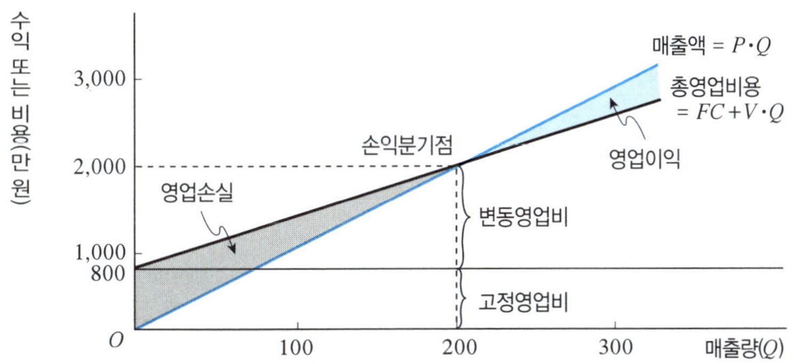

이때의 단위당 공헌이익($P-V$)은 4만 원이고, 손익분기점은 200개이다. 따라서 월 200개의 로봇장난감을 팔면 매출액이 200×10만 원=2,000만 원이고, 변동영업비는 200×6만 원=1,200만 원, 고정영업비는 800만 원으로 총영업비도 2,000만 원이 되므로 영업손실도 없고 또한 영업이익도 없다. 로보사가 영업이익을 내려면 월 200개를 넘게 팔아야 하고 200개에 미달하면 손해를 본다. 로보사의 문제를 그림으로 나타내면 앞의 [그림 7-4]와 같다.

한편, 〈예제 7-1〉에서의 로보사의 장사가 잘되는 것을 본 사람이 로보사 인근에 역시 로봇장난감을 판매하는 가게 라보사(Labo, Inc.)를 차렸다. 그런데 같은 평수의 점포를 임대하는 데 점포임차비용이 올라 월 1,000만 원을 부담하여야 하는 상황이다. 로봇장난감의 구입과 판매가격, 종업원 인건비 등은 같다고 하면, 라보사의 손익분기점은 얼마일까? 역시 (식 7-2)를 이용하여 라보사의 손익분기점을 구하면 월 300개로 올라간다. 즉,

$$Q(BEP,\ \text{Labo}) = \frac{FC}{(P-V)} = \frac{1,200}{(10-6)} = 300\ \text{개}$$

그러므로 라보사는 300개를 넘게 팔아야 비로소 영업이익을 올릴 수 있으므로 라보사에 비하여 사업위험이 더 높다고 할 수 있다.

매출액손익분기점 : 손익분기점은 매출량이 아닌 매출액으로도 구할 수 있다. 이 경우는 다음 두 가지 중 하나의 공식을 이용한다. 여기서 $S(BEP)$는 매출액손익분기점, FC는 고정영업비, VC는 변동비, TR은 총매출액, V는 단위당 변동비, P는 단위당 판매가격을 각각 나타낸다.

$$S(BEP) = \frac{FC}{1-\frac{VC}{TR}} \tag{7-3}$$

$$S(BEP) = \frac{FC}{1-\frac{V}{P}} \tag{7-4}$$

여기서 $(1-VC/TR)$ 및 $(1-V/P)$를 공헌이익률(貢獻利益率, contribution margin ratio)이라고 하는데, 이것은 일정액을 판매했을 때 그 판매액 중에서 고정영업비를 보상하고 영업이익에 공헌하게 되는 부분의 비율을 나타내는 것이다.

예제 7-2

어느 초등학교 앞에서 1,000원짜리 상품만을 판매하는 오케이상사의 20×0년 3월 중 손익계산서상에 다음과 같이 매출액과 비용이 나타나 있다.

항 목	금액(원)	
매출액		10,000,000
영업비용		
변동영업비	8,000,000	
고정영업비	6,000,000	14,000,000
영업이익(손실)		(4,000,000)

오케이상사는 3월에 매출액은 천만 원이나 영업비용이 14백만 원이 발생하여 4백만 원의 적자를 보고 있다. 제품단위당 판매가격과 변동영업비가 판매량에 관계없이 일정하다고 가정하면, 월 얼마의 매출액을 올려야 손익분기점을 달성할 수 있을까?

이 문제를 풀기 위해서는 앞에서 설명한 매출액의 손익분기점을 구하는 공식을 이용하여야 한다. 즉,

$$S(BEP) = \frac{FC}{1 - \frac{VC}{TR}}$$

$$= \frac{6,000,000}{1 - \frac{8,000,000}{10,000,000}} = 30,000,000\text{원}$$

결국 오케이상사는 3천만 원의 매출액, 즉 3만 개의 상품을 판매해야 영업손실을 면할 수 있다. 이러한 경우 오케이상사의 손익계산서는 다음과 같다.

항 목	금액(원)	
매출액		30,000,000
영업비용		
변동영업비	24,000,000	
고정영업비	6,000,000	30,000,000
영업이익(손실)		0

변동영업비 24,000,000원은 변동영업비가 매출액의 8/10(8,000,000/10,000,000)을 차지하고 있음을 근거로 하여 30,000,000×8/10에 의해 계산된 것이다.

참고 일정한 영업이익을 달성하기 위한 매출량 및 매출액

손익분기점은 영업이익이 0일 때의 매출량 또는 매출액을 의미한다. 그러나 경영진은 영업이익이 0이 되는 것보다 일정한 목표영업이익에 도달할 수 있는 매출량이나 매출액에 관심을 보인다. 즉, 단지 손실을 면한다는 소극적인 계획이 아니라, 보다 적극적으로 투자액의 40%에 해당하는 영업이익을 보기 위해서는 어느 정도의 매출이 필요한지, 또는 5백만 원의 영업이익을 얻기 위해서는 어느 정도의 매출을 올려야 하는지에 관심을 쏟는다는 말이다. 이러한 경우에도 손익분기점분석을 이용할 수가 있다. 목표영업이익(target operating profit)을 달성하기 위한 매출량 및 매출액을 구하는 공식은 다음과 같다.

$$Q(Profit) = \frac{(FC + Profit)}{(P - V)} \tag{7-5}$$

$$S(Profit) = \frac{(FC + Profit)}{\left(1 - \frac{V}{P}\right)} \tag{7-6}$$

단, $Q(Profit)$: 목표영업이익 달성매출량
$S(Profit)$: 목표영업이익 달성매출액
$Profit$: 목표영업이익

예제 7-3

앞의 로보사의 예에서 최소한 5백만 원의 영업이익을 목표로 하고 있다 하자. 목표매출량과 목표매출액은 각각 얼마가 되어야 하나?

$$Q(Profit) = [800 + 500] / (10 - 6) = 325 \text{ 개}$$
$$S(Profit) = [800 + 500] / 0.4 = 3,250 \text{만 원}$$

따라서 목표매출량은 325개, 목표매출액은 3,250만 원이다.

이와 같이 손익분기점분석은 단순히 영업이익이 0인 점만을 분석할 수 있는 것이 아니라, 기업에서 바라는 영업이익, 즉 목표이익을 실현할 수 있는 점도 분석할 수 있으므로 경영계획 수립 시 유용성이 크다.

2. 영업레버리지분석

(1) 영업레버리지의 의미

영업레버리지(operating leverage)는 영업이익의 실현과정에서 고정영업비가 발생하기 때문에 생긴다. 고정영업비는 기업의 매출액수준과 관계없이 발생하는 영업비용을 말하며, 이것 때문에 매출변동에 대하여 영업이익의 변동이 더 확대된다. 그러면 고정비(固定費)로 인하여 매출액의 변화에 따른 영업이익이 어떻게 변화하는가를 사례를 들어 살펴보자.

예제 7-4

어느 회사의 매출액이 5억 원이고, 고정영업비가 2억 9천만 원이며, 변동영업비는 매출액의 40%라고 하자. 따라서 이때의 영업이익은 1천만 원이다. 이 회사의 매출액이 10% 증가하거나 감소한다면 영업이익은 어떻게 될까?

우선 매출액이 10% 증가하여 5억 5천만 원이 될 때 영업이익은 4천만 원으로서 300%가 증가한다. 반대로 매출액이 10% 감소하여 4억 5천만 원이 되면 영업이익은 (-)2천만 원으로서 300%가 감소하게 된다. 계산과정은 〈표 7-2〉에 정리되어 있다.

표 7-2 영업레버리지와 영업이익의 변화 (단위 : 백만 원)

항목	10% 감소	현재	10% 증가
매출액	450	500	550
(−) 고정비	290	290	290
(−) 변동비	180	200	220
영업이익	−20	10	40
	300% 감소		300% 증가

이처럼 매출액의 변화율과 영업이익의 변화율이 같지 않고, 영업이익의 변화율이 더 크게 나타나는 현상은 매출액의 증가나 감소에 관계없이 일정하게 지급되어야 하는 고정영업비 때문에 일어난다. 즉, 고정영업비가 지렛대(lever)의 역할을 하여 매출액이 증가할 때에는 영업이익의 증가폭이 더 크게 나타나며, 매출액이 감소할 때에는 영업이익의 감소폭이

더 크게 나타나는데, 이러한 현상을 영업레버리지효과라고 한다. 따라서 기업이 고정영업비를 많이 사용할수록 레버리지효과로 인하여 영업이익의 변동이 증가하며 사업위험이 높아진다.

(2) 영업레버리지도의 계산

영업레버리지는 고정적인 영업비의 지출을 수반하는 자산의 보유 정도를 말하며, 영업레버리지분석은 고정영업비가 있을 때 매출액변화에 대한 영업이익변화의 관계를 분석하는 것이다. 이러한 매출액변화와 영업이익변화와의 관계는 영업레버리지도(degree of operating leverage : DOL)를 이용하여 측정할 수 있다.

영업레버리지도는 매출량증가율에 대한 영업이익증가율의 비율을 말하는 것으로서 (식 7-7)과 같이 나타낸다.

$$DOL = \frac{\text{영업이익증가율}}{\text{매출량증가율}} = \frac{\Delta OP/OP}{\Delta Q/O} \tag{7-7}$$

그런데 영업이익(operating profit : OP)과 그 변화(ΔOP)는 다음과 같이 표시된다.

$$\begin{aligned} OP &= Q(P-V) - FC \\ \Delta OP &= \Delta Q(P-V) \end{aligned} \tag{7-8}$$

(식 7-8)의 두 식을 (식 7-7)에 대입하여 정리하면 다음과 같다.

$$\begin{aligned} DOL &= \frac{Q(P-V)}{Q(P-V)-FC} \\ &= \frac{\text{공헌이익}}{\text{영업이익}} \end{aligned} \tag{7-9}$$

그러므로 영업레버리지도(DOL)은 공헌이익을 영업이익으로 나누어 계산되며 이 값이 클수록 사업위험이 높은 것으로 판단한다. 물론 영업이익이 음수로서 영업손실의 상황이거나 공헌이익이 음수로서 판매가격이 단위당 변동비에도 미치지 못하는 상황에는 DOL이 음수가 되어 그 의미가 없어지므로 사용해서는 안 된다.

(식 7-9)에서 보는 바와 같이 영업레버리지도는 ① 매출가격(P) ② 제품단위당 변동비(V) ③ 고정비(FC) ④ 매출량(Q)에 따라 그 값이 결정된다. 〈사례 7-1〉은 같은 업종에 속하

는 세 회사를 예로 하여 영업레버리지도를 결정하는 여러 변수들의 영향을 보여주고 있다.

사례 7-1 세 찐빵회사의 손익분기점과 영업레버리지도

찐빵으로 유명한 어느 마을에 할머니, 아들, 손자 3대가 각각 회사를 차려 찐빵을 만들어 판매하고 있다. 할머니회사는 "손맛이 역시 최고여!"하면서 반죽에서 포장까지 거의 모든 작업을 인근 할머니와 아주머니들의 손으로 하고 있다. 아들회사는 이 마을 찐빵이 입소문으로 유명해지며 수요가 증가하자 찐빵을 반죽하고 찌는 과정 일부를 기계로 대신하고 있다. 대학에서 경영학을 공부한 손자가 경영하는 손자회사는 홈쇼핑과 인터넷에 광고하여 국내는 물론 해외까지 진출할 구상으로 찐빵 제조 및 포장의 전 과정을 최신 기계를 들여와 자동화시켰다. 현재 시장에서 찐빵의 개당 가격은 2.0천 원으로 동일하다(물론 이 점에 대해서는 손맛을 강조하는 할머니가 가장 불만이 많다). 할머니회사는 건물임대료, 제조기구 및 차량 감가상각비 등으로 월 20,000천 원의 고정영업비를 부담하고 있고, 변동비로서 재료비와 인건비를 합쳐 개당 1.5천 원이 발생하고 있다. 아들회사의 경우 일부 기계를 사용하는 관계로 고정영업비가 월 40,000천 원을 부담하는 대신, 수작업의 일부가 기계로 대체되면서 개당 변동비는 1.2천 원으로 줄어들었다. 한편, 손자회사의 경우는 제조 전 과정이 자동화되어 고정영업비는 월 60,000천 원으로 증가하는 대신, 변동비가 거의 재료비로 구성되어 개당 변동비는 1.0천 원으로 크게 줄어들었다. 이들 세 회사의 손익분기점과 판매량이 월간 100,000개일 경우의 영업레버리지도는 얼마인가?

우선 [그림 7-5]는 세 회사의 손익분기점과 월간 판매량이 2만 개, 4만 개, 6만 개, 10만 개, 12만 개일 때의 영업손익을 보여주고 있다.

세 회사의 손익분기점은 다음과 같다.

$$Q(BEP,\ \text{할머니회사}) = 20{,}000/(2.0-1.5) = 20{,}000/0.5 = 40{,}000\text{개}$$
$$Q(BEP,\ \text{아들회사}) = 40{,}000/(2.0-1.2) = 40{,}000/0.8 = 50{,}000\text{개}$$
$$Q(BEP,\ \text{손자회사}) = 60{,}000/(2.0-1.0) = 60{,}000/1.0 = 60{,}000\text{개}$$

그러므로 할머니 회사의 경우 월간 40,000개를 넘게 팔면 영업이익을 볼 수 있는 반면, 아들회사는 50,000개, 손자회사는 60,000개를 넘게 팔아야 영업이익을 볼 수 있다. 따라서 사업위험은 할머니회사가 가장 낮고 손자회사가 가장 높다. 예를 들어 찐빵에 대한 수요가 경쟁관계에 있는 호두과자에 밀려 하락한 결과 회사당 월간 40,000개로 줄어들었다면 세 회사의 영업손익은 다음과 같다.

$$\text{할머니회사 영업손익} = 40{,}000\times(2.0-1.5)-20{,}000 = 0\text{천 원}$$
$$\text{아들회사 영업손익} = 40{,}000\times(2.0-1.2)-40{,}000 = -8{,}000\text{천 원}$$
$$\text{손자회사 영업손익} = 40{,}000\times(2.0-1.0)-60{,}000 = -20{,}000\text{천 원}$$

그러나 반대로 홈쇼핑에서 찐빵이 건강식품으로서 전국적으로 알려지면서 수요가 급증하여 회사당 월간매출이 120,000개까지 가능하다면 각 회사의 영업이익은 다음과 같이 늘어난다.

| 그림 7-5 | 세 찐빵회사의 손익분기점과 영업손익

할머니회사

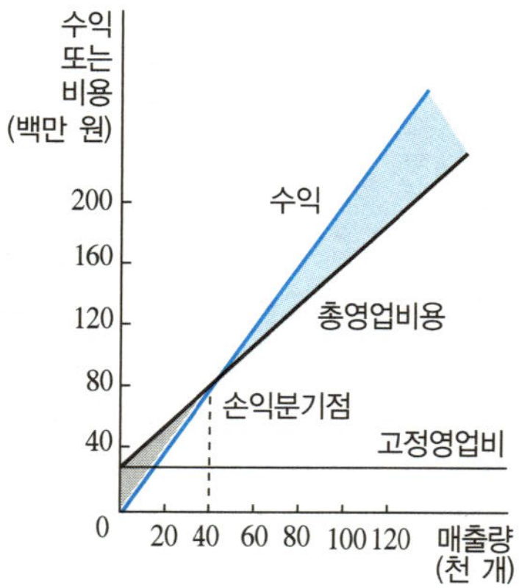

단 가 = 2.0천 원
고정비 = 20,000천 원
개당 변동비 = 1.5천 원

매출량(개)	매출액(천 원)	비용(천 원)	이익(천 원)
20,000	40,000	50,000	−10,000
40,000	80,000	80,000	0
60,000	120,000	110,000	10,000
80,000	160,000	140,000	20,000
100,000	200,000	170,000	30,000
120,000	240,000	200,000	40,000

아들회사

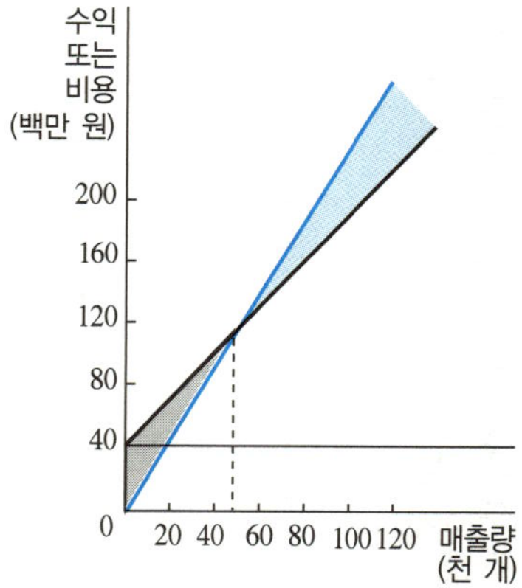

단 가 = 2.0천 원
고정비 = 40,000천 원
개당 변동비 = 1.2천 원

매출량(개)	매출액(천 원)	비용(천 원)	이익(천 원)
20,000	40,000	64,000	−24,000
40,000	80,000	88,000	−8,000
60,000	120,000	112,000	8,000
80,000	160,000	136,000	24,000
100,000	200,000	160,000	40,000
120,000	240,000	184,000	56,000

손자회사

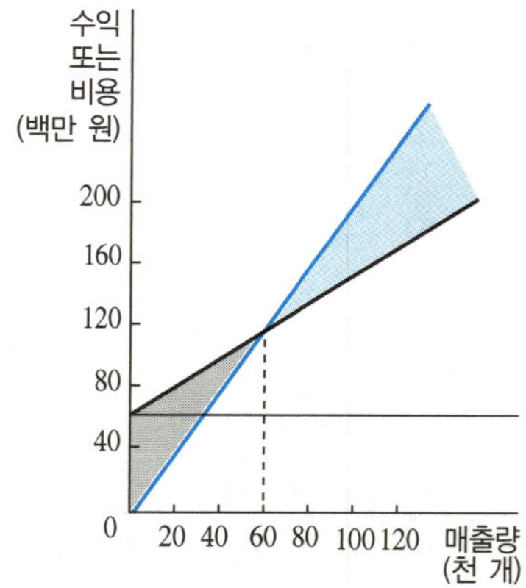

단 가 = 2.0천 원
고정비 = 60,000천 원
개당 변동비 = 1.0천 원

매출량(개)	매출액(천 원)	비용(천 원)	이익(천 원)
20,000	40,000	80,000	−40,000
40,000	80,000	100,000	−20,000
60,000	120,000	120,000	0
80,000	160,000	140,000	20,000
100,000	200,000	160,000	40,000
120,000	240,000	180,000	60,000

할머니회사 영업손익 = 120,000×(2.0−1.5)−20,000 = 40,000천 원
아들회사 영업손익 = 120,000×(2.0−1.2)−40,000 = 56,000천 원
손자회사 영업손익 = 120,000×(2.0−1.0)−60,000 = 60,000천 원

한편, (식 7-10)을 이용하여 생산량이 100,000개일 때의 세 회사의 영업레버리지도를 계산하면 다음과 같다.

DOL(할머니회사, 100,000개) = [100,000×(2.0−1.5)]/[100,000×(2.0−1.5)−20,000] = 1.67
DOL(아들회사, 100,000개) = [100,000×(2.0−1.2)]/[100,000×(2.0−1.2)−40,000] = 2.00
DOL(손자회사, 100,000개) = [100,000×(2.0−1.0)]/[100,000×(2.0−1.0)−60,000] = 2.50

손익분기점분석과 마찬가지로 매출량 100,000개일 경우 DOL은 할머니회사가 1.67, 아들회사가 2.0, 손자회사는 2.50으로 나타나 손자회사의 사업위험이 가장 높다. 참고로 아들회사의 경우 DOL이 2.0이라는 것은 아들회사의 매출량이 100,000개일 때 영업이익증가율은 매출량증가율의 2배로 나타난다는 것을 의미한다. 즉, 매출량이 100,000개에서 120,000개로 20% 증가하면 영업이익은 매출량이 100,000개일 때의 영업이익 40,000천 원보다 40% 증가한 56,000천 원으로 늘어난다는 뜻이다. 한편, DOL은 같은 회사라도 매출량이 증가하면 낮아진다. 예를 들어 아들회사의 경우 매출량이 120,000개가 되면, DOL은 2.0에서 1.71로 하락한다. 즉,

DOL(아들회사, 120,000개) = [120,000×(2.0−1.2)]/[120,000×(2.0−1.2)−40,000]
= 96,000/56,000 = 1.71

한 가지 알아두어야 할 것은 영업레버리지도가 높다는 것은 그 기업의 영업이익이 많다는 것을 나타내는 것도 아니며, 또한 기업경영이 우수하다는 것을 나타내는 것도 아니라는 점이다. 이것은 다만 매출량의 변화에 대한 영업이익의 변화가 크다는 것, 즉 사업위험이 높다는 것을 나타내는 것이다. 대체로 자본집약적 산업(資本集約的 産業)은 영업레버리지도가 높은데, 그 이유는 자본을 비유동자산에 투하하면 고정적인 영업비가 증가하고 생산단위당 변동비가 줄어들기 때문이다.[2)]

3. 기타재무지표

앞서 살펴본 손익분기점이나 영업레버리지도는 사업위험측정에 이용할 수 있지만, 회사의 비용구조를 알아야 한다는 제약이 따른다. 재무제표를 통하여 사업위험을 파악하는

2) D.L. Raun, "The Limitation of Profit Graphs, Break-even Analysis and Budgets," *Accounting Review* (October 1964), pp.927~945.

데 도움이 되는 기타재무지표로는 영업이익의 변동성을 나타내는 영업이익의 변동계수나 매출액영업이익률의 표준편차 등을 들 수 있다.

영업이익의 변동계수는 영업이익의 표준편차를 영업이익의 평균으로 나누어 구한다. 즉,

$$CV(OP) = \frac{\sigma(OP)}{M(OP)} \tag{7-10}$$

단, $CV(OP)$: 영업이익의 변동계수
$\sigma(OP)$: 영업이익의 표준편차
$M(OP)$: 영업이익의 평균

또 매출액영업이익률의 표준편차는 다음과 같이 구한다.

$$\sigma(OIS) = \left[\frac{\sum_{t=1}^{N}(OIS_t - M(OIS))^2}{(N-1)}\right]^{\frac{1}{2}} \tag{7-11}$$

단, $\sigma(OIS)$: 매출액영업이익률의 표준편차
OIS_t : t기의 매출액영업이익률
$M(OIS)$: 매출액영업이익률의 기간평균
N : 기간 수

예제 7-5

다음은 제약업종과 정보통신업의 대표기업이라 할 수 있는 유한양행과 NAVER의 2017년~2021년 기간의 매출액과 영업이익자료이다. 각 회사의 영업이익의 변동계수와 매출액영업이익률의 표준편차를 구하여 보라.

표 7-3 유한양행과 NAVER의 매출액, 영업이익, 매출액영업이익률 (단위 : 억 원, %)

회사	구분	2017	2018	2019	2020	2021
유한양행	매출액	14,622	15,188	14,804	16,199	16,878
	영업이익	887	501	125	843	486
	매출액영업이익률	6.07	3.30	0.85	5.20	2.88
NAVER	매출액	46,785	55,869	43,562	53,041	68,176
	영업이익	11,792	9,425	11,550	12,153	13,255
	매출액영업이익률	25.20	16.87	26.51	22.91	19.44

먼저 유한양행의 영업이익의 변동계수는 다음과 같이 구한다.

영업이익의 평균(유한양행)= $\frac{(887 + 501 + 125 + 843 + 486)}{5}$ = 568.4 억 원

영업이익의 표준편차(유한양행)[3)]

$$= \left[\frac{(887-568.4)^2+(501-568.4)^2+(125-568.4)^2+(843-568.4)^2+(486-568.4)^2}{4} \right]^{\frac{1}{2}}$$

$$= 310.0$$

영업이익의 변동계수(유한양행) = $\frac{310.0}{568.4}$ = 0.545

같은 방법으로 NAVER 영업이익의 변동계수를 구하면 0.120으로 유한양행의 영업이익 변동계수보다 작다. 또 유한양행의 매출액영업이익률의 평균은 3.66%이고, 표준편차는 다음과 같이 구한다.

매출액영업이익률의 표준편차(유한양행)

$$= \left[\frac{(6.07-3.66)^2+(3.30-3.66)^2+(0.85-3.66)^2+(5.20-3.66)^2+(2.88-3.66)^2}{4} \right]^{\frac{1}{2}}$$

$$= 2.05\%$$

같은 방법으로 NAVER의 매출액영업이익률의 평균은 22.19%이고, 표준편차를 구하면 4.00%로서 유한양행의 매출액영업이익률의 표준편차보다 큰 것으로 나타나고 있다.

제 3 절 재무위험분석

1. 재무레버리지의 의미와 재무레버리지도

재무레버리지(financial leverage)는 이자비용 등 고정금융비용이 발생하는 타인자본을 사용하는 것을 말한다. 타인자본을 사용하게 되면 영업이익의 증가나 감소에 관계없이 일정금액의 고정금융비용이 지불되고 그 나머지가 주주에게 돌아간다. 지렛대 역할을 하는

3) 엑셀을 이용하면 표준편차를 쉽게 구할 수 있다. 이 경우 '수식-함수-통계-표준편차(STDEV)'를 차례로 클릭한 다음 유한양행의 영업이익이 들어 있는 셀의 범위(예를 들면, C4~G4)를 지정해 주고 확인을 누르면 =STDEV(C4:G4)에 의해 310.0의 답이 나온다.

고정금융비용이 지급될 경우 영업이익의 변동에 비하여 세후순이익의 변동이 더 크게 나타나며, 이를 재무레버리지효과(financial leverage effect)라 한다.

먼저 재무레버리지의 효과를 예를 들어 설명하자. 어느 기업의 영업이익이 100백만 원이며 현재 매달 지불하여야 하는 이자비용이 20백만 원이다. 법인세율을 20%라고 가정해 보면, 세후순이익은 64백만 원이 된다. 이와 같은 상황에서 영업이익이 40% 증가하는 경우와 40% 감소하는 경우에 세후순이익이 어떻게 달라지는가를 〈표 7-4〉에 적어 보았다.

표 7-4 재무레버리지와 세후순이익의 변화 (단위 : 백만 원)

항 목	40% 감소	현재	40% 증가
영업이익	60	100	140
이자비용	20	20	20
세전이익	40	80	120
법인세비용	8	16	24
세후순이익	32	64	96
순이익변화	50% 감소		50% 증가

영업이익이 40% 증가하여 140백만 원이 될 때, 소유주에게 돌아가는 세후순이익은 50% 증가한 96백만 원이 되며, 반면에 영업이익이 감소하여 60백만 원이 되면 세후순이익은 50% 감소한 32백만 원이 된다. 이와 같이 영업이익의 변화율보다 세후순이익의 변화율이 큰 것은 타인자본을 사용한 결과 발생하는 이자비용 때문이다. 즉 타인자본 때문에 발생하는 이자가 지렛대의 역할을 하여 영업이익의 변화에 대한 세후순이익의 변화폭이 더욱 커지는데, 이러한 현상을 재무레버리지효과라라고 한다. 타인자본의존도가 크면 클수록 재무레버리지효과는 더욱 커지며 재무위험도 증가한다.

2. 재무레버리지도의 계산

세후순이익은 영업이익에서 이자비용과 법인세비용을 차감한 것으로서 기업의 소유주에게 돌아가는 이익이다. 주주의 입장에서는 세후순이익 전체보다 세후순이익을 보통주의 발행주식수로 나눈 주당순이익(EPS)이 더 중요하다. 여기서 영업이익의 변화가 주당순이익에 미치는 영향으로서의 재무레버리지효과를 살펴보자.

사례 7-2 손자회사의 자금조달계획과 재무레버리지효과

앞의 〈사례 7-1〉에서 소개된 손자회사의 경우 찐빵제조 및 포장과정을 자동화할 수 있는 기계의 도입에 7억 원이 소요되는 것으로 판단하고 있는데, 7억 원을 어떻게 조달할 것인가를 고려 중에 있다. 조달방안으로는 ① 주거래은행으로부터 장기차입금 2억 원을 연리(年利) 8%에 차입하고, 나머지 5억 원은 보통주 10만 주를 주당 5,000원으로 발행하여 조달하는 방안, ② 주거래은행으로부터 장기차입금 4억 원을 연리 8%에 차입하고, 보통주 6만 주를 주당 5,000원으로 발행하여 나머지 3억 원을 조달하는 방안의 두 가지를 고려하고 있다. 법인세율은 20%이다. 일정수준의 영업이익에서 각 자금조달계획이 세후순이익에 어떤 영향을 미치며, 어떤 방법으로 조달하는 것이 주주의 입장에서 더 유리한가?

이를 분석하기 위하여 〈표 7-5〉에 자금조달계획에 대하여 일정한 영업이익수준별로 세후순이익과 주당순이익이 어떻게 변화할 것인가를 계산하여 보았다. 타인자본을 적게 사용하는 제1안의 경우 영업이익수준에 관계없이 연 16,000천 원의 이자비용이 지급된다. 그러므로 영업이익이 90,000천 원이면 세후순이익은 59,200천 원이고 이를 발행주식수 100,000주로 나누면 주당순이익은 592원이 된다. 타인자본을 2배로 더 사용하는 제2안의 경우 연 32,000천 원의 이자비용이 영업이익수준과 무관하게 지급된다. 그러므로 영업이익수준이 90,000천 원이면 세후순이익은 46,400천 원이고 이를 발행주식수 60,000주로 나누면 주당순이익은 773원이 된다.

〈표 7-5〉를 통하여 부채를 많이 이용하는 제2안의 경우가 부채를 적게 이용하는 제1안에 비하여 세후순이익과 주당순이익의 변동폭이 크다는 것, 그리고 재무위험이 더 크다는 것을 확인할 수 있다.

표 7-5 자금조달계획과 재무레버리지효과 (단위 : 천 원, 원)

제1안 자본조달계획(장기차입금 2억 원, 자기자본 5억 원)					
영업이익	30,000	60,000	90,000	120,000	150,000
이자비용	16,000	16,000	16,000	16,000	16,000
세전이익	14,000	44,000	74,000	104,000	134,000
법인세비용	2,800	8,800	14,800	20,800	26,800
세후순이익	11,200	35,200	59,200	83,200	107,200
주당순이익(원)	112	352	592	832	1,072

제2안 자본조달계획(장기차입금 4억 원, 자기자본 3억 원)					
영업이익	30,000	60,000	90,000	120,000	150,000
이자비용	32,000	32,000	32,000	32,000	32,000
세전이익	−2,000	28,000	58,000	88,000	118,000
법인세비용	0	5,600	11,600	17,600	23,600
세후순이익	−2,000	22,400	46,400	70,400	94,400
주당순이익(원)	−33	373	773	1,173	1,573

〈사례 7-2〉의 예에서 제1안에 비하여 제2안이 영업이익의 변화에 따라 주당순이익의 변화폭이 큰 것은 제2안의 재무레버리지, 즉 고정금융비용(이자비용)의 지출이 크기 때문이다. 이와 같은 재무레버리지효과를 영업이익변화율과 주당순이익변화율의 비로써 측정할 수 있는데, 이를 재무레버리지도(degree of financial leverage : DFL)라고 한다. 즉,

$$DFL = \frac{\Delta EPS/EPS}{\Delta OP/OP} \qquad (7\text{-}12)$$

단, ΔEPS : 주당순이익(EPS)변화분
EPS : 주당순이익
ΔOP : 영업이익변화분
OP : 영업이익

(식 7-12)가 재무레버리지도의 정의이다. 그런데 이자비용을 INT, 발행주식수를 N, 법인세율을 t라 하면,

$$\frac{\Delta EPS}{EPS} = \frac{\Delta OP(1-t)/N}{(OP-INT)(1-t)/N} = \frac{\Delta OP}{(OP-INT)}$$

가 되므로, 이를 (식 7-12)에 대입하면 (식 7-13)을 얻는다.

$$DFL = \frac{\Delta EPS/EPS}{\Delta OP/OP} = \frac{OP}{(OP-INT)} \qquad (7\text{-}13)$$

결국, DFL은 영업이익을 영업이익에서 이자비용을 차감한 것으로 나눈 것과 같다. DFL 역시 분자인 영업이익이 음수이거나 분모인 영업이익에서 이자비용을 차감한 것이 음수가 되는 경우에는 의미가 없다.

(식 7-13)을 이용하여 손자회사에서 고려하고 있는 자본조달계획 제1안과 제2안의 재무레버리지도를 영업이익이 9천만 원일 때를 기준으로 계산하여 보자.

DFL(제1안, 손자회사) = 90,000/(90,000−16,000) = 90,000/74,000 = 1.216
DFL(제2안, 손자회사) = 90,000/(90,000−32,000) = 90,000/58,000 = 1.552

제1안의 영업이익이 9천만 원일 때의 DFL이 1.216이라는 것은, 영업이익이 10% 증가하면 주당순이익이 12.16% 증가하며 영업이익이 10% 감소할 때에 주당순이익은 12.16% 감소한다는 의미이다. 예를 들어, 영업이익이 9천만 원에서 1억 2천만 원으로 증가하면 그 증가율은 33.33%이므로, 주당순이익은 33.33%×1.216=40.5% 증가하게 되어 주당순이

익이 592원에서 832원으로 증가하는 것이다.

제2안에 있어서는 영업이익이 9천만 원일 때, 영업이익이 10% 증가하거나 감소할 때 주당순이익은 그 1.552배인 15.52%가 증가 또는 감소한다는 것을 보여주고 있다. 예를 들어, 영업이익이 9천만 원에서 33.33% 증가한 1억 2천만 원이 될 때, 주당순이익은 그 1.552배인 51.72%가 증가된다. 〈표 7-5〉의 제2안에서 보면 주당순이익이 773원에서 1,173원으로 증가한 것을 알 수 있다.

참고 자본분기점

〈표 7-5〉에서 영업이익의 변화에 따라, 제1안을 택할 때보다 제2안을 택할 때가 주당순이익의 변화폭이 큰 것을 볼 수 있다. 이 두 자본조달계획별로 영업이익과 이에 따르는 주당순이익을 그림으로 나타내면 [그림 7-6]과 같다.

| 그림 7-6 | 자본분기점

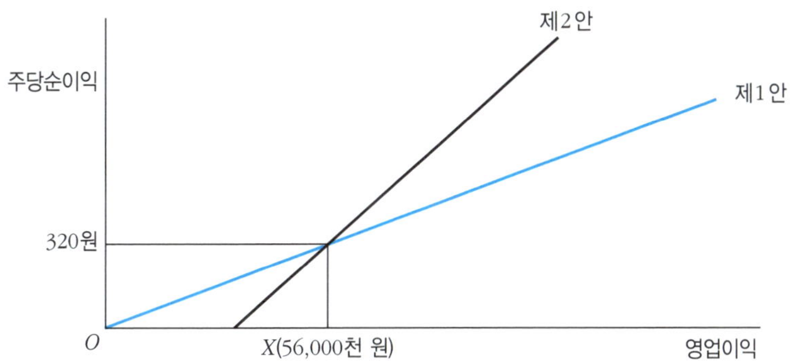

[그림 7-6]을 보면 주당순이익 면에서 제1안과 제2안의 자본조달계획이 차이가 없는 영업이익의 수준(X)이 존재하게 되는데, 이를 자본분기점(資本分岐點)이라 한다. 즉 영업이익이 X에 미달할 경우에는 같은 영업이익의 수준에서보다 많은 주당순이익을 실현할 수 있기 때문에 제1안의 자본조달계획이 제2안의 자본조달계획보다 유리하다. 또한 영업이익이 X를 상회할 경우에는 반대로 제2안의 자본조달계획이 유리하다.

자본분기점은 두 가지 자본조달계획의 EPS를 같게 하는 영업이익을 의미한다. 이제 〈표 7-5〉에서 제시된 사례에 대하여 두 가지 자본조달계획의 자본분기점을 구하여 보도록 하자.

$$\frac{(X - INT_1)(1-t)}{N_1} = \frac{(X - INT_2)(1-t)}{N_2} \tag{7-14}$$

단, X : 자본분기점(영업이익)
INT_1, INT_2 : 1안과 2안의 이자비용
N_1, N_2 : 1안과 2안의 발행주식수
t : 법인세율

그러므로 제1안과 제2안의 주당순이익을 같게 하는 점인 자본분기점 X는 (식 7-14)를 이용하여 구할 수 있다.

$$\frac{(X-16{,}000)(1-0.2)}{100{,}000}=\frac{(X-32{,}000)(1-0.2)}{60{,}000}$$

$$\therefore X=\frac{(100{,}000\times 32{,}000-60{,}000\times 16{,}000)}{(100{,}000-60{,}000)}$$

$$=56{,}000\text{천 원}$$

따라서 자본분기점은 영업이익이 56,000천 원인 점이고 이때 두 가지 자본조달계획의 주당순이익은 320원으로 동일하다. 그러므로 경기상황이 좋아 영업이익이 56,000천 원을 초과할 것으로 예상된다면 부채를 많이 사용하는 제2안으로 자금을 조달하고, 경기상황이 좋지 않아 영업이익이 56,000천 원을 밑돌 것으로 예상된다면 자기자본을 많이 사용하는 제1안을 선택하는 것이 바람직하다. 한편, 자본분기점은 벤처기업 등 설립된 지 얼마되지 않아 아직 매출액이나 영업이익이 저조한 기업의 자금조달은 자기자본 위주로 이루어져야 한다는 것도 보여주고 있다.

3. 기타재무지표

제3장에서 서명한 재무비율 중 기업의 재무위험을 측정하는 데 유용한 것으로는 부채비율, 이자보상비율, 금융비용부담률 등을 들 수 있다. 이들 재무비율은 다음과 같이 측정한다.

$$\text{부채비율}=\frac{\text{부채총계}}{\text{자본총계}}$$

$$\text{이자보상비율}=\frac{\text{영업이익}}{\text{이자비용}}$$

$$\text{금융비용부담률}=\frac{\text{이자비용}}{\text{매출액}}$$

일반적으로 타인자본에 대한 의존도가 높아 고정금융비용이 많이 발생하는 기업일수록 부채비율과 금융비용부담률이 높은 반면, 이자보상비율은 낮아 재무위험이 높은 것으로 평가한다.

예제 7-6

다음은 철강제조업종에 속하는 현대제철과 POSCO홀딩스의 2021년도 주요 재무항목이다.

표 7-6 현대제철과 POSCO홀딩스의 주요 재무항목(2021년도, 연결기준) (단위: 십

	부채총계	자본총계	매출액	영업이익	이자비용	이자수익	당기순이익
현대제철	18,782	18,260	22,850	2,448	304	19	1,505
POSCO홀딩스	36,667	54,805	76,332	9,238	440	292	7,196

위 자료를 이용하여 두 회사의 부채비율, 이자보상비율(영업이익기준), 금융비용부담률, 재무레버리지도를 계산하여 보라.

두 회사의 재무지표를 계산하면 〈표 7-7〉과 같다. 부채비율이나 이자보상비율, 금융비용부담률, 재무레버리지도의 모든 지표에서 POSCO홀딩스의 재무위험이 현대제철에 비하여 낮다는 결과를 얻게 된다.

표 7-7 현대제철과 POSCO홀딩스의 주요 재무지표(2021년도)

	부채비율(%)	이자보상비율(배)	금융비용부담률(%)	재무레버리지도
현대제철	102.86	8.05	1.33	1.14
POSCO홀딩스	66.90	21.00	0.58	1.05

연 습 문 제

01 다음 용어들을 간략히 설명하라.

① 고정영업비 ② 영업레버리지도
③ 재무레버리지도 ④ 자본분기점

02 손익분기점은 어떻게 사업위험의 측정지표가 될 수 있나?

03 경기변동에 대하여 매출이나 영업이익의 변동이 민감한 업종과 덜 민감한 업종, 그리고 해당 기업의 예를 제시하여 보라.

04 영업레버리지와 재무레버리지는 한 가지 중요한 측면에서 유사한 성격이 있다. 이 유사한 성격은 무엇이며, 왜 이것이 중요한 의미를 갖는가를 설명하라.

05 반도체제조업의 SK하이닉스나 자동차제조업의 쌍용자동차와 같은 기업은 해당 업종의 경기변동에 매출과 이익이 민감하게 변동하는 특징이 있다. 이런 기업은 재무위험을 어떻게 관리하는 것이 바람직할까?

06 H제약회사는 만병통치약이라고 광고하는 '만리장성'을 생산 · 판매하고 있다. 이 제품 1병의 가격은 35,000원이고, 제품생산에 드는 연간고정비는 160,000,000원, 그리고 병당 변동비는 15,000원이다.

① 60,000병을 판매할 경우의 영업손익과 90,000병을 판매할 경우의 영업손익을 구하라.
② 손익분기점 매출량은 얼마인가? 이를 보이는 그래프도 작성하라.
③ 60,000병 판매 시의 영업레버리지도와 90,000병 판매 시의 영업레버리지도를 구하라.
④ 이 약의 폭발적인 인기로 판매가격이 병당 40,000원이 되었다면, 이 회사의 손익분기점은 얼마인가? 이것이 이 회사의 재무정책에는 어떤 영향을 미치는가?
⑤ 병당 가격이 40,000원이 되었을 때 원료인 '우황' 가격이 품귀로 인하여 병당 변동비도 20,000원으로 증가하였다면 손익분기점은 어떻게 변화하는가?

07 서울주식회사는 1억 원의 기존시설을 가지고 있는데 5억 원 상당의 시설확장을 계획하고 있다. 현재 이 회사의 연간 영업이익은 1억 4천만 원이며 확장 후에 예상되는 영업이익은 2억 원일 것으로 예상하고 있다. 이 기업에 대한 세율은 50%이며, 보통주 20,000주가 이미 발행되었다.

① 시설확장에 필요한 5억 원을 보통주로 조달할 경우(주당발행가격 5,000원)와 부채로 조달할 경우(이자율은 9%)의 EPS를 구하라.
② 부채로 5억 원을 조달한 경우에 이 기업의 재무레버리지도는 얼마인가?

제 8 장

재무제표의 한계와 분식회계

경영분석에서는 기업의 재무제표자료를 가장 많이 이용한다. 그러나 재무제표를 있는 그대로 분석하여 그 결과를 이용하면 문제가 생길 수도 있다. 왜냐하면 재무제표에 기록된 수치 자체가 기업의 경제적 실태를 정확히 반영하지 못할 경우가 있기 때문이다. 역사적 원가로 회계기록을 유지함으로써 장부상의 가치가 공정가치로부터 크게 벗어나는 수도 있고, 기업이 재무상태나 경영성과를 좋게 보일 목적으로 고의로 회계기록을 분식(粉飾)하는 경우도 있다. 또한 같은 업종에 속하는 기업이라 하더라도 재고자산평가방법 등 회계처리방법을 달리할 때에는, 두 재무제표에 나타난 수치들의 비교가 별 의미가 없게 되기도 한다. 그러므로 분석자는 재무제표가 지니는 이러한 문제점을 알고서 분석에 임해야 할 것이다.

제1절에서는 재무제표의 문제점과 한계를 총괄적으로 설명한다. 제2절에서는 선택적 회계처리방법이 경영분석결과에 미치는 영향을 설명한다. 제3절에서는 분식회계에 대하여 논의한다.

제1절 재무제표의 한계

경영분석에서 이용되고 있는 주요 재무제표로는 재무상태표, 손익계산서, 현금흐름표 등을 들 수 있다. 재무상태표로부터는 일정시점의 재무상태에 관한 정보를, 손익계산서로부터는 일정기간의 경영성과에 관한 정보를, 그리고 현금흐름표로부터는 현금의 조달과 운용에 관한 정보를 얻을 수 있다. 그러나 기업이 공표하는 재무제표에는 다음과 같은 문제점이 있음을 알고 이용해야 타당성 있는 분석결과를 얻을 수 있을 것이다.

첫째, 재무상태표는 발생된 거래의 결과를 기록한 것이기는 하나, 실제로는 많은 추정(推定, estimation)이 적용되고 있다. 그러나 이러한 추정은 미래의 불확실성 때문에 다소간의 오류를 수반하게 된다. 추정이 잘못될 경우 이익이 잘못 계산되거나 재무상태표상에 오류가 생기거나 하여 재무제표의 왜곡이 일어난다. 흔히 사용하는 추정의 예로는 대손예상액(貸損豫想額)의 추정, 우발채무의 추정, 재고자산에 대한 판매가능성의 추정, 유형자산의 내용연수 추정, 확정급여부채의 추정과 관련된 보험수리적 가정 등을 들 수 있다.[1)]

1) 퇴직급여제도의 하나인 확정급여제도에서는 확정급여채무의 현재가치에서 사외적립자산의 공정가치를 차감한 것을 그 기간 말의 확정급여부채로 인식하고 있다. 이때 종업원의 퇴직률, 근속연수, 임금상승률 등을 가정

둘째, 재무제표에는 화폐액으로 표시가 어려운 유용한 질적 정보가 많이 생략되고 있다. 이러한 질적 정보의 예로는 인적 자원정보, 경영자능력, 회사의 기술력, 광물자원의 발견가치 등을 들 수 있다. 또한 신제품개발계획은 성공할 경우 회사의 미래수익성을 크게 증가시킬 것이지만, 구체적으로는 공시되지 않는 경우가 많다. 특히 미래에 발생할 것으로 예상되는 경제적 사건에 관한 예측정보는 ① 주관적이며 검증할 수 없는 성격을 갖고 있고 ② 본질적으로 계획정보이므로 공시될 경우 경쟁기업을 유리하게 하며 ③ 예측정보의 성격상 정확도가 떨어지므로 이의 공시는 경영자 및 외부감사인의 법적인 책임을 증가시킬 우려가 있다는 등의 이유로 자발적인 공시(公示)가 잘 이루어지지 않는다.

셋째, 재무제표의 작성에 있어 선택적 회계처리방법이 인정되고 있다. 기업마다 서로 다른 회계처리방법을 사용하면 발표되는 회계자료의 기업 간 비교가 어렵게 되고, 어떤 기업은 회계처리방법을 변경하여 이익조작도 할 수 있게 된다. K-IFRS에서 허용하고 있는 선택적 회계처리방법(alternative accounting methods)의 예를 들어보면 재고자산평가방법으로서 개별법, 가중평균법, 선입선출법 등이 있고, 감가상각방법으로서 정액법, 이중체감잔액법, 생산량비례법 등이 있다. 또한 연구개발비용의 회계처리에 있어 R&D비용을 연구비 등의 당기비용으로 처리할 것인지, 아니면 개발비로 처리하여 무형자산으로 계상할 것인지에 관하여 상당한 재량이 주어져 있다.

이상과 같이 재무제표는 고의성이 있는 회계자료의 분식이 아니더라도 기업의 경제적 실태를 왜곡할 수 있다. 또한 회계처리방법에 관하여 다양성이 허용되어 있으므로 기업 간의 비교가 어려워지고 있다. 그러므로 재무제표분석을 통하여 타당성 있는 분석결과를 얻기 위하여는 기업의 회계정책과 회계처리내역을 감사보고서 등에 첨부된 주석을 통하여 잘 살펴야 한다. 그리고 회계자료에 공시되지 않는 질적 정보는 별도로 수집하여 분석하여야 한다.

해야 미래에 지급될 퇴직급여액을 추정할 수 있고, 할인율을 추정해야 확정급여채무의 현재가치를 구할 수 있다. 사외적립자산의 공정가치도 수익률을 가정해야 추정할 수 있다. 이와 같은 추정과정에 동원된 여러 가정들을 보험수리적 가정이라 한다. 한편, 보험수리적 가정이 변동되거나 조정될 경우 확정급여부채의 추정치가 실제치로부터 차이가 나는데 이를 보험수리적 손익(또는 확정급여부채의 재측정요소)이라 하며 기타포괄손익으로 처리한다.

제2절 선택적 회계처리방법

본절에서는 기업이 선택할 수 있는 회계처리방법에 따라서 재무제표상에 나타내는 이익수치가 달라진다는 것을 강조하고, 만약 분석대상기업들이 서로 다른 회계처리방법을 쓰고 있다면 이를 조정한 수치를 가지고 비교·분석해야 한다는 것을 강조하고자 한다.

1. 선택적 회계처리방법과 이익지표의 차이

현행 K-IFRS는 중요한 계정과목에 대한 회계처리에 있어 대체적인 관계에 있는 회계처리방법들을 인정하고 있어, 기업들은 그 회계처리방법들 중 하나를 자유롭게 선택할 수 있다. 현재 그러한 선택이 가능한 분야의 예로는 재고자산의 평가방법, 감가상각방법, 유형자산의 평가모형, 연구개발비의 회계처리 등을 들 수 있다. 먼저 이 같은 선택적 회계처리방법이 기업의 회계자료 특히 회계적 이익에 어떤 영향을 미치게 되는가를 〈표 8-1〉을 통하여 알아보자.

〈표 8-1〉은 같은 기업에 대하여 회계처리방법을 달리 적용하여 작성한 두 가지의 손익계산서이다. 이 회사는 보다 보수적인 A형을 선택하느냐 아니면 이익을 많이 내도록 B형을 선택하느냐에 따라 영업이이과 당기순이익에 거의 2배의 차이가 발생할 수도 있다. 이러한 이익지표의 차이는 다음과 같은 원인에서 찾을 수 있다.

기말재고액의 차이(①)는 재고자산의 평가방법에서 비롯된다. A형에서는 가중평균법을 적용한 데 비하여, B형에서는 선입선출법(FIFO)을 적용하고 있다. 감가상각비의 차이(②)는 A형에서는 이중체감잔액법을, B형에서는 정액법을 사용하는 데서 발생하고 있다. 연구비의 차이(③)는 A형에서는 당기에 지출된 R&D비용 전액을 당기비용으로 처리하였으나, B형에서는 일단 무형자산(개발비)으로 계상한 후에 매년 일부씩 상각하는 방법을 쓰고 있는 데서 비롯된다.

이와 같은 선택적 회계처리방법의 허용으로 인하여 같은 업종에 속한 기업이라도 재무제표의 항목을 비교하거나 재무비율을 비교하는 것이 어려워질 수 있다. 그러므로 분석자는 회계처리방법의 차이에 대하여 상당한 지식을 갖고 있어야 하고, 필요하면 동일한 기준으로 재무제표의 중요 항목을 수정하고 이를 통하여 재무비율을 재산정할 수도 있어야 한다.

표 8-1 선택적 회계처리방법이 이익지표에 미치는 영향 (단위 : 백만 원)

	A형		B형		비고
매출액		10,000		10,000	
매출원가					
기초상품재고액	2,000		2,000		
당기매입액	6,000		6,000		
판매가능액	8,000		8,000		
기말상품재고액	−2,000	6,000	−3,000	5,000	①
매출총이익		4,000		5,000	
영업비용					
판매비	1,500		1,500		
감가상각비	500		300		②
연구개발비	200		50		③
기타영업비용	300	2,500	300	2,150	
영업이익		1,500		2,850	
영업외비용					
이자비용		100		100	
세전이익		1,400		2,750	
법인세비용(20%)		280		550	
당기순이익		1,120		2,200	

2. 선택적 회계처리방법의 주요 사례

(1) 재고자산평가방법의 선택

K-IFRS에서 허용하는 재고자산평가방법, 즉 재고자산의 원가결정방법은 개별법, 가중평균법(평균원가법), 선입선출법의 세 가지이며, 후입선출법은 허용되지 않고 있다. 그러나 미국의 회계기준(GAAP)이나 우리나라의 비상장 외감법인에 적용되는 일반기업회계기준은 후입선출법을 허용하고 있다. 재고원가가 일정하거나 변동이 적을 경우에는 어떤 재고평가방법을 적용하든지 매출원가와 기말재고자산가액에 큰 차이는 없다. 그러나 재고자산의 가격이 변동할 경우는 평가방법에 따라 매출원가와 기말재고액이 달라지고, 이에 따라 매출총이익, 당기순이익, 유동자산, 자산총계 등도 차이가 나게 된다. 먼저 후입선출법을 포

함하여 각 평가방법의 특징을 알아보자.

① 개별법(specific identification method) : 이는 통상적으로 상호교환될 수 없는 재고항목이나 특정프로젝트별로 생산되고 구별되는 제품, 예를 들면 귀금속같이 개별로 식별되는 고가제품에 흔히 적용된다. 개별법을 사용하면 매출원가나 기말재고액은 팔린 제품이나 기말에 남아 있는 제품의 실제 구입원가나 제조원가에 의하여 평가하면 된다. 그러므로 개별법은 판매된 제품과 기말재고로 남은 제품의 물량흐름(physical flow)을 실제원가에 잘 대응시키는 이상적인 방법으로 평가되지만, 재고자산의 수량이 많고 거래가 빈번한 경우에는 적용하기가 어려운 방법이다.

② 선입선출법(first-in first-out method : FIFO) : FIFO는 오래 전에 구입하거나 제조한 제품이 먼저 팔리고 최근에 구입하거나 제조한 제품이 기말재고로 남아 있다고 가정한다. 그러므로 매출원가는 기초에 있던 제품과 회계기간 초기에 매입한 제품의 원가로 구성되고, 기말재고액은 최근에 구입하거나 제조한 제품의 원가로 구성된다. 물가가 상승하는 상황에서는 기말재고액은 높게 평가되나 매출원가는 낮게 평가되며, 반면에 물가가 하락하는 상황에서는 기말재고액은 낮게 평가되고 매출원가는 높게 평가된다.

③ 가중평균법(weighted average cost method) : 이는 판매가능한 제품, 즉 기초재고와 당기에 매입한 제품을 합쳐 단위당 평균원가를 구하고, 이 단위당 평균원가를 회계기간 중 팔린 제품과 기말재고에 적용하여 매출원가와 기말재고액을 구하는 방법이다.[2)] 제품을 매입하여 판매하는 경우, 단위당 평균원가는 〈기초재고액 + 당기제품매입액〉을 〈기초재고수량 + 당기매입수량〉으로 나누어 구한다.

④ 후입선출법(last-in first-out method : LIFO) : LIFO는 최근에 구입하거나 제조한 제품이 먼저 팔리고 기초에 보유하고 있었거나 초기에 구입하거나 제조한 제품이 기말재고로 남아 있다고 가정한다. 따라서 매출원가는 최근에 매입하거나 제조한 제품의 원가로 구성되고, 기말재고액은 기초에 보유하고 있었거나 초기에 구입하거나 제조한 제품의 원가로 구성된다. 그러므로 물가가 상승하는 상황에서는 기말재고액은 낮게 평가되나 매출원가는 높게 평가되고, 반면에 물가가 하락하는 상황에서는 기말재고액은 높게 평가되고 매출원가는 낮게 평가된다.

---

2) 이를 총평균법, 또는 평균원가법이라 하기도 한다. 한편, 평균법의 변형으로 제품의 구입이나 제조가 이루어질 때마다 단위당 평균단가를 구하고 이를 그 이후 판매되는 제품의 단가로 적용하는 방법이 있는데 이를 계속단가기록법 또는 이동평균법이라 한다. 이때 평균단가는 [당해 매입(제조) 직전 재고액 + 당해 매입(제조) 금액]/[당해 매입(제조) 직전 재고수량 + 당해 매입(제조) 수량]의 산식으로 구한다.

사례 8-1 재고자산평가방법의 선택과 경영실적

변신로봇장남감 '헬로카봇' 을 구입하여 판매하는 주식회사 곰돌은 9월 1일 현재 대당 구입원가가 60,000원인 헬로카봇을 100개 보유하고 있다. 이 회사는 9월 10일에는 100개를 대당 70,000원에, 9월 15일에는 100개를 개당 80,000원에, 그리고 9월 25일에는 200개를 개당 90,000원에 구입하였다. 그리고 9월 중 300개를 개당 120,000원에 판매하였는데, 이 중 100개는 9월 1일 보유하던 재고를 판매한 것이고, 100개는 9월 15일에 구입한 것이며, 나머지 100개는 9월 25일에 구입한 제품이다. 따라서 9월 30일 현재의 재고는 200개이다. 개별법, 가중평균법, 선입선출법, 후입선출법을 적용하여 매출액, 매출원가, 기말재고액, 매출총이익을 각각 구해 보기로 한다.

① 개별법 : 여기서는 판매된 제품의 원가를 개별적으로 식별할 수 있으므로 물량흐름과 실제원가를 대응시킬 수 있다.

- 매출액 = 300 × 120,000원 = 36,000,000원
- 매출원가 = 100 × 60,000 + 100 × 80,000 + 100 × 90,000 = 23,000,000원
- 기말재고액 = 100 × 70,000 + 100 × 90,000 = 16,000,000원
- 매출총이익 = 36,000,000 − 23,000,000 = 13,000,000원

② 가중평균법 : 이 방법은 단위당 가중평균원가를 산출하고 이를 이용하여 매출원가와 기말재고액을 평가하는 방법이다. 단위당 가중평균원가는 다음과 같이 구한다.

단위당 가중평균원가 = [100 × 60,000 + 100 × 70,000 + 100 × 80,000 + 200 × 90,000]/500
= 39,000,000/500 = 78,000원

- 매출액 = 300 × 120,000원 = 36,000,000원
- 매출원가 = 300 × 78,000 = 23,400,000원
- 기말재고액 = 200 × 78,000 = 15,600,000원
- 매출총이익 = 36,000,000 − 23,400,000 = 12,600,000원

③ 선입선출법 : FIFO는 기초재고나 초기에 구입하거나 제조한 제품이 먼저 팔린다고 가정하므로, 다음과 같은 결과를 얻는다.

- 매출액 = 300 × 120,000원 = 36,000,000원
- 매출원가 = 100 × 60,000 + 100 × 70,000 + 100 × 80,000 = 21,000,000원
- 기말재고액 = 200 × 90,000 = 18,000,000원
- 매출총이익 = 36,000,000 − 21,000,000 = 15,000,000원

④ 후입선출법 : LIFO는 최근에 구입한 제품이 먼저 팔린다고 가정하므로 다음과 같은 결과를 얻는다.

- 매출액 = 300 × 120,000원 = 36,000,000원
- 매출원가 = 200 × 90,000 + 100 × 80,000 = 26,000,000원
- 기말재고액 = 100 × 70,000 + 100 × 60,000 = 13,000,000원

• 매출총이익=36,000,000−26,000,000=10,000,000원

〈표 8-2〉는 이상의 네 가지 재고자산평가방법을 적용한 결과와 관련된 재무비율을 요약한 것이다.

표 8-2 재고자산평가방법의 적용결과와 재무비율 (단위 : 원)

재고자산평가방법	개별법	가중평균법	FIFO	LIFO
매출액	36,000,000	36,000,000	36,000,000	36,000,000
매출원가	23,000,000	23,400,000	21,000,000	26,000,000
매출총이익	13,000,000	12,600,000	15,000,000	10,000,000
기말재고액	16,000,000	15,600,000	18,000,000	13,000,000
매출액총이익률(%)	36.11	35.00	41.67	27.78
재고자산회전율(회)	1.44	1.50	1.17	2.00

결국 헬로카봇의 예처럼 제품의 가격이 급등하는 상황에서는 매출총이익과 매출액총이익률 등 수익성지표는 선입선출법을 적용할 경우가 가장 높고, 후입선출법을 적용한 결과가 가장 낮다는 것을 알 수 있다. 그러나 재고자산회전율로 측정한 효율성지표는 이와는 반대로 후입선출법을 적용한 경우가 가장 높고 선입선출법을 적용한 경우가 가장 낮은 것으로 나타나고 있다. 평균법을 적용한 결과는 선입선출법과 후입선출법의 중간이다. 개별법의 경우는 어떤 제품이 먼저 팔리느냐에 달려 있으므로 상황에 따라 다르다. 그러므로 재무제표를 분석할 경우 이용자는 재고자산평가에 관한 재무제표의 주석을 읽어야 한다.

사례 8-2 재고자산평가관련 주석 사례

일부 상장기업의 연결재무제표 주석의 예를 〈표 8-3〉에 수록하였다. 오뚜기는 이동평균법과 개별법, 유한양행은 이동평균법, 평균법과 개별법, 삼성전자는 (가중)평균법, 현대자동차는 이동평균법과 개별법, 그리고 NAVER는 선입선출법을 적용하고 있음을 알 수 있다.

표 8-3 재고자산평가방법에 관한 주석 사례

	주석 내용
오뚜기	재고자산의 취득원가는 매입원가, 전환원가 및 재고자산을 현재의 장소에 현재의 상태로 이르게 하는 데 발생한 기타원가 모두를 포함하고 있으며, 재고자산의 단위원가는 이동평균법(미착품은 개별법)을 사용하여 결정하고 있습니다.
유한양행	재고자산은 원가와 순실현가능가치 중 작은 금액으로 표시됩니다. 제품과 상품의 원가는 총평균법에 따라 결정되며, 원재료와 저장품의 원가는 이동평균법, 재공품의 원가는 평균법, 미착품의 원가는 개별법에 따라 결정됩니다.
삼성전자	재고자산은 원가와 순실현가능가치 중 작은 금액으로 표시하고 있습니다. 원가는 미착품을 제외하고는 평균법에 따라 결정하고 있습니다.
현대자동차	재고자산은 취득원가와 순실현가능가치 중 낮은 금액으로 측정합니다. 원가는 고정 및 변동제조간접비를 포함하며, 재고자산 분류별로 가장 적합한 방법으로 재고자산으로 배분되고 있으며, 이동평균법(단, 미착품은 개별법)으로 결정하고 있습니다.
NAVER	재고자산은 원가와 순실현가능가치 중 작은 금액으로 표시되고, 재고자산의 원가는 선입선출법에 따라 결정됩니다.

자료 : 각 회사 2021년도 사업보고서의 연결재무제표 주석.

(2) 유형자산의 평가와 감가상각방법의 선택

1) 유형자산 평가방법의 선택

K-IFRS는 토지, 건물, 기계장치, 선박, 항공기 비품 등의 유형자산의 가치를 원가모형이나 재평가모형 중 하나를 선택하여 평가할 수 있도록 허용하고 있다. 원가모형(cost model)은 유형자산을 취득 시 원가로 평가하고 재평가를 하지 않고 그대로 두는 방법을 말한다.[3] 취득 이후 장부가액(book value, carrying amount)은 취득원가에서 감가상각누계액과 손상차손누계액을 차감한 것으로 측정된다. 원가모형의 경우 자산의 취득 이후 부동산 붐이나 개별자산의 가격상승요인 등으로 취득원가가 실제가치와 차이가 날 수 있다는 문제가 있다. 따라서 K-IFRS는 유형자산의 공정가치가 취득원가로부터 큰 차이가 있을 경우에는 유형자산의 공정가치를 주석으로 공시할 것을 권장하고 있다.

한편, 재평가모형(revaluation model)은 재평가일을 기준으로 취득원가가 아닌 공정가치(fair value)로 평가하고, 그 이후의 장부가치는 공정가치에서 감가상각누계액과 손상차

3) 원가모형과 재평가모형의 차이에 관해서는 다음 책을 참조 바람. 이병권, 「상장기업 IFRS 재무제표분석」(새로운 제안, 2012.7.), pp. 183~197.

손누계액을 차감한 것으로 결정된다. 재평가모형을 적용한 이후에는 계속 이를 적용해야 하며 원가모형으로 돌아올 수 없다. 유형자산의 재평가는 주기적으로 수행해야 하며 감정평가사 등 전문적 자격이 있는 평가인에 의하여 수행되어야 한다.

현실적으로 부동산가격 등의 변동으로 공정가치와 취득원가 간에 차이가 날 경우 서로 다른 평가모형을 채택하고 있는 기업의 재무제표와 재무비율을 그대로 비교하기가 곤란해진다. 따라서 주기적인 재평가의 부담 때문에 대부분의 기업들이 원가모형을 채택하고 있으므로, 재무제표의 주석을 확인하여 유형자산의 공정가치를 확인할 필요가 있다. 〈사례 8-3〉의 주석의 사례는 유형자산의 평가모형 등과 관련된 것이다.

사례 8-3 유형자산의 평가모형과 관련된 주석 사례

오뚜기, 유한양행, 삼성전자, 현대자동차, NAVER를 비롯하여 대부분의 기업들이 원가모형에 의해 유형자산을 평가하고 있으며, 주석에 공정가치를 공시하고 있지 않다. 이는 부동산 감정평가 등 현실적인 어려움 때문으로 보인다. 현대자동차의 사업보고서에 첨부된 연결재무제표의 주석의 내용은 다음과 같다.

> "유형자산은 자산으로부터 발생하는 미래 경제적 효익이 기업에 유입될 가능성이 높고, 자산의 원가를 신뢰성 있게 측정할 수 있을 때 인식하며, 최초 인식 후 원가에서 감가상각누계액과 손상차손누계액을 차감한 금액을 장부금액으로 표시하고 있습니다."

자료 : 현대자동차, 사업보고서(2021년도) 연결재무제표 주석.

2) 감가상각방법의 선택

유형자산의 감가상각방법에는 정액법, 체감잔액법, 생산량비례법 등이 있다. 정액법(straight-line method)은 자산의 내용연수 동안 같은 금액의 감가상각비를 인식하는 방법이다. 체감잔액법(declining balance method)은 정률법이나 연수합계법과 더불어 가속상각법(accelerated methods)의 하나로 감가상각의 초기에 가급적 많은 금액을 상각하지만 자산의 내용연수가 지날수록 감가상각비가 줄어들도록 상각하는 방법이다. 생산량비례법(units-of-production methods)은 자산의 예상조업도 혹은 예상생산량에 근거하여 감가상각비를 인식하는 방법이다. 감가상각방법의 선택은 해당 자산으로부터 예상되는 미래의 경제적 효익의 소멸형태에 따라 선택해야 하고, 소멸형태가 변하지 않는 한 매기간 계속 적용해야 한다.

감가상가비를 계산하기 위해서는 취득원가, 추정잔존가치, 추정내용연수의 세 가지 요소가 있어야 한다. 간단한 사례를 통하여 서로 다른 감가상각방법의 선택이 재무비율에 어떤 차이를 가져오는지 알아보기로 하자.

사례 8-4 감가상각방법의 선택과 재무비율

택배용 상자를 제조 · 판매하는 주식회사 둘둘포장이 20×1년 초에 23,000천 원을 주고 포장박스 제조기를 구입하였다.[4] 이 기계의 추정잔존가치는 1,000천 원이고 추정내용연수는 4년이다. 이 기계로 생산할 수 있는 추정생산량은 총 800박스이며, 20×1년에 200박스, 20×2년에 300박스, 20×3년에 200박스, 20×4년에 100박스를 생산할 것으로 계획되고 있다. 이 회사의 연도별 추정매출액, 추정 EBITD, 포장박스 제조기계를 제외한 추정자산총계의 내역은 〈표 8-4〉와 같다.

표 8-4 둘둘포장의 추정 영업실적 (단위 : 천 원)

연도	추정매출액	추정 EBITD[5]	연도말 추정자산총계
20×1	300,000	36,000	300,000
20×2	320,000	38,400	320,000
20×3	340,000	40,800	340,000
20×4	360,000	43,200	360,000

주 : 각 연도말 추정자산총계에는 박스 제조기의 장부가액은 포함되지 않았음. 단, 20×1년 초의 추정자산총계는 박스제조기를 포함하여 303,000천 원임. 또한 추정 EBITD는 기존의 유형자산에서 발생하는 감가상각비 10,000천 원이 차감되지 않은 수치임.

포장박스 제조기에 대한 감가상각방법으로는 정액법, 이중체감잔액법, 생산량비례법의 세 가지를 적용하기로 한다. ① 각 감가상각방법을 적용하여 기초장부가액, 연중감가상각비, 기말감가상각누계액, 기말장부가액을 구해보도록 하자. ② 박스 제조기의 감가상각방법별로 이 회사의 추정영업실적 및 재무비율들(총자산회전율, 매출액영업이익률, 총자산영업이익률)이 어떻게 달라지는지 살펴보기로 하자.

① 각 감가상각방법별 감가상각비, 감가상각누계액, 기말장부가액

• **정액법** : 정액법의 경우 연도별 감가상각비는 다음과 같이 구한다.

$$\text{연도별 감가상각비} = \frac{(\text{취득원가} - \text{추정존가치})}{\text{추정내용연수}}$$
$$= \frac{(23{,}000 - 1{,}000)}{4} = 5{,}500\text{ 천 원}$$

4) 이 사례는 다음 책의 사례를 수정한 것임. T. Robinson, E. Henry, W. Pirie, and M. Broihan, *International Financial Statement Analysis*(Wiley, 2015), pp. 442~446.

5) EBITD(earnings before interest, taxes, depreciation)는 이자비용, 법인세, 감가상각비 차감전 이익으로, 감가상각비 차감전 영업이익이라 할 수 있다. 그러므로 영업이익을 구하기 위해서는 EBITD에서 감가상각비를 차감하면 된다.

그러므로 연도별로 정액법에 의한 감가상각결과를 제시하면 〈표 8-5〉와 같다.

표 8-5 정액법 감가상각결과 (단위 : 천 원)

	기초장부가액	감가상각비	기말감가상각누계액	기말장부가액
20×1	23,000	5,500	5,500	17,500
20×2	17,500	5,500	11,000	12,000
20×3	12,000	5,500	16,500	6,500
20×4	6,500	5,500	22,000	1,000

• **이중체감잔액법** : 이중체감잔액법(double declining balance method)은 정률법(fixed percentage method)을 실무에서 적용하기 쉽게 변형한 것으로 기초장부가액에 대하여 정액법 상각률의 2배를 적용하여 상각하는 방법이다.[6] 정액법의 상각률은 100%/4=25%이다. 그러므로 연도별로 이중체감잔액법의 상각률은 50%이며, 감가상각결과를 제시하면 〈표 8-6〉과 같다.

표 8-6 이중체감잔액법 감가상각결과 (단위 : 천 원)

	기초장부가액	감가상각비	기말감가상각누계액	기말장부가액
20×1	23,000	11,500	11,500	11,500
20×2	11,500	5,750	17,250	5,750
20×3	5,750	2,875	20,125	2,875
20×4	2,875	1,875	22,000	1,000

주 : 기말의 추정장부가액은 잔존가치 이하로는 내려갈 수 없으므로 20×4년의 감가상각비는 1,875천 원이 됨.

• **생산량비례법** : 생산량비례법에서는 우선 감가상각비총액을 추정총생산량으로 나누어 생산량 1단위당 감가상각비를 구한다. 즉,

$$\text{포장박스 1개당 감가상각비} = \frac{(\text{취득원가}-\text{잔존가치})}{\text{생산량}}$$
$$= \frac{(23{,}000-1{,}000)}{800} = 27.5\text{천 원}$$

그러므로 각 연도의 감가상각비는 20×1년 200×27.5=5,500천 원, 20×2년 300×27.5=8,250천 원, 20×3년 200×27.5=5,500천 원, 20×4년은 100×27.5=2,750천 원이 된다. 생산량비례법에 의한 감가상각결과를 제시하면 〈표 8-7〉과 같다.

6) 정률법의 경우 상각률은 1−(잔존가치/취득원가)$^{1/N}$로 구한다(단, N=내용연수). 그러므로 포장박스 제조기계의 상각률은 1−(100/2,300)$^{1/4}$=0.5434, 54.34%이다.

표 8-7 생산량비례법 감가상각결과 (단위 : 천 원)

	기초장부가액	감가상각비	기말감가상각누계액	기말장부가액
20×1	23,000	5,500	5,500	17,500
20×2	17,500	8,250	13,750	9,250
20×3	9,250	5,500	19,250	3,750
20×4	3,750	2,750	22,000	1,000

- **비교** : 이상의 세 가지 감각상각방법 중 어느 것을 적용하더라도 4년간의 감가상각누계액과 4년 말의 장부가액은 동일하다. 중요한 차이는 감가상각비가 발생하는 시기에 있다. 즉, 정액법은 매기간 동일한 감가상각비를 인식하고 있으나, 이중체감잔액법에서는 초기에 감가상각비의 대부분을 인식하고 있으며, 생산량비례법에서는 생산량, 즉 기계의 사용정도에 비례하여 감가상각비를 인식하고 있다.

② 감가상각방법별 추정영업실적 및 관련 재무비율

이상의 감가상각방법의 차이에 따라 포장기계의 연도별 감가상각비와 장부가액이 당연히 달라진다. 이를 반영하여 감가상각방법별로 매출액, 영업이익, 자산총계(총자산)를 정리하면 〈표 8-8〉과 같다.

표 8-8 감가상각방법별 추정 영업실적 (단위 : 천 원)

연도	정액법			이중체감잔액법			생산량비례법		
	매출액	영업이익	총자산	매출액	영업이익	총자산	매출액	영업이익	총자산
20×0			303,000			303,000			303,000
20×1	300,000	20,500	317,500	300,000	14,500	311,500	300,000	20,500	317,500
20×2	320,000	22,900	332,000	320,000	22,650	325,750	320,000	20,150	329,250
20×3	340,000	25,300	346,500	340,000	27,925	342,875	340,000	25,300	343,750
20×4	360,000	27,700	361,000	360,000	31,325	361,000	360,000	30,450	361,000

20×1년도를 대상으로 매출액을 제외하고 감가상각방법별로 영업이익과 총자산(자산총계)을 계산하여 보면 다음과 같다.

- **정액법** :

  총자산=기말총자산(박스기계 미포함)+박스기계 장부가액=300,000+17,500=317,500

  영업이익=EBITD-감가상각비(기존 유형자산)-박스기계 감가상각비

  =36,000-10,000-5,500=20,500

- **이중체감잔액법** :

  총자산=300,000+11,500=311,500

  영업이익=36,000-10,000-11,500=14,500

- **생산량비례법** :

  총자산=300,000+17,500=317,500

  영업이익=36,000-10,000-5,500=20,500

〈표 8-8〉의 자료를 이용하여 감가상각방법별로 총자산회전율, 매출액영업이익률, 총자산영업이익률 등의 재무비율을 구해보면 〈표 8-9〉와 같다.

표 8-9 감가상각방법별 총자산회전율(ATR), 매출액영업이익률(OPM), 총자산영업이익률(OPA)

연도	정액법			이중체감잔액법			생산량비례법		
	ATR(회)	OPM(%)	OPA(%)	ATR(회)	OPM(%)	OPA(%)	ATR(회)	OPM(%)	OPA(%)
20×1	0.967	6.833	6.608	0.976	4.833	4.719	0.967	6.833	6.608
20×2	0.985	7.156	7.052	1.004	7.078	7.109	0.990	6.297	6.231
20×3	1.002	7.441	7.458	1.017	8.213	8.353	1.010	7.441	7.519
20×4	1.018	7.694	7.830	1.023	8.701	8.901	1.022	8.458	8.641

20×1년도를 대상으로 정액법의 경우, 각 재무비율의 계산과정은 다음과 같다.

총자산회전율 = 매출액/[(20×0년 말 자산총계+20×1년 말 자산총계)/2]

$$= \frac{300,000}{(303,000+317,500)/2} = 0.967\text{회}$$

$$\text{매출액영업이익률} = \frac{\text{영업이익}}{\text{매출액}} = \frac{20,500}{300,000} = 0.06833\ (6.833\%)$$

총자산영업이익률 = 영업이익/[(20×0년 말 자산총계+20×1년 말 자산총계)/2]

$$= \frac{20,500}{(303,000+317,500)/2} = 0.06608\ (6.608\%)$$

〈표 8-9〉에서 보면 총자산회전율에는 큰 차이가 발생하지 않으나, 매출액영업이익률과 총자산영업이익률 등 수익성지표에는 상당한 차이가 발생하고 있다. 특히 초년도에 절반을 상각하는 이중체감잔액법의 경우 매출액영업이익률이 4.8%, 총자산영업이익률이 4.7%로서 정액법이나 생산량비례법에 비하여 매우 낮은 것으로 나타나고 있다.

그렇다면 실제로 우리나라 기업들은 어떤 감가상각방법을 선택하고 있는 것일까? 예를 들면 삼성전자의 사업보고서에 첨부된 연결재무제표 주석을 보면, "연결회사의 유형자산은 취득원가에서 연결회사가 추정한 추정내용연수에 따라 정액법에 의하여 상각됩니다."라고 되어 있어, 정액법으로 상각하고 있음을 알 수 있다. 삼성전자만이 아니라 오뚜기, 유한양행, 현대자동차, NAVER 등 대부분의 상장회사들이 정액법을 채택하는 것으로 나타났는데, 정률법이나 이중잔액체감법 등의 가속상각법을 선택하기 위해서는 초기에 감각상각을 크게 해야 한다는 근거를 제시해야 하는데 이를 객관적으로 입증하기가 어렵기 때문이다.[7]

7) 그러나 설비투자를 촉진하고 자금회수를 신속하게 하는 것을 지원한다면 가속상각법의 적용도 가능하도록 제도상의 지원을 할 필요가 있다.

(3) 연구개발(R&D)관련 비용 회계방법의 선택

K-IFRS는 기업의 연구 및 개발(research and development) 활동에서 발생하는 비용(이하 R&D비용)의 경우 연구단계에서 발생하는 비용은 연구비나 경상개발비로 인식하여 당기비용으로 처리하도록 하고 있고, 개발단계에서 발생하는 비용은 개발비로 인식하여 무형자산으로 자산화할 수 있도록 하고 있다. 개발단계란 연구단계에서 완성된 결과를 제품화하기 위한 전 단계까지 진행시키는 활동으로, 예를 들면 제약회사에서 신약개발을 위한 신물질을 탐색하는 것은 연구단계라 할 수 있고, 발견된 신물질을 신약으로 만들기 위해 전임상과 환자를 대상으로 한 임상시험 1~3 단계를 거치는 것은 개발활동에 속한다 하겠다.

K-IFRS는 R&D비용을 자산화하기 위해서는 일정한 요건을 갖추어야 한다고 제시하고 있다.[8] 그러나 기업에 따라서는 R&D비용의 상당부분을 개발비로 처리하여 무형자산으로 계산하기도 하고, 개발비의 요건을 갖추었는 데도 당기비용으로 전액 처리하는 경우도 있다. R&D비용을 당기비용으로 처리하면 그만큼 영업이익과 당기순이익이 줄어들어 매출액영업이익률이나 매출액순이익률 등의 재무비율이 낮아진다. R&D비용을 개발비로 인식할 경우는 개발비의 상각비용이 발생하기는 하나 영업이익과 당기순이익이 증가하여 수익성 지표가 좋게 나오는 효과를 볼 수 있다. 따라서 재무제표 이용자는 연결재무제표의 주석 등을 통하여 R&D비용의 회계처리 방법과 그 결과에 대하여 살펴야 할 필요가 있다.[9]

〈표 8-10〉은 일부 상장회사의 2021년도 R&D비용의 규모와 연구비 등(경상개발비 포함) 당기비용으로 처리된 부분과 개발비로 자산화한 부분을 보여주고 있다.

우선 R&D비용을 매출액으로 나눈 R&D집중도를 보면 제약회사, 게임 및 인터넷 회사, 삼성전자 등 전자회사들의 경우가 높아 연구개발활동을 활발히 하고 있음을 보여주고 있다. 그러나 R&D비용을 자산화하는 비율은 제약회사나 전자회사가 높은데 특히 제약회사가 높다. 삼성전자나 LG전자를 비교하면 R&D비용을 개발비로 처리하는 비율이 차이가 나

8) K-IFRS는 해당 자산을 완성할 수 있는 기술적 실현가능성을 제시할 수 있고, 그 자산을 완성하여 사용하거나 판매하려는 의도와 능력이 있으며, 이를 위한 충분한 자원이 확보되어 있고, 그 자산이 어떻게 미래에 경제적 효익을 창출할 수 있는지 제시가능하며, 개발단계에서 발생한 당해 자산관련 지출을 신뢰성 있게 측정가능한 경우에 한하여 R&D비용을 개발비로 계상할 수 있게 하고 있다.

9) 국내 제약 · 바이오기업들이 개발비에 대해 자의적으로 회계처리하는 경우가 많아, 업계 의견 등을 감안하여 금융위원회와 금융감독원은 "제약 · 바이오 연구개발비 회계처리 관련 감독지침"을 2018년 9월 19일 발표하였다. K-IFRS에서 말하는 "무형자산을 완성할 수 있는 기술적 실현가능성"이 있다고 볼 수 있는 단계를 설정하여 해당 단계에서는 연구개발비의 자산화가 가능하도록 하였다. 예를 들어, 신약은 임상 3상 개시 승인, 바이오시밀러는 임상 1상 개시 승인, 오리지널약을 복제한 제네릭 생물학적 동등성(생동성) 시험 계획 승인, 진단 시약은 제품 검증 단계부터 자산화 가능한 단계로 제시하였다.

긴 하지만 크지는 않다. 그러나 유한양행과 셀트리온의 경우에는 R&D비용을 개발비로 처리한 비율에 상당한 차이가 나고 있어, 만약 셀트리온이 개발비로 처리한 비중을 유한양행 수준으로 맞추었다면 이 회사의 영업이익이 감소하여 수익성지표가 낮아졌을 것이라고 추정할 수 있다.

표 8-10 일부 상장회사의 R&D비용의 회계처리 현황 (금액단위 : 백만 원)

회사명	매출액(A)	R&D비용(B)	연구비 등(C)	개발비(D)	B/A(%)	C/B(%)	D/B(%)
유한양행	1,687,810	178,260	146,751	31,509	10.56	82.32	17.68
셀트리온	1,911,601	397,967	125,769	272,198	20.82	31.60	68.40
오뚜기	2,739,037	12,950	12,950	0	0.47	100.00	0.00
대상	3,469,993	27,705	27,705	0	0.80	100.00	0.00
삼성전자	279,604,799	22,595,434	22,401,726	193,708	8.08	99.14	0.86
LG전자	74,721,629	3,587,688	3,396,750	190,938	4.80	94.68	5.32
엔씨소프트	2,308,817	428,815	428,815	0	18.57	100.00	0.00
카카오	6,136,669	764,494	761,242	3,252	12.46	99.57	0.43

제3절 분식회계

경영실적이 좋지 않은 기업이 금융기관으로부터 융자를 받으려 하거나 경영실적이 좋은 기업이 세금을 적게 내고자 할 때, 경영자가 실제와는 다른 재무제표를 제출하는 경우를 볼 수 있다. 왜곡된 재무제표로부터 산출된 재무비율은 아무 소용이 없으므로, 재무제표의 분석에 있어 분석담당자는 언제나 분식회계의 가능성을 염두에 두어야 한다. 본절에서는 분식을 하는 방법과 이를 찾아내는 방법을 중심으로 분식회계에 대하여 살펴보고자 한다.

1. 분식회계의 의의, 목적 및 종류

분식회계(粉飾會計, fraudulent accounting)란 어떤 특정한 의도나 목적하에서, 정상적인 회계절차에 의해 산출된 결과가 아닌 왜곡된 경영실적과 재무상태를 손익계산서 및 재무상태표에 보고하는 행위를 말한다. 대개 분식회계라 할 때는 이익을 과대하게 표시함으로써 자기회사의 경영성과나 재무상태를 실제보다 더 좋게 보이려 하는 경우를 의미한다. 그러나 세금을 적게 낼 목적으로 이익을 과소하게 표시하는 것도 분식에 해당되는데, 이 경우는 특별히 역분식회계(逆粉飾會計)라 한다. 분식회계는 또한 경영자의 판단이나 동의하에 이루어진다는 점에서, 일반적인 경리부정행위와는 다르다.

분식회계의 종류를 그 내용별로 살펴보면 다음과 같다.

① **가공(架空)의 내용을 표시하는 방법** : 발생하지도 않은 거래의 매출액을 계상하기, 특정거래의 금액을 부풀리기, 실제로는 발생한 거래의 과목과 금액을 아예 계상하지 않기 등의 방법으로 재무제표를 왜곡하는 유형.

② **계상의 시기를 조작하는 방법** : 회계기간마다 다르게 감가상각비 등을 과대계상하거나 과소계상하기, 임의의 기준에 따른 준비금이나 충당부채의 설정, 매출이나 매입의 계상시기 조절, 불량채권의 처리시기나 이연자산의 계상시기 조절 등으로 재무제표를 왜곡하는 유형.

2. 분식회계의 발생원인

분식회계는 대개 기업의 외적 환경의 악화와 이에 대한 내적 대응의 실패가 주원인이 되어 기업의 업적이 악화되었을 경우에 발생한다. 이를 외적 원인과 내적 원인이라 하여 그 구체적 내용을 적어보면 〈표 8-11〉과 같다.

표 8-11 분식회계의 발생원인

- 외적 원인
  - ① 경제환경의 변화 : 경기악화, 수출입규제, 주요 원자재가격의 급등이나 급락, 제품가격의 하락, 인건비상승, 환율의 변동, 금융긴축에 의한 자금압박
  - ② 경영환경의 변화 : 자사제품의 수요감퇴, 소비자기호 변화, 경쟁기업의 진출
  - ③ 기타 : 거래처의 도산, 예상치 못한 재해
- 내적 원인
  - ① 경영환경의 변화에 대한 적절한 대응의 결여 : 제품개발력 · 기술력의 결여, 강력한 영업조직의 미비, 기존제품(업종)에 안주(安住)함으로써 시장변화에의 유연한 대응의 결여, 소비자욕구 변화의 파악실패
  - ② 경영정책의 실패 : 과대투자, 다각화전략의 실패, 방만한 경영, 현대적인 경영사고의 결여, 동족경영에 따른 일체감결여, 경영자 전횡에 의한 경영조직의 약화 등

| 그림 8-1 | 분식회계의 과정

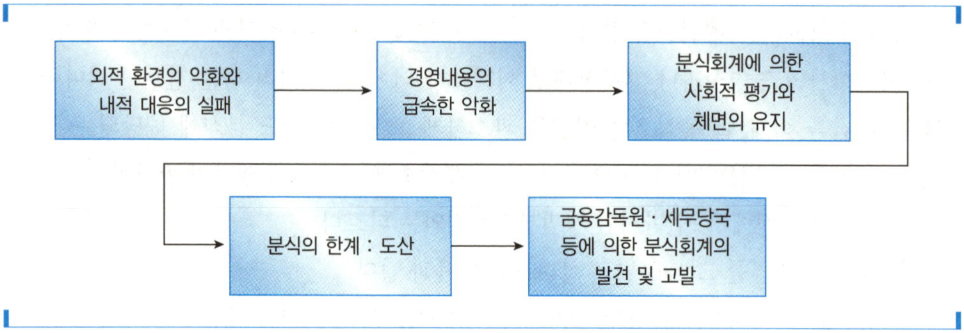

〈표 8-11〉에 서술한 것과 같은 원인으로 분식회계가 일어나는데, 이를 과정별로 정리하면 [그림 8-1]과 같다. 특히 도산 직전에 재무제표의 분식이 많이 발생하므로 분식회계는 기업의 도산이 임박했음을 알려주는 하나의 징후가 되기도 한다.

3. 분식회계의 방법

(1) 장부상의 분식회계

분식회계의 궁극적인 목적은 이익을 과대계상하거나 과소계상하는 것이다. 분식회계의 방법을 회계적으로 이해하면 [그림 8-2]와 같다. 이익을 과대계상하거나 과소계상하거나 모두 손익계산서와 재무상태표에 동시에 영향을 미침을 알 수 있다.

[그림 8-2]에서 알 수 있듯이 분식회계는 재무상태표와 손익계산서의 양쪽을 조작하는 것이기 때문에 재무제표의 분식여부를 발견하기 위해서는 두 재무제표를 동시에 검토해야 한다.

다음에는 이익을 과대계상(過大計上)하는 분식의 방법을 몇 가지 들어보기로 한다.

방법 1 : 수익 및 자산의 과대계상

① 매출액과 매출채권을 실제보다 과대계상함.

② 가공의 매출액과 매출채권을 계상함.

③ 자산의 가치를 실제보다 높게 계상하고, 평가이익을 계상함.

| 그림 8-2 | 분식회계의 구조

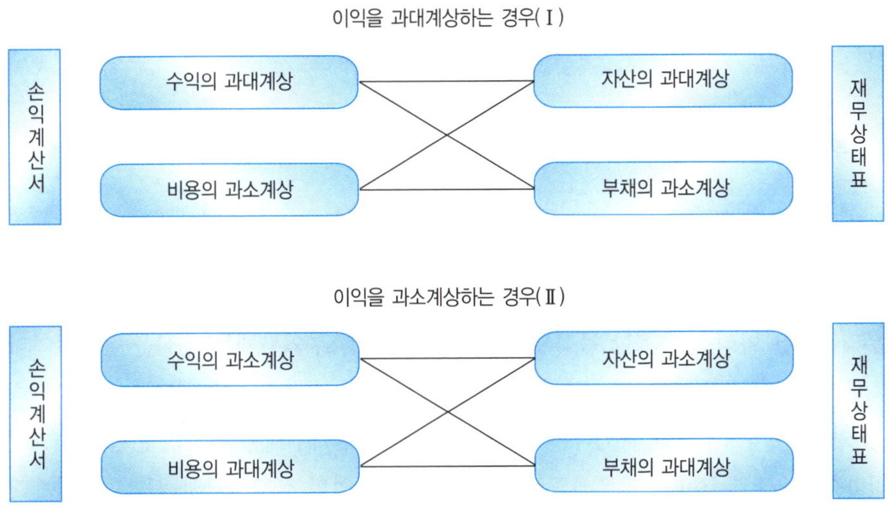

방법 2 : 수익의 과대계상과 부채의 과소계상

① 가수금(假受金) 등을 모두 매출액으로 계상함.

② 차입금을 매출액으로 계상함.

③ 충당금을 적게 계상함으로써 그만큼 수익을 과대계상함.

방법 3 : 비용의 과소계상과 자산의 과대계상

① 유형자산의 감가상각비를 과소계상함으로써 그만큼 유형자산을 과대표시함.

② 기말의 재고자산을 과대평가함으로써 그만큼 매출원가를 과소계상함.

③ 수선비(修繕費) 등으로 계상해야 할 것을 하지 않고, 이를 건설 중인 자산이나 유형자산에 계상함.

④ 지급이자 · 보험료 등을 기간비용으로 처리하지 않고, 선급비용으로 자산화하여 이연함.

⑤ 유가증권평가손실을 계상하지 않음.

⑥ 매출채권에 대한 대손상각비와 대손충당금을 과소계상함.

방법 4 : 비용 및 부채의 과소계상

① 제품보증비 · 퇴직급여 등의 비용을 과소계상하고, 이에 따라 제품보증충당부채 · 퇴직급여부채 등의 부채를 과소계상함.

② 매입채무의 과소계상에 의한 매출원가의 과소계상.

③ 패소가 확실시되는 소송(우발채무)에 대한 추정소송손실과 추정소송채무를 계상하지 않음.

(2) 장부외의 분식회계

공표될 이익에 영향을 줄 목적으로 거래사실을 기록하지 않고 장부외로 처리하는 방법이다.

부외자산은 이익을 은폐할 목적으로 보유하게 되고, 부외부채는 손실을 은폐하거나 이익을 과대표시할 목적으로 보유하게 된다. 특히 심각한 자금부족에 직면하여 고리사채(高利私債)와 같은 악성부채를 차입하는 경우에 발생하는 부외부채는 기업의 존립과 관계될 수도 있다. 따라서 분석자는 재무제표의 분석에 있어 기업의 실제자금사정을 면밀하게 검토해야 한다.

4. 분식회계의 현황

(1) 외부감사의 결과

우리나라의 경우 자산총액이 일정규모 이상인 주식회사는 '주식회사의 외부감사에 관한 법률'에 의해 외부감사인(공인회계사)에 의한 회계감사, 즉 외부감사를 받도록 되어 있다.[10] 감사인은 감사범위 제한여부, 회계처리기준 위배여부, 계속기업으로서의 존속가능

10) 주식회사 등의 외부감사에 관한 법률에서는 주권상장법인이나 주권상장법인이 되려는 회사를 외부감사대상으로 지정하고 있다. 또한 주식회사 등의 외부감사에 관한 법률 시행령(2022.5. 기준)은 그 밖에도 자산총액 500억 원 이상인 회사, 매출액이 500억 원 이상인 회사, 다음 항목 중 2개 이상에 해당되는 회사(가. 자산총액이 120억 원 이상, 나. 부채총액 70억 원 이상, 다. 매출액이 100억 원 이상, 라. 종업원이 100명 이상)인 주식회사를 외부감사대상으로 지정하고 있다. 한편, 감사대상회사는 외부감사인을 자유선임할 수 있으나 재무상태의 부실, 관리종목편입, 감리조치, 상장예정 등의 사유로 공정한 감사가 필요한 경우는 증권선물위원회가 감사인을 지정하게 된다. 3개 사업연도 연속으로, 영업이익이 0보다 작거나 영업현금흐름이 0보다 작거나 이자보상배율이 1 미만인 회사도 감사인을 지정하게 되어 있다. 특히, 주권상장법인에 대해서 연속하는 6개 사업연도에 대하여 감사인을 자유선임한 회사에 대하여 그 다음 3개 사업연도에 대하여 증권선물위원회가 지정하는 감사인을 선임하거나 변경선임할 것을 요구할 수 있다(외감법 시행령 개정, 2018.11.). 또한, 표준감사시간제 도입으로 한국공인회계사회는 표준감사시간을 정할 수 있다(외감법 시행령 개정, 2018.11.).

성 여부 등에 따라 적정의견, 한정의견, 부적정의견, 의견거절 등의 감사의견을 표명하게 된다.[11)]

〈표 8-12〉는 2021년도의 유가증권시장 상장회사(KOSPI)와 코스닥시장 상장회사(KOSDAQ), 코넥스시장 상장회사(KONEX)의 2,428개사에 대하여 부여된 감사의견 현황을 보여주고 있다.

표 8-12 외부감사의견 현황

구분	2020 회계연도					2021 회계연도				
	유가증권	코스닥	코넥스	합계	비율(%)	유가증권	코스닥	코넥스	합계	비율(%)
적정	768	1,397	128	2,293	97.0	785	1,463	112	2,360	97.2
(비율, %)	(98.7)	(96.5)	(92.1)			(99.1)	(97.0)	(87.5)		
비적정	10	50	11	71	3.0	7	45	16	68	2.8
한정	2	4	–	6	0.3	2	7	1	10	0.4
의견거절	8	46	11	65	2.7	5	38	15	58	2.4
합계	778	1,447	139	2,364	100.0	792	1,508	128	2,428	100.0

자료 : 금융감독원, "2021 회계연도 상장법인 감사보고서분석," 보도자료(2022.8.16.).

2021년도의 경우 2,360사(97.2%)가 적정의견, 10사(0.4%)가 한정의견, 58사(2.4%)가 의견거절의 감사의견을 받았다. 2021년도의 적정의견비율은 전년 대비 0.2%포인트 상승하였는데, 2018년 11월 신외감법 시행에 따른 엄격한 감사환경이 조정된 이후에도 적정비율은 매년 일정하게 유지되고 있다고 평가된다. 의견거절을 받은 회사는 58사로 7사가 감소하였는데, 감사범위의 제한으로 56사, 회계기준 위배로 1사, 계속기업으로서의 불확실성으로 1사가 해당되었다. 코스닥시장 상장회사의 적정의견비율은 97%로서 유가증권시장 상장법인의 99.1%에 비하여 낮다.

감사의견을 분석하여 보면 우리나라 기업의 분식유형을 알 수 있는데, 당기순이익을 부풀리는 방법으로는 ① 감가상각비의 과소계상, ② 퇴직급여의 과소계상, ③ 부실채권에 대한 대손상각비 미계상 또는 대손충당금 과소계상, ④ 재고자산평가손실의 미계상, ⑤ 투자유가증권 평가손실의 미계상, ⑥ 이연자산의 과소상각, ⑦ 부채의 누락, 공사수익 또는 분

11) 대체로 회계처리기준 위배나 감사범위 제한이 없거나 그 정도가 경미하고 계속기업으로서의 존속가능성에 문제가 없는 경우에는 적정의견, 감사범위 제한이나 회계처리기준 위배정도가 중요한 경우에는 한정의견, 회계처리기준 위배정도가 심각하고 계속기업 존속가능성에 상당한 의문이 있을 경우에는 부적정 의견, 그리고 감사범위 제한정도가 심각하며 계속기업으로서의 존속가능성이 심각하게 우려될 경우에는 의견거절을 부여하는 것으로 제시되고 있다.

양수익의 조기인식, 영업권 미상각, 법인세 과소계상, 재고자산의 과대계상 등이 애용(愛用)되는 것으로 나타나고 있다. 그리고 당기순이익을 줄이는 방법으로는 ① 세법상 준비금의 부채계상, ② 퇴직급여부채의 과대계상, ③ 감가상각비의 과대계상, ④ 매출원가의 과대계상 등이 자주 등장하고 있다.

(2) 회계감리의 결과

회계감리는 외부감사를 받은 회사 중 분식회계의 가능성이 높은 회사의 재무제표를 정밀조사하는 것을 말하는데, 금융감독원(회계심사국 및 회계감독국)이 직접 하거나 한국공인회계사회에 위탁하여 수행하게 된다. 매년 사업보고서 등 결산서류의 제출이 마무리된 후 감리가 시작되는데, 감리대상회사로는 민원이나 내부고발에 의한 관련 자료가 제출된 회사, 횡령이나 배임 등과 관련하여 검찰 등의 조사의뢰가 있는 회사, 분식회계의 가능성이 높은 일부 회사 중 표본으로 선택된 회사 등이 선정되어 조사를 받게 된다. 이러한 회계감리는 특히 경제상황 등에 비추어 분식회계의 가능성이 높은 재무제표항목 등을 중심으로 행해지는 경우가 많다. 2016년의 경우 금융감독원은 조선업 등 수주산업에서의 미청구공사 금액의 적정성, 유가 등 원자재가격의 급락과 관련한 비금융자산 공정가치 평가의 적정성, 경기침체에 따른 한계기업 등의 유동 · 비유동항목 분류의 적정성, 영업현금흐름 공시의 적정성 등을 중점적인 회계감리 이슈로 제시한 바 있다([그림 8-3]).

| 그림 8-3 | 중점 회계감리 이슈

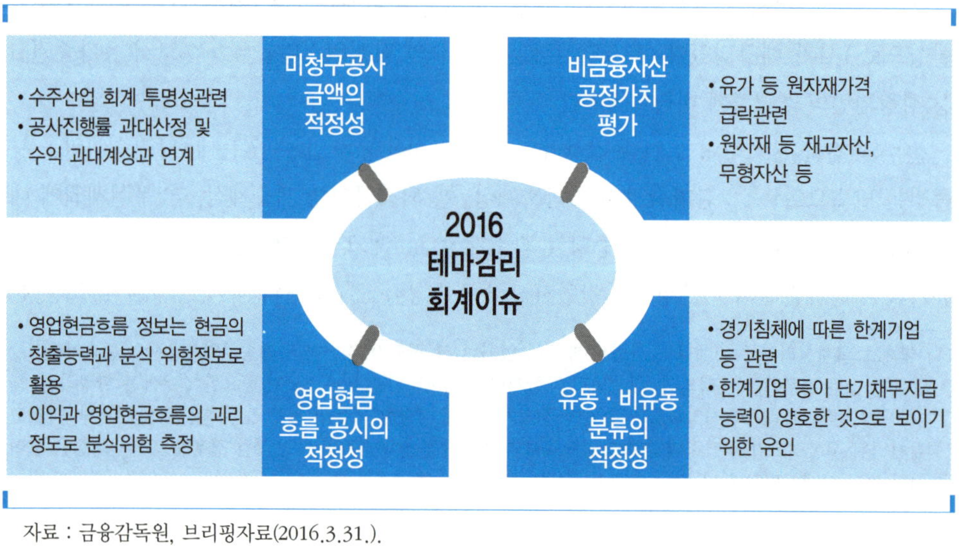

자료 : 금융감독원, 브리핑자료(2016.3.31.).

표 8-13 분식회계 사례 (단위 : 백만 원)

회사명	해당결산기	위반사항	당기순이익 과대계상액
골든브릿지 저축은행	2013.6. ~2013.12.	-대출채권에 대한 대손충당금 과소계상 (2013.6. : 4,200, 2013.12. : 9,604) -캠코 매각관련 미지급비용 과소계상 (2013.6. : 2,874, 2013.12. : 3,204)	14,936
한생산업	2012.12.	-소송관련 충당부채과소계상(1,364) -특수관계자와의 토지거래 주석 미기재 -부동산 담보제공내역 주석 미기재 -토지 재평가차액 과대계상(180)	1,364
잘만테크	2011.12. ~2014.6.	-매출액 허위계상(113,850) -매출원가 허위계상(87,658)	26,192
모뉴엘	2008.12. ~2013.12.	-매출액 허위계상(2,704,398) -매출원가 허위계상(2,298,558) -기타손익(189,839), 지분법평가이익(10,513) 허위계상	606,192
로켓모바일	2011.12. ~2013.9.	-특수관계자와의 매출거래 주석 미기재(회사의 실질소유자가 사기대출로 회사인수한 사실 은폐목적)	
SBC벤드	2009.12. ~2011.12.	-재고자산 과대계상(2009년 : 7,191, 2010년 : 14,165, 2013년 : 19,133)	40,489
서울저축은행	2012.6.	-대출채권 대손충당금 과소계상(47,877) -비업무용부동산 과대계상(2,234) -소송관련 충당부채 과소계상(360)	50,471
바이오니아	2013.12. ~2015.9.	-종속회사 매출채권 등에 대한 대손충당금 과소계상 (2013년 : 4,364, 2014년 : 5,475, 2015년 3분기 : 18,220)	28,059
코스모신소재	2012.12. ~2014.12.	-유형자산 담보제공 사실 주석 미기재	
나노트로닉스	2008.12. ~2013.6.	-매출액 허위기재(39,557), 매출원가 허위기재(21,540) -소액공모서류 거짓기재	18,017
STX조선해양	2008.12. ~2012.12.	-선박의 발생원가를 건설 중인 자산, 재고자산으로 허위계상 -선박별 발생원가를 선박 간 부당대체하여 공사진행률 조작 -매출액 및 매출채권을 과대계상, 매출원가를 과소계상 -증권신고서 거짓기재	378,927
부국엔지니어링	2011.12. ~2012.12.	-특수관계자를 위한 지급보증 주석 미기재 -특수관계자와의 자금거래내역 주석 미기재	
씨에스마린	2009.12. ~2012.12.	-매출원가 과소계상(2,361) -감가상각비 과소계상, 저장품 과대계상, 미수금 과대계상, 미지급금 과소계상(1,336) -특수관계자와의 자금거래, 지급보증 주석 미기재	3,697
계룡건설산업	2010.12. ~2013.9.	-공사미수금에 대한 대손충당금 과소계상	44,577

자료 : 금융감독원 회계포털, "회계감리결과제재"(http://acct.fss.or.kr)(2016.7.25.).

앞의 〈표 8-13〉은 금융감독원의 회계감리 결과 회계처리기준을 위반한 것으로 드러나 2016.2.~2016.7. 기간 중 증권선물위원회로부터 제재조치를 받은 사례로서, 제재대상 회사명, 분식회계 등 위반사항의 내용, 과대계상된 당기순이익 금액 등을 요약한 것이다. 이들 회계처리기준 위반법인에 대하여는 과징금 부과, 유가증권발행 제한, 감사인 지정, 대표이사 해임권고 및 검찰통보 등의 조치가 취해졌다.

이들 위반사례 중 충격적인 것은 모뉴엘과 그 자회사이던 잘만테크의 사례이다.[12] 모뉴엘은 해외거래처 관계자들과 공모하여 허위계약서 체결 및 거래증빙 작성을 통해 시장거래가 없는 홈씨어터 PC를 반복해서 수출 및 수입을 한 것으로 가장하는 방법 등으로 2008년도부터 2013년도까지 가공의 매출액 2조 7,044억 원, 매출원가 2조 2,986억 원을 허위로 계상하는 등으로 당기순이익 및 자기자본을 6,062억 원이나 부풀린 것으로 드러났다. 모뉴엘의 자회사인 잘만테크는 모회사인 모뉴엘과 공모하여 진부화된 컴퓨터 모니터 등의 부품을 고가로 수출한 것처럼 꾸며 매출로 잡거나, 게임용 PC를 해외거래처에서 OEM 제작 후 제3국 수출방식으로 수출한 것처럼 위장하여 회계장부를 조작하는 한편, 노트북 유통업체들과 사전협의하여 허위증빙과 자금을 수수하는 등의 방법으로 매출액 및 매출원가를 허위로 계상함으로써 당기순이익 및 자기자본을 262억 원 과대계상한 것으로 나타났다.

사례 8-5 대우그룹의 분식회계

누적된 부실로 인하여 1999년에 도산한 대우그룹은 그룹 전체에 걸쳐 조직적인 분식회계를 행한 것으로 밝혀져 큰 충격을 준 바 있다(〈표 8-14〉). 금융감독원의 특별감리결과 지적된 대우그룹의 분식회계금액은 대우 등 12개 계열사 전체로 총 22.9조 원에 이르고 있으며, 이 금액은 기업구조개선작업(work-out)과 관련하여 조사된 자기자본의 실사차이금액인 42.9조 원의 53%에 해당되고 있다. 전체 분식회계금액 22.9조 원을 주요 유형별로 보면, 차입금 등 부채를 고의로 누락한 금액이 15조 원, 가공채권을 계상하거나 부실채권을 그대로 계상한 금액이 4조 원, 가공 및 불용 재고자산 계상액이 2조 원, 가공의 불용설비 계상액이 1조 원, 기타 가공의 연구개발비 1조 원 등으로 구분되고 있다.

---

12) 모뉴엘과 잘만테크에 대한 조사 · 감리결과 및 조치내역은 다음 웹 사이트에 수록되어 있다. 금융감독원 회계포털, "회계감리결과제재"(http://acct.fss.or.kr)(2016.7.25.).

표 8-14 대우그룹의 분식회계

구 분	자기자본		실시결과 (A-B)	분식회계
	회사제시(A)	실사결과(B)		
(주)대우	2.6	−17.4	20	14.6
대우자동차	5.1	−6.1	11.2	3.2
대우중공업	3.1	1	2.1	2.1
대우전자	0.7	−3	3.7	2
대우통신	0.3	−0.9	1.2	0.6
소 계	11.8	−26.4	38.2	22.5
기타 7사	2.5	−2.2	4.7	0.4
총 계	14.3	−28.6	42.9	22.9

주 : 자기자본과 실사 차이는 1999년 8월 말, 분식회계 액수는 1998년 말 기준.
자료 : 중앙일보(2000.9.16.), 12면.

사례 8-6 동양그룹의 분식회계

2013년 9월, 유동성위기에 몰린 동양, 동양레저, 동양인터내셔널 등 동양그룹 3사가 법원에 기업회생절차(법정관리) 승인을 요청함으로써 동양그룹은 결국 도산하고 말았다. 그런데 금융감독원의 동양과 동양레저에 대하여 재무제표 및 회계처리에 대한 감리결과, 상당한 위반사항이 있었음을 지적하고 있다. 이 가운데, 2012~2013년 상반기를 대상으로 동양그룹의 지주회사인 동양의 사업보고서 및 감사보고서(연결재무제표)에 대한 감리결과 지적된 사항은 다음과 같다.[13)]

① 골프회원권에 대하여 손상차손을 인식해야 하지만 누락함으로써 골프회원권을 418억 원 과대계상하였다.

② 미래 예상되는 토지관련 법인세 부담액을 직전 연도까지는 이연법인세부채로 계상하다가 정당한 사유 없이 환입함으로써 이연법인세를 51억 원 과소계상하였다.

③ 객관적인 근거없이 사업비를 축소 및 제외하거나 회수가능액을 낙관적으로 추정함으로써 공사미수금 등에 대한 대손충당금을 173억 원 과소계상하였다.

④ 계열사로부터 우회적으로 자금을 지원받거나 계열사에게 우회적으로 자금을 지원한 사실을 주석에 기재하지 않음으로써, 특수관계자와의 거래액 696억 원을 주석공시에서 누락시켰다.

⑤ 연결재무제표 작성 시 회계처리기준을 위반한 종속기업의 재무제표를 그대로 사용하였다.

이 당시 종속회사인 동양시멘트는 담보제공 및 지급보증을 제공한 사실을 주석에 기재하지 않았고, 골프회원권과 해외소재 광구 관련 자산을 과대계상하였다. 동양인터내셔널은 매도가능금융자산을 그리고 동양네트웍스는 관계기업 투자주식을 과대계상하였다.

13) 금융위원회, "사업보고서 및 감사보고서에 대한 조사 · 감리결과 조치," 보도자료(2014.8.20.).

⑥ 동양은 채무증권을 발행하기 위해 제출한 증권신고서에 이상의 회계처리기준을 위반한 재무제표를 그대로 사용함으로써 증권신고서를 거짓 기재하였다.

5. 분식회계의 발견

외부분석자가 기업내부에서 교묘하게 이루어진 분식회계를 찾아내기란 쉽지 않다. 그러나 분식회계 유무를 발견하는 것은 경영분석에서 매우 중요하다. 일반적으로 분식회계 유무를 발견하는 방법은 다음과 같다. 우선 분식회계의 원인이 되는 경영환경의 변화와 이에 대한 기업의 대응전략, 그리고 그 결과로 나온 경영실적 등을 파악함으로써 분식회계의 가능성을 예상한다. 다음에는 재무제표에 대한 분석을 실시해야 하는데, 재무제표의 분석은 개별항목의 분석과 재무비율의 분석을 모두 포함하게 된다.

(1) 개별항목의 분석

개별항목의 분석에서는 재무제표의 각 항목을 면밀히 검토하여, 계상된 금액 및 적용된 회계처리방법의 타당성을 평가하고, 회계수치와 경영실태를 비교하여 분식회계의 유무를 확인한다. 개별항목을 대상으로 분석할 때의 주안점을 적어보면 다음과 같다.

① **영업외수익 및 비용, 특별손익의 이상성(異常性)을 분석** : 자산매각이익(평가이익)에 대해서는 자회사 · 관계회사에의 매각여부, 매각시기와 금액, 환매조건부매각(還買條件附賣却)의 가능성 등을 검토하고, 대손상각에 대해서는 금액의 충분성과 계상시기의 적절성을 분석한다.

② **충당금계상의 충분성을 평가** : 회계처리기준이나 세법에서 인정되고 있는 충당금이 계상되고 있는지, 금액은 적정한가를 검토한다.

③ **회계처리방법이 변경된 경우 그 정당성을 평가** : 회계처리방법의 변경은 계상이익을 조작하기 위해 행하는 경우가 있다. 가령, 기업이 감가상각방법을 정률법에서 정액법으로 바꾸거나 수익인식기준을 공사완성기준에서 공사진행기준으로 바꾸는 경우, 재고자산의 가격이 상승할 때 평가방법을 평균법에서 선입선출법으로 바꾸는 경우, 사무의 간소화나 합리화 등을 이유로 수익인식기준을 회수기준에서 판매기준으로 바꾸는 경우에 기업의 경영성과가 왜곡되어 나타난다. 분석자는 이와 같은 회계처리방법 변경의 이유가 정당한 것인

가를 판단하고 이것이 경영성과에 미치는 효과를 분석해야 한다.

④ **주거래은행 등 주요 차입처(主要 借入處)의 변화를 검토** : 별다른 이유없이 기업이 주거래은행을 변경할 경우에는 기업의 재무내용에 이상이 생긴 것으로 판단한다.

(2) 재무비율의 분석

분식회계에 애용되는 특정 계정과목 및 재무비율의 추이 혹은 의심되는 기업의 재무비율을 산업 전체나 다른 기업의 재무비율과 비교했을 때 나타나는 이상성 등은 분식징후의 판단에 도움이 된다. 이 방법을 사용할 때에는 다음과 같은 점에 주의를 기울여야 한다.

① **매출채권, 재고자산, 매입채무의 회전일수분석** : 매출채권회전기간은 356일÷매출채권회전율로 계산되며 매출채권평균회수기간을 의미한다. 재고자산회전기간은 365일÷재고자산회전율, 매입채무회전기간은 365일÷매입채무회전율로 계산된다. 매출채권, 재고자산, 매입채무를 통하여 재무제표의 분식이 가장 많이 이루어지므로 이와 관련된 회전기간의 추이에 각별히 신경을 써야 한다. 가공매출채권의 계상 시 매출채권회전기간이 대폭 늘어나는 경향이 있으며, 재고가 장부상으로만 늘어나거나 불량재고가 누적되는 경우에는 재고자산회전기간이 크게 늘어난다. 또한 앞의 두 경우와는 반대로 매입채무를 은폐할 때에는 매입채무회전기간이 감소하는 경향이 있다.

② **특정업종에 고유한 재무비율을 설정하여 분석** : 일반적인 재무비율 이외에도 특정업종에 고유한 재무비율이 분식의 파악에 도움이 될 수 있다. 예를 들면, 백화점 등에 대해서는 매장면적(賣場面積)을 기준으로 매장면적 1단위당 매출액, 매장면적 1단위당 재고자산 등을 계산하고 이의 추세를 검토하거나 경쟁기업의 수치와 비교함으로써 이상성을 발견할 수 있다. 단일제품을 생산하는 제조업체라면 생산량이라든지 판매액을 생산기계대수 등으로 나누어 이 계수의 변화추이를 살펴봄으로써 분식회계의 가능성을 파악할 수 있다.

③ **현금흐름표로부터 현금흐름을 분석** : 분식회계의 일반적 수법이 자산(특히 유동자산)의 과대계상과 부채(특히 유동부채)의 과소계상의 형태로 많이 이루어지고 있으므로, 현금흐름표는 분식회계의 파악에 도움이 될 수 있다. 영업활동으로 인한 현금흐름, 현금흐름의 유입합계와 유출합계의 추세 또는 이들 항목을 매출액으로 나눈 비율의 추세 등이 주요 검토항목이 된다. 특히 회계상의 이익은 흑자로서 계속 증가하고 있는데 영업활동으로 인한 현금흐름이 감소할 경우 분식회계의 가능성이 있다고 판단한다.

연 습 문 제

01 다음 용어를 설명하라.

① 회계상의 추정　② 예측정보
③ 이익조작　④ 선입선출법
⑤ 이중체감잔액법　⑥ 분식회계

02 재무제표의 문제점 내지 한계를 경영분석의 입장에서 논하라.

03 선택적 회계처리방법이 재무제표분석에 미치는 영향은 무엇인가?

04 분식회계에 대하여 의의와 유형, 발생원인, 회계구조, 발견방법을 설명하라.

제 9 장

경영환경, 산업 및 기업 분석

개별기업의 경영성적은 기업이 속한 산업과 기업을 둘러싸고 있는 각종 환경의 영향을 받는다. 기업경영에 영향을 미치는 환경을 넓게 파악하면 경제적 환경, 사회적 환경, 과학 · 기술적 환경, 정치적 환경을 들 수 있으며, 그중에서도 기업경영과 직접적으로 관련을 맺는 경제적 환경이 중요하다. 특히 오늘날의 기업환경은 매우 급속한 속도로 변화하고 있어 이 같은 환경변화에 대하여 과연 능동적이며 탄력적으로 대응할 수 있느냐 없느냐 하는 것이 경영성과의 우열(優劣)을 가름하는 중요한 기준이 되고 있다.

본장에서는 기업경영과 관련된 거시적 환경의 분석을 경영환경분석이라는 제목하에 설명하겠으며, 기업이 속한 산업 및 개별기업에 대한 질적 분석방법도 설명할 것이다.

제1절 경영환경분석

경영환경(經營環境)이란 기업의 존속 · 성장과 관련되는 모든 외부적 조건을 말하며, 기업환경은 기업에 대해 사업 또는 성장의 기회(opportunity)를 줌과 동시에 기업활동에 대해 위협(threat)을 주거나 이를 제약하는 요인으로 작용한다.

기업을 운영하는 경영자는 기업을 둘러싸고 있는 경영환경의 변화방향과 그 변화정도를 예측할 수 있어야 이에 대한 적절한 대응전략을 마련할 수가 있다. 마찬가지로 기업의 경영능력을 평가하고 경영계획의 타당성을 분석하기 위해서는 먼저 거시적인 측면에서 경영환경의 변화가 특정 산업 및 기업에 어떤 영향을 미치는가를 분석해야 한다. 경영환경 중에서는 경제환경에 대한 분석이 우선이며, 주요 경제변수와 정부의 경제정책에 대한 분석이 중요하다. 경제환경 이외에도 인구구성의 변화, 사회 · 문화환경의 동향, 기술발전, 생태환경 등 기타 경영환경의 변화도 분석대상이 된다. 본절에서는 경제환경의 분석을 중심으로 경영환경의 현황을 파악하고 변화방향을 예측하는 방법을 살펴보기로 한다.

1. 경제환경분석

(1) 경제성장률과 경기전망

1) 경제성장률

경제성장률은 보통 일정기간 중 한 나라 안에 있는 모든 경제주체가 생산활동에 참여하여 만들어 낸 부가가치(附加價値)의 총계인 국내총생산(國內總生産, gross domestic product : GDP)이 전년도 혹은 전년 동 분기에 비해 얼마나 증가하였는가를 의미한다.[1] 따라서 이는 한 나라 경제의 종합적인 성적표라고도 할 수 있다. 경제성장률은 물가상승의 영향이 포함

표 9-1 한국의 경제성장률, 실업률, 주가 (단위 : %)

	GDP 증가율	민간소비증감률	설비투자증감률	건설투자증감률	실업률	KOSPI(연월 말)
2010	6.8	4.4	23.2	−3.7	3.7	2,051.00
2011	3.7	2.9	5.5	−2.8	3.4	1,825.74
2012	2.4	1.7	1.0	−3.5	3.2	1,997.05
2013	3.2	1.7	−3.9	6.3	3.1	2,011.34
2014	3.2	2.0	5.1	1.4	3.5	1,915.59
2015	2.8	2.2	5.1	6.9	3.6	1,961.31
2016	2.9	2.6	2.6	10.0	3.7	2,026.46
2017	3.2	2.8	16.5	7.3	3.7	2,467.49
2018	2.9	3.2	−2.3	−4.6	3.8	2,041.04
2019	2.0	1.7	−7.5	−2.5	3.8	2,197.67
2020	−1.0	−4.9	6.8	−0.1	4.0	2,873.47

주 : 1) 민간소비증감률, 설비투자증감률, 건설투자증감률은 실질 수치를 사용함.
2) 실업률은 실업자수를 경제활동인구로 나눈 수치임.
자료 : 한국은행, 「경제통계시스템」(http://ecos.bok.or.kr).

1) GDP(국내총생산)는 소유에 관계없이 국내에 있는 노동, 자본 등 모든 생산요소를 결합하여 만들어 낸 최종생산물(부가가치)의 합으로서 생산활동지표이며, GNP(국민총생산, gross national product)는 한 나라가 소유한 생산요소를 국내외의 생산활동에 참여시킨 대가로 받은 소득(부가가치)의 합으로서 소득지표이다. 과거에는 거시경제분석의 중심을 소득측면에 두고 있어 GNP를 경제성장의 중심지표로 삼았으나, 1970년대 이후 경제의 국제화로 노동과 자본의 국가 간 이동이 확대되고 이로 인하여 소득지표에 가까운 GNP 기준 성장률이 국내경기 및 고용상황을 제대로 반영할 수 없어 각국의 경제성장 중심지표는 GDP로 이행하게 되었다. 자세한 내용은 한국은행, 「알기쉬운 경제지표해설」(2014.12.) 참조 바람.

된 명목성장률과 물가상승의 영향이 배제된 실질성장률의 두 가지가 있으나 일반적으로 경제성장률이라 할 때는 실질경제성장률을 말한다. 우리나라의 경제성장률에 관한 통계는 한국은행에서 분기마다 발표되고 있다.

경제성장률이 높을 경우에는 생산 · 매출 · 고용 · 소득이 모두 높은 비율로 증가하며, 이에 따라 기업의 이익도 큰 폭으로 상승하게 된다. 반면에 경제성장률이 낮을 경우에는 생산과 매출이 감소하고 실업이 증가함으로써 소득이 줄어들며, 기업의 이익도 감소된다. 이와 같이 경제성장은 생산 · 매출 · 고용 · 소득 등의 요인과 직접적으로 관련되어 있기 때문에 경제성장전망이 좋을 때에는 증권시장에서 주가가 큰 폭으로 오르지만 경제성장전망이 어두울 때에는 주가가 떨어지는 것이 보통이다. 앞의 〈표 9-1〉은 2010~2020 기간의 경제성장률(GDP 증가율)과 실업률, 주가 자료를 보여주고 있다.

2) 경기전망

일반적으로 경기(景氣)란 경제 전체의 활동수준을 의미한다. 경기가 호황일 때는 경제 전체의 생산과 판매가 늘어나고 재고가 줄어들어 기업의 이익은 증가하며, 반대로 경기가 불황일 때는 생산과 판매가 감소하고 재고가 늘어나게 되어 기업의 이익이 감소하게 된다. 또한 호경기가 예상될 경우에는 기업의 설비투자(設備投資)가 활발하게 이루어지지만, 불경기가 예상될 경우에는 설비투자가 위축되는 것을 볼 수 있다. 이와 같은 경기의 움직임은 그 모습이 마치 파도와 비슷하다고 하여 이를 경기순환(景氣循環, business cycle)이라고 부르기도 한다. 하나의 경기순환과정은 경기회복의 초기단계인 회복국면(revival), 정점(頂點, peak)을 향하여 계속 활발해지는 활황국면(prosperity), 경제활동이 둔화되기 시작하는 후퇴국면(slow down), 그리고 경제활동이 계속 위축되어 저점(低點, trough)으로 떨어지는 침체국면(depression)의 네 과정으로 구분된다. 이때 회복국면과 활황국면을 합하여 확장국면(expansion)이라 하고, 후퇴국면과 침체국면을 합하여 수축국면(contraction)이라 한다([그림 9-1]).

분석자의 입장에서는 현재의 경기상태를 올바로 진단하고 앞으로의 경기전망을 정확하게 예측하는 것이 매우 중요하다. 왜냐하면 앞으로의 경기가 과열되고 물가가 대폭 상승할 것으로 예상되면 정부가 통화량을 줄여 공급하거나 금리를 인상하여 과열경기를 진정시키는 정책을 쓰게 되고, 반대로 경기가 침체해서 기업경영이 어려워지고 실업이 늘어날 것으로 예상되면 정부가 공공투자를 확대하고 통화량을 늘려 공급하는 등 경기부양정책을 쓰는 것이 일반적이기 때문이다.

| 그림 9-1 | 경기순환

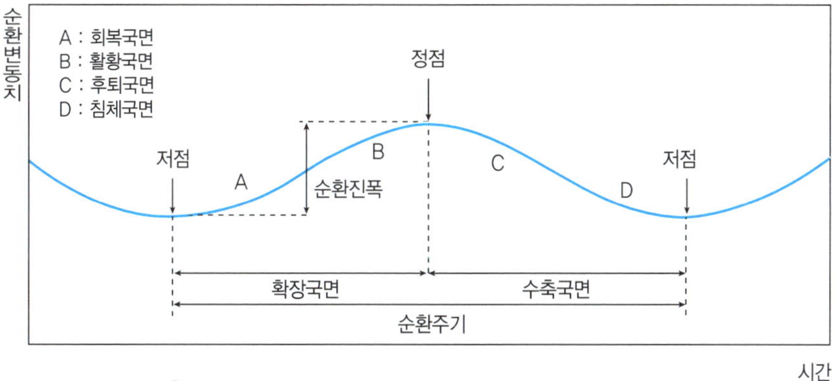

자료 : 통계청, 「제9차 경기종합지수 개편」(2016.6.30.).

현재의 경기를 판단하고 앞으로의 경기를 예측하는 데 필요한 것이 경기지표(景氣指標)이며, 경기종합지수(景氣綜合指數, composite index : CI)와 기업실사지수(企業實査指數, business survey index : BSI)가 이에 해당한다.

경기종합지수(CI)는 경기변동에 민감한 주요 경제지표들을 선정하여 이들의 움직임을 종합한 다음 이를 지수형태로 나타냄으로써 경기의 흐름을 파악하고자 하는 종합경기지표이다. 구체적인 계산방법은 각 개별지표의 전월 대비 변동률을 산출하고 이 변동률을 그대로 가중평균하는 과정을 거치게 되므로, 결국 지난달에 비하여 몇 퍼센트 상승 또는 하락하였음을 표시하게 된다. 따라서 경기종합지수는 조그마한 변동도 있는 그대로 나타내기 때문에 단기적인 경기변동(景氣變動)을 파악하는 데 유용하다. 경기종합지수는 나타내고자

표 9-2 경기종합지수의 종류와 구성지표

구 분	구성지표
동행종합지수(7개)	광공업생산지수, 서비스업생산지수, 건설기성액, 소매판매액지수, 내수출하지수, 수입액, 비농림어업취업자수
선행종합지수(7개)	재고순환지표, 경제심리지수, 건설수주액, 기계류내수출하지수(선박제외), 수출입물가비율, 코스피, 장단기금리차
후행종합지수(5개)	생산자제품재고지수, 소비자물가지수변화율(서비스), 소비재수입액, 취업자수, CP유통수익률

자료 : 통계청(www.kostat.go.kr)(2022.11.).

하는 실제경기보다 먼저 발생하느냐, 동시에 발생하느냐, 아니면 이후에 발생하느냐에 따라서 선행종합지수, 동행종합지수, 후행종합지수의 세 가지로 구분하여 작성한다. 선행지수는 경기동향을 예측하는 데, 그리고 동행지수와 후행지수는 경기동향을 확인하는 데 이용된다. 동행지수, 선행지수, 후행지수의 구성지표들은 앞의 〈표 9-2〉와 같다. 경기종합지수는 통계청(www.kostat.go.kr)에서 매달마다 발표하고 있다.

사례 9-1 2022년 9월 중 우리나라의 경기동향

〈표 9-3〉에는 2022년 9월의 경기종합지수와 전월비증감률이 제시되어 있다. 2022년 9월 중 동행종합지수는 광공업생산지수는 감소하였으나, 수입액, 서비스업생산지수 등이 증가하여 전월 대비 0.2% 상승하였다. 한편 선행종합지수는 장단기금리차, 코스피 등이 감소하였으나, 재고순환지표, 기계류내수출하지수는 증가하여 전월 대비 0.2% 상승하였다. 구성지표의 비경기적인 요인(계절요인 및 불규칙요인)을 제거한 동행종합지수 순환변동치는 8월 대비 0.1포인트 증가하였으나, 선행종합지수 순환변동치는 8월 대비 0.1포인트 하락하였다.

표 9-3 경기종합지수의 추이

	2022.5.	2022.6.	2022.7.	2022.8.	2022.9.
동행종합지수(2015=100)	121.0	121.4	122.2	123.1	123.4
• 전월비, %	0.2	0.3	0.7	0.7	0.2
동행종합지수 순환변동치	101.2	101.3	101.8	102.3	102.4
• 전월차, p	0.1	0.1	0.5	0.5	0.1
선행종합지수(2015=100)[1)]	128.8	129.2	129.4	129.6	129.9
• 전월비, %	0.4	0.3	0.2	0.2	0.2
선행종합지수순환변동치[2)]	99.6	99.7	99.5	99.3	99.2
• 전월차, p	0.0	0.1	−0.2	−0.2	−0.1

주 : 1), 2) 선행종합지수, 선행종합지수 순환변동치는 최근 2개월이 잠정치(p).
자료 : 통계청, 「2022년 9월 산업활동동향」.

기업실사지수(BSI)는 경기에 대한 기업가의 판단과 전망, 설비투자계획을 비롯한 각종 경영계획을 조사하고 이를 수치화한 경기판단지표이다. 지수를 작성하는 방법은 설문조사를 통해 조사항목에 대한 변동방향을 묻고, 각각의 조사항목에 대하여 전기 대비 증가를 예상한 업체수에서 감소를 예상한 업체수를 빼고 이를 전체응답업체수로 나누어 다음과 같이 계산한다.

$$BSI = \frac{\text{증가표시업체수} - \text{감소표시업체수}}{\text{전체응답업체수}} \times 100 + 100$$

BSI는 0~200 사이의 값을 갖게 되는데, 예를 들어 200개 업체를 대상으로 설문조사 한 결과 절반인 100개 업체는 향후 경기가 좋아질 것으로 응답하고 100개 업체는 나빠질 것으로 응답하였다면 BSI=[(100−100)/200]×100+100=100.0이 된다. 따라서 BSI가 100 이상이면 경기가 확장국면에 있는 것으로, 그리고 100 미만이면 경기가 수축국면에 있는 것으로 판단한다. BSI는 업종별로도 작성할 수 있으므로, 업종별 경기전망을 알아보는 데에도 도움이 된다. BSI는 작성하기가 쉽고 경기동향에 대한 업계의 판단을 알 수 있다는 이점이 있어, 한국은행(www.bok.or.kr), 산업연구원(www.kiet.re.kr), 전국경제인연합회(www.fki.or.kr) 등에서 매월 및 분기마다 발표하고 있다.

사례 9-2 2022년 11월 전망의 기업경기실사지수

〈표 9-4〉는 전국경제인연합회에서 조사한 매출액 기준 600대 기업의 2022년 11월 기업경기실사지수 전망치는 86.7을 기록했다. 11월 BSI 전망치는 20년 10월(84.6) 이후 25개월 만에 최저치이며, 올해 4월(99.1)부터 8개월 연속 기준선 100을 하회하고 있다. 10월 BSI 실적치 역시 90.3을 기록하여, 올해 2월(91.5)부터 9개월 연속 부정 전망을 보이며 기업들의 실적 악화가 장기화되고 있다. 제조업은 전월에 이어 기준선 100을 초과한 업종이 전무(全無)한 실정이다. 특히, 글로벌 경기침체가 가시화되면서 국내수출의 쌍두마차 업종인 전자 · 통신(반도체 포함), 자동차 · 기타운송이 각각 90.0과 89.7로 2개월 연속 부진했으며, 11월 전망치 자체도 전월에 비해 각각 5.0포인트, 7.1포인트씩 하락했다. 한국기업들은 이미 국내외 경기침체가 본격화되면서 매출둔화 · 재고증가 · 자금사정 악화라는 심각한 경영위기에 직면해 있으며, 글로벌 긴축, 러시아 · 우크라이나 사태 장기화, 미 · 중 분쟁으로 향후 어려움이 더욱 심화될 가능성이 클 것으로 평가되고 있다.

표 9-4 종합경기 월별 BSI 추이(2021.11.~2022.11.)

	'21.11.	12.	'22.1.	2.	3.	4.	5.	6.	7.	8.	9.	10.	11.
종합경기(전망)	100.6	100.3	96.5	99.7	102.1	99.1	97.2	96.3	92.6	86.9	95.8	89.6	86.7
종합경기(실적)	102.2	100.3	104.3	91.5	99.4	94.1	97.2	86.1	85.4	91.3	86.0	90.3	-

자료 : 전국경제인연합회, 「2022년 11월 전망 BSI보고서」(2022.10.25.).

참고 경기변동과 산업별 경영성과

한 나라의 경제가 경기순환의 각 국면, 즉 회복−활황−후퇴−침체 국면을 통과하는 동안 모든 산업(업종)의 매출과 이익이 경기변동에 의하여 동일한 영향을 받는 것은 아니다. 일반적으로 경기의 호황 · 불황에 평균 이상의 민감도(above-average sensitivity)를 갖고 반응하는 산업을 경기민감산업(cyclical industries)이라 하는데, 자동차나 TV와 같은 내구소비재제조업, 기계설비 등 자본재제조업이 이에 속한다. 또 경기변동에 별 영향을 받지 않는 산업을 경기방어산업(defensive industries)이라 하며 이 산업에 속한 회사의 매출과 이익은 경기변동에 좌우되지 않고 안정적이다. 예를 들면 담배 등 식품제조업, 의약품제조업, 전력 · 가스 등 에너지산업이 경기방어산업에 속한다. 그렇다면 경기변동이 특정기업의 이익에 어느 정도 영향을 미칠 것인가? 이를 결정하는 것은 매출민감도, 영업레버리지, 재무레버리지 등의 3요인이다.

- **매출민감도**(sensitivity of sales) : 일반적으로 음식료품 · 의약품 · 의료서비스 등 필수품, 담배 · 영화 등 소비지출이 소득에 의하여 큰 영향을 받지 않는 품목을 생산하는 기업의 매출은 경기변동에 의하여 덜 영향을 받는다. 그러나 공작기계 · 철강 · 자동차 · 수송서비스 등을 영위하는 기업의 매출은 경기상황에 따라 크게 달라진다.
- **영업레버리지**(operating leverage) : 영업레버리지는 고정영업비와 변동영업비의 상대적인 구조를 말한다. 변동비 비중이 높은 회사의 영업이익은 경기변동에 대하여 덜 민감하게 변화하지만, 고정영업비 비중이 높아 영업레버리지 수준이 높은 회사(즉, 사업위험이 높은 회사)는 경기변동에 대하여 영업이익이 민감하게 변화한다.
- **재무레버리지**(financial leverage) : 타인자본에 대한 이자비용은 매출수준이나 영업이익수준에 관계없이 지급되어야 하는 고정비용이다. 그러므로 부채비율이 높아 금융비용부담률이 높은 회사(즉, 재무위험이 높은 회사)의 순이익은 경기변동에 대하여 민감하게 변동한다.

(2) 통화량, 유동성 및 자금사정

1) 통화량과 유동성

통화량(通貨量, money supply)이나 유동성은 시중에 풀려 있는 돈의 양을 측정하는 개념이다. 경제의 규모나 여러 가지 여건에 비하여 시중에 돈이 너무 많이 풀려나오면 물가가 오르고 부동산투기가 일어나기 쉬우며, 반대로 지나치게 적게 공급되면 생산 · 투자 · 소비 등 경제활동이 위축되어 경기후퇴를 가져오기 쉽다.

통화량의 규모와 변화는 통화지표와 유동성지표로 측정한다. 통화지표로는 협의통화(M1)와 광의통화(M2)가 있으며, 유동성지표로는 금융기관유동성(Lf, 종전의 M3)과 광의유동성(L)이 있는데 가장 보편적으로 활용되는 통화지표는 광의통화(M2)이다.[2] 이들 통화 및 유동성 지표는 매월 한국은행에서 작성하여 발표하고 있다.

---

2) 협의통화(M1)는 현금통화와 요구불예금 및 수시입출식 저축성예금을 합한 것이다. 광의통화(M2)는 M1에 MMF, 만기 2년 미만 정기예금 및 적금, 양도성예금증서(CD) 등 시장형금융상품, 금전신탁 등 실적배당형상품, 기타 예금 및 금융채 등을 합한 개념이다. 금융기관유동성(Lf)은 광의통화(M2)에 만기 2년 이상 장기금융상품, 한국증권금융㈜의 예수금, 생명보험회사의 보험계약준비금 등을 합한 것이다. 광의유동성(L)은 금융기관유동성(Lf)에 정부 및 기업 등이 발행한 회사채, CP, 국채 및 지방채, 기타 금융기관상품 등을 더한 것이다(한국은행, "2022년 9월 통화 및 유동성," 보도자료(2022.11.15.) 참조).

〈표 9-5〉는 2020년~2022년 9월까지의 우리나라 통화 및 유동성지표의 추이를 보여주고 있다. 2022년 9월 M1(협의통화, 평잔)은 전월 대비 1.7%(전년동월 대비 -0.4%) 감소하였으며, M2(광의통화, 평잔)는 전월수준을 유지하고 있다(전년동월 대비 +6.6% 증가). Lf(금융기관유동성, 평잔)는 전월 대비 0.1%(전년동월 대비 +6.0%) 증가하였으며, L(광의유동성, 말잔)은 전월말 대비 0.3%(전년동월말 대비 +6.7%) 증가하였다. 우리나라의 통화 및 유동성 지표는 2002년까지는 통화정책의 중간목표로 활용되어 왔으나 물가안정목표제(inflation targeting) 도입과 함께 금리중심 통화정책 운영체계가 정착됨에 따라 현재는 정책운영의 정보변수로 활용되고 있다.

표 9-5 우리나라의 통화 및 유동성 잔고 및 증가율 추이 (단위 : 조 원, 전년동월 대비, %)

	2020	2021	2022			
	연간	연간	6	7	8	9
M1(협의통화)	1,059.0 (20.8)	1,281.6 (21.0)	1,375.6 (0.1)	1,362.3 (−1.0)	1,341.9 (−1.5)	1,319.5 (−1.7)
M2(광의통화)	3,070.8 (9.3)	3,430.4 (11.7)	3,709.0 (0.3)	3,719.5 (0.3)	3,744.1 (0.7)	3,744.2 (0.0)
Lf(금융기관유동성)	4,311.1 (8.3)	4,733.3 (9.8)	5,072.3 (0.3)	5,089.0 (0.3)	5,111.0 (0.4)	5,118.2 (0.1)
L(광의유동성)[1)]	5,651.8 (8.5)	6,254.2 (10.7)	6,425.3 (−0.2)	6,460.5 (0.5)	6,499.5 (0.6)	6,517.6 (0.3)

주 : 1) L(광의유동성)은 말잔 기준 금액 및 전기 대비 증감률(%).
2) ( ) 안은 계절조정계열 전기 대비 증감률(%).
자료 : 한국은행, "2022년 9월 통화 및 유동성 동향," 보도자료(2022.11.15.)

한편, 통화량 및 유동성과 주가의 관계를 보면 대체로 양(+)의 상관관계가 있는 것으로 나타나고 있다. 즉, 통화량이나 유동성이 증가될 경우 설비투자 증가에 의한 기업실적향상으로 인해 주가가 상승하는 경로와, 주식수요가 증가되어 이로 인해 주가가 상승하는 경로, 그리고 실질이자율 하락에 의한 주식에 대한 요구수익률 하락으로 인해 주가가 상승하는 경로 등으로 구분해 볼 수 있다. 따라서 금융긴축으로 통화량이나 유동성의 공급축소가 예상되면 주가는 하락하고 금융완화로 통화량이나 유동성의 공급확대가 예상되면 주가는 상승한다. 그러나 통화량이나 유동성이 지나치게 많이 공급되면 인플레이션의 우려 때문에 주가가 오히려 하락할 수도 있다.

2) 시중의 자금사정

시중의 자금사정이 좋고 나쁨을 판단하기 위한 지표로는 어음부도율, 부도법인수 및 요구불예금회전율, 채권수익률(債券收益率) 등이 이용된다. 어음부도율은 어음교환총액 중 부도어음이 차지하는 비율을 나타내며, 부도율이 높다는 것은 시중의 자금사정이 좋지 않다는 것을 반영한다. 부도법인수가 늘어나는 것은 당연히 경기침체 혹은 금융경색 시기라는 것을 의미한다.

예금회전율은 시중에서 돈이 얼마나 활발하게 도는지를 알 수 있는 지표이다. 요구불예금은 예금자가 언제든지 찾아 쓸 수 있는 예금을 통칭한다. 요구불예금회전율이 낮다는 것은 가계나 기업이 돈을 꺼내 투자하기보다는 은행에 예치한 채로 묶어 두고 있다는 의미이다. 통상 요구불예금회전율은 경제가 성장할 때 높아지고 좋지 않을 때는 하락하는 경향이 있다.[3)]

한편, 은행 · 투자신탁회사 · 증권회사 등은 자금사정이 좋지 않을 때 보유채권을 낮은 가격으로 매각하기 때문에 채권수익률이 단기적으로 상승하게 된다. 또한 일반기업도 자금사정이 좋지 않을 경우에는 회사채를 싼 값에라도 발행하려고 하기 때문에 채권수익률이 급등하는 것을 볼 수 있다.

〈표 9-6〉은 시중의 자금사정을 나타내는 어음부도율, 부도법인수, 요구불예금회전율, 회사채수익률의 추이를 보여주고 있다. 이 표로부터 2022년 들어서며 회사채수익률이 지속적으로 상승하는 등 전반적으로 자금사정이 좋지 않은 모습이라는 것을 알 수 있다.

표 9-6 시중 자금사정지표의 동향

구분	2022.2.	3.	4.	5.	6.	7.	8.	9.
어음부도율(%)	0.05	0.03	0.03	0.03	0.03	0.02	0.02	0.03
부도법인수(개)	12	12	13	12	9	8	9	13
요구불예금회전율(회/월)	14	15.4	14.7	14.3	14.1	14.2	14.7	14.1
회사채수익률(%)	2.873	3.028	3.631	3.775	4.233	4.126	4.227	4.900

주 : 1) 요구불예금회전율은 총지급소계액을 요구불예금 평균잔액으로 나눈 배수임.
2) 회사채수익률은 무보증회사채(신용등급 AA-)의 평균수익률임.

자료 : 한국은행, 「경제통계시스템」(http://ecos.bok.or.kr).

3) 요구불예금회전율은 1999년 67회로 정점을 찍은 후 하락을 지속해 2005년에는 21.8회까지 떨어졌다. 이후 다시 오름세를 보이면서 2010년 34.8회까지 올라갔으나 2013년(28.9회) 이후 줄곧 30회를 밑돌다가 2019년 1월부터는 20회를 넘지 못했다. 2020년 예금은행의 요구불예금회전율도 17.3회로 집계됐다. 이는 관련 통계가 작성된 1985년 이후 35년 만에 가장 낮은 것이었다.

(3) 금 리

금리란 자금을 차입한 자가 그 자금을 이용하는 대가로서 지불하는 돈, 즉 이자의 원금에 대한 비율인 이자율(利子率)을 의미한다. 금리수준(金利水準)은 기본적으로 자금에 대한 수요와 공급에 의하여 결정된다. 그러나 금리가 경제활동에 미치는 영향이 지대하기 때문에, 실제로는 정책당국이 경기동향이나 경제실정에 맞추어 직·간접으로 금리수준에 영향력을 행사하고 있다. 즉, 경기가 침체하여 투자나 소비가 부진할 때에는 금리수준을 떨어뜨려 경기부양을 꾀하게 되고, 경기가 과열되어 인플레이션의 조짐이 보일 때에는 금리수준을 올려서 경기를 진정시키려 한다. 또한 투기를 억제하고 저축을 촉진시키기 위하여 금리수준을 높게 유지하는 경우도 있다.

금리수준의 변동이 기업경영에 미치는 영향은 매우 크다. 금리수준이 인상될 경우 부채를 많이 쓰는 기업은 금융비용의 부담이 늘어나 기업의 수지가 악화됨으로써 주가가 하락한다. 반대로 금리수준이 하락할 경우에는 그만큼 금융비용의 부담을 덜게 되어 수지가 호전됨으로써 주가는 상승한다. 또한 금리변동은 투자자의 유가증권에 대한 요구수익률(要求收益率)을 변동시킴으로써 주가를 변동시킨다. 따라서 일반적으로 금리수준의 상승이 예상되면 주가는 하락하게 되고, 금리수준의 하락이 예상되면 주가는 상승하게 된다.

금리에 관한 통계로는 여러 가지가 있으나 한국은행의 기준금리, 금융기관의 예금 및 대출 금리, 콜시장의 콜금리(call rate), 양도성정기예금증서(CD : certificate of deposit) 수익률, 회사채수익률 등이 대표적이다. 한국은행의 기준금리는 금융통화위원회에서 결정하는데, 기준금리의 인상은 금융긴축의 신호로, 기준금리의 인하는 금융완화의 신호로 간주된다. 금융기관의 예금금리(수신금리)는 시장금리의 동향, 타금융기관의 금리수준, 수신취급비용 등을 감안하여 자율적으로 결정되고 있다. 금융기관의 대출금리(여신금리)는 최우량기업에 적용되는 우대금리(優待金利)인 프라임레이트(prime rate)에 차주(借主)의 신용도, 대출기간 등을 고려한 가산금리를 더하여 결정되고 있다. 단기금융시장인 콜시장에서 결정되는 콜금리는 금융기관 상호 간의 단기자금 융통에 적용되는 금리로서, 단기자금의 수급상황을 가장 민감하게 반영한다고 볼 수 있다. 양도성정기예금증서 수익률은 금융기관이 발행하는 단기채권의 수익률로서 금융기관의 단기자금사정을 잘 반영하는 금리라 할 수 있다. 회사채는 기업이 장기자금을 조달할 경우 발행하는데, 일반적으로 시중의 자금사정이 좋으면 회사채수익률이 낮아지고 반대로 자금사정이 좋지 않으면 회사채수익률이 상승하는 경향이 있다.

〈표 9-7〉은 2010년부터 2021년 4월까지 우리나라의 주요 금리의 동향을 나타내고 있다. 2010년대 초는 유럽 재정위기 등에 기인한 해외경기의 둔화를 배경으로 국내경기의 침체를 극복하기 위하여 한국은행의 기준금리가 계속 인하되어 왔고, 이에 따라 주요 금리의 수준도 계속 낮게 결정되고 있음을 볼 수 있다. 2018년부터는 금리를 인상하기 시작하였지만, 2019년 말 중국에서 발생한 코로나19가 전 세계로 확산되며 이로 인한 경기침체 방어를 위해 2020년부터는 다시 기준금리를 인하하였다.

표 9-7 주요 금리의 동향 (단위 : 연율, %)

구분	한국은행 기준금리	예금은행 수신금리 (신규취급액 기준)	예금은행 대출금리 (신규취급액 기준)	콜금리 (1일물)	CD유통수익률 (91일물)	국고채수익률 (3년)	회사채수익률 (3년물, 무보증, AA-등급)	회사채수익률 (3년물, 무보증, BBB-등급)
2010	2.5	3.19	5.51	2.16	2.67	3.72	4.66	10.68
2011	3.25	3.69	5.76	3.09	3.44	3.62	4.41	10.38
2012	2.75	3.43	5.4	3.08	3.3	3.13	3.77	9.34
2013	2.5	2.73	4.64	2.59	2.72	2.79	3.19	8.84
2014	2.0	2.43	4.26	2.34	2.49	2.589	2.983	8.709
2015	1.5	1.74	3.53	1.65	1.76	1.794	2.084	7.997
2016	1.25	1.48	3.37	1.34	1.49	1.442	1.886	7.929
2017	1.5	1.56	3.48	1.26	1.44	1.801	2.325	8.554
2018	1.75	1.87	3.66	1.52	1.68	2.099	2.651	8.819
2019	1.25	1.75	3.45	1.59	1.69	1.529	2.023	8.115
2020	0.5	1.05	2.8	0.7	0.92	0.988	2.128	8.41
2021	1.0	1.08	2.88	0.61	0.85	1.392	2.083	8.329

자료 : 한국은행, 「경제통계시스템」(http://ecos.bok.or.kr).

(4) 물 가

1) 일반물가동향

물가란 경제 내에서 거래되는 각종 재화와 용역의 가격을 의미한다. 물가의 전반적인 동향은 전체의 경제활동수준에 영향을 미치므로, 일부 원자재가격의 상승과 같이 특정 산업이나 기업에만 영향을 미치는 경우와는 별도로 파악해야 한다. 전반적인 물가상승현상을 인플레이션(inflation)이라 하는데, 이는 수요가 공급을 초과하여 발생하는 초과수요인플레이션(demand pull inflation)과 제조원가상승으로 인하여 발생하는 비용상승인플레이션(cost push inflation)으로 나누어진다. 초과수요인플레이션은 주로 통화량증가 및 인플레이션 기대심리(期待心理)에 의하여, 그리고 비용상승인플레이션은 원자재가격상승 · 임금상승 · 금리인상 · 공공요금인상 등에 의하여 발생한다.

물가가 큰 폭으로 상승하면 제조원가가 상승하는 한편, 소비자의 실질소득감소로 인해 구매력이 감소함으로써 제품수요가 줄어들고 기업의 수지에 나쁜 영향을 주게 된다. 또한 기업은 미래의 불확실성이 증대됨으로써 안정적인 경영을 할 수 없게 되고, 개인은 금융자산보다는 인플레이션 헤지(inflation hedge)를 할 수 있는 부동산과 같은 실물자산을 선호하게 된다. 따라서 심각한 인플레이션기간 중에는 주가가 큰 폭으로 하락하는 것이 일반적이다. 물가상승은 결국 금리상승으로 연결되기 때문에 기업의 경쟁력을 유지하고 실질구매력을 높이기 위해서는 물가안정이 필수적이다.

일반적인 물가수준은 물가지수를 이용하여 파악할 수 있는데, 이는 수많은 상품가격을 특수한 방식으로 평균해서 하나의 수치로 표시한 종합물가지표이다. 대표적인 물가지수로는 기업 간에 대량 거래되는 상품의 가격동향을 파악할 수 있는 생산자물가지수(producer price index : PPI)(한국은행), 일반가계 소비품목의 가격동향을 파악할 수 있는 소비자물가지수(consumer price index : CPI)(통계청),[4] 경상가격 GDP를 불변가격 GDP로 나누어 구하는 GDP디플레이터(GDP deflator)(한국은행)를 들 수 있다. 이 밖에도 수출입상품의 가격동향을 측정하는 수출입물가지수(한국은행) 등과 같이 특수목적에 이용되는 지수가 있다.

다음의 〈표 9-8〉은 2015년부터 2021년까지 소비자물가지수의 전년동기 대비 증가율로 측정한 주요국의 물가동향을 보여주고 있다. 전반적으로 소비자물가는 2019년 말에 발생한 코로나19 팬데믹으로 인한 경기침체로 낮은 수준으로 떨어졌다. 이 기간 각국의 중앙은행과 정부는 경기방어를 위해 기준금리를 대폭 인하하고 재정확장 정책을 시행하였다. 이런 영향으로 인해 2021년부터는 심각한 인플레이션을 경험하게 되었다. 미국과 독일, 한국 등 주요 국가의 소비자물가는 전년동기 대비 2~3% 정도 크게 상승하였다.

4) 소비자물가지수 구성품목 중 곡물 이외의 농산물과 석유류를 제외하여 가뭄, 장마와 같은 계절적인 요인이나 석유파동 등 일시적인 충격을 제거하고 장기적인 추세를 파악하기 위하여 작성되는 물가지수를 근원소비자물가지수, 또는 근원인플레이션지수라 한다.

표 9-8 주요국의 소비자 물가상승률 (단위 : %)

	미국	독일	영국	일본	중국	한국
2015	0.1	0.5	1.1	−0.1	1.4	0.7
2016	1.3	0.5	1.3	0.5	2.0	1.0
2017	2.1	1.5	2.4	1.0	1.6	1.9
2018	2.4	1.7	2.1	0.5	2.1	1.5
2019	1.8	1.4	1.7	0.0	2.9	0.4
2020	1.2	0.5	1.4	−0.2	2.5	0.5
2021	4.7	3.1	2.4	−0.1	0.9	2.5

주 : 1) 전년동기 대비 증가율임.
자료 : 한국은행, 「해외경제포커스」(제2022-25호)(2022.11.4.).

2) 주요 원자재가격 동향

우리나라의 경우 부존자원이 부족하여 원자재의 대부분을 수입해야 하는 실정이다. 이에 따라 주요 원자재가격의 동향은 경제동향 및 기업실적에 큰 영향을 미치고 있다. 특히 원유와 철광석, 구리, 알루미늄, 니켈 등의 비철금속, 그리고 소맥, 옥수수, 대두, 원면 등 농산물의 가격동향은 매우 중요한 의미를 갖는다.

국제원자재가격의 동향을 종합적으로 나타내 주는 지표로서 국제상품가격지수가 있는데, 여기에는 로이터상품가격지수(Reuter Index), CRB선물가격지수(CRB Index) 등이 있다. 로이터상품가격지수는 영국의 로이터통신에 의하여 영국이 수입하는 17개 주요 1차산품을 대상으로 작성되고 있으며 자원시장의 동향을 비교적 정확하게 반영하는 특징이 있다.[5)]

CRB선물가격지수는 국제 원자재 및 선물가격 조사회사인 CRB(Commodity Research Bureau)가 발표하는 지수로 국제원자재가격의 동향을 파악하는 데 유용하다. CRB선물가격지수는 곡물, 원유, 천연가스, 산업용원자재, 귀금속 등 19개 주요 상품의 선물가격을 2005년에 결정된 비중에 따라 산술평균하여 계산되는데, 이 지수가 상승하면 인플레이션을 예고하거나 그 상품의 수요증가를 의미한다고 해서 '인플레이션지수'로 불리기도 한다.

다음의 〈표 9-9〉는 2016년부터 2021년까지 로이터상품가격지수와 CRB선물가격지수 등 국제상품가격지수, 유가, 비철금속가격, 주요 농산물가격, 금가격의 동향을 보여주고

5) 지수구성품목과 가중치는 다음과 같다. 소맥(14), 돼지(13), 옥수수(10), 구리(9), 설탕(8), 평지씨(Rapeseeds) 및 평지유(Rape Oil)(7), 커피(6), 대두박(Soymeals)(5), 아연(5), 고무(4), 납(4), 코코아(3), 양모(2), 쌀, 주석, 원면(각 1).

표 9-9 상품가격지수 및 주요 원자재가격 동향 (기말기준)

연도	유가			상품지수		비철금속			농산물			귀금속
	WTI	Brent	Dubai	로이터 상품 지수	CRB 선물 지수	동	알루 미늄	니켈	소맥	옥수수	대두	금
	(달러/배럴)			(1931.9.18 =100)	(1967 =100)	(달러/톤)			(센트/부셸)			(달러/ 온스)
2012	91.82	111.94	106.67	2,981.82	295.01	7,907.0	2,041.0	16,998.0	778.00	698.25	1,418.75	1,675.35
2013	98.42	110.82	107.89	2,628.07	280.17	7,375.8	1,754.8	13,832.0	605.25	422.00	1,312.50	1,205.65
2014	53.27	55.76	53.85	2,393.82	229.96	6,368.0	1,825.0	15,074.0	589.75	397.00	1,019.25	1,184.86
2015	37.04	35.75	32.13	2,234.58	176.27	4,705.8	1,500.3	8,780.0	470.00	358.75	871.25	1,061.42
2016	53.75	54.96	53.99	2,578.71	192.51	5,523.0	1,704.0	9,964.0	408.00	352.00	996.50	1,152.27
2017	60.46	66.73	63.77	2,371.84	193.86	7,207.0	2,256.0	12,705.5	427.00	350.75	951.75	1,303.05
2018	45.15	50.57	52.35	2,371.63	169.80	5,949.0	1,862.8	10,604.5	503.25	375.00	882.50	1,282.45
2019	61.14	67.77	65.38	2,486.07	185.79	6,149.0	1,781.3	13,950.0	558.75	387.75	943.00	1,517.27
2020	48.35	51.22	50.23	2,679.87	167.80	7,749.0	1,973.6	16,553.5	640.50	484.00	1,315.25	1,898.36
2021	75.33	77.24	76.48	3,339.13	232.37	9,740.6	2,806.0	20,880.5	770.75	593.25	1,328.75	1,829.20

자료 : 한국은행, 「해외경제포커스」(2022-25호)(2022.11.4.).

있다.

특히 원자재가격 중 원유의 가격은 국내경제에 미치는 영향이 매우 큰데, 원유가격의 동향은 북해산 경질유(Brent)나 미국 서부텍사스산 중질유(WTI), 중동산 원유(Dubai) 의 현물가격 또는 선물가격을 참고하면 된다. [그림 9-2]는 2000년 1월~2021년 10월간의 Dubai와 WTI 원유의 가격추이를 보여주고 있다. 유가는 2008년 7월 배럴당 150달러에 육박하였다가 금융위기로 인한 경기침체 등으로 2009년 1월 배럴당 50달러 아래로 하락하였다. 이후 금융위기의 완화와 경기회복에 따라 유가는 다시 배럴당 100달러 이상으로 회복하였다. 2014년 이후 미국의 셰일가스 생산증가와 OPEC의 감산합의 실패 등으로 인한 석유의 공급과잉으로 말미암아 2016년 1월에는 배럴당 30달러 수준까지 하락하였으나, 상반기에는 캐나다산과 나이지리아산 석유의 생산차질 문제 등으로 다시 50달러 수준까지 회복하였다. 2019년 말에 발생한 코로나19 팬데믹으로 인한 경기침체로 유가는 급락하여 2020년 3월~4월은 배럴당 20달러 이하로 떨어지기도 하였다. 이후 유가는 점차 상승하다가 2022년 2월 러시아가 우크라이나를 침공하며 시작된 전쟁으로 인해 급등하여 3월에는 배럴당 100달러를 넘겼다.

| 그림 9-2 | 국제유가의 추이

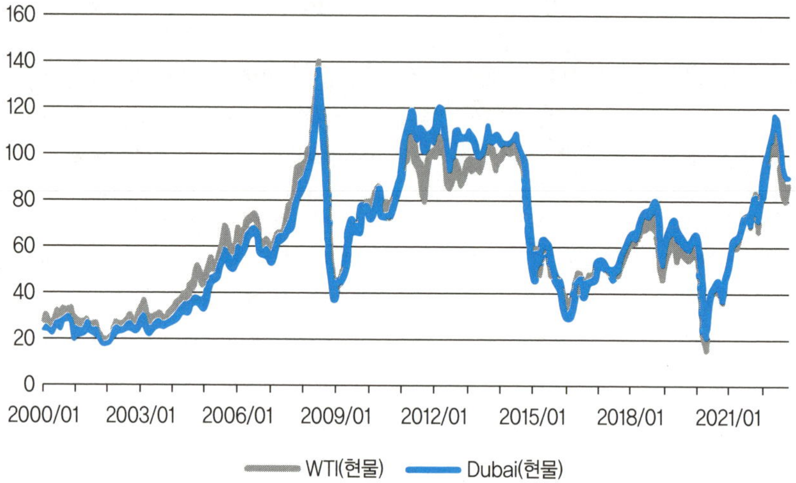

자료 : 한국은행, 「경제통계시스템」(http://ecos.bok.or.kr).

사례 9-3

농심의 실적개선과 국제곡물가격

'신라면'으로 유명한 농심의 경영실적이 2015년에 들어 급속히 개선되었다(〈표 9-10〉). 즉, 2014년에 비하여 매출액은 6.85% 증가하였고, 영업이익은 무려 60.95%나 증가한 것이다.

표 9-10 농심의 실적 추이 (단위 : 10억 원)

	2012	2013	2014	2015
매출액(A)	2,175.7	2,086.7	2,041.7	2,181.6
매출액총이익(B)	598.1	586.1	585.3	672.0
영업이익(C)	96.9	92.6	73.5	118.3
B/A(%)	27.5	28.1	28.7	30.8
C/A(%)	4.5	4.4	3.6	5.4
주당순이익(EPS)(원)	-1,173	15,286	11,241	20,291

이러한 실적개선은 '신라면', '너구리' 등 기존제품보다는 '짜왕', '맛짬뽕' 등 신제품의 출시가 호조를 보이고, 중국과 미국 등에 소재한 해외법인의 판매가 증가한 데 기인한 것이다. 이와 더불어 2014년에 비하여 옥수수는 9.6%, 대두(콩)는 14.5%, 소맥은 20.3%나 국제가격이 하락하여 수익성의 개선에 크게 기여한 점도 주목해야 한다(〈표 9-9〉 참조). 〈표 9-10〉에서도 매출액총이익률(B/A)은 전년도의 28.7%에서 30.8%로 높

| 그림 9-3 | 농심의 주가 추이

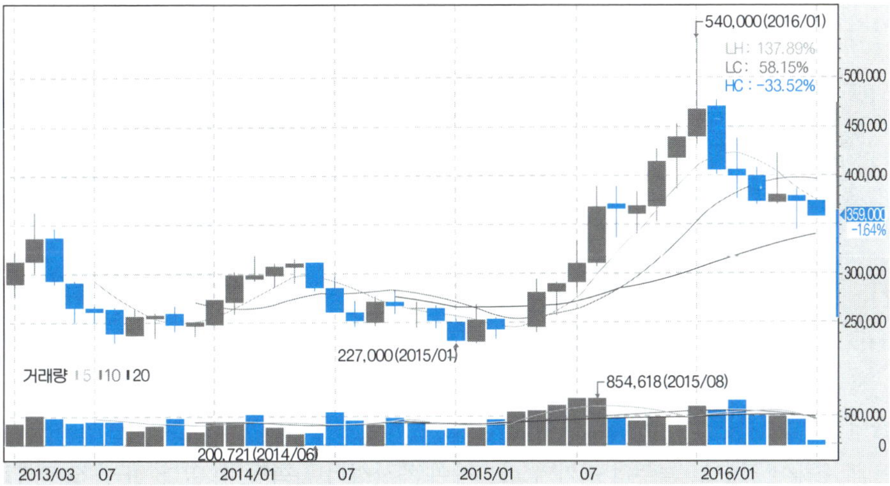

아졌고, 매출액영업이익률(C/A)은 3.6%에서 5.4%로 대폭 상승하였다. 주당순이익도 11,241원에서 20,291원으로 상승하여 주가도 2016년 초 사상 최고수준을 기록한 바 있다([그림 9-3] 참조).

(5) 환 율

환율(exchange rate)은 우리나라 통화와 외국통화 간의 교환비율을 말한다. 우리나라의 경우 1979년까지는 미화 1달러당 484원의 비율로 환율을 고정시킨 고정환율제도(固定換率制度)를 시행하여 왔으나, 1980년 이후에는 환율을 매일 변동시키는 변동환율제도(變動換率制度)를 시행하고 있다.

변동환율제도하에서의 환율은 국제수지, 국내외의 금리차이, 물가상승률 등의 기본적 요인과 외환시장에서의 수급상황 등의 요인에 의해 결정된다. 일반적으로 국제수지가 흑자이면서 물가상승률이 낮을수록 그 나라의 통화가치가 높게 평가되고(평가절상), 반대의 경우에는 낮게 평가된다(평가절하). 이와 같은 환율변동은 개별기업 특히 수출기업의 경영실적에 큰 영향을 미친다.

한편, 원화가 미국 달러화에 대하여 평가절하되어 환율(구체적으로는 자국통화표시환율)이 상승할 경우(즉, 원화의 가치가 하락할 경우)에는 수출기업의 가격경쟁력이 강화되어 미국

| 그림 9-4 | 원화의 달러화에 대한 환율인상(평가절하)효과

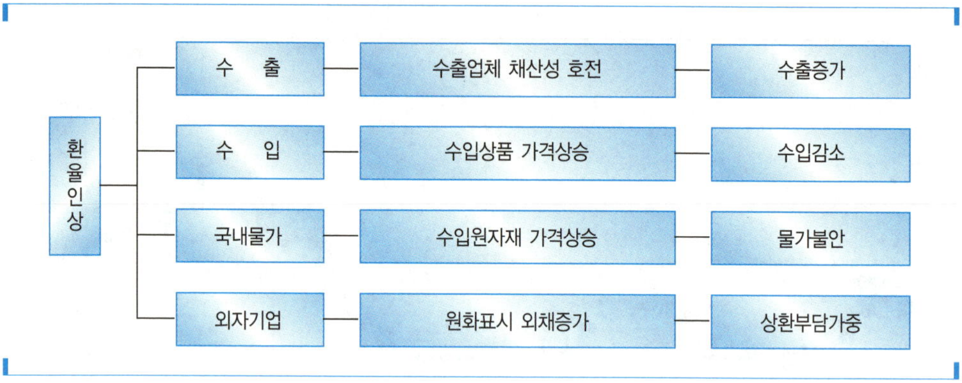

수출이 늘어날 가능성이 있다. 그러나 수입업체의 경우 원화를 주고 달러화를 사서 수입대금을 결제해야 하므로 제품의 원가가 상승하여 채산성이 악화될 수 있다. 또한 달러화표시 채권을 가진 기업은 외화자산에 대한 평가이익의 증가로 유리하지만, 달러화표시 부채를 부담하는 기업은 차입원리금 부담의 증가로 불리하게 된다. 이를 그림을 통해 정리해 보면 [그림 9-4]와 같다.

[그림 9-5]는 2000년 1월~2021년 10월 기간 중 우리나라 원화의 미국 달러화와 일본 엔화(100엔당)에 대한 월말 환율의 추이를 나타내고 있다. 원/달러 환율은 2008년 금융위기 당시 1,500원선까지 급등한 바 있으나 그 이후 글로벌 금융위기의 회복과 더불어 2009년 말부터는 다시 1,100원선까지 하락하였다.[6] 2022년은 달러 강세로 인해 환율이 크게 상승하였다. 이는 인플레이션을 잡기 위해 미국 연방준비제도가 가파른 금리 인상을 단행했기 때문이다. 연방준비제도는 2022년 3월부터 11월까지 기준금리를 3.75% 올렸으며, 이 중 네 번은 0.75%의 자이언트 스텝이었다.

원/엔(100엔) 환율은 금융위기 당시 엔화표시 자산에 대한 선호를 배경으로 1,500원선까지 치솟았고 이후 2012년 말까지는 1,300원선 이상을 유지하였다. 그러나 2012년 출범한 아베정권의 경기회복을 위한 금융완화정책인 아베노믹스에 의해 엔화가치가 하락함에 따라 2014년 중반에는 1,000원선 아래로 하락한 바 있다. 2016년 상반기에는 영국의 유럽연합(EU) 탈퇴(Brexit) 우려 등으로 달러 및 엔화의 강세 전환으로 원화가 약세를 보이고 있다.

---

6) 이는 금융위기의 완화 및 경상수지 흑자폭 확대, 한-미 통화스왑체결 등으로 대외채무 지불능력에 대한 우려가 해소되고 외국인 주식투자자금이 다시 크게 유입된 데 기인한다.

| 그림 9-5 | 원화의 달러화 및 엔화에 대한 환율추이

자료 : 한국은행, 「경제통계시스템」(http://ecos.bok.or.kr).

(6) 국제수지

국제수지란 일정기간 중 외국과의 거래결과로 발생한 수입과 지출의 차이를 의미한다. 우리나라의 국제수지는 한국은행이 작성하는 국제수지표(國際收支表, balance of payments : BOP)에 나타나 있는데, 이 표는 경상수지, 자본수지, 금융계정, 오차 및 누락으로 구분되어 있다. 경상수지(經常收支)는 다시 상품의 수출입차이를 나타내는 상품수지, 운수 · 여행 · 통신 · 보험 · 특허권사용료 등과 관련한 수지차이를 나타내는 서비스수지, 급료 및 임금 · 투자소득의 수지차이를 나타내는 본원소득수지, 그리고 송금 · 종교단체기부금 · 무상원조 등의 수지차이를 나타내는 이전소득수지로 분류된다. 경상수지가 적자일 경우에는 그 부족분을 장·단기 해외차입으로 메워야 하므로 이는 외채증가(外債增加)의 요인이 된다. 자본수지(資本收支)는 자산소유권의 무상이전, 채권자에 의한 채무면제 등을 포함하는 자본이전, 브랜드네임, 상표, 기타 양도가능한 무형자산의 취득과 처분을 포함하는 비생산 · 비금융자산거래로 구분된다. 한편, 금융계정은 직접투자, 증권투자, 파생금융상품, 기타 투자자산 및 준비자산으로 구성되며, 오차 및 누락은 국제수지표를 작성하는 데 이용되는 다양한 기초통계(통관통계, 외환수급통계 등) 간의 불일치를 조정하기 위한 항목이다.[7)]

7) 한국은행, 「알기 쉬운 경제지표 해설」(2019.1.), pp.300~305.

외국과의 거래와 관련된 국제수지는 보통 경상수지로 대표되고 있다. 수출의 호조와 서비스수지 등의 개선으로 경상수지가 흑자를 기록하는 동시에 자본수지가 흑자를 보일 때에는, 환율이 평가절상되는 경우가 많다. 반대로 수출이 부진하고 수입이 증가함으로써 상품수지가 적자가 되고, 해외여행증가 등으로 서비스수지까지 적자가 될 경우에는 경상수지가 적자를 기록하게 된다. 큰 폭의 경상수지적자는 외채증가의 요인이 되므로, 대부분의 국가에서는 경상수지의 동향에 신경을 쓰게 되고 각종 정책수단은 경상수지의 적자를 관리하는 데 동원된다. 경상수지가 적자인 상황에서는 환율이 평가절하된다.

〈표 9-11〉은 2016년부터 2021년까지에 걸쳐 우리나라의 경상수지동향을 보여주고 있다. 2016~2021년 중 경상수지는 모두 흑자이나 2019년부터 그 규모가 감소되었다가 회복되는 모습을 보여주고 있는데, 이는 주로 상품수지의 영향 때문이다. 한편, 외환보유액은 경상수지의 대규모 흑자지속으로 말미암아 계속 증가하여 2021년 말에는 4,631억 달러에 달하고 있다.

표 9-11 우리나라의 경상수지 및 외환보유액 동향 (단위 : 백만 달러)

	2016	2017	2018	2019	2020	2021
경상수지	97,924	75,231	77,467	59,676	75,902	88,302
상품수지	116,462	113,593	110,087	79,812	80,605	76,207
서비스수지	−17,338	−36,734	−29,369	−26,845	−14,670	−3,108
본원소득수지	4,567	5,337	4,902	12,856	13,487	19,328
이전소득수지	−5,767	−6,965	−8,153	−6,147	−3,519	−4,125
자본수지	−46	−27	317	−169	−386	−154
금융계정	99,925	84,516	76,473	59,027	81,383	76,780
외환보유액	371,102	389,267	403,694	408,816	443,098	463,118

주 : 외환보유액은 해당 연말 기준임.
자료 : 한국은행, 「경제통계통계시스템」(http://ecos.bok.or.kr).

(7) 경제정책의 방향

국내경제를 분석함에 있어 빠뜨릴 수 없는 것이 정부의 주요 경제정책이다. 이들 정책의 방향과 실시시기는 전반적인 경제활동수준과 특정 산업 및 기업에 큰 영향을 미친다. 검토해야 할 주요 경제정책으로는 경기의 부양 및 진정과 관련된 경기조정정책, 세법개정 및 공공투자지출과 관련된 재정정책, 통화량증감 및 금리수준과 관련된 금융정책, 그리고 수출입과 관련된 무역정책, 특정산업의 육성 · 조정과 관련된 산업정책 등이 있다.

사례 9-4

경제정책의 예

정부의 각 부처가 매년 초에 대통령에게 보고하는 업무보고를 보면 차년도에 추진하고자 하는 주요 정책을 알 수 있다. 예를 들면 2016년 1월 산업통상자원부(www. motie.go.kr)는 "신성장동력 창출을 통한 산업경쟁력 강화"를 2016년도 중점추진 정책과제로 설정한 바 있다. 이를 달성하기 위한 전략으로는 신산업 창출, 주력산업 고도화, 과감한 규제개선, 정부지원역량 집중을 제시하고 있다. 신산업 창출의 경우 ICT융합, 첨단 신소재, 에너지산업, 고급소비재, 바이오 · 헬스케어, 의료관광서비스 등 6대 분야의 육성이라는 세부과제가 설정되어 있는데, 그중 ICT융합분야는 미래형 자동차, 산업용 무인기, 지능형 로봇, 웨어러블 디바이스, 스마트홈에 대하여 핵심부품개발과 R&D지원, 주행규제완화, 테스트베드 구축 등을 통하여 관련 기업의 조기 시장진입과 글로벌 경쟁력을 강화 · 지원하는 것을 목표로 하고 있다(〈표 9-12〉). 정부주도의 이러한 특정 산업분야에 대한 지원은 해당 산업의 발전에 커다란 활력소가 될 것이며, 정부과제에 주도적으로 참여하는 기업은 이 분야의 선도기업으로 도약할 수 있는 기회를 가질 수도 있게 된다.

표 9-12 ICT융합분야 육성을 위한 세부추진전략

미래형 자동차		산업용 무인기
〈전기차〉	〈스마트카〉	
주행성능 향상, 충전인프라	부품 국산화, 시험환경	비즈니스 모델, 테스트 베드
• 배터리 성능제고 및 차체 경량화 지원 • 충전 요금제 다양화 • 제주도 내 충전소 완비(~'17년)	• 카메라 · 센서 등 부품 · SW 개발 지원 • 시험운행구간, 주행시험장 확충 • 자율주행 허용 등 규제 조기개선	• 공공수요 중심 실증서비스 개시 • 비행허가구역 · 시험시설 확대 • 항법장치 등 고기능 기술개발
지능형 로봇	웨어러블 디바이스	스마트홈
초기수요 창출	소재 · 부품 개발, 인증 개선	표준화 및 플랫폼
• 제조로봇 시범공장 구축 • 수요 연계 모델 개발 예 : 병원용 물류 로봇	• 스마트 섬유 센서 등 국산화 • 제품 · 연관서비스 허용범위 확대 (웨어러블 의료기기 허가 시 우선 심사 등)	• 제품 간 연동 위한 KS표준 제정 • 대-중소기업 간 공통플랫폼 활용 • 제조-IoT 투자펀드 확충

자료 : 산업통상자원부, "신성장동력 창출을 통한 산업경쟁력 강화," 보도자료(2016.1.18.).

2. 기타경영환경의 분석

경제환경 이외에도 아주 다양한 환경요인들이 기업의 경영성과 및 경영위험에 영향을 미치고 있다. 여기서는 이들을 인구동태환경, 사회 · 문화환경, 자연환경, 기술환경, 정

치 · 법률환경 등으로 나누어 간략하게 알아보도록 한다.

(1) 인구동태환경

인구동태환경(demographic environment)이란 인구의 질과 양, 연령별 구성의 변화 등의 요인으로 구성되는 환경을 말한다. 출생률(birth rate)과 사망률의 변화, 가족당 식구의 수, 인구의 연령별 분포, 남녀의 평균수명 등 인구동태적인 요인의 변화는 사람들의 경제생활에 큰 변화를 가져올 뿐만 아니라 특정 업종과 시장에도 영향을 미친다. 예를 들어 서구사회의 출생률 저하는 유아용 의복제조업의 매출신장에 부정적으로 작용하지만, 맞벌이 부부의 증가에 의한 소득증가로 유아 1인당 지출액이 늘어남으로써 오히려 매출신장에 긍정적으로 작용할 수도 있다.[8] 또 의학의 발달과 소득수준의 향상으로 인한 인구의 노령화는 화장품 · 의류업에는 부정적으로 작용하지만 건강관련 산업에는 긍정적으로 작용한다. 여성인력(특히 주부)의 취업증대와 소가족규모화 추세는 관광 · 영화 · 오락 · 스포츠 등 레저(여가)산업이나 외식산업에는 긍정적인 영향을 미친다.

(2) 사회 · 문화환경

사회 · 문화환경(socio-cultural environment)은 사회나 집단을 형성하는 개인의 행동에 영향을 미치는 문화나 가치관, 신념과 태도, 생활양식과 관습 및 전통 등과 같은 모든 사회적 제도나 태도를 말한다. 이러한 사회 · 문화환경의 변화는 신제품에 대한 소비자의 수용태도, 생활스타일, 소비패턴 등에 변화를 줌으로써 기업활동에 기회가 되기도 하고 위협이 되기도 한다. 예를 들어, '건강우선주의'라는 새로운 트렌드의 확산에 대하여, 식품업체들은 인공첨가물을 쓰지 않은 천연식품의 개발에 힘을 쏟고 있고, 음료업체들은 천연과일음료 및 광천수(mineral water) 등으로 다각화를 기하고 있다.

(3) 자연환경

자연환경(natural environment)은 기업을 둘러싸고 있는 자연적 조건과 관련되는 환경

8) 맥도날드사의 경우 출생률저하와 다른 직업으로의 취업기회의 확대로 인하여 가게에서 일할 청년근로자를 구할 수 없게 되자, 대신 노인인력을 고용하여 빅맥(Big Macs)을 판매한 사례가 있다.

으로 생태적 환경(ecological environment)이라고도 한다. 오늘날 특히 문제가 되는 것이 오염물질의 배출에 의한 오존층파괴, 산성비, 지구온난화, 열대수림파괴 등 환경파괴이다. 각국 정부는 대기오염, 수질오염, 고체폐기물, 소음, 살충제 남용 등의 공해를 방지하기 위하여 노력하고 있고, '지구온난화의 방지를 위한 국제협약', '교토의정서', '기후변화협약 파리협정' 같이 온실가스 감축을 위한 국가 간의 공동보조를 위한 각종 협약도 속속 체결되고 있다. 기업의 환경에 대한 책임은 더욱 무거워지는 추세로서, 산업폐기물의 무단방류로 감당하기 어려운 수준의 벌과금 부담 혹은 조업중단 조치 등으로 회사가 문을 닫은 사례도 있다. 한편, 소비자와 환경단체 등은 기업에 대하여 환경친화적(ecological friendliness)인 제품을 제조할 것을 요구하고 있으며, 기업들은 이러한 요구를 수용하면서 이를 새로운 사업기회로 적극 활용하는 경우도 많다.[9)]

(4) 기술환경

기술환경(technology environment)이란 기업이 활용할 수 있는 기술의 수준 또는 상태와 관련되는 사회적 여건을 말하며 기업활동에 여러 가지 방향으로 영향을 미친다. 기술진보 내지는 발전은 기업의 연구개발활동(research and development : R&D)을 통해서만 가능한데, 연구개발활동이 왕성할 경우, 기술진보가 단시일 내에 급격하게 이루어져 획기적인 신기술이 생기는 기술혁신(technological innovation)과 과거와는 다른 원리에 의하여 새로운 기술이 개발되는 기술돌파(technological breakthrough)가 나타나게 된다. 기술혁신이나 기술돌파는 기업성장의 핵심적인 원천이므로, 기술개발을 선도하지 못하거나 뒤처지게 되

---

9) 2005년 2월 교토의정서 발효 이후 2009년 11월 각국은 온실가스 감축목표를 설정하였고, 이에 대응하기 위해 우리나라는 녹색성장기본법(2010년 1월)과 탄소배출권거래제법(2012년 5월)을 제정하고 한국거래소에 탄소배출권시장을 개설(2015년 1월)하여 운영 중이다. 탄소배출권거래제는 온실가스 감축을 위해 정부가 기업에 온실가스 배출권을 할당하고 기업들은 한국거래소에서 배출권을 매매하도록 한 제도이다. 배출허용량보다 실제배출량이 적은 기업은 잉여배출량을 매도할 수 있고, 배출허용량보다 실제배출량이 많은 기업은 초과배출량을 매수하거나 배출량의 시장가격보다 3배 비싼 과징금을 물도록 되어 있다(세계일보, 2016.5.11.). 예를 들면, 삼성전자의 경우 제도시행 1차연도인 2015년에 배출허용량 588만 톤에 비하여 실제배출량은 659만 톤으로 초과배출량 71만 톤이 발생하였으며 72억 원 규모의 배출권을 매수하여 부족분을 충당하였다. 2차연도인 2016년의 배출허용량은 576만 톤, 3차연도인 2017년의 배출허용량은 565만 톤으로 감소하여 초과배출량은 각각 166만 톤, 236만 톤으로 급증할 것으로 전망되고 이에 따라 회사의 부담도 증가할 것으로 보인다(뉴스1코리아, 2016.5.17.). 한편, 희질산 · 초안 등 정밀화학제품을 생산, 판매하는 휴켐스의 경우 생산시설에 온실가스 저감설비를 갖추고 폐열회수 시스템의 효율을 높이는 등의 노력으로 잉여배출량을 확보하여 매각하고 있는데, 2016년 4월 및 5월에 55만 톤을 101억 원에 판매하여 수익을 올렸고 2020년까지 매년 30만 톤씩 총 150만 톤을 판매하여 수익을 추가할 것이라고 공시한 바 있다(2016.6.27. 공시내용).

면 기업의 생존까지 위협받을 수 있다. 21세기의 경우 우리 기업들은 정보기술(IT), 생명과학기술(BT), 나노기술(NT) 등 소위 첨단기술의 확보에 힘을 쏟고 있다. 첨단기술의 개발에는 막대한 자금과 시간의 투자가 필요하며, 핵심기술인력의 양성과 유지에도 많은 비용이 들어간다.

(5) 정치 · 법률환경

정치 · 법률환경(political-legal environment)은 기업활동과 관련하여 국회나 행정부, 사법부가 시행하는 각종 법률이나 규칙의 제정과 개정, 정부정책의 변화 등에 의하여 구성되는 환경을 말한다. 정부는 소비자보호, 중소기업보호, 특정산업육성, 계열분리 등을 목적으로 각종 제도를 만들고 시행한다. 예를 들면, 수평적 기업결합에 대한 규제의 완화 혹은 TV 등 방송매체를 통한 담배광고의 중지 등은 해당 산업이나 관련 기업에 대하여 큰 영향을 미친다. 정부가 세계무역기구(WTO)나 국제통화기금(IMF) 등 국제기구와 맺은 각종 협약도 기업활동에 직·간접으로 영향을 미친다. 또한 각종 비정부기구(non-government organizations : NGO)의 활동도 여론을 등에 업고 정부의 정책수립에 영향을 미칠 수 있기 때문에 주목할 필요가 있다.

3. 경영환경 변화가 산업 및 기업에 미치는 영향의 분석기준

외부의 경영환경 변화가 기업에 미치는 영향을 분석할 때는 변화의 폭 · 속도 및 복잡성이라는 두 개의 기준으로 나누어 보면 도움이 된다.[10] 변화의 폭 · 속도는 다시 그 정도에 따라 안정적인 경우(stable)와 역동적인 경우(dynamic)로 구분되며, 여러 환경요인이 복합적으로 영향을 미치는가를 보는 복잡성은 다시 단순한 경우((simple) 와 복잡한 경우(complex)로 구분된다([그림 9-6]).

- 안정적임-단순함 : 환경변화의 속도가 상대적으로 느리고 변화의 방향을 예측하기 쉬운 상황을 말한다. 이러한 경우 분석자는 과거의 경험을 바탕으로 판단하고 예측하면 된다.
- 역동적임-단순함 : 환경의 변화가 빠르며 변화의 방향을 예측하기 어렵지만, 변화하는

10) N. Collett and C. Schell, *Corporate Credit Analysis*(Euromoney Books, 1996), pp. 18~19.

환경요인은 단순한 상황이다. 이러한 경우 분석자는 미래의 예측에 힘을 집중해야 하며, 유연성이 결여된 조직으로 근시안적인 경영을 하는 기업에 대해서는 부정적인 평가를 내리게 된다.

• **안정적임-복잡함** : 환경의 변화는 느리지만 여러 요인이 복합적으로 영향을 미치는 상황이다. 이런 경우 분석자는 시뮬레이션과 모델구축과 같은 보다 정밀한 예측방법을 사용해야 하며, 다양한 전제와 가정하에서 시뮬레이션과 계량모형에 의한 예측결과를 평가해야 한다.

• **역동적임-복잡함** : 변화도 빠르고 그 방향도 예측하기 어려울 뿐만 아니라 여러 요인이 동시 다발적으로 영향을 미치는 상황이다. 이러한 경우에는 직관적이고 순발력 있는 경영진의 성과가 우수하기 때문에, 분석자는 CEO를 비롯한 경영진의 자질과 경영팀의 구성, 조직의 적합성 등을 집중적으로 분석해야 한다.

| 그림 9-6 | 경영환경의 변화가 미치는 영향의 분석기준

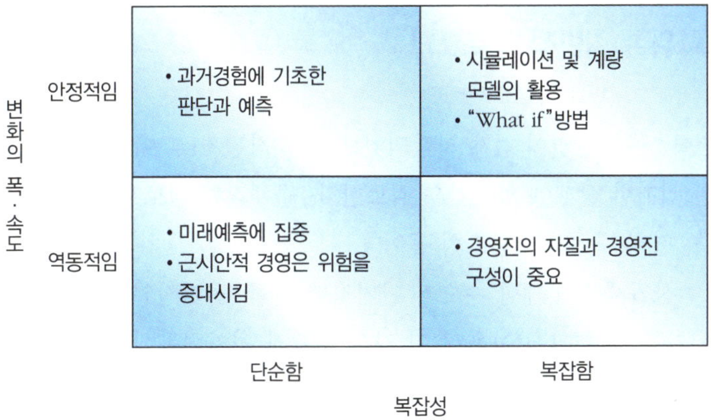

자료 : Collett and Schell(1996), p.19.

제2절 산업분석

모든 기업의 수익성과 위험은 기업 자체의 특성이나 능력 이외에도 그 기업이 속한 산업의 특성과 동향에 큰 영향을 받게 된다.[11] 그런데 산업 중에는 성장산업이 있는가 하면 사양산업이 있으며, 기업 간의 경쟁이 별로 없는 산업이 있는가 하면 경쟁정도가 매우 치열하여 퇴출되는 기업이 속출하는 산업도 있다. 따라서 특정기업에 자금을 공급하는 금융기관은 물론이고 유망한 종목을 선택하고자 하는 주식투자자의 경우에도 특정기업이 속한 산업을 분석하는 일은 매우 중요하다. 산업분석에 필요한 자료는 특정산업관련 통계자료 및 업계지, 산업연구원(www.kiet.re.kr)과 민간경제연구소 및 신용평가회사 등에서 발간하는 산업분석보고서 등에서 구할 수 있다.

1. 산업분석을 위한 일반적 검토요인

• **산업의 연혁** : 특정산업이 언제 시작되었으며, 시작된 이후 어떠한 발전단계를 거쳤으며 또 현재에는 어떠한 상태에 있는가를 검토한다. 구체적인 검토사항은 매출액신장률, 수익성, 수출비중, 경제 내에서의 중요성 등이다.

• **수요구조** : 산업제품에 대한 수요가 단기적인 관점, 장기적인 관점에서 볼 때 어떻게 변화해 갈 것인가를 검토한다. 아울러 이 같은 수요가 경기변동에 의해서 어떤 영향을 받을 수 있는지를 분석한다. 또한 최근의 급속한 기술혁신 · 소비자욕구의 다양화에 비추어 볼 때 산업제품이 제품라이프사이클상 어느 단계에 위치하고 있는가, 그리고 점증하는 무역마찰과 관련하여 주요 수입국의 수입규제동향도 분석해야 한다.

• **생산구조** : 제조공정 · 생산기술 · 생산능력 · 가동률 등에 대하여 업계 전체의 동향을 파악하는 한편, 설비투자(設備投資)의 내용과 규모, 주요 원자재가격의 동향, 생산량카르텔의 유무, 해외진출상황 등도 검토한다. 이와 같은 분석을 위해서는 업계에 대한 정보가 평소에 축적되어 있어야 하고, 특히 기술혁신의 동향에 대해서는 항상 주의를 기울여야 한다.

11) 일반적으로 산업(업종)이란 "유사한 성질을 갖는 산업활동에 주로 종사하는 생산단위(사업체 혹은 기업체)의 집합"으로 정의된다(통계청, 「통계표준용어」(2016.7.)).

• **판매구조** : 판매조직 및 물적 유통구조를 명확하게 파악하는 한편, 유통과정의 재고수준, 판매가격의 추이, 가격카르텔의 유무 등을 검토한다. 업종마다 대금의 결제조건, 유통경비의 부담 등에 있어 독특한 상관습(商慣習)이 존재하므로 이에 대해서는 추가적인 분석이 필요하다.

• **경영성과와 재무구조** : 산업의 성장성 · 수익성 · 자본구성 · 원가구조 등에 대하여 검토하고, 필요하다면 관련 산업과의 비교를 실시한다. 이에 필요한 자료는 「기업경영분석」(한국은행) 등에서 구한다.

• **정부의 산업정책** : 특정산업에 대하여 정부가 어떤 태도를 가지고 있는가를 검토한다. 가령, 정부가 정책적으로 육성시키고자 하는 산업이라면 세제(稅制) · 재정(財政) · 금융(金融)상의 지원을 받게 된다. 그러나 사양산업 등으로 분류된 산업이라면 이에 속하는 기업은 자연히 정리되거나 업종전환이 이루어질 가능성이 높다.

• **해외의 산업동향** : 분석대상업종에 대한 주요국의 동향을 조사한다. 이때는 주요 제품별로 가격, 품질, 기술력, 생산방식 등을 검토한다. 또한 기업별로 규모, 수익력, 연구개발투자, 시장점유율 등을 조사한다. 중요한 것은 특정국가의 특정산업이 어느 정도의 국제경쟁력을 가지고 있는가를 판단하는 것이다.

• **산업의 경쟁상황** : 특정산업 내의 경쟁이 얼마나 치열한가에 따라 그 산업의 수익성과 위험이 결정된다. 특정산업의 경쟁강도는 새로운 진출기업으로 인한 위협, 기존기업 간의 경쟁, 대체제품의 출현에 따른 위협, 구매기업의 교섭력, 공급기업의 교섭력 등의 요인에 의해 결정된다. 그러므로 특정산업의 경쟁환경을 파악하기 위해서는 ① 신규진입 · 도산 · 철수 · 전폐업(轉廢業) · 합병 등에 의한 기업수의 변동추이, ② 규모별 · 지역별 기업의 분포, ③ 기업별 시장점유율, ④ 자본 · 기술 · 판매 등에 의한 계열기업의 존재유무 등을 분석하여야 한다.

2. 특정산업의 경쟁구조분석

산업분석에 있어 가장 중요한 것은 특정산업의 경쟁구조와 경쟁강도(競爭强度, intensity of competition)를 평가하는 것이다. 이 분야 연구의 대가인 포터(M. Porter)는 잠재적인 진출기업 · 산업 내 기존기업 간의 경쟁 · 대체제품 · 공급자 · 구매자 등의 5개 요소가 산업의 경쟁강도와 그 산업에 속한 특정기업의 수익성을 결정한다는 '5요인모형'(five forces model)을 제시하였다.[12] 5요인모형은 현재 산업의 경쟁구조를 분석하는 데 가장 많이 활용되고 있으며 이를 그림으로 표시하면 [그림 9-7]과 같다.

| 그림 9-7 | 산업의 경쟁구조분석을 위한 5요인모형

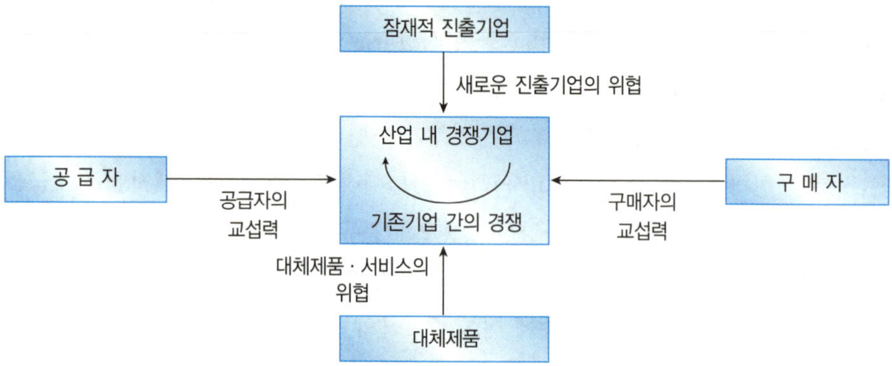

자료 : Porter(1980), Figure 1-1.

(1) 새로운 진출기업의 위협

일반적으로 수익성이 좋고 높은 성장성이 기대되는 유망한 산업일수록 많은 기업이 그 산업에 참여하려고 한다. 만약 일부의 소수 기업이 특정산업에서 초과이익을 누리고 있다 하더라도, 조만간 다수의 신규 진출기업이 등장하여 시장을 놓고 치열한 경쟁을 벌인다면 기존기업의 수익성도 저하될 수밖에 없을 것이다. 그러므로 특정산업에 대한 새로운 경쟁기업의 진출가능성은 그 산업의 경쟁강도를 좌우하는 핵심적인 요소가 된다. 그러나 기업이 새로운 산업에 진출하기 위해서는 구조적으로 존재하는 진입장벽(進入障壁, barrier to entry)을 넘어서야 한다. 산업에 따라 차이가 있으나, 일반적으로는 막대한 자본투자의 요구, 규모의 경제에 의한 낮은 원가, 배타적인 유통망(distribution channels), 지속적인 촉진활동에 의한 제품차별화, 특허권 · 상표권 등 지적 재산권, 정부의 진입규제정책 등이 진입장벽의 구실을 한다.

12) M.E. Porter, *Competitive Strategy : Techniques for Analyzing Industries and Competitors*(New York : The Free Press, 1980), Chap. 1. 포터 교수의 책은 조동성 · 정몽준, 「경쟁전략」(서울 : 경문사, 1985)으로 번역되어 있다.

(2) 산업 내 기존기업 간의 경쟁

특정산업에서 일부 기업들은 다른 기업들에 비하여 유리한 위치를 차지하기 위하여 경쟁을 벌이고 있다. 기존기업 간의 경쟁(rivalry among existing firms)은 가격경쟁, 광고, 신제품소개, 대고객서비스, 보증 및 애프터서비스 등의 다양한 형태로 전개되는데, 특히 가격에 의한 경쟁이 주류를 이룰 경우 산업 내 기업들의 수익성이 타격을 받게 된다.

일반적으로, 경쟁기업들의 규모가 고만고만해서 지배적 경쟁기업(dominant competitor)이 없는 경우, 산업이 성숙단계에 들어가 성장이 정체된 경우, 고정영업비의 비중이 높거나 비차별화된 동질적인 제품을 생산하는 경우, 제품에 차별성도 없고 한 제품을 다른 제품으로 바꾸는 데 들어가는 교체비용(交替費用, switching costs)도 들지 않는 경우, 생산규모의 신축적 조절이 어려운 경우, 퇴출장벽(退出障壁, exit barrier)이 높은 경우[13] 등에 기존기업 간의 경쟁이 격화되기 쉽다.

(3) 대체제품 · 서비스의 위협

특정산업의 제품을 대체할 수 있는 대체제품은 그 산업제품의 적정가격을 책정하는 데 제약조건으로 작용한다. 그러므로 대체제품의 종류가 많을수록 특정산업의 수익성은 제한될 수밖에 없다. 예를 들어, 설탕제품과 옥수수시럽, 양모제품과 합성섬유, 경비원경비와 전자경비 등은 대체관계에 있는 제품과 서비스이다. 대체제품의 위협이 있을 때 특정기업이 선택할 수 있는 전략은 제품차별화와 원가절감뿐이다.

(4) 공급자의 교섭력

공급자가 구매자에 대하여 행사할 수 있는 교섭력이 강하면 공급자는 가격인상을 통하여 수익성 향상을 기할 수 있다. 석유수출국기구(OPEC)가 회원국의 협조와 단합을 바탕으로 원유가격 인상을 도모하는 것은 공급자의 교섭력을 보여주는 한 예가 된다. 극단적인

13) 어느 회사의 보유설비와 인적 자산이 특정제품의 생산에만 활용될 수 있다든지 혹은 그 회사가 기존사업에만 집착하는 경우, 기존사업에서 손을 떼기 어렵게 하는 높은 퇴출장벽이 존재하게 된다. 이때 일부 기업은 수익성이 저조하거나 적자를 보는 상황에서도 가격경쟁을 계속하며, 부실기업이 퇴출되지 않고 남아 있기 때문에, 건전한 기업까지도 매출의 감소로 어려움을 당할 수 있다.

예지만, 어느 기업이 원자재나 제품의 조달을 특정기업에만 전적으로 의존한다면, 상황에 따라서는 공급기업의 횡편에 의해 이 회사의 존립기반까지 흔들릴 위험이 있다.

일반적으로 공급자의 교섭력을 강화시키는 요인으로는 소수의 공급자가 다수의 구매자에게 제품을 공급하는 경우(즉, 공급자가 속한 산업의 집중도가 높은 경우), 공급자가 다양한 산업에 속한 구매자에게 제품을 공급하는 경우(공급자는 수익성이 높은 산업 위주로 공급을 하게 됨), 공급자의 제품이 아주 차별화되어 구매자가 공급기업을 바꿀 때는 상당한 교체비용이 드는 경우, 공급자가 원하는 가격을 받지 못하면 전방통합도 할 수 있다는 사실을 구매자가 아는 경우 등을 들 수 있다.[14]

(5) 구매자의 교섭력

구매자(소비자)도 공급자에 대하여 가격인하, 높은 품질, 양질의 서비스 등을 요구하여 공급자에게 압력(즉, 교섭력)을 행사할 수 있다. 일반적으로 구매자의 교섭력을 높이는 요인으로는 구매자가 속한 산업의 집중도가 높거나(즉, 구매기업의 수가 적음) 대량구매를 하는 경우, 구매하는 제품이 표준화된 것으로 차별성이 없고 교체비용 없이 다른 제품으로 쉽게 바꿀 수 있는 경우, 구매하고자 하는 제품이 부품이면서 원가비중이 높아 다수의 공급자 중에서 하나를 선택해야 하는 경우, 구매자의 수익성이 저조하여 공급가격이 보다 저렴한 공급자를 찾을 필요가 있는 경우, 외부(공급자)로부터 조달하는 제품이 구매자가 제조하는 완제품의 질에 상대적으로 덜 중요한 경우, 구매자가 후방통합(즉, 부품생산)의 가능성을 공급자에게 보여줄 수 있는 경우 등을 들 수 있다.

3. 산업제품의 라이프사이클분석

산업을 분석하여 보면 산업별로 위험과 수익성, 성장전망 등에 큰 격차가 있음을 발견하게 된다. 이와 같은 차이는 산업 내의 경쟁정도나 영업레버리지 등의 차이에도 기인하겠지만, 각 산업의 주력제품(主力製品)이 라이프사이클상 어느 단계에 위치하느냐에 따라서도 크게 좌우된다. 제품라이프사이클(product life cycle)에 의한 산업분석은 이처럼 해당 산업의 주력제품이 제품의 수명주기상 어느 단계에 위치하느냐를 파악하여 그 산업의 성장가

14) 전방통합(forward integration)이란 공급자가 직접 최종소비자에게 제품을 판매하는 것을 말한다.

능성을 판단하는 방법이다.

제품의 라이프사이클은 [그림 9-8]에서 보는 바와 같이 5단계로 구분된다.

| 그림 9-8 | 제품라이프사이클

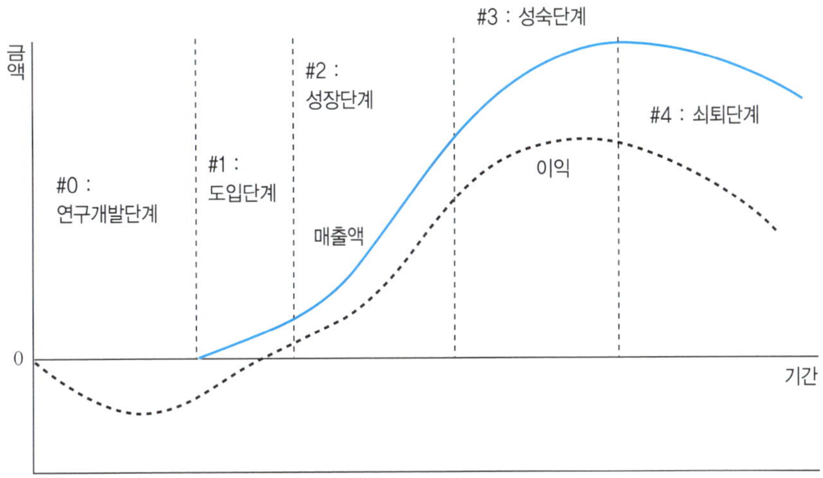

• **연구개발단계**(research and development stage) : 이는 신제품을 개발하는 단계이다. 제품의 개발이 실패할 경우에는 막대한 손실을 입을 수도 있으므로 소비자의 욕구를 만족시키는 동시에 기술적으로도 성공의 가능성이 높은 제품을 개발대상으로 선정하는 것이 바람직하다. 예상되는 개발기간 및 개발에 투입되는 비용도 중요한 고려사항이 된다. 최근 들어 우량기업일수록 연구개발에 커다란 노력을 쏟고 있다.

• **도입단계**(introduction stage) : 이는 개발된 제품이 시장에 처음 도입되는 단계로서, 이 단계에서는 고정비의 부담 때문에 손실이 발생하는 것이 보통이다. 제품이 고객의 호평을 받아 성장을 거듭하면, 그 제품이 속한 산업이 주목을 받기 시작한다.

• **성장단계**(rapid expansion stage) : 이 단계에서는 매출액이 급성장하며 이익이 지속적으로 발생하기 시작한다. 특정산업이 유망산업으로 부각되면서 신규기업의 진출도 늘어난다. 이 단계에 속한 기업은 이익의 대부분을 재투자하며, 급속한 성장과정에서 필요한 투자자금을 외부차입 등으로 조달하게 된다. 내부이익의 유보와 외부차입을 통해 조달된 자금은 주로 신규설비, 재고자산, 매출채권 등에 쓰인다. 이 단계에서는 특히 급속한 성장에 따른 자금부족과 이로 인한 지급능력의 유지가 중요한 문제로 등장한다.

• **성숙단계**(mature growth stage) : 성장단계가 지나면 산업 내의 기업들은 안정적인 시장점유율을 얻게 되고, 매출은 완만하게 성장한다. 성숙단계에 도달한 기업은 규모 면에서 대기업이 되고, 지속적으로 현금배당(現金配當)을 실시하며 성장단계에서 빌어온 자금을 갚게 된다. 그리고 제품단위당 이익(profit margin)은 격심한 가격경쟁으로 인하여 점차로 줄어들기 시작한다. 이 단계에 있는 기업이 성장을 지속하려면 새로운 업종에의 진출이 필요하다. 우리나라에서는 식품 · 섬유 · 시멘트와 같은 업종에 속한 기업들이 새로운 업종에의 진출을 위해 다각화를 활발히 추진하고 있다.

• **쇠퇴단계**(stabilization or decline stage) : 이 단계에 도달하면 매출이 안정적인 경향을 띠게 되지만, 만일 보다 나은 제품이 출현할 경우에는 기존제품에 대한 매출액은 감소하게 된다. 이 단계에 속한 제품을 생산하는 기업은 유동성은 풍부하지만 기존업종 내에서는 수익성이 좋은 투자기회를 쉽게 찾을 수가 없게 된다. 따라서 이 단계에 속한 기업은 이 산업에서의 철수 또는 이업종다각화(異業種多角化) 등을 고려하게 된다.

제3절 기업분석

본절에서는 기업분석에 관한 내용을 설명한다. 먼저 기업의 종합적 경영능력을 평가함에 있어 고려해야 하는 다섯 가지 평가요소를 살펴보고, 다음에는 우량기업(excellent company)으로 평가된 기업의 주요 특징이 무엇인가를 살펴보기로 한다.

1. 기업분석을 위한 주요 평가요소

(1) 제품의 구성 및 시장지위

기업의 지속적인 발전에 토대가 되는 것은 경영활동을 통해 만들어 낸 이익이며, 이익은 주로 제품의 판매로부터 나온다. 그러므로 기업의 제품이야말로 기업능력을 평가하는데 가장 중요한 요소라고 할 수 있다. 제품에 관해서는 제품의 구성과 라이프사이클, 그리고 제품의 시장지위를 평가하게 된다.

1) 제품구성

제품구성(product mix)을 평가할 때에는 먼저 기업이 생산 · 판매하는 제품의 종류와, 각 제품별 매출액이 전체매출액에서 차지하는 비율을 검토한다. 그 다음에는 최근 수년간의 매출액, 공헌이익, 제조원가 등을 제품별로 파악하여 그 변화양상을 관찰한다. 이와 아울러 주력제품을 비롯한 각 제품의 기본적 특성을 분석하는데, 이때는 제품별로 생산재(生産財) · 소비재(消費財)의 구분, 소비재의 경우 내구소비재 · 비내구소비재의 구분, 노동집약형 · 자본집약형 · 기술집약형의 구분, 다품종소량생산형 · 소품종대량생산형의 구분 등이 필요하다. 특히 제품의 기술수준에 대한 평가, 특허권 · 상표권에 의한 보호여부 등이 중요한 분석사항이 된다.

제품의 미래수익력은 제품 자체의 성격은 물론 그 제품이 속한 시장의 동향에 의해서도 큰 영향을 받게 된다. 따라서 앞에서 공부한 산업분석이 필요하게 된다. 특히 시장의 성장 · 축소여부와 그 속도, 경쟁기업 · 기술 · 가격 등 경쟁요소의 추이, 경기변동에 대한 제품수요의 민감도, 시장조사 · 연구개발 · 제품판매 등의 활동을 관리할 수 있는 기업능력, 각 제품별 시장점유율 등이 중요한 분석대상이 된다.

2) 제품라이프사이클

앞 절의 산업분석에서 공부한 제품라이프사이클은 개별기업의 제품을 평가하는 데도 이용된다. 제품라이프사이클의 분석을 통해 각 제품의 수익성과 성장성을 분석할 수 있다.

제품라이프사이클은 그 제품이 생산재냐 소비재냐에 관계없이 존재하게 되는데, 최근에는 소비자기호의 다양화와 기술의 급속한 진보에 따라 그 주기가 점차로 단축되고 있다. 그리고 라이프사이클상의 각 단계별로 수요규모나 수익률, 경쟁강화방안 등에 차이가 나타나게 되므로, 미래의 성장성 · 수익성 · 안정성을 평가하기 위해서는 신제품, 성장 · 안정제품, 쇠퇴제품 등 라이프사이클별 제품구성을 분석하는 것이 특히 중요하다.

3) 제품의 시장지위

제품의 시장지위(product market standing)에 대한 평가는 제품의 성장가능성과 수익성을 예측하는 데 반드시 필요하다. 이를 위하여 이용할 수 있는 한 가지 기법은 제품포트폴리오관리(product portfolio management : PPM)이다. 이 방법은 1960년대에 미국의 컨설팅회사인 보스턴컨설팅그룹(Boston Consulting Group)이 고안한 것으로, 상대적 시장점유율(relative market share)과 시장성장률(market growth rate)에 의해 기업이 생산하는 제품의 위치를 분석하여 제품별 자원배분의 적정성을 평가하고 미래의 사업전략을 합리적으로 수립할 수 있도록 해 준다.

PPM은 제품의 시장점유율이 높을수록 경쟁력도 높고 이에 따라 그 제품의 수익성도 높게 된다는 사실에 기본을 두고 있다. PPM에서는 각 제품에 대하여 상대적 시장점유율(자사의 시장점유율/최대경쟁기업의 시장점유율)을 횡축에 표시하고, 각 제품의 전체시장성장률을 종축에 표시하는 그림을 그려 각 제품별 시장지위를 분석하고 있다([그림 9-9]). 자사제품의 경쟁력이 시장점유율에 의해 결정된다는 근거는, 시장점유율이 높을수록 기업은 가격리더십(price leadership)이나 규모의 경제에 의해 시장지배력을 높일 수 있고 또한 학습곡선(學習曲線, learning curve)의 효과에 의해 단위당 원가가 절감된다는 데서 찾을 수 있다. 한편, 시장 전체의 성장률은 도입기 · 성장기 · 성숙기 · 쇠퇴기 등 산업제품의 라이프사이클 단계를 나타내는 지표로서의 역할을 한다. 시장 전체의 성장률을 고려한 이유는 라이프사이클의 단계별로 투자규모나 매출성장 그리고 수익성이 다르며, 이에 따라서 기업이 취할 수 있는 전략 및 소요자금도 달라지기 때문이다.[15]

상대적 시장점유율과 전체시장성장률이라는 두 가지 지표에 의해 분석되는 시장지위는 [그림 9-9]와 같이 네 가지로 구분된다.

| 그림 9-9 | 시장지위의 분류

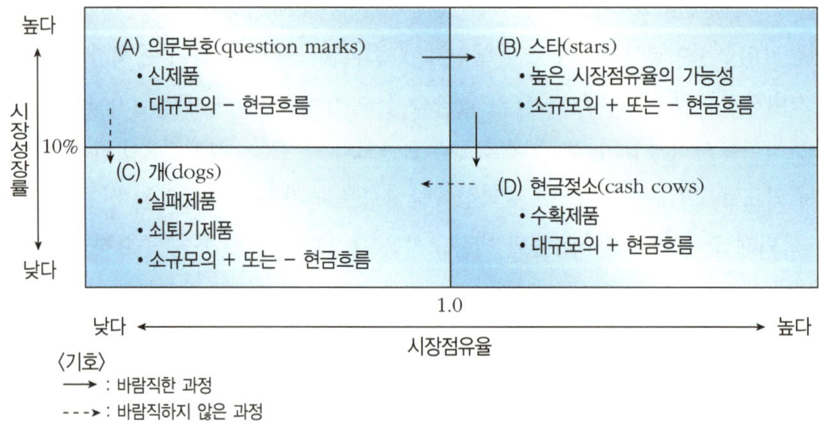

15) D.A. Aaker, *Developing Business Strategies*(New York : John Wiley & Sons, 1995), p.158.

이 그림에서 알 수 있듯이 '의문부호'(question marks)로 알려져 있는 신제품은 대개 (A)에서 출발한다.[16] 이 제품들은 높은 성장이 예상되기 때문에 시장에 도입되지만, 초기 단계에서의 시장점유율은 대개 낮다. 모든 신제품을 처음부터 독자적인 연구로 개발한다는 것은 위험부담이 매우 크지만 이 같은 신제품의 지속적인 개발 없이는 기업의 성장이 불가능하다. 이들 신제품에 대해서는 현금유입보다 현금유출이 더 많게 된다. 그리고 경쟁기업에 의한 유사제품의 출현도 예상된다.

판매가 순조로울 경우 의문부호의 제품은 '스타'(stars)제품이 된다. 이 제품은 성장률도 높고 점유율도 높은 제품인데 높은 성장은 높은 시장점유율을 통해 달성된다. 그러나 현금흐름분석에서 알 수 있듯이 이들 제품은 순운전자본 및 자본지출의 대폭적 증가를 필요로 한다. 이 유형의 제품은 보유할 만한 가치는 있지만 한꺼번에 너무 많이 가질 때는 마이너스(−)의 현금흐름을 발생시켜 어려움을 겪을 수도 있다.

판매가 순조롭지 못할 경우 의문부호제품은 (C)로 이동해 간다. '개'(dogs)제품은 낮은 시장점유율과 낮은 시장성장률의 특징을 지닌다. 이들은 실패제품 내지 쇠퇴기제품으로 (+)든 (−)든 현금흐름의 규모가 작다. 많은 기업이 이와 같은 제품을 보유하고 있는데, 분석자는 이 유형의 제품이 갖는 문제성을 경영자에게 인식시켜 가급적 빨리 제거하도록 권고할 필요가 있다.

시장성장률이 떨어짐에 따라서 '스타' 제품은 (D)로 이동한다. (D)에 속하는 제품은 풍족한 현금흐름을 가져오기 때문에 '현금젖소'(cash cows)제품이라 하며, 이는 성숙기에 도달한 제품인 것이다. 성장률이 떨어짐에 따라 필요한 순운전자본도 감소하고 생산에서 규모의 경제가 실현되므로, 이전에 행한 자본지출을 회수할 수 있게 된다.

현실적으로 기업의 시장지위를 분석해 보면 기업마다 서로 다른 패턴이 있음을 알 수 있다. 어떤 기업은 애써 개발한 신제품의 시장도입이 실패로 끝남으로써 (C)형의 제품을 보유할 경우가 있다. 어떤 기업은 보유하는 모든 제품이 (C)와 (D)형의 제품이어서 현재에는 수익성이 좋지만 (A)와 (B)형의 제품이 없으므로 미래의 수익성이 악화될 것으로 예상되는 경우가 있다. 또 어떤 기업은 (A)나 (B)형의 제품만을 가짐으로써 급속한 성장을 하고 있지만 현금부족으로 곤란을 겪고 있는 경우도 있다. 가장 이상적인 경우는, (D)형의 제품에서 나오는 수익을 통해 (A) 및 (B)형 제품을 보유하는 데서 발생하는 현금부족을 보충하고, (C)형의 제품을 전혀 보유하지 않는 것이다. 이와 같은 이상적인 제품포트폴리오를 보유하는 기업은 기존제품(既存製品)에서 발생하는 현금흐름과 확고한 시장지위에 의해

16) '의문부호' 제품은 '문제아'(問題兒, problem children)라고도 하는데 적절한 용어로 생각된다.

신제품개발에 따른 불확실성 및 위험을 감당할 수 있다.

(2) 경영전략

급변하는 환경 속에서 기업이 계속 성장 · 발전할 수 있으려면, 우선 환경변화가 기업에 주는 기회(機會)와 위협(威脅)을 파악하여야 한다. 그런 다음, 기회는 활용하고 위협은 회피하거나 최소화할 수 있는 경영전략(business strategy)을 수립하여야 한다. 여기서는 경영전략의 수립에 도움이 되는 세 가지 방법을 설명한다.

1) 제품포트폴리오관리의 활용

제품포트폴리오관리(PPM)에 의해 각 제품의 시장지위가 결정되면, 자연히 각 제품별로 어떤 경영전략을 채택하는 것이 바람직한가를 알 수 있게 된다. 예를 들어, 어느 회사가 A, B, C, D, E의 다섯 가지 제품을 가지고 있다고 하고, 이들 각 제품이 시장성장률-시장점유율의 매트릭스상에 위치한 모습이 [그림 9-10]과 같다고 가정하자.

이와 같은 경우 각 제품별로 선택되는 일반적인 전략은 다음과 같다. A나 B와 같은 신제품에 대해서는 제품별로 가능성을 보아가면서 선택적 시장전략을 구사한다. 시장성장률

| 그림 9-10 | 제품별 시장지위의 예

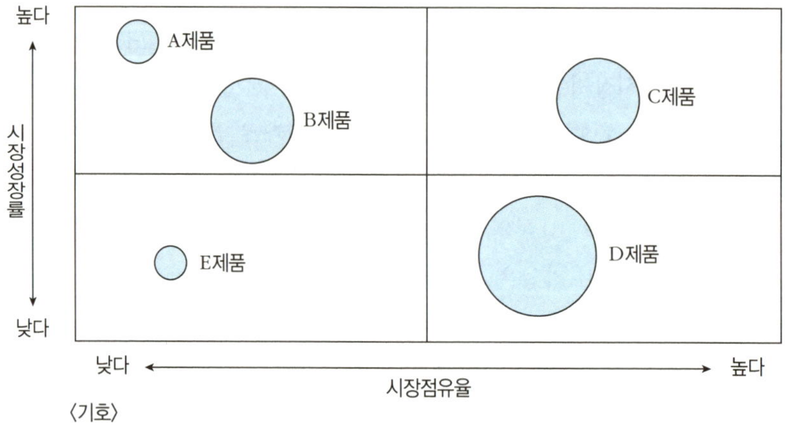

〈기호〉

◯ 의 크기는 매출액규모를 나타냄.

및 시장점유율이 높은 C제품에 대해서는 기업의 자원을 집중적으로 투입하는 강화전략을 선택한다. D제품과 같이 수확기에 들어간 제품에 대해서는 현상유지전략을, 그리고 E제품에 대해서는 철수전략을 적용한다.

[그림 9-10]에서 각 제품을 기업을 구성하는 전략적 사업단위(strategic business unit : SBU)로 볼 수 있다. 따라서 분석자는 특정기업의 전체 자원이 각 SBU에 어떤 비율로 배분되었는지, 그리고 각 SBU간에 어떤 관련성이 있으며 시너지(synergy)는 어떻게 생기는지를 이해할 수 있어야 그 기업의 강점과 약점을 제대로 평가할 수 있다. 제4장에서 공부한 바와 같이 기업이 경영다각화를 추구하는 목적은 경영위험을 분산하면서 새로운 성장기회를 추구하기 위한 것이다. 그러나 현실에 있어서는 창업을 하든지 기존기업(사업부문)을 인수하든지 간에, 새로운 SBU의 추가로 인하여 기업의 위험이 크게 증대되는 게 보통이다. 미국의 사례를 조사한 연구에 의하면, 다른 산업의 사업부문을 인수하여 비관련형 다각화를 실행한 기업 중 74%는 인수한 사업부문을 다시 처분하였거나 성공적인 경영에 실패한 것으로 보고되었다. 특히 금융기관의 차입에 의존하여 다른 업종으로 진출한 경우는 높은 재무위험의 부담 때문에 기업의 부실화까지 초래한 사례도 있다.[17] 그러므로 어느 기업이 창업이나 인수를 통하여 새로운 사업으로 진출한다고 하였을 때, 새로운 사업부문과 기존 사업부문과의 전략적 적합도(strategic fit)를 잘 평가해야 한다. 이런 경우 제품시장지위를 이용한 분석이 도움이 된다.

2) 제품라이프사이클분석의 활용

특정산업이 제품라이프사이클상의 어느 단계에 해당하느냐에 따라, 그 산업 내의 기업은 상이한 성장전략(成長戰略)을 택하고 있음을 보게 된다. 우리나라의 경우 산업이 성숙단계에 들어가 있는 섬유업의 경우 많은 기업이 인건비가 상대적으로 저렴한 베트남이나 중국 등으로 진출하거나, 비관련형 다각화를 추구하고 있다. 또한 성장기 내지 성숙기에 있는 자동차산업의 경우에는 핵심기술을 독자개발하고 수출시장을 다변화하는 한편 해외생산거점을 마련하고 있다. 예를 들어, 코오롱인더스트리는 종전의 섬유(패션, 의류소재)위주에서 벗어나 산업소재, 화학소재, 필름 및 전자재료 부문을 육성하는 데 힘을 쏟고 있으며, 현대자동차는 미국 · 중국 · 인도 등으로 진출하여 생산 및 판매활동을 펼치고 있다.

17) Collet and Schell(1996), pp.39~41.

3) 사업단위 경쟁전략

한 기업이 여러 사업단위를 가지고 있을 때 경쟁은 각 사업단위가 참여하는 시장에서 벌어지게 된다. 사업단위 경쟁전략은 포터(M. Porter)가 원래 본원적 전략(generic strategies)이라고 제시한 것으로서, 각 사업단위가 그 산업 내에서 경쟁우위(competitive advantage)를 확보하기 위한 전략을 말한다.[18] 사업단위 전략에는 원가우위전략(overall cost leadership strategy), 차별화전략(differentiation strategy), 그리고 집중전략(focus strategy) 등 세 가지가 있다. 이러한 전략의 구분은 기업이 특정산업에 특화하여 경쟁하느냐 아니면 여러 산업에 걸쳐 경쟁하느냐의 전략적 목표(strategic target)와, 원가를 가지고 경쟁하느냐 아니면 차별화로 경쟁하느냐의 전략적 우위요소(strategic advantage)라는 두 가지 기준에 의하여 이루어진 것이다([그림 9-11]).

| 그림 9-11 | 사업단위 경쟁전략의 유형

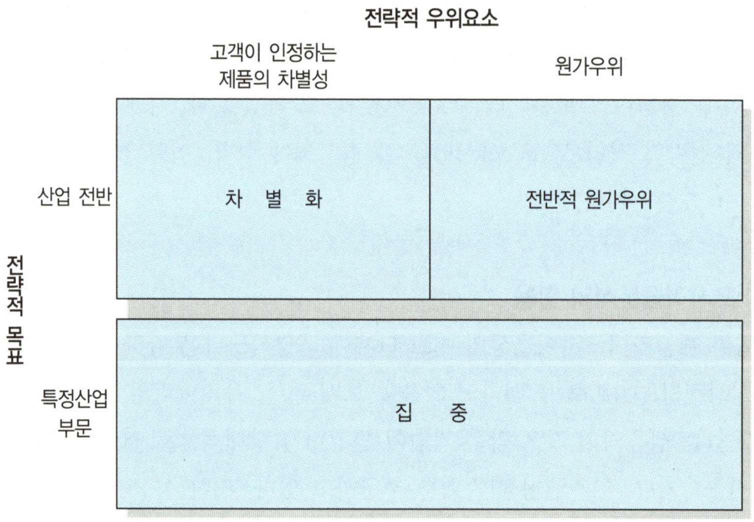

자료 : Porter(1980), Figure 2-1.

• 원가우위전략 : 이는 제품과 서비스의 제조원가 및 마케팅 비용을 경쟁기업에 비하여 대폭 낮추어 경쟁우위를 확보하려는 전략이다. 기업은 규모의 경제를 달성할 수 있는 생산

18) 사업단위 경쟁전략의 자세한 내용은 Porter(1985), 제2장을 참조 바람.

설비의 구비, 원재료조달 · 보관 · 제조 · 마케팅 등의 주요 경영활동에서의 비용최소화, 연구개발 · 인적 자원관리 등 지원활동에서의 비용절감, 경험의 축적에 의한 원가절감노력 등의 활동을 통해서 원가를 절감할 수 있다. 또 회사가 기존의 판매망을 이용하여 신제품을 출시한다거나 유휴생산시설을 이용하여 신제품을 생산한다면 원가절감이 가능하다. 원가우위를 지속시키기 위해서는 엄격한 원가통제의 실행과 함께 구매 · 제조 · 마케팅 등 주요 경영활동에 대한 집중적인 감독이 필요하다.

• **차별화전략** : 이는 기업이 판매하는 제품과 서비스가 산업 전반에 걸쳐 다른 제품과 서비스와는 구별되는 독특한 것으로 인식시키는 전략을 말한다. 예를 들어 롤렉스(Rolex) 시계는 고가격 책정, 브랜드 강화, 뛰어난 품질과 정확성 평가 등을 통해서 경쟁기업 제품과 차별화되고 있다. 차별화를 효과적으로 이루기 위해서는 강력한 마케팅 능력의 확보, 수준높은 유통망의 구비, 품질에 대한 명성의 확보, 고품질을 유지하기 위한 설계기술 완비 등이 요구된다. 그런데 경쟁기업에 비하여 성능과 디자인 등의 측면에서 차별화된 제품을 제공하기 위해서는 비용이 많이 들기 때문에 원가상의 우위를 달성하기는 어렵다. 그러므로 차별화와 원가우위를 동시에 달성하고자 하는 전략은 실패로 끝날 가능성이 높다.

• **집중전략** : 원가우위전략과 차별화전략이 산업 전반에 걸쳐 시행될 수 있는 것인 데 반하여, 집중전략은 기업이 특정제품 · 지역 · 구매자집단 등으로 세분화되는 특정산업 혹은 특정시장을 선택하여 기업역량을 집중 투입하는 전략이다. 집중전략은 제한된 시장을 대상으로 원가우위 혹은 제품과 서비스의 차별화에 바탕을 두고 전개될 수도 있다.

(3) 연구개발력

현대기업의 성장원천은 혁신(革新, innovation)에 있는데 혁신의 양과 질은 기업의 연구개발력에 의해 결정된다. 기업의 연구개발력을 평가할 수 있는 지표로는 우선 매출액에 대한 연구개발비의 비율(즉, R&D집중도), 연구개발활동에 종사하는 연구원의 수 등을 들 수 있다. 그러나 이들 요소만으로는 평가가 불완전하므로 연구원의 자질, 연구개발활동을 지원하는 경영자의 사고와 이념, 그리고 시장에 도입된 제품에 대한 고객의 평가 등도 검토해야 한다.

연구개발력을 평가함에 있어 특히 중요한 사항은 기업의 연구개발환경(研究開發環境)이다. 왜냐하면 연구원의 창조적 활동, 효율적 개발활동을 도와줄 수 있는 환경조건이 연구개발력을 결정하는 데 커다란 영향을 미치기 때문이다. 따라서, 조직 면에서 기술개발을 지원할 수 있는 기술본부나 기술기획실의 구비여부, 최신기술정보의 수집 및 관리, 특허관계자료의 관리 · 연구개발의 활성화에 도움이 되는 연구소의 설치여부, 그리고 개발설비(開發設備)의 충실도 등도 평가대상이 된다.

기업이 신제품을 개발하고 있는 경우에는 제품개념(product concept)이 다음 평가항목의 어디에 속하는가를 파악하는 것이 중요하다.

- 철저하게 다품종소량생산(多品種小量生産)의 제품영역에 속하는 제품
- 특수하면서도 전문화된 제품
- 기존기술을 종합하여 고객욕구를 충족시키고자 하는 융복합제품(종합적 기술력의 구비가 필요)
- 특허, 판매노하우 등의 관점에서 차별화된 제품
- 시장 간의 틈, 제품 간의 틈, 기술 간의 틈을 메울 수 있는 제품
- 기존제품이 갖는 기능을 전부 포함하는 동시에 그 기능을 보다 고도화한 제품
- 시장의 세분화와 원가절감을 추구하는 제품

사례 9-5 한미약품의 연구개발활동과 경영성과

1973년 6월에 설립되어 2010년 7월 유가증권시장에 분할 상장된 한미약품은 고혈압치료제 '아모다핀', 복합고혈압치료제 '아모잘탄', 역류성식도염치료제 '에소메졸' 등의 의약품을 제조, 판매하고 있다. 그러나 최근 이 회사의 괄목할 만한 경영성과는 지속적인 신약개발활동에서 나오고 있는데, 2021년도의 경우에만 롤론티스(Rolontis)(SPECTRUM사, 계약규모 비공개), 포지오티닙(SPECTRUM사, 계약규모 비공개), 에피노페그듀타이드(MSD사, 8억 7,000만 달러), ORASCOVERY(Athenex사, 4,244만 달러) 등 개발 중에 있는 신약을 라이센스 아웃(기술수출)하고 판매권을 제공하는 성과를 올렸다. 이 회사는 550여 명의 R&D 연구인력

표 9-13 한미약품의 경영성과 및 연구개발비 (단위 : 백만 원)

	2019	2020	2021
매출액(A)	1,113,650	1,075,854	1,203,186
영업이익	103,878	48,976	125,416
당기순이익	63,867	17,289	81,478
연구개발비(B)	209,779	226,129	161,534
B/A(%)	18.8%	21.0%	13.4%

주 : 연결재무제표기준임.
자료 : 한미약품의 2021년도 사업보고서 및 한미약품 홈페이지(www.hanmi.co.kr) 참조

이 경기도 동탄에 위치한 한미약품(주)의 연구센터를 중심으로 팔탄 제제연구센터, 서울연구센터, 바이오 공정 연구센터, 자회사인 한미정밀화학(주) 연구소, 그리고 중국의 북경한미약품유한공사 연구센터에서 연구활동에 매진하고 있다. 회사는 연구개발 지향 기업으로 2021년 연결 매출액의 13.4%인 1,615억 원을 R&D 투자하였으며, 지속적인 연구개발 투자를 통해 제약산업 선진화에 앞장서고 있다. 2019~2021년의 경우 매출액의 13.4~21.0%를 연구개발비용으로 지출하였다(〈표 9-13〉).

(4) 경영자원

기업성장의 원동력은 활발한 연구개발활동을 통한 혁신에서 나온다. 그러나 기업이 성장을 계속할 수 있느냐의 여부를 결정짓는 것은 바로 기업이 보유하고 있는 경영자원이다. 그러므로 경영자원의 양과 질에 대한 평가가 기업분석에서 매우 중요하다. 경영자원은 인적 자원, 물적 자원, 재무적 자원, 지적 자원, 기타자원 등으로 나눌 수 있다([그림 9-12] 참조).

| 그림 9-12 | 경영자원의 분류

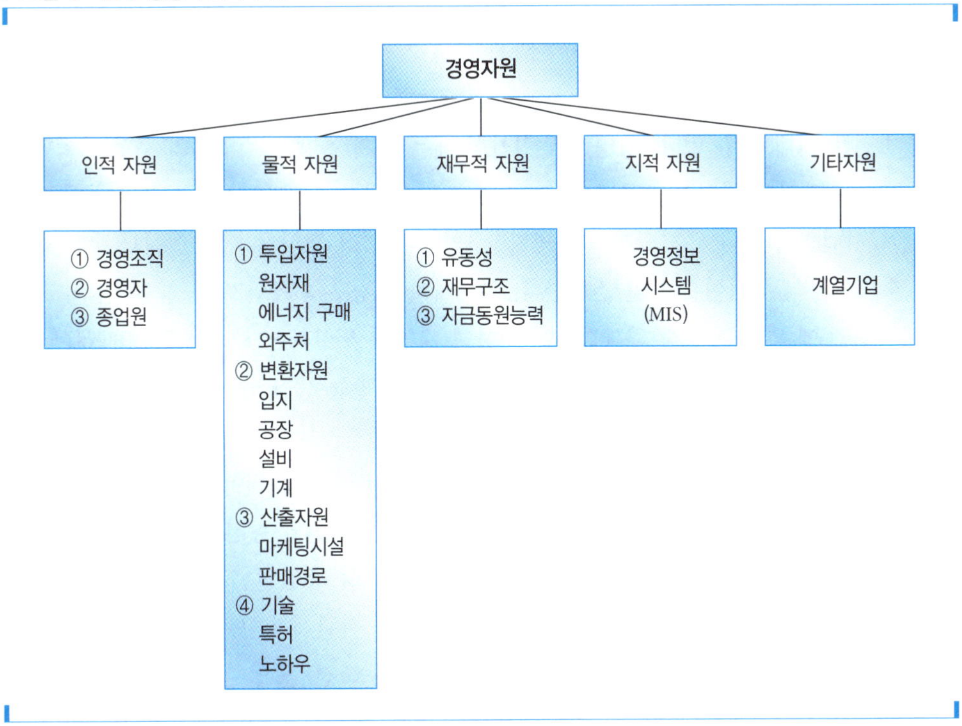

1) 인적 자원

기업의 인적 자원(human resources)은 기업의 성패(成敗)를 결정하는 가장 중요한 요인이다. 특히 오늘날과 같이 급변하는 경영환경에 대하여 민첩하고도 올바른 대응이 요구되는 상황에 있어서는 최고경영자의 자질이 무엇보다도 중요하다. 인적 자원의 질을 평가할 때 고려해야 할 요소는 다음과 같다.

• **경영조직** : 경영조직은 경영전략을 실천하는 수단이 된다. 경영조직의 평가에 있어서는 조직구조의 목적, 환경변화에 신속히 대응하기 위한 분권화(分權化) 정도, 주요 의사결정의 통제를 위한 집권화(集權化) 정도, 관리계층의 깊이 등을 우선 검토한다. 그 다음 조직의 분위기 또는 조직의 정신 및 기업문화(社風) 등을 살펴본다. 최근 기업의 다각화가 진전됨에 따라 고객의 욕구에 신속하게 대응하는 동시에 다각화된 각 부문이 왕성한 기업가정신을 발휘할 수 있는 조직이 요구되고 있다. 이와 같은 조직에는 제품별 · 지역별 사업부제조직, 공장별 독립채산제조직, 매트릭스형(matrix type) 조직 등이 있다. 또한 신제품의 개발과 시작(試作)을 촉진하기 위하여 기업내부에 별도의 벤처기업(venture business)을 설립하는 경우도 있다.

• **경영자** : 제아무리 좋은 기술과 시설, 원료를 가지고 있는 기업일지라도 경영자가 리더십을 발휘하여 올바른 진로를 설정하고 힘을 집중할 수 있도록 이끌어주지 못한다면 기업의 발전은 기대할 수 없다. 경영자를 평가할 때는 먼저 현재의 경영진의 구성과 최근의 업적, 최고경영자의 개인적 성품과 능력, 기업관 및 미래관, 소유와 경영의 분리에 대한 시각, 신규사업의 전개나 신시장개척의 의지, 기업의 사회적 책임에 대한 인식과 수행정도, 유능한 후계자의 육성여부 등을 검토한다. 우리나라의 경우 외환위기 시 경영책임이 모호한 기업주 등에 의한 독단적 의사결정에 의하여 기업이 부실화한 사례가 많기 때문에, 기업주의 경영상 권한과 책임 그리고 사외이사의 구성과 활동 등을 중심으로 기업의 지배구조를 면밀하게 조사한다.

• **종업원** : 경영자가 우수하고 경영조직이 훌륭하더라도 종업원이 애사심(愛社心)을 발휘하여 직무에 최선을 다하지 않는다면 기업은 발전할 수 없다. 종업원의 질을 평가할 때는 종업원 수의 변동추이와 그 원인, 숙련공 · 비숙련공 등 종업원 구성상황, 노동생산성, 급여수준 등을 검토한다. 또한 신뢰할 수 있는 안정된 노사관계가 유지되고 있는가를 보기 위해 노사분규의 빈도와 심각성, 노사분규의 원인, 근로조건, 종업원이직률, 종업원과 상급자 간의 의사전달방식 등을 검토한다. 끝으로, 종업원에 대한 동기부여방법, 종업원에

의한 생산혁신의 횟수와 질도 평가한다.

2) 물적 자원

기업이 보유하는 물적 자원은 제품의 생산 · 판매에 직접적으로 활용되는 자원을 말한다. 질 좋은 원자재의 계속적인 확보, 규모의 경제를 실현하면서 생산성을 제고할 수 있는 설비의 확보, 경쟁에서 유리한 고지를 차지할 수 있는 판로의 확보, 그리고 독창적이면서도 법적 보호를 받을 수 있는 기술과 특허의 보유 등은 기업의 경영능력을 향상시키는 데 있어 반드시 필요하다.

• 원자재 : 믿을 수 있는 원자재의 공급원을 계속 확보할 수 있느냐 하는 것은 좋은 질의 원자재를 계속적으로 확보할 수 있느냐 하는 문제와 직접 관련되어 있다. 따라서 원자재의 조달내용을 평가할 때는 주요 공급자, 원자재시장의 수급상황, 원자재가격의 추이와 변동요인, 수출입규제 등을 살펴보아야 한다. 원자재의 공급을 단일공급자에게 의존할 경우에는 대량구매에 의한 유리한 가격적용 등의 이점이 있으나, 공급자의 도산과 같은 문제발생시의 파급위험과 구매자의 경쟁력상실 등의 단점이 나타난다. 따라서 단일공급자를 이용하는 것은 대용원자재가 많거나 구매자산업의 집중도가 높은 경우에만 바람직하다.

• 설비 : 최근 들어 기술혁신의 가속화, 적정생산규모의 확대, 설비진부화의 가속화 등의 현상이 나타나고 있으므로 기업이 보유하는 설비의 종류와 내용에 대해 평가하는 것은 매우 중요하다. 설비를 평가할 때는 보유하고 있는 설비의 양부(良否), 자동화정도, 설비능력, 설비투자의 시기와 규모 등을 검토해야 한다. 타인자본으로 취득한 과대한 설비의 보유는 자금압박요인으로 작용하여 기업부실의 원인이 되기도 한다.

3) 재무적 자원

재무적 자원은 기업의 지속적 성장을 가능케 하는 요인이다. 기업이 왕성한 혁신에 의해 성장의 계기를 마련하였다 해도 연구개발투자와 설비투자에 필요한 자금을 적기(適期)에 조달하지 못한다면 아무런 실효도 거둘 수 없다.

재무적 자원은 일차적으로는 재무제표를 분석하여 평가하게 된다. 재무제표를 분석할 때에는 우선 장·단기 지급능력, 수익창출능력, 현금흐름 등을 나타내는 재무비율을 관찰한다. 그 다음, 기업의 외부자금조달에 대한 태도와 능력을 평가한다. 기업규모가 작으면 주식발행을 통한 자금조달이 어렵고, 기업의 신용도가 낮으면 회사채나 CP의 발행을 통한 자금조달도 곤란하게 된다. 또한 소유주가 경영권(經營權)을 독점하려 할 경우 기업의 공개도 기대하기 어렵다. 이와 같이 기업마다 외부자금(外部資金)의 이용정도가 다르게 되므로, 분석자는 재무적 자원을 평가할 때 기업의 자본시장 이용상황과 다른 금융기관의 이용가능성 등을 검토해야 한다. 재무적 자원을 평가할 때 포함해야 하는 주요 검토사항은 다음과 같다.

- 비유동자산과 비유동부채 간의 균형여부
- 부채나 주식을 발행한 시기의 적절성, 차환(借換, refunding)을 요하는 장기부채의 존재 및 차환의 용이성여부
- 주식의 발행방법(공모 · 사모), 주식의 수익률과 위험수준
- 주가이익비율과 주가순자산비율의 수준
- 신용평가기관에 의한 신용등급(공모사채 · CP 등)
- 주거래은행 등 금융계의 평판
- 기업의 내부통제시스템 수준
- 회계의 투명성

4) 지적 자원

오늘날은 정보와 지식의 시대로서, 경영자가 의사결정에 필요한 경영정보를 얼마나 신속하게 입수하는지, 그리고 회사의 구성원이 갖고 있는 정보와 업무지식을 전 구성원이 얼마나 효율적으로 공유하는지 등이 기업의 경쟁력을 좌우한다. 이러한 경영정보의 창출과 전달, 공유와 관련된 것이 지적 자원(知的 資源)이며, 이는 기업의 정보처리능력과 정보공유정도를 의미한다. 기업의 정보처리능력 및 정보공유정도는 경영정보시스템(management information system : MIS) 및 ERP(enterprise resource planning), 지식경영시스템(knowledge management system : KMS) 등을 대상으로 조사한다.

5) 기타자원

우리나라의 경우 아직도 상당수의 대기업이 상호 간 지분출자에 의하여 계열관계를 형성하고 있다. 계열에 소속된 기업의 입장에서 계열소속이라는 것이 긍정적 요인도 되지만 부정적 요인도 될 수 있다. 예를 들어, 외환위기 시 충분히 경험한 것이지만, 지급보증을 해준 계열기업(系列企業)의 경영실태나 자금사정이 악화되면 보증을 서준 해당 기업은 물론

이고 그룹 내의 다른 기업들도 부정적인 영향을 받게 된다. 따라서 계열기업을 가진 특정 기업을 평가할 때는 계열기업의 업종, 경영실태, 자금사정, 지분비율, 내부거래상황, 계열기업 상호 간의 금전대차, 상호 간 지급보증, 계열기업을 이용한 재무제표의 분식여부 등을 검토한다. 지배종속관계에 있는 계열기업의 재무상황을 파악할 경우에는 연결재무제표를 이용한다.

(5) 경영활동

경영활동평가의 중요성은, 기업의 경영성과가 나오기까지의 과정을 살펴봄으로써 명백해진다. 즉 기업이 주어진 경영환경하에서 일정한 경영목표(經營目標)를 달성하고자 할 때에 우선 경영계획 및 경영전략을 수립하게 된다. 그 다음 기업은 보유하는 경영자원(經營資源)을 생산 · 판매 · 투자 등의 경영활동에 배분하게 되는데, 이 같은 각종 경영활동의 수행결과가 바로 기업의 경영성과이다. 그러므로 경영활동의 질은 기업의 성과에 큰 영향을 미치는 요소가 되고 있다.

경영활동을 평가할 때 검토해야 하는 요인들을 주요 분야별로 제시하면 다음과 같다.

- 생산활동 : 생산방식, 생산실적, 품질관리(QC), ISO 9000 및 14000 시리즈 인증획득 실적, 공장운영, 공장자동화(factory automation: FA) 등
- 제품의 설계 및 발상 : 기초연구, 응용연구, 기초엔지니어링 등
- 판매활동 : 매출액추이, 주요 고객관리, 판매 형태와 경로, 대금결제방법, 판매단가, 수주액 및 수주잔고, 재고관리, 수출상황 등
- 재무활동 : 장·단기 재무계획 및 현금예산의 수립과 실행, 투자결정, 자금의 조달과 운용, 자금조달코스트의 관리, 지속적인 구조조정활동, 위험관리(risk management)등
- ESG(Environmental, Social and Governance) 수행 : 친환경, 사회적 책임경영, 지배구조 개선 등을 통한 지속가능한 발전의 추진
- 기타활동 : 전사적 기획 및 통제활동, 대정부관계활동(對政府關係活動) 등

2. 우량기업의 특징

동일한 환경하에서 경영활동을 수행하는 기업들이라 하더라도, 환경변화에 적절히 대응함으로써 성장·발전을 거듭하는 기업이 있는가 하면, 부적절한 대응으로 퇴보하는 기업이 있다. 예를 들면 성숙기산업에 속하는 기업 중에는 경영다각화 등으로 새로운 활력을 얻어 성장을 지속하는 기업이 있는 반면, 산업의 쇠퇴와 함께 사양길로 접어드는 기업도 있다.

이와 같은 관점에서 볼 때 우량기업이란 환경변화에 적절하게 대응하여 새로운 사업기회를 발견해 냄으로써 성장과 발전을 계속하는 기업으로 정의할 수 있다. 그렇다면 이와 같은 우량기업의 공통된 특징은 무엇인가? 분석자들은 업계 내의 지위, 성장성, 수익성, 재무적 건전성, 생산성 및 효율성, 잠재적 경쟁력이라는 여섯 가지 기준에서 볼 때 다음과 같은 특징을 갖추고 있는 기업을 우량기업으로 판단하고 있다.[19)]

① 시장점유율이 업계 1위인 기업으로서 높은 품질, 높은 서비스수준, 차별화된 제품특성 등에 의해 경쟁력이 우수하며, 계속적인 신제품개발도입·기술개발·시장확대의 노력을 통하여 안정적인 시장지위를 유지하고 있다.

② 재무구조가 우량하여 불황에 대한 저항력이 강하며, 자금조달능력 및 유동성이 양호하고 수익 및 성장을 위한 사업기회포착에 민감하다.

③ 효율적인 제조공정, 저렴한 원재료 조달, 유리한 공장입지, 안정적 판매경로, 높은 설비가동률, 숙련된 노동력, 뛰어난 제품디자인, 꾸준한 연구개발 등에 따른 영업효율성이 높아 생산성을 높게 유지하고 있다.

④ 건전한 경영이념이 회사내부에 잘 확산되어 있고 정확한 환경분석 및 이에 입각한 경영전략수립으로 환경변화에 탄력적인 대응을 하고 있다. 또한 경영자와 종업원 간에 신뢰분위기가 조성되어 조직원들의 사기가 높으며 경영목표달성을 위한 자발적 노력·애사심·조직구성원 간의 원활한 의사소통·협조분위기 등의 기업문화가 확고히 정착되고 있다.

한편, 사례연구를 통하여 한국기업의 10대 성공요인을 추출한 연구결과를 보면 〈표 9-14〉와 같다. 비재무적 지표가 중심이 되고 있는 이 연구에서는 인재제일주의에 기초한 우수인력의 양성, R&D를 통한 첨단핵심기술의 토착화, 정부의 지원확보 및 정책에의 적극적 호응, 안정적인 노사관계, 최고경영자의 사업예측능력 등이 기업의 성공을 가져오는 중요요소로 평가되고 있다.

19) 金宣基, "優良企業의 條件과 評價," 「신평저널」(1988 여름호), p.68.

표 9-14 한국기업의 10대 성공요인

성 공 요 인	비율(%)
① 인재제일주의에 기초한 우수인력의 양성	13.7
② R&D를 통한 첨단핵심기술의 토착화	11.3
③ 정부시책에 적극적인 부응	10.9
④ 노사불이의 노사화합 및 신뢰관계의 형성	10.5
⑤ 전문경영인을 활용한 책임경영체제의 구축	10.3
⑥ 최고경영자의 시류를 읽는 사업예측력	10.1
⑦ 지속적인 신제품개발	9.2
⑧ 회사공동체적 기업문화	8.3
⑨ 사업다각화	8.0
⑩ 해외시장개척	7.7
합 계	100.0

자료 : 신유근, 「한국기업의 성공과 실패」(대한상공회의소, 1996), p.103.

경제전문저널인 「포춘」(*Fortune*)지는 해마다 전 세계 주요 기업을 대상으로 기업평판도(corporate reputations)를 조사하여 '가장 존경받는 기업'(The World's Most Admired Companies)을 선정 · 발표하고 있다. 평가분야는 ① 혁신성(innovativeness), ② 인력관리(people management), ③ 기업자산의 활용도(use of corporate assets), ④ 사회적 책임(social responsibility), ⑤ 경영진의 질(quality of management), ⑥ 재무적 건전성(financial soundness), ⑦ 장기투자(long-term investment), ⑧ 제품의 질(quality of products), ⑨ 국제경쟁력(global competitiveness) 등 9개이다. 〈표 9-15〉에는 9개 분야의 평가를 종합한 결과로서 '가장 존경받는 기업'으로 2021년도에 선정된 상위 10개 회사가 제시되어 있다. 상위 3개 회사는 애플, 아마존, 마이크로소프트 등 인터넷 및 정보기술관련 회사들이며, 엔터테인먼트회사 월트디즈니, 커피 및 식품회사 스타벅스, 보험 및 투자회사 버크셔 해더웨이가 그 뒤를 잇고 있다.

〈표 9-15〉에 수록된 회사들의 경영상황과 관련된 주요 사항을 정리하면 다음과 같다.

- 1976년 4월 1일 스티브 잡스(Steve Jobs)에 의해 창업된 애플은 하드웨어, 소프트웨어, 온라인 서비스를 디자인, 개발, 제조 및 판매한다. 뮤직 플레이어 iPod에 이은 스마트폰 iPhone으로 성공한 회사이다.
- 전자상거래(e-commerce)의 거대기업 아마존은 도서를 비롯하여 다양한 상품은 물론 전자책, 태블릿 PC를 제조 판매하며, 기업형 클라우드 서비스도 제공하고 있다. 음성제어 홈 오토메이션인 'Echo', 태블릿 PC인 'Kindle Fire' 등의 하드웨어 비즈니스,

표 9-15 가장 존경받는 기업 최상위 10개사(2021년도)

순위	회사명	업종
1	Apple	Computers
2	Amazon	Internet Services and Retailing
3	Microsoft	Computer Software
4	Walt Disney	Entertainment
5	Starbucks	Food Services
6	Berkshire Hathaway	Insurance: Property and Casualty
7	Alphabet	Internet Services and Retailing
8	JPMorgan Chase	Megabanks
9	Netflix	Entertainment
10	Costco Wholesale	General Merchandisers

자료 : *Fortune*(March, 2021).

그리고 비디오 및 뮤직 스트리밍 서비스 등에서도 성과를 거두고 있다.

- 마이크로소프트는 IBM PC 호환용 개인용 컴퓨터의 운영 체제 DOS를 개발한 소프트웨어 회사로 시작하였다. Microsoft Windows를 통해 현대 가정용 컴퓨터 운영체제의 최대 점유율을 차지하고 있으며, Microsoft Office는 비즈니스 업계의 표준으로 자리잡았다. Xbox를 위주로 한 엔터테인먼트 사업과 Microsoft Azure를 통한 클라우드 분야에서 활약하고 있다.
- 월트디즈니는 거대 글로벌 미디어 기업이다. 어린이를 대상으로 하는 만화영화 또는 영화 등의 제작뿐만 아니라 방송, 케이블, 상품 등 다양한 인접 분야에 사업영역을 갖고 있는 다각화된 기업이다. 월트디즈니가 뛰어난 미디어 기업으로 평가받는 이유는 창의성과 혁신을 상징하는 기업으로 새로운 아이디어를 통해 기존 패러다임을 바꾸는 힘이 있기 때문이다.
- 스타벅스는 커피와 식품의 글로벌 유통기업으로서 전 세계 66개국에서 2만 개가 넘는 커피전문점을 운영 중이다.
- 워렌 버핏(Warren Buffet)이 대주주이자 CEO로 있는 보험 및 투자회사 버크셔 해더웨이는 최근에는 주식투자(금융자산운용)보다는 M&A를 통하여 성과를 거두고 있으며, 2016년에는 320억 달러를 들여 Precision Casparts사를 인수하였다. 보험업체 가이코(GEICO), 철도회사 BNSF Railway, 석유화학기업 루브리졸(Lubrizol), 캐주얼 제조업체 프룻오브더룸(Fruit of the Loom), 보석 소매업체 헬츠버그 다이아몬즈

(Helzberg Diamonds), 부동산 중개업체 롱앤포스터(Long & Foster) 등 90여 개의 자회사를 거느리고 있다.

- 알파벳은 세계 최대 인터넷 기업인 구글(Google)의 지주회사로 구글 외에도 연구소인 X랩, 투자사업부문인 구글 벤처스, 그 외 건강 · 과학관련 조직을 자회사로 두고 있다. 구글은 광고, 모바일 운영체제 Android, 비디오 네트워크 YouTube를 핵심사업부문으로 보유하고 있으며, 자율운행자동차(self-driving cars) 및 가상현실(virtual reality) 분야도 진출 중이다.
- JP모건 체이스는 투자은행가였던 존 피어폰트 모건(John Pierpont Morgan)이 설립한 은행으로, 세계에서 가장 오래된 은행 중 하나이다. 총 자산은 3.5조 달러로 미국 은행 최고의 시가총액을 보유하고 있으며, 뱅크 오브 아메리카, 씨티, 웰스 파고와 함께 미국의 4대 은행이다.
- 넷플릭스는 스트리밍 미디어, 온 디맨드 비디오, DVD 대여 서비스를 제공하는 미국의 다국적 엔터테인먼트 기업이다. 2020년 현재 190여 개 국가에서 1억 9,300만 명의 회원이 온라인으로 영화, TV, 드라마 등을 시청하고 있다. 콘텐츠를 확대하기 위해 20세기 폭스 텔레비전(20th Century Fox Television), 월트디즈니 등과 제휴를 맺었으며 한국에서는 2016년 1월부터 공식적으로 서비스를 시작했다.
- 코스트코홀세일은 회원제 창고형 할인매장 사업체이다. 코스트코홀세일의 가장 큰 특징으로는 회원제 운영, 조건 없는 환불정책, 낮은 마진율로 인한 저렴한 가격, 선택과 집중을 통한 적은 취급품목수, 1국가 1카드 원칙, 훌륭한 임직원 복지와 정책 등이 꼽힌다. 고급브랜드 제품을 할인가격에 파는 전략으로 경쟁업체인 월마트와 차별화하는 데 성공했다.

연 습 문 제

01 다음 용어를 설명하라.

① 경기 ② 선행지수
③ 기업실사지수 ④ M2
⑤ GDP디플레이터 ⑥ 경상수지
⑦ 제품라이프사이클 ⑧ 제품의 시장지위
⑨ 차별화전략 ⑩ 기업평판도

02 경기지표의 의의, 종류, 작성방법에 대하여 설명하라.

03 환율변동이 기업경영에 미치는 영향에 대하여 논하라.

04 산업분석 시 일반적으로 검토해야 하는 요인들을 설명하라.

05 산업의 경쟁구조를 분석하기 위한 포터의 5요인모형을 설명하고, 이를 이용하여 우리나라의 항공운수업, 방송업의 경쟁구조를 분석하여 보라.

06 제품라이프사이클분석에 의한 산업분석방법을 설명하라.

07 제품포트폴리오관리의 내용과 경영전략에의 활용방법을 설명하라.

08 경영자원의 의의, 종류, 분석요령을 설명하라.

09 우량기업의 특징을 제시하고, 유가증권시장이나 코스닥시장 상장기업 가운데서 우량기업에 해당하는 기업을 선정해 보라.

제 III 편

경영분석의 주요 과제 : 부실예측, 신용평가 및 여신결정

제 10 장

기업부실의 원인분석과 예측

기업이 부실화될 경우 그 기업의 모든 이해당사자가 손실을 입게 된다. 투자자나 채권자는 투자자금이나 채권의 전부 또는 일부를 회수할 수 없으므로 손실을 보게 되고, 종업원은 직장을 잃게 됨으로써, 거래처는 매출채권을 회수 못함으로써, 또한 소비자는 구입한 제품에 대한 각종 서비스를 제공받지 못함으로써 손실을 입게 된다. 또 한 기업의 도산이 다른 기업의 도산을 연쇄적으로 초래하는 경우가 있는데, 이때 기업부실로 인한 사회·경제적인 손실은 막대하다.

우리나라의 경우 1997년의 외환위기와 1998년의 사상유례가 없는 불황을 겪는 과정에서 중소기업은 물론이고, 한보·삼미·대농·한라·기아자동차·해태·쌍방울·진로 등 재벌그룹에 속하는 대기업의 도산이 빈발하였다. 또 1999년에는 대표적 재벌인 대우그룹이 도산하였고, 2000년에는 현대건설이 유동성위기로 인하여 사실상 도산함으로써 한국경제에 커다란 충격을 준 바 있다. 그런데 이들 기업은 시설투자나 사업확장에 쓰인 자금의 대부분을 금융기관차입에 의존하였기 때문에 이들 기업에 자금을 빌려준 금융기관이 거액의 부실채권(不實債權)을 안게 되었고, 기업부실이 금융기관의 부실까지 초래하여 금융기관의 구제에 막대한 공적 자금이 투입된 바가 있다. 2008년의 경우에는 미국의 비우량주택담보대출(sub-prime mortgage)사태에서 비롯된 글로벌 금융위기의 와중에서, 투자은행 베어스턴스의 몰락과 리먼 브라더스의 파산보호 신청, GM 및 크라이슬러, 뱅크오브아메리카 및 시티그룹 등 금융기관의 부실화로 인하여 대량의 실직사태와 주가폭락이 발생하였고, 미국정부의 천문학적인 공적 자금이 이들 부실기업의 구제와 정리에 투입되었다. 한편, 금융위기 이후인 2012년에는 웅진그룹이 계열사(극동건설, 서울저축은행 등) 및 태양광사업의 부실화로 인하여 도산하였고, 2013년에는 해운과 조선업에 편중하여 공격적으로 사업을 확장하였던 STX그룹이 도산하였으며, 금융회사(동양증권)를 이용하여 부실계열사를 지원하였던 동양그룹도 도산하여 해체되었다.

부실기업문제의 심각성과 파급효과를 고려해 볼 때 기업부실의 가능성을 사전에 예측하는 것은 경영자·채권자 등 기업의 이해관계자에게 커다란 중요성을 갖는다. 한 기업의 경영자는 그 기업이 부실화할 가능성이 있다고 판단될 경우 도산에 이르기 전에 각종 자구책을 강구하여 정상적 기업으로 돌려놓을 수가 있고, 최악의 경우에는 다른 기업과의 합병을 도모함으로써 도산에 따른 손실을 최대한 줄일 수도 있다. 금융기관 등의 채권자는 부실가능성이 예상되는 기업에 대한 융자를 억제하고 기존대출에 대한 채권의 보전조치를 사전에 강구함으로써 대손(貸損)의 위험을 극소화할 수 있다. 또한 투자자는 부실가능성이 있는 기업에 대하여 투자를 회피하거나 기업부실로 인한 위험증대에 대응하여 보다 높은 수익률을 요구함으로써 합리적인 투자관리가 가능하게 된다. 이러한 관점에서 볼 때, 기업부실의 사전예측은 부실한 분야에 대한 자원의 흐름을 적절히 통제함으로써 자원의 효율적 배분에도 도움을 준다.

제1절의 기업부실의 개요에서는 기업부실의 개념, 기업부실의 원인, 기업부실의 징후 등을 설명한다. 제2절의 단일변량 부실예측모형에서는 하나의 재무비율을 이용하여 부실기업과 정상기업을 판별하고 기업부실을 예측하는 방법을 소개한다. 제3절의 다변량 부실예측모형에서는 다수의 재무비율을 결합하여 기업부실을 예측하는 방법을 소개한다. 아울러 부실예측모형의 응용분야를 제시하고, 그 유용성과 한계도 다루기로 한다.

제1절 기업부실의 개요

기업부실을 예측하고 또 사전에 예방하기 위해서는 먼저 어떤 요인들이 기업의 부실화를 초래하는가, 어떤 과정에 따라 부실화가 진행되는가 그리고 어떤 징후들이 부실화과정에서 나타나는가를 파악해야 한다. 본절에서는 기업부실예측을 위한 사전단계로서 기업부실의 개념, 기업부실이 초래하는 비용, 기업부실의 원인분석, 기업부실화과정과 기업부실의 징후, 부실기업의 정리절차 등을 설명하기로 한다.

1. 기업부실의 개념

기업부실(企業不實, corporate financial distress)이란 개념은, 기업부실의 실태가 매우 복잡 다양하기 때문에 한마디로 정의하기가 어렵다. 일반적으로 기업부실을 의미하는 용어로는 경제적 실패, 지급불능, 그리고 파산이 있다.[1)]

경제적 실패(經濟的 失敗, economic failure)란 ① 기업의 총수익이 총비용에 미달하는 경우, ② 기업의 평균투자수익률이 자본조달비용에 미달하는 경우,[2)] ③ 특정기업의 투자수

1) E.I. Altman, *Corporate Financial Distress*(New York : John Wiley & Sons, 1983), pp.5~7.

2) 이는 제3장에서 설명한 경제적 부가가치(EVA)가 음수(-)가 되는 경우를 말한다.

익률이 업종평균의 투자수익률에 미달하는 경우 등 주로 기업의 수익성저하가 원인이 되어 나타나는 경제적 문제를 말한다. 그러나 경제적 실패 자체만 가지고 이것이 기업의 도산을 의미한다고 단정할 수는 없다. 왜냐하면 경제적 실패현상이 존재한다 하더라도, 지급기일이 도래한 유동부채가 없다면 그리고 기업의 부채상환능력이 유지될 수 있다면 기업은 그대로 존속할 수 있기 때문이다.

지급불능(支給不能, insolvency)이란 기업이 유동성부족으로 만기가 된 채무를 상환할 수 없는 기술적 지급불능(technical insolvency)과 기업의 총부채가치가 총자산가치를 넘어 실질순자산가치가 마이너스가 되는 실질적 지급불능(real insolvency)을 말한다. 기술적 지급불능은 도산의 직접적 원인이 되기도 하지만 일시적 현상인 경우가 많다. 즉, 기술적 지급불능이 있더라도 만기가 된 채무를 갚는 데 필요한 유동성이 즉시 뒷받침될 수만 있다면 기업은 정상적인 상황으로 되돌아갈 수도 있기 때문이다. 그러나 실질적 지급불능은 기술적 지급불능과는 달리 그 원인이 일시적 유동성부족이 아닌 만성적인 결손누적에 있는 것이 일반적이고, 경우에 따라서는 파산으로 분류되기도 하므로 이를 파산적 지급불능(破產的 支給不能, bankrupt insolvency)이라고도 한다.

파산(破產, bankruptcy)이란 법원에 의하여 파산선고가 공식적으로 내려진 경우를 뜻한다. 우리나라의 '채무자 회생 및 파산에 관한 법률'은 법인의 경우 채무자가 지급불능상태에 이르거나 기업의 자산가치가 부채가치에 미치지 못하는 채무초과(債務超過)의 상황이 발생하면 파산을 신청할 수 있는 파산원인이 발생한 것으로 간주하고 있다.[3] 이 경우 채권자나 채무자가 법원에 파산신청을 할 수 있고, 법원이 파산선고를 내리게 되면 그 기업은 청산절차에 들어가게 된다.

기업의 도산은 순간적으로 일어나는 것이 아니다. 정상적인 기업이 파산에 이르기까지는 연속적인 과정을 밟게 된다. 정상기업(定常企業)이 부실기업으로 전락하는 과정은 [그림 10-1]과 같이 수익성저하, 지급능력저하, 법률적 파산의 3단계로 진행된다고 볼 수 있다.[4]

정상기업의 경우에는 대개 총수익이 총비용보다 많고 투하자본수익률(return on invested capital : ROIC)이 자본비용(cost of capital)을 넘게 된다. 그러나 정상기업이라도 총비용이 총수익보다 많거나 자본비용이 투하자본수익률을 넘는 결손기간이 계속되면, 기업은 내부유보를 줄이고 비업무용 부동산 등 실제로 업무에 사용되지 않는 자산을 처분함으로써 지급능력의 유지를 도모하게 된다(제1단계). 이와 같은 결손기간이 더욱 길어지면 감소시킬

3) 채무자 회생 및 파산에 관한 법률(2005.3.31. 제정) 제305조, 제306조.

4) 清水龍瑩, 「現代企業評價論」(東京 : 中央經濟社, 1980), p.66.

| 그림 10-1 | 기업부실화과정(Ⅰ)

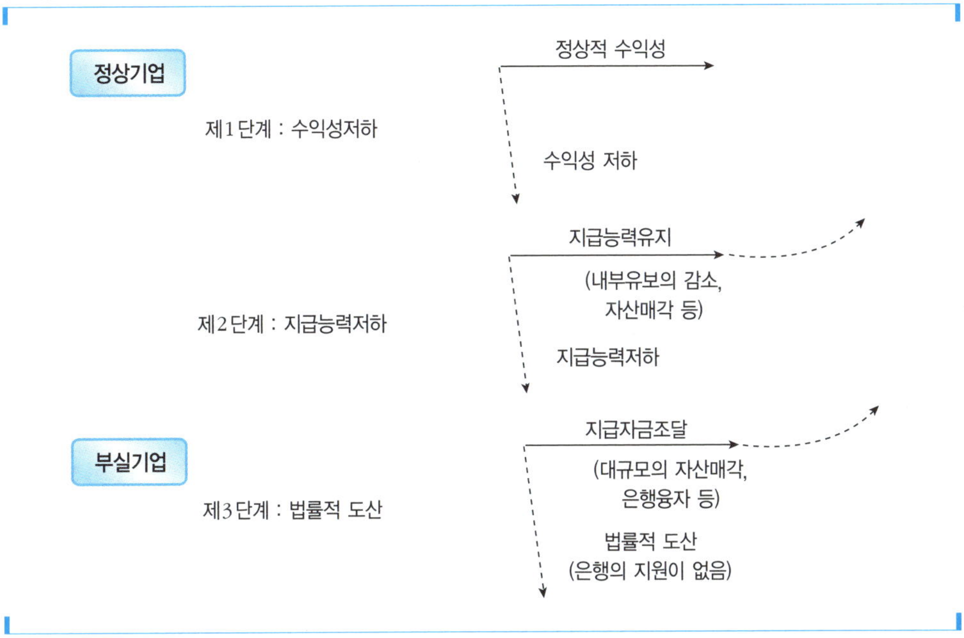

내부유보도 매각할 비업무용 자산도 바닥이 나게 되어, 지급능력은 극도로 나빠지며 정상적 경영이 아주 어렵게 된다(제2단계 중간). 결손이 더 누적되면 기업은 공장이나 건물 등 업무용 핵심자산의 상당부분까지도 처분하여야 하므로, 은행관리를 전제로 한 금융지원을 받지 않는 한 기업의 존속이 사실상 불가능하게 되는 실질적 도산(實質的 倒産)이 발생한다(제2단계 말). 이 단계에서는 설사 법률적으로는 기업이 존속한다고 해도 기업의 본래의 효율적인 생산기능이나 자주적인 의사결정기능은 상실되고 만다. 만약 상황이 더 악화되지만 기업이 더 이상 자산을 매각할 수도 없고 대규모의 금융지원도 받지 못한다면, 회사가 부도를 내거나 법원에 회생절차개시를 신청함으로써 완전한 도산상태에 이른다(제3단계 말).

여기서 한 가지 주의해야 할 것은 현실에서 발생하는 기업도산은 주로 경영능력의 부족이나 재무능력의 저하와 관련된 것이지만 특정 산업이나 기업을 지원하는 정부의 경제정책 및 금융기관의 융자방침과도 결코 무관하지 않다는 사실이다. 즉, 금융기관의 정책적 이유로 융자가 중단될 경우 제1단계 이전의 정상기업이라도 흑자도산(黑字倒産)할 수도 있고, 정부의 정책적 판단에 의해 구제금융(救濟金融)이 지원되면 실질적으로는 도산한 부실기업이라도 존속할 수 있다.

2. 기업부실이 초래하는 비용

특정기업의 부실은 그 기업의 이해관계자는 물론 일반소비자, 국민경제 전체에 비용(손실)을 초래한다. 비용 가운데는 실제로 발생되는 유형비용과 기회비용의 형태로 발생하는 무형비용이 있다. 이를 손실을 입는 주체별로 정리하면 다음과 같다.

① **부실기업 및 경영자** : 회생절차개시 신청과 그 처리과정에서 비용이 들어간다. 중요한 항목으로는 관리인, 보전관리인, 조사위원, 파산관재인 등에 대한 보수를 들 수 있다. 무형비용은 회사가 청산되는가, 아니면 회생되는가에 따라 구분된다. 청산의 경우에는 통상 자산의 경매가치가 경제적 가치에 미달함으로써 그 차액만큼 손실이 발생한다. 회생의 경우에도 주요 거래처의 상실로 인한 매출감소와 계약취소, 정상적 매입활동의 곤란으로 매입단가 및 제조원가 상승, 신용실추로 인한 차입코스트 상승, 자금조달곤란으로 좋은 투자기회의 상실, 우수한 인재의 유출, 연구개발(R&D)활동의 위축, 경영자의 시간손실 등의 기회비용이 발생한다.

② **주주** : 주가가 급락함에 따라 투자원본이 상실되고, 배당금지급이 중단되며, 채무부담이 추가될 수 있다. 도산에 따른 사회적 지위나 권리의 상실, 원만한 가정생활의 곤란 등이 일어난다.

③ **종업원** : 급료나 퇴직금의 지급이 불가능하거나 지연되고, 이직에 따라 소득이 감소할 수 있다. 한편, 장래에 대한 희망의 상실로 인하여 좌절하게 되고, 이직에 따라 심리적 고통이 가중되며, 기존의 복리후생시설을 이용할 수 없게 된다.

④ **채권자 및 거래처** : 채권의 원본이나 이자의 일부 또는 전부를 받을 수 없게 되고, 채권의 보전을 위한 활동에 시간과 비용이 들어간다. 거래처는 판로의 상실로 매출이 감소하며 기존거래와 관련한 채권의 회수가 불가능해질 수 있고, 심각한 경우에는 연쇄도산이 발생한다.

⑤ **소비자** : 구입한 제품에 대한 애프터서비스(A/S)를 받을 수 없게 된다.

⑥ **경쟁기업** : 도산한 기업과 경쟁관계에 있는 기업은 시장점유율이 확대되는 등 반사적 이익을 누릴 수 있다. 그러나 도산기업의 덤핑판매에 따른 가격경쟁으로 인하여 마진이 축소되고 제품이미지가 악화될 수도 있다.

⑦ **지방자치단체 및 정부** : 조세수입이 감소하고, 도산기업이 정부로부터 세제 · 금융상의 지원을 받았을 경우에는 그 효과가 상실된다.

⑧ **국민경제 전체 및 사회 전체** : 도산한 일반기업이나 금융기관을 구제하거나 타 기업에

인수시키는 과정에서 금융 · 세제상의 지원이 이루어질 경우 국민의 부담이 늘어난다. 실업자에 대한 보험금지급이 증가하면 국민의 보험료부담도 늘어난다. 기업도산이 빈발할 경우 사회불안이 고조되고 경제발전의 정체내지 쇠퇴가 초래될 뿐만 아니라, 자본주의에 대한 불신감이 증대된다.

그러면 실제로 부실과 관련된 비용은 얼마나 되는가? 재무관리분야에서 수행된 대부분의 연구에서는 부실관련 비용을 직접비용(直接費用)과 간접비용(間接費用)으로 나누어 추정하고 있다. 직접비용은 기업의 청산 또는 회생 과정에서 실제로 지출된 유형비용을 말한다. 한편, 간접비용은 부실화에 따른 매출감소, 이익상실, 차입곤란, 차입코스트상승 등의 기회비용으로서 무형비용의 일부로 구성된다. 당연히 측정이 용이한 직접비용보다는 측정이 곤란한 간접비용의 규모가 훨씬 큰 것으로 나타나고 있다. 예를 들어 부실관련 비용을 부실화에 의해 상실된 이익의 규모로 측정한 알트만(E. I. Altman)의 연구에서는 직접비용은 기업가치의 6.2%, 간접비용은 기업가치의 10.5%에 달하는 것으로 추정되고 있다.[5)]

3. 기업부실의 원인분석

(1) 기업부실의 인과관계

현실적으로 기업의 부실은 기업내외의 여러 가지 원인이 복합적으로 작용하여 발생한다. 기업부실은 경영자가 통제할 수 없는 환경변화의 요인이 그 원인이 될 수도 있다. 그러나 경영자가 통제할 수 있는 요인에 의하여 기업이 부실화되었다면, 그 책임은 당연히 경영자한테 있게 된다.

이와 같은 관점에서, 즉 경영자의 책임을 강조한 입장에서 기업부실의 원인을 분석한 학자가 린클린(T. H. Rinklin)이다. 그는 기업부실을 "기업을 둘러싼 기술적 · 경제적 · 사회적 · 정치적 환경으로부터 발생되는 각종의 위험 및 기업의 내부에서 발생하는 각종의 경영위험(經營危險)을 경영자가 적절히 통제하지 못함으로써 야기된 벌칙"으로 정의하였다.[6)] 그러므로 경영자는 기업내외에 존재하는 위험을 사전에 발견하여 그 정체를 밝히고 적극적으

5) E.I. Altman, "A Further Empirical Investigation of the Bankruptcy Cost Question," *Journal of Finance*, 39(September 1984), pp. 1067~1089.

6) 린클린의 연구내용은 김선기 · 황석하 · 김건우, 「기업부실화의 원인, 징후 및 예측」(한국신용평가(주), 1986), p. 6에서 인용하였음.

| 그림 10-2 | 기업부실의 궁극적 원인

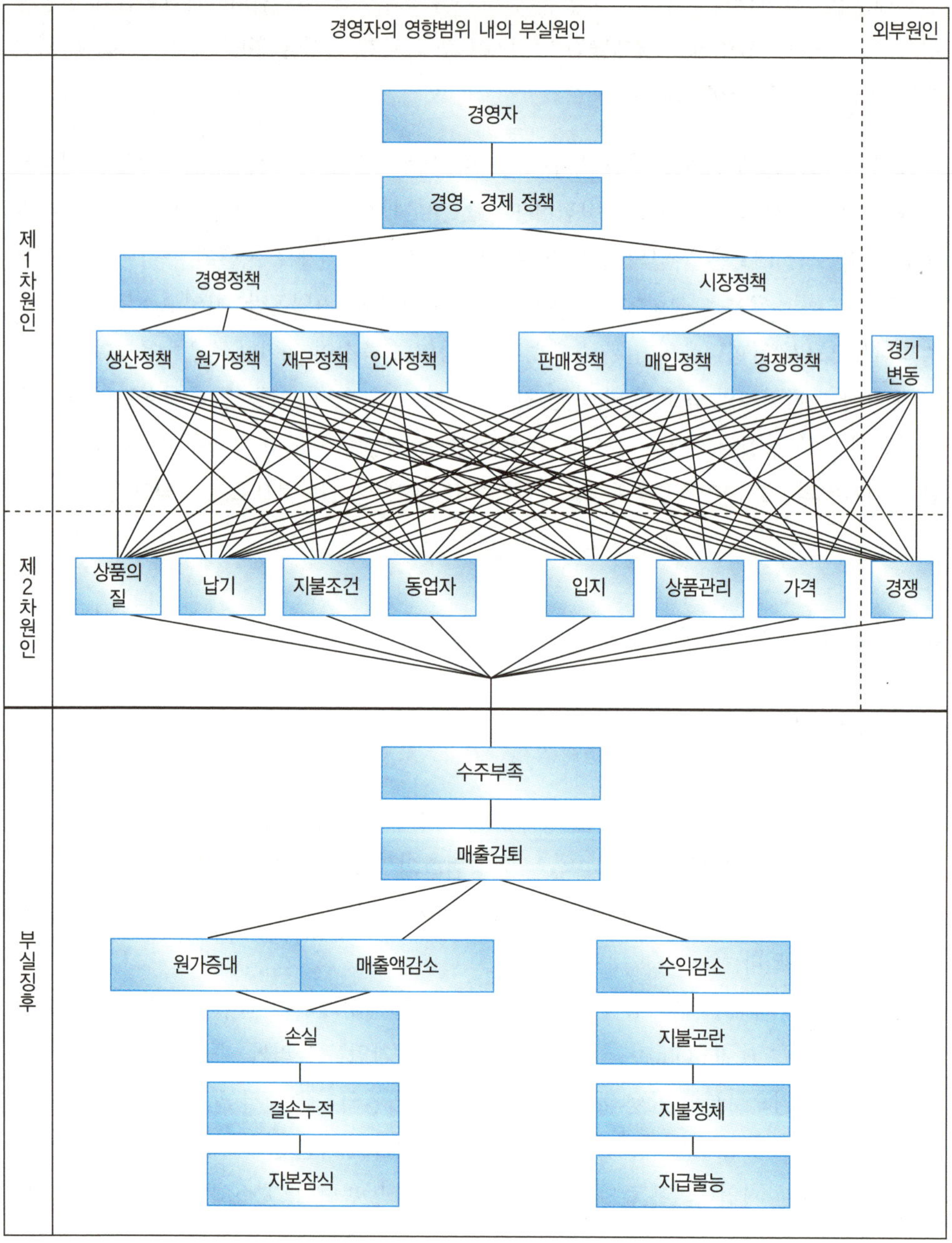

로 위험을 방지하는 역할을 담당해야 한다는 것이다. 즉, 부실원인이 어디에 있든지 그에 대한 최종적인 책임은 경영자가 져야 한다는 논리이다. 린클린은 앞의 [그림 10-2]에서 경영자가 부실화과정에서 차지하는 위치와 부실원인 간의 인과관계를 나타냄으로써 경영자의 부실책임을 명확히 하고 있다.

[그림 10-2]에서 보는 바와 같이 부실화과정 중에 기업외부에서 가장 많이 나타나는 부실징후는 지급불능과 자본잠식이다. 이와 같은 징후를 출발점으로 해서 살펴보면 원가증대와 수주부족으로 인한 판매부진(매출감퇴)이 그 원인이라는 것을 발견하게 된다. 다시 판매부진의 원인을 찾아보면 상품의 품질 · 납기 · 지불조건 · 상품관리 · 가격 등의 많은 요인을 발견하게 되는데, 이를 제2차원인이라 하고 있다. 제2차원인을 발생시키는 근본적 요인은 경영자의 경영정책 및 시장정책 등인데, 이를 제1차원인이라 하고 있다. 린클린의 연구에서는 부실원인으로서 경영자가 통제할 수 없는 경기변동이나 경쟁과 같은 외부적 요인에 대해서는 큰 비중을 두지 않고 있으며, 경영자가 영향력을 행사할 수 있는 요인에 초점을 맞추고 있다.

(2) 외부환경요인과 기업내부요인

기업의 부실화를 초래하는 요인을 경영자가 통제할 수 없는 외부환경요인과 관리가능한 내부요인으로 나누어 보는 것도 의미가 있다.

외부환경요인(外部環境要因)에 대해서는 그 변화의 방향과 기업경영 전반에 대한 영향력을 정확히 예측하고, 이에 적절히 대응할 수 있는 경영전략의 수립이 요구된다. 기업의 부실화를 초래할 수 있는 외부환경요인을 요약하면 다음과 같다.

① 시장(수요)요인 : 유행 및 관습의 변화에 의한 소비의 감소, 신제품 및 대체품의 개발, 경쟁의 격화나 과당경쟁 등

② 경기 및 금융 요인 : 경기의 침체, 원자재가격의 급등, 금융긴축, 금리상승, 환율의 급등락 등

③ 정치 및 국제 요인 : 정권의 교체, 기업활동에 대한 규제강화, 보조금폐지, 전쟁발발, 보호무역의 촉진 등

④ 지역 및 환경 요인 : 입지조건의 변화, 공해발생 등

⑤ 노동요인 : 노동조합의 강성화, 노동력 및 인재부족 등

기업의 부실화를 가져오는 내부요인(內部要因)은 주로 경영자의 경영능력 및 실행능력의 부족, 그리고 조직 전반 및 부문상의 문제점을 말한다. 이를 요약하면 다음과 같다.

① **경영자요인** : 경영능력의 결여, 후계자결여, 태만과 낭비, 건강상실, 내분(內紛), 경영계획의 실패

② **구매 및 재고 요인** : 단일매입처에 의존, 빈약한 재고 및 품질 관리, 협력업체선택의 과오, 도난과 재해, 불량재고의 발생, 구매처의 지원거절

③ **생산요인** : 낮은 기술수준, 빈약한 연구개발, 시설의 노후화, 과대한 설비투자, 제품의 결함

④ **판매요인** : 과대한 신용판매, 주요 고객에의 과대의존, 과대 또는 과소한 광고선전활동, 부적당한 판매경로, 시장조사의 결여, A/S의 결여, 가격정책의 실패, 불량거래처 발생, 불량채권의 누적, 신제품의 실패, 업종전환의 실패, 판매처의 지원거절

⑤ **조직 및 종업원 요인** : 불충분한 인사계획과 노무관리, 경영조직의 불비, 질이 나쁜 종업원, 불건전하며 불안정한 노사관계, 종업원에 의한 회사재산의 피해, 종업원의 집단이탈, 사기의 저하

⑥ **재무 및 경리 요인** : 빈약한 예산 및 자금계획능력, 불량한 회계제도, 분식결산, 대금회수의 결함 및 태만, 고리차입 및 금리부담의 급증, 융통어음의 이용, 자금차입한도의 돌파, 주주의 불신감증대, 금융기관의 지원거절

(3) 기업부실원인의 조사결과

1) 미국기업의 부실원인

미국의 경우에는 세계적 권위의 신용조사회사인 던 앤드 브래드스트리트(Dun and Bradstreet Co.)에 의하여 기업부실의 원인이 조사 · 발표되고 있다. 이 기관이 채권자의 의견과 자체정보를 근거로 하여 작성한 부실원인은 〈표 10-1〉과 같다.

〈표 10-1〉에서 볼 때 미국기업의 부실은 주로 경영자의 무능이나 경험부족 등에 기인하는 것으로 나타나 있다. 이와 같은 부실원인별 비중은 1980년의 조사결과에서도 경험의 부족과 경험의 불균형(50%), 무능력(44%), 태만(0.8%), 부정(0.5%), 원인불명(3.5%) 등으로 나타남으로써 10년전과 거의 변화가 없는 것으로 분석되고 있다.[7]

---

7) Altman, *Corporate Financial Distress*, p. 40.

표 10-1 미국기업의 부실원인 (단위 : %)

부실원인	제조업	도매업	소매업	건설업	서비스업	산업 전체
1. 태만	1.3	2.6	1.9	1.7	1.6	1.7
2. 부정	1.3	2.0	1.2	0.8	1.1	1.2
3. 당해업종에서의 경험부족	9.8	9.1	16.1	10.1	15.5	13.3
4. 관리경험의 부족	11.2	13.4	15.9	20.8	16.3	15.6
5. 경험의 불균형[1)]	18.6	14.1	19.3	19.5	17.1	18.4
6. 무능력	54.6	55.0	41.3	43.0	44.3	45.7
7. 천재지변	1.1	1.6	1.6	0.8	0.6	1.3
8. 원인불명	2.1	2.2	2.7	3.3	3.5	2.8
합계	100.0	100.0	100.0	100.0	100.0	100.0

주 : 1) 개인기업의 경우에는 기업주, 조합이나 회사의 경우에는 경영진을 구성하는 파트너나 중역들이 판매 · 재무 · 구매 및 제조 등 각 분야에서 골고루 경험을 쌓지 못함을 뜻함.

자료 : *The Failure Record through 1971*(New York : Dun & Bradstreet, Inc., 1972), p.11.

2) 일본기업의 부실원인

〈표 10-2〉에는 일본기업의 부실원인과 그 추이가 나와 있다. 1978년의 조사에서 부실의 주요 원인은 방만한 경영이나 경영계획의 실패 등 경영자의 책임이 큰 것으로 나타나고 있다. 그러나 1984년에는 이들 경영자관련 요인에 의한 부실의 비율은 낮아지고 경기변동에 의한 판매부진이나 업계의 부진 등 기업외적 요인에 의한 부실이 늘어나고 있다.

표 10-2 일본기업의 부실원인과 추이 (단위 : %)

기업도산의 원인	1978	1984
경기변동에 의한 판매부진	29.2	42.5
수출부진	1.4	0.2
매출채권의 회수곤란	13.1	7.9
과당경쟁	2.9	3.0
업계부진	7.8	8.1
방만한 경영	31.7	22.8
경영계획실패	11.9	10.1
경영자의 질병 또는 사망	1.0	2.0
화재 등 각종재해	0.3	0.3
기타	0.7	3.2
합계	100.0	100.0

자료 : 淸水龍瑩, 「現代企業評價論」(東京 : 中央經濟史, 1980), p.72 ; 帝國데이터뱅크, 「帝國情報」(1984.11.).

또한 1997년도의 조사에 의하면 경기변동에 의한 판매부진 48.1%, 방만경영 14.9%, 누적적자 11.2%, 거래처도산 10.1%, 과소자본 7.8%, 설비투자과대 2.1%, 매출채권회수곤란 2.0%, 신용도저하 1.2%, 재고누적과 우발적 원인 등 기타 2.6% 등으로 도산원인이 제시되고 있다.[8] 이렇게 볼 때 최근 일본의 경우 방만경영 등 경영자요인에 의한 도산은 감소하는 추세이나, 판매부진 · 누적적자 · 거래처도산 등 장기간의 경기침체가 원인이 된 '불황형도산'(不況型倒産)은 증가하는 추세이다.

3) 한국기업의 부실원인

우리나라의 경우 미국의 던 앤드 브래드스트리트나 일본의 동경상공(東京商工)리서치 등과 같이 장기간 도산기업관련 통계를 체계적으로 정리하여 발표하는 기관은 아직 없다. 그러므로 언론기관, 한국은행, 민간경제연구소 등의 단편적인 발표를 제외하고는 도산기업의 부실원인 등에 관한 자료를 입수하기가 매우 어려운 실정이다. 그간 도산한 기업에 대하여 자금난(資金難)이나 판매부진 등이 부실의 주된 원인으로 지적되어 왔다. 그러나 근래에는 경영자의 과시욕이나 경영능력부족 등 경영자요인도 부실을 초래한 주요 원인으로 거론되는 경우가 많다.

〈표 10-3〉은 중소기업청(www.smba.go.kr)이 2006년 1~3월 중에 도산한 중소기업 506개를 대상으로 부실원인을 조사 · 분석하여 발표한 자료이다.

표 10-3 우리나라 중소기업의 부실원인 (단위 : 개, %)

	판매부진	판매대금 회수지연	거래기업 및 관련기업 도산	투자실패	적자누적	재무관리 실패	방만한 경영	환경변화 대응능력부족	기타	계
주원인	237	70	37	31	26	35	40	7	23	506
비중(%)	46.8	13.8	7.3	6.1	5.1	6.9	7.9	1.4	4.5	100.0
부원인	37	107	17	22	105	55	31	55	19	448
비중(%)	8.3	23.9	3.8	4.9	23.4	12.3	6.9	12.3	4.2	100.0

자료 : 중소기업청, "2006년 1/4분기 부도기업의 부도원인 분석결과"(2006.7.).

〈표 10-3〉에는 판매부진 46.8%, 판매대금 회수지연 13.8%, 거래기업 도산 7.3%, 적자누적 5.1% 등 부실징후에 속하거나 경영자의 통제하기 어려운 요인들이 중소기업 부도의 주된 원인으로 제시되고 있다. 그러나 방만한 경영 7.9%, 재무관리실패 6.9%, 투자실패

8) 東京商工리서치 情報部, "도산하기 쉬운 회사를 즉시 아는 법"(東京商工리서치, 1998), pp.12~19.

6.1%, 환경변화 대응능력부족 1.4% 등 경영자가 직접 책임을 져야 하는 요인들도 부도의 큰 원인이라는 사실도 나타나 있다.

한편, 사례분석을 통하여 한국의 실패기업(파산 · 정리기업, 경영권상실 기업)의 주요 실패요인을 추출하고 그 중요성을 평가한 연구결과가 〈표 10-4〉에 요약되어 있다.[9] 여기서도 무리한 사업확장, 방만한 자금관리, 독단적인 기업경영과 사업능력부족 등 경영자관련 요인이 주요 실패요인으로 제시되고 있다.[10]

표 10-4 한국기업의 실패요인

실패요인	비율(%)
① 과시욕에 따른 무리한 사업확장	18.5
② 방만한 자금관리	17.7
③ 최고경영자의 독단적인 기업경영	12.2
④ 경영자의 사업경험부족	10.2
⑤ 족벌경영의 심화	8.7
⑥ 경영환경 변화에 대한 대응부족	8.5
⑦ 기술개발노력 부족	6.7
⑧ 경영자의 비윤리성	6.6
⑨ 정부와의 관계악화	6.1
⑩ 배타적이고 무분별한 유통망관리	4.7
합계	100.0

자료 : 신유근(1996), p. 11.

1997년에 닥쳐온 외환위기와 IMF의 금융지원, 뒤이은 고금리와 극심한 불황 등을 겪는 과정에서 사상 유례없을 정도의 기업도산이 발생한 바 있다. 사실상 도산하여 기업구조개선(workout) 프로그램에 들어간 상장기업을 제외하고서도, 1997년에는 666개의 비금융상장기업 중 8.4%인 56개 기업이 도산하였고, 1998년에는 655개의 비금융상장기업 중 7.6%인 50개 기업이 도산한 바 있다. 또한 금융위기 이후인 2012년에는 웅진그룹, 2013년에는 STX그룹과 동양그룹, 2017년에는 한진해운이 도산하여 해체되었다. 〈표 10-5〉와 〈표 10-6〉에는 당시에 도산한 주요 기업(그룹)의 부실사유를 간략히 정리하였다.

9) 신유근, 「한국기업의 성공과 실패」(서울 : 대한상공회의소, 1996).

10) 이 연구에서는 또한 전문경영인의 활용부재화, 기술개발노력 부족, 경영자의 부정(不正), 노사 간의 갈등심화, 노사관계악화 등도 기업부실을 초래하는 요인으로 지적되고 있다.

표 10-5 외환위기 당시 도산한 상장기업의 부실사유

회사명	업종	주요 제품	도산 연월	부실사유
한보철강	철강	• 철근, 열연제품, 냉연제품 등의 제강업체 • 당진제철소	97.1.	• 무리한 설비투자(6조 2,806억 원)에 의한 당진제철소 건설추진(COREX공법 도입) • 경영자의 무능력과 비윤리성 • 과다한 차입금과 금융비용 부담 • 분식결산(건설인력에 대한 노무비 과다계상) • 국내외 철강경기 악화
삼미특수강	철강	• 특수강전문 그룹의 주력회사 • 12개 계열사	97.3.	• 특수강 경기의 장기침체 • 무리한 사업확장과 다각화(1989년 미국 알텍사 및 캐나다 이틀라스사 등 특수강 공장인수) • 과다한 금융비용 • 경영에 관심이 적은 창업주 2세 경영
기아자동차	자동차	• 승용차 및 승합차 제조 및 판매(크레도스, 세피아, 스포티지, 프라이드 등)	97.9.	• 과다한 차입금과 금융비용 • 무리한 확장과 부실 계열사 지원 (기산 및 기아특수강 등) • 자동차시장의 경쟁격화 (삼성자동차의 시장진입 등)
쌍방울	의복	• 외환위기 이전 국내 최대의 내의류 전문업체	97.10.	• 무리한 사업확장(쌍방울개발, 쌍방울건설, 길림쌍방울 등 계열사 17개) • 계열사에 대한 과다한 자금지원, 지급보증 • 종금사 등 제2금융권 차입과다
태일정밀	사무기기	• 컴퓨터용 하드디스크 생산업체	97.11.	• 대규모 차입금 • 무리한 사업확장(대구종합금융, 청주방송 등) • 분식결산(95~97년간 뉴맥스와 공모하여 내국신용장에 의한 허위매출 계상) • 계열사에 대한 과다한 지급보증
해태제과	제과	• 국내 유수의 제과업체	97.11.	• 차입에 의한 무리한 사업확장 • 해태전자, 해태유통, 해태상사, 해태중공업 등 14개 계열사 보유 • 계열사에 대한 과도한 자금지원과 지급보증 • 종금사 등 제2금융권 차입과다
대선주조	음식료	• 소주(99년 국내시장점유율 8%)	97.12.	• 대선산업 등 관계회사 부도로 대규모 우발채무 발생 • 대선(골프용품 수입업체)과 대선산업(컴퓨터모니터 제조) 등 계열사에 1,134억 원 지급보증
삼성제약	제약	• '가스명수', '쓸기담' 등 일반의약품 비중이 높은 제약업체	97.12.	• 과다한 금융비용 부담
나산	의복	• '조이너스', '꼼빠니아' 등의 브랜드 보유한 여성복전문업체	98.1.	• 97년 이후 소비급감 • 관계회사에 대한 무리한 투자와 지급보증 • 그룹차원에서 백화점과 할인점 사업확장으로 재무구조 약화 • 종금사 등 제2금융권 차입과다

두레에어메탈	비철금속	• 자동차용 알루미늄휠 및 항공기용 고력 알루미늄 생산업체	98.4.	• 외환위기 전후 자동차 생산급감 여파로 전주 신설 공장 가동부진 • 부실계열사에 대한 과도한 지급보증 : 두레상사, 메텍 등 계열사 동반 부실화 • 차입금 과다
현대페인트공업	화학	• 페인트 제조업체	98.4.	• 영업부진에 따른 적자누적 • 과다한 차입금 • 신명건설 등 관계사 지급보증 부담
한일합심	섬유	• 아크릴화이버, 아크릴사 등 국내유수의 아크릴전문 생산업체	98.7.	• 90년대 중반 이후 화섬업종의 공급과잉 지속 • 과도한 차입금과 금융비용, 거액연속적자 지속 • 계열사에 대한 과도한 지급보증(국제상사 등 1조 2천억 원)
해태유업	식품	• 시유, 발효유, 치즈 등 유제품	98.10.	• 모기업 해태그룹 부도(97.11.) • 운영자금 부족

표 10-6 금융위기 이후 도산한 상장기업의 부실사유

그룹명	도산연월	부실사유
웅진그룹	2012.9.	• 과도한 차입에 의한 무리한 사업확장(건설, 태양광, 금융업) – 극동건설(2007), 웅진케미칼(2008), 서울저축은행(2010) 인수 – 웅진에너지(2006), 웅진폴리실리콘(2008) 설립 • 극동건설, 웅진에너지, 웅진폴리실리콘, 서울저축은행 등 주요 계열사의 극심한 경영부진과 부실화 • 극동건설 등 주요 계열사에 대한 과도한 지급보증과 자금지원 • 오너의 독단적인 경영
STX그룹	2013.4.	• 과도한 차입에 의한 무리한 사업확장 – STX조선해양(2001), STX에너지(2002), STX팬오션(2004) 인수 – 대련조선기지건설(2007), 아야커즈(STX유럽, 2008) 인수 • 조선업과 해운업에 편중된 사업구조로 경기변동에 취약 • 오너의 독단적인 경영
동양그룹	2013.9.	• 계열사 간 순환출자에 의한 상호자금지원 • 건설경기부진에 의한 주력기업 동양시멘트의 부실화 • 금융회사(동양증권, 동양파이낸셜)를 동원한 자금조달과 동양레저 등 부실계열사에 대한 과다지원 • 오너의 독단적인 경영
한진해운	2017.2.	• 경영경험이 전무한 오너의 판단 오류(2008년 글로벌 금융위기 직전의 해운업 호황기 시절 당시의 용선료보다 2~3배 비싼 금액에 장기용선료 계약을 여러 건 체결함. 글로벌 금융위기 이후 용선료 폭락하며, 3년 연속 적자를 경험함.) • 오너의 도덕적 해이(고액의 퇴직금, 자율협약 전 내부정보를 이용해 주식 매도)

앞의 〈표10-5〉와 〈표 10-6〉에서 보듯이 당시에 중소기업은 물론 30대 재벌그룹에 속한 대기업까지 도산한 것을 알 수 있는데, 외견상으로는 수출부진과 국내경기의 불황, 고금리와 금융경색 등이 그 원인으로 지적되고 있다. 그러나 WTO 체제가 시작되어 지구촌 기업간의 본격적인 무한경쟁시대가 도래함에 따라, 그간 수익성보다는 외형위주의 경영을 해온 한국기업의 경쟁력이 그 취약점을 드러냈다는 점에 근본적인 원인이 있다. 또한 금융기관차입에 의한 기업의 성장전략이 그 한계에 이른 것이라 할 수 있다. 기업마다 도산한 이유가 다르겠지만, 그 원인을 다음 몇 가지로 정리하여 볼 수 있겠다.[11]

첫째는 방만한 경영에 의한 사업다각화를 들 수 있다. 즉, 많은 기업은 1980년대 후반 이후 본업(本業) 자체의 경쟁력도 취약한 상황에서 전자, 금융, 정보통신, 리조트개발, 건설, 유통업 등으로 사업을 확장한 바 있다. 예를 들어, 기아그룹은 건설과 특수강, 진로그룹은 맥주와 건설, 해태그룹은 중공업 · 전자와 유통, 쌍방울그룹은 리조트사업 등으로 진출하였으며, 신규사업은 대규모투자에도 불구하고 외형이나 수익성이 좋지 않은 경우가 많았다. 재벌그룹의 경우 상호출자와 지급보증으로 연결됨으로써 흑자회사가 적자회사를 지원하게 되어 일부 회사의 부실이 전체 그룹의 도산을 초래하는 결과를 빚었다.

둘째는 차입위주(借入爲主)의 경영과 수익성악화로 인한 기업재무구조의 취약성이다. 예를 들면, 1996년 말 현재 기아그룹의 부실에 일조한 기아특수강의 자기자본비율은 3.5%, 뉴코아의 자기자본비율은 6.0%에 불과하였다. 또한 진로그룹이나 쌍방울그룹 및 대농그룹의 부실에 기여한 진로쿠어스맥주나 쌍방울개발 및 대농은 자본잠식상태였다. 이들 기업은 부족한 자금을 차입위주로 조달함으로써 과다한 금융비용을 부담한 데다, 당해 사업에서의 경영성과가 매출부진 등으로 저조하다 보니 수익성도 악화될 수밖에 없었다.

셋째는 원칙과 기본의 무시이다. 상식적인 내용이지만, 장기투자는 장기자금으로, 단기투자는 단기자금으로 조달함으로써 투자기간과 조달자금을 가급적 대응시키는 것이 재무관리의 원칙이다. 그러나 일부 기업의 경우 설비투자에 소요되는 자금의 상당부분을 장기자금이 아닌 단기자금으로 충당하고 있었다. 예를 들어 1996년도의 경우 뉴코아, 쌍방울개발, 진로쿠어스맥주, 기아특수강의 경우에는 매입채무를 제외한 단기차입금 등 유동부채의 규모가 연간 매출액을 상회하고 있을 정도였다.

넷째는 기업지배구조의 취약성이다. 당시 우리나라 대부분의 기업에서 주요 의사결정은 최고경영자(많은 경우 재벌그룹 총수)의 뜻에 따라 이루어졌다. 이러한 재벌그룹 회장의

11) 신동령, 「신용평가의 실제와 이론」(다산출판사, 1999.2.), pp. 333~339.

독단적 의사결정에 대하여 그 문제점을 지적하고 견제할 수 있는 장치, 즉 건전한 기업지배구조(corporate governance)가 미흡하다는 문제를 안고 있었다.

다섯째는 구조조정의 실기(失機)를 들 수 있다. 앞서 언급하였듯이 도산에 이르기까지 상당한 기간이 경과하는 것이 보통이다. 그러나 많은 기업의 경우 도산이 현실로 나타나서야 본격적인 인원감축이나 경비절감, 한계사업으로부터의 철수나 보유부동산 처분 등의 자구노력(自救努力)을 시도하였으나 이미 시기를 놓친 경우가 많았다. 특히 보유부동산의 매각은 부동산경기의 침체와 더불어 다른 기업의 매입여력 부족으로 성사된 건이 드물었다. 하지만 한발 앞서 구조조정을 개시한 일부 재벌그룹은 그 성과가 가시화(可視化)되어 어려운 시기를 잘 견뎌낸 바 있다.

여섯째는 엄격한 신용평가의 실종(失踪)과 회계투명성의 결여이다. 당시 제일은행 등 금융기관은 한보사태에서 극명히 드러났듯이, 해당 기업의 대출요청에 대하여 기본적인 신용평가조차 무시해 버린 것으로 나타나고 있다. 이는 관치금융으로 인하여 금융기관의 자율경영이 확보되지 못한 것에도 문제가 있었지만, 최고경영자(은행장)의 독단적인 의사결정을 제어할 수 없는 제도 및 경영풍토에도 문제점이 컸다. 주요 신용평가기관 역시 해당기업의 신용위험을 제대로 파악하지 못한 채 평가의뢰기업에 대하여 지나치게 후한 신용등급을 부여한 문제가 있었다. 또 지적할 것은 회계투명성의 결여로, 상당수의 기업은 외부감사인의 묵인하에 분식결산을 자행하였으며 이로 인하여 기업의 회계장부에 대한 불신이 팽배하였다.

4. 기업의 부실화과정과 부실징후

(1) 기업의 부실화과정

일반적으로 기업의 부실은 어느 한 순간에 갑자기 발생하는 것이 아니라 상당한 기간을 두고 서서히 진행되는 경우가 많다. 따라서 기업의 부실원인을 분석하여 이를 부실예측이나 방지에 활용하기 위해서는 기업부실화의 진행과정을 정확히 이해하여야 한다.

일반적인 관점에서 볼 때 부실화과정은 대체로 기업의 '수익성저하 → 지급능력저하 → 법률적 도산단계'로 진행된다. 이를 좀 더 구체적으로 살펴보면 [그림 10-3]과 같으며, 기업부실은 '비효과적이거나 불량한 경영관리 → 전략적 계획의 수립 및 실행의 실패 → 업적

| 그림 10-3 | 기업부실화과정(Ⅱ)

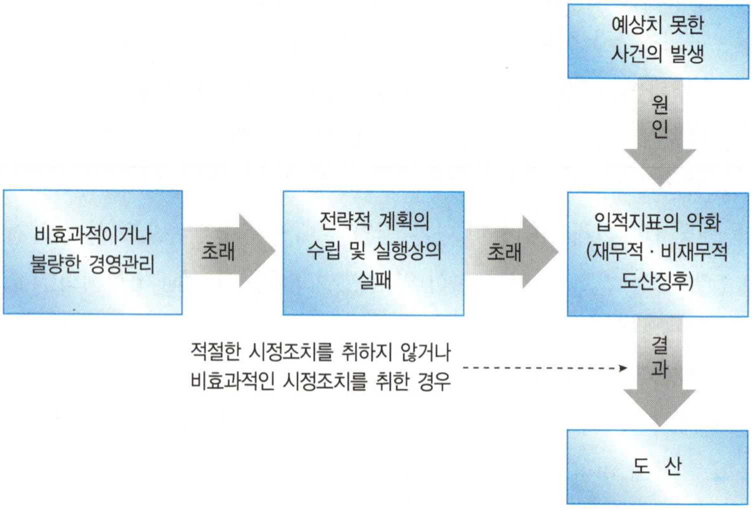

자료 : S. Sharma and V. Mahajan, "Early Warning Indicators of Business Failure," *Journal of Marketing*(Fall 1980), p.81.

지표의 악화→도산' 이라는 과정을 거치는 것을 볼 수 있다.

평소 비효과적이거나 불량한 경영관리를 하는 기업은 전략적 계획의 수립이나 실행에 있어 실패를 하는 경향이 있다. 여기서 전략적 계획(strategic plans)이라 함은 기업의 운명을 좌우할 가능성이 높은 중요한 계획으로서 기업의 다각화전략, 업종전환계획, 설비투자계획, 제품전략 및 영업전략, 가격정책 등을 말한다. 외부환경변화에 대한 경영자의 잘못된 판단으로 말미암아 전략적 계획이 잘못 수립되었거나, 아니면 전략적 계획은 올바로 수립되었어도 이를 실행할 관리조직에 문제가 있다면 좋은 결과를 기대할 수 없게 된다. 이와 같은 오류들이 결국 기업의 업적지표(業績指標, performance indicators)를 악화시킴으로써 부실징후(不實徵候, symptoms of failures)가 나타나게 된다. 한편, 2008년의 글로벌 금융위기와 같이 경영자가 통제할 수 없는 외부환경요인으로서 사전에 예측이 불가능했던 사건이 발생한다면, 업적지표는 더욱 악화될 수 있다. 만약 경영자가 업적지표의 악화에 대하여 적절한 대책을 세우지 못하거나 잘못된 방향의 수정조치를 취한다면 그 기업은 결국 도산하고 말 것이다.

이상의 부실화과정의 설명은 경영상의 과오(management mistakes)가 기업부실의 주요 원인(major causes)이라는 점을 강조하고 있다.

(2) 기업의 부실징후

기업의 부실화가 상당기간에 걸쳐서 진행될 경우 그 과정에서 여러 가지 재무적 · 비재무적 징후들이 표면에 나타난다. 재무적 징후는 재무제표가 기업의 경제적 실상을 정확히 반영할 경우에는 재무제표분석을 통하여 파악할 수 있다. 재무제표분석을 통한 부실징후의 판단은 자료입수가 편하고 누구나 쉽게 이해할 수 있기 때문에 가장 널리 이용된다. 그러나 재무제표는 화폐단위로 측정할 수 없는 정보는 반영할 수 없고, 또 부실발생의 시점과는 상당한 시차를 두고 발표된다는 한계점을 가지고 있다. 그러므로 재무제표에 반영되지 않는 비재무적 징후들을 공식 · 비공식적으로 관찰 · 분석하여 재무제표분석을 보완할 필요가 있다.

우선, 재무제표를 분석하여 파악할 수 있는 재무적 부실징후들을 살펴보면 〈표 10-7〉과 같다.

표 10-7 재무적 부실징후

재무상태표	포괄손익계산서	현금흐름표
• 현금과 현금성자산의 부족 • 매출채권 및 재고자산 급증 • 단기차입금 과다 • 부채 과다 • 불리한 조건의 신규차입 급증 • 이월결손금 과다 • 자본잠식	• 매출감소 • 매출원가, 판매비, 관리비 등 비용 급증 • 매출총이익 적자 • 영업이익 적자 • 과다한 금융비용 • 이익률의 현저한 하락 • 결손의 확대 및 지속	• 현금 및 현금성자산 감소 • 영업활동 현금흐름의 부족이나 적자지속 • 단기부채조달의 증가 • 장기부채조달의 감소 • 과다한 배당금지급

비재무적 징후는 부실기업이나 그 기업이 속한 산업에 따라서 아주 다양하기 때문에 일일이 열거할 수는 없으나, 분야별로 중요한 징후를 살펴보면 다음과 같다.

① **경영자** : 가정불화, 도박, 자사주의 처분, 외출급증, 행선지불명, 약속위반, 언행 불일치, 경영자 간의 불화, 파벌주의 등

② **구매 · 재고** : 부당한 이유에 의한 검수지연(檢收遲延), 마감일 직후의 수주쇄도, 재고의 급증, 긴급한 구입의 빈발, 지급조건의 변경신청, 대량구입처의 변경, 대량구입처의 납품중단, 이유없는 재고감소 등

③ **생산** : 유휴인력과 시설의 급증, 가동률급락, 제품불량률의 급증, 주요 공장 및 가동자산의 처분 등

④ **판매** : 광고의 급격한 감소 및 중단, 자회사에 대한 판매증가, 직원에 대한 강제판매, 클레임의 증가, 무리한 수주와 출혈판매, 시장점유율의 급격한 감소 등

⑤ **조직 · 종업원** : 핵심인력의 퇴사 등 이직의 증가, 노사분규의 빈발, 자사(경영자)에 대한 공공연한 비방, 인원정리, 회계담당 책임자의 퇴사, 회계담당자에 대한 함구령, 자사주의 처분 등

⑥ **재무 · 경리** : 분식결산, 불량한 장부정리, 매출채권의 회수에 분주, 대주주에 대한 가수금 · 가지급금의 급증, 장기미회수채권의 증가, 경리관계서류의 제출기피, 외부감사 시 부적정 의견 또는 의견거절, 차입이자율의 급등, 사채(私債)의존 급증, 급료의 체불, 세금의 체납 등

⑦ **금융기관관계** : 은행의 지도 · 검사 시 허위보고, 예금잔고의 급감, 차입금상환의 연기요청, 주거래은행의 변경, 돌발적인 융자신청 등

⑧ **기타** : 주가의 급락, 회사에 대한 세평악화(世評惡化), 소송의 빈발, 금융기관이나 신용평가회사에 의한 신용등급의 하락 등

5. 부실기업의 정리절차

우리나라의 경우 부실화되어 도산하였거나 도산가능성이 높은 기업의 정리절차는 법적 정리절차와 사적 정리절차로 구분된다. 법적 정리절차는 종전의 파산법, 회사정리법, 개인채무자 회생법을 통합하고 화의제도를 폐지하여 제정한 '채무자회생 및 파산에 관한 법률'(통합도산법)(2005.3.31. 제정)의 규정에 의하여 부실기업의 회생을 목적으로 하는 기업회생제도를 의미한다. 부실기업(혹은 도산기업)의 대주주나 경영자, 채권자는 기업회생절차의 개시를 법원에 신청할 수 있으며, 법원은 존속가치가 청산가치를 초과한다고 판단하면 회생절차의 개시를 인가하게 되고, 존속가치가 청산가치에 미달한다고 판단하면 파산절차의 개시를 명령하게 된다([그림 10-4]).

사적 정리절차는 부실징후기업과 채권자들 간의 직접 협의에 의한 절차로서, 기업개선작업(workout)으로 대표되고 있다. '기업구조조정촉진법'(2016.3.18. 시행, 한시법)에 의하여 제도화된 워크아웃은 채권단(금융기관)이 모여 만든 자율협약에 의하여 출자전환, 원리금

| 그림 10-4 | 부실기업 정리절차

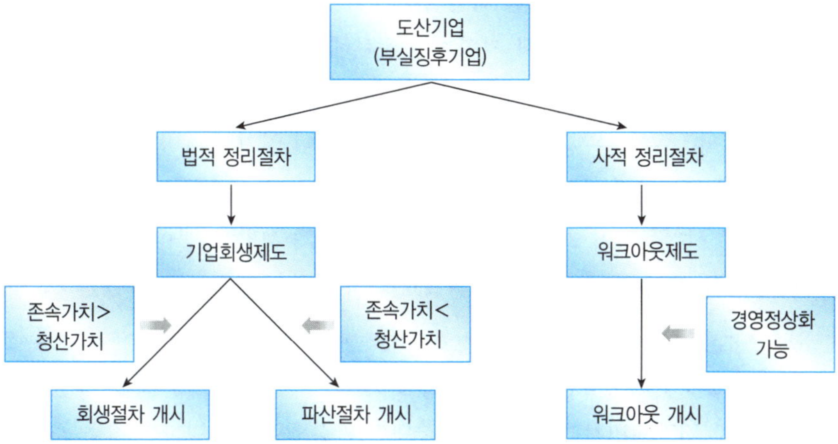

상환유예, 신규자금지원 등에 의하여 재무구조를 개선하여 부실기업을 정상화시키는 제도이다. 워크아웃은 채무기업이 주거래은행에 신청하거나 채권자 주도로 진행될 수 있으며, 정상화 가능성이 있다고 판단되어 채권단이 동의하면 대상기업에 대한 구조조정과 금융지원이 이루어진다.

기업회생제도와 워크아웃의 중요한 차이점을 정리하면 〈표 10-8〉과 같다.

표 10-8 기업회생제도와 워크아웃의 비교

	기업회생제도	워크아웃
근거법규	통합도산법	기업구조조정촉진법
대상기업	부도기업 혹은 부도임박기업	부실징후기업(재무구조 및 신용위험 평가)
신청주체	채무기업, 주주 및 채권자(금융기관)	채무기업, 채권자(금융기관)
신청시기	부도 이전 및 부도 이후	부도 이전
승인주체	법원	채권단(금융기관)
주내용	채무상환기한연장 및 채무탕감	구조조정, 금융지원(만기연장, 신규여신, 이자감면 등)
주주권리	감자로 축소가능	감자후 출자전환으로 축소가능
기존경영진 경영권	유지가능	유지가능
채권상환기간	10년 분할상환	제한 없으나 대부분 5년

그렇다면 도산하였거나 도산가능성이 높은 기업 중 어떤 기업이 기업회생절차의 인가를 받을 가능성이 높을까? 이에 대한 법원의 기준에 따르면 회생절차가 인가될 가능성이 높은 경우로는 ① 파산이나 청산 시 지역경제 전체에 심각한 파급효과를 가져오는 기업, ② 외화획득업종에 속한 기업, ③ 첨단기술과 발명품을 가진 회사, ④ 생산적인 제조기업, ⑤ 해외투자기업, ⑥ 주거래은행의 동의가 있는 기업 등이 열거되고 있다.

반면 회생절차가 기각될 가능성이 높은 경우로는 ① 악덕기업주, 족벌회사 등으로 비난을 받는 기업, ② 신청목적이 기업주이익 우선이거나, 채무면탈 · 불이행에 있는 기업, ③ 회계장부가 부실하고 회사재정상태를 객관적으로 파악하기 곤란한 기업, ④ 부채 중 악성사채가 과다하고, 부채가 자산의 1.5배 이상, 최근 5년간 적자인 기업, ⑤ 도산 또는 부도의 전력(前歷)이 있거나 사양업종에 속하는 기업, ⑥ 다수의 종업원이 이직하고, 노조가 비협조적인 기업, ⑦ 기계설비가 노후화되고, 중대한 환경오염을 유발하는 기업 등이 열거되고 있다. 요약하면 회생가능성이 없거나 부도덕한 기업주로 인하여 지탄받는 기업은 회생절차개시의 신청이 기각될 확률이 높다.[12)]

6. 기업부실의 예측방법

기업부실의 원인과 그 진행과정이 다양하고, 부실의 징후도 재무적 징후뿐만 아니라 재무제표를 통해 파악할 수 없는 비재무적 징후가 존재한다는 점을 고려하면, 기업부실예측방법이 다양한 것은 지극히 당연한 일이다. 그러나 대부분의 경우 재무제표분석을 중심으로 하고 여기에 시장정보분석, 경영전략분석 등을 보완적으로 이용하면 비교적 정확한 예측결과를 얻을 수 있다.[13)]

재무제표분석(financial statement analysis) : 사실상 기업부실예측의 기본이 되는 분석방법으로, 기업의 재무제표가 그 기업의 경영성과와 재무상태를 정확히 반영한다는 가정하에 기업의 수익성 · 유동성 · 재무구조 · 현금흐름 등에 관한 각종 재무비율을 분석함으로써 정상기업과 부실기업을 판별하고 특정기업의 부실가능성도 예측하는 방법이다.

시장정보분석(market information analysis) : 상장된 기업으로서 부실화가 진행되고 있거

---

12) 이는 회사정리 전담재판부 재판장회의(1992.7.26. 대법원)에서 마련된 '법정관리 승인기준'에 따른 것이다. 이상의 내용에 대해서는 이순우, 「부실기업정리, 그 후」(서울 : 진리탐구, 1995), pp.229~238 참조.

13) G. Foster, *Financial Statement Analysis*(New Jersey : Prentice-Hall Inc.,1986), p.536.

나 예상되는 기업은 부실화에 관한 정보가 주가에 즉시 반영되기 때문에 도산발생시점 수 개월 전에 이미 주가가 하락하는 경우가 많다. 또한 신용평가기관은 채무불이행위험이 큰 기업이 발행하는 사채나 CP에 대해서는 낮은 신용등급을 부여하고 부실화가 예상되면 그 만큼 신용등급을 낮추어 발표하게 된다. 이와 같은 시장정보는 일반적으로 재무제표정보에 비하여 적시성(適時性)이 높으므로 재무제표정보를 보완하여 준다.

경영전략분석(corporate strategy analysis) : 경영자의 자질이나 경험, 기업의 경쟁환경, 기업이 속한 업종의 성장가능성, 국내외 경제환경의 변화 등 기업내외의 모든 환경이 부실화의 원인이 될 수 있다. 그러므로 환경변화에 대응하기 위한 기업의 장·단기 전략을 분석하고 이들 전략이 과연 환경변화에 적절히 대응할 수 있도록 마련되었는가를 살펴봄으로써 부실화의 가능성을 예상할 수 있다.

제2절 단일변량 부실예측모형

단일변량 부실예측모형(單一變量 不實豫測模型, univariate model of distress prediction)이란 단 한 개의 재무비율을 이용하여 기업부실을 예측하는 모형을 말한다. 단일변량 부실예측모형의 가정은, 첫째 부실기업의 비율분포(比率分布)는 정상기업의 비율분포와 큰 차이가 있으며, 둘째 이와 같은 비율분포의 차이를 이용하여 기업의 부실을 예측할 수 있다는 것이다.[14]

1. 비율분포의 차이분석

하나의 재무비율만을 근거로 하여 과연 기업의 부실여부를 판별할 수 있는가를 알기 위해서는 우선 부실화과정의 진행에 따라 부실기업과 정상기업 간에 뚜렷한 차이를 나타내는 재무비율이 존재하는가를 분석해 보아야 하는데, 이 같은 분석을 **비율분포의 차이분석**이라고 한다. 가령, 분석결과 부채비율이 도산시점에 가까워짐에 따라 부실기업과 정상기업

14) G. Foster, *op.cit.*, p.537.

간에 뚜렷한 차이를 보이고 있었다면 이 비율은 부실예측에 이용될 수 있다고 판단하게 된다. 비율분포의 차이를 분석하는 방법에는 표본평균의 차이에 대한 통계적 분석과 프로필 분석이 있다.

(1) 표본평균의 차이에 대한 통계적 분석

10개의 표본기업을 두 개의 집단으로 나누어, 두 표본의 평균 간에 진정한 차이가 존재하는가를 분석해 보기로 한다. 5개의 부실기업표본은 제조업에 속하는 상장기업으로서 외환위기 중인 1997년과 1998년에 부도가 났거나 회사정리절차를 신청했던 기업으로 구성되어 있다.[15] 5개의 정상기업표본은 같은 업종에 속하는 상장기업으로서 가급적 자산규모가 비슷한 기업으로 선정하였다. 이와 같이 부실기업표본에 대하여 업종과 자산규모 등의 면에서 비슷한 정상기업을 대응표본으로 선정하는 표본설계방법을 '짝지어주기 표본설계기법'(paired sampling technique)이라 한다. 이 방법을 이용하는 목적은 업종과 자산규모

표 10-9 부실예측 : 추정표본 (단위 : %)

	자기자본비율	금융비용부담률	유동비율
〈부실기업〉			
삼성제약	21.45	17.21	143.65
삼미특수강	5.37	17.27	99.55
한일합성	17.72	14.79	59.07
해태유업	11.81	6.99	85.49
현대페인트공업	13.63	15.74	63.42
평균	14.00	14.40	90.24
표준편차	6.10	4.27	34.11
〈정상기업〉			
한미약품공업	26.85	2.18	192.99
동국제강	32.86	5.05	77.61
코오롱	21.57	8.61	95.24
삼양제넥스	46.54	4.45	95.44
삼화페인트공업	66.42	1.82	182.98
평균	38.85	4.42	128.85
표준편차	18.01	2.73	54.58

15) 표본기업 중 삼성제약과 삼미특수강은 1997년에, 한일합섬, 해태유업, 현대페인트는 1998년에 도산하였다.

등의 변수가 기업부실에 미치는 효과를 가급적 제거하자는 데 있다.

앞의 〈표 10-9〉에는 부실기업과 정상기업의 도산 1년 전 재무제표를 이용하여 계산한 자기자본비율(자본총계/부채와 자본총계), 금융비용부담률(이자비용/매출액), 유동비율(유동자산/유동부채)과 평균 및 표준편차가 나타나 있다.

〈표 10-9〉에서 부실기업 재무비율의 평균을 보면 도산 1년 전에 자기자본비율은 14.0%, 금융비용부담률은 14.4%, 유동비율은 90.24%로서, 도산 1년 전에 재무구조가 극히 악화되었으며 매출액의 무려 14.4%가 이자비용으로 빠져나갔다는 것을 알 수 있다. 그리고 부실기업의 세 가지 재무비율의 평균은 정상기업 재무비율의 평균과 차이가 나는 것으로 나타나 있다.[16)]

(2) 프로필분석

프로필분석(profile analysis)이란 기업의 부실을 판별하고 예측할 수 있는 재무비율을 발견하기 위하여, 부실화과정(不實化過程)의 진행에 따라 부실기업과 정상기업의 재무비율이 어떻게 변화하였는가를 관찰 · 조사하는 것이다. 프로필분석의 결과를 그림으로 나타낼 경우에는 특히 시각적으로 부실화의 추이를 관찰할 수 있다는 효과가 있다.

프로필분석을 시행하는 요령은 다음과 같다.

① 부실기업과 정상기업의 도산 1년 전에서 도산 수개년 전(대개 5년 전) 사이의 재무제표를 입수한다.

② 기존의 부실예측연구, 기업평가실무, 분석자의 판단 등에 의해 부실예측에 도움이 된다고 생각하는 재무비율을 선정한다.

③ 각 집단별, 연도별로 각 재무비율의 평균을 도표에 나타내어 비교한다.

④ 도산 1년 전에서 도산 수개년 전 사이에 걸쳐 두 집단 간에 뚜렷한 차이를 나타내는 재무비율들을 선정한다.

이와 같은 과정이 끝나면 어느 재무비율의 부실예측력이 가장 좋을 것인지를 짐작할 수 있다.

---

16) 주의할 것은 단순한 평균의 차이만을 가지고 두 집단의 비율분포에 차이가 있다고 결론을 내려서는 안 된다는 점이다. 왜냐하면 단순한 평균의 차이는 두 집단의 평균비율의 분포를 고려하지 않고 있으며, 또 매우 작은 소표본에 의하여 계산되는 경우가 많아 예외적으로 큰 값에 의하여 크게 영향을 받기 때문이다. 따라서 정확한 결론을 내리기 위해서는 T-검정과 같은 두 집단의 평균의 차이에 대한 통계적 분석이 필요하다.

표 10-10 자기자본비율의 추이(도산 1년 전~5년 전) (단위 : %)

	도산 1년 전	도산 2년 전	도산 3년 전	도산 4년 전	도산 5년 전
〈부실기업〉					
삼성제약	21.45	25.19	20.90	23.44	27.05
삼미특수강	5.37	13.45	10.22	12.01	20.03
한일합성	17.72	19.71	4.78	4.78	7.75
해태유업	11.81	16.13	7.27	7.14	5.99
현대페인트공업	13.63	26.55	27.58	29.62	25.55
평균	14.00	20.21	14.15	15.40	17.27
〈정상기업〉					
한미약품공업	26.85	29.73	28.32	27.11	30.43
동국제강	32.86	38.46	42.76	40.11	38.32
코오롱	21.57	26.58	24.97	29.06	29.68
삼양제넥스	46.54	42.45	29.56	25.17	28.17
삼화페인트공업	66.42	66.42	68.58	72.03	72.75
평균	38.85	40.73	38.84	38.70	39.87

프로필분석의 둘째 단계의 한 예로서, 도산 1년 전에서 도산 5년 전 사이에 부실기업과 정상기업의 자기자본비율이 어떻게 변화하였는가를 나타내면 〈표 10-10〉과 같다.

〈표 10-10〉에는 부실기업의 경우 도산 5년 전에도 자기자본비율의 평균이 17.3%에 불과하여 재무구조가 상당히 취약했다는 것과 도산시점에 가까워질수록 더 악화되는 경향이 있었다는 것이 나타나 있다. 도산 2년 전에 도산기업의 자기자본비율이 다소나마 상승한 것은 나름대로의 자구노력 효과때문으로 보인다. 정상기업의 경우 자기자본비율에 큰 변화는 없는 것으로 나타나 있다.

다음에는 도표를 이용하여 부실기업과 정상기업의 재무비율의 평균을 그림으로 나타내 보자. 부실기업과 정상기업의 표본은 〈표 10-8〉과 동일하며, 검토한 재무비율은 자기자본비율, 금융비용부담률, 유동비율이다. [그림 10-5]에서 ◆를 연결한 실선은 부실기업의 재무비율평균의 추이를 나타내고, ■를 연결한 실선은 정상기업의 재무비율평균의 추이를 나타낸다.

[그림 10-5]는 부실기업의 재무비율이 도산시점에 가까워짐에 따라 전반적으로 악화되고 있음을 나타내고 있다. 두 집단의 평균비율은 도산 5년 전부터 차이가 있었고 부실화가 심화됨에 따라 그 격차는 더욱 벌어지고 있다. 특히 자기자본비율과 금융비용부담률은 이미 도산 5년 전부터 그 격차가 커 부실예측에 유용하다는 것을 알 수 있다. 그러나 유동비

| 그림 10-5 | 프로필분석의 예

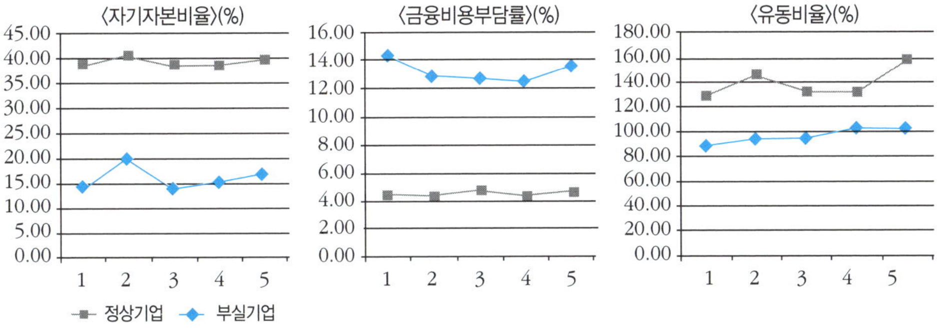

율의 경우에는 도산 5년 전부터 격차가 있기는 하나 그 차이의 크기가 작아 부실예측에 한계가 있을 수 있다는 것을 시사하고 있다. 이러한 프로필분석의 결과는 도산시점의 훨씬 이전부터 재무제표의 분석으로써 부실예측이 가능하다는 것을 암시하고 있다. 그러나 이와 같은 판단을 뒷받침하기 위해서는 다음 항에서 논의하는 판별력과 예측력에 대한 평가가 필요하다.

2. 판별력과 예측력의 결정 : 이분류검정

앞에서 설명된 비율분포의 차이에 관한 분석만으로도 어느 비율이 부실기업과 정상기업을 판별하고 부실예측을 하는 데에 이용될 수 있는지를 알 수 있다. 그러나 특정재무비율을 이용하여 부실여부를 결정할 수 있으려면 일정한 부실기준을 설정하여야 한다. 가령, 프로필분석을 통해 자기자본비율이 부실예측에 이용될 수 있다고 결정하였으면, 이 비율에 대해 일정한 기준치를 설정하여 특정기업의 자기자본비율이 이 기준치를 넘을 경우에는 정상기업으로, 이에 미치지 못할 경우에는 부실기업으로 판단하는 것이다. 이와 같이 부실여부를 가름하여 주는 일정한 기준치를 절사점(切捨點, cut-off point)이라고 부른다.

단 하나의 재무비율을 이용하여 기업의 부실여부를 예측하려고 할 때 잘못 예측할 오류를 최소화할 수 있는 절사점을 결정하고자 하는 방법이 이분류검정(二分類檢定, dichotomous classification test)이다. 이 방법을 이용하면 특정기업의 부실여부를 판단하는 데 어느 재무비율이 가장 적절한가, 그리고 재무비율의 어떤 값이 부실여부의 판단기준인가를 알 수 있다.

이분류검정의 순서는 다음과 같다.

① 각 재무비율을 크기순으로 배열한다.

② 부실기업과 정상기업을 판별하는 데 발생하는 오류를 최소화할 수 있는 절사점을 각 재무비율별로 결정한다.

절사점을 결정하는 방법 중 간단한 것은 각 비율별로 인접한 순위의 두 값을 더해 2로 나눈 중간점(mid-point)을 취하여 분류오류(classification error)를 조사하고, 분류오류의 수를 최소화하는 중간점을 찾는 것이다. 분류오류란 표본기업을 실제상태와는 다르게 분류하는 오류를 의미하는데, 여기에는 두 가지 유형이 있다. 그 하나는 제1종 오류라고 하며 부실기업을 정상기업으로 잘못 판별하는 오류를 말한다. 다른 하나는 제2종 오류라고 하며 정상기업을 부실기업으로 잘못 판별하는 오류를 말한다. 제1종 오류와 제2종 오류를 표로 만들어 비교해 보면 다음과 같다.

표 10-11 제1종 오류와 제2종 오류

구분		실제상태	
		정상기업	부실기업
절사점에 의한 분류	정상기업	정확한 분류	제1종 오류
	부실기업	제2종 오류	정확한 분류

〈표 10-12〉는 도산 1년 전 재무제표로부터 자기자본비율과 금융비용부담률을 구하고, 크기 순으로 정렬하여 정리한 것이다. 이 표를 이용하여 이분류검정의 요령을 설명해 보자.

표 10-12 재무비율의 순위를 기준으로 정리한 추정표본(도산 1년 전 기준)

기업명	자기자본비율	실제상태	기업명	금융비용부담률	실제상태
삼화페인트공업	66.42	정상	삼미특수강	17.27	부실
삼양제넥스	46.54	정상	삼성제약	17.21	부실
동국제강	32.86	정상	현대페인트공업	15.74	부실
한미약품공업	26.85	정상	한일합섬	14.79	부실
코오롱	21.57	정상	코오롱	8.61	정상
삼성제약	21.45	부실	해태유업	6.99	부실
한일합섬	17.72	부실	동국제강	5.05	정상
현대페인트공업	13.63	부실	삼양제넥스	4.45	정상
해태유업	11.81	부실	한미약품공업	2.18	정상
삼미특수강	5.37	부실	삼화페인트공업	1.82	정상

먼저 자기자본비율(X)에 대하여 분류오류의 수를 절사점별로 계산하여 보자. 중간점을 절사점으로 하면 〈표 10-13〉의 좌측과 같다. 자기자본비율이 각각의 중간점보다 클 때는 정상기업으로, 자기자본비율이 중간점보다 작을 때는 부실기업으로 판단한다. 예를 들어 삼양제넥스와 동국제강의 자기자본비율의 중간점을 구하면 39.70%가 되는데 이보다 큰 자기자본비율을 갖는 기업들만 정상기업으로 분류되게 된다. 그러므로 자기자본비율이 39.70%보다 작지만 정상기업인 동국제강, 한미약품공업, 코오롱은 부실기업으로 분류되므로 제2종 오류가 3개 발생하나, 부실기업들의 자기자본비율은 모두 이보다 낮으므로 제1종 오류는 없다. 그러므로 오류의 합계는 3개이다. 이와 같은 방법으로 중간점을 변화시키면서 제1종 오류와 제2종 오류 및 오류합계를 구하면, 코오롱과 삼성제약의 자기자본비율의 중간점인 21.51%를 절사점으로 한 경우, 제1종 오류나 제2종 오류가 하나도 발생하지 않아 오류합계는 0이라는 것을 알 수 있다. 따라서 자기자본비율의 경우 21.51%가 분류오류를 최소화하는 최적절사점이며, 분류정확도는 100%가 된다.

표 10-13 분류오류의 수(자기자본비율=X, 금융비용부담률=Y)

절사점	제1종 오류	제2종 오류	합계	절사점	제1종 오류	제2종 오류	합계
X>56.48	0	4	4	Y>17.24	4	0	4
X>39.70	0	3	3	Y>16.48	3	0	3
X>29.85	0	2	2	Y>15.27	2	0	2
X>24.21	0	1	1	Y>11.70	1	0	1
X>21.51	0	0	0	Y>7.80	1	1	2
X>19.59	1	0	1	Y>6.02	0	1	1
X>15.68	2	0	2	Y>4.75	0	2	2
X>12.72	3	0	3	Y>3.32	0	3	3
X>8.59	4	0	4	Y>2.00	0	4	4

한편, 금융비용부담률(Y)의 경우는 이 비율의 값이 클수록 부실기업일 가능성이 높아지게 되는데, 역시 중간점을 기준으로 오류의 수를 계산한 것이 〈표 10-13〉의 우측에 제시되어 있다. 예를 들어 삼성제약과 현대페인트공업의 이 비율의 중간점은 16.48%가 되며, 금융비용부담률이 16.48%를 넘으면 부실기업으로 판단하게 된다. 이 경우 부실기업이지만 금융비용부담률이 이보다 낮은 현대페인트공업, 한일합섬, 해태유업 등 3개사는 정상기업으로 분류되므로 제1종 오류가 3개 발생하나, 정상기업으로서 이 비율이 16.48%를 넘는 회사는 없으므로 제2종 오류는 0이다. 따라서 오류합계는 3개이다. 오류합계를 최소화하

는 최적절사점은 총 1개의 분류오류를 발생시키는 11.70% 혹은 6.02%가 되며, 이 경우 분류정확도는 90%이다.

이상과 같은 이분류검정은 단일의 재무비율에 의한 부실예측을 가능하게 하는 좋은 기법이다. 그러나 실제로 이용할 때는 다음과 같은 점을 유의하여야 한다.

첫째, 〈표 10-13〉을 이용하여 구한 최적절사점과 분류정확도가 실제로 부실여부의 판단에 유용한지를 확인하기 위해서는 예측력(예측정확도)을 계산할 필요가 있다. 이때 각 재무비율의 예측력은 절사점 산출에 이용된 표본이 아닌 별도의 표본, 즉 확인표본(確認標本, validation sample)을 이용하여 검정해야 하며, 확인표본에 대해서도 높은 예측력을 보여야 그 재무비율의 절사점을 이용할 수 있다.

둘째, 〈표 10-13〉의 예에서는 제1종 오류와 제2종 오류에서 발생하는 비용을 같은 비중으로 다루어 오류합계의 수를 최소로 하는 절사점을 선택하고 있다. 그러나 제1종 오류의 비용이 제2종 오류의 비용보다 크다면 오류합계를 최소화하는 절사점이 아닌 제1종 오류를 최소화하는 절사점을 최적절사점으로 선택하는 것이 바람직할 것이다. 금융기관 대출을 예로 들면 제1종 오류의 비용이란 부실기업에 대한 대출로 인하여 발생한 원금과 이자의 손실을 말하고, 제2종 오류의 비용은 정상기업에 대한 대출의 기각으로 인한 기회비용, 즉 상실된 이자수입을 말하므로 제1종 오류의 비용이 당연히 더 크다. 〈표 10-13〉의 금융비용부담률의 경우 금융기관의 대출결정과 같이 제1종 오류의 비용을 더 중시하는 상황이라면 제1종 오류의 발생을 최소화하는 절사점인 6.02%를 선택하게 된다.

셋째, 이분류검정의 경우에는 재무비율에 따라 서로 다른 예측이 나타날 수도 있다. 코오롱은 실제로는 정상기업인데 자기자본비율에 의하면 정상기업으로, 금융비용부담률에 의하면 부실기업으로 분류된다. 이와 같은 모순은 뒤에서 설명할 다변량 부실예측모형에 의해 해결될 수 있다.

3. 단일변량모형에 의한 부실예측연구

부실기업과 정상기업의 재무비율을 비교하여 부실을 예측하고자 하는 연구는 오랜 역사를 가지고 있다. 그러나 그중에서 가장 중요한 업적으로 평가되는 것은 비버(W. H. Beaver)의 연구이다.[17] 비버는 1954~1964년 사이에 도산한 79개의 부실기업을 추정표본

17) W.H. Beaver, "Financial Ratios as Predictors of Failure," in *Empirical Research in Accounting :*

으로 선정하고, 이에 대응하여 업종과 규모 면에서 비슷한 79개의 정상기업을 '짝지어주기 표본설계기법'으로 선정하였다. 비버는 최초 30개의 재무비율에 대하여 도산 1년 전부터 도산 5년 전까지 부실기업그룹과 정상기업그룹별로 평균비율을 작성하였다. 프로필분석의

| 그림 10-6 | 프로필분석 : 부실기업과 정상기업의 평균비율 추이

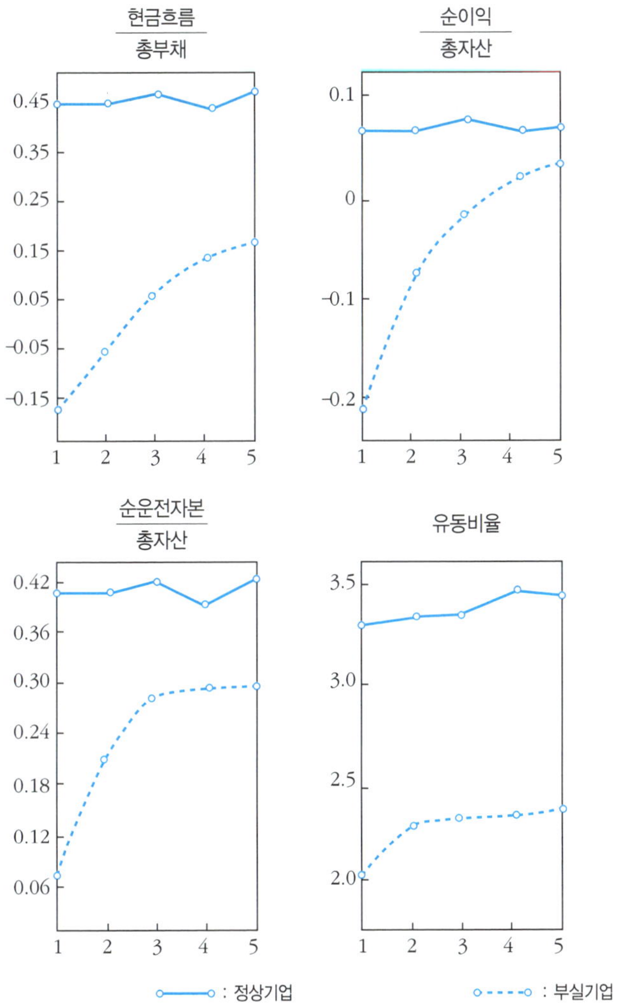

주 : 1~5는 도산 전 연수를 가리킴.
자료 : Beaver, *op.cit*(1966), Figure 1.

Selected Studies 1966, in *Supplement to Journal of Accounting Research* 4(January 1966).

결과 두 집단 간에 상당한 격차를 보인 재무비율은 현금흐름 대 총부채비율, 총자산순이익률, 부채비율, 순운전자본 대 총자산비율, 유동비율, 순당좌자산 대 현금영업비지출액비율 등 여섯 가지이다([그림 10-6] 참조).[18] 그중에서도 현금흐름 대 총부채비율과 총자산순이익률은 도산 5년 전부터 두 집단 간에 가장 뚜렷한 격차를 보였다.

비버는 이분류검정을 이용하여 각 재무비율의 판별력과 예측력을 검토하였다. 〈표 10-14〉에 제시된 분류오류율(misclassification ratio)은 확인표본에 대한 것이다. 6개 비율 가운데 현금흐름 대 총부채비율이 도산 1년 전에는 13%, 도산 5년 전에는 22%만을 잘못 분류함으로써 가장 좋은 부실예측지표(不實豫測指標, failure predictor)가 되고 있다. 반면, 전통적으로 기업의 단기지급능력을 잘 나타내 준다고 생각되던 유동비율은 도산 1년 전에는 20%를, 도산 5년 전에는 45%를 잘못 분류함으로써 아주 좋지 않은 예측성과를 보였다.

표 10-14 분류오류율 : 확인표본

(단위 : %)

재무비율	도산 전 연수				
	1	2	3	4	5
현금흐름 대 총부채비율	13	21	23	24	22
총자산순이익률	13	20	23	29	28
부채비율	19	25	34	27	28
순운전자본 대 총자산비율	24	34	33	45	41
유동비율	20	32	36	38	45
순당좌자산 대 현금영업비지출액비율	23	38	43	38	37

자료 : Beaver, *op.cit.*(1966), Table 3.

〈표 10-14〉에서 보면 현금흐름 대 총부채비율을 비롯한 상반부의 세 비율은 기업의 장기적 지급능력을, 유동비율을 포함한 하반부의 세 비율은 단기적 지급능력을 반영하는 비율이라고 할 수 있다. 비버는 유동비율 등 단기지급능력을 나타내는 비율의 예측성과가 좋지 않은 것은 기업이 일시적으로 채무불이행상태에 직면하더라도 기업의 장기적 수익성만 좋다면 채무이행에 필요한 자금을 조달할 수 있어 파산에까지 이르지 않을 수 있기 때문이라고 설명하고 있다. 다시 말하면, 기업의 파산을 결정하는 궁극적 요인은 단기적 요인이 아닌 장기적 요인이라는 것이다.

---

18) 순당좌자산 대 현금영업비지출액비율(no-credit interval)은 순당좌자산(현금+유가증권+매출채권−유동부채)을 현금영업비지출액으로 나눈 비율이다. 이 비율이 클수록 단기차입금의 상환과 정상적 영업활동에 지장이 없게 된다.

제3절 다변량 부실예측모형

제2절에서 살펴본 단일변량 부실예측모형이 지니는 문제점 중의 하나는 같은 기업이라도 어떤 재무비율을 부실예측지표로 선택하느냐에 따라서 부실기업 또는 정상기업으로 분류될 수 있다는 것이다. 이와 같은 모순성을 해결하기 위해서는 다변량 부실예측모형(多變量 不實豫測模型, multivariate model of distress prediction)이 필요하다. 다변량 부실예측모형이란 부실예측에 유용하다고 판단되는 여러 개의 재무비율을 결합하여 작성한 모형을 말한다.

다변량모형을 작성하기 위해서는 ① 어느 재무비율이 부실예측에 가장 중요한가 ② 선택된 비율에 얼마만한 가중치를 부여할 것인가 ③ 가중치를 객관적으로 부여하는 방법은 무엇인가 ④ 가중치가 부여된 재무비율을 수학적으로 어떻게 결합시킬 것인가 하는 문제들이 해결되어야 한다. 이와 같은 문제를 다룰 수 있는 통계적 기법 중에서 부실예측에서 널리 활용되는 것이 판별분석(判別分析, multiple discriminant analysis : MDA)과 로짓분석(logit analysis)이다. 판별분석은 판별점수에 의하여, 로짓분석은 확률에 의하여 특정기업의 부실여부를 판단하게 된다. 본절에서는 먼저 판별분석의 의의와 절차, 판별분석에 의한 부실예측연구 등 판별분석 방법을 자세히 설명하고, 후반부에 로짓분석방법을 간단히 설명하기로 한다.

1. 판별분석

(1) 판별분석의 의의와 절차

판별분석은 관찰치가 지니는 특성에 따라 관찰치를 어느 한 범주(그룹)로 분류하는 데 널리 이용되고 있는 통계적 기법이다. 예를 들면, 다수의 재무비율을 기초로 하여 어느 기업의 부실여부를 판단하거나, 개인의 소득 및 재산상태에 의하여 그 사람의 신용상태를 판단하고자 할 때 판별분석을 이용할 수 있다. 이때 다수의 재무비율, 개인의 소득 및 재산 등의 변수가 관찰치의 특성에 해당되며, 기업의 부실여부 또는 개인의 신용상태 등의 변수가 범주에 해당된다. 관찰치를 어느 한 범주로 분류하기 위해서는 분류기준이 필요한데, 판별분석에서는 판별함수가 분류기준을 제공하고 있다.

판별분석은 원래 생물학이나 행동과학 등에서 질적 성격을 갖는 변수의 분류에 많이 이용되었으나 오늘날에는 경영학, 특히 경영분석에 많이 적용되고 있다. 위에서 언급한 기업의 부실여부예측, 개인의 신용평가 외에도 채권의 신용등급예측, 기업의 신용평가 등이 그 예가 된다.

판별분석의 절차를 간략히 설명하여 보자. 판별분석을 하기 위해서는 먼저 그룹분류(group classification)를 명확히 해야 한다. 그룹은 부실기업 또는 정상기업과 같이 둘인 경우도 있으나 셋 이상으로 세분될 수도 있다. 그룹을 정하고 나면 각 그룹에 속하는 관찰치의 특성과 관련된 자료를 수집한다. 다음에는 관찰치의 특성에 관한 자료를 이용하여 두 그룹을 가장 잘 판별할 수 있는 판별함수(判別函數, discriminant function)를 추정한다. 판별분석에서는 그룹을 가장 잘 판별할 수 있도록 판별함수를 추정하는 것이 가장 중요한 과제이다.

예를 들어, 경험적으로 또는 단일변량분석의 결과 부실기업과 정상기업을 판별해 줄 수 있는 변수로서 매출액순이익률, 자기자본비율, 유동비율이 선정되었다고 하고, 매출액순이익률과 다른 하나의 재무비율만을 결합하여 부실예측모형을 작성하는 경우를 생각해 보자. 두 가지 결합을 도표로 나타낸 결과가 [그림 10-7]과 같았다고 하자.

| 그림 10-7 | 판별분석의 예

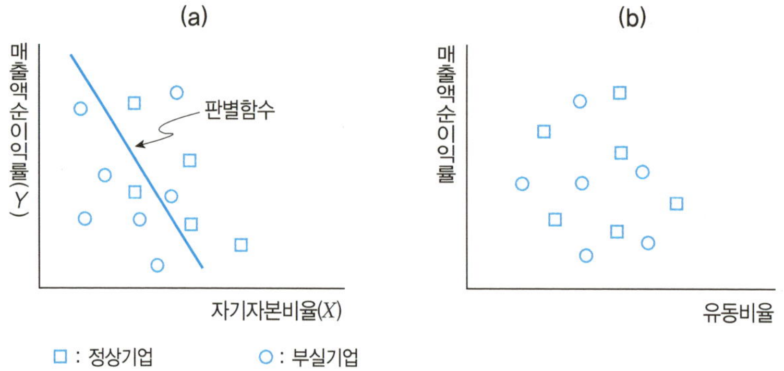

[그림 10-7]에서 볼 때 매출액순이익률과 자기자본비율을 결합하여 판별함수를 작성하는 것이 매출액순이익률과 유동비율을 결합하여 판별함수를 작성하는 경우보다 정상기업

과 부실기업을 보다 잘 판별할 수 있음을 알게 된다. 여기서 선형결합(線型結合), 즉 일차함수가 적당하다고 판단되었다면, 판별함수는 다음과 같은 형식이 된다.

$$Z_i = a_1 X_i + a_2 Y_i \tag{10-1}$$

Z_i : 기업 i의 판별점수(Z-Score)
X_i : 첫 번째 독립변수(이 경우는 자기자본비율)
Y_i : 두 번째 독립변수(이 경우는 매출액순이익률)
a_1, a_2 : 판별함수의 계수추정치

그렇다면 판별함수식에서 판별함수의 계수는 어떻게 정해야 두 그룹을 가장 잘 판별할 수 있겠는가? 한 가지 방법은 정상기업의 판별점수평균 Z_N이 부실기업의 판별점수평균 Z_B로부터 가능한 한 멀리 떨어지도록 하면서, 각 그룹별로 Z점수의 평균을 중심으로 관찰치가 가급적 집중될 수 있도록 판별계수 a_1과 a_2를 결정하는 것이다.[19] 이와 같은 생각을 그림으로 표현하여 보면 [그림 10-8]과 같다.

[그림 10-8]에서 Z^*를 기준으로 정상기업과 부실기업을 구분한다면, 청색 부분은 분류상의 오류가 나타날 확률이 된다. 따라서 Z_N과 Z_B 사이의 거리를 최대화하는 한편 각 그룹에 속하는 기업의 Z값이 Z_N과 Z_B를 중심으로 밀집될 수 있도록 판별계수를 정해야 분류오류가 최소화될 수 있다. 이와 같은 방법에 따라 결정된 판별계수 a_1과 a_2가 결정된다.[20]

일단 판별함수가 구해졌으면 다음에는 절사점(切捨點)을 결정해야 한다. 이때 절사점은 분류오류의 수를 최소화하도록 선정한다. 만약 절사점이 Z^*로 결정되었다면, $Z_i > Z^*$인 기업 i는 정상기업으로, $Z_i < Z^*$인 기업 i는 부실기업으로 판별한다. [그림 10-7]의 (a)에서 볼 때 판별함수 아래의 □ 및 판별함수 위쪽의 ○는 절사점 Z^*를 기준으로 했을 때의 잘못 분류된 표본들을 의미한다.

---

19) 보다 정확하게는 다음 함수 D^2을 최대화하도록 a_1과 a_2를 결정하는 것이다. 즉,

$$D^2 = \frac{(Z_N - Z_B)^2}{S_Z^2}$$

위 식에서 $(Z_N - Z_B)^2$은 정상기업의 Z점수평균과 부실기업의 Z점수평균 간의 거리를 자승한 것을 의미한다. S_Z^2은 정상기업의 Z점수분산과 부실기업의 Z점수분산의 가중합으로서 각 그룹별로 Z점수의 평균을 중심으로 관찰치들이 얼마나 집중되어 있는가를 나타낸다. 따라서 Z_N과 Z_B의 거리가 멀수록, 그리고 Z_N과 Z_B를 중심으로 Z점수들이 집중되어 있을수록 분류오류의 수는 줄어들게 된다. a_1과 a_2는 이를 만족하도록 결정되고 있다. 이상의 내용에 대해서는 R.A. Johnson and D.W. Wichern, *Applied Multivariate Statistical Analysis*(N.J. : Prentice-Hall, 1982), pp. 462~471 참조.

| 그림 10-8 | 부실기업과 정상기업의 판별점수분포

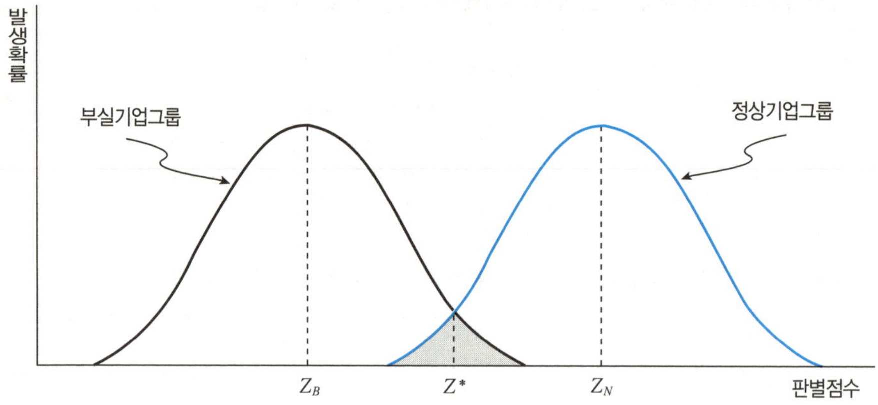

(2) 판별분석에 의한 부실예측연구

판별분석(MDA)이 기업의 부실예측에 본격적으로 활용된 계기는 알트만(E. I. Altman)의 연구에서 비롯된다. 여기서는 알트만의 최초 연구결과인 *Z*-Score Model과 그 이후의 연구인 ZETA Model, 한국 기업을 표본으로 개발한 판별모형인 알트만의 *K*-Score Model을 살펴보기로 한다.

1) *Z*-Score Model

알트만은 1968년 판별분석을 이용하여 기업부실을 예측하고자 하는 *Z*-Score Model을 처음으로 개발하였다.[21] 그는 1946~1965년 중 파산한 33개의 부실기업과 '짝지어주기 표본설계기법'으로 33개의 정상기업을 표본으로 선정하여 판별분석을 실시하였다. 독립변수로는 기존연구에서의 인기도와 부실예측가능성을 기준으로 일차적으로 22개의 재무비율을 선정한 다음, 이들을 다시 유동성 · 누적수익성 · 수익성 · 레버리지 · 활동성의 5개 범주로 나누었다.

최종적인 판별모형(判別模型)에 포함된 재무비율은 각 범주에서 하나씩 선택된 것으로서, 각 비율의 내용 및 도산 1년 전 두 집단의 비율평균은 다음과 같다.

20) 판별함수의 실제 추정 시에는 통계패키지인 SPSS(Statistical Package for Social Science) 등을 이용하면 된다.
21) E.I. Altman, "Financial Ratios, Discriminant Analysis and the Prediction of Corporate Bankruptcy," *Journal of Finance*(September 1968), pp. 589~609.

표 10-15 부실기업과 정상기업 재무비율의 평균(도산 1년 전)

재무비율	부실기업	정상기업
X_1 = 순운전자본/총자산(순운전자본구성비율 : 유동성)	−6.1%	41.4%
X_2 = 이익잉여금/총자산(이익잉여금구성비율 : 누적수익성)	−62.6%	35.5%
X_3 = 영업이익/총자산(총자산영업이익률 : 수익성)	−31.8%	15.3%
X_4 = 보통주지분(시장가치)/총부채(장부가치)(레버리지비율 : 재무레버리지)	40.1%	247.7%
X_5 = 매출액/총자산(총자산회전율 : 활동성)	1.5회	1.9회

자료 : Altman, *op.cit.*(1968), Table 1.

〈표 10-15〉의 다섯 가지 재무비율을 가지고 도산 1년 전의 자료를 이용하여 추정한 판별함수는 다음과 같다.

$$Z = 1.2X_1 + 1.4X_2 + 3.3X_3 + 0.6X_4 + 1.0X_5 \quad (10\text{-}2)$$

이 모형이 Z-Score Model이다.[22]

Z-Score Model의 경우 알트만이 제시한 판정방법은 아래와 같다.

$Z < 1.81$: 부실판정(부실가능성이 매우 높음)
$1.81 \leq Z \leq 2.99$: 판정보류(zone of ignorance)(정밀분석 필요)
$Z > 2.99$: 정상판정(부실가능성이 거의 없음)

추정표본에 대한 Z-Score Model의 판별력은 도산 1년 전의 자료를 이용할 경우에는 95%, 2년 전의 자료를 이용할 경우에는 74%로 평가되고 있다.

한편, 알트만은 비상장기업의 도산예측 및 평가에 이용할 수 있도록 앞의 Z-Score Model을 약간 변형한 Z′-Score Model을 제시하고 있다.[23] 모형은 (식 10-3)과 같다.

$$Z' = 0.7X_1 + 0.8X_2 + 3.1X_3 + 0.4X_4 + 1.0X_5 \quad (10\text{-}3)$$

X_1=순운전자본/총자산
X_2=이익잉여금/총자산

22) 이 모형을 이용하여 Z점수를 계산할 때 주의해야 할 점은 X_1~X_4변수는 소수단위로 대입하고 X_5변수는 회(배)단위로 대입해야 한다는 점이다. 예를 들어, 어느 기업의 X_1=50%, X_2=36%, X_3=20%, X_4=220%, X_5=2.0회였다면 Z점수는 다음과 같다.

$$Z = 1.2 \times 0.50 + 1.4 \times 0.36 + 3.3 \times 0.20 + 0.6 \times 2.20 + 1.0 \times 2.0 = 5.084$$

23) E.I. Altman, *Corporate Financial Distress and Bankruptcy*, John Wiley&Sons, Inc.(1993), pp.202~204.

X_3= 영업이익/총자산
X_4= 자본총계/총부채
X_5= 매출액/총자산

이 모형이 원래의 Z-Score Model과 다른 점은 네 번째 변수에서 분자가 보통주지분의 시장가치(市場價値)에서 보통주지분의 장부가치(帳簿價値), 즉 자본총계로 바뀌었다는 것이다. 이 모형에 의한 부실판정기준은 다음과 같다.

$$Z' < 1.23 : \text{부실판정}$$
$$1.23 \leq Z' \leq 2.90 : \text{판정보류(gray area)}$$
$$Z' > 2.90 : \text{정상판정}$$

Z'모형은 도산 1년 전의 추정표본에 대하여 적용한 결과, 부실기업표본의 90.7%, 정상기업표본의 97.0%를 정확히 분류하고 있는 것으로 나타났다.

사례 10-1 Z-Score Model에 의한 C자동차의 부실여부 판단

〈표 10-16〉은 자동차를 제조하는 C회사의 재무제표자료이다. 이 자료를 기초로 알트만의 Z-Score Model 및 Z'-Score Model을 이용하여 이 회사의 부실여부를 판정하여 보도록 하자.

표 10-16 C자동차회사의 재무제표 (단위 : 백만 달러)

요약재무상태표(19×9.12.31.)

자 산		부채와 자본		
유동자산	3,121	유동부채	3,232	
기타자산	3,532	비유동부채	1,597	
		부채총계		4,829
		우선주		219
		보통주[1]	417	
		자본잉여금	692	
		이익잉여금	496	
		자본총계		1,605
자산총계	6,653	부채와 자본총계		6,653

주 : 1) 19×9.12.31. 현재 발행주식주는 66.7백만 주이고, 19×9년 중의 평균주가는 8.50달러임.

요약손익계산서(19×9.1.1.~19×9.12.31.)	(단위 : 백만 달러)
매출액	12,004
총비용(감가상각비 · 지급이자 제외)	12,710
감가상각비	181
지급이자	215
법인세	(5)
당기순손실	(1,097)

먼저 Z-Score Model에 들어가는 다섯 가지 재무비율의 값을 구한다. 계산결과는 다음과 같다.

$$X_1 = \frac{\text{유동자산} - \text{유동부채}}{\text{총자산}} = \frac{3,121 - 3,232}{6,653} = -0.0167$$

$$X_2 = \frac{\text{이익잉여금}}{\text{총자산}} = \frac{496}{6,653} = 0.0746$$

$$X_3 = \frac{\text{영업이익}}{\text{총자산}} = \frac{-887}{6,653} = -0.1333$$

$$X_4 = \frac{\text{보통주지분의 시장가치}}{\text{총부채}} = \frac{66.7 \times 8.50}{4,829} = 0.1174$$

$$X_5 = \frac{\text{매출액}}{\text{총자산}} = \frac{12,004}{6,653} = 1.8043$$

그 다음 위 다섯 가지 재무비율의 값을 Z-Score Model에 대입하여 Z점수를 계산한다.

$$Z = 1.2 \times (-0.0167) + 1.4 \times (0.0746) + 3.3 \times (-0.1333) + 0.6 \times (0.1174) + 1.0 \times (1.8043)$$
$$= 1.519$$

계산된 Z점수가 부실가능성이 매우 높은 것으로 판정하는 기준인 1.81보다도 낮으므로 이 회사는 도산할 가능성이 매우 높다고 판단된다.

Z'-Score Model을 이용하기 위해서는 X_4변수를 보통주지분(장부가치)/총부채로 계산하여야 한다. X_4=1,605/4,829=0.3324이다. 나머지 변수의 값은 Z-Score Model과 동일하다.

$$Z' = 0.7 \times (-0.0167) + 0.8 \times (0.0746) + 3.1 \times (-0.1333) + 0.4 \times (0.3324) + 1.0 \times (1.8043)$$
$$= 1.572$$

Z'-Score Model에 의하면 이 회사는 신용상태가 의심스러우므로 정밀분석을 요하는 그룹(gray area)으로 분류된다.[24)]

24) 이 사례의 회사는 미국의 자동차회사인 크라이슬러사이고 재무제표는 1979년도분이다. 실제로 이 회사는 파산에 직면하였으나 당시 정부로부터 거액의 구제금융을 지원받아 회생하였다.

2) ZETA Model

1977년에 알트만 등은 1968년의 Z-Score Model에 비하여 부실기업 분류의 정확도가 좀 더 우수한 ZETA Model을 개발하였다.[25] 이들은 1969~1975년 중에 도산한 53개 기업(제조업 29개사, 도·소매업 24개사)과 비도산 58개 기업(제조업 32개사, 도·소매업 26개사)을 표본으로 선정하였다. 도산기업의 평균유형자산규모는 9천 6백만 달러에 달하였는데, 이와 같이 표본을 대기업에 한정한 것은 대기업의 도산이 많이 발생하고 있는 당시의 현실을 잘 반영하기 위한 것이었다. 연구에 이용된 변수는 모두 7개였으며, 구체적인 변수명(變數名)과 각 변수의 상대적 중요도는 〈표 10-17〉과 같다.

표 10-17 ZETA Model에 포함된 재무변수의 내용

변수명	측정방법	중요도순위
X_1 = 투자수익률	영업이익/총자산	7
X_2 = 이익안정성	과거 10년간 X_1의 표준편차	2
X_3 = 채무이행능력	이자보상비율	6
X_4 = 누적적 수익성	이익잉여금/총자산	1
X_5 = 유동성	유동비율	5
X_6 = 자본구조	보통주지분(市價)/총자본(市價)의 5개년 평균 (총자본 = 보통주 + 우선주 + 장기부채 + 자본화리스)	3
X_7 = 기업규모	총유형자산	4

이들 변수 가운데 누적적 수익성을 나타내는 비율이 ZETA Model에서 가장 중요한데, 그 이유는 이 비율이 기업의 연령 · 배당정책 · 수익성추이 등의 요인을 모두 반영하고 있기 때문이라고 풀이된다.

ZETA Model의 구체적인 판별계수는 이 모형이 제타서비스사(ZETA Service, Inc.)라는 경영자문회사에 의해 상업화되었기 때문에 대외비(對外秘)이다. 그러나 알트만 등에 따르면 ZETA모형의 경우 추정표본에 대한 올바른 판별력은 도산 1년 전에 96.2%, 도산 2년 전에는 84.9%, 도산 5년 전에도 69.8%나 되어 원래의 Z-Score모형보다 정확도가 앞서는 것으로 알려져 있다. 알트만은 ZETA Model이 기업도산예측을 위한 가장 정교하고 현대적인 모형이라고 주장하고 있다.

25) E.I. Altman, R. Haldeman, and P. Narayanan, "ZETA Analysis : A New Model to Identify Bankruptcy Risk of Corporations," *Journal of Banking and Finance*(June 1977), pp. 29~54.

[그림 10-9]는 도산 전 연수별로 정상기업과 부실기업에 대한 ZETA Model의 평균점수를 나타내고 있다.

| 그림 10-9 | ZETA Model의 평균점수

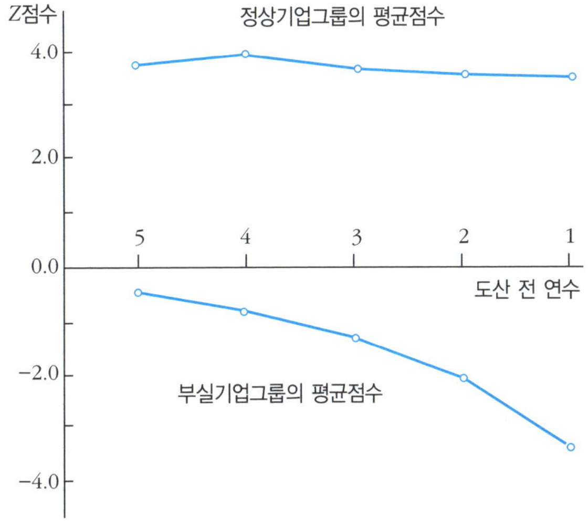

자료 : Altman, *Corporate Financial Distress*, Figure 4-1.

3) *K*-Score Model

알트만은 1996년도에 한국기업의 도산을 예측할 수 있는 판별모형을 개발하여 발표하였다.[26] 부실기업표본으로는 1989~1992년 사이에 도산한 34개 상장기업이 선정되었고, '짝지어주기 표본설계기법'에 의해 61개의 우량기업이 정상기업표본으로 선정되었다. 기업의 부실상황을 잘 반영할 것으로 기대되는 20개의 재무지표 중 최종 판별모형에 포함된 재무지표는 4개이다.[27] 〈표 10-18〉은 도산 1년 전 재무제표에서 구한 4개 재무지표의 평균치를 보여주고 있다.

---

26) E.I. Altman, "International Bankruptcy Classification Model," 「은행의 신용위험관리」(서울 : 한국금융연구원, 1996), pp.381~410.

27) 자기자본(장부가치)은 자본총계이고, 자기자본(시장가치)은 발행주식총수×주가(연말)로 계산된다. 또 X_1 및 X_2는 총자산(백만 원) 및 회전율(매출액/총자산)(회)에 Log_e(엑셀의 수식함수는 *LN*)를 취한 것이다. 예를 들면 〈표 10-18〉의 부실기업의 경우 X_1=10.6350은 "Log_e(41,564)=*LN*(41,564)"로 구한 것이다.

표 10-18 부실기업과 정상기업 재무비율의 평균(도산 1년 전)

재무비율	부실기업	정상기업	t값[1]
X_1 = log(총자산)(기업규모)	10.6350	11.3760	4.26**
(총자산)	(41,564백만 원)	(87,204백만 원)	
X_2 = log(매출액/총자산)(회전율)	−0.3163	0.0278	4.91**
(매출액/총자산)	(0.729회)	(1.028회)	
X_3 = 이익잉여금/총자산(누적적 수익성)	0.0227	0.1692	11.16**
	(2.3%)	(16.9%)	
X_4 = 자기자본(장부가치)/총부채(재무구조)	0.4487	0.9214	7.40**
	(44.9%)	(92.1%)	
X_4' = 자기자본(시장가치)/총부채(재무구조)	0.5231	1.1761	7.38**
	(52.3%)	(117.6%)	

주 : t값은 두 집단 평균의 차이에 대한 신뢰도를 검정하기 위한 통계량으로서 여기서는 5%의 유의수준에서 두 집단 간 평균에 차이가 있음을 보여주고 있다.
자료 : Altman(1996), p.405.

이상의 4개 재무지표로 구성된 판별모형이 *K*1-Score Model과 *K*2-Score Model로서 다음과 같다.

$$K1\text{-Score} = -17.862 + 1.472X_1 + 3.041X_2 + 14.839X_3 + 1.516X_4 \qquad (10\text{-}4)$$

$$K2\text{-Score} = -18.696 + 1.501X_1 + 2.706X_2 + 19.760X_3 + 1.146X_4' \qquad (10\text{-}5)$$

위 두 모형의 판정기준은 다음과 같다.

부실가능성 없음(distress-free)	$K1>0.75$,	$K2>0.75$
판정유보(grey-zones)	$-2.00 \le K1 \le 0.75$,	$-2.30 \le K2 \le 0.75$
부실가능성 심각(severe distress potential)	$K1<-2.00$,	$K2<-2.30$

부실기업표본에 대한 각 모형의 예측정확도를 보면, *K*1-Score Model의 경우 도산 1년 전에는 97.1%, 도산 5년 전에는 68.8%로 나타나고 있고, *K*2-Score Model의 경우 도산 1년 전에는 96.6%, 도산 5년 전에는 75.0%로 나타나고 있다.

2. 로짓분석

(1) 로짓분석의 의의와 절차

판별분석과 더불어 부실예측모형의 작성에 많이 이용되고 있는 분석기법이 로짓분석(logit analysis) 혹은 로짓회귀분석(logistic regression analysis)이다. 로짓분석은 특히 1980년대 초부터 1990년대 초의 부실예측연구에서 다음 세 가지 이유로 매우 활발하게 사용된 바 있다. 첫째, 로짓분석은 판별분석과 달리 설명변수(즉, 재무지표)가 정규분포를 해야 하고 또 정상기업군과 부실기업군 간에 설명변수의 공분산 행렬이 동일해야 한다는 자료에 대한 두 가지의 엄격한 통계적 조건의 충족을 요구하지 않는다. 둘째, 로짓분석에 의한 부실예측모형은 특정기업의 도산가능성을 도산확률(probability of bankruptcy)로 보여주는데, 이는 판별점수에 비하여 해석이 훨씬 쉽다는 장점이 있다. 셋째, 로짓분석의 경우에는 회귀계수의 부호와 유의수준을 바로 알 수 있어 어느 재무지표가 부실예측에 중요한가를 판단하기가 용이하다.

로짓모형은 특정기업이 도산할 누적확률이 0과 1사이에 놓여 있으며, 도산확률이 다음 [그림 10-10]과 같은 로지스틱 함수(logistic function)로 분포된다고 가정한다.

| 그림 10-10 | 로지스틱 함수에 의한 도산확률

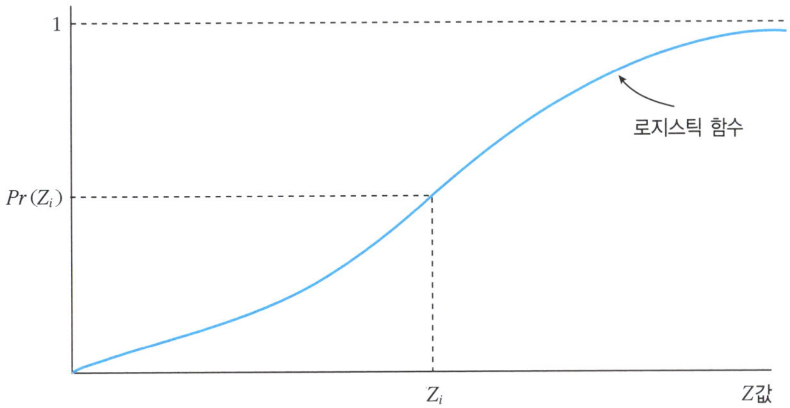

[그림 10-10]의 로짓함수를 수식으로 나타내면 (식 10-6)과 같다.

$$Pr(Z_i) = \frac{1}{1+e^{-Z_i}} \qquad (10\text{-}6)$$

$$\text{단, } Z_i = a_0 + a_1 X_{1_i} + a_2 X_{2i} + \cdots + a_k X_{ki}$$

여기서 $Pr(Z_i)$는 특정기업 i가 도산할 확률이다. $X_1, \cdots, X_k$는 모형에 투입될 설명변수 집합으로 기업의 재무적 특성을 나타내는 재무비율 등이 포함된다. $a_0, \cdots, a_k$는 추정될 로짓모형의 절편과 회귀계수이다. e는 지수(exponential)로서 대략 2.718282의 값을 갖는다.[28)]

(식 10-6)의 로짓모형은 도산기업에는 $Z=1$을, 정상기업에는 $Z=0$의 더미변수를 부여하고 설명변수집합 X에 재무비율을 투입하여 추정하게 된다. 최종적인 예측모형에 들어 있는 재무비율과 회귀계수는 일반적으로 제1종 오류와 제2종 오류를 최소화하는 절사점(이 경우는 확률)에 의하여 선택된다.[29)]

(2) 로짓분석에 의한 부실예측연구의 예

로짓모형을 추정하여 부실예측을 한 대표적인 연구로는 올슨(J.A. Ohlson)의 논문이 있다.[30)] 표본은 미국에서 1970~1976년 중 파산한 105개 기업과 2,058개의 정상기업으로 구성되었다. 로짓모형은 1년 후, 2년 후, 3년 후의 도산여부를 예측할 수 있는 3개의 모형으로 구성되었으며 모두 9개의 설명변수를 포함하고 있다. 그중 1년 후의 도산을 예측할 수 있는 로짓모형은 다음과 같다. 각 설명변수 아래 괄호 안의 숫자는 회귀계수의 통계적 유

28) 왜 (식 10-6)이 확률을 나타내는가? 우선, 로짓모형을 추정한 결과 투입될 설명변수와 회귀계수가 확정되었다고 가정하면, 특정기업 i에 대한 Z_i값을 구할 수 있다. $Z_i=0$인 경우에는 $e^{-Z_i}=e^0=1.0$, 그러므로 $Pr(Z_i)=1/[1+1]=0.5$이다. $Z_i=+\infty$인 경우에는 $e^{-Z_i}=1/e^{\infty}=0$, 그러므로 $Pr(Z_i)=1/[1+0]=1.0$이 된다. 한편, $Z_i=-\infty$인 경우에는 $e^{-Z_i}=e^{\infty}=\infty$, 그러므로 $Pr(Z_i)=1/[1+\infty]=0.0$이 된다.

29) 로짓모형의 추정에는 주로 최우추정절차(nonlinear maximum liklihood estimation procedure)가 이용되며, 실제 추정은 통계패키지인 SPSS나 SAS를 이용하면 된다. 추정된 로짓모형의 적합도(goodness of fit)는 일반적으로 -2Log Likelihood Ratio(-2LL) 및 Model Chi-square로 판단한다. -2LL은 우도비라 하며 일반적으로 -2LL값이 작을수록 모형의 적합도가 좋은 것으로 평가한다. Model Chi-square는 상수항만을 포함하는 모형의 -2LL과 다른 설명변수까지 포함하는 경우의 -2LL의 차이로서 설명변수의 회귀계수가 모두 0이 되는가를 테스트하는 통계량이다. 이 경우 임계치는 설명변수(상수항 제외)의 수인 자유도와 유의수준에 의한 Chi-square값으로 결정된다.

30) J.A. Ohlson, "Financial Ratios and the Probabilistic Prediction of Bankruptcy," *Journal of Accounting Research*(Spring 1980), pp. 109~131.

의성을 나타내는 t-값이다.

$$Z = -1.32 - 0.407SIZE + 6.03TLTA - 1.43WCTA + 0.0757CLCA - 2.37NITA$$
$$(-0.97)\ (-3.78)\quad (6.61)\quad (-1.89)\quad (0.761)\quad (-1.85)$$
$$-1.83FUTL + 0.285INTWO - 1.72OENEG - 0.521CHIN \qquad (10\text{-}7)$$
$$(-2.36)\quad (0.812)\quad (-2.45)\quad (-2.21)$$

단, SIZE : 기업규모[=Log_e(총자산/GNP가격지수)], 총자산의 단위는 달러, 가격지수의 기준연도는 1978년임.
TLTA : 부채비율(=총부채/총자산)
WCTA : 순운전자본/총자산[=(유동자산−유동부채)/총자산]
CLCA : 유동비율의 역수(=유동부채/유동자산)
NITA : 총자산순이익률(=순이익/총자산)
FUTL : 영업활동에서 조달된 순운전자본/총부채
INTWO : 적자기업 더미변수(2년연속 적자기업 1, 기타기업 0)
OENEG : 자본잠식 더미변수(자본잠식기업 1, 기타기업 0)
CHIN : 순이익증가율[=(당기순이익−전기순이익)/당기순이익과 전기순이익 절댓값의 합]

위 모형에서 Z값이 (+)로 클수록 부도확률이 높아지는 것으로 되었다. 따라서 설명변수에 대한 회귀계수의 부호가 (+)이면 부도확률을 증가시키고 반대로 회귀계수의 부호가 (-)이면 부도확률을 감소시키게 된다. 위 모형은 기업규모, 순운전자본/총자산, 순이익/총자산, 영업활동순운전자본/총부채, 순이익증가율 등의 값이 높을수록 부도확률이 감소하고, 부채비율, 유동부채/유동자산의 값이 높거나 적자기업일수록 부도확률이 증가한다는 것이 나타나 있다. 따라서 회귀계수의 부호가 예상과 달리 (−)로 나온 자본잠식 더미변수를 제외하고는 모든 변수가 기대된 방향으로 부도확률에 영향을 미치는 것으로 나타났다. 그러나 유동비율의 역수, 순이익증가율, 적자기업 더미변수 등은 3개연도 모형 전체 혹은 일부 연도에서 회귀계수의 통계적 유의성이 없는 것으로 나타났다.

이 모형의 경우 예측오류를 최소화하는 최적절사점(확률)은 3.8%로 제시되고 있다. 따라서 이 모형은 추정된 부도확률이 3.8%를 넘는 회사는 일단 부도가능성이 높은 회사로 분류하게 된다. 이 절사점에서 도산기업의 87.6% 및 정상기업의 82.6%가 정확하게 분류되었다.

한국의 경우 경제위기 기간이었던 1997년과 1998년도에 많은 기업이 규모에 관계없이 도산을 경험한 바 있다. 한국기업을 표본으로 하여 로짓모형으로 부실예측을 시도한 연구도 다수 있다. 그중 한 연구는 경제위기 발발 시점인 1997년과 1998년 초까지 도산한 47개 도산기업과 업종과 규모 면에서 유사한 47개 정상기업을 표본으로 로짓모형을 개발하고 있다.[31] 이 연구에서는 당초 안정성, 수익성, 활동성, 성장성, 생산성을 측정하는 35개의 재무비율을 검토하고 있으나 최종로짓모형에는 금융비용부담률, 부채상환계수(debt service ratio : DSR), 매출채권회전율 등 3개의 재무비율만이 포함되었다. 1996년도의 재무제표자료를 이용하여 추정한 모형은 (식 10-8)과 같다(괄호 안은 t-값임).

$$Z = 0.1062INTS - 0.00682DSR - 0.1139SAR \quad (10\text{-}8)$$
$$(4.18) \qquad (-1.85) \qquad (-2.72)$$

단, INTS : 금융비용부담률(=이자비용/매출액)
DSR : 부채상환계수[=(당기순이익+감가상각비+기타상각비+금융비용)/(단기차입금+유동성장기부채+금융비용)]
SAR : 매출채권회전율(=매출액/매출채권)

(식 10-8)은 금융비용부담률이 높을수록 부도가능성이 높고, 부채상환계수 및 매출채권회전율이 높을수록 부도가능성이 낮다는 것을 의미한다. 47개의 추정표본에 대한 예측력을 보면 부도기업 예측력은 78.7%, 정상기업 예측력은 70.2%에 달하고 있다.

또 다른 연구는 표본기업을 더 확대하여 로짓모형을 개발하고 확인표본을 이용하여 모형의 예측력을 검토하고 있다.[32] 이 연구에서는 외환위기 기간을 포함한 1995~1997년간에 도산한 42개의 제조기업을 추정표본으로 하여 로짓모형을 작성하고 1998년에 도산한 39개의 제조기업을 확인표본으로 하여 모형의 예측력을 검토하고 있다. 예측모형의 작성을 위해 다른 연구와 마찬가지로 같은 업종에 있는 기업으로 자산규모가 유사한 기업이 대응표본으로 선정되었다.

당초 유동성, 장기지급능력, 수익성, 효율성을 측정하는 17개 재무비율을 검토하였으나 최종모형(Model *K*)에서는 기업의 누적적 수익성과 경쟁력의 지표인 이익잉여금/총자산(RETA), 기업의 금융비용부담수준의 지표인 금융비용부담률(이자비용/매출액)(INTS), 현금흐름에 의한 채무상환능력의 지표인 영업현금흐름/총부채(CFTL), 과잉투자수준 혹은 자산의 효율적 활용도의 지표인 총자산회전율(STA) 등 4개 비율만이 선택되었다. [그림 10-11]은 도산기업과 이에 대응하는 정상기업에 대하여 도산연도(*T*)를 기준으로 한 4개 재무비율의 도산 5년 전(*T*-5)부터 도산 1년 전(*T*-1)까지의 추세를 보여주고 있다.

[그림 10-11]을 보면 도산기업과 정상기업 간에 4개의 재무비율의 평균이 이미 도산 5

31) 남주하, "기업의 부도원인과 부도예측모형 분석 : IMF 전후 기간을 중심으로," 「금융연구」, 12권 2호(1998.12.), pp.82~113.
32) 신동령, "A Prediction Model for Corporate Failures in Korea," 한국회계정보학회 추계학술연구 발표회 논문집(2001.11.3.), pp.135~150.

| 그림 10-11 | Model *K*의 4개 재무비율 추이 (단위 : %, 회)

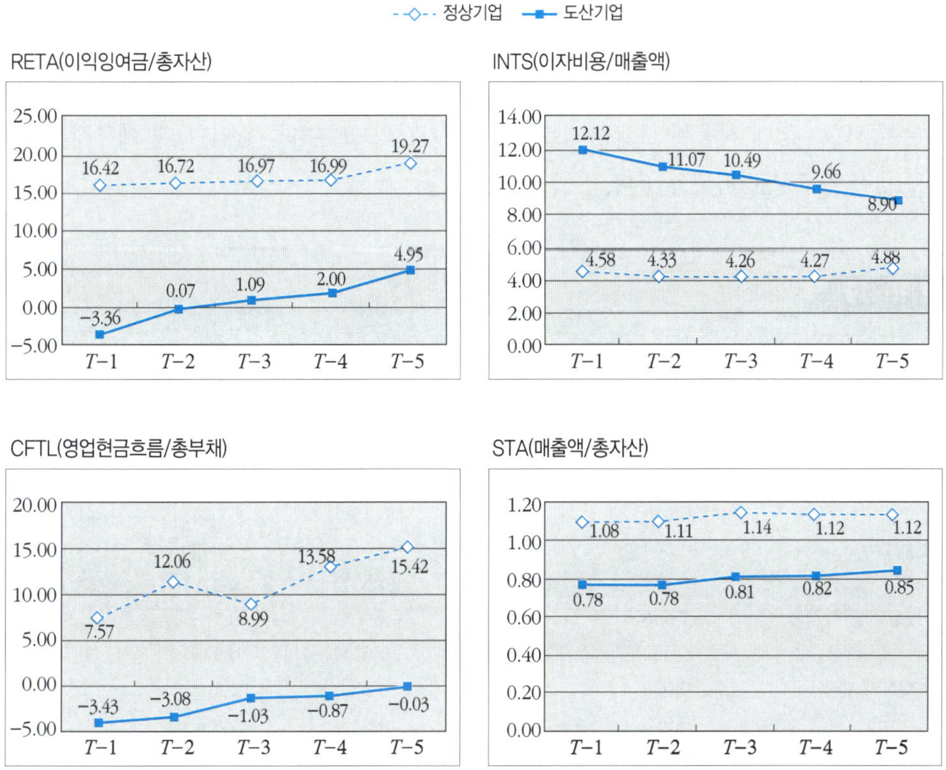

자료 : 신동령(2001)의 Exibit 5-7에서 작성.

년 전부터 큰 격차를 보인다는 것이 잘 나타나 있다. 특히 이익잉여금/총자산과 금융비용부담률은 도산시점에 근접할수록 그 차이가 더 확대되는 모습을 보여주고 있다. 또한 도산기업의 경우에는 4개 재무비율 모두 도산시점에 근접할수록 그 추이가 더 악화되고 있다.[33]

〈표 10-19〉는 이들 4개 재무비율과 상수항이 포함된 로짓모형 Model *K*이다.

Model *K*의 특징은 다음과 같다. 첫째, 모든 회귀식에서 4개 재무비율에 대한 회귀계수의 부호는 기대된 방향으로 나타나고 있다. 둘째, 회귀계수의 유의수준을 보면 이익잉여금/

33) *T*-test의 결과 도산기업과 정상기업 간에 이들 4개 재무비율 평균의 차이는 5개연도 모두에 걸쳐 1% 이하의 유의수준에서 유의적인 것으로 나타났다.

총자산(RETA) 비율의 신뢰도가 가장 높고 금융비용부담률(INTS), 영업현금흐름/총부채(CFTL)이 그 뒤를 잇고 있다. 그러나 총자산회전율(STA)은 다른 재무비율과 결합한 경우 도산예측에 한계적인 기여를 하는 것으로 판단되고 있다. 절사점(도산확률)을 0.5로 한 경우 연도별 Model *K*의 추정표본 및 확인표본에 대한 예측정확도는 〈표 10-20〉과 같다. 확인표본이 모형추정에 사용된 표본(추정표본) 이후 기간의 표본임을 감안할 때 예측정확도는 아주 높은 것으로 평가되고 있다.

표 10-19 Model *K*

	Year *T*-1	Year *T*-2	Year *T*-3	Year *T*-4	Year *T*-5
RETA	−0.207	−0.069	−0.138	−0.132	−0.164
	(0.002)	(0.069)	(0.008)	(0.017)	(0.007)
INTS	0.358	0.225	0.240	0.229	0.039
	(0.036)	(0.090)	(0.159)	(0.074)	(0.666)
CFTL	−0.064	−0.111	−0.016	−0.047	−0.090
	(0.131)	(0.006)	(0.577)	(0.078)	(0.005)
STA	−1.046	−0.772	−0.965	−0.135	−0.363
	(0.502)	(0.200)	(0.611)	(0.919)	(0.743)
CONSTANT	0.008	0.866	0.324	−0.133	1.966
	(0.998)	(0.685)	(0.913)	(0.950)	(0.253)
Chi-square	66.781	58.111	50.588	45.477	47.238
(Sig. Level)	(0.000)	(0.000)	(0.000)	(0.000)	(0.000)

주 : 회귀계수 아래 괄호 안의 숫자는 회귀계수의 유의수준을 나타내는 *p*-value이며, 이 값이 0에 가까울수록 회귀계수에 대한 신뢰도가 높다는 것을 의미함. Chi-square값 아래 괄호 안의 숫자도 유의수준을 나타냄.

표 10-20 Model *K*의 예측정확도 (단위 : %)

	Year *T*-1	Year *T*-2	Year *T*-3	Year *T*-4	Year *T*-5
추정표본	89.3	85.7	79.8	79.8	83.3
확인표본	89.7	83.3	85.9	75.6	78.9

3. 부실예측모형의 응용분야, 유용성과 한계 및 발전방향

(1) 부실예측모형의 응용분야

첫째, 부실예측모형은 금융기관에서 거래대상기업이나 개인에 대한 신용평가(信用評價, credit evaluation), 소비자금융 및 신용카드(credit card) 신청에 대한 평가, 그리고 금융기관이 보유하는 대출포트폴리오(loan portfolio)의 효율적 운용 등에 적용될 수 있다. 특히 신용평가 시 대출심사역(loan officer)은 심사대상 기업 및 개인의 신용도에 관한 개괄적 정보를 얻는 데 예측모형을 활용할 수 있다. 기업 및 개인의 기초자료가 전산화되어 있다면 이 방법은 시간과 비용 면에서 크게 도움이 될 수 있다.

둘째, 부실예측모형은 기업의 내부통제(internal control)에도 적용될 수 있다. 경영자는 자사의 내부적 문제점을 파악하거나, 사업부나 자회사 또는 계열기업의 경영상태를 종합적으로 판단하고 필요한 조치를 취함에 있어 예측모형을 이용할 수 있을 것이다.

셋째, 부실예측모형은 투자자가 주식 및 채권의 최적포트폴리오를 구성함에 필요한 투자정보를 제공할 수 있다. 즉, 판별모형에 의해 부실이 예측된 기업의 주식은 매각하거나 대주(貸株, short selling)를 하고, 부실기업에서 정상기업으로 전환될 것으로 예측된 기업의 주식은 매입함으로써 포트폴리오관리에 도움을 받을 수 있다. 채권의 경우에도 예측모형은 채권의 채무불이행위험에 관한 정보인 신용등급 또는 수익률차(yield spread)를 상당히 정확하게 예측할 수 있는 것으로 나타나고 있다.

(2) 부실예측모형의 유용성과 한계

앞에서 살펴본 바와 같이 판별분석 혹은 로짓분석 등에 의하여 작성된 부실예측모형은 이제 부실예측은 물론 신용평가 · 여신결정 · 주식평가 · 내부통제 · 투자결정 · 감사 등의 분야로 그 적용범위가 확대되어 가고 있다. 그 이유는 이들 예측모형이 다음과 같은 유용성을 가지고 있기 때문이다.

첫째, 판별모형이나 로짓모형은 종합적인 경영분석기법으로 활용될 수 있다. 즉, 유동성, 수익성, 재무구조, 지급능력, 활동성 등을 대표하는 재무지표를 포함하여 평가모형을 작성할 경우, 이 모형은 기업의 경영성과나 지급능력 등을 종합적으로 평가할 수 있는 분석기법이 된다.

둘째, 예측모형은 객관적 분석을 가능하게 한다. 기업평가에 구체적으로 사용되는 모형이 Z-Score모형, ZETA모형, 또는 기타 어떤 모형이든지 간에, 동일한 모형을 써서 여러 기업을 동시에 평가한다면 같은 기준에 의한 평가가 이루어지므로 분석자의 주관적 판단이 개입될 여지가 없게 된다.

셋째, 부실발생의 가능성이 있는 기업을 발견하는 데 경제적 · 시간적으로 도움을 준다. 예측모형을 통하여 부실위험이 없는 기업군, 부실위험이 있는 기업군, 정밀분석이 필요한 기업군 등으로 신속히 분류할 수 있고, 또 분류오류로 인한 손실이 클 경우(예를 들어, 부실위험이 있는 기업을 부실위험이 없는 기업군으로 분류할 경우)에는 절사점을 적절히 조정함으로써 손실을 사전에 방지할 수 있다.

넷째, 금융기관의 조기경보(早期警報)시스템(early warning system : EWS) 형성에 유용하다. 여신대상기업의 신용평가를 위해 많은 양의 기업관련 자료를 데이터 베이스(data base)에 축적하고 있는 금융기관은 이 같은 다양한 자료를 부실예측모형에 포함시킴으로써 신속하게 기업평가를 할 수 있다.

이와 같은 유용성을 지니는 부실예측모형도 다음과 같은 한계가 있음을 인식하여야 한다.

첫째, 대부분의 연구에서 예측모형에 어떤 재무변수를 이용할 것인가에 관해 이론적 뒷받침이 제공되지 못하고 있다. 또 같은 표본을 대상으로 추정한 예측모형에서도 도산 1년 전 모형과 도산 2년 전 모형에 포함된 재무비율이 서로 일관성이 없는 경우가 많다.

둘째, 판별모형의 경우에는 독립변수들이 다변량 정규분포(多變量 正規分布)를 하고 있다고 가정하고, 또 정상기업과 부실기업에 있어 각 재무비율의 분포가 동일하다고 가정하고 있는데, 표본기업들의 재무비율분포는 이 같은 통계적 가정과 괴리될 수 있다. 다만, 로짓모형의 경우에는 이러한 통계적 가정이 필요치 않다.

(3) 부실예측모형의 발전방향

판별분석이나 로짓분석에 의하여 작성된 부실예측모형은 한계점에도 불구하고 금융기관을 중심으로 많이 사용되고 있다. 최근에는 빅테이터, 인공지능기술의 발달과 함께 텍스트마이닝(text mining), 머신러닝(machine learning)의 기법을 도입한 연구들이 진행되고 있다.

바르보자, 키무라, 알트만(2017)은 부도예측에 있어서 머신러닝 방법을 사용하여 기존의 판별분석이나 로짓분석보다 우수한 결과를 얻을 수 있었다. 특히, 로짓방법은 69%, 판별분석은 50%의 정확성을 주는 반면, 랜덤포리스트(random forest)라는 머신러닝 기법은 87%의 정확도로 가장 좋은 성과를 보여주었다.[34] 네트저, 르마이어, 헤르젠스타인(2019)은 대출금의 부도예측에 있어서 채무자 대출지원서의 텍스트를 분석하여 활용하였는데, 이는 부도 가능성의 예측력을 높이는 데 큰 도움이 되었다.[35] 스티벤손, 뮤에스, 브라보(2021)도 중소기업의 대출의 부도를 예측함에 있어서 대출기관의 텍스트 자료의 정보와 딥러닝(deep learning) 기법을 사용하였을 때 유의미한 예측력을 얻을 수 있었다.[36] 이런 방법론적인 발전은 향후에도 지속될 것이다.

34) F. Barboza, H. Kimura, and E. Altman, "Machine Learning Models and Bankruptcy Prediction," *Expert Systems with Applications*, 83(2017), pp.405~417.

35) O. Netzer, A. Lemaire, and M. Herzenstein, "When Words Sweat: Identifying Signals for Loan Default in the Text of Loan Applications," *Journal of Marketing Research*, 56(2019), pp.960~980.

36) M. Stevenson, C. Mues, and C. Bravo, 2021. "The Value of Text for Small Business Default Prediction: A Deep Learning Approach," *European Journal of Operational Research*, 295(2021), pp.758~771.

연 습 문 제

01 다음 용어를 설명하라.

① 프로필분석
② 이분류검정
③ 절사점
④ 제1종 오류와 제2종 오류
⑤ 판별함수
⑥ *Z*-Score Model
⑦ ZETA Model
⑧ *K*-Score Model
⑨ 로짓함수
⑩ 조기경보시스템

02 경제적 부실, 지급불능, 파산의 세 가지 기업부실 개념을 구분하여 설명하라.

03 부실원인과 부실징후를 비교하여 설명하라.

04 최근에 부실화된 우리나라 기업의 현황과 부실원인을 조사하여 보라.

05 단일변량 부실예측방법을 설명하고, 이 방법의 유용성과 한계를 지적하라.

06 판별분석의 의의, 절차, 적용가능분야, 유용성과 한계를 설명하라.

07 다음 자료에는 제조업 중 20×3년에 도산한 2개 기업과 8개 정상기업의 수지비율(총비용/총수익)과 이자보상비율이 제시되어 있다.

부실예측 : 추정표본

	수지비율(%)	이자보상비율(배)
<정상기업>		
A사	104.8	−1.37
B사	69.6	2.16
C사	54.8	2.91
D사	47.4	2.82
E사	76.6	3.10
F사	71.8	2.81
G사	80.0	3.56
H사	62.8	3.93
<부실기업>		
I사	92.2	−0.68
J사	97.0	0.16

① 각 재무비율별로 정상기업과 부실기업의 평균과 표준편차를 구하라.

② 각 재무비율별로 중간점에 의한 최적절사점을 구하고 이분류검정을 실시하라.

08 아래의 표는 스테인리스강판 등 특수강 메이커인 SM특수강의 19×6년도 요약재무제표 및 철강업의 주요 재무지표를 요약한 재무자료이다.[35)]

SM특수강의 재무제표 (단위 : 백만 원)

요약재무상태표(19×6.12.31.)		요약손익계산서(19×6.1.~12.)	
자산			
유동자산	892,811	매출액	860,093
당좌자산	496,985	매출원가	813,367
(매출채권)	320,384	매출총이익	46,726
재고자산	395,826	판매비와 관리비	29,817
비유동자산	640,931	영업이익	16,909
투자자산	204,916	영업외수익	46,663
유형자산	394,093	(이자수익)	41,686
무형자산	–	(외환차익)	1,531
이연자산	41,922	영업외비용	188,334
자산총계	1,533,742	(이자비용)	148,529
부채와 자본		(외환차손)	12,880
유동부채	896,813	특별이익	5,133
비유동부채	554,559	특별손실	2,813
부채총계	1,451,372	법인세비용차감전 순이익	−122,442
자본총계	82,370	법인세비용	–
(이익잉여금)	−182,694	당기순이익	−122,442
부채와 자본총계	1,533,742		

〈참고〉 19×6년 말 현재 발행주식수 : 48,401천 주, 주가 : 4,280원, 주당순이익 : −2,726원
자료 : 19×6년도 사업보고서.

철강업종의 주요 재무비율(19×6년도)

유동비율	102.67%	총자산순이익률	2.08%	매출채권회전율	5.72회
당좌비율	71.76%	자기자본순이익률	5.74%	재고자산회전율	6.59회
매출액/유동부채	200.30%	매출액영업이익률	8.36%	이익잉여금/총자산	11.72%
자기자본비율	36.80%	매출액순이익률	2.88%		
부채비율	171.72%	금융비용부담률	3.15%		
비유동장기적합률	98.18%	총자산회전율	0.72회		
이자보상비율	1.66배	비유동자산회전율	1.13회		

자료 : 한국상장회사협의회, 「상장회사총람」(19×8년판).

35) 여기서 예로 든 SM특수강은 1997년 3월 과다한 차입에 의한 무리한 사업확장과 철강경기 악화로 도산한 삼미특수강이다. 이 회사는 부도 후 법원의 법정관리인가를 받아 채권단에 의해 경영정상화가 추진되다가 2000년에 현대자동차 계열의 인천제철(현재의 현대제철)에 인수되었다.

① 유동성, 레버리지, 수익성, 효율성 등에 관한 재무비율을 이용하여 SM특수강의 재무상황을 업종과 비교하여 보라. 재무비율 중 특히 이 회사의 부실여부 판단에 도움이 되는 비율은 어느 것인가?

② 알트만의 Z-Score Model 및 Z'-Score Model을 이용하여 이 회사의 판별점수를 구하고 부실여부를 진단하여 보라.

③ 알트만의 $K1$-Score Model 및 $K2$-Score Model을 이용하여 이 회사의 부실여부를 판단하여 보라.

09 다음 표는 정유업을 영위하고 있는 YK와 IC의 19×9년 요약 재무정보이다.

YK와 IC의 요약재무정보

항목	YK		IC	
	19×8	19×9	19×8	19×9
매출액	11,048,787	11,237,096	2,341,153	2,291,516
영업이익	869,029	792,512	201,731	89,466
이자비용	1,000,051	784,599	332,626	297,497
경상이익	181,393	347,902	−32,621	−203,754
당기순이익	126,319	345,038	−80,762	−158,286
자산총계	13,706,929	14,170,005	3,801,893	2,366,530
부채총계	9,556,729	8,292,285	3,246,810	2,100,397
자본총계	4,150,200	5,877,720	555,084	266,133
이익잉여금	426,117	801,520	0	0
영업현금흐름	2,070,207	1,802,430	−417,443	−279,944

① 관련되는 재무비율을 계산하여 두 회사의 수익성, 장기지급능력, 효율성 등을 비교하여 보라.

② 알트만의 $K1$-Score Model을 이용하여 두 회사의 부실가능성을 진단하여 보라.

제 11 장

채권의 신용평가와 수익률차분석

투자자들이 증권시장에서 투자할 수 있는 대표적인 투자대상은 주식과 채권이다. 주식에 투자할 때 투자자들은 주가상승에 따른 시세차익과 영업성적에 따른 배당수입을 기대할 수 있다. 그러나 시세차익이나 배당수입은 주식을 발행한 기업의 영업성적에 대한 전망, 그 기업이 속한 산업의 동향, 그리고 국내외 경제동향 등 각종 요인의 움직임에 따라 변화하게 되므로 매우 불확실하다.

이에 반하여 채권은 미래 일정기간 중 투자자에게 일정액의 원금과 이자를 계약대로 상환하겠다고 약속하는 증권이기 때문에 주식에 비해서는 위험이 적다고 할 수 있다. 그러나 정부가 발행한 국채를 제외한 일반기업이 발행한 회사채나 기업어음(CP) 등의 채권은 발행회사가 당초 약속대로 원리금지급을 이행하지 못하는 상황이 발생할 수가 있다. 회사의 수익성이 극도로 나빠지거나 원리금상환에 필요한 자금을 더 이상 조달할 수 없는 경우에는 채무불이행사태가 발생할 수 있기 때문이다. 그러므로 채권투자자의 입장에서는 장차 투자하려고 하거나 이미 투자한 채권에 대해 채무불이행위험의 정도를 알아보는 것은 매우 중요한 일이다.

본장에서 다루게 될 신용평가란 바로 이 같은 채무불이행위험에 대한 정보를 제공하는 역할을 하게 된다. 제1절에서는 채권가치평가의 내용을 설명하고, 제2절에서는 채권의 신용평가제도를 간략하게 소개한다. 제3절에서는 재무정보를 이용한 신용등급의 예측방법을 설명하고 실증적 연구들을 검토한다. 제4절에서는 신용평가와 관련된 주제의 하나로서 채권의 수익률차와 재무정보와의 관계를 분석한다.

제1절 채권가치평가

1. 기본적인 채권가치평가모형

어느 증권을 사거나 팔고자 할 때 투자자는 그 증권이 과대평가되고 있는가 아니면 과소평가되고 있는가를 판단하기 위하여 그 증권의 이론적 가치를 구하고 이를 그 증권의 시장가격과 비교하게 된다. 채권의 이론적 가치, 즉 내재가치는 채권이 제공하는 미래의 현금흐름을 그 채권의 위험에 상응하는 할인율로 할인한 현재가치를 말한다.

이를 식으로 표시하면 다음과 같다.

$$B_0 = \sum_{t=1}^{N} \frac{CF_t}{(1+r)^t} \qquad (11\text{-}1)$$

B_0 : 채권의 이론적 가치
N : 채권의 만기
CF_t : t시점의 순현금유입액
r : 할인율

채권의 경우 미래의 순현금유입액은 채권의 액면가액(額面價額, face value)에 액면이자율(額面利子率, coupon rate)을 곱하여 결정되는 액면이자와 만기시점에서 상환받게 되는 액면가액의 합으로 구성되므로 (식 11-1)은 다음과 같이 쓸 수 있다. 일정기간마다 지급받게 되는 액면이자는 매기 동일하며 채권발행 시에 이미 확정된 금액이다.

$$B_0 = \sum_{t=1}^{N} \frac{I}{(1+r)^t} + \frac{F}{(1+r)^N} \qquad (11\text{-}2)$$

I : 액면이자($F \times i$)
F : 액면가액
i : 액면이자율

채권가치평가의 기본이 되는 (식 11-2)에 나타나 있는 바와 같이 채권의 가치를 결정하는 요인은 액면가액, 액면이자, 만기, 투자자가 요구하는 할인율의 네 가지이다. 그런데 채권평가에 있어 앞의 세 요인은 모든 채권발행시점에서 이미 확정되어 있기 때문에 실제로 적용하는 데 문제가 없다. 그러나 채권의 할인율은 이자율이나 인플레이션 등 경제변수의 동향과 채권 자체에 관한 위험, 즉 원금과 이자의 상환과 관련된 채무불이행위험(default risk)을 투자자가 어떻게 평가하느냐에 따라 달라질 수 있다. 예를 들어 액면가 10,000원, 액면이자율 6%, 만기 3년인 회사채(이자는 연 1회 연말지급)의 이론적 가치를 할인율을 달리하면서 계산해 보자.

① 할인율이 6%인 경우 :

$$B_0 = \frac{600}{(1+0.06)} + \frac{600}{(1+0.06)^2} + \frac{(600+10,000)}{(1+0.06)^3} = 10,000\text{원}$$

② 할인율이 4%인 경우 :

$$B_0 = \frac{600}{(1+0.04)} + \frac{600}{(1+0.04)^2} + \frac{(600+10,000)}{(1+0.04)^3} = 10,555.02\text{원}$$

③ 할인율이 7%인 경우 :

$$B_0 = \frac{600}{(1+0.07)} + \frac{600}{(1+0.07)^2} + \frac{(600+10,000)}{(1+0.07)^3} = 9,737.57 \text{ 원}$$

이와 같이 다른 조건이 동일하더라도 할인율이 다르게 되면 채권의 가치도 달라진다는 것을 알 수 있다.

채권의 경우 순현금유입액의 현재가치(B_0)와 채권의 현재가격을 일치시키는 할인율을 특별히 만기수익률(滿期收益率, yield to maturity)이라고 한다. 만약 위의 예에서 이 채권이 9,737.57원의 가격으로 거래되고 있다면 이 채권의 만기수익률은 7%이다. 만기수익률이란 결국 투자자가 어느 채권을 만기까지 보유하고 액면이자를 만기수익률로 재투자하였을 때 얻을 수 있는 내부수익률(內部收益率, internal rate of return)을 의미하며, 투자실무에서 가장 중요시하는 이자율이다. 우리가 보통 채권의 수익률이라고 하는 것도 이 만기수익률을 말한다.

만기수익률을 계산하기 위한 간단한 예를 들어보자. 어느 사채의 액면가액이 10,000원, 액면이자율이 연 6%로 연 1회 연말지급, 만기까지의 기간이 3년인데 현재 9,500원에 거래되고 있다 하자. 이 사채의 만기수익률은 다음 식에 의하여 계산할 수 있다.

$$9,500 = \frac{600}{(1+r)} + \frac{600}{(1+r)^2} + \frac{(600+10,000)}{(1+r)^3}$$

만기수익률 r은 시행착오방법으로 구할 수 있다. 이는 우측항의 현금유입액의 현재가치가 좌측항의 채권가격인 9,500원에 근접할 때까지 할인율 r에 다양한 수치를 대입하여 보는 것이다. 만기수익률을 시행착오방법으로 구하면 r=0.0794, 즉 7.94%가 된다.[1)]

1) 엑셀을 이용하면 만기수익률을 쉽게 구할 수 있다. 이는 채권가격인 9,500원을 투자하여, 향후 3년간 600원, 600원, 10,600원의 현금흐름을 버는 투자안으로 볼 수 있으므로 만기수익률은 바로 내부수익률과 같다. 엑셀의 '수식-함수삽입-재무-IRR'을 순서대로 클릭하면 내부수익률(IRR)을 계산하는 표시창이 열린다. 그 창의 Values에 현금흐름이 입력되어 있는 셀의 참조영역을 지정하면 내부수익률의 값이 계산되어 나온다. 현금흐름 −9,500, 600, 600, 10,600이 기록된 셀이 A열의 1행~4행이라면 셀의 참조영역은 A1:A4로 표시되고 계산결과인 7.938%가 나타난다. 수식 =IRR(A1:A4)를 직접 이용해도 된다.

2. 만기수익률의 결정요인

채권의 만기수익률을 결정하는 요인은 자본생산성(실질이자율), 인플레이션율, 채권의 만기, 채권 자체의 위험에 대한 보상의 네 가지로 집약할 수 있다. 앞의 두 가지 요인은 채권발행주체의 외적 요인이라 할 수 있고, 뒤의 두 가지 요인은 채권발행주체의 내적 요인이라 할 수 있다. 그런데 자본생산성과 인플레이션은 모든 채권에 대하여 공통적인 영향을 미친다고 볼 수 있으므로, 결국 특정채권의 만기수익률을 결정하는 요인은 수익률의 기간구조(term structure)와 위험구조(risk structure)라고 할 수 있다. 수익률의 기간구조란 채권발행기업의 특성이나 채권의 상환조건 등이 모두 동일한 상황일 때 채권의 만기와 수익률의 관계를 의미한다.[2] 이에 반하여 수익률의 위험구조란 채권의 위험수준과 수익률의 관계를 의미한다. 경영분석에서 다루는 재무정보와 채권수익률의 관계는 수익률의 위험구조와 관련된다.

채권수익률의 위험구조는 약속수익률(約束收益率, promised yield)과, 그 채권과 동일한 만기를 가지는 무위험채권의 수익률과의 차이인 수익률차(收益率差, yield spread)로 나타난다. 즉,

$$ys = r - R_f \tag{11-3}$$

ys : 수익률차
r : 약속수익률
R_f : 무위험채권의 수익률

여기서 약속수익률이란 채권과 관련하여 약속된 모든 조건이 이행된다는 가정하에서 계산된 만기수익률이다. 우리가 앞에서 설명한 채권의 만기수익률은 바로 약속수익률을 지칭하는 말이다. 예를 들어 A기업이 발행한 어느 사채가 1년 후에 만기가 되는데 액면가액은 10,000원이며 이자는 액면가액의 7%를 준다고 하자. 이 사채의 시장가격이 현재 9,800원이라면 사채의 약속수익률(만기수익률) r은 $(10{,}000+700)/(1+r)=9{,}800$을 통해 구할 수 있다. 이 식을 풀면 $r=(10{,}700/9{,}800)-1=0.09184$, 즉 9.18%이다. 이때 역시 1년 후에 만기가 되는 국채의 만기수익률이 5%라고 한다면, 수익률차는 9.18%−5%=4.18%로 계산된다.

이제 수익률차를 결정하는 요인을 살펴보자. 수익률차는 채무불이행위험에 대한 프리

2) 일반적으로 채권의 만기가 길어질수록 만기수익률은 상승한다.

미엄(default risk premium : drp)과 유동성위험에 대한 프리미엄(liquidity risk premium : lrp)의 합으로 이루어진다. 즉,

$$ys = drp + lrp \tag{11-4}$$

ys : 수익률차
drp : 채무불이행위험에 대한 프리미엄
lrp : 유동성위험에 대한 프리미엄

채무불이행위험 혹은 부도위험은 채권의 이자와 원금이 약정대로 상환되지 못하여 발생하는 위험이다. 반면, 유동성위험은 시장성위험(marketability risk)이라고도 하는 것으로서 발행된 채권의 규모가 작거나 채권시장이 발달되지 않아 채권을 적절한 가격으로 단시일 내에 매각할 수 없는 위험이다.

채무불이행위험과 유동성위험 중에서 채권의 수익률차를 주로 결정하는 위험은 채무불이행위험이다. 채무불이행위험은 각 채권마다 다르며, 이에 따라 각 채권의 만기수익률 및 수익률차도 달라진다. 증권시장을 통한 자금조달이 활발한 미국 등에서는 채권의 채무불이행위험을 질적으로 평가하는 신용평가제도가 오래전부터 발달되어 있으며, 신용등급에 따라 채권의 수익률에 차이가 나고 있다.

제2절 신용평가제도

본절에서는 신용평가제도에 관한 내용을 간략하게 소개하기로 한다. 신용평가의 의미와 역할, 신용등급의 종류와 내용, 신용등급과 채권수익률 및 채무불이행률의 관계, 등급평가과정에서 중시되는 주요 평가항목, 우리나라의 신용평가제도 등을 순서대로 살펴보기로 한다.[3)]

3) 신용평가제도 전반에 관한 자세한 내용은 다음 책을 참조 바람. 신동령, 「신용평가의 실제와 이론」(다산출판사, 1999.2.).

1. 신용평가의 의미와 역할, 주요 신용평가기관

(1) 신용평가의 의의와 목적

신용평가(credit rating)란 신용평가기관이 특정채권의 원금과 이자가 약속대로 상환될 수 있는 정도를 판정하여 이를 이해하기 쉬운 기호나 문장으로 등급을 매겨 투자자에게 전달하는 것을 말한다.[4] 그러므로 신용평가의 목적은 채권의 원금과 이자가 약속대로 상환될 수 있는 정도를 측정(심사)하여 투자자에게 전달함으로써 이 같은 정보를 알지 못하여 발생할 수 있는 손실로부터 투자자를 보호하는 데 있다. 신용평가는 Aaa, AAA, P-1, A-1 등과 같은 간략하고도 이해하기 쉬운 기호에 의하여 채권의 위험에 관한 질적 정보를 투자자에게 제공한다는 특징이 있다.

여기서 주의해야 할 점은, 신용평가란 단지 특정채권의 신용위험 정도를 파악하여 그 정보를 간략한 기호로서 투자자에게 전달하는 것이지, 특정한 채권을 투자대상으로 추천하거나 또는 이를 통해 채권가격을 예측하려는 것은 아니라는 점이다. 다시 말하면, 투자자들이 채권시장에서 채권을 선택할 때에는 수익과 위험이라는 두 가지 요소를 고려하게 되는데, 신용평가는 바로 채무불이행위험에 대한 정보제공에 그 목적이 있다.

특히 신용등급을 투자목적에 이용할 경우에는 다음 사실을 염두에 두어야 한다.[5] 첫째, 신용등급은 어디까지나 신용평가기관의 의견(opinion)으로 간주되어야 한다. 따라서 신용등급은 특정신용등급의 증권에 대한 매수 · 매도를 추천하거나 특정등급 이상의 채권에 대하여 채무불이행이 일어나지 않는다는 것을 자동으로 보증하거나 약속하는 것은 아니라는 점이다. 둘째, 특정채권에 부여된 신용등급은 그 증권의 신용위험을 측정하는 것이나, 채권투자와 관련된 유동성위험 · 중도상환위험 · 금리변동위험 · 환율변동위험 등 다른 위험요소까지 측정하는 것은 아니라는 것이다. 셋째, 신용등급은 증권의 잠재적 가격상승가능성을 예측하는 것은 아니라는 것이다. 따라서 가령 전환사채의 신용평가라면 주식으로 전환이 되지 않는 것을 가정하고 원칙적으로 채권부분에 대해서만 평가가 적용된다.

---

4) 'credit rating' 은 정확하게는 특정채권에 신용등급을 부여하는 것이므로 '신용등급평가' 라고 해야 할 것이지만 일반적으로 '신용평가' 로 사용하고 있다. 평가대상 채권의 종류에 따라 'bond rating' 이나 'CP rating' 등의 용어를 쓸 때도 있다.

5) 신동령, 전게서, pp. 15~16.

(2) 신용평가의 역할

신용평가의 가장 중요한 역할은 투자자에게 채권의 신용위험에 관한 정보를 제공하여 투자자를 보호하는 것이라고 할 수 있다. 그러나 신용평가제도가 발달한 미국의 경우에서 볼 수 있는 바와 같이 신용평가는 투자자 외에도 행정기관, 증권인수업자 및 판매업자, 기채자(起債者), 그리고 국민경제에 커다란 기여를 하고 있다.

1) 투자자에 대한 유용성

신용평가가 실시될 경우, 개인투자자는 물론이고 기관투자자는 채권운용을 위한 종목선정 때 각 채권에 부여된 신용등급을 참고함으로써 정보비용을 대폭 줄일 수 있다. 또 내부에서 신용평가를 하는 기관투자가는 채권운용담당자의 판단을 평가기관의 신용등급과 비교함으로써 내부에서 내린 평가의 신뢰도를 검토할 수 있다.

2)행정기관에 대한 유용성

미국의 경우 행정기관이 보험회사, 금융기관, 연금신탁 등 관할금융기관의 건전한 경영을 지도함에 있어서 신용평가에 크게 의존하고 있다. 가령, 미합중국 통화감독관이 1936년 이후 은행이 투자할 수 있는 채권을 BBB등급 이상으로 제한하고 있는 것은 하나의 좋은 예가 된다. 이들 행정기관이 금융제도의 건전성을 유지하기 위하여 민간신용평가기관의 신용등급을 일찍부터 활용한 것이 신용평가제도의 정착에 큰 기여를 했다. 특히, 미국의 증권거래위원회(SEC)는 1975년부터 무디스, S&P, 피치 등의 민간신용평가회사들을 국가공인신용평가기관(nationally recognized statistical rating organizations : NRSRO)으로 지정하였으며, 이것이 신용등급의 활용을 촉진시킨 큰 계기가 되었다.

3) 증권인수업자와 판매업자에 대한 유용성

미국에서는 1933년의 증권법(Securities Act)에 의해 증권인수업자 및 판매업자가 증권의 평가에 관한 사항을 문서로써 고객에게 전달하는 것이 금지되어 있다. 따라서 유가증권의 인수업자와 판매업자는 증권법에 저촉되지 않는 제3자인 신용평가기관이 발표한 신용등급을 활용하고 있다.

4) 기채자에 대한 유용성

신용평가의 최대이점은 기채자, 즉 기업이나 지방자치단체 등 채권의 발행주체가 그들이 발행하는 채권의 신용등급을 높게 판정받음으로써 자금조달비용을 낮출 수 있는 점이다. 미국에서 1968년 이후 신용평가가 유료(有料)로 전환된 것도 이와 같은 유용성에서 비롯된 것이다. 또한 신용평가는 인수업자가 증권판매를 목적으로 발행가격을 낮추는 등 불리한 발행조건을 요구할 경우에도 발행채권에 대한 공정한 평가를 제공함으로써 발행회사를 보호하는 역할도 한다.

5) 국민경제에 대한 유용성

신용평가제도가 국민경제 전체에 주는 유용성으로는, 채권의 신용등급을 이용함으로써 사회 전체적인 면에서 정보비용이 절감될 수 있고, 객관적인 정보의 전달에 의하여 채권시장의 투명성(transparency)이 제고됨으로써 자본시장의 건전한 발전이 촉진될 수 있으며, 채권발행조건이 신속히 결정됨으로써 효율적 자원배분이 이루어진다는 것을 들 수 있다.

특히, 신용평가제도가 정착된 경우 독립적이며 객관적인 평가기관에 의한 신용평가는 채권시장에 대하여 '문지기기능'(gatekeeper function)과 '질서 있는 퇴출기능'(orderly exit function)이란 자율규제기능을 제공하게 된다. 예를 들어, 미국의 CP(commercial paper) 시장의 경우 투자적격 등급을 받지 못한 기업은 CP 발행물량을 소화시키는 데 필요한 투자자를 찾기 힘들고, 신용등급이 하락하면 투자자 수도 줄어드는 것을 볼 수 있다. 그 결과 채무불이행가능성이 아주 높은 기업은 실제로 채무불이행이 발생하기 전에 시장에서 퇴출당하는 게 보통이다.

(3) 주요 신용평가기관

현재 전 세계 30여 개 국가에 신용평가기관이 설립되어 활동 중에 있으나, 그중 가장 큰 비중을 차지하고 있는 것이 무디스(Moody's Investors Service, Inc.), S&P(S&P Global Ratings), 피치(Fitch Ratings, Inc.) 등 3개 기관이다. 이들 3대 평가기관의 현황은 〈표 11-1〉과 같다.[6]

---

6) 2021년 12월 현재, 무디스 등 3대 신용평가기관 이외에도 SEC로부터 NRSRO로 지정된 여타 신용평가기관으로는 A.M.Best(A.M.Best Company, Inc.), DBRS(DBRS Ltd.), Demotech, Inc., EJR(Egan-Jones Rating Company), HR(HR Ratings de Mexico, S.A.), JCR(Japan Credit Rating Agency, Ltd.), KBRA(Kroll Bond Rating Agency, Inc.) 등 7개 기관이 있다. 홈페이지 참조(https://www.sec.gov/ocr/ocr-current-nrsros).

표 11-1 세계 3대 신용평가기관의 현황

	무디스	S&P	피치
본사소재지	뉴욕	뉴욕	뉴욕/런던
설립자	John Moody	Henry Poor	John Fitch
설립연도	1900년	1860년	1913년
신용평가 시작연도	1909년	1916년	1924년
NRSRO 최초지정연도	1975년	1976년	1975년
최대주주	Moody's Co.	McGraw-Hill Co.	Fimalac, S.A.
분석전문 요원수(명)	1,250	1,309	1,362
평가대상 채권수(건)	1,112,317	1,255,000	671,947
Homepage 주소	www.moodys.com	www.spratings.com	www.fitchratings.com

자료 : 3대 평가기관 홈페이지 및 SEC, *Annual Report on Nationally Recognized Statistical Rating Organizations*(September 2009).

무디스의 역사는 무디(John Moody)에 의해 1900년에 설립된 무디출판사(John Moody & Company)에서 비롯된다. 무디스는 1909년에 유가증권에 대한 최초의 신용평가를 시행하였다. 즉, 무디는 당시 미국 철도회사의 영업, 경영, 재무상황 등을 분석하여 이를 「철도회사 투자분석」(*Moody's Analysis of Railroad Investment*)이라는 책자에 수록하여 발표하였다. 특히, 이 책자에는 200여 개의 철도회사가 발행한 1,500여 건의 철도채권의 신용위험을 분석하고 있는데, 그 결론을 1800년대 후반부터 신용조사업계에서 사용하여 오던 Aaa~C 등의 기호(lettler rating symbol)로 내렸다는 특징이 있다. 무디스는 이후 신용조사회사인 D&B(Dun and Bradstreet Co.)에 인수된 후, 2000년부터는 D&B의 회사분할에 따라 신용평가업무를 담당하는 지주회사인 Moody's Corporation의 자회사로 존재하고 있다.

S&P의 역사는 푸어(Henry Poor)가 1860년에 출판사인 푸어앤컴퍼니(Poor and Co.)를 설립하고 「미국 철도 및 운하역사」(*History of the Railroads and Canals of the United States*)라는 책자를 발간한 데서 출발한다. 이후 푸어는 1916년부터 회사채 신용평가를 시작하였고, 1941년에는 1924년부터 회사채 신용평가를 하던 스탠다드(Standard Statistics Co.)와 합병을 하여 S&P(Standard and Poor's Corporation)가 되었다. 1966년에는 출판기업인 맥그로힐(McGraw-Hill Co.)이 S&P를 인수하였으며, S&P는 신용평가업무를 수행하는 사업부(Standard and Poor's Ratings Services)가 되었다.

피치는 1913년에 피치(John Fitch)에 의해 설립된 피치출판사(Fitch Publishing Co.)에서 출발하였으며 당시 「피치 주식 및 채권 매뉴얼」(*Fitch Stock and Bond Manual*)과 같은 출판물로 유명하였다. 피치는 1924년부터 신용평가업무를 시작하였으며 현재의 장기신용등급인 'AAA~D'의 평가척도를 도입하였다. 피치는 1997년에 런던에 본부를 둔 신용평가회사인 IBCA사와 합병하였고 소유주는 IBCA사의 대주주인 피말락사(Fimalac, S.A.)로 변경되었다. 피치는 2000년에 금융기관 신용평가에 강점이 있던 DCR(Duff & Phelps Credit Rating Co.)을 인수함으로써 무디스나 S&P와 경쟁할 수 있는 체제를 갖추게 되었다.

전 세계 신용평가업계에서 이들 3대 기관의 비중은 매우 크며 영향력도 절대적이다. 예를 들면, 2008년의 경우 SEC로부터 NRSRO로 공인을 받은 10개 신용평가기관이 평가한 채권의 건수는 3,124천 건인데, 이 중 이들 3대 평가기관이 평가한 채권의 수는 무디스가 1,112천 건, S&P가 1,255천 건, 피치가 672천 건 등 총 3,039천 건으로 전체의 97.3%를 차지하고 있다.

이들 3개 회사는 회사채, 지방채, 기업어음(CP), 양도성예금증서(CD), 은행사채, 외국채, 유로채, 우선주, 은행인수어음(BA), 대출채권, 신용장(L/C), 채권뮤추얼펀드, 주택저당증권 등 금융기관, 보험회사, 일반기업, 각국 정부 및 지방자치단체가 발행한 거의 모든 종류의 채권을 망라하여 평가하고 있다. 특히 이들 3대 신용평가회사가 부여한 100여 개 국가의 외화표시 채권에 대한 장기신용등급은 해당 국가의 신인도를 나타내는 지표로 인식되고 있으며, 이는 그 국가에 속한 기업과 지방정부가 발행하는 외화표시채권에 부여되는 신용등급의 상한으로도 작용하기 때문에 엄청난 중요성을 지닌다.

참고 신용평가기관에 대한 비판적 시각과 제도개혁

2008~2009년의 글로벌 금융위기를 계기로 이들 주요 신용평가기관에 대하여 상당한 비판이 가해지고 있는데 이를 요약하면 다음과 같다.

첫째, 이들 주요 평가기관은 신용등급의 하향조정을 충분히 조기에 실시하지 않고 있다. 가령, 2001년 12월에 도산한 엔론사의 경우 회사의 상황악화를 사전에 인지하고 있었음에도 불구하고, 신용평가기관은 파산신청 4일 전까지 신용등급을 투자적격으로 유지한 바 있다.

둘째, 이들 평가기관은 수익에 눈이 멀어 글로벌 금융위기 시 주택담보대출을 기초로 만들어진 CDO(collateralized debt obligation) 등의 구조화금융상품(structured products)의 신용평가 시 채무불이행이 발생한 대부분의 채권에 대하여 AAA등급을 부여하는 판단실수를 저질렀다.

셋째, 이들 평가기관은 발행주체에 대하여 평가와 관련된 자문을 하는 등 경영진과 너무 친밀한 관계를 유지하고 있어 공정하고 객관적인 평가를 하기 어렵다.

넷째, 신용평가기관에 의한 신용등급의 하향조정은 해당 채권의 가격을 하락시키는 데 그치지 않고 반기가 남아 있는 다른 채권이나 대출에 대한 상환압력을 초래함으로써 발행주체의 도산을 강요하는 소위 '죽음의 계단'(death spiral)을 만들고 있다.

다섯째, 신용평가업무가 평판기반(reputation-based)으로 이루어져 진입장벽이 아주 높기 때문에, 이들 평가기관은 경쟁을 제한하는 과점업자(oligopolists)로 비판받고 있다.

여섯째, 이들 3대 신용평가기관은 정부로부터 '준규제기관의 역할'(a quasi-regulatory role)을 부여받고 있지만, 발행주체로부터 평가수수료를 지급받으며 영리를 추구하기 때문에 이들이 일반투자자들을 위하여 시장의 감시기능을 할 것으로는 기대하기 어렵다.

한편, 금융위기 이후 미국정부는 금융위기의 재발을 막기 위한 다양한 제도개혁을 실시하였는데, 그중 가장 중요한 것이 '도드-프랭크 월가 개혁법'(Dodd-Frank Wall Street Reform Act)이다. 2010년 7월부터 시행된 이 법에서 신용평가회사와 관련된 개혁의 골자는 증권위원회(SEC)에 신용평가회사를 감독하기 위한 신용평가국(Office of Credit Ratings)의 설치, 평가방법에 관한 자료의 제출, 신용등급을 부풀리는 신용평가회사의 등록취소 등으로 요약된다.

2. 신용등급

(1) 장기신용등급

특정채권의 채무불이행위험을 나타내는 신용등급의 기호는 신용평가기관 나름대로 고안하여 사용할 수 있을 것이다. 그러나 대부분의 신용평가기관은 이 분야의 원조격이자 가장 영향력이 큰 무디스와 S&P의 등급기호를 그대로 사용하거나 약간 변형시켜 사용하는 경우가 많다. 신용등급은 기본적으로 장기신용등급과 단기신용등급으로 구분된다. 장기신용등급(long-term credit ratings)은 만기가 1년 이상인 회사채 · 지방채 · 외화표시국채 등 장기채권에 적용되며, 단기신용등급(short-term credit ratings)은 만기가 1년 미만인 CP · 은행예금 · 머니마켓펀드 등 단기채권에 적용된다.

장기채권등급은 기본적으로 채무불이행확률과 채무불이행 발생 시의 손실비율에 의하여 결정된다. 채무불이행확률은 발행기관이 채무상환에 필요한 충분한 이익과 현금흐름을 창출할 수 있는가에 의존하며, 손실비율은 부도발생 시 가능한 손실의 심각성에 대한 예측에 의하여 결정된다. 현재 무디스와 S&P가 사용하는 장기신용등급의 기호와 의미는 〈표 11-2〉와 같다.

채권의 신용위험 정도에 따라 무디스는 Aaa부터 C까지, S&P와 피치는 AAA부터 D까지의 등급을 부여한다. 이 중에서 Aaa나 AAA는 채무불이행위험이 거의 없어 신용도가 최고인 채권에 대하여 부여되며, 무디스의 Ca~C등급 그리고 S&P 및 피치의 CC~D등급은 최악의 신용상태로서 채무불이행가능성이 극히 높거나 이미 채무불이행사태가 발생한 채권에 대하여 부여된다. Aaa~Baa3등급(무디스)과 AAA~BBB-등급(S&P 및 피치)을 신용위

표 11-2 장기신용등급의 기호와 의미

투자적격 등급				투기적 등급			
Moody's	S&P	Fitch	의미	Moody's	S&P	Fitch	의미
Aaa	AAA	AAA	최고위 신용도	Ba1 Ba2 Ba3	BB+ BB BB-	BB+ BB BB-	투기적이며 상당한 신용위험
Aa1 Aa2 Aa3	AA+ AA AA-	AA+ AA AA-	상위 신용도	B1 B2 B3	B+ B B-	B+ B B-	투기적이며 높은 신용위험
A1 A2 A3	A+ A A-	A+ A A-	중상위 신용도	Caa	CCC+ CCC CCC-	CCC	매우 높은 신용위험
Baa1 Baa2 Baa3	BBB+ BBB BBB-	BBB+ BBB BBB-	적절한 신용도	Ca C	CC C D	CC C D	채무불이행 중이 거나 그 가능성이 높음

자료 : 3대 신용평가기관 홈페이지.

험이 일정한 수준 이하라는 의미로 투자적격 등급(investment grade)이라 하고, Ba1~C등급(무디스)과 BB+~D등급(S&P 및 피치)을 신용위험이 일정수준 이상으로 원리금상환에 문제가 생길 가능성이 높다는 의미로 투기적 등급(speculative grade)이라 한다.[7] 투기적 등급을 부여받은 채권을 정크본드(junk bond)라고도 한다.[8]

(2) 단기신용등급

단기신용등급은 1년 이내에 만기가 돌아오는 선순위 무담보채권에 적용된다. 단기신용등급은 장기신용등급과 달리 채무불이행확률은 예측하지만 채무불이행 발생 시 손실의 심각성은 고려하지 않는다. 단기신용등급의 기호가 다른 것은 단기채권과 관련된 신용위험의 성격이 다르고 투자자가 원하는 신용정보도 다르기 때문이다. 3대 신용평가기관이 사용하는 단기신용등급의 기호가 〈표 11-3〉에 나와 있다.

---

7) 이를 투자등급이나 투기등급이라 간략히 부르기도 한다. 그러나 간혹 투기적 등급을 투자부적격 등급이라 하는 경우도 있는데, 이는 투기적 등급의 채권이 모두 다 투자기피대상이라는 의미는 아니므로 적절한 용어는 아니다.

8) 정크본드는 직역하면 '쓰레기채권'이지만, 이 중에서 위험이 높은 대신 높은 수익률이 기대되는 Ba(BB), B 등급의 채권은 투자대상이 될 수 있다.

표 11-3 단기신용등급의 기호

	Moody's	S&P	Fitch	의미
투자적격 등급	Prime-1(P-1)	A-1+ A-1	F1+ F1	뛰어난 단기채무 상환능력
	Prime-2(P-2)	A-2	F2	강한 단기채무 상환능력
	Prime-3(P-3)	A-3	F3	적절한 단기채무 상환능력
투기적 등급	Not Prime(NP)	B-1 B-2 B-3	B	상당한 투기적 요소가 존재
		C	C	높은 채무불이행 가능성
		D	D	채무불이행 중

자료 : 3대 신용평가기관 홈페이지.

무디스는 P-1(Prime-1)~NP(Not Prime)의 4개의 기호를 사용한다. 무디스가 이 신용등급체계를 사용하기 시작한 것은 펜센트럴철도회사가 파산한 직후인 1972년부터이다. S&P는 A-1+로부터 D의 등급을 사용하는데 D등급은 부도 중의 채권이나 발행기관에 부여한다. 피치는 최고위 등급인 F1+에서 부도 중인 D등급까지 사용한다. P-3, A-3, F3 이상의 등급이 투자적격 등급이고, 그 아래가 채무이행에 불확실성이 존재하거나 채무불이행이 발생한 투기적 등급이다.

3대 신용평가기관은 각국 정부가 발행한 채권에 대한 신용등급도 발표하고 있으며, 각국 정부나 금융기관 등이 국제금융시장에서의 좋은 조건으로 채권발행을 하기 위해서는 이들로부터 높은 국가신용등급(sovereign credit ratings)의 획득이 필수적이다. 〈표 11-4〉는 이들 3대 신용평가기관이 각국 정부가 발행한 외화표시(foreign currency)채권에 대하여 부여한 장기신용등급으로서, 이것이 바로 국가신용등급으로 간주되어 활용되고 있다. 전망(Outlook)은 향후(중기)의 등급조정 방향을 예고하는 것으로서 안정적(Stable), 긍정적(Positive), 부정적(Negative), 유동적(Developing) 등으로 제시되고 있다. 〈표 11-4〉에서 한국 외화표시채권의 장기신용등급은 Aa2(Moody's), AA(S&P), AA-(Fitch)로 세분등급기준으로 최상위 등급으로부터 3~4번째 등급을 부여받고 있으며, 등급전망은 현재 등급이 유지될 가능성이 높다는 안정적(Stable)으로 평가받고 있다(2022.12. 기준). 우리나라는 중국은 물론 일본에 비해서도 높은 신용등급을 받고 있는데, 이는 금융위기 이후 경상수지 흑자의 지속과 외환보유고의 증가, 금융기관의 단기외채 감소 등으로 대외채무의 지급능력이 크게 향상된 것을 배경으로 하고 있다.

표 11-4 3대 신용평가기관이 부여한 국가 신용등급의 예(2022.12.)

	Moody's		S&P		Fitch	
	Rating	Outlook	Rating	Outlook	Rating	Outlook
Australia	Aaa	Stable	AAA	Negative	AA+	Stable
Brazil	Ba2	Negative	BB−	Stable	BB	Negative
Canada	Aaa	Stable	AAA	Stable	AAA	Stable
China	A1	Stable	A+	Stable	A+	Stable
France	Aa2	Stable	AA	Stable	AA	Stable
Germany	Aaa	Stable	AAA	Stable	AAA	Stable
Greece	B3	Positive	B+	Positive	BB−	Stable
Hong Kong	Aa2	Stable	AA+	Stable	AA+	Stable
India	Baa2	Stable	BBB−	Stable	BBB−	Stable
Indonesia	Baa2	Stable	BBB	Stable	BBB	Stable
Italy	Baa3	Stable	BBB	Negative	BBB	Stable
Korea	Aa2	Stable	AA	Stable	AA−	Stable
Japan	A1	Stable	A+	Stable	A	Negative
New Zealand	Aaa	Stable	AA	Stable	AA	Stable
Singapore	Aaa	Stable	AAA	Stable	AAA	Stable
Sweden	Aaa	Stable	AAA	Stable	AAA	Stable
Taiwan	Aa3	Stable	AA−	Stable	A+	Stable
Thailand	Baa1	Stable	BBB+	Stable	BBB+	Stable
United Kingdom	Aa1	Negative	AA	Negative	AA	Negative
United States of America	Aaa	Stable	AAA	Stable	AAA	Stable

자료 : 3대 신용평가기관 홈페이지.

3. 신용등급과 채권수익률의 관계

미국에서 채권에 대한 신용평가의 효과가 채권의 수익률에 뚜렷하게 반영된 것은 1930년대의 대공황 이후, 특히 1940년 이후로 볼 수 있다. [그림 11-1]은 회사채에 대한 유통시장 만기수익률이 신용등급에 따라 차이가 있음을 보여주고 있다.

[그림 11-1]을 통하여 신용등급이 떨어질수록 수익률이 올라간다는 점, 각 신용등급의 채권 간에 수익률의 순위가 거의 일정하게 유지되고 있다는 점, 그리고 Aaa등급과 Baa등급의 수익률 차이는 경제의 불황기나 금융위기 기간 중 확대된다는 점 등을 알 수 있다. 특

히, 미국 경제의 금융위기 기간이었던 2009년 초에는 Baa등급 채권의 부도위험이 상승하여 수익률 차이가 약 5%까지 확대된 적도 있었으나 그 후 금융위기가 극복되고 경제상황이 정상화된 2014년 초에는 약 1% 정도로 축소된 것을 볼 수 있다.

| 그림 **11-1** | 신용등급별 채권수익률(2007.1.~2014.1.)

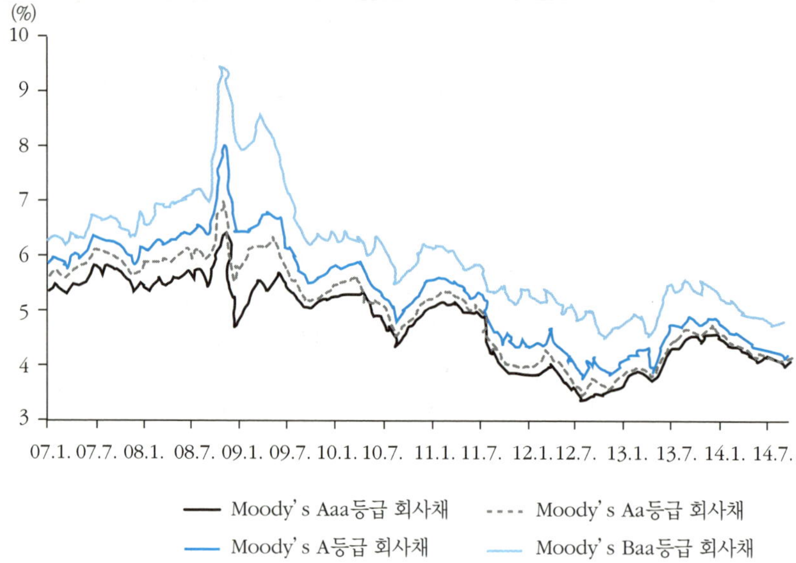

자료 : CME Group, "2014년 3분기 금융시장 동향"(2014.10.2.).

채권시장에서 신용등급에 따라 이와 같은 수익률 차이가 발생할 경우 신용평가는 기채자의 자금조달비용에 큰 영향을 미치게 된다. 그러므로 좋은 신용등급을 받기 원하는 기채자는 평가에 필요한 내부자료 등을 평가기관에 적극적으로 제공하게 되고, 이에 따라 신용평가가 보다 정확하게 이루어질 수 있다.

4. 신용등급과 채무불이행률

논란은 있지만 미국 등 선진국에서는 투자자들이나 정부당국이 신용평가를 신뢰하고 있다. 실제로 신용평가가 투자자 등의 신뢰를 얻게 된 결정적 계기는 1929년의 경제공황이었다. 이때 신용등급이 높은 채권의 채무불이행률(債務不履行率)은 낮았고 신용등급이 낮은 채권의 채무불이행률은 높게 나타난 바 있다.[9)]

〈표 11-5〉는 무디스에 의해 조사된 것으로 1983~2015년 기간 중 최초 신용등급부여 이후 1~10년 중에 발생한 장기채권의 누적채무불이행률(cumulative default rates)을 보여주

표 11-5 신용등급별 평균 누적채무불이행률(1988~2017년) (단위 : %)

Rating	1	2	3	4	5	6	7	8	9	10
Aaa	0.00	0.03	0.03	0.03	0.03	0.03	0.03	0.03	0.03	0.03
Aa1	0.00	0.00	0.00	0.00	0.03	0.09	0.09	0.09	0.14	0.24
Aa2	0.00	0.01	0.14	0.29	0.38	0.48	0.59	0.71	0.89	1.05
Aa3	0.05	0.14	0.18	0.25	0.39	0.54	0.80	1.00	1.10	1.20
A1	0.11	0.25	0.43	0.64	0.89	1.18	1.47	1.73	1.97	2.23
A2	0.07	0.20	0.39	0.58	0.85	1.26	1.64	2.08	2.60	3.23
A3	0.07	0.19	0.42	0.63	0.95	1.14	1.41	1.75	2.19	2.62
Baa1	0.15	0.39	0.64	0.91	1.10	1.31	1.51	1.69	1.87	2.17
Baa2	0.19	0.43	0.70	0.97	1.20	1.48	1.71	1.90	2.23	2.57
Baa3	0.25	0.60	0.96	1.35	1.82	2.19	2.59	3.18	3.70	4.33
Ba1	0.31	1.20	2.15	3.01	4.15	5.15	6.04	6.78	7.67	8.62
Ba2	0.68	1.60	2.84	4.12	5.24	6.10	6.83	8.02	9.40	10.96
Ba3	0.96	2.67	4.65	6.85	8.42	9.97	11.62	13.52	15.27	16.72
B1	1.33	4.06	7.10	10.13	12.86	15.34	17.89	20.27	22.59	24.72
B2	2.79	7.28	11.95	16.47	19.93	23.02	25.74	28.09	30.42	32.40
B3	3.84	9.31	15.25	20.17	24.60	28.57	31.73	34.37	36.85	38.80
Caa1	4.78	11.14	17.18	22.42	26.88	30.42	33.32	36.02	39.11	42.13
Caa2	9.46	17.86	25.19	31.72	36.83	40.94	44.63	48.38	51.99	52.76
Caa3	19.70	31.91	40.07	45.14	49.15	51.73	55.22	58.36	59.16	59.16
Ca-C	32.87	43.91	51.64	56.52	59.58	61.00	62.94	64.12	64.52	64.52
Inv.Grade	0.12	0.29	0.49	0.70	0.94	1.18	1.43	1.71	2.01	2.35
Spec.Grade	4.16	8.43	12.46	15.93	18.76	21.12	23.20	25.11	26.97	28.58
All	1.76	3.49	5.07	6.38	7.42	8.28	9.03	9.72	10.40	11.03

자료 : Moody's Investors Service, *Annual Default Study: Corporate Default & Recovery Rates, 1920-2017* (29 February, 2018).

9) W.B. Hickman, *Corporate Bond Quality and Investor Experience*(Princeton, N. J. : Princeton University Press, 1958).

고 있다. 누적채무불이행률은 최초의 신용등급이 부여된 이후 경과된 연수에 따라 채무불이행이 발생한 채권의 비율을 누적하여 작성된 것이다. 이 표로부터 알 수 있는 사실은 다음과 같다. 첫째, 신용등급이 높을수록 채무불이행률이 낮고 신용등급이 낮을수록 채무불이행률이 높다. 최상위인 Aaa등급 채권은 10년간 0.03%의 채무불이행이 발생하였으나 최하위인 Ca-C등급 채권은 64.52%의 채무불이행이 발생하고 있다. 둘째, 모든 등급에서 경과연수가 오래될수록 누적된 채무불이행률이 상승하는 것으로 나타나고 있다. 셋째, 투자적격 등급 채권과 투기적 등급 채권의 10년간 누적채무불이행률의 평균은 2.35%와 28.58%로서 크게 차이가 나고 있다. 특히 투자적격 등급의 하한인 Baa3등급 채권의 10년간 채무불이행률은 4.33%에 지나지 않으나 투기적 등급의 상한인 Ba1등급 채권의 채무불이행률은 8.62%에 달하고 있다.

5. 평가과정의 분석내용

(1) 주요 분석의 내용[10)]

주요 신용평가기관이 발표하는 신용등급이 기업과 국가의 자금조달 및 경영 전반에 미치는 영향력을 감안할 때, 그들이 어떤 방법으로 신용등급을 결정하는가에 대해 아는 것이 중요하다. 무디스나 S&P 등 주요 평가기관은 스스로 자신들의 평가방법을 상세하게 공개하지는 않지만 NRSRO지정과 관련하여 SEC에 제출한 자료, 각 신용평가회사가 홈페이지 등에 공개하는 평가방법(rating methodology) 등을 통하여 어느 정도는 파악할 수 있다.

특정기업의 신용등급을 결정한다고 할 때, 무디스나 S&P가 분석하는 평가요소는 크게 세 가지이다. 첫째, 그 기업이 속한 국가의 신용도를 분석한다. 이는 개별기업이 발행한 채권(특히 외화표시채권)에 부여되는 신용등급의 최고한도가 바로 국가신용등급임을 감안한 것이다. 둘째, 기업의 경쟁력 · 성장가능성 등이 그 기업이 속한 산업에 의하여 영향을 받기 때문에 산업동향을 분석한다. 셋째, 평가의 핵심이 되는 기업분석을 실시하는데 기업의 채무상환능력에 영향을 미치는 재무적 · 비재무적 요소, 양적 · 질적 요소를 망라하여 분석하고, 기업현장의 방문과 경영진 면담도 포함된다. 넷째, 개별채권의 발행구조(issue

10) 이 부분은 신동령, 전게서, 제4장 '신용평가의 주요 내용(Ⅰ)' 및 제5장 '신용평가의 주요 내용(Ⅱ)'에 전적으로 의존하고 있음.

structure)에 관한 분석이 수행되며, 여기서는 권리의 우선순위 · 담보제공유무 · 재무제한조항 등이 검토된다.[11] 주요 분석은 비재무자료의 분석(질적 분석)과 재무자료의 분석(양적 분석)으로 구분되며 검토사항을 중심으로 분석내용을 요약하면 다음과 같다.

■ 비재무자료의 분석

- 산업분석 : 경제 내의 산업지위, 산업의 라이프사이클, 경기변동에 대한 취약성, 기술변화에 대한 취약성, 경쟁의 성격, 노사관계, 환율변동의 영향 등
- 기업분석
  - 영업 및 경쟁지위 : 시장점유율, 경영다각화, 원가구조와 효율성, 기술력, 경영실무, 정부보증과 지원,
  - 경영진의 질 : 경영전략, 보수주의(재무정책, 회계처리), 연구개발투자, 과거업적, 모회사-자회사 관계, 경영진 승계계획, 내부통제시스템
  - 재무탄력성과 예비유동성 : 재무탄력성(현금창출능력, 외부자금조달능력), 예비유동성(back-up liquidity)(영업활동 현금흐름, 차입능력, 유가증권매각 등)
  - 기업구조 : 특정기업집단 내 기업 간의 상호관계, 모회사의 자회사 출자상황, 모자회사 간 자금지원
  - 특별사건 발생위험 : 합병과 인수(M&A), 자사주매입, 부채발행에 의한 기업인수(LBO), 소송과 산업재해 발생 등
- 신탁증서분석
  - 권리의 우선순위 : 선순위 vs 후순위, 담보부채권 유무, 지주회사 vs 영업회사
  - 특약조항 : 지급능력 약화 제한조항(추가채무 부담제한, 배당금제한, 운전자본제한, 투자제한 등), 담보제공 등 회사부담 증가의 제한, 자산처분 · M&A 제한, 특별중도상환조항의 채택 등

■ 재무자료의 분석

- 재무제표분석의 검토사항
  - 일반적인 검토사항 : 선택적 회계처리방법, 회계의 질 문제(회계투명성 정도), 현금흐름

---

11) 이상의 분석체계는 국가신용도분석을 바탕으로 산업분석과 기업분석이 이루어지고 최종적으로 발행구조분석을 통하여 신용등급이 결정되는 방식이므로, 무디스는 이를 가리켜 등급평가분석 피라미드(rating analysis pyramid)라 하고 있다.

- 자산관련 주요 항목의 분석 : 현금, 매출채권, 재고자산, 유형자산, 자산평가의 적정성
- 부채관련 주요 항목의 분석 : 재무제한 조항, 조정가능 조건부채무, 만기집중 문제, 단기부채의 비중, 부외부채, 퇴직급여충당부채, 우발채무가능성

• 주요 재무지표의 분석
- 수익성비율 : 영업이익/매출액, EBITA/매출액, 자기자본순이익률(ROE), 총자산순이익률(ROA)
- 이자 및 고정금융비용 보상비율 : EBITA/이자비용, EBITDA/이자비용, (FFO+이자비용)/이자비용, 고정금융비용보상비율[=(EBIT+리스료)/(이자비용+리스료)], 부채상환능력[=(여유영업현금흐름+이자비용)/(이자비용+연간원금상환액)]
- 유동성비율 : 유동비율, 당좌비율, 은행대출한도/유동부채, 매출채권회전율, 재고자산회전율
- 레버리지비율 : 총부채/(총부채+자기자본), 부채비율(총부채/자기자본), 총부채/EBITDA, 타인자본의존도[=(총부채+부외부채)/(총부채+부외부채+자기자본)]
- 현금흐름비율 : FFO/총부채, RCF/총부채, 영업현금흐름/총부채, 영업현금흐름/자본지출액
- 청산가치 : 순자산/고정부채
- 자산의 질 : 무수익자산/총대출금잔액, 자산회전율, 매출채권연령분석

(2) 주요 재무비율과 신용등급의 관계

신용등급결정에는 재무요인과 비재무요인 모두가 고려대상이 되고 있으나, 재무요인이 더욱 중요한 역할을 하게 된다. 특히 재무요인들 중에서 주요 재무비율들은 신용등급과 서로 밀접한 상관관계를 유지하는 것이 일반적이다. 〈표 11-6〉에 무디스가 평가한 회사채의 신용등급과 주요 재무비율의 관계를 조사한 결과를 적어놓았다.

이 표에 의하면 EBITA/매출액 등 수익성비율, EBITA/이자비용과 (FFO+이자비용)/이자비용 등의 이자보상비율, FFO/총부채와 RCF/총부채 등 부채 대비 현금흐름의 비율이 높을수록 신용등급이 높고, 총부채/총자본과 총부채/EBITDA 등 레버리지비율이 높을수록 신용등급이 낮다는 것을 알 수 있다.

표 11-6 장기신용등급별 주요 재무비율

	Aaa	Aa	A	Baa	Ba	B	C
EBITA/매출액(%)	21.4	22.1	16.6	14.3	12.8	9.8	2.7
EBITA/이자비용(배)	18.6	13.3	8.4	5.2	3.3	1.4	0.4
(FFO+이자비용)/이자비용(배)	17.5	13.8	9.3	6.6	4.7	2.4	1.3
총부채/EBITDA(배)	0.7	1.3	1.8	2.4	3.1	5.4	7.6
총부채/총자본(%)	22.2	35.3	42.2	44.5	51.3	74.0	102.6
FFO/총부채(%)	118.3	59.9	42.9	30.9	22.2	10.6	2.6
RCF/총부채(%)	201.3	46.7	35.7	28.0	21.5	10.2	2.6

주 : 1) 수치는 2008년도의 미국과 캐나다 비금융기업 재무비율의 중앙값(median)임.
2) EBITA=세전이익+이자비용+무형자산상각비, FFO=순이익+감가상각비+무형자산상각비+이연법인세, 총부채=단기부채+장기부채, EBITDA=세전이익+이자비용+감가상각비+무형자산상각비, 총자본=총부채+자본총계, RCF=FFO-우선주배당금-보통주배당금

자료 : Moody's Investors Service, *Moody's Financial Metrics? Key Ratios by Rating and Industry for North American Non-Financial Corporations : 2008*(January 2009).

6. 한국의 신용평가제도

(1) 신용평가기관 및 업무내용

국내의 주요 신용평가기관으로는 한국신용평가, NICE신용평가, 한국기업평가 등의 회사가 있다(〈표 11-7〉).[12] 그중 한국신용평가는 우리나라 최초의 신용평가회사로서 1985년 2월에 제2금융권 금융기관이 중심이 되어 설립되었다. 이어서 1986년 9월에는 시중은행 및 한국외환은행의 출자로 전국종합신용평가가 설립되었는데 이 회사는 나중에 한국신용정보로 사명이 바뀌었다가, 2007년 9월 신용평가사업부문을 분리하여 신용평가를 전담하는 NICE신용평가로 개편되었다. 또한 1983년 12월에 설립되어 기업경영진단 및 합작사업의 사업성검토를 주된 업무로 하던 한국경영컨설팅도 1987년 11월 사명을 한국기업평가로 바꿔 신용평가업무를 취급하기 시작하였다.

우리나라의 신용평가회사들은 1997년에 발생한 외환위기를 계기로 신용평가업무의 질을 제고하기 위하여 세계적인 신용평가회사들과 자본제휴를 포함한 전략적 업무제휴를 추

12) 이들 기존 3사 이외에 1992년 4월에 설립되어 신용조사업무를 수행하다가 신용평가업 겸업을 승인받은 SCI평가정보(www.sci.co.kr)가 있다. 이 회사는 2000년 1월 금융감독원으로부터 기업어음과 자산유동화증권(ABS)의 신용평가전문기관으로 지정되어 신용평가를 수행하고 있다.

진하였다. 한국신용평가는 1998년 8월에 무디스의 자본참여를 받아들여 합작회사로 새로이 출범하였으며, 2001년 12월에는 전체지분의 50%+1주가 양도됨으로써 이 회사의 최대주주는 무디스로 변경되었다. NICE신용평가는 1998년 2월에는 미국계 DCR(Duff & Phelps Credit Rating Co.), 2000년 4월에는 일본계의 R&I, 2007년 5월에는 중국계의 Dagong 등과 업무제휴를 체결하였다. 그리고 한국기업평가는 1999년 1월 피치와 전략적 업무제휴 협약을 맺고 자산유동화증권 등으로 평가대상을 확대하였으며, 2007년 4월에는 피치에게 대주주지분을 매각함으로써 최대주주가 피치로 변경되었다.

표 11-7 국내 3대 신용평가회사의 현황

구분	한국신용평가	NICE신용평가	한국기업평가
설립연월	1985.2.	1986.9.	1983.12.
신용평가 시작연월	1985.9.	1987.6.	1987.11.
주요 주주	Moody' s Co.	나이스홀딩스	Fitch, Inc.
업무제휴기관	무디스	R&I, Dagong Rating	피치
홈페이지 주소	www.kisrating.com	www.nicerating.com	www.korearatings.com

(2) 평가대상유가증권과 등급평가과정

우리나라의 경우 신용평가기관으로부터 신용평가를 받아야 하는 채권은 무담보 매출어음 또는 중개어음 등의 기업어음(CP), 전자단기사채, 회사채(일반회사채, 금융채, 특수채, 프로젝트채권 등), ABS 및 MBS 등의 자산유동화증권 등을 들 수 있다. [13] 또한 보증채권의 경우에는 지급보증기관에 대한 신용평가가 필요하다.[14]

13) 전자단기사채는 전자방식으로 발행되는 1년 미만의 단기채권으로 2013년 1월 '전자단기사채 등의 발행 및 유통에 관한 법률'이 시행되면서 도입된 것으로, 기존의 기업어음을 대체하고 단기금융시장의 활성화를 목적으로 한 것이다. 자산유동화증권 중 MBS는 주택 등 부동산을 담보로 발행된 유가증권으로 정부기관의 보증을 받는 것과 그렇지 않은 것으로 나누어진다. ABS는 신용카드매출채권, 자동차매출채권 등 만기가 짧은 채권을 증권화한 것이다.

14) 기업어음, 전자단기사채, 무보증채권, 자산유동화증권 등은 관련 법령에 의하여 신용평가를 의무적으로 받도록 되어 있다. 예를 들면 무담보기업어음을 발행하여 종합금융회사, 증권회사, 은행 등을 통해 단기자금을 조달하고자 하는 기업은 2개 이상의 지정평가기관으로부터 신용평가를 받도록 되어 있다(자본시장과 금융투자업에 관한 법률 등). 또 일반기업, 여신전문금융기관, 증권회사, 시중은행, 산업은행, 정부출연기관, 연기금 등이 무보증채권이나 자산유동화증권을 발행하는 경우에는 2개 이상의 지정평가기관으로부터 신용평가를 받아야만, 발행된 채권이 은행과 투자신탁회사의 신탁재산에 편입될 수 있어 신용평가가 사실상 의무화되어 있다(증권인수업무 등에 관한 규정, 금융투자업규정 등). 또 보증채권의 경우에는 지급보증기관에 대한 신용평가가 의무화되어 있다.

기업어음이나 회사채의 신용등급은 다음과 같은 용도에 다양하게 활용되고 있다.

- 발행의 적격성 여부 및 발행조건의 결정
- 은행, 여신전문금융기관 등 금융기관의 여신심사자료
- 투신, 펀드 등 국내 기관투자자의 투자심사기준
- 조달청, 한국전력공사 등의 공사발주 시 수주기관의 적격성 심사자료[15)]
- 거래기업의 신용판단을 위한 기준
- 이자율(또는 수익률) 산정의 참고자료

우리나라 신용평가회사들의 등급평가과정은 미국의 무디스나 S&P의 경우와 비슷하다. 일반적인 평가절차는 [그림 11-2]와 같다. 신용평가는 채권 발행주체 혹은 발행주체가 선임한 대리인의 의뢰로부터 시작된다. 평가의뢰를 받으면 평가팀을 구성하여 필요한 자료를 수집하고 신용위험에 대한 기초분석(예비분석)을 수행한다. 그 다음 1~2일 정도의 일정으로 경영진 면담과 현장방문을 하는데 이는 발행주체의 영업 및 재무 계획, 경영 목표와

| 그림 11-2 | 회사채 및 CP의 신용평가절차

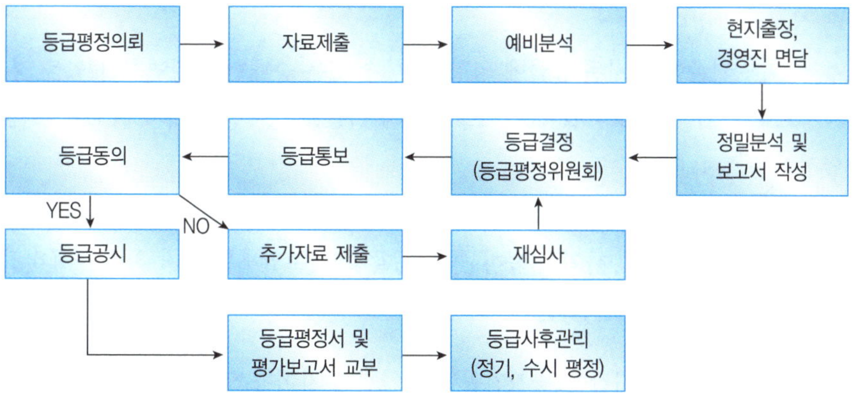

자료 : 한국기업평가 홈페이지(www.korearatings.com)(2022.12.).

15) 예를 들면, 조달청은 '입찰참가자격 사전심사 세부기준'(조달청 지침)에서 입찰업체의 경영상태부문은 회사채나 기업어음의 신용등급으로 평가하도록 되어 있다. 예를 들면 전체공사 추정가격이 1,500억 원 이상인 경우는 회사채 신용등급은 BBB- 이상, 기업어음 신용등급은 A3- 이상인 업체가 적격요건을 갖춘 것으로 정하고 있다(2013.11. 현재).

전략, 주요 경영이슈 등을 파악하기 위한 핵심절차이다. 담당 애널리스트가 정밀분석을 한 후 신용평가보고서를 작성하면, 등급평정위원회에서 신용등급이 결정되고 발행주체나 그 대리인에게 통보된다. 발행주체가 통보받은 신용등급에 대하여 동의하지 않으면 추가자료를 제시하고 1회에 한하여 재심사를 요청할 수 있다. 발행주체에 신용등급이 통보되면 신용평가회사는 홈페이지 및 주간지, 각종 언론매체를 통하여 평가의견이 첨부된 등급을 공시한다. 신용등급이 공시된 이후 평가회사는 기 발행된 채권이나 발행주체의 신용위험을 지속적으로 관찰하는 사후관리에 들어간다.

신용평가는 평가대상채권에 따라 차이가 있으나 평가시점에 따라 다음 네 가지로 구분된다.[16)]

- **본평가** : 평가대상기업의 평가의뢰 시 실시하는 공식적인 평가이다. 기업어음의 경우에는 결산일로부터 특정기간 이내에 실시하도록 되어 있으며, 무보증회사채의 경우에는 발행시점에 평가하도록 되어 있다.
- **정기평가** : 본평가등급이 있는 업체에 대하여 특정기간마다 정기적으로 평가를 실시하여 등급을 공시하는 제도이다. 기업어음의 경우 반기결산일을 기준으로 6개월 이내에 실시하고 있으며, 무보증회사채의 경우에는 새로운 결산실적이 발표되고 난 후에 실시하고 있다.
- **수시평가** : 기존에 공시된 등급에 영향을 줄 수 있는 중대한 상황변화가 있을 경우 투자자보호를 위해서 실시하는 평가로, 기존의 신용등급은 변경 내지 취소될 수 있으며 일정기간 중 유보될 수도 있다.
- **예비평가** : 회사채의 발행을 계획하고 있는 기업이 향후 사채시장의 여건 및 기업자금 정보 등의 변화에 대응하여 신속히 사채를 발행할 수 있도록 하기 위하여 예비적으로 실시하는 등급평가를 말한다.

신용평가에 소요되는 기간은 평가기관마다 약간의 차이가 있으나, 기업어음과 회사채의 경우 평가에 필요한 자료의 최종접수일로부터 영업일을 기준으로 20일 이내이며, 자산유동화증권인 ABS의 경우 발행회사 및 주간사회사와 협의하여 결정하도록 되어 있다. 평가수수료는 본평가수수료와 정기평가수수료 등으로 구성되며, 최저한도나 최고한도를 정하거나 기업규모나 누적발행규모별로 차등화하는 구조로 되어 있다.[17)]

---

16) NICE신용평가, "신용평가의 유형 및 유효기간," 금융감독원 공시자료(2014.4.10.).

17) 예를 들면, 기업어음의 경우에는 본평가수수료는 최근 결산지표상 총자산의 2.7/100,000이다. 최저한도는

(3) 신용등급

우리나라 신용평가회사들이 사용하는 신용등급도 기본적으로 장기신용등급과 단기신용등급으로 구분된다. 장기신용등급은 일반회사채, 금융채, 특수채, 프로젝트채권, 자산유동화증권 등 만기 1년 이상의 장기채권에 적용되는 신용등급이다. 신용등급의 기호는 기본적으로 S&P와 유사한 기호를 사용하고 있다. 장기신용등급은 원리금상환능력 정도에 따라 AAA~D까지 10개 등급으로 분류되며, AAA~BBB까지가 원리금상환능력이 인정되는 투자적격등급이며, BB~D까지가 환경변화에 따라 상환능력이 크게 영향을 받는 투기적 등급이다(〈표 11-8〉). 그리고 이들 등급 중 한국신용평가와 한국기업평가는 AA부터 B등급까지, NICE신용평가는 AA부터 CCC등급까지 (+)와 (−)를 추가하여 한 등급을 세 개의 세부등급으로 세분화하고 있다. 그러므로 가령 AA등급의 경우라면 AA+, AA, AA−로 세분화되어 등급이 결정된다.

단기신용등급은 기업어음 및 전자단기사채 등 1년 미만의 만기를 갖는 단기채권에 적

표 11-8 장기신용등급의 기호와 의미

신용등급의 정의	등급기호
최고수준의 신용상태, 채무불이행위험 거의 없음	AAA
매우 우수한 신용상태, 채무불이행위험 매우 낮음	AA
우수한 신용상태, 채무불이행위험 낮음	A
보통수준의 신용상태, 채무불이행위험 낮지만 변동성 내재	BBB
투기적인 신용상태, 채무불이행위험 증가가능성 상존	BB
매우 투기적인 신용상태, 채무불이행위험 상존	B
불량한 신용상태, 채무불이행위험 높음	CCC
매우 불량한 신용상태, 채무불이행위험 매우 높음	CC
최악의 신용상태, 채무불이행 불가피	C
채무불이행상태	D

자료 : 한국기업평가 홈페이지(www.korearatings.com)(2022.12.).

중소기업 300만 원, 대기업 600만 원이고, 최고한도는 중소기업 600만 원, 대기업 2,000만 원이다. 정기평가수수료는 본평가수수료의 30%이다. 무보증회사채의 본평가수수료는 기본수수료가 자산규모에 따라 차등화되어 있고(예 : 1조 원 초과 2조 원 이하이면 2,000만 원) 비례수수료는 권면금액의 1/10,000이다. 건당 최고한도는 5,000만 원이고 동일회사의 연간 최고한도는 연간 누적발행액에 따라 차등화되어 있다(예 : 연간 누적발행액이 1조 원 초과는 1억 5,000만 원). 이상은 한국기업평가, "수수료율 적용현황," 금융감독원 공시자료(2015.1.1.).

용되는 신용등급이다. 우리나라 신용평가회사들은 공통된 기호의 단기신용등급을 사용하고 있는데, A1, A2, A3, B, C, D의 6등급으로 구분되고 있다(〈표 11-9〉). 여기서 A1, A2, A3는 적기상환능력이 인정되는 투자적격등급이고, B, C, D는 환경변화에 따라 상환능력이 크게 영향을 받는 투기적 등급이다. 이들 신용등급 중 A2부터 B등급까지에는 (+)와 (−)를 추가하여 한 등급을 다시 세 개의 세부등급으로 세분화하고 있다. 그러므로 A2등급의 경우라면 A2+, A2, A2−로 세분화되어 등급이 결정된다.

표 11-9 단기신용등급의 기호와 의미

신용등급의 정의	등급기호
매우 우수한 단기신용상태, 단기적인 채무불이행위험 매우 낮음	A1
우수한 단기신용상태, 단기적인 채무불이행위험 낮음	A2
보통수준의 단기신용상태, 단기적인 채무불이행위험 낮지만 변동성 내재	A3
불안정한 단기신용상태, 단기적인 채무불이행위험 상존	B
불량한 단기신용상태, 단기적인 채무불이행위험 높음	C
채무불이행상태	D

자료 : 한국기업평가 홈페이지(www.korearatings.com)(2022.12.).

(4) 주요 평가요소와 재무지표

1) 주요 평가요소

우리나라 신용평가기관 역시 채권의 신용등급을 결정함에 있어 기업의 채무상환능력에 영향을 미치는 기업 내부 및 외부의 위험요소, 재무요소 및 비재무요소 등을 종합적으로 고려하고 있다. 신용평가회사에 따라 약간의 차이는 있으나 산업분석, 계열기업분석, 사업 및 경영 분석, 재무분석, 발행유가증권분석을 주요 평가요소로 하고 있다. 한국신용평가가 중요시하는 주요 평가요소를 요약하면 〈표 11-10〉과 같다.

표 11-10 한국신용평가의 주요 평가요소

평가요소	평가내용
산업위험	산업의 정의 및 특징, 산업환경, 산업의 수명주기상의 위치, 경기민감도, 수급구조, 기존기업들 간의 경쟁, 신규회사의 진입위험, 전후방산업에 대한 교섭력 등
계열위험	계열그룹의 사업위험 및 재무위험, 계열기업 간 현금흐름의 연계성 및 의존성, 계열기업의 자금지원, 지급보증 또는 담보제공능력 등
경영관리위험	지분 및 지배 구조, 내부통제장치, 경영진의 경영능력 및 성향, 기업관 및 기업문화, 기타 경영상의 특이사항 등
사업위험	사업구성(다각화정도), 업계지위 및 사업경쟁력(시장점유율, 영업능력, 판매 · 유통경로상 장단점, 제품수명주기상 위치, 거래처 다양성, 기술개발투자), 영업효율성(생산원가구조, 노동생산성, 판매가격결정능력), 사업전략 등
재무위험	회계정책, 현금흐름, 수익성, 레버리지, 재무탄력성 등

자료 : 한국신용평가의 홈페이지(2016.7.).

한편, NICE신용평가는 사업위험분석 · 재무위험분석 · 증권발행조건분석을, 한국기업평가는 경영환경분석 · 기업분석 · 발행유가증권분석을 주요 평가요소로 제시하고 있다(〈표 11-11〉).

표 11-11 NICE신용평가 및 한국기업평가의 주요 평가요소

평가기관	평가요소	분석내용
NICE신용평가	사업위험분석	산업위험, 산업 내 경쟁력, 경영관리
	재무위험분석	재무정책, 수익성, 재무구조, 자산의 질, Cash Flow의 적정성, 재무적 융통성
	증권발행조건분석	발행 내용 및 조건, 채권변제순위
한국기업평가	경영환경분석	계열위험, 산업위험
	기업분석	사업분석(사업안정성, 영업효율성), 재무분석(수익성, 유동성, 안정성, 활동성), 시나리오분석(내부자금 창출능력, 외부자금 조달능력)
	유가증권분석	발행내용, 발행조건, 특약조항

자료 : NICE신용평가 및 한국기업평가의 홈페이지(2022.12.).

2) 주요 재무지표와 신용등급

우리나라의 신용평가기관도 기업의 채무상환능력의 파악과 재무위험의 분석에 재무비율 등 재무지표를 적극 활용하고 있다. 따라서 주요 재무지표는 신용등급과 일정한 상관관

계를 나타낼 것으로 기대할 수 있으며, 신용평가의 기초단계에서 재무상태에 대한 상대적 위치를 파악하는 데 상당히 유용한 자료로 활용되고 있다. 〈표 11-12〉는 2010~2014년의 5년간 회사채를 발행한 기업(금융기관, 공기업 지주회사 등 제외)의 신용등급별로 주요 재무지표의 중앙값(median)을 보여주고 있다. 대체적으로 볼 때 매출액영업이익률 등 수익성비율이 높을수록, 부채비율과 차입금의존도가 낮을수록, 이자비용 및 부채상환능력이 높을수록, 그리고 기업규모가 클수록 높은 신용등급을 받는다는 것을 알 수 있다.

표 11-12 회사채 신용등급과 주요 재무지표의 중앙값(2010~2014년)

	AAA	AA	A	BBB	BB	B
매출액영업이익률(%)	10.0	5.3	3.8	3.6	2.2	-7.7
EBITDA/매출액(%)	20.7	9.4	7.5	8.0	4.3	1.2
ROIC(%)	20.5	12.0	8.5	7.1	4.7	-7.3
부채비율(%)	67.7	101.2	135.0	199.0	199.9	124.6
차입금의존도(%)	21.8	21.1	31.6	43.0	46.2	34.7
EBITDA/이자비용(배)	15.1	10.7	5.1	2.4	1.6	0.3
당좌비율(%)	97.1	98.9	86.6	61.5	55.1	76.7
부채상환능력비율(%)	380.7	205.9	75.8	37.8	32.9	22.7
매출액(10억 원)	19,324	3,395	1,052	513	188	44
총자산(10억 원)	26,454	3,523	1,150	617	204	78

주 : EBITDA=영업이익+감가상각비+대손상각비+퇴직급여충당금전입액, ROIC=영업이익/(매출채권+할인어음+재고자산-매입채무+유형자산-건설 중인 자산), 부채비율=부채총계/자본총계, 차입금의존도=차입금/총자산, 부채상환능력비율=(전기말 단기성 금융자산+영업활동 조달현금+이자수입)/(전기말 단기성 차입금+이자비용), 영업활동 조달현금=EBITDA-퇴직금 및 법인세관련지출-운전자본순증가

자료 : 한국신용평가, "등급별 재무지표, 2014," *Credit Statistics*(2015.9.).

〈표 11-13〉은 2010~2014년의 5년간 기업어음을 발행한 기업(금융기관, 공기업 지주회사 등 제외)의 기업어음 신용등급별로 주요 재무지표의 중앙값(median)을 보여주고 있다. 여기서도 매출액영업이익률 등 수익성비율이 높을수록, 부채비율과 차입금의존도가 낮을수록, 이자비용 및 부채상환능력이 높을수록, 그리고 기업규모가 클수록 높은 신용등급을 받는다는 것을 알 수 있다.

표 11-13 기업어음 신용등급과 주요 재무지표의 중앙값(2010~2014년)

	A1	A2	A3	B 이하
매출액영업이익률(%)	5.4	3.9	2.2	0.3
EBITDA/매출액(%)	10.5	6.7	4.9	8.5
ROIC(%)	11.5	7.5	5.2	-0.2
부채비율(%)	94.6	150.1	211.7	210.9
차입금의존도(%)	20.0	30.1	39.3	64.2
EBITDA/이자비용(배)	11.4	4.2	2.0	0.3
당좌비율(%)	85.5	94.5	55.2	36.6
부채상환능력비율(%)	159.3	61.4	37.8	15.2
매출액(10억 원)	1,900	1,457	322	450
총자산(10억 원)	2,342	1,751	439	723

주 : 재무비율의 계산식은 〈표 11-12〉와 동일
자료 : 한국신용평가, "등급별 재무지표, 2014," *Credit Statistics*(2015.9.).

(5) 신용등급의 공시

평가가 완료된 채권의 신용등급은 투자자에게 신용평가회사의 홈페이지, 금융감독원 홈페이지, 각종 언론매체를 통하여 공시되고 있다. 〈표 11-14〉에는 한국기업평가가 공시한 회사채 신용등급의 예가 나와 있다.

표 11-14 회사채 신용등급의 공시 예

회사명	종류	구분	회차	발행액	직전등급 (Outlook)	현재등급 (Outlook)	평가일	공시일
넷마블(주)	SB	수시	001	1,600	AA- (부정적)	A+ (안정적)	2022.12.20.	2022.12.21.
롯데건설(주)	SB	수시	133-2	250	A+ (안정적)	A+ (부정적)	2022.12.19.	2022.12.20.
한신공영(주)	SB	수시	042	1,000	BBB+ (안정적)	BBB+ (부정적)	2022.12.19.	2022.12.20.
한신공영(주)	SB(P)	수시	47-1	150	BBB+ (안정적)	BBB+ (부정적)	2022.12.19.	2022.12.20.
(주)태영건설	SB	수시	068	1,000	A (안정적)	A (부정적)	2022.12.19.	2022.12.20.
BNK캐피탈(주)	FB	본	300			AA- (안정적)	2022.12.20.	2022.12.20.
시흥도시공사	PFB	수시	2	160	AA (안정적)	취소	2022.11.28.	2022.11.28.

주 : SB는 일반사채, FB는 금융채, PFB는 특수채, SB(P)는 사모일반사채를 의미함.
자료 : 한국기업평가, "등급공시"(2022.12.21.).

사례 11-1 회사채 신용등급의 하향조정

다음은 한국신용평가가 대형마트인 홈플러스㈜의 무보증사채 신용등급을 2022.8.30.을 기준으로 종전의 A-(부정적)에서 BBB+(안정적)로 하향조정한 공시자료이다(〈표 11-15〉). 홈플러스의 신용등급이 하향조정된 사유로는 소비트렌드 변화에 대한 대응 지연으로 사업경쟁력 약화, 영업적자 확대 등 수익창출력 저하, 과중한 재무부담 지속 등이 제시되고 있다.

표 11-15 홈플러스의 신용등급 하향조정

평가개요

평가대상		종류	직전등급	현재등급
무보증사채[1]	003외	정기	A-(부정적)	BBB+(안정적)
기업어음		본	A2-	A3+
전자단기사채	(발행한도 : 5,000억 원)	본	A2-	A3+

주 : 1) 본 등급은 인수계약서상 연대보증을 감안하지 아니한 등급임.

주요 재무지표

(단위 : 억 원, 배, %)

구분	2017(02)	2018(02)	2019(02)	2020(02)	2021(02)	2022(02)
매출액	66,067	66,629	64,101	73,002	69,662	64,807
EBIT(영업이익)	3,091	2,384	1,510	1,602	933	-1,335
EBITDA	5,153	4,329	3,234	6,717	5,661	3,342
당기순이익	3,232	2,339	1,762	-5,322	883	-372
총자산	71,566	65,015	65,023	113,727	108,024	98,484
총차입금	10,618	8,408	6,950	71,713	60,795	55,002
순차입금	9,296	7,927	3,920	71,202	52,857	52,536
EBIT마진	4.7	3.6	2.4	2.2	1.3	-2.1
EBITDA마진	7.8	6.5	5.0	9.2	8.1	5.2
EBITDA/금융비용	9.7	7.2	6.1	1.5	1.3	0.9
순차입금/EBITDA	1.8	1.8	1.2	10.6	9.3	15.7
부채비율	76.0	70.2	69.0	859.5	726.0	663.9
차입금의존도	14.8	12.9	10.7	63.1	56.3	55.8
적용재무제표	별도	별도	별도	별도	별도	별도

주 : 1) K-IFRS기반 표준재무지표로 조정, 재구성한 수치임.
2) EBITDA=EBIT(영업이익)+감가상각비+무형자산상각비

평정 논거

- 소비트렌드 변화에 대한 대응 지연으로 인한 사업경쟁력 약화
- 영업적자 확대 등 수익창출력 저하
- 과중한 재무부담 지속

자료 : 한국신용평가, "등급공시"(2022.8.30.).

(6) 채권 신용등급과 수익률

〈표 11-16〉에는 2022년 12월 말 현재 국고채권과 무보증(공모) 회사채의 만기별 연간 수익률이 제시되어 있다. 회사채의 수익률은 AAA부터 BBB-까지 세분등급별로 나타나 있다. 이 표에서 알 수 있는 것을 요약하면 다음과 같다. 첫째, 국고채권의 수익률은 채무불이행위험이 없어 회사채의 수익률보다 낮게 형성되어 있으며, 이 때문에 국고채권수익률은 무위험이자율의 대용치로 사용되고 있다. 이날 국고채권의 수익률이 연간 3.670~3.767%로 높게 형성된 것은 한국은행의 기준금리가 지속적으로 상승하여 연간 3.25%에 이른 데 기인한 것이다. 둘째, 회사채의 경우 만기에 관계없이 신용등급에 따라 수익률이 형성되고 있다. 예를 들면 3년만기 회사채의 경우 AAA등급은 연 4.964%, AA등급은 연 5.113%, A등급은 연 5.715%, BBB등급은 연 9.742% 등으로 신용등급이 낮을수록 수익률이 높은 것으로 나타나고 있다. 따라서 우리나라의 채권시장에서도 신용등급의 유효성이 있음을 알 수 있다. 셋째, 채권의 종류에 관계없이 대체로 만기가 길수록 수익률이 높은데, 이는 장기채권일수록 금리변동에 대한 위험이 커 위험프리미엄이 그만큼 높기 때문이다.

표 11-16 채권의 신용등급과 수익률(2022.12.28. 현재) (단위 : 연 %)

신용등급	3월	6월	9월	1년	2년	3년	4년	5년	7년	10년
국고채권	3.681	3.752	3.767	3.750	3.754	3.666	3.748	3.680	3.726	3.670
AAA	4.517	4.879	4.889	4.892	4.910	4.964	5.035	5.071	5.104	5.128
AA+	4.616	4.975	4.983	4.988	5.013	5.075	5.147	5.194	5.220	5.276
AA	4.649	5.008	5.017	5.020	5.052	5.113	5.193	5.259	5.327	5.598
AA−	4.678	5.040	5.049	5.061	5.111	5.176	5.268	5.353	5.492	5.937
A+	4.899	5.293	5.324	5.332	5.368	5.446	5.542	5.748	5.931	6.388
A	5.047	5.445	5.491	5.503	5.552	5.715	5.894	6.176	6.374	6.855
A−	5.269	5.676	5.739	5.767	5.886	6.160	6.400	6.763	6.914	7.371
BBB+	5.886	6.607	6.978	7.186	8.126	8.700	8.809	8.869	8.945	9.062
BBB	6.260	7.108	7.555	7.867	9.073	9.742	9.855	9.925	10.004	10.171
BBB−	6.935	7.905	8.485	8.854	10.231	11.116	11.272	11.337	11.417	11.599

자료 : 한국금융투자협회, 채권정보센터(www.kofiabond.or.kr)(2022.12.28.).

(7) 신용등급과 부도율

우리나라 신용평가회사들의 평가역사는 국제적인 신용평가회사들보다는 짧지만 평가실적은 크게 향상되고 있는 것으로 평가된다. 〈표 11-17〉은 한국기업평가가 공시한 신용등급별 1~10년차까지의 평균누적부도율 자료이다.[18] 여기서 알 수 있는 중요한 사실은 신용등급이 낮을수록 누적부도율이 상승하며, 특히 투기적 등급의 부도율이 투자적격등급의 부도율에 비하여 매우 높다는 점이다. 예를 들어, 1년차 누적부도율과 10년차 누적부도율의 평균을 보면, 투자적격등급은 0.11%와 1.25%이나 투기적 등급은 6.40%와 14.25%에 이르고 있다. 또한 투자적격등급 중 가장 낮은 BBB등급의 누적부도율과 투기적 등급 중 가장 높은 BB등급의 누적부도율은 1년차의 경우 0.39% 대 3.80%, 10년차의 경우 3.33% 대 10.55%로 매우 큰 차이가 나타나, 신용평가회사들이 투자적격등급과 투기적 등급을 구분할 경우 부도위험을 심각하게 고려한다는 것을 알 수 있다.

표 11-17 평균누적부도율(한국기업평가) (단위 : %)

등급	1년	2년	3년	4년	5년	6년	7년	8년	9년	10년
AAA	0.00	0.00	0.00	0.00	0.00	0.00	0.00	0.00	0.00	0.00
AA	0.00	0.00	0.00	0.00	0.00	0.00	0.00	0.00	0.00	0.00
A	0.05	0.15	0.26	0.50	0.62	0.69	0.83	0.90	0.99	0.99
BBB	0.39	0.86	1.53	2.01	2.43	2.64	2.86	2.93	3.09	3.33
BB	3.80	6.47	7.99	8.63	9.02	9.28	9.69	10.40	10.55	10.55
B	7.42	12.00	15.54	16.44	16.68	17.17	17.42	17.42	17.42	17.42
CCC	8.08	13.77	14.66	14.66	14.66	14.66	14.66	14.66	14.66	14.66
CC	0.00	33.33	33.33	33.33	33.33	33.33	33.33	33.33	33.33	33.33
C	33.96	36.45	37.65	37.65	37.65	37.65	37.65	38.90	40.17	40.17
B 이하	9.83	14.52	17.31	17.95	18.11	18.45	18.62	18.81	19.00	19.00
투자등급	0.11	0.26	0.47	0.68	0.83	0.92	1.03	1.08	1.16	1.25
투기등급	6.40	9.98	12.08	12.71	13.00	13.30	13.61	14.09	14.25	14.25
전체	1.24	2.05	2.64	2.93	3.12	3.25	3.41	3.56	3.67	3.73

자료 : 한국금융투자협회, "한국기업평가 1998~2021년 평균누적부도율표"(2022.12.).

18) 공시자료에는 15년차까지의 누적부도율을 포함하고 있는데, 10년차 이후의 누적부도율은 큰 변동이 없는 것으로 나타나고 있다. 한국신용평가나 NICE신용평가가 제시한 누적부도율도 한국기업평가와 큰 차이가 없다.

제3절 신용등급의 예측

본절에서는 재무정보가 채권등급의 예측에 어떻게 이용되는가를 설명하기로 한다. 사실 신용평가기관은 재무요인뿐만 아니라 채권의 부도위험에 영향을 미칠 것으로 예상되는 비재무요인까지를 모두 고려하여 신용등급을 결정하고 있다. 그러므로 재무정보만을 이용하여 채권등급을 예측하는 데는 한계가 있을 수밖에 없다. 그러나 지금까지의 연구결과를 살펴보면 재무정보를 이용한 신용등급의 예측이 성과가 좋은 것으로 나타나고 있다. 여기서는 신용등급예측모형의 의의와 실증적 연구결과를 설명하기로 한다.

1. 신용등급예측모형의 의의

회사채 또는 CP에 주어지는 신용등급을 예측하는 데는 다음과 같은 모형을 이용할 수 있다.

$$Z_i = f(x_{i1}, x_{i2}, \cdots, x_{in}) \tag{11-5}$$

위의 식에서 Z_i는 기업 i가 발행한 채권에 대하여 평가기관이 주는 신용등급을 나타내고, x_{ij}는 기업 i의 j번째 특성을 나타내는 변수로서 각종 재무변수와 비재무변수가 이에 속한다. 재무변수로는 기업의 장·단기 지급능력과 수익성을 나타내는 재무지표가 포함되고, 비재무변수로는 담보유무, 권리의 우선순위, 보통주의 체계적 위험 등이 이용되고 있다.[19] (식 11-5)와 같은 신용등급예측모형을 추정할 때에는 판별분석과 회귀분석이 많이 이용된다. 판별분석에 있어서는 신용등급 Z_i가 바로 종속변수가 되며, 회귀분석에 있어서는 신용등급 Z_i에 특정한 수치를 부여한 것이 종속변수가 된다(예: AAA→9, AA→8 등).

(식 11-5)로 표시된 신용등급예측모형은 평가담당자가 평가과정에서 내리는 주관적 판단 등은 고려될 수 없고 또한 모형에 들어가는 재무변수에 대한 이론적 근거가 불충분하다

19) 동일한 기업이 발행한 채권이 여러 종류일 때 권리의 우선순위가 다를 수 있다. 권리의 우선순위는 선순위는 0, 후순위는 1의 더미변수(dummy variable)로 표시된다. 보통주의 체계적 위험은 보통주식의 위험을 나타내는 지표이며, 개별주식의 수익률이 시장 전체주식의 수익률에 비하여 얼마나 민감하게 움직이느냐 하는 베타(beta)계수로 측정된다.

는 문제가 있다. 그러나 이 모형은 다음과 같은 유용성이 있다.

첫째, 신용등급예측모형은 신용평가기관에 도움을 준다. 이 모형을 평가과정에 활용할 경우 동일한 요인들을 기준으로 채권을 평가하게 되므로 평가상의 일관성을 유지할 수 있고, 분석의 초기단계에서는 예비등급(豫備等級)의 결정에도 참고할 수 있다. 또한 평가기관은 이 모형에 채권을 발행한 회사의 경제적 실태를 반영할 수 있는 여러 요인들을 포함시킴으로써 채권을 발행한 회사의 경제적 실태의 변화가 신용등급에 어떤 변화를 주는가를 신속하게 파악할 수 있다.

둘째, 투자자들은 채권의 신용등급을 투자품질(投資品質, investment quality)의 지표로 간주하고 있으며, 채권투자 이후에는 신용등급의 변화를 관찰함으로써 투자품질의 변화를 감시하고 있다. 그러므로 신용등급이 부여되지 않는 사모채권(私募債券)에 대한 투자를 결정할 때, 투자자들은 이 모형에 의거 그 사모채권의 투자대상으로서의 적격성(適格性)을 판단할 수 있을 것이다.

셋째, 채권을 발행하고자 하는 기업의 경영자는 이 모형을 통해서 평가기관이 등급결정 과정에서 중요하게 여기는 재무지표가 무엇인가를 알 수 있게 되고, 회사의 중요한 재무결정이 채권의 신용등급에 어떤 영향을 미칠 것인가를 예상할 수 있게 된다. 가령, 높은 신용등급을 받을 경우에는 높은 가격(낮은 자금조달비용)으로 채권을 발행할 수 있으므로, 경영자는 높은 신용등급을 받기 위하여 어떠한 재무정책을 선택해야 하는가를 알 수 있다.

2. 신용등급예측모형의 예측력에 관한 연구

많은 학자들이 재무변수와 비재무변수를 이용하여 신용등급을 예측하는 연구를 하였다. 여기서는 주요 연구에서 사용한 재무변수와 비재무변수의 내용, 모형의 추정방법, 모형의 예측정확도 등을 소개하기로 한다. 〈표 11-18〉은 회사채 및 CP 신용등급의 예측에 관한 주요 연구의 요약이다. 초기에는 판별분석이나 회귀분석과 같은 기본적 모형들이 사용되었다.[20] 이후 머신러닝(machine learning) 기법의 발달과 함께 신경망(neural networks)

20) G.E. Pinches and K.A. Mingo, "A Multivariate Analysis of Industrial Bond Ratings," *Journal of Finance*, 28(March 1973), pp.1~18 ; R.S. Kaplan and G. Urwitz, "Statistical Models of Bond Rating : A Methodological Inquiry," *Journal of Business*, 52(1979), pp.231~261 ; A. Belkaoui, *Industrial Bonds and the Rating Process*(Westport : Quorum Books, 1983) ; J. Peavy and S. Edgar, "An Expanded Commercial Paper Rating Scale : Classification of Industrial Issuers," *Journal of Economics, Finance*

표 11-18 신용등급의 예측에 관한 연구의 요약

연구자	재무변수	비재무변수	추정 방법	예측 정확도
핀치스와 밍고 (1973)	① 연속배당의 실적 ② 발행규모 ③ 이자보상비율 ④ 고정부채/총자산 ⑤ 총자산순이익률	권리의 우선순위	판별분석	65%
카플란과 어워츠 (1979)	① 이자 및 세금차감전 현금흐름/이자비용 ② 고정부채/자본총계 ③ 총자산순이익률	① 권리의 우선순위 ② 보통주의 체계적 위험	회귀분석	71%
벨카오위 (1983)	① 총자산 ② 총부채 ③ 고정부채/경영자본 ④ 단기부채/경영자본 ⑤ 유동비율 ⑥ 고정금융비용보상비율 ⑦ 현금흐름/(자본지출액+재고자산변동액+배당금) ⑧ 주가순자산비율	권리의 우선순위	판별분석	68%
피비와 에드가 (1984)	① 총자산 ② 고정부채/총자본 ③ 순매출액/현금 ④ 매출채권/총자산 ⑤ 순이익/총자산 ⑥ 매출액/총자산		판별분석	63%
무디와 우탄스 (1994)	10개 변수		신경망모형	85.2%
후앙 외 4인 (2004)	21개 변수		신경망모형, SVM	80.75%, 80.38%
자뷰어 외 3인(2020)	7개 변수		신경망모형, SVM, 의사결정 나무모형, 딥러닝모형	81.09~91.52%, 58.49~86.30%, 96.66~98.31%, 56.21~84.39%

주 : 피비와 에드가(1984)의 연구는 CP의 등급을 예측하고 있고, 나머지 연구는 회사채 등급을 예측하고 있음.

and Accounting(Autumn 1984), pp. 397~407.

모형이나 SVM(support vector machine) 모형 등이 사용되어 예측 성과를 개선할 수 있었다.[21]

재무변수로는 기업의 규모, 장·단기 지급능력, 수익성 등을 나타내는 재무지표가, 비재무변수로는 권리의 우선순위, 보통주의 체계적 위험 등이 이용되고 있다. 특히 회사채의 신용등급을 예측하기 위한 연구에서는 권리의 우선순위가 중요성이 높은 변수인 것으로 나타나고 있다. 이들 연구에서 확인표본에 대한 예측의 정확도는 63~71%에 달하고 있다.

우리나라의 경우에도 재무정보가 신용평가회사가 부여하는 기업어음 신용등급의 예측에 유용한 것으로 나타나고 있다.[22] 이 연구에서는 2000년 중에 평가된 135개의 상장 · 제조회사의 표본을 이용하여 예측모형을 구성하고, 신용등급을 예측하고 있다. 예측모형을 구성하기에 앞서 기업어음 신용등급과 재무지표의 관계를 먼저 조사하였다. 이자보상비율, 영업현금흐름/총부채, 총자산순이익률, 이익잉여금/총자산, 자산규모, 주가 등의 지표가 높을수록 신용등급이 높고, 부채비율(총부채/총자본), 유동부채/매출액 등의 지표가 높을수록 신용등급이 낮은 것으로 나타났다. 그러나 당좌비율, 비유동장기적합률, 이익변동성, 매출액증가율, 총자산회전율 등은 등급 간에 일관된 차이가 없는 것으로 나타나고 있다. 최종적으로 작성된 판별모형은 (식 11-6)과 같다.

$$Z = -9.805 + 0.703LNTA + 0.021CFTL - 0.080INTS + 0.026RETA + 0.608LNSP \quad (11\text{-}6)$$

단, LNTA = $\log_e$(총자산, 백만 원)
CFTL = 영업현금흐름/총부채(%)
INTS = 금융비용부담률(%)
RETA = 이익잉여금/총자산(%)
LNSP = $\log_e$(주가/액면가액)

(식 11-6)은 기업의 규모가 크고, 총부채 대비 영업현금흐름의 비율과 총자산 대비 이익잉여금의 비율 및 주가수준이 높을수록 높은 신용등급이 부여되며, 금융비용부담률이 높을수록 낮은 신용등급이 부여된다는 것을 말해주고 있다. (식 11-6)을 135개의 확인표본

21) J. Moody and J. Utans, 1994. "Architecture Selection Strategies for Neural Networks: Application to Corporate Bond Rating Prediction," In *Neural Networks in the Capital Markets*(New York: John Wiley & Sons, 1994), pp.277~300; Z. Huang, H. Chen, C.J. Hsu, W.H. Chen, and S. Wu, "Credit Rating Analysis with Support Vector Machines and Neural Networks: A Market Comparative Study," *Decision Support Systems,* 37(2004), pp.543~558; S.B. Jabeur, A. Sadaaoui, A. Sghaier, and R. Aloui, "Machine Learning Models and Cost-Sensitive Decision Trees for Bond Rating Prediction," *Journal of the Operational Research Society,* 71(2020), pp.1161~1179.

22) Dong-Ryung Shin, "The Financial Characteristics and Prediction Models of Corporate Bond and Commercial Paper Ratings," *The Journal of Productivity*(May 2003), pp.23~40.

에 대해 적용한 결과, 예측정확도는 68.9%로 나타났다.

재무정보의 유용성은 신용등급 변경의 사전예측가능성에서 찾을 수 있다. 이와 관련하여 1989년도에 신용등급이 변경된 60개의 상장 · 제조기업을 표본으로 재무지표에 의한 예측모형이 기업어음 신용등급의 변경을 어느 정도 정확히 예측하는가를 검토한 연구가 있다.[23] 모형의 추정방법으로는 로짓분석을 사용하고 있으며, 40개의 추정표본을 이용하여 구성한 로짓모형은 (식 11-7)과 같다. 회귀계수 아래 괄호안은 p값이다.

$$Z_i = -7.9836 - 0.0414X_1 - 0.0160X_2 + 0.0899X_3 + 3.3453X_4 \qquad (11\text{-}7)$$
$$(0.0450) \quad (0.0659) \quad (0.0284) \quad (0.0177) \quad (0.0215)$$

단, X_1 : 유동비율 X_2 : 부채비율
X_3 : 자기자본증가율 X_4 : 순이익증가율의 추이

위 로짓모형에서 유동비율을 제외하고는 기대된 방향으로 회귀계수의 부호가 나타나고 있고 괄호 안의 p값으로 미루어 보아 회귀계수의 유의성도 높다.[24] 그러나 유동비율의 경우 회귀계수의 유의성은 높지 않으나 이 비율이 높을수록 신용등급의 하락가능성이 큰 것으로 나오고 있다. 이는 유동비율의 상승이 분자를 구성하는 유동자산에 단기적인 지급능력의 약화요인이 되는 매출채권 및 재고자산 등이 포함되기 때문으로 보인다. 위 모형을 40개의 추정표본과 20개의 확인표본에 적용하여 기업어음 등급변경의 예측정확도를 분석한 추정표본에 대한 분류정확도는 85.0%, 확인표본에 대한 예측정확도는 90.0%로 나타나, 재무정보가 신용등급의 조정방향을 예측하는 데도 도움이 된다는 것을 보여주고 있다.

23) 홍영복, "CP 등급변경의 예측," 증권학회지 제15집(1993), pp. 529~560.

24) p값은 회귀계수가 0이라는 귀무가설을 지지하는 확률이므로, 이 값이 0에 가까운 작은 값(<0.05 등)일수록 추정된 회귀계수가 0이 아니며 신뢰할 수 있다고 판단한다.

제4절 수익률차의 예측

제1절에서 살펴본 바와 같이 수익률차는 다음과 같은 식으로 표현할 수 있다. 즉,

$$ys = r - R_f = drp + lrp \quad (11\text{-}8)$$

ys : 수익률차
r : 위험채권의 약속수익률
R_f : 무위험채권의 수익률
drp : 채무불이행위험에 대한 프리미엄
lrp : 유동성위험에 대한 프리미엄

위의 (식 11-8)에서 개별채권의 수익률차는 채무불이행위험과 유동성위험에 의하여 결정됨을 알 수 있다. 이제 특정한 재무정보가 과연 개별채권의 수익률차를 설명할 수 있는가를 살펴보자.

재무정보가 수익률차를 결정하는 능력이 있다는 증거를 최초로 제시한 것은 피셔(L. Fisher)의 연구이다.[25] 이 연구에서는 먼저 다음 세 가지의 재무변수가 채무불이행위험을 평가하는 데 이용되었다.

① **이익변동성**(earnings variability) : 이는 기업의 순이익이 최근 얼마나 변동하였는가를 나타내는 변수로서, 다른 조건이 같다면 이익변동수준이 낮은 기업은 이익변동수준이 높은 기업에 비하여 채무불이행의 가능성이 낮다. 이익변동성은 최근 9년간 세후순이익의 변동계수로 측정되었다.

② **채무이행의 신뢰도**(reliability in meeting obligations) : 이는 기업이 얼마나 성실하게 채무를 이행하였는가를 나타내는 변수이다. 이 변수는 채권자에게 손실을 입히지 않고 영업을 계속한 기간으로써 측정되었다. 채권자에게 손실을 주지 않은 기간이 길수록 채무이행의 가능성은 높다.

③ **자본구조**(capital structure) : 이 변수는 자기자본의 시장가치를 부채의 장부가치로 나눈 비율로써 측정되었는데, 이 비율이 높을수록 채무불이행위험은 줄어든다.

한편, 다음의 네 번째 변수가 유동성위험(流動性危險)을 측정하는 대용변수로 채택되었다.

---

25) L. Fisher, "Determinants of Risk Premium on Corporate Bonds," *Journal of Political Economy*, 67(June 1959), p. 221.

④ 채권의 시장가치(market value) : 이 변수는 발행된 채권의 총시장가치로 측정되는데, 발행된 채권의 양이 적을수록 거래빈도가 낮아지고 거래시장이 불완전하게 형성되므로 유동성위험이 높게 나타난다.

피셔는 366개의 표본을 이용하여 위의 네 가지 지표와 수익률차의 관계를 추정하였다. 수익률차와 네 가지 변수에 모두 자연대수($\log_e$)를 취한 다음 회귀분석에 의해 적합도가 가장 좋은 모형을 선택하였다. 그 결과는 (식 11-9)와 같다.[26]

$$Y_i = 0.987 + 0.307X_{1i} - 0.253X_{2i} - 0.537X_{3i} - 0.275X_{4i}, \qquad R^2 = 0.750 \quad (11\text{-}9)$$
$$(9.59) \quad (-7.03) \quad (-17.32) \quad (-13.09)$$

Y_i : $\log_e$(수익률차)
X_{1i} : $\log_e$(이익변동성)
X_{2i} : $\log_e$(채무불이행이 발생하지 않은 기간)
X_{3i} : $\log_e$(자본구조)
X_{4i} : $\log_e$(채권의 시장가치)

위의 모형은 4개의 위험지표가 수익률차를 75%나 설명하고 있어 모형의 설명력이 매우 높은 것으로 나타나 있다. 또 괄호 안의 t값을 보면 각 회귀계수의 신뢰도가 매우 높다는 것을 알 수 있다. 회귀계수는 부분기간에서도 거의 같은 것으로 나타남으로써 모형의 안정성 또한 매우 높게 나타났다. 이 모형에서 회귀계수를 살펴보면 이익변동성이 1% 늘어날 경우 수익률차는 0.3% 정도 높아지게 되며, 채무불이행이 발생하지 않은 기간이 1% 늘어나면 수익률차는 0.25% 정도 줄어들게 됨을 알 수 있다. 모든 회귀계수의 부호는 기대된 방향으로 나타나고 있다.

사채의 수익률차예측모형은 투자자는 물론 기업의 경영자에게도 큰 중요성을 갖는다. 즉 미래에 사채를 발행하려는 기업에 대하여 이 모형은 수익률차의 예측치를 제공하여 주며, 이 예측치에 무위험채권의 수익률을 더하면 채권시장이 요구하는 만기수익률의 추정치를 계산할 수 있다. 또한 수익률차예측모형은 투자자와 채권포트폴리오의 관리자가 채권의 위험을 평가하는 데, 은행의 대출심사역이 신규차입자의 신용위험(信用危險)을 평가하는 데, 그리고 증권인수기관이 채권발행의 가능성을 검토하는 데에도 이용될 수 있다.

26) 이 식에서 R^2은 결정계수라고 하는데 독립변수가 종속변수를 어느 정도 설명하고 있는가를 나타내며 완전히 설명할 경우에는 1, 하나도 설명하지 못할 경우에는 0이 된다. 추정된 회귀계수의 아래에 있는 괄호안의 숫자는 회귀계수의 신뢰성(즉, 통계적 유의성)을 나타내는 t값(t-value)이다. 추정에 이용된 관찰치가 20~50개 정도라면 5%의 유의수준에서 t값이 2를 넘어야 추정된 회귀계수가 신뢰할 수 있다는(즉, 통계적으로 0이 아니라는) 결론을 내릴 수 있다.

부 록 : S&P 신용등급의 기호와 의미

■ 장기신용등급

- AAA : 가장 높은 신용등급(highest rating)의 채권임. 원리금상환에 관한 발행주체(obligor)의 능력은 극히 강함(extremely strong).
- AA : 신용도가 최고위 등급의 채권보다 약간 낮음. 원리금상환에 관한 발행주체의 능력은 아주 강함(very strong).
- A : 위의 두 등급의 채권에 비하여 미래의 상황이나 경제상태의 변화에 의하여 불리한 영향을 받을 가능성이 높음. 그러나 원리금상환에 관한 발행주체의 능력은 강함(strong).
- BBB: 채권의 안전도는 적절하게 보호되고 있으나, 불리한 경제상황이나 변화하는 상황이 발행주체의 원리금상환능력을 약화시킬 가능성이 존재.
- BB : 다른 투기적 등급의 채권에 비하여 채무불이행에 대하여 덜 취약함. 그러나 이 등급의 채권은 현재 발행주체의 부적절한 원리금상환능력을 초래할 수 있는 불확실성이나 불리한 사업, 재무 및 경제상황에 노출.
- B : 미래의 원리금상환불능가능성은 BB등급의 채권에 비하여 더 취약하나, 현재 발행주체는 채무이행능력을 보유함. 불리한 사업, 재무 및 경제여건이 발행주체의 채무상환능력과 의지를 손상시킬 수 있는 가능성 상존.
- CCC : 현재 상환불능가능성이 높은 상태의 채권으로, 채무이행능력은 유리한 사업, 재무 및 경제상황의 전개여하에 좌우됨. 사업, 재무 및 경제상황이 불리하게 전개될 경우, 발행주체는 채무이행능력을 상실할 가능성이 높음.
- CC : 현재 상환불능가능성이 매우 높은 상태의 채권임.
- C : 현재 법원에 파산신청(bankruptcy petition)이 제출되었거나 유사한 사태가 발생한 채권임. 그러나 채무이행은 계속됨.
- D : 이 등급은 다른 등급과는 달리 미래의 전망에 대한 것이 아님(not prospective). 즉, 이 등급은 채무불이행이 예상되는 경우 사용되는 것이 아니라 실제로 발생한 경우에만 사용됨. S&P는 특정채권과 관련하여 기간이 도래한 이자 및(또는) 원금이 지급되지 않거나 자발적 파산신청이나 유사한 조치가 취해진 경우에만 신용등급을 D로 변경함.

■ 단기신용등급

- A-1 : 채무자의 단기채무이행능력이 강함(strong). 특히 이 등급에 해당하는 발행기관으로 단기채무이행능력이 극히 강한 경우(extremely strong)에는 A-1+등급을 부여함.
- A-2 : 상위등급의 채권에 비하여 상황 및 경제여건의 변화가 미치는 불리한 효과에 대하여 약간 더 취약함. 그러나 발행주체의 채무이행능력은 만족스러움(satisfactory).
- A-3 : 발행주체는 채무이행을 위한 적절한 보호수단을 마련하고 있으나, 불리한 경제여건이나 변화하는 상황이 채무이행능력을 약화시킬 가능성이 존재함.
- B : 상당한 투기적 특성을 갖는 채권으로 간주됨. 발행주체는 현재 채무이행능력을 갖고 있으나 장차 채무이행능력을 부적절하게 만들 수도 있는 중요한 불확실성에 직면함.
- C : 현재 채무불이행에 대하여 아주 취약한 상황이며, 발행주체의 채무이행은 사업, 재무 및 경제여건의 유리한 전개에 좌우됨.
- D : 현재 지급불능상태임. D등급은 만기일에 채무가 상환되지 않은 경우에 부여됨. 또한 채무상환이 이행되지 못함으로써 법원에 파산신청을 제출하거나 이와 유사한 조치가 취해진 경우에도 D등급이 부여됨.

연 습 문 제

01 다음 용어를 설명하라.

① 신용평가
② 무디스와 S&P의 신용등급
③ 만기수익률
④ 수익률차
⑤ 채무불이행위험

02 신용평가제도의 의의, 목적, 유용성을 설명하라.

03 신용등급과 채권의 만기수익률 간의 관계를 설명하라.

04 신용등급과 누적채무불이행률 간의 관계를 설명하라.

05 신용등급의 결정요인을 설명하라.

06 한국의 신용평가제도를 설명하라.

07 수익률차의 결정요인을 설명하라.

제 12 장

여신결정과 신용위험평가

전통적으로 재무정보를 가장 많이 이용하고 있는 그룹은 여신을 취급하는 금융기관들이다. 이들은 차입을 원하는 기업의 재무적 · 영업적 특성과 관련된 각종 정보를 수집 · 분석하여 신용위험(信用危險, credit risk)을 평가하고 이를 토대로 여신결정을 하고 있다.

여신결정(與信決定)이란 대출신청을 승인할 것인가 기각할 것인가에 대한 의사결정을 의미하지만, 대출금액의 규모, 대출이자율, 대출기간 등과 같은 대출조건을 정하는 것도 포함된다. 이와 같은 대출에 관한 모든 의사결정과정에서 재무정보가 활용된다. 또한 여신이 실행된 이후의 사후관리과정에서도 재무정보가 유효하게 이용되고 있다.

제1절에서는 여신결정의 중요성을 논의한다. 제2절에서는 신용위험의 평가를 중심으로 여신결정과정을 설명하고, 신용위험의 결정요인을 알아보기로 한다. 그리고 제3절에서는 신용위험을 계량적으로 평가하기 위한 신용평점제도와 통계적 신용평점모형을 소개하기로 한다.

제1절 여신결정의 중요성

금융기관이 수행하는 가장 중요한 기능의 하나는 자금의 최적배분(最適配分)이다. 즉, 국민경제 전체로 볼 때, 제한된 자금을 수익성과 위험의 면에서 가장 전망이 좋은 자금수요자에게 배분하는 것이 금융기관의 기능이다. 그러나 금융기관도 영리를 추구하는 사기업(私企業)인 한, 금융기관 자체의 존속과 성장을 위해서는 신용제공에 따른 수익과 위험을 평가해야 한다. 따라서 금융기관은 대출에 따른 위험(risk)을 극소화하면서 수익(return)을 극대화할 수 있는 효율적인 대출포트폴리오(loan portfolio)를 구성하기 위해 노력하고 있다. 신용위험을 극소화하면서 수익을 극대화하려고 하면, 여신결정이 차입자의 상환능력과 자금용도(資金用途)의 경제성 등을 기초로 이루어져야 한다.

〈표 12-1〉에는 우리나라 금융기관의 대표격인 시중은행과 지방은행, 특수은행 등 은행권의 부실채권 현황을 보여주고 있다. 부실채권(고정 이하여신[1])이란 '무수익여신(NPL: non-

1) 여신을 현 상태를 기준으로 정상, 요주의, 고정, 회수의문, 추정손실 등 5단계로 구분한다. 고정 이하여신은 고정, 회수의문, 추정손실 여신을 말하며 부실채권이라 부른다. 회수불능이 확실해 손실처리가 불가피한 '추정손실'과 연체여신 중 손실이 예상되는 '회수의문', 담보처분을 통해 회수가능한 것으로 예상되는 '고정' 여신을 합한 것이다.

표 12-1 은행의 부실채권 현황(2022년 9월 말 기준) (단위 : 조 원, %)

은행	2021년 9월 말			2022년 6월 말			2022년 9월 말			변동	
	총여신	고정 이하여신		총여신	고정 이하여신		총여신	고정 이하여신		전년 동월말 (C-A)	전분기 말 (C-B)
		금액	비율(A)		금액	비율(B)		금액	비율(C)		
신 한	298.5	1.0	0.32	316.1	0.81	0.26	322.6	0.80	0.25	△0.08	△0.01
우 리	285.6	0.6	0.21	296.5	0.56	0.19	300.7	0.52	0.17	△0.04	△0.02
S C	50.6	0.1	0.21	51.4	0.09	0.17	50.9	0.09	0.19	△0.03	0.01
하 나	289.7	0.8	0.27	309.9	0.75	0.24	317.4	0.68	0.21	△0.06	△0.03
씨 티	24.5	0.1	0.50	20.6	0.11	0.54	17.9	0.12	0.64	0.15	0.10
국 민	335.3	0.8	0.23	356.0	0.68	0.19	365.5	0.71	0.19	△0.04	0.00
시 중	1,284.3	3.4	0.26	1,350.4	3.00	0.22	1,375.1	2.92	0.21	△0.05	△0.01
대 구	49.2	0.3	0.53	50.7	0.23	0.44	51.6	0.22	0.42	△0.11	△0.02
부 산	53.0	0.2	0.37	55.6	0.15	0.27	56.7	0.13	0.23	△0.14	△0.04
광 주	22.0	0.1	0.34	22.2	0.07	0.29	22.5	0.06	0.28	△0.07	△0.02
제 주	5.5	0.0	0.51	5.8	0.03	0.49	5.8	0.03	0.53	0.03	0.04
전 북	14.9	0.1	0.67	16.2	0.07	0.43	16.9	0.09	0.50	△0.17	0.07
경 남	36.9	0.2	0.46	38.0	0.16	0.43	38.3	0.17	0.45	△0.01	0.02
지 방	181.4	0.8	0.46	188.6	0.70	0.37	191.8	0.70	0.36	△0.09	△0.01
케 이	6.2	0.0	0.49	8.7	0.05	0.60	9.8	0.07	0.76	0.27	0.17
카카오	25.0	0.1	0.21	26.8	0.07	0.27	27.5	0.08	0.29	0.09	0.03
토 스	0.0	-	-	4.3	0.01	0.13	7.1	0.02	0.23	0.23	0.10
인터넷	31.2	0.1	0.26	39.8	0.13	0.32	44.4	0.17	0.39	0.13	0.06
일 반	1,497.0	4.3	0.29	1,578.8	3.83	0.24	1,611.3	3.79	0.23	△0.05	△0.01
산 업	153.1	2.7	1.74	168.5	1.96	1.16	178.5	1.18	0.66	△1.08	△0.50
기 업	266.4	2.3	0.85	280.9	2.25	0.80	286.3	2.28	0.80	△0.06	△0.00
수출입	107.3	1.7	1.55	120.7	1.42	1.18	133.0	1.67	1.26	△0.29	0.08
농 협	271.7	0.8	0.30	285.2	0.63	0.22	290.1	0.60	0.21	△0.09	△0.01
수 협	38.1	0.2	0.49	41.1	0.18	0.43	41.9	0.18	0.44	△0.05	0.01
특 수	836.6	7.6	0.91	896.4	6.44	0.72	929.9	5.92	0.64	△0.27	△0.08
국 내	2,333.6	11.9	0.51	2,475.2	10.27	0.41	2,541.1	9.70	0.38	△0.13	△0.03

자료 : 금융감독원(www.fss.or.kr), 「22. 9월 말 국내은행의 부실채권 현황(잠정)」.

performing loan)' 이라고도 부르며, 대출금의 원금과 이자가 장기간(3개월 이상) 연체된 여신, 이자수익 미계상여신, 채무상환능력이 악화되었거나 부도가 난 업체에 대한 여신 등을 말한다. 2022년 9월 말 기준으로 국내은행은 평균적으로 총여신의 0.38%에 달하는 부실채권을 안고 있으며, 그중에서는 씨티은행과 제주, 전북 은행, 인터넷은행 중에서는 케이뱅크, 특수은행(국책은행) 중에서는 산업은행과 기업, 수출입 은행의 부실채권비율이 높은 것으로 나타나고 있다.

대체로 부실채권비율이 높은 은행의 수익성이 부실채권비율이 낮은 은행의 수익성에 비하여 낮다는 것을 알 수 있다. 부실채권으로 인한 수익성악화는 금융기관의 경쟁력을 약화시켜 부실화를 초래하고, 금융자금의 효율적 배분기능을 저해하게 된다.[2] 그러므로 시중은행을 비롯한 각 금융기관이 생존 · 발전하기 위해서는 여신의 부실화를 최소화해야 하고, 여신결정의 질을 향상시킬 수 있는 신용평가기법의 개발과 도입에 힘써야 한다.

제2절 여신결정과정과 신용위험의 평가

금융기관 등 여신제공자(與信提供者)가 여신결정에 있어 중요시하는 사항은 대손(貸損)이나 연체(延滯)의 발생 등 신용위험을 극소화하면서 금융기관의 성장과 발전에 필요한 수익성을 확보하는 것이라고 할 수 있다. 재무정보가 여신결정과정, 특히 신용위험의 평가에 어떤 도움을 주는가를 보기 위해서는 먼저 금융기관의 여신결정과정을 이해할 필요가 있다.

1. 여신결정과정

여신결정과정은 금융기관마다 차이가 있을 수 있지만, 이를 일반화하면 다음의 [그림 12-1]과 같다.[3]

2) 1997년의 외환위기에 이은 극심한 불황기에는 30대 재벌그룹에 속한 상당수의 대기업까지 도산한 바 있고, 기업의 부실화가 다시 금융기관의 부실화를 초래함으로써 부실의 정도가 심각했던 다수의 종합금융회사와 보험회사, 그리고 일부 증권회사 등이 청산ㆍ합병 등으로 퇴출되었다. 또한 일부 지방은행과 시중은행도 대기업의 도산으로 인하여 부실화됨으로써 도산하였고, 대형시중은행의 도산을 막기 위하여 막대한 공적자금의 투입이 불가피하게 이루어짐으로써 경제 전체에 큰 타격을 준 바 있다.

3) K.J. Kohen, C. Gilmore, and F.A. Singer, "Bank Procedures for Analyzing Business Loan Applications," in *Analytical Methods in Banking*, K.J. Kohen and F.S. Hammar, eds. (Homewood, Ill. : Richard D. Irwin, Inc., 1966), pp. 218~250.

| 그림 12-1 | 여신결정과정

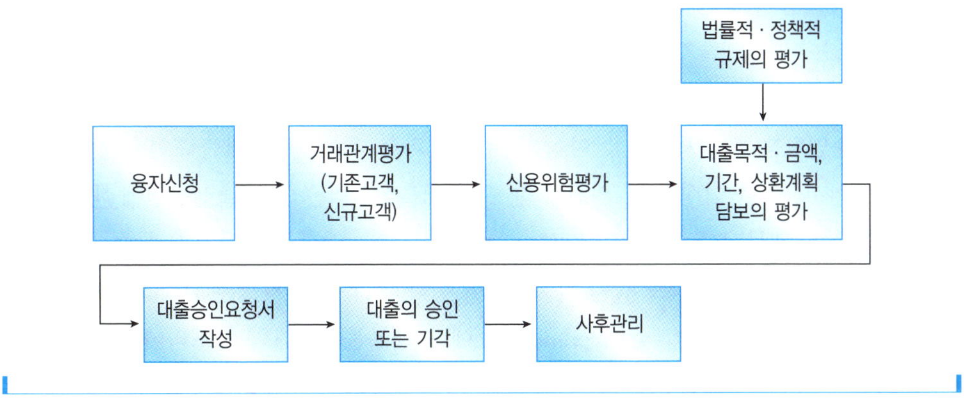

• **융자신청** : 자금이 필요한 개인이나 기업은 거래 은행을 방문하거나 전화 혹은 인터넷으로 은행의 여신담당 직원과 상담한 후, 은행이 정하는 서식에 의하여 융자신청을 한다.

• **현 고객과의 거래관계평가** : 차입신청자가 은행의 기존고객일 경우 과거의 신용도를 바탕으로 대출신청에 대하여 광범위한 신용조사가 필요한지를 결정한다.

• **신규고객과의 거래관계평가** : 차입신청자가 은행의 신규고객일 경우에는 신청자의 신용위험의 정도, 거래관계의 계속성에 대한 전망, 은행발전에 대한 기여도, 거래의 수익성 등을 평가한다.

• **신용위험의 평가** : 신청된 대출 자체에 대한 신용위험을 평가하는 과정으로서 이는 신규대출, 기존대출 모두에 대해 적용된다. 어느 정도의 신용조사를 행하느냐는 차입기업의 일반적 평판, 신청금액, 대출금의 용도, 대출기간과 상환계획, 담보제공유무에 달려 있다.

• **법률적 · 정책적 규제의 평가** : 신청된 대출에 대하여 법률적 제약유무와 금융기관 자체의 대출정책과의 부합여부를 평가하여 대출승인가능성을 판단한다. 일반적으로 통화당국이 정하는 가이드라인에 의해 사치성향적 소비나 투기를 조장하는 등 불요불급한 부문에 대해서는 여신이 억제되는 반면, 기업의 기술개발과 생산성향상을 위한 부문에 대해서는 자금이 우선적으로 지원되는 경우가 많다.[4]

4) 주택담보대출과 같이 대출에 규제가 존재하는 경우도 있어 확인이 필요하다. 예를 들어, 주택담보대출비율(LTV: Loan to Value, 주택의 담보가치에 따른 대출금의 비율)과 총부채상환비율(DTI: Debt to Income, 총소득에서 부채의 연간 원리금 상환액이 차지하는 비율)의 규제는 금융시장 및 부동산시장의 안정화를 위한 정부의 주요 정책수단으로 활용되고 있다. 한국에서는 2002년 주택가격이 급등하자 주택시장의 과열을 방지하기 위하여 주택담보대출비율을 제한하기 시작했다. 주택가격의 변화에 따라 LTV와 DTI의 규제 수준과 규제대상 지역은 수시로 바뀌는데, 주택경기 침체 시 비율을 완화하고, 과열 시 비율을 강화하는 식으로 운용된다.

• **대출목적 · 기간 · 상환계획 · 담보에 대한 평가** : 대출자금의 용도, 대출신청액의 규모, 대출기간, 대출금의 상환계획, 대출에 대한 담보나 보증 등을 평가한다. 상환계획의 타당성을 평가하는 데는 대출기간 동안의 현금흐름 및 순운전자본에 대한 예측, 추정손익계산서와 추정재무상태표 등의 재무제표정보가 이용된다.

• **대출승인요청 의견서작성** : 이상의 분석결과를 종합하여 대출승인요청 의견서(recommendations)를 작성한다. 의견서 작성 시 대출심사역은 ① 대출신청건에 대하여 적용할 이자율 ② 재무제한조항(財務制限條項, restrictive covenants) ③ 융자기간 중 실행하여야 할 사후관리의 범위와 강도 등을 기록하여야 한다. 적용할 이자율은 원칙적으로 신용위험을 평가하여 우대금리(優待金利, prime rate)에다 채무불이행위험의 프리미엄(즉, 가산금리)을 더하여 결정한다. 우대금리란 신용위험이 거의 없는 우량기업에 적용되는 대출금리를 말한다. 은행이 차입기업에 대하여 부과하는 재무제한조항에는 보통 대출기간 중 분기 · 반기 및 연간 사업보고서의 제출, 연간 일정규모 이상의 자본지출제한, 추가차입제한, 합병제한, 순운전자본의 일정수준 유지, 배당성향의 상향조정제한 등이 있다. 한편, 사후관리의 범위와 강도는 대출액이 차입기업의 총자산에서 차지하는 비중, 차입기업이 속한 업종의 성장성 및 안정성 정도, 기업이 제출한 예측자료의 신뢰도, 기업의 종합적인 신용등급(信用等級) 등에 의존하게 된다.

• **대출승인 또는 기각** : 이상과 같은 심사분석을 토대로 대출의 승인 또는 기각을 최종적으로 결정한다.

• **사후관리** : 이는 여신이 실행된 후 차입기업의 신용도의 변화, 채권확보상태의 변화 등을 계속적으로 조사하고 문제가 발생한 경우에는 대출금의 조기회수(早期回收) 등 필요한 조치를 취하는 활동을 말한다. 이 과정에서는 특히 상환계획의 이행상황, 신규공장 · 설비의 건설 및 가동과 같은 대출목적의 이행상황, 차입기업에 대한 전반적인 신용등급의 변화 등을 주의깊게 관찰할 필요가 있다.

2. 신용위험의 평가

(1) 신용위험평가의 목적

여신결정과정의 핵심은 신용위험평가(credit risk evaluation)에 있다. 신용위험의 평가란 기업내외의 경제상황, 즉 재무상태 · 경영능력 등의 내부상황과 동일업종의 경기전망 · 정부방침 등 외적 여건을 조사하고 이를 바탕으로 기업의 신용도(信用度, credit worthiness)를 평가하는 것을 말한다. 이와 같은 신용위험의 평가는 다음의 세 가지 기능을 한다.[5]

첫째, 여신을 취급하는 금융기관에게 대출위험에 관한 정확하고 객관적인 정보를 제공함으로써 금융기관의 최적여신결정에 기여한다.

둘째, 금융기관 등 신용제공자에 대하여 기업의 신용도에 따라 금리의 차등적용, 추가적인 담보 또는 보증요구 등 채무조건을 적절히 조정할 수 있도록 하는 기준을 제공한다.

셋째, 신용도가 나쁜 기업에 대해서는 유가증권의 발행이나 금융기관으로부터의 차입을 통한 자금조달을 어렵게 하고 신용도가 좋은 기업에 대해서는 이를 쉽게 함으로써 금융자금이 보다 효율적으로 배분될 수 있도록 할 뿐 아니라 기업으로 하여금 재무구조개선을 위하여 노력하도록 유도한다.

신용위험평가의 세 가지 기능 가운데서 금융기관의 여신결정과 직결되는 것은 신용분석(信用分析, credit analysis)이라고도 하는 첫 번째와 두 번째 기능이다.

이제 간단한 예를 들어, 신용위험에 따라 적용금리가 달라진다는 것을 살펴보도록 하자. 먼저 채무불이행위험이 없는 차입자에게 적용되는 대출금리를 r이라고 한다.[6] 이 경우 채무불이행확률이 d인 차입자에게 적용되는 대출이자율을 r^*라고 하면, 이는 다음 (식 12-1)과 같이 결정된다.[7]

$$r^* = \frac{(1+r)}{(1-d)} - 1 \qquad (12\text{-}1)$$

단, r^* : 채무불이행위험이 있는 차입자에 대한 대출이자율
r : 채무불이행위험이 없는 차입자에 대한 대출이자율
d : 채무불이행확률

가령, 어느 금융기관에 대해 두 기업 A, B가 융자를 신청하였는데 금융기관이 A와 B의 채무불이행확률을 각각 5%와 10%로 평가하고 있다고 하자. 현재 채무불이행위험이 전혀 없는 차입자에 대한 1년만기 운전자금의 대출이자율은 4%이다. 이때 금융기관은 A, B에 대한 대출이자율을 얼마로 정해야 하는가?

---

5) 한국은행, "우리나라 企業評價制度의 現況," 「조사통계월보」(1985.5.), p.30.

6) 대출이자율 r은 대출당시의 예금금리, 금융기관의 영업비용, 적정수준의 이윤, 타 금융기관과의 경쟁, 금융당국의 신용정책 등을 감안하여 결정될 것이다.

7) J.F. Sinkey, *Commercial Bank Financial Management*(Prentice-Hall, Inc., 1998), pp.198~202.

$$r_A^* = \frac{(1+0.04)}{(1-0.05)} - 1 = 0.0947\ (9.47\%)$$

$$r_B^* = \frac{(1+0.04)}{(1-0.10)} - 1 = 0.1556\ (15.56\%)$$

이상의 예에서 위험이 낮은 차입자인 기업 A의 경우 채무불이행위험에 대한 프리미엄(default risk premium : DRP)은 5.47%이고, 위험이 높은 기업 B의 경우에는 11.56%가 된다. 따라서 DRP는 채무불이행위험이 있는 차주(借主)에 적용되는 대출이자율에서 채무불이행위험이 없는 차주에 적용되는 대출이자율을 차감한 것이 된다. 즉,

$$DRP = r^* - r \tag{12-2}$$

채무불이행위험에 대한 프리미엄 DRP는 신용제공자에게 대출에 수반되는 기대손실(期待損失)을 보상하여 준다.

참고 채무불이행확률 d의 추정

채무불이행위험의 수준에 따라 적용되는 대출금리 혹은 채권의 발행수익률이 차등화되어 있고, 무위험대출이나 채권에 적용되는 대출금리나 발행수익률을 알고 있다면 (식 12-1)은 특정 대출 혹은 채권의 채무불이행확률(probability of default)을 추정하는 데 사용될 수 있다.[8] 이 경우에는 (식 12-3)을 이용한다.

$$d = 1 - \frac{(1+r)}{(1+r^*)} \tag{12-3}$$

예를 들어 1년만기를 기준으로, 채무불이행위험이 거의 없는 AAA등급 채권의 수익률이 1.72%, 우량기업대출(prime-rate loan)의 기준금리가 4.25%, 투기등급채권(junk bond)의 수익률이 7.25%이며, 채무불이행위험이 없는 국채의 수익률이 1.52%라고 하자. 이 경우 투기등급채권의 채무불이행확률을 구하면 5.34%이다. 즉,

$$d_{\text{junkbond}} = 1 - \frac{(1+0.0152)}{(1+0.0725)} = 1 - 0.9466 = 0.0534 = 5.34\%$$

같은 방법으로 AAA등급 채권 및 우량기업대출의 채무불이행확률을 구하고 이를 채무불이행위험에 대한 프리미엄과 함께 제시하면 〈표 12-2〉와 같다.

8) Sinkey, *ibid.*, p.199.

표 12-2 신용위험 수준별 채무불이행위험 프리미엄과 채무불이행확률

구분	대출금리 (수익률)	국채수익률	위험 프리미엄 (DRP)	채무불이행확률
AAA등급채권	1.72%	1.52%	0.20%	0.20%
우량기업대출	4.25%	1.52%	2.73%	2.62%
투기등급채권	7.25%	1.52%	5.73%	5.34%

(2) 신용위험의 결정요인

1) 5C

금융기관이 대출신청자에 대하여 여신을 제공할 것인가 말 것인가 또 어떤 조건으로 제공할 것인가는 차입자의 신용위험 정도에 달려 있고, 신용위험은 차입자가 대출에 따른 약정사항을 실제로 이행할 의지와 능력이 있느냐를 평가함으로써 결정된다. 이 과정에서 금융기관이 고려하는 평가항목은 일반적으로 다섯 가지 항목이며 알파벳의 머릿글자를 따서 흔히 5C로 표현한다.[9]

- 경영자 인격(Character)
- 상환능력(Capacity)
- 자본력(Capital)
- 담보력(Collateral)
- 경제여건(Conditions)

각 항목을 알기 쉽게 설명하기로 하자. 첫째, 경영자의 인격은 개인이든 기업이든 차입금을 적극적으로 갚으려고 하는 차입자의 의지(意志), 구체적으로는 정직성(正直性, honesty)과 윤리적 평판(ethical reputation)을 의미한다. 경영자 인격의 평가는 ① 차입자의 과거 신용기록 ② 차입자의 인격에 대한 사회적 평판 ③ 차입자와의 면담을 통한 판단 등을 바탕으로 행하게 된다. 과거의 신용기록을 조사해 보면 차입자의 상환의지와 상환능력을 알 수 있는데, 좋지 못한 신용기록을 가진 차입자의 경우에는 상환의지와 상환능력이 반드시 나쁘게 나타난다. 또한 차입자의 상환의지가 의심스러울 때는 차입자에 대한 사회적 평판이 중요한 정보가 될 수 있다. 가능하면 대출심사역이 대출신청자를 직접 잘 아는 것이

9) Sinkey, *op.cit.*, pp.190~192.

바람직하지만, 그렇지 못할 경우에는 신용분석이 차입신청자의 경제적 · 재무적 능력에 의존하여 이루어진다.

차입금을 실제로 상환할 수 있는가는 차입자의 상환능력, 자본력(재산), 그리고 담보력에 의하여 직접적으로 평가된다. 이와 같은 특성은 주로 차입자의 재무제표에 대한 분석을 통해 파악할 수 있다. 그런데 재무제표는 분식(粉飾)될 수 있으므로 반드시 그 내용이 정확하며 신뢰할 수 있는 것인가를 사전에 확인해야 한다. 재무제표정보를 입수하면 차입자의 상환능력은 가처분소득 · 세후순이익이나 현금흐름(cash flow)에 의해 측정될 수 있고, 자본력은 차입자의 순재산규모(real net worth)에 의해서, 그리고 담보력은 차입자가 대출에 대하여 담보로 제공하고자 하는 자산의 질(quality of asset)에 의해서 평가될 수 있다. 다른 조건이 같다면 차입자의 신용도는 이상의 세 가지 재무적 특성과 비례적 관계를 갖는다.

5C에서의 마지막 항목은 경제여건으로, 이는 불황이나 금융긴축(金融緊縮, credit crunch), 경기변동과 금리변동에 대한 차입자의 취약성 정도(vulnerability to business and interest-rate cycles)를 평가하기 위한 것이다. 경제여건요인을 평가할 때에는 차입자의 지급능력에 대하여 최악의 상황을 가정한 시나리오(worst-case scenario)도 준비하여야 한다.

2) 7C

신용위험의 분석을 위하여 제시된 다른 연구에서는 C로 시작되는 7개의 단어를 이용하여 평가요소를 요약하고 있다.[10] 즉,

- 상황(Circumstances)
- 현금흐름(Cash flows)
- 담보(Collateral)
- 부채수용능력(Capacity for debt)
- 우발채무(Contingencies)
- 경영진의 인격(Character of management)
- 제약조건(Conditions)

상황(Circumstances)은 차주의 대출 필요성(즉, 대출에 이르게 하는 상황)이 대출의 위험도(riskiness of the loan)와 상환가능성(likelihood of repayment)에 영향을 준다는 데서 평가

10) C.P. Sticney and P.R. Brown, *Financial Reporting and Statement Analysis*(The Dryden Press, 1999), pp.621~627.

요소에 포함되고 있다. 예를 들어 은행과의 거래관계가 오래되었고 영업활동에 문제가 없는 제조기업에 대한 운전자금 대출은 신용위험이 아주 낮게 평가된다. 그러나 영업활동이 부진한 기업, 신생(新生) 비즈니스(emerging business)를 영위하는 기업, 연구개발 등 무형자산(intangible assets)에 대한 투자비중이 높은 벤처기업 등에 대한 대출은 높은 위험이 따른다. 또 은행은 대출금의 용도가 명확하지 않은 대출에 대해서는 주의해야 한다.

차주의 현금흐름(Cash flows)은 원리금상환의 직접적 원천이라는 점에서 중요하다. 기업의 현금창출능력에 관한 정보는 최근 결산기(3~4년간)의 현금흐름표, 현금흐름관련 재무비율, 추정재무제표 등에 대한 분석을 통하여 알 수 있다.[11] 기업의 현금흐름상에 문제가 있다는 징후는 몇 년간에 걸쳐 다음과 같은 계정과목의 추세나 변동에 대한 분석을 통하여 파악할 수 있다.

- 매출채권이나 재고자산의 증가율이 매출액 증가율을 초과하고 있다.
- 매입채무의 증가율이 재고자산의 증가율을 초과하고 있다.
- 기타유동부채의 증가율이 매출액증가율에 비하여 높다.
- 당기순손실이나 순운전자본의 급증으로 인하여 영업활동으로 인한 현금흐름의 적자가 계속되고 있다.
- 자본지출액이 영업활동으로 인한 현금흐름을 크게 초과하여 여유현금흐름(free cash flows)이 적자를 기록하고 있다. 자본지출액이 많다는 것은 설비투자의 급증으로 미래의 성장성이 높다는 것을 의미하지만, 여유현금흐름이 적자가 되면 회사는 성장에 필요한 자금을 금융기관 차입이나 주식발행 등 외부금융으로 조달해야 한다.
- 자본지출액이 지속적으로 감소하고 있다. 자본지출액이 감소하면 단기적으로는 현금을 절약할 수는 있으나 미래의 매출액과 이익, 영업활동으로 인한 현금흐름은 감소할 가능성이 높다.
- 시장성 있는 유가증권의 매각이 매입을 초과하고 있다. 물론 회사가 여유자금을 일시적으로 유가증권에 투자하였다가 다른 회사의 인수나 유형자산투자를 위하여 매각한다면, 유가증권의 매각은 현금흐름의 악화와는 관련이 없다. 그러나 유가증권의 매각으로 운전자본투자를 한다면 이는 문제가 있다고 해석된다.
- 장기차입금 비중이 줄고 그대신 단기차입금의 비중이 크게 증가하고 있다. 이러한 현상은 금융기관이 차입기업의 미래를 낙관하지 못하기 때문에 발생한다.

11) 현금흐름표 및 추정재무제표의 작성과 분석은 제5장과 제6장에서 자세히 설명하였다.

• 배당금 지급이 중단되거나 감소하고 있다. 배당금을 줄이거나 지급을 중단하면 현금은 절약되지만, 주식시장은 이러한 배당정책의 변화를 회사의 미래전망에 관한 부정적 신호로 해석한다.

현금흐름관련 재무비율은 단기지급능력을 측정하는 「영업활동으로 인한 현금흐름/유동부채」, 장기지급능력을 측정하는 「영업활동으로 인한 현금흐름/총부채」, 그리고 설비투자와 관련하여 외부자금조달 필요성을 측정하는 「영업활동으로 인한 현금흐름/자본지출액」 등이 있다.[12] 대부분의 금융기관은 미래상환능력을 평가하기 위하여 추정재무제표의 작성을 요구하고 있다. 금융기관의 여신담당자는 추정재무제표를 검토할 경우 매출증가율, 원가구조, 설비투자계획 등 추정재무제표 작성의 근거가 되는 여러 가정(假定)과 전제의 현실성과 타당성을 주목해야 한다. 또 매출증가율, 원재료비, 이자율, 환율 등에 관한 핵심적인 가정이 변경될 경우 차입기업의 현금흐름이 얼마나 변동하는가 하는 민감도분석(敏感度分析, sensitivity analysis)도 반드시 수행할 필요가 있다.

담보(Collateral)의 제공여부와 담보자산의 가치는 신용위험의 분석에서 아주 중요하다. 차주의 현금흐름이 원리금상환에 불충분한 경우 금융기관은 담보로 제공된 자산을 활용하여 대출금을 회수할 수 있다. 담보로 활용될 수 있는 자산은 단기유가증권, 매출채권, 재고자산, 유형자산 등이며, 이들 자산을 담보로 취득할 경우에는 자산의 질에 대한 평가가 중요하다. 중소기업의 경우에는 경영진 혹은 대주주가 소유하는 개인자산도 추가적인 담보로 제공되는 사례가 있기 때문에, 중소기업 대출의 경우에는 그러한 가능성도 평가해야 한다.

부채수용능력(Capacity for debt)은 기업이 추가채무를 부담할 수 있는 능력을 의미하며 이는 당연히 현금창출능력과 담보제공이 가능한 자산규모와 밀접한 관련이 있다. 기업의 부채수용능력을 정밀하게 측정할 수 있는 방법은 없지만, 재무비율 중 부채비율(debt ratios)과 이자보상비율(interest coverage ratios)이 도움이 된다. 부채총계/자본총계 혹은 부채총계/자산총계로 측정된 부채비율이 높을수록 신용위험이 높고 추가 부채수용능력은 줄어든다. 또 영업이익을 이자비용으로 나눈 이자보상비율이 높을수록 기업의 부채사용에 따른 안전한계(margin of safety)는 증가한다. 미국의 경우 일반적으로 이자보상비율이 2.0배를 밑돌면 신용위험이 상당히 높은 것으로 간주되고, 이자보상비율이 4.0~5.0배를 초과하면 추가적인 채무를 감당할 여력이 있는 것으로 간주된다.

우발채무(偶發債務, Contingencies)는 현재의 불확실성이 회사에 부정적인 영향을 주는

12) 영업활동으로 인한 현금흐름/자본지출액의 비율이 100%에 미달하면 회사는 부족한 자금을 외부자금조달이나 보유현금의 사용, 혹은 유가증권의 매각 등으로 충당해야 한다.

방향으로 돌변하여 회사의 채무가 갑자기 증가하는 것을 말한다. 이러한 우발채무를 가져오는 것으로는 법적 소송, 지급보증, 파생금융상품, 핵심자원의 손실 등을 들 수 있다. 첫째, 회사의 주요 제품, 핵심기술, 조세부담, 주요 사업 등에 관한 소송에서 피고의 입장에 있을 경우, 법원의 판결에 의해 회사의 미래 수익성과 현금흐름이 부정적인 영향을 받을 수 있다. 흡연자들이 미국의 주요 담배회사에 제기하고 있는 손해배상 청구소송은 우발채무의 대표적인 예가 된다. 둘째, 회사가 자회사, 합작회사, 임직원 등의 대출에 대해 지급보증을 한 경우, 피보증자가 채무를 상환하지 못하면 보증채무가 실제 채무로 돌변하는 경우가 있다. 셋째, 회사가 선물환(외환선도계약), 외환선물, 금리옵션 등 파생금융상품(derivative financial instruments)을 거래할 경우 금리, 환율, 상품가격 등이 예상치 못한 방향으로 변동하면 회사의 미래현금흐름이 크게 악화되어 지급능력이 저하될 우려가 있다.[13)] 넷째, 회사의 영업활동이 소수의 핵심인력, 기술사용계약 혹은 라이센스(license), 특정기술 등에 크게 의존하는 경우, 핵심인력이 퇴사하거나 기술사용권리가 상실된다면 회사의 생존기반이 흔들릴 수 있다. 이와 같은 문제점에 대한 정보를 얻기 위해서는 사업보고서의 재무제표에 대한 주석사항을 꼼꼼히 챙기는 한편, 해당 기업의 경영진에 묻고 변호사 등 전문가의 자문을 받을 필요가 있다.

경영진의 인격(Character of management)은 상황에 따라서는 특정기업의 신용도를 보강할 수 있는 무형적 요소가 된다. 여기서 경영진의 인격이란 경영상 난관의 타개능력, 매출 · 원가절감 · 신제품개발 등 주요 경영목표의 달성률, 고객 · 거래처 · 금융기관 등 주요 이해관계자와의 거래에 있어서의 공정성과 정직성을 의미한다. 금융기관은 개인자산의 상당부분을 자기회사의 주식에 투자하고 있는 경영진을 당연히 더 신뢰한다.

제약조건(Conditions)은 금융기관이 스스로의 이익을 보호하기 위하여 차주에게 가하는 재무적인 제한사항을 말한다. 재무제한사항에는 유동비율은 120%를 상회할 것 혹은 부채비율(부채총계/자본총계)은 100%를 넘지 말 것 등으로 특정재무비율의 상한 혹은 하한을 설정하는 내용도 있고, 배당금지급을 제한하거나 추가차입 시 권리우선순위를 기존채권자에 비하여 반드시 후순위로 해야 한다는 내용도 있다. 차주가 이러한 재무제한조항을 위배할 경우 차입금을 즉각 상환해야 한다는 약정이 대출계약서에 포함되게 된다.

---

13) 예를 들어 A사가 향후 달러화가 강세로 갈 것을 예상하고 6개월 후에 만기가 되는 달러 선물환 1,000만 달러를 1,100원/달러의 가격으로 매입하였다고 가정하자. 그런데 예상과 달리 6개월 후에 원화가 강세로 반전하여 환율이 1,000원/달러가 되었다면 이 회사는 10,000,000달러×(1,000원/달러−1,100원/달러)= −1,000,000,000원, 즉 10억 원의 손실을 보게 된다.

3) 차입기업요인과 시장요인

앞서 설명한 5C나 7C와 중복되는 측면도 있지만 일부 연구에서는 신용위험에 영향을 미치는 요인을 차입기업요인(borrower-specific factors)과 시장요인(market-specific factors)으로 구분하여 제시하고 있다.[14)]

차입기업요인이란 차주의 신용도에 영향을 미치는 기업고유요인을 말하는데, 이에는 차주의 평판(reputation), 레버리지(leverage), 이익변동성(volatility of earnings), 담보(collateral)의 4가지가 포함되고 있다.

첫째, 차주의 평판은 융자신청자의 차입 및 상환의 내역으로 평가된다. 만약, 특정기업이 과거 일정기간 중 차입금의 상환기일에 맞추어 채무상환을 이행하였다면, 이 회사는 미래에도 금융기관과의 거래에 있어 우대를 받게 된다. 차입자와 금융기관 간의 장기간에 걸친 고객관계는 명시적인 법적 계약관계를 초월하는 암묵적 계약(implicit contract)관계를 형성하게 된다. 차주의 평판은 단기간에 형성되는 것이 아니기 때문에, 신규융자신청자, 특히 중소기업이나 벤처기업 등은 불리한 입장에 처할 수도 있다.

둘째, 차입기업의 레버리지, 즉 부채사용수준(보통 부채비율로 측정)은 도산확률에 영향을 준다. 즉, 레버리지가 높은 기업일수록 이자비용의 부담이 증가하게 되고 영업활동 현금흐름을 감소시키게 된다. 기업은 적정수준의 부채사용으로 기업가치를 증가시킬 수도 있지만, 부채사용이 적정수준을 넘게 되면 원리금의 상환가능성이 줄어들고 도산위험이 증가한다.

셋째, 레버리지와 마찬가지로 이익의 변동성이 크면 차입기업이 이자와 원금을 제때 상환하지 못할 확률이 상승하게 된다. 그러므로 신생 기업이나 이익변동성이 큰 하이테크산업(high-tech industries)에 속한 기업은 역사가 오래되고 이익이 안정된 기업에 비하여 차입이 더 어려울 수 있다.

넷째, 일반적으로 담보가 제공되면 대출의 안전도가 높아지므로, 담보대출은 무담보대출에 비하여 유리한 대출조건(기간 및 금리 등)을 적용받을 수 있다.[15)]

시장요인은 여신결정 시 모든 차입기업에 영향을 미치는 요인을 말하는데, 이에는 경기순환(business cycle)과 금리수준(level of interest rate)이 포함되고 있다.

---

14) A. Sanders, *Financial Institutions*(Richard D. Irwin, Inc., 1994), pp.167~169.

15) 대출에 대하여 담보가 제공된다고 해도 대출의 안전도가 확보된다는 보장은 없다. 1990년대 일본의 경우에서 보듯이 경제불황으로 차입기업의 상환능력이 저하되고 담보로 제공받은 부동산가격이 폭락하자 많은 금융기관이 도산한 바 있다.

경기가 경기순환주기상 어디에 위치하고 있으며 향후 어떻게 변동할 것인가는 금융기관이 차입기업의 도산확률을 평가하는 데 매우 중요하다. 예를 들어 경기침체시기에는 담배 · 식품 등 비내구소비재(nondurable goods)를 생산하는 기업에 비하여 자동차 · 냉장고 · 주택 등 내구소비재(durable goods)를 생산하는 기업이 더 어려운 경우가 많다. 그러므로 내구소비재를 생산하는 기업은 경기가 불황일 때 도산할 가능성이 상대적으로 더 높다. 이러한 면을 감안하여 금융기관은 경기침체시기에는 우량기업 위주로 자금을 선별적으로 배분하는 경향이 있고, 이로 인하여 자본시장에서 직접 조달이 곤란한 중소기업이 더 타격을 입게 된다.

일반적으로 금리수준이 아주 높다는 것은 시중의 자금사정이 좋지 않거나 중앙은행이 인플레이션 억제를 위하여 통화긴축정책을 쓰고 있다는 것을 의미한다. 금리수준이 높을 경우 부채비율이 높은 기업일수록 자금사정이 어려울 가능성이 높다.

금융기관은 차입자의 신용도를 정확하고 일관성 있게 평가할 수 있도록 이상에서 검토한 신용위험의 결정요인을 계량화하여야 한다. 다음 절에서 설명하는 여러 가지 신용평가 방법은 이와 같은 목적에 이용될 수 있다.

제3절 신용위험평가모형

여신결정과정에서 가장 중요한 부분은 신용평가이며, 그 목적은 신용위험, 즉 대출이 상환불능될 확률을 평가하는 것이다. 실무에서는 오래전부터 신용평가의 결과를 점수나 등급으로 표시하고 점수나 등급이 일정한 기준을 초과할 때에 한하여 대출을 승인하는 방법인 신용평점제도를 사용해 오고 있다. 또 판별모형, 로짓모형 등 통계적 신용평점모형을 이용하여 신용위험을 계량화하는 기법도 개발되어 사용되고 있다. 이들 기법은 최초의 여신결정은 물론 신용등급의 재분류에서도 널리 활용되고 있다.

1. 신용평점제도

(1) 신용평점제도의 의의와 특징

우리나라, 일본 그리고 구미각국의 금융기관이 실무에서 널리 이용하고 있는 신용평점제도(信用評點制度, credit scoring system)는 신용위험평가요소를 선정하여 이들에 대한 가중치를 부여하고, 각 차입자의 재무적 · 영업적 특성에 따라 평가요소별로 차등배점한 다음 이 점수를 합하여 종합점수를 산출하고, 종합점수와 일정한 기준을 비교함으로써 여신결정을 하거나 신용등급의 재분류를 하는 방법이다.

이 방법의 절차를 구체적으로 설명하면 다음과 같다.

첫째, 평가목적에 알맞는 기업체의 모집단을 구하고, 기업체의 신용위험의 변화를 잘 반영할 것으로 기대되는 일정수의 평가요소를 선정한다.

둘째, 선정된 평가요소들의 값을 A, B, C, D, E 등 2개 이상의 구간으로 구분한 후, 각 구간에 대해 적절하다고 생각되는 점수(100~0점)를 배정한다. 각 구간별 점수의 배정 시 평가요소별 중요도를 반영한다. 즉, 기업의 신용도를 가장 민감하게 반영하는 평가요소는 구간별 점수를 높게 배정하고, 덜 민감하게 반영하는 평가요소에 대해서는 구간별 점수를 낮게 배정한다.

셋째, 각 평가요소와 그 중요도에 따른 구간별 배점이 결정된 다음에는 각 기업체별로 각 평가요소의 값을 구하고 그 값이 어느 구간에 속하는지를 확인하여 그 구간에 할당된 점수를 배정한다. 그리고 모든 평가요소의 해당 구간 점수를 합산하여 그 기업의 최종신용점수로 한다.

넷째, 최종신용점수를 그 기업의 여신결정이나 신용등급의 재분류에 활용한다. 가령, 최종신용점수가 일정기준을 초과할 때만 대출승인을 한다든지, 최종신용점수별 구간을 정하고 이에 따라 신용등급을 A, B, C, D 등으로 분류한다든지 하는 것이 가능하다.

이와 같은 신용평점제도는 평가요소에 양적 요인은 물론 질적 요인까지도 포함시킬 수 있다는 장점이 있다. 양적 요소는 주로 재무제표분석으로 파악할 수 있는 기업의 재무적 특성을 의미하며, 질적 요소는 재무제표분석으로는 파악하기 힘든 질적인 특성을 의미한다(〈표 12-3〉 참조).

신용평점제도의 특징은 평가요소와 가중치의 선정이 대개는 분석자의 주관적 판단에 크게 의존한다는 점이다. 따라서 분석자의 경험이나 신용평가업무에 대한 지식 및 분석능력에 따라 신용평점제도의 판별력에 차이가 생긴다. 다음에는 신용평점제도의 실례를 들어보기로 하자.[16]

표 12-3 주요 신용위험평가요소의 내용

- 양적 요소
  - 기업의 수익성, 재무구조, 유동성, 현금흐름, 활동성, 성장성, 생산성 등
- 질적 요소
  - 조직 · 인사요소 : 경영관리체제의 합리성, 기업공개여부, 경영능력, 경영자 업력, 노사관계, 직원채용방식, 후생시설 및 근로조건 등
  - 생산요소 : 생산시설, 영업레버리지, 공장자동화, 품질 및 기술개발상태, ISO9000 시리즈의 인증, 원자재조달, 규모의 경제성 등
  - 재무요소 : 거래신뢰도, 채무상환능력 등 대금융기관관계, 사채(私債)이용 정도, 환위험 등
  - 판매요소 : 제품의 종류, 가격수준, 판매조직, 광고활동, 시장점유율 등
  - 전략요소 : R&D, 최고경영진, 대정부관계, 기업다각화, 계열(系列)소속여부 등
  - 산업요소 : 산업의 라이프사이클, 경쟁상황, 진입장벽 등

(2) 시중은행의 신용도평가표

현재 우리나라의 각 시중은행은 나름대로 독자적인 신용평가모형을 개발하여 실무에 활용하고 있다. 여기서는 그 예로서 시중은행인 A은행과 B은행이 개발한 신용평가모형을 소개하기로 한다.

국내의 대표적인 시중은행의 하나인 A은행은 외부감사대상법인이 아닌 법인이나 개인기업, 혹은 조합 등의 신용평가를 위하여 '비외감기업 신용도평가표'를 사용하고 있다. '신용도평가표'는 업종별로 세분화된 재무항목 평가기준과 대분류업종(농림어업 및 광업, 제조업, 건설업, 도소매 및 서비스업)에 대하여 공통적으로 적용되는 비재무항목 평가기준으로 구분되어 있다. 재무항목 평가기준과 비재무항목 평가기준에 부여되는 평점합계는 모두 100점으로 되어 있다.

다음의 〈표 12-4〉는 '비외감기업 신용도평가표' 중 자동차 및 트레일러 제조업, 기타 운송장비 제조업에 적용되는 '재무항목 평가기준'을 보여주고 있다. 재무적 평가요소는 2

16) 제4장에서 소개한 지수법이 신용평점제도의 기초가 된다.

표 12-4 A은행의 신용도평가표(재무항목 평가기준)

업종 : 자동차 및 트레일러 제조업, 기타운송장비 제조업

중항목	소항목	배점	단위	A (4/4)	B (3/4)	C (2/4)	D (1/4)	E (0/4)
수익성	매출액총이익률	14.7	%	22.75 이상	17.54 이상	12.96 이상	9.80 이상	9.80 미만
	이자비용 대 부채비율	11.8	%	0.71 이하	4.54 이하	8.18 이하	11.36 이하	11.36 초과
안정성	부채총계증가율	12.8	%	-17.09 이하	5.48 이하	43.60 이하	131.02 이하	131.02 초과
	적립금비율	12.6	%	53.87 이상	31.94 이상	14.72 이상	7.22 이상	7.22 미만
	유동비율	6.7	%	254.12 이상	143.84 이상	89.90 이상	62.33 이상	62.33 미만
	부채비율	16.0	%	62.64 이하	159.74 이하	391.53 이하	667.16 이하	667.16 초과
	영업자산 대 매출액	7.7	%	9.27 이하	15.95 이하	25.64 이하	36.42 이하	36.42 초과
활동성	매입채무회전율	7.5	회	35.35 이상	18.33 이상	8.51 이상	5.05 이상	5.05 미만
현금흐름	NCF 대 매출액(평균)	10.2	%	16.22 이상	8.69 이상	2.07 이상	-4.03 이상	-4.03 미만

주 : 1) 매출액총이익률(%)=매출총이익/매출액, 적립금비율(%)=(자본잉여금+이익잉여금)/자본총계, 부채비율(%)=부채총계/자본총계, 영업자산 대 매출액(%)=(매출채권+재고자산)/매출액, NCF 대 매출액(%)=영업활동으로 인한 현금흐름/매출액.

개의 수익성비율, 5개의 안정성비율, 각 1개의 활동성비율과 현금흐름비율로 구성되어 있다. 배점은 각 평가요소 및 재무비율에 부여된 가중치를 의미하며, 안정성비율인 부채비율에 가장 높은 점수가 부여되어 있다. 비율의 구간은 A~E의 5개 구간으로 A구간에는 배점의 4/4를, B구간에는 배점의 3/4을, 그리고 E구간에는 배점의 0/4를 할당하도록 되어 있다.

다음의 〈표 12-5〉는 '비외감기업 신용도평가표' 중 제조업 전체에 공통적으로 적용되도록 설계된 '비재무항목 평가기준'을 보여주고 있다. 비재무항목은 경영일반 · 거래현황 · 재무융통성 · 환경대응능력 · 근로조건 및 인력관리 · 산업요인 · 사업경쟁력 · 조정항목 등 8항목으로 구분되어 있으며, 각 항목마다 다시 구체적인 평가지표가 설정되어 있다. 평가지표별로 배점이 부여되어 있고 해당 기업을 평가한 후 조정항목을 제외한 나머지 항목에 대해서는 3~5개의 소구간으로 나누어 점수를 부여하게 된다.

A은행은 '비외감기업 신용도평가표'에 의하여 특정기업을 평가한 후 평가점수에 따라 신용등급을 3등급~9등급으로 구분하여 여신결정에 활용하고 있다.

한편, 시중은행 중 B은행의 경우 산업위험과 차주의 개별위험으로 구성되는 사업위험, 부채비율 · 현금흐름비율 · 이자보상비율 등의 재무비율과 재무위험조정항목으로 구성되는 재무위험을 평가하여 차주의 1차적인 신용등급을 결정하고 있다. 최종적인 차주의 신용등급은 주주 · M&A위험 · 향후전망 · 우발채무 과다보유 등을 고려한 차주등급조정, 연체 ·

표 12-5 A은행의 신용도평가표(비재무항목 평가기준)

업종 : 제조업

대	중	소		A등급		B등급		C등급		D등급		E등급	
경영일반	기업형태	기업형태	1.0	주식회사	2/2	개인기업, 조합	1/2	기타	0/2			–	
	기업규모	총자산	1.0	50억 원 이상	4/4	40억 원 이상	3/4	30억 원 이상	2/4	10억 원 이상	1/4	10억 원 미만	0/4
		매출액	0.9	80억 원 이상	4/4	60억 원 이상	3/4	40억 원 이상	2/4	20억 원 이상	1/4	20억 원 미만	0/4
		자기자본	0.9	12억 원 이상	4/4	10억 원 이상	3/4	7억 원 이상	2/4	3억 원 이상	1/4	3억 원 미만	0/4
	업력	설립후 경과연수	3.3	15년 이상	4/4	10년 이상	3/4	7년 이상	2/4	3년 이상	1/4	3년 미만	0/4
거래현황	약속이행	거래조건이행상황	2.5	매우 양호	3/3	양호	2/3	보통	1/3	불량	0/3	–	
	거래기간	여신거래기간	1.3	5년 이상	3/3	3년 이상	2/3	3년 미만	1/3	기타(신규업체)	0/3	–	
	거래 신뢰도	교환결제상황	2.1	매우 양호 (통상 교환 제시전 입금)	3/3	양호(통상 미결 제어음 통보시 간전 입금)	2/3	보통(통상 영업시간 이내 입금)	1/3	불량(영업 시간 종료후 입금, 기타)	0/3	–	
		연체 및 대지급	2.2	매우 양호 (전혀 없음)	3/3	양호(15일 이상 횟수 1회)	2/3	보통(15일 이상 횟수 2회)	1/3	불량(기타)	0/3	–	
재무융통성	자금조달 능력	한도금융여력	2.8	20% 미만	3/3	20~50% 미만	2/3	50~70% 미만	1/3	기타	0/3	–	
		추가자금조달여력	2.8	매우 양호	3/3	양호	2/3	보통	1/3	불량	0/3	–	
		제3자 자금지원 여력	2.8	소요자금 전액 수시지원 가능	3/3	소요자금 일부 지원 가능	2/3	소요자금 지원 능력 낮음	1/3	기타	0/3	–	
	상환능력	고율 차입비중	5.6	5% 미만	3/3	5~10% 미만	2/3	20% 미만	1/3	기타	0/3	–	
		현금흐름 ①현금영업이익 ②영업활동후 CF ③ 이자배당금지급후 CF ④ 유동성차입금 상환후 CF	5.5	①~④ 모두(+)	3/3	①~③ 항목(+)	2/3	①~② 항목(+)	1/3	기타	0/3	–	
	사업전략	외부환경변화에 대한 대응능력	4.6	매우 양호	3/3	양호	2/3	보통	1/3	불량	0/3	–	
	영업전망	성장전망	3.5	50% 이상	3/3	30% 이상	2/3	10% 이상	1/3	10% 미만	0/3	–	
		영업안정성	3.5	매우 양호	3/3	양호	2/3	보통	1/3	불량	0/3	–	
	경영능력	경리책임자 교체빈도	2.7	교체 없음	3/3	1회	2/3	2~3회	1/3	4회 이상	0/3	–	
		지식경험 정도	2.6	상	2/2	중	1/2	하	0/2	–			
		대리경영	2.7	해당 없음	2/2	대리경영 또는 경영상 분쟁	1/2	대리경영이면서 경영상 분쟁	0/2				
		위기대처능력	2.7	상	2/2	중	1/2	하	0/2				
		내부통제제도	2.6	양호	2/2	보통	1/2	불량	0/2				
근로조건 및 인력관리	근로조건	작업위험도	1.2	매우 낮음	4/4	낮음	3/4	보통	2/4	높음	1/4	매우 높음	0/4
	인력관리	기능인력 확보	2.7	매우 양호	4/4	양호	3/4	보통	2/4	미흡	1/4	불량	0/4
산업요인	산업요인	산업 레이팅	2.0	IR1	4/4	IR2	3/4	IR3	2/4	IR4	1/4	IR5	0/4
		주력제품의 수명주기	2.1	성장	2/2	도입 · 성숙기	1/2	사양 · 정체	0/2	–		–	

대	중	소		A등급		B등급		C등급		D등급		E등급	
		시장진입장벽	2.1	상	2/2	중	1/2	하	0/2	–		–	
		입지조건	2.0	양호	2/2	보통	1/2	불량	0/2	–		–	
		경쟁상황	2.1	독과점	2/2	경쟁	1/2	완전경쟁	0/2	–		–	
		시장상황	2.1	유리	2/2	보통	1/2	불리	0/2	–		–	
사업경쟁력	생산효율성	공인규격 취득 ① 특허권 ② 의장권 ③ 실용신안권 ④ KS, ISO 인증 등 표준화된 국내외 공인 규격 취득 여부	2.6	3개	4/4	2개	3/4	1개, OEM 생산	2/4	그 외의 기업		–	
		설비상태	2.5	매우 양호	4/4	양호	3/4	보통	2/4	미흡	1/4	불량	0/4
		환경오염 대비책	2.5	매우 양호	4/4	양호	3/4	보통	2/4	미흡	1/4	불량	0/4
		기술혁신	2.5	매우 양호	4/4	양호	3/4	보통	2/4	미흡	1/4	불량	0/4
	영업효율성	고정거래처 매출비중	4.7	80% 이상	4/4	60% 이상	3/4	40% 이상	2/4	20% 이상	1/4	20% 미만	0/4
		구매안정성	4.7	매우 양호	4/4	양호	3/4	보통	2/4	미흡	1/4	불량	0/4
		영업지역	4.6	국내전역 또는 국외(직수출)	4/4	서울 포함 3개 지역 이상	3/4	서울 포함 3개 지역 미만	2/4	서울 제외 3개 지역 이상	1/4	기타	0/4
조정항목	가점항목	수상실적	2.5	유	1/1	–				–		무	0/1
		우량기업	2.5	유	1/1	–				–		무	0/1
조정항목	감점항목	자료신뢰도	3.0	유	1/1	–				–		무	0/1
		부도사실	3.0	유	1/1	–				–		무	0/1
		기업경영상 제한 사유	3.0	유	1/1	–				–		무	0/1
		최근 3년간 현금 영업이익 적자	3.0	유	1/1	–				–		무	0/1
		차입금이 연간매출액 초과	3.0	유	1/1	–				–		무	0/1

부도 및 신용정보 불량거래처에 대한 조정, 자산등급조정을 하여 결정하고 있다. 다음의 〈표 12-6〉은 이 은행의 신용등급 결정모형을 요약하여 보여주고 있다.

B은행의 신용등급결정모형에서 신용등급의 결정요인을 간단히 살펴보기로 하자. 먼저 산업구조의 안정성은 진입장벽, 대체재의 위협, 원재료구매의 안정성, 제품판매의 안정성, 영업레버리지, 기타위험요소 등 5개 요소에 의하여 평가하고 있으며, 수요의 안정성은 수요패턴과 수요추세의 2개 요소에 의해 평가하고 있다. 차주의 전반적인 경쟁력은 시장에서의 차주의 전반적 경쟁력(강점과 약점)에 의하여 평가되며, 영업실적추이는 매출추세, 수익

표 12-6 B은행의 신용등급결정모형

<table>
<tr><th colspan="4">Risk</th></tr>
<tr><td rowspan="13">사업위험</td><td rowspan="8">산업위험</td><td rowspan="6">산업구조의 안정성</td><td>진입장벽</td></tr>
<tr><td>대체재의 위험</td></tr>
<tr><td>원재료구매의 안정성</td></tr>
<tr><td>Power of Buyer(제품판매의 안정성)</td></tr>
<tr><td>영업레버리지(고정비 과다)</td></tr>
<tr><td>기타위험</td></tr>
<tr><td rowspan="2">수요의 안정성</td><td>수요패턴</td></tr>
<tr><td>수요추세</td></tr>
<tr><td rowspan="5">차주의 개별위험</td><td colspan="2">차주의 전반적 경쟁력</td></tr>
<tr><td rowspan="3">영업실적 추이</td><td>매출추세</td></tr>
<tr><td>수익성(영업이익 · 세전이익) 추세</td></tr>
<tr><td>매출원천의 다양성(제품/판매처의 분산정도)</td></tr>
<tr><td colspan="2">경영의 질</td></tr>
<tr><td rowspan="2">재무위험</td><td colspan="2">Balance Sheet Gearing
Cash Flow Cover
Interest Cover</td><td>재무 CAP(외감, 추정, 이자지급 후 현금흐름)</td></tr>
<tr><td>재무위험조정</td><td colspan="2">동업계 대비 재무열위
재무융통성 확보
기타(실적의 급격한 변화)</td></tr>
<tr><td colspan="4">조정 전 차주등급</td></tr>
<tr><td colspan="2">차주등급조정</td><td colspan="2">주주
타업체의 인수, 합병위험
기타 주요 위험요소
향후전망(Outlook)
우발채무 과다보유</td></tr>
<tr><td colspan="4">연체, 부도 및 신용정보 불량거래처에 대한 조정</td></tr>
<tr><td colspan="4">차주등급(조정 후)</td></tr>
<tr><td colspan="2">자산등급조정</td><td colspan="2">대출유형
대출의 만기
담보 및 보증에 따른 조정</td></tr>
<tr><td colspan="4">자산등급</td></tr>
</table>

성(영업이익과 세전이익)의 추세, 그리고 매출원천의 다양성 등 3개 요소로 평가된다. 경영의 질은 차주의 경영능력을 평가하는 것으로 재무관리능력, 산업경험과 명성(위치), 경영구조와 팀, 경영방식과 성향, 은행거래상황, 전략적 사고(strategic thinking) 등 6개 요소로 평가된다. 세부 평가요소에 대하여 4등급의 점수할당 가이드라인을 정해져 있으며, 1~10점(낮을수록 양호)의 점수를 부여하고 있다. 〈표 12-7〉은 사업위험을 구성하는 일부 평가요소에 대한 점수할당 가이드라인의 예이다.

표 12-7 B은행의 사업위험 세부평가요소에 대한 점수할당 가이드라인의 예

• 진입장벽(barriers to entry)

배점	Guidelines
1	신규진입이 지극히 어렵다
4	제한된 신규진입만이 가능하다.
7	신규진입의 장애요인이 존재하지만 많지 않다.
10	신규진입이 용이하다.

• 수요패턴(pattern of demand)

배점	Guidelines
1	수요가 안정적이며 경기변화에 대한 충격이 거의 없다. 필수품이다.
4	수요가 안정적이나 경기변화에 다소 영향을 받는다.
7	경기변동에 영향을 받거나 어느 정도 공급과잉징후가 있다.
10	수요가 불안정적이며 경기변동에 크게 영향을 받거나 공급과잉이 심하다. 사치품이다.

• 차주의 전반적 경쟁력(competitive position of borrower)

배점	Guidelines
1	우월한 경쟁력을 유지하고 있는 Market Leader이고 수익성 매우 우수
4	해당 산업에서 양호한 입지(동업계 평균 이상)를 구축, 수익성 양호
7	해당 산업에서 주요 업체는 아니며(동업계 평균 또는 평균 이하) 시장상황에 따라 영업실적의 변동이 크고, 수익성은 보통 이하
10	해당 산업에서 입지가 취약(동업계 하위)하고, 수익성 매우 저조

• 경영방식과 성향(management style and tendency)

배점	Guidelines
1	합리적이고 전략적인 의사결정능력 탁월, 경영투명성 확실
4	합리적인 의사결정, 경영의 투명성 있음.
7	합리적 · 전략적 의사결정이 다소 미흡하고 경영의 투명성도 다소 불확실
10	경영의 투명성 불확실, 독단적인 의사결정, Risk Taker 성향이 강하며 신뢰성 결여

한편, 차주의 재무위험은 기본적으로 재무비율에 의하여 평가된다. 여기에는 재무상태표상의 재무적 안정성을 나타내는 부채비율(balance sheet gearing), 현금흐름비율(cash flow cover), 이자보상비율(interest cover)에 의하여 평가된다.[17] 재무위험 CAP이란 재무위험의 최고등급(상한선)을 정하는 기준을 말하는데, 예를 들어 현금수지분석표상 이자지급 후 현금흐름이 적자(-)이거나 외부감사 미필 재무제표인 경우 최고등급은 7등급, 유형순자산의 규모가 5천억 원 초과 1조 원 이하면 최고등급은 3등급 등으로 설정되어 있다.

차주등급의 조정은 주주의 구성, 타업체의 인수·합병에 따른 리스크 증가, 주요 위험요소의 존재, 향후의 전망, 우발채무의 존재 등을 고려하여 등급을 상향시키거나 하향시키는 것을 말한다. 예를 들어 대주주의 신용도 및 자금력이 매우 우수하고 차주에 대한 지속적인 증자 및 자금지원의 의지가 확인된 경우에는 1등급을 상향시키고, 반대의 경우에는 1등급을 하향조정한다. 또 계열소속의 타사에 대하여 과다한 우발채무가 존재하고, 피보증사의 영업실적이나 재무상태가 좋지 않아 우발채무가 확정채무로 실현될 가능성이 높은 경우에는 차주의 등급을 하향조정하고 있다. 차주등급의 조정에 이어, 연체·부도·신용정보 불량거래처에 대한 조정이 이루어진다. 예를 들어, 과거 6개월 이내 15일 이상 연체가 있는 경우에는 1등급을 하향조정하고, 최종부도·청산·파산절차 등의 진행 시에는 10등급을 부여하게 된다. 마지막으로 자산등급(facility grading)조정이란 대출상품의 특성, 대출기간, 보증 및 담보내용 등을 반영하여 차주등급을 조정하는 것을 말한다. 예를 들어 상장주식을 담보로 한 경우에는 1등급을 상향조정한다.

이러한 과정을 거쳐 산출된 B은행의 신용등급은 세분등급까지 포함하여 신용상태가 가장 양호한 1등급에서 차주사가 도산하여 100% 대손충당금을 설정하는 10등급까지 모두 13개 등급으로 구성되어 있다. 8등급은 담보부여신이 가능한 등급이고, 8+~7+ 등급은 신용여신이 가능한 등급으로 분류된다. B은행은 이러한 신용등급분류를 기준으로 여신결정을 하는 동시에 위험프리미엄 등 대출조건을 정하고 있다(〈표 12-8〉 참조).

17) 부채비율은 순부채/순유형자산으로 측정되며, 순부채는 (총차입금－총현금예금)으로, 순유형자산은 (자본총계－무형자산－이연법인세자산)으로 계산된다. 현금흐름비율은 영업활동 현금흐름/순부채로 측정되며 현금흐름에 의한 차입금상환능력을 나타낸다. 이자보상비율은 EBIT/순지급이자로 측정되며, EBIT는 (영업이익－이연자산상각+수입수수료±영업외수익과 비용 중 영업활동관련 항목)으로, 순지급이자는 (이자비용－이자수익 및 배당금)으로 계산된다.

표 12-8 B은행의 신용등급과 위험프리미엄

등급	당행기준	국제기준	금융감독원기준	위험프리미엄
1	정부 및 초우량기업	prime+	정상	0.00%
2		prime		0.00%
3		strong+		0.05%
4		strong		0.10%
5	우량기업	satisfactory		0.30%
6		satisfactory		0.50%
7+	신용가능	acceptable		0.60%
7				0.80%
8+				1.20%
8	담보부취급	watch	요주의	2.00%
9	적극회수대상	substandard	고정	20%(특정충당금 설정)
10+	회수의문	doubtful	회수의문	50%(특정충당금 설정)
10	(추정)손실	loss	추정손실	100%(특정충당금 설정)

(3) 뉴욕연준의 평점제도

이 뉴욕연준의 평점제도(Multivariate Index Standard Ranking : MISR)는 뉴욕연준이 가맹은행의 부실화를 사전에 발견하여, 은행이 도산할 경우 나타날 수 있는 금융혼란을 예방하기 위한 효율적인 은행감독수단을 연구하는 과정에서 고안된 것이다.[18]

이 방법에서는 각 재무비율이 예외 없이 정규분포를 한다는 가정하에서 각 비율을 아래와 같은 과정으로 표준화한다.

$$N_i = \frac{X_i - \mu_i}{\sigma_i} \tag{12-4}$$

X_i : 재무비율
μ_i : 각 재무비율의 평균
σ_i : 각 재무비율의 표준편차

이렇게 구한 N_i를 각 은행에 대하여 A부터 E까지는 (+)부호를 주고 F에서 L까지는 (−)

18) 金漢應, "計量的 信用評價方法과 우리나라에의 適用問題," 「조사월보」(한국은행, 1981.6.), pp.32~34.

부호를 주어 *A*부터 *L*까지를 단순합계하여 그 합계치의 크기에 따라 은행을 배열하는 것이 이 방법의 골자이다. 여기에 포함된 각 재무비율의 항목은 다음과 같다.

A : 세전순이익/총자본
B : 배당/총자본
C : 자기자본/총자산
D : 국채보유액/총자산
E : 총예금규모
F : 영업비용/총수익
G : 총대출/자기자본
H : 연준차입금 및 기타차입금/총자본
I : 총대출/총자산
J : 기업대출/총대출
K : 대출수익률
L : 저축성예금 평균금리

이 방법의 장점은 서로 다른 재무비율의 변동폭을 표준편차를 이용하여 표준화한 점이다. 이 방법은 각 재무비율에 똑같은 가중치를 부여하였다는 문제가 있으나 평점이 낮은 부실은행을 식별하는 정확도가 89.7~96.7%에 이르고 있다.

(4) 개인신용평점제도

1) 개인신용조사표

신용평점모형은 개인대출(consumer loan)의 신용위험평가에도 이용될 수 있다. 이때는 개인의 주택소유상황, 급여수준, 융자목적, 과거의 신용기록 등 고객의 신용위험의 결정에 영향을 미치는 것으로 판단되는 평가요소를 선정한 다음 이에 가중치를 부여하여 종합점수를 산출한다. 그 다음 이 종합점수에 의해 융자결정이나 신용등급의 분류를 행하게 된다.

다음의 〈표 12-9〉는 미국의 어느 은행이 개인대출을 할 때 고객에게 답하도록 요구하는 신용조사용 설문지(設問紙, questionnaire)이다.

이 은행의 개인대출에서 발생한 부도율은 전체적으로 1.2%에 불과하였으나 설문항목에서 알 수 있듯이 차입자범주별로는 신용위험이 매우 다르게 나타남을 볼 수 있다. 예를 들면, 당시 전화가 없는 차입자는 7.0%가 부도를 냈으며, 월세를 살거나 은행에 예금이 없거나 의료비를 지급하기 위해 차입을 행하는 경우가 평균 이상의 높은 신용위험을 드러냄을 알 수 있다. 이 표를 이용하여 은행은 각 신청자별로 종합적인 위험지수(危險指數, risk index)를 계산할 수 있다. 예컨대 〈표 12-9〉에 나타나 있는 부도율을 합산하면 차입자범주별 위험지수를 계산할 수 있다. 각 조사항목에 대하여 가장 나쁜 대답을 한 신청자의 위험지수는 7.0+7.3+2.6+…+2.6=51.8이 된다. 이와 같은 방법은 개인융자에 따르는 신용위험

표 12-9 개인대출의 신용위험평가를 위한 신용조사 설문의 예

1.	Do you have :	
	1 or more telephones?	(0.7)
	No telephone?	(7.0)
2.	Do you :	
	Own your home?	(0.7)
	Rent a house?	(2.2)
	Rent an apartment?	(3.3)
	Rent a room?	(7.3)
3.	Do you :	
	Have 1 or more bank accounts?	(0.8)
	No bank account?	(2.6)
4.	Is the purpose of the loan :	
	To buy an automobile?	(0.8)
	To buy household goods?	(0.6)
	To pay medical expenses?	(2.5)
	Other?	(1.3)
5.	How long did you spend in your last residence?	
	6 months or less?	(3.1)
	7 to 60 months?	(1.4)
	More than 60 months?	(0.8)
6.	How long did you spend in your last job?	
	6 months?	(3.2)
	7 to 60 months?	(1.5)
	More than 60 months?	(0.9)
7.	What is your marital status :	
	single?	(1.6)
	Married?	(1.0)
	Divorced?	(2.9)
8.	What is your postal zone?	(0.1 to 11.4)
9.	How long do you require the loan :	
	12 months or less?	(1.6)
	More than 12 months?	(1.0)
10.	What is your occupation?	(0.4 to 3.5)
11.	What is your monthly income :	
	$200 or less?	(2.3)
	$200 to $1,000?	(1.1)
	More than $1,000?	(0.7)
12.	What is your age :	
	25 or under?	(1.5)
	26 to 30?	(1.8)
	More than 30?	(1.0)
13.	How many are there in your family :	
	One?	(1.6)
	Two to seven?	(1.1)
	Eight or more?	(2.6)

주 : 괄호 안의 각 숫자는 각 항목별로 부도를 낸 차입자의 비율임.
자료 : R.F. Smith, "Measuring on Consumer Installment Credit," *Management Science*(November, 1964), pp.327~340.

의 평가에 유효적절하게 이용될 수 있다. 특히 이 방법은 신용카드발행업무에서처럼 고객의 수가 많을 때 그 효과가 클 것으로 예상된다.

우리나라 금융기관의 대부분도 가계대출이나 신용카드발급을 위한 신용조사에 있어서는 간단한 신용조사표를 작성하여 신용평점 혹은 신용등급을 산출하고, 이에 의하여 대출여부 혹은 신용카드발급여부를 결정하고 있다. 〈표 12-10〉은 국내의 B은행이 가계대출시 작성하는 신용조사표의 항목을 보여주고 있다.

표 12-10 B은행의 가계대출용 신용조사표에 포함된 조사항목의 예

- 대출신청내용
  - 신청금액
  - 대출과목 : 가계일반대출
  - 상환방법 : 원리금균등분할상환
  - 대출기간
  - 이자율 : 변동금리(12개월) 9.20%
  - 자금용도 : 기타
- 신청인 인적사항
  - 성명, 주민번호, 주소, 학력, 전화번호, E-mail
  - 직장명, 계열, 주소, 대표자, 전화번호, 직위, 근무연수
  - 결혼여부, 가족동거여부, 자녀수(취학, 미취학), 배우자 직업, 배우자 연소득
  - 주거형태(아파트, 연립, 단독), 주거상황(자가(본인명의), 전세 등), 거주기간
  - 연소득, 가족 연소득
  - 소유재산(부동산종류, 면적, 시가, 소재지), 기타재산(종류, 시가, 소재지)
  - 부채현황표(사채 포함)(차입처, 금액, 용도, 만기일, 담보종류), 타금융기관 대출금
- 담보사항
  - 담보종류(아파트, 연립, 단독), 소재지, 소유자, 면적, 시가, 주민등록세대수, 선순위
- 영업점의견

2) 개인신용평가제도와 신용등급

우리나라의 경우 개인의 신용정보는 한국신용정보원과 신용조사회사(Credit Bureau : CB)로 이원화되어 수집 · 집중되어 공유되고 있다. 한국신용정보원(www.credit4u.or.kr)은 은행, 증권, 저축은행, 여신전문금융회사 등의 금융회사로부터 정보를 받고 종합하여 장기연체(90일, 50만 원 이상), 신용카드개설, 대출 및 보증, 현금서비스, 세금체납 · 파산 · 소송 등에 관한 정보를 다시 금융회사와 개인신용조사회사에 제공하고 있다. 반면에 나이스평가정보(NICE)(www.niceinfo.co.kr) 및 코리아크레딧뷰로(KCB)(www.koreacb.com) 등 신용

조사회사는 금융회사와 대부업체 등의 비금융회사로부터 대출 및 연체 등에 관한 정보를 받아 종합하여 단기연체(5일, 10만 원 이상), 대출 및 카드 상세내역, 비금융권 장기연체, 채무보증, 신용조회기록 등의 정보 등을 토대로 작성한 신용보고서와 개인신용등급을 금융회사와 대부업체 등에 제공하고 있다.[19] 그리고 금융회사 등은 한국신용정보원과 신용조사회사가 제공한 정보와 자체로 수집한 고객정보(소득, 자산, 직업, 예금 등 〈표 12-10〉의 신용조사표 참조)를 결합하여 내부신용등급을 산정하고 대출심사 및 거래조건결정에 활용하고 있다.[20]

개인의 신용정보가 모두 공유되는 현재상황에서는 신용조사회사가 작성하여 금융회사 등에게 제공하는 개인신용등급이 신용거래 여부 및 금리 등 신용거래조건의 결정에 중요한 기준으로 활용되고 있다. 현재 개인신용등급은 1등급에서 10등급까지로 구분되고 있고 4등급 이상은 부실화 가능성이 낮은 '우량' 및 '최우량' 신용등급으로, 7등급 이하는 부실화 가능성이 높거나 매우 높은 '주의' 및 '위험' 신용등급으로 분류된다(〈표 12-11〉).

표 12-11 개인신용등급 구분기준

등급	구분	거래실적	부실화 가능성
1~2등급	최우량	오랜 신용거래경력을 보유하고 있으며 다양하고 우량한 신용거래 실적을 보유	매우 낮음
3~4등급	우량	활발한 신용거래실적은 없으나 꾸준하고 우량한 거래를 지속한다면 상위등급 진입 가능	낮음
5~6등급	일반	주로 저신용 업체와의 거래가 있는 고객으로 단기연체 경험 있음	일반
7~8등급	주의	주로 저신용 업체와의 거래가 많은 고객으로 단기연체의 경험을 비교적 많이 보유하고 있어 단기적인 신용도의 하락이 예상됨	높음
9~10등급	위험	현재 연체 중이거나 매우 심각한 연체의 경험을 보유	매우 높음

자료 : 나이스평가정보(NICE), 한국은행, "개인의 신용등급 어떻게 결정되나?"(한국은행 경제교육, http://youth.bokeducation.or.kr)에서 재인용.

그러면 신용조사회사는 개인신용등급을 결정할 때 어떤 기준을 사용하는가? 신용조사회사마다 차이가 있겠지만, 다음의 〈표 12-12〉는 그 한 예로 코리아크레딧뷰로가 제시한 평가기준인데 부채수준, 상환이력, 신용형태, 거래기간, 신용조회 등이 주요 평가요소로

19) 물론 개인신용정보의 집중 및 제공을 위해서는 '신용정보의 이용 및 보호에 관한 법률' 제32조에 의한 동의 절차가 필요하다.

20) 금융위원회, "개인신용정보의 수집 · 이용 관행 및 개인신용평가제도 개선방안," 보도자료(2013.3.5.).

표 12-12 개인신용등급 평가기준

구분	신용등급 하락요인	활용 비중
부채수준	소득 대비 과도한 부채, 카드한도 초과	35%
상환이력	3개월 이상 50만 원 이상 연체, 500만 원 이상의 세금을 1년 이상 체납하거나 1년간 3회 이상 미납 시	25%
신용형태	고금리상품 과다 이용	24%
거래기간	단기간(3~6개월) 집중대출 및 연체	16%
신용조회	금융 미거래자의 신용등급부여 시에만 활용	0%

자료 : 코리아크레딧뷰로(KCB), 한국은행, "개인의 신용등급 어떻게 결정되나?"(한국은행 경제교육, http://youth.bokeducation.or.kr)에서 재인용.

제시되어 있다. 평가요소의 활용도로 볼 때, 소득 대비 과도한 부채가 있고 신용카드한도를 초과하고 있는 경우, 장기연체나 거액의 세금체납 사실 등이 있는 경우, 고금리상품을 과다하게 이용하는 경우, 단기간에 집중하여 대출을 받거나 단기연체 사실이 있는 경우 부정적인 평가를 받도록 되어 있다.[21)]

그렇다면 개인의 경우 자신의 신용등급을 잘 관리하기 위해서는 금융거래 시 어떻게 하는 것이 좋을까? 여기서 금융감독원이 제시한 '개인신용등급관리 10계명'을 참고하면 다음과 같다.[22)]

- 인터넷이나 전화 등을 통한 대출은 연체가 발생하지 않았더라도 이용한 사실 자체만으로도 신용등급이 하락하는 사례가 많기 때문에 가능한 한 삼간다.
- 신용등급은 과거 및 현재의 신용거래실적을 바탕으로 평가되므로 연체 없이 신용카드(체크카드) 이용 및 대출거래 등을 꾸준히 하여 건전한 신용거래 이력을 축적한다.
- 과다한 채무보유는 연체위험을 상승시켜 신용등급의 하락을 가져오므로, 본인의 소득, 기본적 생활비 등을 감안하여 적정한 수준의 채무규모를 설정하고 그 범위 내에서 대출 및 신용카드 등을 이용한다.
- 주거래 금융회사를 둘 경우 금융거래 시 금리 및 수수료 등에서 우대를 받고 해당 금융회사의 내부신용등급에서도 유리하므로, 주거래 금융회사를 정한다.
- 타인에 대한 대출보증은 주채무자가 연체하지 않더라도 보증인의 신용등급을 하락

21) 나이스평가정보의 경우 평가요소 및 가중치는 부채수준 23.0%, 상환이력 40.3%, 신용형태 25.8%, 거래기간 10.9%로 되어 있다(금융감독원, "개인신용평가 관행 개선방안," 보도자료(2015.9.21.)).

22) 금융감독원, "올바른 개인신용등급관리를 위해 챙겨야 할 10계명," 보도자료(2013.9.12.).

시키거나 대출한도를 감소시키므로 가급적 피한다.

- 소액의 단기간 연체도 신용등급의 하락을 가져오므로 카드이용대금, 통신요금 등의 주기적인 결제는 자동이체를 이용한다.
- 연체기간이 길수록 신용등급에 불이익이 크므로 연체대출금의 상환 시에는 오래된 연체부터 상환한다.
- 연체는 개인의 신용평가에 가장 부정적으로 작용하므로 소액이라도 절대 하지 않는다.
- 본인의 연락처(주소, 전화번호, 이메일 등)가 변경되면 즉시 금융회사에 통보한다.
- 본인의 신용정보의 정확성을 정기적으로 확인한다.[23)]

2. 통계적 신용평점모형

통계적 신용평점모형(statistical credit scoring models)이란 차주의 신용위험에 영향을 미치는 제반 특성을 이용하여 통계적 방법으로 추정된 모형을 말하며, 이 모형은 차주의 부도확률을 추정하거나 차주의 신용등급을 결정하는 데 활용된다. 차주의 재무적 · 비재무적 특성(신용위험평가요소)을 이용하여 작성된 통계적 신용평점모형의 유용성은 다음과 같다.

- 차주의 채무불이행위험을 판별하는 데 어느 평가요소가 가장 중요한가를 계량적으로 확정할 수 있다.
- 차주의 신용위험에 영향을 주는 평가요소의 상대적인 중요성을 개관적으로 평가할 수 있다.
- 채무불이행위험 정도에 따른 대출금리수준의 결정이 개선될 수 있다.
- 채무불이행가능성이 높은 불량 융자신청자를 식별하는 데 도움이 된다.
- 미래의 대출손실에 대비하여 적립해야 할 대손충당금규모를 추정하는 데도 도움이 된다.

통계적 신용평점모형에는 판별모형, 로짓모형, 반복분할분석, 옵션모형 등이 있다. 이

23) 금융소비자는 NICE평가정보, 코리아크레딧뷰로, 서울신용평가정보(www.siren24.com) 등 신용조사회사(CB)에 집중된 본인 신용정보의 정확성 점검 등을 위해 4개월에 1회 무료로 열람할 수 있고, 본인의 신용정보 오류 등으로 신용등급에 이의가 있을 경우 1단계로 CB사에 이의를 제기하고, 그 처리결과에 만족하지 못할 경우 2단계로 금융감독원에 설치된 '개인신용평가 고충처리반'에 이의를 제기할 수 있다. 또 금융거래 내역은 한국신용정보원에서 상시 확인가능하다.

들 모형은 주로 차주의 재무비율 등 재무적 평가요소에 의하여 구성되지만, 주가관련 자료 · 신용평가기관의 신용등급 등 비재무적 평가요소도 포함되는 경우가 있다. 금융기관의 여신담당자는 이들 모형에 의한 평가결과와 거래기업의 신용위험에 대한 자신의 주관적인 평가결과를 결합하여 신용위험에 대한 최종적 판단을 내리게 된다.

(1) 판별모형

기업대출의 신용위험을 평가하기 위하여 판별모형이 이용될 수 있다. 이미 제10장에서 자세하게 설명한 바와 같이 판별모형은 기업의 도산가능성을 예측하는 데 활용되고 있다. 따라서, Z-Score Model이나 Zeta Model 등은 당연히 기업의 신용위험평가에도 유용성이 있다.

이들 판별모형 외에도 금융기관의 여신등급을 예측하기 위한 판별모형도 개발되었다. 디트리치와 카플란(J.R. Dietrich and R.S. Kaplan)은 미국의 은행들이 취급한 여신의 신용등급분류에 이용될 수 있는 신용평점모형을 개발하였다.[24] 어느 은행이 대출을 하고 등급분류를 행한 140개 기업의 표본을 이용하여 작성된 판별모형은 여신의 등급분류를 비교적 정확하게 예측할 수 있는 것으로 나타났다. 최종적인 판별모형과 재무변수의 내용은 다음과 같다.

$$Y = -3.90 + 6.41\frac{D}{E} - 1.12FFC + 0.664SD \qquad (12\text{-}5)$$

Y : 판별점수
D/E : 부채비율[(비유동부채+유동부채)/총자산]
FFC : 고정비용보상비율[영업활동 현금흐름/(이자비용+리스임차료+3년 이내 만기의 유동성장기부채)]
SD : 매출감소가 계속된 연수

이 모형을 이용할 때 판별점수와 여신등급의 관계는 다음과 같다.[25]

---

24) J.R Dietrich and Robert S. Kaplan, "Empirical Analysis of the Commercial Loan Classification Decision," *Accounting Review* (January 1982), pp. 18~38.

25) 미국의 금융기관이 이용하는 각 등급의 내용은 다음과 같다. I등급(current)은 건전여신으로 원리금상환에 위험이 없는 대출을 의미한다. IA등급(especially mentioned)은 요주의여신으로 차입기업의 재무상태에 문제가 있거나 원리금상환이 불확실한 조짐을 보이는 여신을 말한다. Ⅱ등급(substandard)은 개선요여신으로 재무 · 경영관리 · 경제 · 정치 등 기업내외의 상황이 매우 불리하게 전개되어 긴급한 개선이나 시정이 필요한 여신을 말한다. Ⅲ등급(doubtful)은 불건전여신으로 대출금의 완전회수가 어렵고 마침내는 대손발생이 우려되는 여신을 의미한다. 마지막 Ⅳ등급(loss)은 회수불능여신으로 완전히 회수가 불가능한 대출을 의미한다.

$Y \leq 0$: Ⅰ등급(건전여신)

$0 < Y \leq 1.255$: ⅠA등급(요주의여신)

$1.255 < Y \leq 2.79$: Ⅱ등급(개선요여신)

$2.79 < Y$: Ⅲ등급(불건전여신)

이상의 분류기준에 따르면 부채비율(負債比率)이 높을수록, 고정비용보상비율이 낮을수록, 매출감소가 계속된 연수가 길수록, 특정여신의 신용위험이 높아 요주의여신(要注意與信)이나 개선요여신(改善要與信), 혹은 불건전여신에 속할 가능성이 증가하게 됨을 알 수 있다. 모형의 판별력은 85%, 예측력은 86%로 나타났다.

(2) 로짓모형

제10장의 부실예측모형에서 소개한 로짓모형 역시 신용위험의 평가에도 활용된다. 최근에는 우리나라 시중은행도 신용평가를 위하여 로짓모형을 사용하고 있다.

A은행의 경우 자산규모가 큰 외부감사대상 법인의 신용위험평가를 위하여 로짓모형을 개발하였다. 로짓모형은 수익성과 현금흐름관련 재무비율이 중심인 된 모형 1과 안정성 · 활동성 · 생산성관련 재무비율이 중심이 된 모형 2로 나누어져 있다. 또한 이들 모형은 업종별 차이를 고려하기 위하여 6개 업종군에 대하여 추정되고 있다. 예를 들어 제조업 1군(장치산업 중심)의 경우 모형 1과 모형 2는 다음과 같다.

$$\text{모형 1} : Z_1 = 0.1206 + 0.2797X_1 + 0.1195X_2 - 0.1258X_3 + 0.0279X_4 \quad (12\text{-}6)$$

단, X_1 : 세전이익/총자본
X_2 : 당기순이익/매출액
X_3 : 이자비용/매출액
X_4 : 영업활동 현금흐름/총차입금

$$\text{모형 2} : Z_2 = -2.8373 + 0.00926Y_1 + 0.0429Y_2 + 0.0425Y_3 + 0.0531Y_4 \quad (12\text{-}7)$$

단, Y_1 : 당좌자산/유동부채
Y_2 : 자본총계/총자본
Y_3 : 매출액/재고자산
Y_4 : 부가가치/총자본

A은행은 특정기업의 신용위험을 평가할 때, 우선 (식 12-6)과 (식 12-7)에 그 기업의 재무비율을 투입하여 Z_1과 Z_2 점수를 구하고, 다시 Z_1과 Z_2를 설명변수로 하는 부도확률모

형에 Z_1과 Z_2 점수를 대입하여 부도확률을 구한 다음, 부도확률의 크기에 의하여 최종적인 신용등급을 1등급(부도확률이 가장 낮은 기업)~10등급(부도확률이 가장 높은 기업)으로 분류하고 있다.[26)]

세계적인 신용평가기관인 무디스사도 상장기업의 부도위험(신용위험)을 추정하기 위한 통계모형을 개발한 바 있다.[27)] 이 모형은 비선형 로짓회귀분석으로 추정되었으나 회귀계수는 대외비로 공개하지 않고 있다. 다만 모형을 구성하는 재무변수는 9개로 발표하고 있다(〈표 12-13〉).

표 12-13 신용위험예측모형의 핵심변수

모델변수명	정의	자료빈도	도산확률에 미치는 영향(부호)
신용품질	신용등급	과거기록	−
ROA	순이익/총자산	연간	−
기업규모	Log_e(총자산)	연간	−
영업유동성	순운전자본/총자산	연간	−
레버리지	총부채/총자산	연간	+
시장민감도	주가변동성	월간	+
자본증가율	자기자본증가율	월간	−
ROE	순이익/자기자본	월간	−
도산예상거리(distance to default)	도산예상거리	월간	−

주 : 도산예상거리란 회사의 자산가치에서 도산지점(대개 유동부채잔액+비유동부채잔액의 1/2)을 차감한 금액을 (자산의 표준편차(%)×자산가치)로 나눈 것으로 이 값이 클수록 도산가능성이 낮다고 해석된다. 관련되는 내용은 다음 4)옵션모형 참조.

자료 : Sobehart and Stein(2000), Exibit 3 수정.

(3) 반복분할분석

프라이든(H. Fryden) 등은 반복분할분석(反復分割分析, recursive partitioning analysis : RPA)기법을 상업은행 대출의 건전성 정도를 분류하고 기업의 파산가능성을 예측하는 데 적용하고 있다.[28)] 이 방법에서는 특정관찰치를 사전에 결정되어 있는 두 그룹(도산기업 vs

26) A은행 로짓모형의 정확도는 알려져 있지 않다.

27) J.R. Sobehart and R.M. Stein, "Moody's Public Firm Risk Model : A Hybrid Approach to Modeling Short Term Default Risk," *Rating Methodology*(Moody's Investors Service), March 2000.

28) H. Fryden, E.I. Altman, and D. Kao, "Introducing Recursive Partitioning for Financial Classification : The Case of Financial Distress," *Journal of Finance*(March 1985), pp. 269~291.

정상기업, 신용위험이 높은 기업 vs 신용위험이 낮은 기업 등)으로 할당하는 이분법규칙(binary classification rule)을 개발하기 위하여 의사결정수(意思決定樹, decision trees)를 이용하고 있다. RPA기법은 판별분석이나 로짓분석과 같은 분류기법과는 달리 재무비율의 분포에 대하여 특정한 가정을 하지 않는 비모수적 통계기법에 속하며, 주요 장점으로는 상당히 일반적인 조건하에서도 사용가능하고, 이해하기 쉬우며, 계산이 용이하다는 점을 들 수 있다. 여기서는 [그림 12-2]에 의하여 RPA기법을 간략히 소개하기로 한다.

| 그림 12-2 | 반복분할분석(RPA)기법에 의한 부실여부의 분류 예

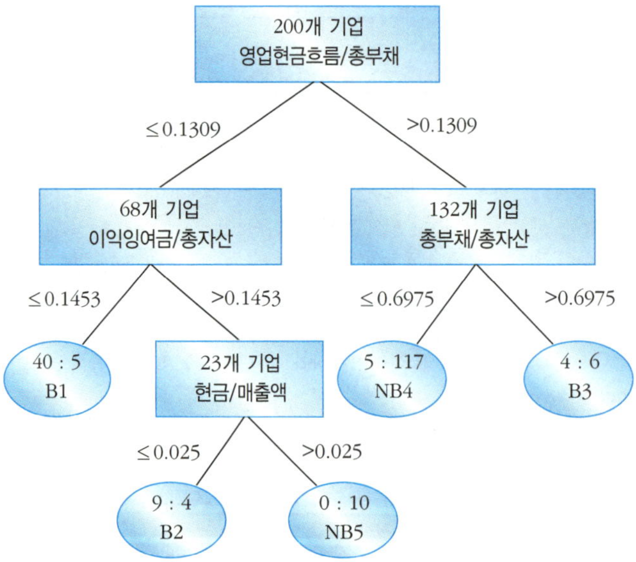

자료 : Fryden(1985) 등, Figure 1, p. 272.

[그림 12-2]에서 분류해야 할 표본기업은 도산기업 58개, 정상기업 142개 등 총 200개로 구성되어 있다고 하자. 의사결정수에서 표본분류를 위해 선택된 첫 번째 변수는 영업현금흐름/총부채 비율(CF/TD)이다. CF/TD 비율의 값이 0.1309(13.09%)를 넘은 132개 기업은 우측 가지로 보내고, 0.1309 이하인 68개 기업은 좌측 가지로 보낸다. 우측 가지로 분류된 132개 기업을 분류하는 데는 대표적인 레버리지비율인 총부채/총자산 비율(TD/TA)을 사용한다. TD/TA 비율이 0.6975(69.75%)를 넘는 10개 기업은 우측으로 보내어 부실기업이라 판단하고, 69.75% 이하인 122개 기업은 정상기업이라 판단하여 좌측으로 보낸다.

이들 기업에 대한 더 이상의 분류는 하지 않기로 결정하여 우측 가지 끝의 마디(B3)에 10개 기업, 좌측 가지 끝의 마디(NB4)에 122개 기업이 위치하게 된다.

좌측 가지로 분류된 68개 기업은 다시 부실예측에 정평이 나 있는 이익잉여금/총자산 비율(RE/TA)을 이용하여, RE/TA 비율이 0.1453(14.53%) 이하인 45개 기업은 부실기업으로 판단하여 좌측 가지로 보내고, RE/TA가 0.1453을 넘는 23개 기업은 정상기업으로 판단하여 우측 가지로 보낸다. 좌측 가지로 보내어 부실기업으로 판단한 45개 기업은 더 이상 분류하지 않아 마디(B1)에 위치한다. 우측 가지로 보내진 23개 기업은 다시 현금/매출액 비율(C/S)로 부실여부를 판단하는데, C/S 비율이 0.025(2.5%)를 넘는 기업 10개는 정상기업으로 판단하여 우측 가지로 보내고, 0.025이하인 13개 기업은 부실기업으로 판단하여 좌측가지로 보낸다. 여기서 분류를 종료하기로 하였으므로 우측 가지 끝 마디(NB5)에는 정상기업으로 분류한 10개 기업이, 그리고 좌측 가지 끝 마디(B2)에는 부실기업으로 분류한 13개 기업이 위치하게 된다.

그렇다면 RPA기법에 의한 분류의 정확도는 얼마나 되는가? [그림 12-2]의 의사결정수에서 마디(terminal node) B1, B2, B3는 부실기업으로 판단한 경우이고, 마디 NB4, NB5는 정상기업으로 판단한 경우이다. 그런데 부실기업으로 판단한 마디에 적힌 숫자 중 왼쪽은 부실기업을 부실기업으로 옳게 판단한 것이고, 오른쪽은 정상기업을 부실기업으로 틀리게 판단한 것이다. 또 정상기업으로 판단한 마디에 적힌 숫자 중 왼쪽은 부실기업을 정상기업으로 잘못 판단한 것이고 오른쪽은 정상기업을 정상기업으로 옳게 판단한 것이다. 그러므로 이 예의 경우 RPA기법의 분류정확도(分類正確度, classification accuracy)를 요약하면 〈표 12-14〉와 같다.

표 12-14 RPA기법의 분류정확도

	부실기업으로 예측 (B1, B2, B3)	정상기업으로 예측 (NB4, NB5)	계
부실기업	40+9+4=53	5+0=5	58
정상기업	5+4+6=15	117+10=127	142
계	45+13+10=68	122+10=132	200

- 부실기업에 대한 분류정확도=53/58=91.4%
- 정상기업에 대한 분류정확도=127/142=89.4%
- 전체 분류정확도=180/200=90.0%

(4) 옵션모형

최근 신용위험의 평가에 블랙(F. Black)과 숄즈(M. Sholes), 머튼(R. Merton) 등에 의하여 개발된 옵션가격결정모형(option pricing model)도 원용되고 있다.[29] 그런데 옵션모형은 기본적으로 주가에 의한 신용위험평가모형이라 할 수 있으므로 그 근거를 알아보도록 하자. 기업의 주가는 특정기업의 수익성과 리스크의 변화, 그 기업이 속한 산업의 성장전망, 경기전망과 정부의 금리정책, 환율의 변동 등 아주 많은 요소에 의하여 결정된다. 이들 요소에 관한 정보는 주식시장에 아주 빠르게 전파되고 그때마다 주가가 출렁거린다. 선진국의 경우에서 보듯이 주식시장이 효율적이라면, 특정기업의 주가에 그 기업에 관한 정보가 신속하고 정확히 반영된다. 이러한 상황에서는 특정기업의 주가변동은 신용도의 변화에 대하여 신뢰할 수 있는 정보를 제공하므로, 주가변동정보가 신용위험의 측정 및 관리에 활용될 수 있는 것이다.[30]

블랙과 숄즈, 머튼 등은 기업이 발행한 주식과 부채를 기업의 자산을 기초자산으로 하여 발행된 옵션으로 파악하고 있다. 옵션(option)은 콜옵션(call option)과 풋옵션(put option)으로 구분되는데, 개별주식옵션을 예로 든다면 콜옵션은 특정주식(예 : 삼성전자 주식)을 약정된 가격(즉, 행사가격, exercise price)(예 : 1,500,000원)에 일정기간 내 혹은 만기일에 살 수 있는 권리를 의미하며, 풋옵션은 특정주식을 약정된 행사가격으로 팔 수 있는 권리를 말한다. 그러므로 콜옵션의 가치는 기초자산(underlying asset)인 삼성전자의 주가가 옵션의 행사기일 내 혹은 만기일에 행사가격을 초과해야 가치가 있고, 반대로 풋옵션은 삼성전자 주가가 행사가격 미만으로 하락할 때 가치가 있고 투자자가 권리를 행사하게 된다.

블랙과 숄즈, 머튼 등은 바로 기업이 발행한 주식(지분)을 기업이 보유하는 자산을 기초자산으로 하여 발행된 콜옵션으로 파악하고 있다. 이 경우 행사가격은 기업이 상환해야 하는 채무액(차입원금과 이자)(D)이고, 옵션의 행사기간 혹은 만기일은 채무의 상환기간 혹은 만기일이 된다.[31] 주식을 보유하는 주주는 콜옵션을 매입한 입장이 되는데, 채무상환기일

29) F. Black and M. Sholes, "The Pricing of Options and Corporate Liabilities," *Journal of Political Economy*, 81(1973), pp.637~659; R.C. Merton, "Theory of Rational Option Pricing," *Bell Journal of Economics and Management Science*, 4(1973), pp.141~183; R.C. Merton, "On the Pricing of Corporate Debt : The Risk Structure of Interest Rates," *Journal of Finance*, 29(1974), pp. 449~470.

30) J.B. Couette, E.I. Altman, and P. Narayanan, *Managing Credit Risk*(John Wiley & Sons, Inc., 1998), p. 139.

31) 차입금의 상환과 이자의 지급은 만기일에만 이루어진다고 가정한다. 이러한 종류의 옵션은 유러피언 옵션(European option)이라 한다.

에 회사자산의 가치(V)가 채무액(D)을 초과한다면 채무를 상환하고 잔여재산을 소유하게 된다. 그러나 만약 부실로 인하여 회사자산의 가치가 채무액에 미달한다면, 권리의 행사를 포기하여 투자지분액만큼 손해를 보고 회사자산을 채권자에게 양도하게 된다.[32] 그러므로 주주가 소유하는 주식(지분)의 가치(E)는 회사자산의 가치가 행사가격(D)을 초과하여 상승할수록 증가하게 되고, 행사가격(D)에 미달하면 회사가 부도가 나 주식가치는 상실되고 주주는 유한책임(limited liability)이므로 투자액(S)만큼 손실을 보고 끝난다([그림 12-3]).

| 그림 12-3 | 콜옵션으로 간주되는 주식의 가치

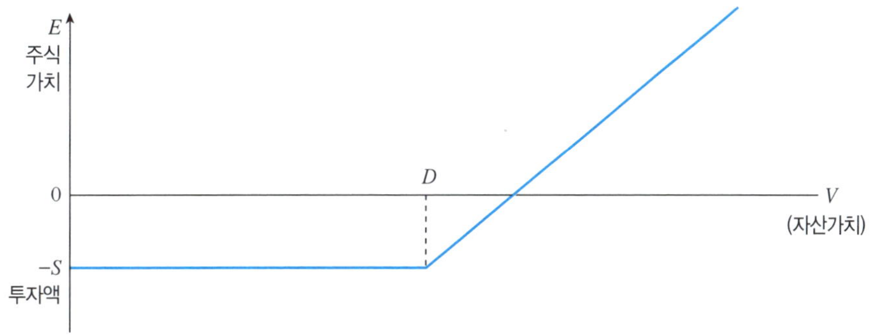

주식가치를 콜옵션으로 보는 옵션모형은 곧바로 특정기업이 부도를 낼 확률, 즉 부도확률(probability of default)을 계산하는 데 활용될 수 있다. 이는 바로 다음의 [그림 12-4]에서 보듯이 회사가 보유하는 자산의 시장가치(market value of assets : V)가 부채의 장부가치(즉, 채무액) (D)에 미달할 확률과 같다. 만약, 회사가 발행한 부채의 장부가치가 D이고 1년 후인 20×1년에 만기가 돌아온다면 부도확률은 파란색 부분으로 평가된다([그림 12-4]).

[그림 12-4]에서 부도확률을 구하기 위해서는 자산의 시장가치의 수준 및 그 변동성을 알아야 하는데, 상장기업의 경우 주식가치와 그 변동성, 부채의 장부가치는 알 수 있지만 보유자산의 시장가치를 직접 추정하는 것은 쉽지 않다. 그러나 주식의 가치를 기반으로 콜옵션의 가치를 파악하는 옵션가격결정모형을 이용하면, 간접적으로 자산가치 및 그 변동성을 추정할 수 있다.

32) 반대로, 채권자는 회사(채무자)의 자산을 기초자산으로 하고 대출원금과 이자(즉, 채무액)를 행사가격으로 한 풋옵션을 발행(매도)한 입장이 된다. 따라서 회사자산의 가치가 행사가격인 채무액에 미달하면 일정비율 손해를 보게 되고, 행사가격을 초과하면 대출원금과 이자수입을 확보할 수 있게 된다.

| 그림 12-4 | 자산가치의 변동과 부도확률

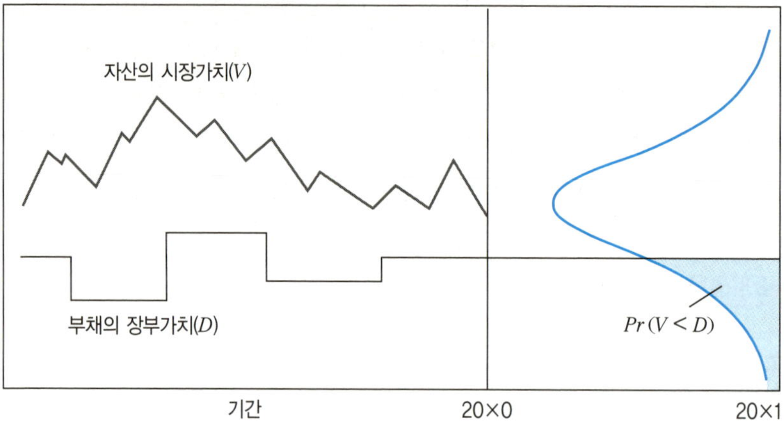

자료 : Sobehart and Stein(2000), Exibit 2, p. 8.

즉, 주식의 가치를 E, 표준편차로 측정된 주식가치의 변동성을 σ_e, 부채의 장부가치(채무액)를 D, 만기까지 남은 일수를 t(남은 일수/365일로 측정), 차입과 대출에 적용되는 무위험이자율을 r이라 하고, 자산의 시장가치를 V, 표준편차로 측정된 자산가치의 변동성을 σ_a라고 하자. 이때 콜옵션인 주식의 가치 E는 블랙과 숄즈, 머튼의 옵션가격결정모형에 의하여 다음 (식 12-8)로 표시된다.[33)]

$$E = VN(d_1) - De^{-rt}N(d_2) \qquad (12\text{-}8)$$

단, $N(d_1), N(d_2)$: d_1과 d_2 값에 의하여 결정되는 표준정규분포의 누적확률

$$d_1 = \frac{\log_e\left(\frac{V}{D}\right) + \left(r + \frac{1}{2}\sigma_a^2\right)t}{\sigma_a\sqrt{t}}$$

$$d_2 = d_1 - \sigma_a\sqrt{t}$$

(식 12-8)에서 자산의 시장가치 V와 그 변동성 σ_a를 모형에서 간접적으로 유도해야 하는 미지수이고, 나머지는 모두 자본시장에서 관찰될 수 있거나 채무약정 시 확정된 값들이다. 두 개의 미지수를 구하기 위하여 (식 12-8)을 미분을 통해서 변형시키면 자산가치의 변동성과 주식가치의 변동성에 관한 (식 12-9)를 얻을 수 있다. 즉,

33) 이하의 수식과 설명은 Caouette *et al.* (1998), pp. 143~149에 주로 의존하고 있음.

$$\sigma_e = \frac{N(d_1)V\sigma_a}{E} \tag{12-9}$$

(식 12-9)에서도 미지수는 V와 σ_a 두 개이고 나머지는 기지수(旣知數)이다. 따라서 (식 12-8)과 (식 12-9)를 연립시켜 풀면 자산의 시장가치와 그 변동성을 알 수 있게 된다. 한편, 자산가치의 변동에 관한 확률분포에 대하여 일정한 가정을 추가하면, 기업의 자산가치가 부채가치를 밑돌 확률 즉 도산확률(default probability)을 구할 수 있다((식 12-10) 참조).[34)]

$$P(V < D) = N(-d_2) = 1 - N(d_2) \tag{12-10}$$

$$\text{단, } d_2 = \frac{\log_e\left(\frac{V}{D}\right) + \left(r - \frac{1}{2}\sigma_a^2\right)t}{\sigma_a\sqrt{t}}$$

$$d_2 = d_1 - \sigma_a\sqrt{t}$$

한편, 이상의 모형에서는 자산가치가 채무액, 즉 부채의 장부가치에 밑돌면 부도가 발생하는 것으로 가정하고 있다. 옵션모형을 이용한 신용위험평가를 처음으로 실무에 적용한 KMV사의 실증분석에 의하면, 기업의 자산가치가 (유동부채+비유동부채의 1/2)을 밑도는 지점에서 도산이 가장 빈번하게 발생하는 것으로 조사된 바 있다.[35)] 이때 도산에 이르게 하는 부채의 가치를 도산지점(default point)이라 한다. 그러므로 기업가치가 도산지점으로부터 멀리 떨어져 있을수록 도산가능성이 줄어들고 가까울수록 도산가능성이 높아진다. 예를 들어 현재의 자산가치가 100억 원이고 도산지점이 25억 원이라면 자산가치의 75%가 줄어드는 시점에서 도산이 발생한다. 그런데 자산가치가 줄어들 가능성은 바로 자산가치의 변동성에 의존하게 되며, 만약 자산가치의 표준편차가 연간 15%라고 한다면, 자산가치의 75% 하락은 바로 표준편차의 5배에 해당한다. 여기서 도산예상거리(distance to default)를 정의할 수 있다. 즉,

$$\text{도산예상거리} = \frac{V - DP}{V \times \sigma_a} \tag{12-11}$$

단, V : 자산의 기대시장가치
DP : 도산지점(=유동부채+비유동부채 × $\frac{1}{2}$)
σ_a : 자산가치의 변동성

34) J.A. McQuown, "A Comment on Market vs. Accounting Based Measures of Default Risk," KMV Corporation, 1993.

35) KMV사는 이 옵션모형을 예상도산빈도(expected default frequency : EDF)모형이라 하고 있으며, 부도확률의 계산 및 포트폴리오관리에 활용하고 있다.

도산예상거리가 큰 값을 가질수록 도산가능성은 줄어든다. 도산예측을 위한 KMV사의 EDF모형은 바로 기업의 도산위험을 파악할 수 있는 모든 정보가 자산의 기대시장가치, 도산지점, 자산가치의 변동성이라는 3개의 핵심적 요소에 의하여 결정된다고 상정하고 있다. 그리고 기대도산빈도(EDF)를 도산예상거리의 함수로 표시하고 있다.[36)]

3. 신용위험평가모형의 유용성과 한계

금융기관의 신용평가 실무에서 신용위험평가모형의 사용빈도는 확산되고 있는 추세이다. 특히 소비자신용대출의 경우에는 이들 모형에 의거 신용평가과정의 자동화가 일반화되고 있다. 그러나 대부분의 금융기관은 신용위험평가모형의 예측결과를 여신결정에 그대로 적용하기보다는, 여신결정담당자(대출심사역)의 최종적인 판단에 필요한 중요정보의 하나로 활용하고 있다. 지금까지 살펴본 신용위험평가모형의 유용성을 몇 가지 들어보면 다음과 같다.

첫째, 신용위험평가모형의 중요한 효과 중의 하나는 신용위험의 계량화(計量化)를 가능하게 한다는 점이다.

둘째, 신용위험평가모형은 재무변수이든 비재무변수이든 어느 변수가 건전여신과 부실여신을 판별하는 데 중요한지를 검정하는 데 이용될 수 있다.

셋째, 신용위험평가모형이 일단 결정되면 금융기관은 일관성과 객관성을 유지하면서 여신결정을 내릴 수 있다.

넷째, 신용위험평가모형은 대출심사역이 자신의 시간과 노력을 합리적으로 배분할 수 있도록 한다. 가령, 일정기준보다 높은 점수를 받은 대출신청에 대해서는 추가적 분석 없이 대출을 승인하며 일정점수보다 낮은 대출신청에 대해서는 정밀한 신용분석을 적용할 수 있다. 또한 이 모형은 기존의 여신에 대한 사후관리에도 유용하다.

다섯째, 신용위험평가모형은 부도위험(不渡危險)의 평가도 가능하게 함으로써 대출업무에 대한 내부평가와 검토를 쉽게 하고 금융기관의 재무보고에 필요한 대손규모의 추정에도 도움을 준다.

---

36) 우리나라의 도산기업을 표본으로, 옵션모형을 이용한 도산예측에 관한 연구에 대해서는 다음 논문을 참조 바람. 이원흠 · 이한득 · 박상수, "현금흐름형 도산예측모델과 옵션모델형 도산예상확률의 실증연구," 「증권학회지」 27집(2001), pp. 35~70.

한편, 신용위험평가모형의 한계점 내지 이용 시의 유의사항을 몇 가지 들어보면 다음과 같다.

첫째, 신용평점제도의 경우에는 대개 평가요소의 선정과 가중치의 결정이 임의로 이루어지고 있다는 점이다.

둘째, 회계처리방법이 기업별로 다르거나 회계기간에 따라 변경될 경우 이를 무시하고 신용위험평가모형을 작성한다면, 모형에 의한 여신결정이 올바르지 못할 가능성이 있다. 이와 같은 경우에는 회계자료의 조정이 필요하다.

셋째, 경제여건이 변하거나 여신대상 업종 및 기업의 성격이 변화할 경우에는, 종전의 업종과 기업을 표본으로 개발된 신용위험평가모형의 설명력과 예측력이 떨어질 수 있어 모형을 수정할 필요가 있다.

넷째, 평가모형에 주가관련 자료 및 신용평가기관의 신용등급 등의 자료를 재무자료와 결합하여 이용할 경우 좋은 결과를 얻을 수 있다. 이미 앞서 살펴본 KMV사의 EDF모형 등이 이에 해당한다.

연 습 문 제

01 다음 용어를 설명하라.

① 신용위험평가　② 무수익여신
③ DRP　④ 5C
⑤ 7C　⑥ MISR
⑦ RPA기법　⑧ 도산예상거리
⑨ EDF모형

02 여신결정과정을 설명하라.

03 신용위험평가의 의의, 목적, 방법을 설명하라.

04 금융기관이 실무에서 이용하고 있는 신용평점제도에 대하여 설명하라.

05 판별모형과 로짓모형은 신용위험평가에 어떻게 활용될 수 있는가? 예를 들어 설명하라.

06 옵션모형은 도산위험의 평가에 어떻게 활용될 수 있는가?

07 통계적 신용평점모형의 의의와 종류, 유용성과 한계점을 설명하라.

제 IV 편

경영분석의 주요 과제 : 주식가치평가와 M&A

제 13 장

주가결정요인과 현금흐름평가모형

제1절 주가의 결정요인과 주식가치평가모형

제2절 배당할인모형

제3절 여유현금흐름할인모형

경영분석의 가장 중요한 응용분야가 증권분석이다. 증권분석은 크게 기본적 분석과 기술적 분석으로 나뉘는데 투자자와 애널리스트들이 가장 널리 사용하는 것이 기본적 분석이다. 기본적 분석은 특정기업의 경영성과와 재무상태에 영향을 미치는 기업요인, 산업요인, 경제요인 등의 기본적 요인을 토대로 그 주식의 내재가치(內在價値, intrinsic value)를 구한 다음, 내재가치와 주식의 시장가격을 비교하여 과소평가되거나 과대평가되어 있는 주식을 찾는 방법이다. 따라서 기본적 분석은 재무정보의 분석을 통한 투자종목의 선택을 중요시하는 방법이며, 주식의 시장가격과 내재가치가 같지 않다고 가정한다는 점에서 기술적 분석과는 근본적으로 다르다.

본장에서는 기본적 분석의 기초가 되는 주가의 결정요인을 설명하고, 주식의 내재가치의 추정에 이용되는 배당할인모형과 여유현금흐름할인모형 등 현금흐름평가모형을 소개하기로 한다. 이들 두 가지 주식가치평가모형은 이론적 측면에서 중요시되고 있다. 한편, 평가방법이 비교적 단순하나 실무에서 널리 활용되는 상대가치평가모형은 제14장에서 별도로 설명하기로 한다.[1)]

제1절 주가의 결정요인과 주식가치평가모형

1. 주가의 결정요인

주식의 내재가치를 구하기 위해서는 먼저 주가를 결정하는 요인이 무엇인가를 알아야 한다. 경험적으로 볼 때 주가는 다양한 요인에 의하여 결정되고 있음을 알 수 있는데, 그중에는 경제적 요인과 같이 주가와의 인과관계를 논리적으로 설명할 수 있는 요인이 있는가 하면 심리적 요인처럼 그러한 설명이 어려운 요인도 있다. 이러한 요인들은 크게 기업내적 요인과 기업외적 요인으로 구분할 수 있으며, 전자는 양적 요인과 질적 요인으로 후자는 시장내적 요인과 시장외적 요인으로 다시 나눌 수 있다(〈표 13-1〉 참조). 이상과 같은 많은 요인들 가운데서 장기적으로는 기업의 수익성, 배당정책, 금리수준이 중요하고, 단기적으

1) 기업가치평가와 주식가치평가에 관한 상세한 내용에 대해서는 다음 책을 참고하기 바람. 신동령, 「사업계획서 작성과 기업가치평가의 실제와 이론」, (다산출판사, 2003.4.).

로는 주식의 수요 · 공급관계가 주가에 가장 큰 영향을 미치는 것으로 판단되고 있다.

표 13-1 주가의 결정요인

- 기업내적 요인
  - 양적 요인 : 수익성, 재무구조, 배당성향 등
  - 질적 요인 : 경영자의 자질, 연구개발투자, 제품내용, 노사관계, 금융기관과의 관계, 경제 내에서의 산업위치, 산업의 라이프사이클 등
- 기업외적 요인
  - 시장내적 요인 : 시장규제조치 · 부양조치 등의 시장관리정책, 투자자의 심리, 주식의 수요 공급관계, 기관투자가의 동향 등
  - 시장외적 요인
    - 경제적 요인 : 경기순환, 물가동향, 금리수준, 통화신용정책, 재정정책 등
    - 정치 · 사회적 요인 : 사회적 대사건의 발생, 국내외 정국의 동향 등

한편, 실무계에서는 이러한 주가결정요인을 흔히 재료(材料, news)라는 말로 부르고 있으며, 주가를 상승시키는 재료는 호재(好材, good news)라 하고 주가를 하락시키는 재료는 악재(惡材, bad news)라 하고 있다. 〈사례 13-1〉은 한국거래소(www.krx.co.kr)가 매일 발표하는 'KRX 증시 Brief' 로서 우리나라 주식시장에 영향을 미칠 것으로 예상되는 호재와 악재 등이 제시되어 있다.

사례 13-1 주식시황 동향

한국거래소는 'KRX 증시 Brief' 를 통하여 매일의 주식시장 동향을 요약하여 발표하고 있다. 2022년 11월 11일의 경우 KOSPI는 전일 대비 80.93포인트(+3.37%) 오른 2,483.16, KOSDAQ은 전일 대비 23.44포인트(+3.31%)오른 731.22를 기록하였다. 이날 주가가 오른 것은 미국 CPI 예상치 하회에 따른 연준의 금리 인상속도 조절 기대감, 그리고 수급측면에서 외국인 투자자들의 6,952억 원 순매수, 기관투자자의 9,914억 원 순매수 등에 기인한 것이다. 해외증시의 경우도 전반적으로 강세를 보였다. 특히, 미국 나스닥의 경우 +7.4%의 상승률을 기록하였다.

표 13-2 KRX 증시 Brief

1 [주식] KOSPI : 하루 만에 상승, KOSDAQ : 하루 만에 상승

◈ (KOSPI) 전일 美 CPI 예상치 하회에 따른 연준의 금리 인상 속도 조절 기대감 등으로 亞 증시 전반 급등세 보이는 가운데 외국인 · 기관 동반 매수세 유입으로 업종 전반 강세 시현하며 하루 만에 3%대 급등

① 업종동향 : 업종 전반 강세 ◈大[+3.6%], 中[+2.2%], 小[+1.6%]

- 서비스업 +8.0%, 운수창고 +4.3%, 전기전자 +4.0%, 증권 +3.8%

② 주요 투자자별 동향 : 매수[외국인, 기관] VS. 매도[개인]

• 외국인(억 원) : 전기전자 +5,079, 서비스업 +1,208, 화학 +421, 의약품 +407

(단위 : 억 원)

	외국인	기관	금투	보험	투신	연기금*	개인
현물	+6,952	+9,914	+8,425	+154	+518	+64	−16,620
선물**	+266	−274	−4,478	+256	+3,743	+58	+770

* 국가 및 우정사업본부 포함 ** KOSPI200

③ 프로그램 매매

• 차익 +1,204억 원, 비차익 +5,986억 원 ☞ 평균베이시스 +1.20p(이론가 +0.98p)

◈ (KOSDAQ) 필라델피아 반도체지수 급등(+10%) 등 영향으로 외국인, 기관 동반 매수세 유입되며 반도체주 중심 강세로 하루 만에 3%대 급등

① (업종) : 디지털콘텐츠 +5.2%, 반도체 +5.1%, 통신장비 +4.3%

② (투자자) : 매수(외국인, 기관) VS. 매도(개인)

(단위 : 억 원)

	외국인	기관	금투	보험	투신	연기금	개인
현물	+2,086	+3,430	+2,852	+67	+216	+115	−5,385

2 [기타] 원화 : 하루 만에 강세 / 국제유가[WTI] : 4일 만에 상승

원/달러	위안/달러	달러지수	유가[WTI]	[Brent]	국채 3년	국채 10년	US10년
1,318.4	7.1058	107.9p	86.47$/b	93.67$/b	3.836%	3.891%	3.817%
(−59.1)	(−0.0446)	(−2.3%)	(+0.75%)	(+1.02%)	(−20.4bp)	(−19.8bp)	(−27.8bp)

3 해외 증시

美 다우	美 나스닥	獨 DAX	호주 ASX	日 니케이	中 상해종합	대만 TWI	홍콩 HSI
33,715p	11,114p	14,146p	7,350p	28,264p	3,089p	14,008p	17,217p
(+3.7%)	(+7.4%)	(+3.5%)	(+2.9%)	(+3.0%)	(+1.7%)	(+3.7%)	(+7.1%)

자료 : 한국거래소(2022.11.11.).

2. 기본적인 주식가치평가모형

기본적 분석에서는 주식의 본질적 가치, 즉 내재가치를 어떻게 구할 것인가 하는 문제가 가장 중요한 관심사이다. 현대의 투자이론은 주식의 내재가치가 그 주식을 소유함으로써 얻을 것으로 예상되는 현금흐름(미래의 소득)을 그 주식의 위험을 반영하는 적당한 자본비용으로 할인한 현재가치의 합으로 결정된다고 보고 있다. 즉,

$$P_0 = \frac{CF_1}{(1+k_{e1})^1} + \frac{CF_2}{(1+k_{e2})^2} + \cdots + \frac{CF_N}{(1+k_{eN})^N} \tag{13-1}$$

단, P_0 : 주식의 내재가치
$CF_1, \cdots, CF_N$: 각 기간의 현금흐름
$k_{e1}, \cdots, k_{eN}$: 각 기간의 자본비용(할인율)

만약, 회사가 계속기업으로서 무한히 존속하고 현금흐름이 무한정 발생하며, 각 기간의 할인율이 동일하다면 (식 13-1)은 (식 13-2)와 같이 쓸 수 있다. 즉,

$$P_0 = \sum_{t=1}^{\infty} \frac{CF_t}{(1+k_{et})^t} \tag{13-2}$$

단, P_0 : 주식의 내재가치
CF_t : t기간의 현금흐름($t = 1, \cdots, \infty$)
k_e : 자본비용

(식 13-1) 및 (식 13-2)의 주식가치평가모형을 이용하여 주식의 내재가치를 구하는 방법은 미래의 현금흐름을 어떻게 정의하느냐에 배당할인모형, 여유현금흐름할인모형, 잔여이익할인모형 등으로 구분할 수 있다. 이들 모형 중 배당할인모형은 제2절에서 설명하고, 그리고 여유현금할인모형은 제3절에서 설명한다. 잔여이익할인모형은 그 기초를 여유현금흐름할인모형에 두고 있으며 추정결과도 동일하므로 별도의 설명은 생략하기로 한다.[2)]

---

2) 잔여이익할인모형(residual income discount model)의 개요는 다음과 같다. 잔여이익할인모형에서 주식가치(P_0)는 현재의 주당순자산(BPS_0)과 미래에 발생하는 잔여이익을 주식의 자본비용(k_e)으로 할인한 현재가치의 합계로 산출된다. 여기서 잔여이익(residual income)이란 매기간의 주당순이익(EPS_t)에서 기본이익(base income)을 차감한 것으로 정의되며, 기본이익은 다시 주식의 자본비용(k_e)과 전기의 주당순자산(BPS_{t-1})을 곱한 것과 같다. 즉,

$$\begin{aligned} \text{보통주주식가치}(P_0) &= BPS_0 + PV(\text{잔여이익}) \\ &= BPS_0 + \sum_{t=1}^{\infty} \frac{EPS_t - k_e \times BPS_{t-1}}{(1+k_e)^t} \end{aligned}$$

잔여이익할인모형을 이용하여 평가한 주식가치나 여유현금흐름할인모형을 이용하여 평가한 주식가치는 기본적으로 동일하다. 잔여이익할인모형에 관한 자세한 내용은 다음 책을 참고할 것. L. Soffer and R. Soffer,

제2절 배당할인모형

1. 배당할인모형의 개요

배당할인모형(配當割引模型, dividend discount model : DDM)은 주주가 미래의 모든 기간에서 받을 것으로 기대되는 배당금수입의 현재가치를 합한 것이 주식의 내재가치가 된다는 개념에 기초를 두고 있다. 이 모형은 다음과 같은 방법으로 유도할 수 있다. 예를 들어 어느 투자자가 전자회사인 A사의 보통주 1주를 1년 동안만 보유한다고 가정하면, 투자자는 기간 중에 받는 주당배당금과 기말에 주식을 처분하여 받는 처분가격의 소득을 기대할 수 있다. 매기간 적용되는 할인율이 일정하고 배당금은 기말에 지급된다고 가정하면 A사 보통주 1주의 가치는 다음 식으로 주어진다.

$$P_0 = \frac{D_1}{1+k_e} + \frac{P_1}{1+k_e} \tag{13-3}$$

단, P_0 : A사 보통주의 내재가치
D_1 : 1년 후의 주당배당금
k_e : 주식의 자본비용
P_1 : 1년 후의 예상주가

같은 방법으로 1년 후의 예상주가(P_1)는 2년 말의 주당배당금(D_2)과 2년 말의 예상주가(P_2)에 의해 결정될 것으로 예상할 수 있다. 즉,

$$P_1 = \frac{D_2}{1+k_e} + \frac{P_2}{1+k_e} \tag{13-4}$$

(식 13-4)를 (식 13-3)에 대입하면 (식 13-5)를 얻게 된다. 즉,

$$P_0 = \frac{D_1}{1+k_e} + \frac{D_2}{(1+k_e)^2} + \frac{P_2}{(1+k_e)^2} \tag{13-5}$$

위와 같은 절차를 반복하면 (식 13-6)을 얻을 수 있다.

$$P_0 = \frac{D_1}{(1+k_e)} + \frac{D_2}{(1+k_e)^2} + \cdots + \frac{D_N}{(1+k_e)^N} + \cdots \tag{13-6}$$

Financial Statement Analysis : A Valuation Approach(Prentice-Hall, 2003), Chapter 12.

$$= \sum_{t=1}^{\infty} \frac{D_t}{(1+k_e)^t}$$

결국, 주식의 가치는 이 주식을 보유함으로써 미래에 받을 것으로 기대되는 모든 배당금의 현재가치의 합과 같다. 이것이 기본적인 배당할인모형이다. (식 13-6)의 배당할인모형은 아주 먼 미래까지 주당배당금을 예측해야 하기 때문에 그대로 이용하기가 어렵다. 그래서 실제로는 배당금의 성장패턴에 대한 가정을 통하여 모형을 단순화시킨 항상성장모형이나 2기간성장모형 등을 이용하고 있다.

2. 항상성장모형

항상성장모형(恒常成長模型, constant growth model)은 고든(M. Gordon)이 제시한 것으로 주당배당금은 매년 g%의 율로 무한히 성장하고, 필요한 자금은 내부유보에 의해서만 조달하며, 배당성향(즉, 1-내부유보율)은 매기간 동일하고, 할인율로 사용되는 자본비용은 일정하며 주당배당금의 증가율을 상회한다고 가정한다.[3] 이러한 가정하에서 유도된 항상성장모형은 다음과 같다.

$$P_0 = \frac{D_1}{k_e - g} = \frac{D_0(1+g)}{k_e - g} \tag{13-7}$$

단, D_0 : 현재의 주당배당금
D_1 : 1년 후의 예상 주당배당금
k_e : 주식의 자본비용
g : 주당배당금의 증가율

(식 13-7)이 바로 항상성장모형이다. 이 모형은 주식의 내재가치가 다음 연도에 예상되는 주당배당금을 이 주식의 자본비용에서 주당배당금의 예상성장률을 뺀 값으로 나눈 것과 같다는 것을 의미한다.

항상성장모형은 경제 전체의 명목성장률보다 낮은 율로 성장하는 기업, 특히 배당을 안정적으로 지급하는 기업의 주식가치를 평가하는 데 적합하다. 이 모형의 문제점으로는 주

3) M. Gordon, *The Investment, Financing, and Valuation of the Corporation*(Irwin, 1962).

예제 13-1

삼광물산의 경우 주식의 자본비용은 15%로 일정하며, 다음 결산기의 주당배당금이 2,500원으로 예상되며 그 이후는 배당금이 연평균 5%의 증가율로 무한히 증가할 것으로 예상된다. 이 회사 주식의 내재가치는 얼마로 추정되는가?

(식 13-7)에 $D_1 = 2{,}500$원, $k_e = 15\%$, $g = 5\%$를 대입하여 구하면 된다. 이 회사의 주가는 25,000원으로 추정된다. 즉,

$$P_0 = \frac{2{,}500}{0.15 - 0.05} = 25{,}000\text{ 원}$$

식가치가 자본비용과 배당성장률의 변동에 극히 민감하게 변화한다는 것, 배당을 적게 하고 현금의 유보를 많이 하는 기업의 주가는 저평가하는 경향이 있다는 것으로 요약된다.

3. 2기간성장모형

기업이 생산하는 제품의 라이프사이클을 고려한다면 기업의 성장률은 일반적으로 라이프사이클의 각 단계별로 달라지게 될 것이다. 따라서 성장률이 전체기간에 걸쳐 일정한 것으로 가정하는 항상성장모형은 비현실적인 면이 있다. 2기간성장모형(two-period growth model)에서는 처음 수년간은 주당배당금이 예외적으로 높은 증가율로 성장하고, 그 이후에는 정상적인 증가율로 무한히 성장한다고 가정한다. 이 경우 주식의 내재가치는 다음과 같이 결정된다.

$$\begin{aligned}\text{주식의 내재가치} &= \text{초기고속성장단계의 배당금의 현재가치} \\ &\quad + \text{안정성장단계의 배당금의 현재가치} \qquad (13\text{-}8)\end{aligned}$$

예를 들어 어느 기업의 주당배당금이 처음 N년간은 g_1의 높은 율로 성장하고 그 이후에는 g_1보다 낮은 g_2의 율로 성장한다고 하면, 주식의 이론적 가격, 즉 내재가치는 다음과 같을 것이다.

$$P_0 = \frac{D_1}{(1+k_e)} + \frac{D_2}{(1+k_e)^2} + \cdots + \frac{D_N}{(1+k_e)^N} + \frac{P_N}{(1+k_e)^N}$$

$$= \frac{D_0(1+g_1)}{(1+k_e)} + \frac{D_0(1+g_1)^2}{(1+k_e)^2} + \cdots + \frac{D_0(1+g_1)^N}{(1+k_e)^N} + \frac{P_N}{(1+k_e)^N} \qquad (13\text{-}9)$$

(식 13-9)를 간단히 하면,

$$P_0 = \sum_{t=1}^{N} \frac{D_0(1+g_1)^t}{(1+k_e)^t} + \frac{P_N}{(1+k_e)^N} \qquad (13\text{-}10)$$

단, D_0 : 현재의 주당배당금
k_e : 주식의 자본비용
P_N : N년 말의 주가
g_1 : 초기고속성장기간(다음 연도~N년 말)의 배당증가율
g_2 : 안정성장단계(N+1년 이후)의 배당증가율

이 된다. 그런데 N기 이후에는 주당배당금이 g_2의 율로 무한히 성장한다고 가정했으므로 N기 말의 주가 P_N은 항상성장모형을 적용하여 $N+1$의 주당배당금 D_{N+1}을 할인요소($k_e - g_2$)로 나누어 구할 수 있다. 즉,

$$P_N = \frac{D_N(1+g_2)}{(k_e - g_2)}$$

$$= \frac{D_0(1+g_1)^N(1+g_2)}{(k_e - g_2)} \qquad (13\text{-}11)$$

(식 13-11)을 (식 13-10)에 대입하고 간단히 하면, (식 13-12)의 주식가치 산출공식을 얻을 수 있다.

$$P_0 = \left[\frac{D_0(1+g_1)}{(k_e - g_1)}\right]\left[1 - \frac{(1+g_1)^N}{(1+k_e)^N}\right] + \frac{D_0(1+g_1)^N(1+g_2)}{(k_e - g_2)(1+k_e)^N}$$

$$= \left[\frac{D_1}{(k_e - g_1)}\right]\left[1 - \frac{(1+g_1)^N}{(1+k_e)^N}\right] + \frac{D_1(1+g_1)^{N-1}(1+g_2)}{(k_e - g_2)(1+k_e)^N} \qquad (13\text{-}12)$$

(식 13-12)의 2기간성장모형은 경제의 명목성장률보다 높은 성장속도를 보이는 기업, 일정기간 후 만료되는 특허나 법적 보호 같은 특별한 성장원천이 있는 기업, 그리고 안정적인 자본구조를 갖는 기업의 평가에 적합하다. 2기간성장모형은 초기고속성장단계의 주당배당금 증가율이 높을수록, 고속성장기간이 길수록, 자기자본이익률로 측정된 사업의 수익성이 높을수록, 그리고 사업의 위험정도가 낮을수록 주식가치가 상승하는 구조로 되

어 있다.

이 모형의 문제점으로는 초기고속성장의 지속기간을 얼마로 할 것인가를 추정하는 것이 어렵다는 것, 현실적으로 배당증가율이 높은 율로 증가하다가 일정기간 후 갑자기 하락한다고 가정하는 것이 곤란하다는 것, 배당금의 지급능력이 있는데도 배당금을 적게 지급하는 기업은 저평가되는 경향이 있다는 것 등을 들 수 있다.

예제 13-2

주문형 반도체를 생산하는 광주반도체의 다음 결산기의 주당배당금은 2,000원으로 추정되고 있다. 주당배당금은 다음 결산기 이후 5년간은 연간 32%의 율로, 그 이후에는 연간 8%의 율로 계속 성장할 것으로 전망된다. 이 주식에 대한 요구수익률, 즉 자본비용이 20%라고 하면, 이 주식의 내재가치는 얼마인가?

(식 13-12)를 이용한다. $D_1 = 2{,}000$원, $g_1 = 32\%$, $g_2 = 8\%$, $k_e = 20\%$이므로 내재가치는 32,136원으로 추정된다. 즉,

$$P_0 = \left[\frac{D_1}{(k_e - g_1)}\right]\left[1 - \frac{(1+g_1)^N}{(1+k_e)^N}\right] + \frac{D_1(1+g_1)^{N-1}(1+g_2)}{(k_e - g_2)(1+k_e)^N}$$

$$= \left[\frac{2{,}000}{(0.20 - 0.32)}\right]\left[1 - \frac{(1.32)^5}{(1.20)^5}\right] + \frac{2{,}000\,(1.32)^4(1.08)}{(0.20 - 0.08)(1.20)^5}$$

$$= 10{,}175 + 21{,}961 = 32{,}136 \text{ 원}$$

예제 13-3

아가원은 세제 · 샴푸 · 기저귀 · 화장지 등 소비자용품을 제조 · 판매하는 상장회사이다. 20×0년의 경우 주당이익은 3,000원이었으며, 주당배당금은 1,200원을 지급하였다. 20×1년의 자기자본이익률(ROE)은 30.0%로서 향후 5년간 동일한 수준을 유지할 전망이다. 그러나 5년 후에는 경쟁기업의 시장진입이 본격화되어 ROE가 10% 대로 낮아질 전망이다. 회사는 향후에도 주주들에 대하여 40%의 배당성향(주당배당금/주당이익)을 계속 유지할 방침이다. 이 주식에 적용되는 할인율, 즉 자기자본비용은 자본자산가격결정모형(CAPM)으로 추정하기로 하였다. 무위험이자율인 국채의 수익률은 연 6%이고, 주식투자에 대한 위험프리미엄은 4%로 추정되고 있으며, 업종평균의 베타와 아가원의 재무구조를 고려하여 구한 베타값은 0.90이다. 그러므로 아가원의 자기자본비용은 9.6%(=6%+0.90×4%)로 추정되며 향

후에도 변동이 없을 것으로 가정하였다. 이 회사의 주식가치는 얼마인가?

아가원의 주식가치평가를 위해서는 먼저 두 기간의 주당배당금의 예상증가율을 추정해야 한다. 여기서 주당배당금의 증가율은 다음에 설명되는 (식 13-16)을 이용, 내부유보율(1−배당성향)에 자기자본이익률(ROE)을 곱하여 산출하면 된다. 즉,

$$\text{주당배당금 증가율} = \text{내부유보율} \times \text{자기자본이익률(ROE)}$$
$$g_1 = \text{향후 5년간 연간증가율} = (1 - 0.40) \times 30\% = 18\%$$
$$g_2 = \text{향후 6년부터의 연간증가율} = (1 - 0.40) \times 10\% = 6\%$$

(식 13-12)를 이용한 아가원의 주식가치평가에 필요한 자료를 정리하고 주식가치를 구하면 다음과 같다.

$$D_0 = 1{,}200\text{원},\ N = 5\text{년},\ g_1 = 18\%,\ g_2 = 6\%,\ k_e = 9.6\%$$

$$P_0 = \left[\frac{1{,}200\,(1+0.18)}{(0.096-0.18)}\right] \times \left[1 - \frac{1.18^5}{1.096^5}\right] + \frac{1{,}200\,(1+0.18)^5(1+0.06)}{(0.096-0.06)(1+0.096)^5}$$
$$= 7{,}528.9 + 51{,}114.2 = 58{,}643.1\text{ 원}$$

Excel Tip

〈예제 13-3〉과 같이 (식 13-12)에 의한 복잡한 계산을 어떻게 할 것인가? 계산기를 두드릴 것인가? 역시 엑셀을 사용하는 것이 편하고 빠르다. 아래의 엑셀 시트는 〈예제 13-3〉의 계산결과를 보여주고 있다. 우선 특정셀에 D_0 = 1,200원, N = 5년, g_1 = 18%, g_2 = 6%, k_1 = 9.6%의 셀의 이름을 쓰고 그 우측에 해당 값을 입력한다. $(1+g_1)^5$ 및 $(1+k_e)^5$과 같은 거듭제곱은 '함수마법사(f_x)-수학-POWER(거듭제곱)'를 차례로 클릭하여 열린 창에 밑수(배당성장률 혹은 할인율)와 거듭제곱(연수)을 입력하여 그 값을 구한다. 셀 B6는 $(1+g_1)^5$의 결과인 2.288이 나와 있고 셀 B9에는 $(1+k_1)^5$의 결과인 1.581이 나와 있다.[4] 셀 B12에는 초기고속성장기간의 배당금의 현재가치(P_1) 7,528.9원이 계산되어 있고, B13에는 안정성장단계의 배당금의 현재가치(P_2) 51,114.2원이 계산되어 있으며, B14에는 이 둘을 합한 전체 주식가치가 계산되어 있다. P_1과 P_2를 계산할 경우에는 계산의 기호(더하기 +, 빼기 −, 나누기 /, 곱하기 *)와 연산순서를 나타내는 괄호를 정확하게 써야 한다.

4) $(1+g_1)^5 = (1+0.18)^5 = 2.288\cdots$을 함수마법사의 POWER(거듭제곱) 대신에 =(1+B5)^5를 이용하여 계산해도 무방하다.

B6	▼	=	=POWER(1+B5,B4)		
	A	B	C	D	E
1	<2단계성장모형에 의한 주식가치평가>				
2					
3	D_0	1200			
4	N	5			
5	g_1	18.0%			
6	$(1+g_1)^5$	2.287757757	=POWER(1+B5,B4)		
7	g_2	6.0%			
8	k_1	9.6%			
9	$(1+k_1)^5$	1.581440187	=POWER(1+B8,B4)		
10	k_2	9.6%			
11					
12	P_1	7,528.9	=(B3*(1+B5)/(B8-B5))*(1-B6/B9)		
13	P_2	51,114.2	=(B3*B6*(1+B7)/(B10-B7))/B9		
14	P_0	58,643.1	=B12+B13		

2기간성장모형의 한 가지 문제점은 상당한 기간이 경과한 후의 성장률 g_2를 예상하기가 어렵다는 점이다. 만약 N기간이 지난 다음 특정주식의 성장률, 배당정책, 위험 등이 시장에서 거래되는 모든 주식의 평균수준으로 변화한다고 가정할 수 있으면, (식 13-11)의 P_N의 추정에 주가이익비율을 이용할 수 있다. N기 말의 이론적 주가 P_N은 N기의 시장평균의 주가이익비율 PER_M에 평가대상주식의 N기의 주당순이익 EPS_N을 곱하여 계산하면 된다. 즉,

$$P_N = PER_M \times EPS_N$$

단, PER_M : 시장평균 주가이익비율
EPS_N : 평가대상주식의 N기 주당순이익

또한 N기의 주당순이익 EPS_N은 $EPS_0(1+g_1)^N$이나 $EPS_1(1+g_1)^{N-1}$로 추정할 수 있으므로 (식 13-12)는 다음과 같은 형태가 된다.

$$\begin{aligned} P_0 &= \left[\frac{D_0(1+g_1)}{(k_e-g_1)}\right]\left[1-\frac{(1+g_1)^N}{(1+k_e)^N}\right]+\frac{EPS_0(1+g_1)^N(PER_M)}{(1+k_e)^N} \\ &= \left[\frac{D_1}{(k_e-g_1)}\right]\left[1-\frac{(1+g_1)^N}{(1+k_e)^N}\right]+\frac{EPS_1(1+g_1)^{N-1}(PER_M)}{(1+k_e)^N} \end{aligned} \tag{13-13}$$

예제 13-4

기업공개를 앞둔 삼원전자의 경우 1년 후에 예상되는 주당순이익은 3,990원, 주당배당금은 2,000원으로 추정되고 있다. 이 회사의 주당순이익은 향후 15년간은 연간 12%의 율로 성장할 것으로 기대되고 있고, 그 이후에는 상장된 회사의 평균수준으로 성장한다고 가정한다. 또한 15년이 지난 후 시장의 평균주가이익비율(PER)은 9.5로 예상되고 있다. 삼원전자 주식에 적용할 할인율이 13%라 할 때 이 주식의 이론적 가격은 얼마로 추정되는가?

$D_1 = 2{,}000$원, $\mathrm{EPS}_1 = 3{,}990$원, $k_e = 13\%$, $g_1 = 12\%$, $\mathrm{PER}_M = 9.5$를 (식 13-13)의 두 번째 식에 대입하여 내재가치를 구한다. 즉,

$$\begin{aligned} P_0 &= \left[\frac{2{,}000}{(0.13-0.12)}\right]\left[1-\frac{(1.12)^{15}}{(1.13)^{15}}\right]+\frac{3{,}990(1.12)^{14}(9.5)}{(1.13)^{15}} \\ &= 24{,}965.5 + 29{,}619.1 \\ &= 54{,}584.6\text{ 원} \end{aligned}$$

4. 주당배당금과 배당증가율, 할인율의 추정

이상에서 설명한 배당할인모형을 실제로 이용할 수 있기 위해서는 주당배당금, 주당배당금의 성장률, 할인율을 추정하여야 한다.

(1) 주당배당금의 추정

주당배당금(dividend per share : DPS)은 일단 주당순이익이 추정된 경우 주당순이익에 배당성향을 곱하여 추정할 수 있다. 즉,

$$\begin{aligned} \text{주당배당금} &= \frac{\text{당기순이익}}{\text{발행주식수}} \times \frac{\text{배당금}}{\text{당기순이익}} \\ &= \text{주당순이익} \times \text{배당성향} \end{aligned} \tag{13-14}$$

그렇다면 기업의 배당성향은 어떻게 결정되는가? 대부분의 기업은 달성 또는 유지하고자 하는 목표배당성향을 미리 정해 놓고 있다. 그러나 사전에 정해놓은 배당성향과는 관계없이 대체로 이익이 증가하면 기업의 배당도 늘어나고 이익이 감소하면 기업의 배당도 줄

표 13-3 이익변화와 배당성향변화

이익변화의 케이스(%)			배당성향변화의 케이스(%)		
당기	전기	비율	증가	불변	감소
+		59.3	65.8	13.9	20.3
−		40.7	42.8	17.9	39.5
+	+	33.4	74.8	11.4	13.8
−	−	16.0	31.8	19.4	48.8

자료 : E.F. Fama and H. Babiak, "Dividend Policy : An Empirical Analysis," *American Statistical Association Journal*(December 1968), pp.1132~1161.

어든다는 것이 실증연구에 의해 밝혀져 있으며, 〈표 13-3〉은 이러한 연구의 예로서 기업의 이익변화와 배당성향변화의 관계를 보여주고 있다.

〈표 13-3〉은 당기에 이익이 증가하는 기업의 배당성향은 증가하나, 당기의 이익이 감소하는 회사의 경우에도 배당성향은 감소보다는 소폭이라도 증가하는 케이스의 비율이 많았다는 것을 제시하고 있다. 또한 이익이 전기와 당기 2기에 걸쳐 연속으로 증가한 경우 배당성향이 증가한 케이스의 비율이 큰 폭으로 증가하였고, 이익이 2기에 걸쳐 연속으로 감소한 경우 배당성향이 감소한 케이스의 비율도 증가하였다는 것을 잘 보여주고 있다. 결론적으로 이익이 증가하는 기업의 경우 배당성향도 증가하지만, 이익이 감소한 기업의 경우에는 이익감소가 일시적이면 배당성향은 큰 변화가 없으나 이익감소가 연속으로 나타나면 배당성향을 낮추는 경향이 있는 것으로 이해할 수 있다.

그렇다면 우리나라 기업의 실제 배당성향은 얼마나 되는가? 먼저 제조업, 건설업, 도소매업 등 일부 업종의 배당성향을 살펴보면 다음의 〈표 13-4〉와 같다. 참고를 위하여 업종별 매출액순이익률도 제시하였다. 이 표에는 배당성향이 업종별로 큰 차이가 있음을 알 수 있다. 또한, 2021년의 경우 전년도에 비하여 대체로 배당성향이 하락한 것이 나타나 있다.

다음의 〈표 13-5〉에는 일부 상장기업의 이익증가율과 배당성향, 배당률의 추이를 제시하였다. 2021년의 경우 전기에 비하여 대부분 배당성향이 감소한 것으로 나타난다. 특히 포스코, 삼성전자, 현대차, 현대건설 등은 이익규모가 크게 증가했음에도 불구하고 배당성향은 오히려 감소하였다. 이는 기업들이 배당규모를 감소시켰다기보다는 이익이 일시적으로 증가하더라도 배당 수준은 크게 변동시키기 않기 때문에 나타나는 현상이다. 한편, 구미기업들과 달리 배당성향보다는 배당률(주당배당금/액면가액)을 일정한 수준으로 유지하는 기업이 많다는 것도 알 수 있다.

표 13-4 우리나라 기업의 배당성향 (단위 : %)

업 종	매출액순이익률		배당성향	
	2020	2021	2020	2021
제조업	3.50	5.98	52.39	25.68
(식료품)	2.98	2.58	22.53	17.60
(의료용 물질 및 의약품)	9.81	11.32	12.03	13.59
(1차철강)	0.59	7.72	106.97	18.67
(반도체 및 전자부품)	5.26	9.39	18.38	10.92
(자동차용 엔진 및 자동차)	0.41	2.20	93.64	84.88
건설업	3.45	4.54	14.80	12.31
도매 및 소매업	1.43	2.50	36.43	26.69

자료 : 한국은행, 「기업경영분석」(2021년도).

표 13-5 일부 상장기업의 이익증가율, 배당성향, 배당률 (단위 : %)

구분	당기순이익증가율		배당성향		배당률	
	2020	2021	2020	2021	2020	2021
오뚜기	10.62	17.75	25.60	21.02	160.0	160.0
유한양행	420.22	−47.95	12.94	25.42	34.9	36.5
포스코	−9.81	302.41	38.72	19.43	160.0	340.0
삼성전자	21.48	51.12	77.95	25.00	2994.0	1444.0
현대차	−39.58	195.81	55.15	26.32	60.0	100.0
현대건설	−60.28	143.48	54.67	16.56	12.0	12.0

주 : 연결재무제표기준임.
자료 : 각 사의 2020년 및 2021년 사업보고서.

(2) 주당배당금의 성장률 추정

주당배당금의 성장률을 추정하기 위해서는 주당배당금이 주당순이익과 밀접한 관련이 있으므로, 주당순이익과 주당배당금이 기업의 성장패턴에 따라 어떻게 변화하는지를 이해해야 한다. 성장률패턴이란 시간의 경과에 따라 기업의 성장률이 어떤 단계와 경로를 거쳐 진행되는가를 설명해 주는 것으로서 성장단계, 전환단계, 성숙단계로 구분된다([그림 13-1] 참조). 각 단계별 특징은 다음과 같다.

성장단계(growth stage) : 성장단계는 시장점유율의 급속한 확대, 높은 이익률, 예외적으

| 그림 13-1 | 이익과 배당의 성장패턴

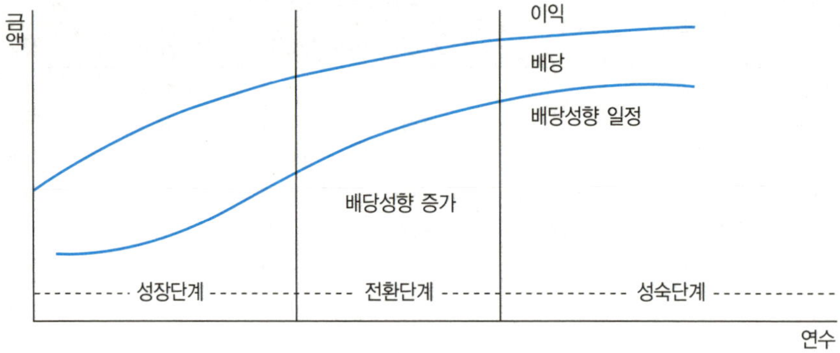

자료 : C.J. Grigoli, "Demystifying Dividend Discount Model," *Merrill Lynch Quantitative Research*(April 1982).

로 높은 이익성장 등의 특징을 나타낸다. 신제품도입, 기술우위가 성장의 원동력이 된다. 투자수익성이 높고 성장을 위한 자금수요가 커 배당을 하지 않는 기업도 있고, 배당을 하더라도 배당성향은 일반적으로 낮다. 이 단계의 후반부터는 높은 투자수익성으로 인하여 경쟁기업이 등장함에 따라 투자수익성이 점차로 낮아지게 되고, 배당성장률은 증가하기 시작하나 이익성장률은 점차로 낮아지게 된다.

전환단계(transition stage) : 산업이 성숙단계로 접근하면서 기술혁신의 빈도가 줄어들고 제품시장이 포화상태에 도달함에 따라 성장률은 낮아지며 이익률은 줄어든다. 투자를 위한 자금수요가 감소하기 때문에 배당성향은 증가하며 배당성장률도 높다.

성숙단계(maturity stage) : 이 단계에 들어서면 어떤 기업도 더 이상 예외적으로 높은 수익을 가져다주는 투자기회를 발견할 수 없으므로 성장이 거의 정체되는 상태에 접어든다. 이때 이익성장률과 배당성장률, 자기자본순이익률(ROE) 등이 모두 일정수준으로 유지된다.

이상과 같은 제품수명주기(製品壽命週期, product life cycle)에 기초를 둔 성장률패턴은 이익과 배당의 성장률예측에 도움이 된다. 다만, 이 경우 여러 업종에 진출하여 경영다각화를 이룬 기업의 성장률은 각 제품별 성장률의 가중합(加重合)이 된다는 점에 유의하여야 한다.

주당배당금이 일정한 비율로 증가하는 경향이 있는 경우에는 일정기간의 주당배당금을 이용하여 주당배당금의 성장률을 식에 의하여 추정할 수 있다.

$$D_t = D_0 \times (1+g)^t$$

$$\therefore \; g = \left(\frac{D_t}{D_0}\right)^{\frac{1}{t}} - 1 \qquad (13\text{-}15)$$

단, D_t : t기의 주당배당금
D_0 : 현재의 주당배당금
g : 주당배당금의 연평균 성장률

예제 13-5

다음은 오뚜기의 20×5~20×8년의 주당순이익과 주당배당금(보통주) 자료이다. 주당배당금과 주당순이익의 연평균 성장률을 계산하여 보라.

표 13-6 오뚜기의 주당순이익과 주당배당금 (단위 : 원)

	20×4	20×5	20×6	20×7	20×8
주당순이익	8,217	10,292	9,235	13,362	15,363
주당배당금	1,000	1,250	1,250	1,500	2,000

(식 13-15)를 이용하여 주당배당금의 연평균 성장률을 구하면 16.93%가 된다.[5] 즉,

$$g(DPS) = \left(\frac{D_t}{D_0}\right)^{\frac{1}{t}} - 1 = \left(\frac{2,000}{1,000}\right)^{\frac{1}{4}} - 1 = 1.1892 - 1 = 0.1892\,(18.92\%)$$

한편, 주당순이익의 연평균 성장률 역시 (식 13-15)를 원용하여 구하면 16.93%가 된다.

$$g(EPS) = \left(\frac{E_t}{E_0}\right)^{\frac{1}{t}} - 1 = \left(\frac{15,363}{8,217}\right)^{\frac{1}{4}} - 1 = 1.1693 - 1 = 0.1693\,(16.93\%)$$

만약, 항상성장모형의 가정과 같이 어느 기업이 외부자금의 조달 없이 내부자금만으로 성장에 필요한 자금을 조달하는 경우에는 지속적 성장률(sustainable growth rate : SGR)을 배당성장률로 사용하면 된다. 이때 지속적 성장률은 내부유보율(b)과 투자수익률(r)의 곱으로 계산하면 된다. 그런데 투자수익률은 이 경우 자기자본순이익률과 같으므로, SGR=b×

5) 주당배당금의 연평균 성장률의 계산은 엑셀을 활용한다. 만약 20×8년의 주당배당금은 셀 F4에 들어 있고, 20×4년의 주당배당금은 셀 B4에 들어 있다면, '수식-함수삽입-수학/삼각-POWER(거듭제곱)'를 누르고, =POWER(number, power)가 나오면 number에 셀의 범위 B4 : F4를 지정하고 power에 거듭제곱 1/4=0.25를 지정하면 =$(2,000/1,000)^{1/4}$=1.1892가 나온다. 여기서 1을 빼주면 0.1892 즉 18.92%를 얻을 수 있다.

ROE의 관계가 성립한다. 결국, b = 내부유보액/당기순이익과 같고 ROE=당기순이익/자기자본과 같으므로, SGR=내부유보액/자기자본이 된다.

$$\begin{aligned} SGR &= b \cdot r \\ &= b \cdot ROE \\ &= (\text{내부유보액/순이익}) \times (\text{순이익/자기자본}) \\ &= (\text{내부유보액/자기자본}) \end{aligned} \tag{13-16}$$

내부유보액/자기자본은 재투자율이라고 하는데, (식 13-16)은 내부자금만으로 성장에 필요한 자금을 조달한 경우의 재투자율은 자기자본증가율과 같다는 것을 말해주고 있다. 그러므로 배당의 지속적 성장률은 자기자본증가율과도 같다.

$$SGR = \text{자기자본증가율} \tag{13-17}$$

예제 13-6

다음은 오뚜기의 20×5~20×8년의 당기순이익, 배당금, 자기자본(자본총계) 자료이다. 이를 이용하여 20×5~20×8년 중 이 회사의 연평균 지속적 성장률을 계산하여 보라.

표 13-7 오뚜기의 당기순이익, 배당금, 자기자본 (단위 : 백만 원)

	20×4	20×5	20×6	20×7	20×8
당기순이익	28,259	35,405	31,767	45,966	52,744
배당금	3,440	4,300	4,300	5,160	6,849
자본총계	221,297	280,331	280,331	321,186	372,002

20×8년의 경우 (식 13-16)을 이용하여 내부유보율, ROE, 지속적 성장률을 계산하면 다음과 같다.

$$b = \text{내부유보율} = 1 - \text{배당성향} = 1 - \frac{6,849}{52,744} = 1 - 0.130 = 0.870$$

$$ROE = \frac{\text{당기순이익}}{\text{자본총계}} = \frac{52,744}{372,002} = 0.1418\,(14.18\%)$$

$$SGR = b \times ROE = 0.870 \times 14.18\% = 12.34\%$$

같은 방법으로 내부유보율과 ROE를 구하고 이들을 곱하여 SGR을 구하면 다음과 같다.

표 13-8 오뚜기의 지속적 성장률

	20×4	20×5	20×6	20×7	20×8
SGR(%)	11.22	12.21	9.80	12.70	12.34
b	0.878	0.879	0.865	0.888	0.870
ROE(%)	12.77	13.90	11.33	14.31	14.18

그러므로 20×5~20×8년 중의 지속적 성장률의 평균은 11.76%가 된다.[6)]

(3) 주식의 자본비용의 추정

배당할인모형에서는 미래의 주당배당금을 그 주식의 할인율, 즉 자본비용으로 할인하여 주식가치를 결정하므로 자본비용의 추정이 필요하다. 일반적으로 특정주식에 적용되는 자본비용(cost of common equity)은 투자자가 그 회사의 보통주투자에 대하여 요구하는 요구수익률, 혹은 투자자가 벌 수 있을 것으로 예상하는 연간기대수익률을 말한다. 보통주의 자본비용은 자본자산가격결정모형(capital asset pricing model : CAPM), 채권수익률과 주식투자의 위험프리미엄의 가산, 실현된 투자수익률, 항상성장모형 등을 이용하여 추정할 수 있으나 CAPM에 의한 추정이 주로 이용된다.[7)]

CAPM에 의하면 보통주에 대한 투자자의 요구수익률은 정부가 발행한 국채와 같은 위험이 없는 증권의 수익률인 무위험이자율(risk-free rate)과 보통주투자에 대한 위험프리미엄(equity risk premium)을 가산한 것으로 결정된다. 그런데 보통주투자에 대한 위험프리미엄은 보통주투자에서 기대되는 평균수익률에서 무위험이자율을 차감한 시장위험프리미엄(market risk premium)에 주식을 발행한 기업의 영업위험(business riske) 및 재무위험

6) 참고로 같은 기간 중 자기자본의 연평균 증가율을 구하면 13.87%이다. 즉,

$$g(\text{자기자본증가율}) = \left(\frac{EQ_t}{EQ_0}\right)^{\frac{1}{t}} - 1 = \left(\frac{372,002}{221,297}\right)^{\frac{1}{4}} - 1 = 0.1387\ (13.87\%)$$

7) J.F. Weston and T.E. Copeland, *Managerial Finance*(The Dryden Press, 1992), pp.610~613.
참고로 (식 13-7)의 항상성장모형을 역으로 이용하면 주식의 자본비용은 다음과 같이 계산할 수 있다.

$$k_e = \frac{D_1}{P_0} + g$$

다만 이때는 주식의 현재가격이 곧 내재가치와 같다고 간주한다(단, k_e= 자본비용, D_1= 예상주당배당금, P_0= 현재주가, g= 주당배당금 성장률).

(financial risk)의 크기를 반영하여 결정되는 베타(beta : β)를 곱한 것과 같다. 그러므로 특정기업의 보통주의 자본비용은 다음 (식 13-18)에 의하여 추정할 수 있다.

$$k_{ei} = R_f + [E(R_m) - R_f] \times \beta_i \tag{13-18}$$

단, k_{ei} : 특정주식의 자본비용
R_f : 무위험이자율
$E(R_m)$: 보통주투자에서 기대되는 평균수익률
β_i : 특정주식의 베타
$E(R_m)-R_f$: 시장위험프리미엄

(식 13-18)을 그림으로 표시한 것을 증권시장선(security market line : SML)이라고 하며 [그림 13-2]와 같다.

| 그림 13-2 | 증권시장선(SML)

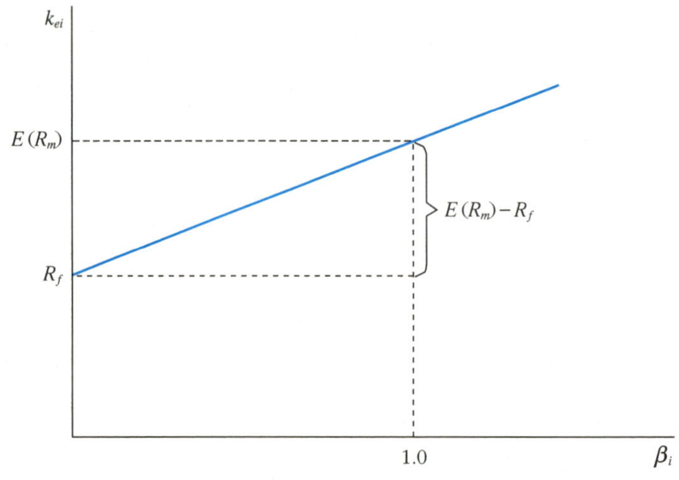

(식 13-18)에 의하여 보통주의 자본비용을 추정하려면, 무위험이자율, 시장위험프리미엄, 베타 등 3가지를 알아야 한다.

무위험이자율은 채무불이행위험(default risk)과 이자율변동에 의한 재투자위험(reinvestment risk)이 발생하지 않는 증권의 기대수익률로 정의된다. 채무불이행위험이 없는 유일한 증권은 정부가 발행한 국채로서, 우리나라의 경우 단기국고채권의 연간수익률을 무위험이자율로 대신할 수 있다.

시장위험프리미엄[$E(R_m) - R_f$]은 주식투자에서 예상되는 평균수익률에서 무위험이자율을 차감하여 산출하면 된다. 그러나 실무적으로는 과거 일정기간을 대상으로 주가지수의 연도별 수익률에서 그 기간 중의 연도별 국채수익률을 차감하고 이를 평균하여 구한 역사적 위험프리미엄(historical risk premium)을 사용하는 경우가 많다.[8)]

베타는 개별주식의 체계적 위험(systematic risk)을 측정하는 지표이다. 베타를 추정하는 일반적인 방법은 과거 일정기간을 대상으로 개별주식의 수익률을 종속변수로 하고 주가지수의 수익률을 설명변수로 하는 회귀분석을 실시하는 것이다. 즉,

$$R_{it} = \alpha_i + \beta_i R_{mt} + e_{it} \qquad (13\text{-}19)$$

단, R_{it} : 주식 i의 t기 중 수익률
R_{mt} : 주가지수의 t기 중 수익률
e_{it} : 잔차
α_i : 회귀식의 절편
β_i : 회귀식의 기울기

(식 13-19)에서 회귀식의 기울기인 β_i가 바로 베타(beta)로서, 이는 주가지수의 변동에 대하여 개별주식의 수익률이 변동하는 정도, 즉 민감도를 나타낸다. 주가지수 자체의 베타는 1.0으로서, 베타가 1.0을 초과하는 주식을 공격적 주식이라 하고 1.0 미만인 주식을 방어적 주식이라 한다.

사례 13-2 개별기업 베타의 추정

상장회사인 오뚜기의 베타를 추정하여 보기로 한다. 주가 및 주가지수의 변화율은 월간 단위로 추정하였으며 추정기간은 20×7년 1월~20×9년 12월의 36개월이다.[9)] 이 기간 중 오뚜기 주식의 월별 주가변화율의 평균은 1.68%, 종합주가지수의 월별 변화율의 평균은 0.76%로 나타났다. 오뚜기의 월별 주가변화율을 종속변수로 하고 종합주가지수의 월별 주가변화율을 설명변수로 하는 회귀식의 추정결과는 (식 13-20)과 같다.

$$R_{it} = \underset{(0.670)}{1.101} + \underset{(3.646)}{0.762}R_{mt} \qquad R^2 = 0.281 \qquad (13\text{-}20)$$

8) 미국의 경우 1990~2000년에 대하여 중기국채의 수익률을 무위험이자율로 하여 측정한 역사적 위험프리미엄의 평균치는 7.09%로 제시되고 있다. A. Damodaran, *Investment Valuation : Tools and Techniques for Determining the Value of Any Asset*(John Wiley & Sons, 2002), pp. 182~183.

9) 오뚜기의 특정월의 주가변화율은 [(당월말 종가−전월말 종가)/전월말 종가](%)로 산출하였고, 주가지수의 특정월의 지수변화율은 [(당월말 KOSPI−전월말 KOSPI)/전월말 KOSPI](%)로 산출하였다.

회귀식의 기울기 0.762가 바로 베타의 추정치이다. 이는 종합주가지수가 1% 변동 시 오뚜기의 주가는 0.762% 변동하였다는 것을 의미한다. 절편과 기울기의 아래에 있는 괄호 안의 숫자는 회귀계수의 신뢰도를 나타내는 t-값으로, 절편은 0이 아니라는 가설을 기각할 수는 없으나 기울기가 0이라는 가설은 아주 높은 신뢰수준에서 기각되고 있다. R^2은 결정계수로서 이 값이 0.281이라는 것은, 오뚜기의 주가변동 중에서 종합주가지수의 변동에 의해 설명된 부분이 28.1%라는 것을 의미한다. 한편 [그림 13-3]은 이상의 추정결과를 그림으로 보여주고 있다. 평면에 찍힌 마름모 하나하나는 종합주가지수의 월별 변화율(가로축)에 대응하는 오뚜기 주가의 월별 변화율(세로축)을 나타낸다.

참고로 (식 13-18)에 의하여 오뚜기의 보통주의 자본비용을 추정하여 보기로 하자. 무위험이자율로서 국고채수익률을 적용하기로 한다. 20×9년 12월 말 현재 3년만기 국고채수익률은 연 4.41%이다. 시장위험프리미엄은 연 9%를 적용하기로 한다. 그러므로 오뚜기의 보통주 자본비용은 11.27%로 추정된다. 즉,

$$k_e = 4.41\% + 9.0\% \times 0.762 = 11.27\%$$

| 그림 13-3 | 오뚜기 주식의 베타 추정

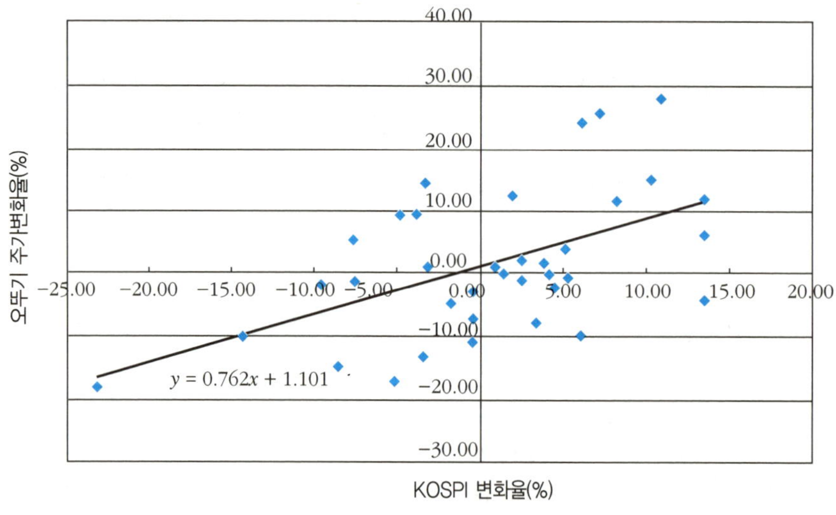

제3절 여유현금흐름할인모형

1. 여유현금흐름할인모형의 의의와 특징

여유현금흐름할인모형은 미래의 여유현금흐름을 회사의 위험수준을 반영한 할인율로 할인한 현재가치를 구하여 기업가치와 주식가치를 평가하는 방법이다. 여기서 여유현금흐름(free cash flow : FCF)이란 "기업이 영업활동을 통하여 벌어들인 순현금흐름 중 순현재가치(net present value : NPV)가 양수(+)인 모든 프로젝트에 소요되는 자금을 투자한 이후에도 남아 있는 초과현금흐름"으로서, 주주와 채권자에게 돌려줄 수 있는 현금흐름을 말한다.[10] 그러므로 여유현금흐름이 증가하면 다른 조건이 일정할 경우 기업가치와 주식가치가 상승하게 된다.

여유현금흐름할인모형의 주요 장점은 다음과 같다.[11] 첫째, 회계적 이익에 기초한 평가가 아닌 현금흐름에 의하여 기업가치를 평가하고 있으므로, 평가방법의 경제적(이론적) 근거가 확실하다. 둘째, 미래의 여유현금흐름은 매출과 비용, 자산과 부채, 지분 등에 대한 추정을 바탕으로 산출하게 된다. 그러므로 분석자는 회사의 영업활동, 투자활동, 재무활동 등과 관련된 의사결정이 기업가치에 미칠 영향에 관하여 사전에 평가해 볼 수 있다.

주요 단점으로는 다음 사항이 지적되고 있다. 첫째, 잔여가치 혹은 계속가치가 기업가치의 대부분을 구성하는 경향이 있으며, 잔여가치는 명시적 예측기간 이후에 발생하는 현금흐름의 연간증가율에 관한 가정에 크게 좌우된다. 둘째, 분석자가 특정기업의 미래현금흐름을 추정하는 데 상당한 시간이 소요된다. 따라서 한 분석자가 많은 기업을 담당하여 정기적으로 정밀한 평가를 하기는 어렵다.

10) M.C. Jensen, "Agency Costs of Free Cash Flow, Corporate Finance, and Takeovers," *American Economic Review(Papers and Proceedings)* 76(May 1986), p.323.

11) C.P. Stickney and P.R. Brown, *Financial Reporting and Statement Analysis : A Strategic Perspective*(The Dryden Press, 1999), pp.766~767.

2. 평가절차

여유현금흐름에 의한 기업가치 및 주식가치 평가는 현금흐름의 추정, 할인율(자본비용)의 추정, 기업가치의 추정, 총주식가치 및 주당주식가치의 추정 등의 4단계 절차로 진행된다.

① **미래현금흐름의 추정** : 기업의 경영환경, 업종 동향, 회사의 경쟁력 등에 관한 전망을 바탕으로 영업활동에서 발생하는 미래의 여유현금흐름을 추정한다.[12] 이 경우 미래의 일정기간에 대하여 추정손익계산서와 추정재무상태표 등 완전한 추정재무제표를 작성하여 여유현금흐름을 추정하거나, 아니면 여유현금흐름의 추정에 필수적인 매출액증가율, 매출액영업이익률, 법인세율, 운전자본투자액 및 유형고정자산투자액만을 추정하여 여유현금흐름을 추정하는 방식을 사용할 수 있다.

② **할인율의 추정** : 여유현금흐름의 발생시기와 현금흐름의 위험을 고려하여 회사의 미래현금흐름의 할인에 적용할 할인율을 추정한다. 이 할인율은 회사가 자금을 조달하기 위하여 발행한 주식(자기자본)과 부채(타인자본)의 개별자본비용을 자금조달원천별 비중으로 가중하여 산출한 가중평균자본비용(weighted average cost of capital : WACC)을 말한다. 예를 들어 주식(보통주)과 부채를 발행하여 자본을 조달하는 경우의 가중평균자본비용은 다음 식으로 구한다.

$$k_w = k_d\left(\frac{B}{V}\right) + k_e\left(\frac{S}{V}\right) \qquad (13\text{-}21)$$

단, k_w : 가중평균자본비용
k_d : 부채의 세후 자본비용
k_e : 보통주의 자본비용
t : 법인세율
B : 부채의 시장가치
S : 보통주의 시장가치
V : 기업가치($=B+S$)

여유현금흐름은 법인세차감후 기준(after-tax basis)으로 측정되므로 가중평균자본비용 역시 법인세효과 차감후 기준으로 측정되어야 한다. 부채의 자본비용(cost of debt)은 타인자본의 조달비용을 의미하며, 이자비용이 법인소득에서 공제되기 때문에 세금차감후의 기

12) 여기서의 영업활동에는 생산과 판매, 운전자본투자는 물론 설비투자나 연구개발투자 등 유형자산 및 무형자산에 대한 투자까지 포함하는 개념이다. 이럴 경우 금융자산에 대한 투자와 회수, 타 법인 출자와 회수 등은 모두 재무활동(금융활동)에 포함되며, 이로 인한 기업가치의 변동은 별도 항목으로 파악하여야 한다.

준으로 산정된다. 부채의 자본비용은 (식 13-22)와 같이 계산된다. 즉,

$$k_d = r \times (1 - t) \tag{13-22}$$

단, k_d : 부채의 세금차감후 자본비용
r : 부채의 세금차감전 자본비용
t : 법인세율

부채의 세금차감전 자본비용은 어떻게 구하나? 기업이 발행한 회사채가 증권시장에서 활발하게 거래되는 경우에는 그 채권의 현재의 만기수익률을 세금차감전 자본비용으로 활용한다. 또 발행한 회사채가 신용등급을 부여받은 경우에는 그 회사채와 신용등급과 만기가 동일한 채권의 만기수익률을 세금차감전 자본비용으로 이용하면 된다. 만약, 회사채를 발행하거나 신용등급을 부여받은 적이 없는 경우라면, 채무불이행위험을 측정하는 재무지표에 의해 추정된 합성신용등급(synthetic ratings)을 기준으로 회사채의 세전수익률을 구하면 된다.

주식의 자본비용의 경우 상장회사라면 앞에서 설명한 바와 같이 베타를 추정하고 CAPM을 이용하여 구하면 된다. 비상장회사라면 상장된 유사회사의 베타를 이용하여 베타를 추정하여 자본비용을 추정할 수 있다.

③ **기업가치의 추정** : 미래의 명시적인 현금흐름예측기간의 여유현금흐름을 자본비용으로 할인한 현재가치와, 잔여가치를 자본비용으로 할인한 현재가치를 구하고 이를 합산하여 영업활동 기업가치를 구한다. 잔여가치는 명시적인 현금흐름예측기간 이후의 기간에 발생할 것으로 예상되는 모든 여유현금흐름을 명시적인 예측기간 말의 시점에서 자본비용으로 할인하여 구한 기업가치를 의미한다. 즉,

영업활동 기업가치 = 명시적 예측기간 현금흐름의 현재가치
+ 잔여가치의 현재가치 (13-23)

(식 13-23)을 간단한 수식으로 표현하면 다음과 같다.

$$V = \sum_{t=1}^{N} \frac{FCF_t}{(1+k_w)^t} + \frac{RV_N}{(1+k_w)^N} \tag{13-24}$$

단, V : 영업활동 기업가치
N : 여유현금흐름의 명시적 예측기간
FCF_t : t기의 여유현금흐름
k_w : 가중평균자본비용
RV_N : N기 말의 잔여가치

그러면 명시적인 현금흐름 이후의 모든 현금흐름의 가치인 잔여가치를 어떻게 구할 것인가? 잔여가치는 여유현금흐름의 명시적인 예측기간이 종료된 후 여유현금흐름이 매년 g(%)로 일정하고 무한히 증가하며, 자본비용이 여유현금흐름증가율을 초과한다고 가정할 수 있으면($k_w>g$), 항상성장모형을 원용하여 다음과 같이 추정할 수 있다.[13]

$$RV_N = \frac{FCF_{N+1}}{k_w - g} \tag{13-25}$$

단, RV_N : N기 말의 잔여가치
FCF_{N+1} : 명시적 현금흐름 예측기간 종료 후 1차연도의 여유현금흐름
N : 여유현금흐름의 명시적 예측기간
k_w : 가중평균자본비용(WACC)
g : 여유현금흐름의 연간증가율

최종적인 기업가치는 영업활동 기업가치와 영업활동과 무관하게 보유하고 있는 여유현금성자산의 가치(현금과 예금, 유가증권, 장·단기 금융상품 등의 가치)와 관계회사 투자지분의 가치를 합산하여 산출한다. 즉,

기업가치 = 영업활동 기업가치 + 여유현금성자산의 가치 + 투자지분가치

④ 보통주 총주식가치와 주당주식가치의 추정 : 추정된 기업가치로부터 회사의 부채가치, 우선주가치 등 보통주에 비하여 권리가 우선인 증권의 가치를 차감하여 보통주의 총주식가치를 구하고, 이를 보통주의 발행주식수로 나누어 주당주식가치를 구한다. 즉,

보통주 총주식가치 = 기업가치 − 부채가치(우발채무가치 포함) − 우선주 주식가치
보통주 주당주식가치 = 보통주 총주식가치/발행주식수

3. 여유현금흐름의 추정방법

(1) 현금흐름표 활용법

여유현금흐름은 기업이 영업활동을 통하여 벌어들인 순현금흐름에서 미래의 성장에 필요한 운전자본과 유·무형 자산에 대한 투자지출을 충당하고도 남아 있는 현금흐름을 말한

13) 명시적 현금흐름예측기간 종료 후에 여유현금흐름의 증가율이 0이라고 가정하여 잔여가치를 추정할 경우가 있는데, 이때는 (식 13-25)를 제로성장모형(zero growth model)이라 한다.

다. 즉, 여유현금흐름은 영업활동(operating activities)을 통하여 창출된 순현금흐름으로서, 주주와 채권자 등의 증권소유자들에게 배당금지급, 자기주식취득, 이자지급, 원금상환 등으로 배분될 수 있는 현금흐름인 것이다.

그러므로 추정현금흐름표를 이용하면 여유현금흐름을 간편하게 추정할 수 있다. 즉, 추정현금흐름표의 영업활동으로 인한 현금흐름(이하 영업활동 현금흐름)에는 이미 유동자산과 유동부채 중 현금 등 금융자산과 단기차입금 등 금융부채를 제외한 나머지 항목, 즉 순운전자본의 증감을 가져오는 계정과목의 변동이 이미 조정되어 있다. 다만, 이자비용과 이자수익은 여유현금흐름의 처분과 관련된 재무활동에 속하는데, 만약 이들 항목이 영업활동 현금흐름의 계산에 포함되었다면 그 효과를 배제할 필요가 있다. 따라서 이자비용×(1−법인세율)의 금액은 더하고, 이자수익×(1−법인세율)의 금액은 차감하여야 한다. 추정현금흐름표의 투자활동 현금흐름을 구성하는 항목 중 유형자산 및 무형자산의 순증감액만을 구하여 차감한다. 이를 정리하면 다음과 같다.

$$\begin{aligned}\text{여유현금흐름} &= \text{영업활동 현금흐름(추정현금흐름표)} \\ &\quad + [\text{이자비용} \times (1 - \text{법인세율}) - \text{이자수익} \times (1 - \text{법인세율})] \\ &\quad - [\text{유형자산증가액} + \text{무형자산증가액} - \text{유형자산감소액} - \text{무형자산감소액}]\end{aligned} \tag{13-26}$$

사례 13-3 **ABC전자의 여유현금흐름추정(1)**

제6장의 추정재무제표 작성의 사례로 든 ABC전자(〈표 6-16〉~〈표 6-18〉)에 대하여 추정 1차연도인 20×2년의 여유현금흐름을 (식 13-26)을 이용하여 추정하면 다음과 같다.

$$\begin{aligned}\text{여유현금흐름} &= \text{영업활동 현금흐름}(3{,}367{,}648) \\ &\quad + [\text{이자비용} \times (1-\text{법인세율})(985{,}973 \times (1-0.22)) \\ &\quad - \text{이자수익} \times (1-\text{법인세율})(281{,}892 \times (1-0.22))] \\ &\quad - [\text{유형자산증가액}(5{,}781{,}728)] \\ &= 3{,}367{,}648 + 559{,}320 - 5{,}781{,}728 \\ &= -1{,}864{,}898\text{천 원}\end{aligned}$$

(2) 기업가치결정요인 활용법

이는 라파포트(A. Rappaport)에 의하여 제시된 것으로서, 여유현금흐름을 결정하는 핵

심요인만을 추정하여 여유현금흐름을 간편하게 추정하는 방법이다.[14] 즉,

추정여유현금흐름 = 현금유입 − 현금유출 (13-27)
= [(금년도 매출액) × (1 + 매출액증가율) × (매출액영업이익률)
× (1 − 법인세율)] − (순운전자본투자액 + 순유·무형자산투자액)
= 영업이익 × (1 − 법인세율) − 순운전자본투자액 − 순유·무형자산투자액

여기서 순운전자본투자액과 순유·무형자산투자액은 다음과 같이 산출한다.

순운전자본투자액 = [매출채권순증가액 + 재고자산순증가액 + 선급비용 등
기타유동자산순증가액] − [매입채무순증가액
+ 미지급법인세순증가액 + 기타유동부채순증가액]
순유·무형자산투자액 = [유형자산순증가액 − 감가상각비]
+ [무형자산순증가액 − 무형자산상각비]

결국, (식 13-27)에서 감가상각비와 무형자산상각비를 순유·무형자산투자액 계산에서 포함시키지 않는다면, 이 식은 다음과 같이 써도 된다.

여유현금흐름 = 영업이익 × (1 − 법인세율) + 감가상각비 + 무형자산상각비
− 순운전자본투자액 − 순유·무형자산투자액 (13-28)

사례 13-4 ABC전자의 여유현금흐름 추정(2)

제6장의 추정재무제표 작성의 사례로 든 ABC전자에 대하여 추정 1차연도인 20×2년의 여유현금흐름을 (식 13-28)을 이용하여 다시 추정하면 다음과 같다.

여유현금흐름 = 영업이익(4,487,783) × (1 − 법인세율)(1 − 0.22)
+ 감가상각비(1,881,258)
− 순운전자본투자액(1,976,463 + 503,085 + 396,263 − 1,496,998 + 215,382 − 129,297)
− 순유·무형자산투자액(5,781,728)
= −1,864,898천 원

14) A. Rappaport, *Creating Shareholder Value*(The Free Press, 1986), p. 51~55.

한편, 순운전자본투자액과 순유·무형자산투자액이 매출액의 변동과 일정한 비례관계를 갖는다면, 다음과 같이 투자율을 정의할 수 있다.

$$\text{순운전자본투자율} = [\text{순운전자본투자액}/\text{매출액증가액}] \times 100(\%)$$

$$\text{순유·무형자산투자율} = [\text{순유·무형자산투자액}/\text{매출액증가액}] \times 100(\%)$$

이상의 투자율을 개념을 적용하면 (식 13-27)은 다음과 같이 쓸 수 있다.

$$FCF_1 = [S_0 \times (1+g) \times OIS \times (1-t)] - S_0 \times g \times (\Delta IR_{NWC} + \Delta IR_{FA}) \qquad (13\text{-}29)$$

단, FCF_1 : 차년도 추정여유현금흐름
S_0 : 금년도 매출액
g : 연평균 매출액증가율
OIS : 매출액영업이익률(영업이익/매출액)
t : 법인세율
ΔIR_{NWC} : 순운전자본투자율
ΔIR_{FA} : 순유·무형자산투자율

(식 13-29)는 기준연도의 매출액수준과 매출액증가율, 매출액영업이익률, 법인세율, 순운전자본투자율과 순유·무형자산투자율 등의 가치결정요인(value drivers)에 의하여 차년도의 여유현금흐름을 추정할 수 있음을 보여주고 있다. 따라서 (식 13-29)를 이용하려면 과거의 재무제표를 분석하고 미래의 경영환경 등을 분석하여 가치결정요인의 값을 결정하여야 한다. 이 방법의 장점은 완전한 추정재무제표를 작성하지 않고도 여유현금흐름을 추정할 수 있다는 점과, 자본비용을 제외하고 기업가치결정에 영향을 미치는 주요 요인을 포함하고 있으므로 기업가치와 주주의 부를 극대화하기 위한 전략적 계획수립의 지침을 제공하고 있다는 점이다.

사례 13-5 가치결정요인에 의한 여유현금흐름의 추정

어느 벤처기업의 20×1년도 매출액은 40,000백만 원, 향후 연평균 매출증가율은 15%, 매출액영업이익률은 10%, 법인세율은 20%, 순운전자본투자율은 10%, 순유·무형자산투자율은 15%로 예상되고 있다. 이 경우 20×2년도의 여유현금흐름을 추정하여 보자. (식 13-29)를 적용하면 된다.

$$S_0 = 40{,}000\text{백만 원},\ g = 15\%,\ OIS = 10\%,\ t = 20\%,\ \Delta IR_{NWC} = 10\%,\ \Delta IR_{FA} = 15\%$$

$$FCF_1 = [40{,}000 \times (1+0.15) \times 0.10 \times (1-0.20)] - 40{,}000 \times 0.15 \times (0.10+0.15)$$

$$= 3{,}680 - 1{,}500 = 2{,}180\text{백만 원}$$

4. 여유현금흐름할인모형의 사례

여유현금흐름에 의한 주식가치 추정의 사례로서, 제6장(추정재무제표 작성)의 사례회사인 ABC전자의 기업가치와 주식가치를 추정하여 보자. 평가시점은 20×1년 말이며, 현금흐름의 명시적인 예측기간은 향후 5년간으로 가정한다.

먼저, (식 13-28)에 의하여 20×2년도~20×6년도(추정) 기간에 대한 연도별 여유현금흐름을 추정하면 〈표 13-9〉와 같다.

표 13-9 ABC전자의 추정 여유현금흐름(20×2~20×6) (단위 : 천 원)

구분	20×2	20×3	20×4	20×5	20×6
매출액	28,048,642	42,022,475	55,994,948	69,965,687	83,937,835
매출원가	13,182,862	19,750,563	26,317,625	32,883,873	39,450,783
매출총이익	14,865,780	22,271,912	29,677,322	37,081,814	44,487,053
판매비와 관리비	8,975,565	13,026,967	16,798,484	20,290,049	23,502,594
연구개발비	1,402,432	2,101,124	2,799,747	3,498,284	8,393,784
영업이익	4,487,783	7,143,821	10,079,091	13,293,481	12,590,675
영업이익×(1−법인세율)	3,500,470	5,572,180	7,861,691	10,368,915	9,820,727
+ 감가상각비	1,881,258	2,691,740	3,404,337	4,019,049	5,066,960
− 순운전자본투자액	−1,464,898	−1,532,332	−1,655,120	−1,613,075	−1,829,429
− 순유·무형자산투자액	−5,781,728	−8,104,823	−7,125,961	−6,147,125	−10,479,111
여유현금흐름(FCF)	−1,864,898	−1,373,235	2,484,946	6,627,764	2,579,147

명시적인 예측기간 말의 잔여가치는 다음 식에 의하여 추정하기로 한다. 즉,

$$RV_N = \frac{FCF_{N+1}}{k_w - g}$$

여기서, FCF_{N+1}은 명시적 현금흐름예측기간 종료 후 1차연도인 20×7년도의 여유현금흐름이고, k_w는 가중평균자본비용, 그리고 g는 20×6년 이후의 여유현금흐름의 연간증가율이다. 현금흐름의 증가율을 5%로 가정하고, 가중평균자본비용 7.14%를 적용하면 잔여가치는 126,546,947천 원으로 추정된다.

$$RV_N = \frac{2,579,147 \times (1 + 0.05)}{(0.0714 - 0.05)} = 126,546,947 \text{ 천 원}$$

부채의 자본비용은 회사채의 신용등급을 기준으로 산출한다. 이 회사의 경우 20×1년도 현재 무보증회사채를 발행한 적이 없다. 20×2년도의 이자보상비율과 부채비율 등 주요 추정재무지표를 근거로 추정된 합성신용등급은 BBB+로서 이를 기준으로 한 회사채의 만기수익률이 채권시장에서 연 8%에서 형성되고 있다고 가정한다, 그러므로 부채에 대한 세금차감전 자본비용은 8.0%이다. 법인세율은 22%이므로 부채의 세금차감후 자본비용은 6.24%이다.

$$k_d - 8\% \times (1 - 0.22) = 6.24\%$$

보통주의 자본비용은 (식 13-18)의 SML을 이용하여 추정하기로 하였다. 이동통신용 단말기를 제조하고 있는 유사회사로서 코스닥시장에 상장된 A, B, C, D 등 4개 사의 베타를 구하고 이를 평균한 결과 1.196이었다. 20×1년 말 시점의 3년만기 국고채권의 수익률 5.0%를 무위험이자율로 적용하고 시장위험프리미엄으로 3.3%를 적용한 보통주의 자본비용은 8.95%가 된다.

$$k_e = 5.0 + 3.3 \times 1.196 = 8.95\%$$

이 회사의 20×1년 말 장부상의 부채비율(이자지급부채/자본총계)은 99.6%이지만, 재무구조의 개선추세를 감안하여 50%를 적용하기로 한다. 그러므로 부채가치 및 주식가치의 구성비율은 33.3%와 66.7%를 각각 적용하였다.[15]

$$k_w = k_d \times (B/V) + k_e \times (S/V) = 6.24 \times (0.667) + 8.95 \times (0.333) = 7.14\%$$

그러므로 이 회사의 가중평균자본비용은 7.14%로 산출된다.

이상의 여유현금흐름, 잔여가치, 가중평균자본비용을 이용하여 영업활동 기업가치를 구하면 다음과 같다.

$$\begin{aligned}\text{영업활동 기업가치} &= \left[\frac{-1,864,898}{1.0714} - \frac{1,373,235}{1.0714^2} + \frac{2,484,946}{1.0714^3}\right. \\ &\quad \left. + \frac{6,627,764}{1.0714^4} + \frac{2,579,147}{1.0714^5}\right] + \frac{126,546,947}{1.0714^5} \\ &= 5,940,419 + 89,638,269 = 95,578,689\text{천 원}\end{aligned}$$

15) 부채가치+주식가치=1이고, 부채가치/주식가치=0.5이다. 그러므로 부채가치=0.5×주식가치의 관계에서, 0.5×주식가치+주식가치=1이므로 주식가치=1/1.5=0.333, 부채가치=1−주식가치=1−0.333=0.667이다.

이 회사의 20×1년 말 현금성자산은 3,786,675천 원이 있으나 전액 영업활동관련 자금으로 간주한다. 그러므로 기업가치는 95,578,689천 원이 된다. 이자지급부채는 단기차입금 8,597,874천 원으로 장부상의 가치와 시장가치가 다르지 않다고 가정한다. 20×1년 말 발행주식수는 400,000주이고 20×2년 중 200,000주를 추가로 발행예정이다. 그러므로 ABC전자의 총주식가치와 주당주식가치(600,000주 기준)는 다음과 같이 계산된다.

총주식가치 = 기업가치 − 부채가치 = 95,578,689 − 8,597,874
= 86,980,815천 원

주당주식가치 = 총주식가치/발행주식수 = 86,980,815천 원/600,000주
= 144.97천 원 = 144,970원

연 습 문 제

01 다음 용어를 설명하라.

① 내재가치 ② 항상성장모형
③ 2기간성장모형 ④ 여유현금흐름
⑤ 가중평균자본비용 ⑥ 잔여가치

02 배당할인모형의 의의와 특징을 설명하고, 실무적인 적용사례를 열거하여 보라.

03 여유현금흐름할인모형의 의의와 특징, 평가절차를 설명하고, 실무상의 적용사례를 열거하여 보라.

04 A사는 이익의 40%를 배당금으로 지급하고 있으며, 이 비율은 향후에도 계속될 전망이다. 회사는 ROE가 다음 기에 연 12%가 될 것으로 예상하고 있다면, 주당배당금의 증가율은 얼마로 추정되는가?

05 C사는 1년 후에 주당 1,500원의 배당금을 지급할 예정이며, 주당배당금은 그 이후 연 6%의 율로 증가할 전망이다. 무위험이자율은 연 6%이고, 종합주가지수를 이용하여 계산한 시장평균수익률은 연 14%이다. C사 주식의 베타가 0.75라면 이 회사 주식에 대하여 투자자가 요구하는 수익률, 즉 주식의 자본비용은 연 몇 %인가?

06 하이텍사의 다음 연도 주당순이익은 2,500원으로 예상된다. 예상 ROE는 12.5%이다. 투자자들이 이 주식에 대하여 요구하는 수익률은 연 11%이다. 회사의 내부유보율이 60%라고 하면 이 주식의 내재가치는 얼마인가?

07 LED조명등을 판매하고 있는 빛나리사는 다음 결산기에 주당 1,920원의 배당금을 지급할 것이 확실시되고 있다. 이 회사의 주당배당금은 내년 이후 10년간은 매년 20%의 율로 고속성장할 것이 예상되며, 그 이후에는 성숙단계로 접어들어 연 4%의 율로 계속 성장할 것으로 전망되고 있다. 빛나리사의 주식에 대한 요구수익률, 즉 자본비용은 연 9%이다. 이 회사 주식의 적정가치는 얼마인가?

제 14 장

상대가치평가모형

본장에서는 실무적으로 널리 활용되고 있는 상대가치평가모형을 설명한다. 이 방법에서는 현금흐름할인모형과 달리 평가대상회사의 현금흐름을 추정하여 주식가치를 구하는 것이 아니라, 평가대상회사와 유사한 회사를 선택하고 이들 회사의 주가와 평가지표를 기준으로 평가대상회사의 주식가치를 구한다. 상대가치모형은 간편하기는 하지만 정확한 평가를 위해서는 유사회사와 평가지표, 평가기준변수 등의 선정에 세심한 주의가 필요하다.

제1절 상대가치평가모형의 개요

1. 상대가치평가모형의 의의와 절차

상대가치평가모형(relative valuation model)은 유사회사(comparable firms)의 가치지표(value indicator : V_C)를 평가기준변수(basis variable : x_C)로 나눈 비율인 평가지표에 목표회사(target firm)의 평가기준변수(x_T)를 곱하여 목표회사의 가치(V_T)를 평가하는 방법이다. 즉,

$$V_T = \frac{V_C}{x_C} \times x_T \tag{14-1}$$

단, V_C/x_C : 유사회사의 평가지표
x_T : 목표회사의 평가기준변수

상대가치평가모형의 쉬운 예를 들어보자. 예를 들어, 어느 회사가 보유하고 있는 강남의 상업지역 소재 부동산(토지)을 평가할 경우, 유사회사의 가치지표는 같은 지역의 다른 회사들이 소유하는 부동산의 가격이고 평가기준변수는 이들 회사가 보유하는 부동산의 면적이 되므로 평가지표는 단위면적(m^2)당 가격이 된다. 그러므로 이 회사가 보유하는 부동산의 가치는 「유사기업 부동산의 m^2당 가격×평가대상기업 부동산의 면적(m^2)」으로 평가하면 된다. 상대가치평가모형은 배수에 의한 평가모형(valuation model by multiples)이라고도 한다. 왜냐하면, 이 방법은 유사회사의 주가나 기업가치를 주당순이익, 주당순자산, 주당매출액 등과 같은 평가기준변수로 나눈 비율, 즉 배수를 이용하기 때문이다.

상대가치평가모형을 적용하는 절차는 다음과 같다. 첫째, 유사회사를 선정한다. 상대가치평가모형은 다른 회사의 주가를 이용하여 목표회사의 주식가치를 구하는 것이므로,

목표회사와 가급적 유사한 회사를 선정하여 평가지표를 산출하는 것이 가장 중요하다. 유사회사는 같은 업종에 속하는 기업으로서 기술, 고객, 기업규모, 재무구조 등의 측면에서 비슷한 회사를 말한다.

둘째, 평가기준변수를 선택하고 평가지표를 산출한다. 유사회사의 주가를 이용하여 목표회사의 주식가치를 평가하기 위해서는, 유사회사의 주가나 기업가치와 합당한 관련성이 있다고 간주되는 평가기준변수를 선정해야 한다. 널리 사용되는 평가지표로는 PER, PBR, EV/EBITDA, PSR 등이 있고, 평가준변수로는 주당순이익, 주당순자산, 주당 EBITDA, 주당매출액 등을 들 수 있다.

셋째, 평가지표의 평균값을 구한다. 이는 유사회사 각각에 대하여 산출된 평가지표로부터 이들 유사회사를 대표할 수 있는 대푯값을 구하기 위한 것이다. 평가지표의 평균값은 유사회사별 평가지표를 합산한 후 이를 유사회사의 수로 나눈 산술평균방식으로 계산하거나, 유사회사별 평가지표에 기업규모의 차이 등을 반영한 가중평균방식으로 계산할 수도 있다.

넷째, 평가대상기업의 평가기준변수를 추정한다. 목표회사의 주가 혹은 기업가치를 추정하기 위해서는 목표회사의 평가기준변수의 값을 알아야 한다. 그러므로 예를 들어 PER에 의한 주식가치평가에는 주당순이익을 추정해야 하고, EV/EBITDA에 의한 기업가치평가에는 EBITDA를 추정해야 한다.

다섯째, 목표기업의 기업가치 혹은 주식가치를 추정한다. 이는 유사회사에서 구한 평가지표의 평균값에다 목표회사의 평가기준변수 추정값을 곱하여 최종적으로 가치를 산출하는 과정이다.

2. 유사회사의 선정

상대가치평가방법은 다수의 비교대상회사, 즉 유사회사가 증권시장에 상장되어 있는 경우 간단하고 쉽다는 장점이 있다. 그러나 현금흐름할인모형 등과 비교할 때 분석자의 주관적인 판단이 개입될 가능성이 더 높기 때문에, 평가과정에서 적절한 유사회사의 선정이 극히 중요하다.

먼저, 유사회사의 선정원칙과 고려사항은 다음과 같다.

• 표준산업분류코드(SIC Code)상 동일한 업종(line of business)에 속한 기업을 선정한다.
• 제품, 기업규모, 기술, 시장(고객), 경쟁상황, 경영진, 기업역사, 재무구조 등의 측면에서도 유사한 회사를 선정한다.
• 분석대상기업의 업계 내 위치, 경쟁상황, 규제 등에 관하여 분석자의 지식과 경험, 판단이 중요하다.
• 필요한 자료는 산업분석, 증권분석가의 보고서, 평가대상기업 경영자와의 면담, 재무분석 등으로부터 입수한다.

유사회사의 선정 시 동일 업종에 속한 기업들은 재무비율의 수준도 비슷할 것으로 기대되기 때문에 비율분석이 도움이 된다. 특히 재무비율은 비교가능성(comparability)여부를 검토함에 있어 매우 중요하다. 즉, 유사회사가 될 수 있는 다수의 후보기업이 있다 하더라도 목표회사와 아주 다른 재무비율을 갖는 기업은 유사회사에서 제외시켜야 한다. 재무비율은 또한 평가지표의 선정에도 도움을 준다. 예를 들어, 목표회사와 유사회사가 부채비율 이외에 다른 모든 측면에서 동일하다고 한다면, 부채사용 정도와는 무관한 평가지표를 선정하도록 주의를 기울여야 한다.

3. 평가지표의 선택

다양한 평가지표 가운데 어느 것을 사용할 것인가는 목표회사가 경영하는 사업의 성격과 업종, 그 회사의 현재 상황 등을 고려하여 판단하여야 한다. 회사 및 사업의 특성에 적절한 평가지표 예를 들어보면 〈표 14-1〉과 같다.[1] 이들 평가지표 중 실무에서는 PER, PBR, EV/ EBITDA 등이 주로 이용되고 있다.

1) A. Damodaran, *Investment Valuation : Tools and Techniques for Determining the Value of Any Asset*(John Wiley & Sons, Inc., 2002), pp.954~958.

표 14-1 기업 및 사업의 특성에 따른 적절한 상대가치평가지표의 예

회사 및 사업 특성	평가지표	사용근거 및 사용상황
경기변동민감 제조업	PER	수개년도 이익의 평균치를 사용하는 경우가 많음
성장성이 높은 첨단기술 보유회사	PEG	이익증가율에 격차가 커 PER의 적용이 곤란함
성장률은 높으나 현재는 적자회사	PSR	미래이익은 흑자로 가정함
초기투자규모가 큰 회사와 업종	EV/EBITDA	사업 초기에 적자를 보며, 이익이 감가상각방법에 크게 좌우됨
금융서비스 업종	PBR	장부가치가 시장가치에 근접함

주 : 1) PER = 주가/주당순이익, PEG = PER/주당순이익 예상증가율, PSR = 주가/주당매출액, EV/EBITDA = 기업가치/현금기준영업이익, PBR = 주가/주당순자산.

제2절 이익관련 평가지표를 활용한 가치평가모형

1. 평가방법의 개요

이는 기업가치 혹은 주식가치가 기업이 창출하는 이익의 일정 배수로 관련되어 있다는 것을 전제로 평가하는 방법이다. 이 방법에서 널리 이용되는 평가기준변수로는 주당순이익 및 EBITDA 등을 들 수 있다.

주식가치의 평가에는 주가를 주당순이익으로 나눈 주가이익비율(PER)이 주로 적용되고 있고, 기업가치의 평가에는 기업가치를 현금영업이익으로 나눈 EV/EBITDA가 사용되고 있다. 최근에는 이익성장률이 다른 기업을 평가하기 위하여 주가이익비율을 주당순이익의 예상증가율로 나눈 PEG도 적용되고 있다.

2. 주가이익비율(PER)의 활용

이는 유사회사의 주가이익비율인 PER_C를 구하고, 여기에 목표회사의 주당순이익 EPS_T를 곱하여 주식가치를 구하는 방법이다. 즉,

$$P_T = PER_C \times EPS_T \qquad (14\text{-}2)$$

PER에 의한 가치평가방법은 주로 목표회사의 주식가치평가에 널리 이용되고 있다. 특히, 기업공개 시 공모주식의 발행가격 결정, 인수대상기업의 평가, 기업분할 및 기업구조조정 시의 주식가치평가 등의 실무에 자주 활용되고 있다.

사례 14-1

PER에 의한 공모가격 결정

코스닥 시장에 상장하려고 하는 A사의 주당순이익은 3,500원으로 추정되었고, A사와 같은 업종에 있는 회사들로서 거래소 및 코스닥에 상장되어 있는 유사회사 10개의 주가이익비율 평균값이 12.0배로 산출되었다고 하면 A사의 주식가치는 다음과 같다. 즉,

$$\begin{aligned} P_A &= PER_C \times EPS_A \\ &= 12.0 \times 3,500 = 42,000\text{원} \end{aligned}$$

주가이익비율(price to earnings ratios : PER)은 현재의 주가를 주당순이익(earnings per share : EPS)으로 나눈 비율이다. 즉,

$$PER = \frac{\text{주가}}{\text{주당순이익}}$$

PER을 이용하여 가치평가를 할 경우 어떻게 주당순이익을 계산하고 적용할 것인가 하는 점이 문제가 된다. 특히, 주당순이익의 산출시점과 관련하여 현재의 주당순이익(current EPS), 과거의 주당순이익(trailing EPS), 미래의 주당순이익(forward EPS) 중에서 어떤 주당순이익을 선택할 것인가 하는 점이다. 이론적으로 본다면 현재주가는 미래의 경영성과를 반영하여 결정되는 것이므로 과거나 현재의 주당순이익보다는 미래의 주당순이익을 사용하는 것이 맞다.

참고

PER의 결정요인

주가이익비율(PER)이 이론적으로 어떤 요인에 의하여 결정되는가를 규명하는 것은 유사기업의 선정이나 기본적 주가이익비율(fundamental PER)의 추정을 위하여 매우 중요하다.

PER의 이론적 결정요인은 제13장의 항상성장모형을 이용하여 구할 수 있다. 즉, 항상성장모형에서 1년 후의 주당배당금(D_1)은 1년 후의 주당순이익(EPS_1)과 배당성향(d)을 곱한 것과 같고, 1년 후의 주당순이익은 현재의 주당순이익(EPS_0)이 연간 g%율로 증가한 것이므로 다음 (식 14-3)이 나온다. 즉,

$$P_0 = \frac{D_1}{k_e - g}$$
$$= \frac{EPS_0 \times d \times (1+g)}{k_e - g} \qquad (14\text{-}3)$$

그러므로 (식 14-3)의 양변을 EPS_0로 나누면 (식 14-4)와 같다.

$$PER = \frac{P_0}{EPS_0} = \frac{d \times (1+g)}{k_e - g} \qquad (14\text{-}4)$$

단, d : 배당성향
g : 주당순이익(주당배당금) 증가율
k_e : 자기자본비용

(식 14-4)는 주가이익비율은 예상 배당성향과 주당순이익 증가율이 높을수록, 그리고 자기자본비용이 낮을수록(즉, 위험수준이 낮을수록) 증가한다는 것을 보여주고 있다.

3. PEG의 활용

PEG는 주가이익비율을 주당순이익의 예상증가율로 나눈 것으로 정의된다. 즉,

$$PEG = \frac{PER}{\text{주당순이익의 예상증가율}} \qquad (14\text{-}5)$$

예를 들어, 어느 기업의 현재 PER이 30배이고 주당순이익의 예상증가율이 10%라고 하면, PEG는 3.0이 된다. PEG는 PER을 주당순이익의 예상증가율로 나누어 산출된 비율이므로 일종의 상대가치지표가 된다. 따라서 포트폴리오관리자들은 PEG를 과대평가되거나 과소평가된 주식을 찾는 데 활용하고 있다. 특히 실무에서는 성장속도가 빠른 업종에서 기업 간의 성장률의 차이를 조정하면서 주식가치의 적정성을 평가하는 데 PEG가 이용되고 있다.

PEG를 계산할 경우 분자인 PER과 분모인 주당순이익 증가율 간에 논리적인 일관성을 유지하여야 한다. 또 PEG를 계산하여 기업 간에 비교할 경우에는 PER 및 주당순이익의 예상증가율을 동일한 기간에 대하여 측정하고 적용하는 것이 중요하다. 예를 들어 정보통신장비를 제조하는 C사의 현재 주가가 60,000원이고 현재의 주당순이익은 3,000원이라 하자. 다음 연도의 주당순이익은 지금보다 2배인 6,000원으로 상승하고 그 이후 4년간(2차연도~5차연도)에는 연간 7%씩 증가할 것으로 예상된다고 하자. 이 경우 PEG를 옳게 계산

하는 방법은 다음 두 가지가 있다. 첫째, 현재의 PER을 기준으로 PEG를 산출하려면 금년 이후의 연평균 이익증가율을 적용하면 된다. 이 경우 연평균 이익증가율은 21.26%이다. 즉,

$$\text{연평균 예상이익증가율} = \left[(1+g_1)(1+g_2)(1+g_3)(1+g_4)(1+g_5)\right]^{\frac{1}{5}} - 1$$
$$= \left[(1+1.0)(1+0.07)^4\right]^{\frac{1}{5}} - 1 = 0.2126\,(21.26\%)$$

그러므로 현재의 PER에 근거한 PEG(현재)는 다음과 같다.

$$PEG(\text{현재}) = \frac{(\text{현재 주가/현재 주당순이익})}{\text{주당순이익 예상증가율}}$$
$$= \frac{(60{,}000/3{,}000)}{21.26} = 0.9407$$

둘째, PEG는 미래의 주당순이익과 주당순이익의 예상증가율을 이용하여 계산할 수도 있는데, 이때는 다음 1차연도의 주당순이익 6,000원과 2차연도~5차연도의 연평균 이익증가율 7%를 적용한다. 즉,

$$\text{PEG(미래)} = \frac{\text{현재 주가/1차연도 주당순이익}}{\text{2차연도~5차연도 주당순이익 연평균 예상증가율}}$$
$$= \frac{(60{,}000/6{,}000)}{7.0} = 1.4286$$

4. EV/EBITDA의 활용

주식가치가 아닌 기업가치를 영업활동 측면에서 평가할 경우에 많이 이용되는 평가지표가 영업활동 기업가치(EV)를 EBITDA로 나눈 EV/EBITDA이다. 여기서의 영업활동 기업가치(EV)는 영업활동에 의하여 창출되는 기업가치로 정의되므로 「주식의 총시장가치+이자지급부채의 시장가치−현금과 예금, 장·단기 금융상품 등 현금성자산의 가치」로 측정된다.[2] EBITDA는 현금기준 영업이익으로서 「영업이익+감가상각비+무형자산상각비」로 측정된다. 즉,

$$\frac{EV}{EBITDA} = \frac{\text{영업활동 기업가치}}{EBITDA} \tag{14-6}$$

2) 영업활동 기업가치를 실무에서는 사업가치로 부르기도 한다.

실무적으로 EV/EBITDA가 선호되는 이유는 다음과 같다. 첫째, PER의 경우 주당순이익이 음수(−)인 기업이 있으면 표본에서 제외할 수밖에 없어 유사회사의 수가 줄어드는 문제가 생긴다. 그러나 EBITDA가 적자(−)인 기업은 별로 없어 다수의 유사회사를 확보할 수 있다는 이점이 있다. 둘째, 기업 간에 감가상각방법이나 무형자산상각방법을 달리하면 영업이익이나 당기순이익 수치에 차이가 생겨 PER의 비교가 곤란하게 된다. 그러나 EBITDA는 감가상각방법 등의 영향을 받지 않는다. 셋째, EV/EBITDA는 분자와 분모가 기업가치와 현금기준 영업이익으로 측정되기 때문에, 다른 평가지표에 비하여 재무구조가 서로 다른 기업의 비교에 적당하다. 이런 이유로 인하여 미국의 경우 EV/EBITDA는 1990년대의 이동통신회사나 1980년대의 케이블방송회사 등 영업기반(infrastructure)의 구축을 위하여 대규모의 시설투자가 요구되었던 기업의 평가에 널리 사용되었다.[3)]

EV/EBITDA 배수를 이용하여 목표기업의 주당주식가치를 구하는 요령은 다음과 같다.

① 몇 개의 유사회사를 선정하고 유사회사별로 EV/EBITDA를 구한 후, 이를 평균한 $(EV/EBITDA)_C$를 구한다.

② 목표회사의 실적 및 추정손익계산서, 제조원가명세서(혹은 현금흐름표)로부터 목표회사의 $EBITDA_T$를 구한다.

③ 유사회사의 $(EV/EBITDA)_C$와 목표회사의 $EBITDA_T$를 곱하여 목표회사의 영업활동 기업가치 EV_T를 구한다.

④ 영업활동 기업가치(EV)는 「총주식가치(EQ)+이자지급부채가치(D)−현금성자산가치(C)」와 같다.[4)] 즉

$$EV_T = EQ_T + D_T - C_T \qquad (14\text{-}7)$$

의 관계이므로, 목표회사의 총주식가치는 다음과 같이 구할 수 있다.

$$EQ_T = EV_T - (D_T - C_T) = EV_T - ND_T \qquad (14\text{-}8)$$

(식 14-8)은 목표회사의 총주식가치는 영업활동 기업가치에서 「이자지급부채가치−현금성자산가치」를 차감한 것과 같다는 것을 의미한다. 또 이자지급부채가치에

3) Damodaran(2002), *op.cit.*, p.501.

4) 한편, 평가대상회사가 영업활동만이 아니라 관계회사나 투자회사에 대한 지분투자를 하거나 영업활동과 관계없는 투자부동산 등의 자산을 보유할 경우에는 그 가치를 평가하여 더해 주고, 제약회사와 같이 연구개발 중에 있는 신약이 있을 경우 그 가치도 평가하여 더해 주어야 한다. 이 경우 총주식가치 산출의 기초가 되는 기업가치는 「영업활동 기업가치+관계회사 및 투자회사 지분가치+투자부동산가치+신약가치(제약 및 바이오회사)」로 구하여야 한다.

서 현금성자산가치를 차감한 것을 순이자지급부채가치(ND_T)로 정의하면, 목표회사의 총주식가치는 영업활동 기업가치에서 순이자지급부채가치를 차감한 것으로 계산하면 된다는 것을 나타낸다.

⑤ 목표회사의 총주식가치(EQ_T)를 발행주식수(NS_T)로 나누어 주당주식가치(P_T)를 구한다. 즉,

$$P_T = \frac{EQ_T}{NS_T} \tag{14-9}$$

사례 14-2 EV/EBITDA에 의한 유한양행의 주식가치평가

〈표 14-2〉는 HMC투자증권에서 발표한 유한양행에 대한 주식가치평가 부분을 요약한 것이다.

표 14-2 유한양행의 주식가치평가

품목	환산가치(억 원)	가치(억 원)	적용률(배, %)	Note
1. 영업가치		EBITDA	EV/EBITDA	
기존사업	22,243	1,278	17.4	대형 제약 6개사 평균 적용
2. 비영업가치	11,386			
관계사		2016F 순이익	적용 PER	
Ⅰ. 유한킴벌리	7,314	1,615	15.1	필수소비재 평균 P/E Multiple과 지분율 30% 적용
투자회사		시가총액	지분율	
Ⅱ. 한올바이오파마	204	11,310	2.0%	시가 10% 할인 적용(2016년 6월 23일 종가 기준)
Ⅲ. 테라젠이텍스	162	1,951	9.2%	시가 10% 할인 적용(2016년 6월 23일 종가 기준)
Ⅳ. 바이오니아	161	2,051	8.7%	시가 10% 할인 적용(2016년 6월 23일 종가 기준)
투자부동산	1,134			장부가 적용
신약				
Ⅴ. 퇴행성디스크 YH14618	2,412			국내 임상 2상 및 해외 임상 부재
3. 순차입금	-3,443			
4. 주주가치(1+2-3)	37,073			
5. 전체 주식수(천 주)	10,031			자기주식 1,122 천 주 제외
6. 목표주가(원)(4/6)	369,586			

자료 : HMC투자증권 Company Note(애널리스트 강양구)(2016.6.24.).

위 표에서 영업활동기업가치 2조 2,243억 원은 2016년의 EBITDA 추정치 1,278억 원에 대형 6개 제약회사의 EV/EBITDA 평균치인 17.4(17.405)배를 곱하여 산출되었다. 비영업가치는 관계회사인 유한킴벌리의 가치 7,314억 원과 투자회사인 한올바이오파마, 테라젠이텍스, 바이오니아의 기업가치 중 유한양행의 지분비율을 적용하여 구한 가치 527억 원과 투자부동산가치 1,134억 원, 그리고 신약개발가치 2,412억 원을 합한 1조 1,386억 원이다. 비상장사인 유한킴벌리의 가치는 2016년 추정 당기순이익 1,615억 원에 유사회사 평균 PER 15.1을 곱한 주식가치에 유한킴벌리에 대한 지분비율 30%를 곱하여 구하고 있다. 한올바이오파마, 테라젠이텍스, 바이오니아는 상장회사이므로 이들 회사의 평가일(6월 23일)의 주식가치에 지분비율을 곱하고 10%의 할인율을 적용하여 구한 것이다. 순이자지급부채가치인 -3,443억 원은 이자지급부채에 비하여 현금성자산의 가치가 훨씬 많은 데 기인한 것으로 이 회사의 총주식가치(주주가치)를 그만큼 높여주고 있다. 총주식가치 3조 7,073억 원은 영업활동 기업가치 2조 2,243억 원에 비영업가치(관계회사+투자회사+투자부동산+신약가치) 1조 1,386억 원을 더하고 순이자지급부채가치(순차입금) -3,443억 원을 차감하여 구한 것이다. 주당주식가치는 총주식가치를 유통주식수(발행주식수-자기주식수) 10,031천 주로 나눈 369,586원으로 평가되었으며 이 날(6월 23일) 이 회사의 주가 303,000원은 내재가치(목표주가)에 비하여 21.6% 저평가된 것으로 제시되었다.

제3절 순자산관련 평가지표를 활용한 가치평가모형

1. 개 요

순자산(net worth)은 재무상태표의 자산총계에서 부채총계를 차감한 자본총계를 의미하며 장부가치(book value)라고도 한다. 투자자들은 주가를 주당순자산으로 나눈 주가순자산비율을 활용하여 주식가치를 구하거나, 특정주식의 과대평가 또는 과소평가 여부를 판단하여 오고 있다.

2. PBR의 활용

주가를 주당순자산으로 나눈 주가순자산비율은 PBR(price to book-value ratio) 혹은 MBR(market to book-value ratio)이라 한다. 즉,

$$\text{주가순자산비율} = \frac{\text{주가}}{\text{주당순자산}} \qquad (14\text{-}10)$$

주당순자산(net worth per share) 혹은 주당장부가치(book value per share : BPS)는 기업이 보유하는 자산의 장부상의 가치에서 부채의 장부상의 가치를 차감한 순자산의 주당 가치를 의미한다. 따라서 기업의 미래 현금창출능력이 반영되어 결정되는 주식가치는 당연히 주당순자산의 가치와는 차이가 날 수 있다.

유사회사로부터 주가순자산비율(PBR_C)을 구하고 여기에 목표회사의 주당순자산(BPS_T)을 곱하면 목표회사의 주당주식가치를 추정할 수 있다. 즉,

$$P_T = PBR_C \times BPS_T \qquad (14\text{-}11)$$

사례 14-3 PBR에 의한 케이피엠테크의 주식가치 추정

20×2년도에 코스닥에 상장된 케이피엠테크는 반도체 및 전자통신장비 부품의 표면처리용 약품과 기계설비를 제조, 판매하는 회사이다. 이 회사의 20×1년 말 자본총계는 8,932,098천 원, 무형자산은 596,910천 원이고 공모주식을 포함한 평균발행주식수는 5,600,000주(액면가액은 주당 500원)이다. 유사기업으로 같은 업종에 있는 동진세미켐, 테크노세미켐, 한송하이테크 등 3개 회사로부터 구한 PBR의 평균치는 1.07이었다. 무형자산은 순자산 계산 시 제외하기로 한다. PBR을 기준으로 하여 이 회사의 주당주식가치를 평가하면 다음과 같다. 즉,

$$\begin{aligned}\text{주당순자산} &= \frac{\text{자본총계} - \text{무형자산}}{\text{발행주식수}} \\ &= \frac{8,932,098,000 - 596,910,000}{5,600,000} = 1,488.4\text{원}\end{aligned}$$

$$\begin{aligned}\text{주당주식가치} &= \text{유사회사의 주가순자산비율} \times \text{목표기업의 주당순자산} \\ &= 1.07 \times 1,488.4 = 1,592.6\text{원}\end{aligned}$$

PBR에 의한 기업가치평가는 다음과 같은 이점이 있다. 첫째, 주당순자산은 상대적으로 안정적이며 직관적으로도 주가와 비교할 수 있는 평가기준변수로 간주되고 있다는 점이다. 둘째, 기업 간에 회계처리방법이 유사하다면, PBR은 기업 간에 주식가치가 과대 혹은 과소 평가되고 있는지를 판단할 수 있는 기준이 된다는 것이다. 셋째, 주당순이익이 적자로 인하여 음수(−)가 되어 PER을 계산할 수 없는 경우에도, 자본잠식에 이르지 않았다면 PBR은 계산가능하다는 것이다.

제4절 기타평가지표를 활용한 가치평가모형

1. 개 요

전통적으로 평가실무에서는 주가이익비율(PER), EV/EBITDA, 주가순자산비율 등의 평가지표를 활용하여 오고 있다. 그러나 창업한 지 얼마되지 않은 벤처기업으로 주당순이익이 적자(−)인 기업 혹은 기업가치가 매출과 관련성이 높은 서비스업종에 속한 기업 등에 대해서는 주가매출액비율이나 기업가치/매출액비율 등을 적용하는 사례가 많다. 또 인터넷 기술을 적용하여 사업을 추진하는 소위 '신경제기업'(new economy firms)들의 가치평가를 위해서 가입자수나 고객수, 혹은 웹 사이트 방문자수 등의 새로운 평가기준변수를 이용하는 경우도 있다.

2. PSR의 활용

매출액을 이용한 상대가치평가는 주가와 주당매출액의 관계 혹은 기업가치와 기업 전체의 매출액의 관계를 이용한 평가방법이다.

주가를 주당매출액으로 나눈 비율을 주가매출액비율(price to sales ratio : PSR)이라 한다. PSR은 목표회사의 주당주식가치를 추정하는 데 이용된다. 그 절차는 먼저 같은 업종의 유사회사로부터 PSR을 구한 다음, 유사회사의 PSR에 목표회사의 주당매출액(sales per share : SPS)을 곱하여 주당주식가치를 계산하는 순서로 이루어진다. 즉,

$$P_T = PSR_C \times SPS_T \qquad (14\text{-}12)$$

단, P_T : 목표회사의 주당주식가치
PSR_C : 유사회사의 주가매출액비율
SPS_T : 목표회사의 주당매출액

3. 업종고유 평가지표의 활용

특정 업종의 기업가치평가에는 PER 등의 전통적인 평가지표와는 다른 평가지표를 이용하는 경우가 있다. 예를 들면 철강제조회사의 가치는 생산된 철강 1톤당 가치를 적용하여 평가할 수 있고, 석유회사의 가치는 보유하고 있는 원유 1배럴당 가치를 적용하여 평가할 수 있을 것이다.

또한 근래에는 정보통신기술의 발전에 의한 소위 '신경제'의 대두와 함께, 완전히 새로운 가치평가지표가 등장하고 있다. 그 예로는 '가입자 1명당 기업가치'(인터넷서비스 제공회사), '고객 1명당 기업가치'(인터넷 경매회사), '웹 사이트 방문자 1명당 기업가치'(포털 사이트 제공회사) 등을 들 수 있는데, 이들 평가지표는 주로 인터넷기술관련 기업의 가치평가에 사용되고 있다.

이들 평가지표들은 산출에 있어 공통점이 있다. 즉, 분자는 「지분의 시장가치+부채의 시장가치−현금 등 금융자산가치」에 의하여 측정되는 '영업활동 기업가치'이고, 분모는 회사의 매출과 이익의 창출에 핵심적으로 기여하는 것으로 간주되는 '영업활동의 단위수'로 측정된다. 즉,

$$\text{업종고유 평가지표} = \frac{\text{영업활동 기업가치}}{\text{영업활동 단위수}} \tag{14-13}$$

업종고유의 평가지표를 이용하여 기업가치를 평가하는 절차는 먼저 같은 업종의 유사회사로부터 '영업활동 1단위당 기업가치'(value per operating unit : VPOU)를 구한 다음, 유사회사의 VPOU에 목표회사의 영업활동 단위수(number of operating units : NOU)를 곱하여 영업활동 기업가치를 계산하는 순서로 이루어진다. 즉,

$$V_T = VPOU_C \times NOU_T \tag{14-14}$$

단, V_T : 목표회사의 영업활동 기업가치
$VPOU_C$: 유사회사의 영업활동 1단위당 기업가치
NOU_T : 목표회사의 영업활동 단위수

예를 들어, 상장된 인터넷 경매회사들로부터 구한 연간 '고객 1명당 영업활동 기업가치'가 1백만 원으로 평가되었다고 하자. 이 경우 새로운 인터넷 경매회사인 K사의 고정 고객수가 10만 명에 달한다고 하면 K사의 영업활동 기업가치는 다음과 같이 산출된다.

$$V_K = 1{,}000{,}000\text{원} \times 100{,}000\text{명} = 1{,}000\text{억 원}$$

이러한 업종고유의 평가지표를 사용하게 된 배경은 다음과 같다.[5] 첫째, 이들 평가지표는 인터넷서비스 제공기업의 '가입자 1명당 기업가치'와 같이 직관적으로 기업가치 창출에 기여하는 영업활동의 단위수에 연관시켜 주고 있다는 점이다. 둘째, 이들 평가지표는 재무제표를 구할 수 없거나 신뢰할 수 없거나 혹은 기업 상호 간에 비교할 수 없는 경우에도 계산될 수 있다는 것이다. 셋째, 논란의 여지가 있으나 이들 평가지표는 이익이 적자이고 매출이나 순자산이 빈약했던 초기의 인터넷기술관련 기업의 가치평가를 위하여 궁여지책으로 도입되었다는 것이다.

이러한 평가지표는 다른 평가지표에 비하여 단점이 많다. 하나는 그 이론적 근거가 다른 평가방법에 비하여 빈약하다는 점이다. 다른 하나는 증권시장의 비효율성으로 인하여 유사회사의 과대평가 혹은 과소평가된 상태가 그대로 목표회사의 가치평가에 반영된다는 점이다.

제5절 상대가치평가모형을 이용한 평가사례 : NHN

국내 최대의 인터넷 포털업체인 NHN(현재 사명, NAVER)은 2002년 주식공모를 통하여 코스닥시장에 상장되었다. 당시 이 회사의 주식가치평가에 상대가치평가모형이 적용되었으며, 최종주식가치는 PER, PBR, EV/EBITA의 평가지표에 의하여 산정된 주식가치를 평균하여 결정한 바 있다. 이하의 내용은 당시 회사가 제출한 유가증권신고서에서 발췌한 것이다.[6]

NHN은 1999년 2월 설립된 인터넷 포털업체로서 '네이버'(www.naver.com) 및 '한게임'(www.hangame.com) 사이트 등을 통해 인터넷 검색 및 온라인 게임 서비스 등을 제공하는 회사이다. 이 회사는 2002년 10월 주식공모를 통하여 주당 22,000원(액면가액 : 500

5) Damodaran(2002), *op.cit.*, p.566.

6) 이에 관한 자료는 금융감독원 전자공시시스템에 공시된 유가증권신고서를 참고하였음. 2002년 8월 이후 기업공개를 통하여 주권을 유가증권시장이나 코스닥시장에 상장하고자 하는 경우 주식가치평가에 관한 의무규정이 폐지됨으로써, 발행회사 및 주간사회사가 공모가격(발행가격)을 정하는 기준이 되는 주식가치평가를 자율적으로 행할 수 있게 되었다.

원)에 2,061,000주를 성공적으로 발행하고 코스닥증권시장에 상장되었다. 이 회사의 수익은 온라인 광고와 전자상거래 등 네이버를 통한 매출과 온라인 게임과 아바타(avatar) 등 한게임을 통한 매출로부터 발생하고 있으며, 2001년에 온라인 게임 서비스 및 검색등록 서비스 등을 유료화하면서 급증하였다.[7] 2001년에는 242.6억 원의 매출(전년 대비 174.5% 증가)과 28.6억 원의 당기순이익을 달성하였고, 2002년 상반기에는 296.6억 원의 매출과 108.5억 원의 당기순이익을 달성하는 등 매출과 순이익 모두 큰 폭으로 증가하고 있다. 매출비중은 2002년 상반기를 기준으로 온라인광고 및 전자상거래 부문이 47.6%, 온라인 게임 및 아바타 등 부문이 52.4%로 구성되어 있다.

유가증권의 분석기관으로서 당시 주간사회사인 대우증권은 주식가치의 추정에 앞서 기업실사(due-diligence)를 하고, 이를 바탕으로 최근 3사업연도의 재무상황 · 업계현황 · 기술력 및 주요 제품 경쟁력 · 영업활동 및 사업전략 · 경영조직 · 연구개발활동 · 관계회사 등 주식가치평가에 기초가 되는 제반사항을 분석 · 평가하고 있다. 대우증권이 분석한 평가방법을 간단히 요약하기로 한다.

■ **유사회사의 선정** : 당시 NHN의 주식가치평가를 위하여 코스닥시장 상장법인 중 동사와 업종, 매출구성, 매출규모, 자본금, 재무비율 등이 유사한 6사가 유사회사로 선정되었다. 즉, 광고 및 전자상거래(검색 · 등록 시의 프리미엄 서비스 포함) 부문에서는 다음커뮤니케이션, 옥션, 인터파크 등 3사가, 그리고 온라인 게임 및 아바타 부문에서는 네오위즈, 엔씨소프트, 액토즈소프트 등 3사가 선정되고 있다. 유사회사의 기준주가는 분석기준일(평가일) 하루 전날인 2002년 9월 11일의 종가와 이날부터 소급하여 1개월간의 종가를 평균한 평균주가 중 낮은 값으로 계산하였다.

■ **평가지표의 선정** : 평가지표로는 PER, PBR, EV/EBITDA의 세 가지를 이용하기로 하였다. PER의 경우 당기순이익이 적자인 다음커뮤니케이션, 옥션, 인터파크 등 3사를 제외하여 적용하였고, PBR의 경우는 6사 모두 포함시켜 적용하였다. EV/EBITDA의 경우 EBITDA가 적자인 옥션과 인터파크를 제외한 4사에 대하여 적용하였다(〈표 14-3〉).

7) 아바타는 원래 힌두교의 신이 인간이나 동물로서 육체화한 것을 가리키는 분신(分身) 또는 화신(化身)을 뜻하는 말이다. 사이버공간에서의 아바타는 사용자의 역할을 대신하는 애니메이션 캐릭터를 의미하며, 가상사회(virtual community)에서 시각적 이미지에 의하여 자신의 분신을 나타낸 것이라 할 수 있다. 한게임의 아바타 아이템은 의상코너, 액세서리코너, 뷰티코너로 구성되어 있다.

표 14-3 평가지표별 적용 유사회사

구 분		PER	PBR	EV/EBITDA
광고/전자상거래	다음커뮤니케이션	×	○	○
	옥션	×	○	×
	인터파크	×	○	×
온라인게임/아바타/기타	네오위즈	○	○	○
	엔씨소프트	○	○	○
	액토즈소프트	○	○	○

■ **PER을 적용한 주식가치 산출** : 유사회사별 PER은 기준주가를 주당순이익으로 나누어 산출하면 된다. 2002년의 주당순이익은 상반기의 당기순이익을 2배하고 이를 가중평균 발행주식수로 나눈 것이다. 2002년도의 경우 NHN의 가중평균 발행주식수는 2001년 말의 발행주식수(5,376,050주)에서 자기주식수(8,688주)를 차감하고, (납입기일~결산일)/365의 비율로 조정한 공모주식 발행분까지 합쳐 5,751,329주로 하고 있다.[8] 여기서는 유사회사의 PER을 단순평균한 값을 적용한 것이 아니라, 유사회사의 기준주가 합계를 주당순이익의 합계로 나눈 가중평균 PER을 적용하여 NHN의 주당주식가치를 산출하고 있다. 적용 주당주식가치는 29,758원으로 2002년도의 주당주식가치에 60%, 2001년도의 주당주식가치에 40%의 가중치를 부여하여 계산된 것이다(〈표 14-4〉).

표 14-4 PER에 의한 NHN의 주식가치 산출

구 분	2001년	2002년(환산)
가중평균(배) PER (A)	13.0	11.9
발행사 주당순이익(EPS) (B=C/D)	544	3,713
당기순이익(천 원) (C)	2,860,081	21,699,103
가중평균 주식수(주) (D)	5,178,659	5,751,329
주당주식가치(원) (E=A×B)	7,196	44,799
연도별 가중치	40%	60%
적용 주당주식가치(원)	29,758	

■ **PBR을 적용한 주식가치 산출** : 유사회사의 PBR과 NHN의 주당순자산을 곱하여 연도별로 주당주식가치를 구하고 이를 40% : 60%로 가중하여 적용 주당주식가치를 산출하면

8) 공모주식의 납입기일은 2002년 10월 25일이므로 납입기일로부터 결산일까지의 기간은 68일이다. 연초의 자기주식수 8,688주는 결산일까지 보유하는 것으로 가정하고 있다. 그러므로 가중평균 발행주식수는 5,376,050주−8,688주+[2,061,000주×(68일/365)]=5,751,329주이다.

된다(〈표 14-5〉).

표 14-5 PBR에 의한 NHN의 주식가치 산출

구 분	2001년	2002년(반기)
가중평균 PBR(배)(A)	3.6	3.3
발행회사 BPS(원)(B=C/F)	7,090	9,060
순자산(천 원)(C=D−E)	38,118,769	48,705,055
자본총계(천 원)(D)	41,681,413	52,624,421
무형자산(천 원)(E)	3,562,644	3,919,366
기말주식수(주)(F)	5,376,050	5,376,050
주당주식가치(원)(A×B)	25,482	30,327
연도별 가중치	40%	60%
적용 주당주식가치(원)	28,389	

유사회사의 PBR은 유사회사의 기준주가 합계를 주당순자산 합계로 나눈 가중평균 PBR이다. 2002년도의 경우 광고와 전자상거래 부문에 속한 3사의 가중평균 PBR은 4.0배이고, 게임과 아바타 부문에 속한 3사의 가중평균 PBR은 2.8배이다. 그런데 NHN의 매출비중은 광고와 전자상거래 부문이 47.6%, 게임과 아바타 부문이 52.4%이므로 매출비중으로 가중한 가중평균 PBR은 3.3배가 된다. 2002년 상반기 말의 경우 NHN의 발행주식수는 6월 말 기준이므로 5,376,050주를 그대로 적용하였다. 순자산은 자본총계에서 무형자산을 차감하여 계산되고 있다. 적용 주당주식가치는 28,389원으로 2002년도의 주식가치에 60%, 2001년도의 주식가치에 40%의 가중치를 부여하여 계산된 것이다.

■ **EV/EBITDA를 적용한 주식가치 산출** : EV/EBITDA를 적용한 주당주식가치는 「유사회사의 EV/EBITDA×발행회사의 EBITDA−발행회사의 순부채」로 측정되는 발행회사의 주식 시가총액을 발행회사의 기말발행주식수로 나누어 산출하게 된다(〈표 14-6〉).

유사회사의 기업가치(EV)는 「기준주가×기준일의 발행주식수+순차입금」으로 계산되는데, 순차입금이란 「장·단기 차입금+유동성장기부채+회사채」 등 이자지급부채로부터 「현금과 현금성자산, 유가증권, 장·단기 금융상품」 등 현금성자산(광의)을 차감한 것을 말한다.[9] 유사회사의 EBITDA는 「영업이익+감가상각비+무형자산상각비」로 계산되며, 2002년은 상반기 금액의 2배를 적용하고 있다. NHN의 주식가치평가에 적용된

9) '현금성자산'은 당좌자산의 '현금 및 현금성자산' 보다는 광의의 개념이다.

표 14-6 EV/EBITDA에 의한 NHN의 주식가치 산출

구 분	2001년	2002년(환산)
가중평균 EV/EBITDA(배) (A)	18.1	11.6
NHN EBITDA(천 원) (B)	9,199,759	32,023,717
영업이익	5,333,078	27,427,390
+유·무형자산 상각비	3,866,680	4,596,327
NHN EV(천 원) (C=A×B)	166,451,982	373,005,421
NHN 순부채(천 원) (D)	−7,797,469	−17,356,542
이자비용 발생부채	0	0
−현금성자산	7,797,469	17,356,542
NHN 시가총액(천 원) (E=C−D)	174,249,451	390,361,963
NHN 기말주식수(주) (F)	5,376,050	7,437,050
주당주식가치(원) (G=E/F)	32,412	52,489
연도별 가중치	40%	60%
적용 주당주식가치(원)	44,458	

EV/EBITDA는 유사기업의 EV합계를 EBITDA합계로 나누어 계산된 것이다.

2002년의 가중평균 EV/EBITDA 11.6배는 광고와 전자상거래 부문(다음커뮤니케이션 1사)의 EV/EBITDA 18.6배와 게임과 아바타 부문(네오위즈, 엔씨소프트, 액토즈소프트 3사)의 EV/EBITDA 5.4배에 NHN의 매출비중 47.6%와 52.4%를 각각 곱하여 산출되었다.

2002년도의 NHN의 발행주식수 7,437,050주는 기초주식 5,376,050주에 공모주식 2,061,000주를 합한 것이다. 적용 주당주식가치는 44,458원으로서 2002년도의 주식가치 52,489원과 2001년도의 주식가치 32,412원을 60% 대 40%로 가중하여 계산된 것이다.

■ 최종주식가치와 공모희망가액의 결정 : 최종적인 주당주식가치평가액 34,202원은 PER, PBR, EV/EBITDA 등 평가지표를 적용하여 구한 주식가치를 단순평균하여 산출되고 있다. 당시 대우증권은 시장상황 및 공모규모 등을 감안하여 공모희망가액의 범위를

표 14-7 NHN의 최종주식가치와 확정공모가액 (단위 : 백만 원)

구분	PER 적용	PBR 적용	EV/EBITDA 적용
적용 주당주식가치	29,758원	28,389원	44,458원
평가가액(산술평균)	34,202원		
희망공모가액의 범위	18,000원~22,000원		
확정공모가액	22,000원		

18,000원(53%)~22,000원(64%)으로 결정하였다. 수요예측 결과 NHN의 기업공개에 대한 참여열기가 대단하여 최종공모가액은 22,000원으로 확정된 바 있다(〈표 14-7〉).

연 습 문 제

01 다음의 용어를 설명하라.

① 평가지표 ② PER
③ PBR ④ PSR
⑤ EV/EBITDA ⑥ 배수
⑦ PEG ⑧ MBR

02 상대가치평가모형의 의의와 절차, 특징을 설명하라.

03 애널리스트 등 증권분석가들이 주식가치평가모형 중 상대가치평가모형을 주로 이용하는 이유는 무엇인가?

04 반도체 제조 장비를 생산하는 D사의 내년도 예상주당이익(EPS)은 3,000원으로 추정되고 있다. 이 회사는 주당액면가액 5,000원의 보통주 1,000,000주를 발행하고 있다. 거래소 및 코스닥 시장에 등록된 반도체 제조장비관련 회사들의 주가이익비율(PER)을 산출하여 평균치를 계산한 결과 20.0배로 나왔다. D사의 주당주식가치 및 총주식가치(주식의 시가총액)는 얼마로 추정되는가?

05 다음은 오뚜기의 재무자료로서 2007~2008년 자료는 실적자료이고 2009~2010년 자료는 증권회사의 추정자료이다(단, 2009년 말 주가는 실적치임). 물음에 답하라.

① 주어진 자료를 이용하여 이 회사의 2007~2009년의 영업활동 기업가치와 EBITDA, EV/EBITDA를 구하라.

② 2010년의 경우 경쟁회사의 EV/EBITDA를 보면 CJ제일제당이 8.7배, 대상이 4.9배로 각각 추정되고 있다(WISEfn 추정치). 이들 두 회사의 EV/EBITDA의 평균을 기준으로 2010년의 오뚜기의 주당주식가치를 추정하여 보라.

단, 두 가지 CASE로 추정하되, CASE 1에서는 현금성자산의 가치를 전액 포함하고 계열회사에 대한 지분가치는 기타투자자산의 장부가치를 전부 반영하도록 한다. CASE2에서는 보수적인 관점을 지향하여 현금성자산의 가치 중 300억 원은 영업활동과 관련된 것으로 간주하여 제외하고, 계열회사에 대한 지분가치도 포함하지 않는 것으로 하여 추정한다.

	2007	2008	2009(F)	2010(F)
매출액	1,058,468	1,251,726	1,343,000	1,399,000
영업이익	58,667	71,157	72,000	81,000
감가상각비	18,206	17,217	19,000	26,000
무형자산상각비	1,251	1,661	1,000	1,000
자산총계	533,146	585,951	649,000	716,000
현금 및 현금성자산	38,339	33,703	61,000	103,000
장기금융상품	2,841	2,741	2,741	2,741
기타투자자산	68,497	76,979	87,259	90,259
부채총계	211,960	213,949	222,000	226,000
단기차입금	22,085	11,973	6,000	6,000
자본총계	321,186	372,002	427,000	492,000
발행주식수(주)	3,440,000	3,444,000	3,440,000	3,440,000
주가(연말종가)(원)	140,000	144,000	152,000	

주 : 현금 및 현금성자산에는 당기투자자산 포함.
자료 : 오뚜기 사업보고서 및 이트레이드증권 보고서(2009.11.16.).

제 15 장

합병, 인수 및 기업구조의 재편성

기업의 성장과 다각화는 내부성장(內部成長, internal growth)으로도 할 수 있고, 외부성장(外部成長, external growth)으로도 할 수 있다. 예를 들어 시설투자를 하고 원자재와 노동력을 확보하여 신제품을 생산하는 것은 내부성장방법이고, 생산 및 마케팅 관련 시설을 이미 갖춘 다른 기업을 인수하는 것은 외부성장방법이다. 전통적으로는 내부성장이 중시되고 있으나, 환경변화에 대응할 시간적 여유가 없거나 기술차이 등으로 내부성장이 곤란한 경우에는 외부성장이 더 효과적일 것이다.

외부성장의 방법으로 널리 이용되는 것이 합병과 인수이다. 또한 1980년대 이후에는 미국을 중심으로 기업이 보유하는 자산을 처분하거나, 부채에 의하여 기업을 인수한 다음 공개기업을 비공개기업화시키는 기업구조의 재편성이 활발하게 진행되고 있다. 우리나라의 경우 종전에는 기업환경의 차이 등으로 합병, 인수가 활발하지 못하였으나, 1990년대 초부터는 자본자유화 및 규제완화 등을 배경으로 기업인수거래가 태동기를 맞이하고 있고 외환위기 이후 사업부문의 처분과 합병 등 구조조정이 활발하게 진행되고 있다. 이러한 합병과 인수, 구조 재편성 등은 증권시장의 규모확대 및 M&A관련 제도의 개선 등에 의하여 더욱 활성화될 전망이다.

재무정보는 합병 및 인수, 자산매각 등의 활동과 관련한 의사결정에 있어서 필수적이다.[1] 특히 경영자가 인수대상기업의 가치를 평가하거나, 합병후보기업(合倂候補企業, merger candidates)을 사전에 포착하고자 하는 경우에 유용성이 높다. 또한 재무정보는 인수실행을 전후로 관련 기업 경영성과의 개선여부를 규명함에도 도움이 되고 있다.

본장의 구성은 다음과 같다. 제1절에서는 합병, 인수, 기업구조 재편성 등 기업인수거래의 유형과 동기를 정리한 다음, 미국을 중심으로 영국과 일본, 그리고 우리나라의 현황을 소개할 것이다. 제2절에서는 현금흐름할인법을 중심으로 인수대상기업의 가치를 평가하는 방법을 설명한다. 제3절에서는 재무정보가 인수후보기업을 발견하는 데 도움이 되는가, 그리고 후보기업의 주가는 어떻게 움직이는가를 분석한다. 제4절은 기업인수거래의 경제적 효과에 대한 분석으로, 인수거래 발표를 전후로 관련기업의 주가 및 경영성과가 어떻게 달라졌는가를 살펴보기로 한다.

---

1) G. Foster, *Financial Statement Analysis*(Prentice-Hall, 1986), pp. 460~461.

제1절 기업인수거래의 유형, 동기 및 현황

기업인수거래(takeover activity)는 그 종류가 매우 다양하므로 일목요연한 정리가 쉽지 않다. 여기에서는 먼저 기업인수거래를 합병과 인수(merger and aquisition : M&A) 및 기업구조의 재편성으로 나누어 그 유형과 동기를 살펴본다. 그 다음에 미국과 영국, 일본과 한국별로 기업인수거래의 특징과 현황을 개괄적으로 소개할 것이다.

1. 합병과 인수의 유형과 동기

(1) 합병과 인수의 유형

일반적으로 합병(合併, merger)이란 두 회사의 결합을 말하는데, 흡수합병의 경우 합병회사는 존속하지만 피합병회사는 소멸하고 만다. 합병에는 두 회사의 이사회와 주주총회의 승인이 필요하다. 신설합병(consolidation)은 두 회사가 결합하여 새로운 회사가 탄생하는 대신, 기존의 두 회사는 모두 소멸하는 기업결합을 말한다.

경제적인 측면에서 구분한다면, 합병은 수평적 합병, 수직적 합병, 복합적 합병의 세 가지 유형으로 나누어진다. 수평적 합병(水平的 合併, horizontal merger)은 두 철강회사가 결합하여 하나의 거대한 철강회사가 탄생하는 것과 같이 동일업종에 있는 두 회사가 결합하는 것을 말하는데, 생산 또는 R&D 분야에서 규모의 경제를 추구하거나 경쟁기업을 소멸시켜 시장지배력(market power)을 강화하고자 하는 것이 근본동기로 알려져 있다.

수직적 합병(垂直的 合併, vertical merger)은 원자재의 공급원 및 부품 등 생산공정상의 주요 투입물을 확보하거나 제품의 판매경로를 획득할 목적으로 행하여지는 기업결합이다. 석유산업에서 탐사, 시추 및 생산활동을 수행하는 회사와 정유 및 석유류 제품의 마케팅을 담당하는 회사가 결합하거나, 의약품산업에서 신약의 연구개발을 담당하는 회사와 약품생산 및 판매를 담당하는 회사가 결합하는 것을 예로 들 수 있겠다.

복합적 합병(複合的 合併, conglomerate merger)은 서로 관련이 없는 사업을 하고 있는 기업 간의 결합을 뜻한다. 이러한 합병의 주요 목적은 규모의 경제를 얻기보다는 위험의 분산에 있으며, 이를 통하여 탄생된 기업이 바로 복합기업(conglomerate firm)이다. 복합적 합병은 다시 기업의 제품라인을 확대하고자 하는 제품확대합병(product extension merger), 중복되지 않는 판매지역을 확보하기 위한 시장확대합병(geographic market extension merger), 제품이나 시장의 확대와도 무관하고 비관련업종으로의 진출을 위한 순수복합합병(pure conglomerate merger) 등으로 구분된다.

한편, 인수(acquisition)란 인수회사가 피인수회사의 주식이나 자산의 일부 또는 전부를 매입한 다음, 피인수회사를 존속시키면서 피인수회사의 소유권이나 경영지배권을 행사하는 거래를 말한다. 인수는 협상에 의하거나 강압적 방법에 의해 이루어진다. 강압적인 방법에 의한 기업인수를 적대적 인수(敵對的 引受, hostile takeovers)라 하며, 주요 방법에는 공개매수제의와 의결권대리행사권유 등이 있다.

공개매수제의(公開買收提議, tender offer)의 경우에는 제의기업(인수기업)이 목표기업(피인수기업)의 경영자로부터 동의를 얻지 않고, 일정량의 주식을 일정수준의 가격(대개는 시장가격에 일정한 프리미엄을 가산한 가격)으로 매입하겠다는 제의를 목표기업의 주주에게 직접 제시하게 된다. 제의기업이 목표기업의 주식을 의결권행사에 필요한 만큼 확보하면 경영권의 인수가 가능하다.

의결권대리행사권유(위임장경쟁, proxy contest)는 현재의 경영진에 대해 불만이 있는 일단의 주주나 전직경영자(前職經營者)가 주주들의 투표권을 위임받아, 주주총회에서의 표결을 통해 기존의 경영진을 교체하고 경영권을 장악하는 방법이다. 대개 인수를 시도하는 측은 일반주주의 의결권을 놓고 기존의 경영진과 대립하게 된다.

사례 15-1 인버니스의 에스디에 대한 공개매수시도

아일랜드에 본사를 두고 있는 세계최대의 신속진단 제품업체인 인버니스(Inverness Medical Innovations SK, LLC)는 2009년 8월 5일 진단시약과 바이오센서 전문업체인 에스디의 발행주식수 8,000,000주의 40.45%에 해당하는 3,236,000주를 주당 30,000원에 8월 24일까지 20일간 매수하겠다는 공개매수신고서를 금융위원회에 제출하였다. 만약 공개매수가 성공한다면 인버니스는 기존의 최대주주의 지분율 31.52%를 넘어 경영권을 장악할 수 있게 된다. 인버니스가 내세우는 공개매수의 목적은 다음과 같다.

[…이와 관련하여, 에스디의 연구개발/제조/배급 및 경영능력과 더불어 에스디의 제품이나 서비스가 인버니스의 현재 제품구성의 폭을 넓히고 또한 전 세계적(특히, 아시아 지역)으로 인버니스의 판매 및 마케팅 활동을 강화해 줌으로써 인버니스가 현재 영위하고 있는 신속진단관련 사업에 도움을 줄 것입니다. 더욱이, 에스

디에게 인버니스의 제품, 능력 및 자원을 제공해 줌으로써 한국을 포함한 전 세계적인 진단제품시장에서 에스디의 입지도 강화할 수 있을 것입니다…공개매수자는 현재로서는, 특단의 사정이 없는 한, 에스디의 현재 사업이나 경영진을 바꿀 것을 제안할 의도는 가지고 있지 않으며, 조영식을 비롯한 현 경영진이 계속하여 에스디를 운영하기를 원하고 있습니다…]

에스디는 인버니스가 공개매수에 앞서 지분참여의사를 밝혔지만 최대주주인 대표이사가 이를 거부했으며, 협상요구에 응하지 않자 공개매수를 시도한 것으로 보고있다. 즉, "공개매수자가 대주주 및 현 경영진과 사전 합의 없이 일방적으로 공개매수를 진행하는 것은 적대적 M&A라고 판단한다."며 "에스디 주식을 1주도 보유하지 않은 상태에서 40% 지분을 일시에 보유해 1대주주가 되겠다는 것은 조영식 대표 이하 전 임직원에 대한 무례한 침탈"이라고 밝혔다. 증권업계는 인버니스가 세계 진단시약시장에서 경쟁관계에 있는 에스디를 위협으로 인식하여 적대적 M&A에 나선 것으로 보고 있다. 공개매수가 발표된 이날 에스디의 주가는 전날 종가 25,800원에서 14.92% 급등한 29,650원으로 장을 마쳤으며, 8월 12일에는 지분경쟁의 기대감으로 36,750원까지 상승한 바 있다. 그러나 인버니스에 의한 공개매수 시도는 응모주식이 전혀 없어 실패로 끝나고 말았다.[2)]

참고 적대적 M&A에 대한 방어수단

적대적인 M&A에 대해 인수대상기업의 경영자가 쓸 수 있는 방어수단에는 인수를 시도한 측이 사서 모은 자사주식을 높은 가격으로 되사주는 프리미엄부 재매입(premium buyback), 인수를 시도하는 측으로부터 차후로는 그 회사의 경영지배권을 위협할 만한 지분취득은 안 하겠다는 약속을 받아내는 신사협정(standstill agreements), 회사의 정관에 주주총회에서 합병승인에 필요한 득표율을 아주 높게 정해두는 초다수결투표조항(super majority voting rule)이나 기존의 경영진이 물러날 경우에 거액의 퇴직금을 지급해야 한다는 황금낙하산조항(golden parachutes)의 삽입, 적대적인 인수시도가 발행한 경우 기존주주들에게 시가보다 훨씬 낮은 가격으로 지분을 매입할 수 있는 권리를 부여하는 독약처방(poison pill, 신주인수선택권) 등이 있다.

또 우리나라의 경우 '자본시장과 금융투자업에 관한 법률(2009.10.10.)'에서 공개매수와 주식 등의 대량보유상황에 대하여 '5%룰(rule)'을 두어 적대적 M&A에 대하여 지배주주 및 경영진이 대비를 할 수 있도록 하고 있다. 즉, 동법 제133조(공개매수)에서는 증권시장 밖에서 주식을 매수하여 본인과 특별관계자가 보유하게 되는 주식의 합계가 그 주식총수의 100분의 5 이상이 되는 경우에는 공개매수를 하여야 한다고 규정하고 있다. 또 동법 제147조(주식 등의 대량보유상황의 보고)에서는 주권상장법인의 주식 등을 대량보유(주식 등 총수의 100분의 5 이상)하게 된 자는 그날부터 5일 이내에 보유목적 등을 금융위원회와 거래소에 보고하여야 하며, 보유주식의 합계가 주식총수의 100분의 1 이상 변동된 경우에도 5일 이내에 금융위원회와 거래소에 보고하여야 한다고 정하고 있다. 이러한 제도는 경영권시장에서 투기목적의 자금유입을 억제하고 투명성을 확보할 수 있도록 하는 데 목적을 두고 있다.

---

2) 그러나 2010년 1월 인버니스는 에스디 조영식 대표와의 합의하에 에스디 주식 30.1% 이상을 주당 40,000원에 공개매수하였고, 이후 에스디는 상장요건 미달로 상장폐지되었다.

(2) 합병과 인수의 동기

1) 시너지효과

합병 및 인수는 근본적으로 "2 + 2 = 5"라는 시너지효과(synergy effects)를 얻을 목적으로 이루어진다. 시너지의 원천을 정리하면 〈표 15-1〉과 같다.

표 15-1 합병 및 인수에 의한 시너지의 원천

- 수익의 증대 : 마케팅의 개선, 전략적 우위, 시장지배력의 강화
- 원가의 절감 : 규모의 경제, 수직적 통합의 경제, 기업자원의 보완, 비효과적인 경영진의 교체
- 세금의 절감 : 순영업손실의 이용, 부채수용능력의 제고
- 자본비용의 절감

자료 : S.A. Ross, R.W. Westerfield, and J.F. Jaffe, *Corporate Finance*(Irwin, 1990), pp.776~781.

합병과 인수를 하는 주요 이유의 하나는 결합된 한 회사가 별개의 두 회사에 비하여 더 많은 수익을 올릴 수 있다는 것이다. 수익은 우선 마케팅방법을 개선함으로써 증대시킬 수 있다. 종전의 비효과적인 매체선택(媒體選擇)과 광고노력, 취약한 유통경로, 불균형적인 제품배합(product mix) 등의 개선이 가능하다.

일부의 기업인수는 전략적 우위(戰略的 優位, strategic advantage)를 목표로 행하여진다. 전략적 우위란 미래에 어떤 상황이 발생할 때 경쟁환경에서 앞설 수 있는 기회를 말한다. 이런 의미에서 전략적 우위는 통상적인 투자기회라기보다는, 미래의 성장을 확보하기 위한 옵션(option) 또는 교두보(橋頭堡, beachhead)에 대한 투자로 간주할 수 있다. 예를 들어, 자동차메이커가 컴퓨터메이커를 인수하였다고 하자. 이때 자동차메이커는 차량내부에서 인터넷을 즐길 수 있는 장치를 개발한다든가 혹은 컴퓨터로 자동운전되는 자동차를 제조해야 하는 상황이 도래한다면, 타회사에 비하여 전략상의 우위를 점할 수 있게 된다.

합병 및 인수로 인해 시장에서의 자유로운 경쟁이 제한당하는 경우가 흔하다. 이때에는 인수기업의 시장지배력(market power) 또는 독점력(monopoly power)이 강화됨으로써, 인수기업의 수익 및 이익이 늘어나는 것이 보통이다. 그러므로 애당초 경쟁을 제한할 목적으로 이루어지는 기업인수는 대부분의 국가에서 규제를 받고 있다.

사례 15-2

AOL의 네스케이프 합병

1998년 11월 24일 미국의 America Online(AOL)은 네스케이프(Netscape)를 0.45 : 1의 주식교환방식으로 합병한다고 발표하였다.[3] 합병금액은 42억 달러로 추정되고 있다. 이 합병으로 인하여 미국에서 가장 많은 고객을 확보한 인터넷서비스 제공회사인 AOL은 네스케에프의 웹브라우저(web browser), 전자상거래 소프트웨어, 포털 사이트(portal site) 등을 확보할 수 있게 됨으로써, 소프트웨어 부문을 거의 독점하고 인터넷업종으로 영역을 확장하고 있는 Microsoft와 경쟁할 수 있는 기반을 마련한 것으로 평가되고 있다.

합병을 통하여 영업효율을 높일 수 있다는 점도 주요 동기로서 제시되고 있다. 먼저 합병은 생산량이 늘어감에 따라 단위당 제조원가가 하락하게 되는 '규모(規模)의 경제(經濟)'(economy of scale)를 추구하여 이루어진다. 규모의 경제는 수평적 합병에서 효과가 큰데, 이는 본사건물, 경영진, 주컴퓨터설비 등을 공동으로 이용할 수 있어 제품 한 단위가 부담하는 고정제조간접원가가 절감될 수 있기 때문이다.

수직적 통합은 생산과정상 상호 관련 있는 영업활동을 긴밀하게 결합함으로써 영업효율을 개선하고자 이루어진다. 예로서, 항공회사가 여객기를 임차하지 않고 직접 소유하거나, 호텔업 및 자동차임대업으로 진출하는 현상을 들 수 있다. 수직적 통합은 첨단기술을 흡수하기 위해 자동차메이커가 항공기메이커를 인수하는 것과 같이, 기술이전(技術移轉, technology transfers)을 목적으로 이루어지기도 한다.

일부 기업은 보유하고 있는 자원을 더 잘 이용하거나 부족한 요소를 보완할 목적으로 타 회사를 인수한다. 예를 들면, 스키용품회사가 테니스용품회사를 인수한다면, 이 회사는 계절요인에 의한 매출변동을 줄일 수 있고 회사의 매장을 보다 효과적으로 활용할 수 있게 된다.

합병을 통하여 기존의 비효과적인 경영진을 교체할 수 있으면, 기업의 경영성과가 향상될 것이다. 기업인수시장(企業引受市場, market for corporate control)이 활발할 경우 경영성과가 저조하면 언제든지 인수에 의해 새로운 경영진으로 교체당하게 되므로, 기존의 경영진은 경영성과를 개선하기 위하여 더 노력할 유인을 갖는다.

---

3) 이 사례는 다음 문헌에서 발췌한 것임. 한국은행 조사부, 세계 M&A의 최근 동향과 시사점, 한국은행 조사연구자료 99-5(1999.4.), p.39.

사례 15-3

미국의 월드컴(WorldCom)과 MCI의 합병

통신부문은 주요 선진국의 규제완화 및 기술진보에 대응하여 대형합병이 급증하고 있는 분야이다.[4] 특히 WTO기본통신협정 발효(1998.2.)를 계기로 각국의 전화, 데이터전송, 이동통신 등 기본통신분야의 시장개방이 본격화되면서 통신회사 간 국제적 M&A도 증가하고 있다. 1997년 10월 1일 미국의 장거리전화 서비스를 제공하는 WorldCom은 같은 업종에 있는 MCI를 주식매입(460억 달러)방식으로 매수한다고 발표하였다. 이 합병은 장거리전화라는 동종 서비스를 제공하는 경쟁회사 간의 수평적 통합이므로 시장점유율이 크게 상승할 것으로 예상되었다. 이 당시 미국의 연방통신위원회(FCC : Federal Communications Commission)는 인터넷사업 부문에 대한 독점화 우려로 신중한 태도를 보였지만, MCI가 자사의 인터넷부문을 영국의 C&W에 매각함에 따라 1998년 9월 14일 이 합병을 승인하였다.

기업인수는 세금을 절감하고자 하는 동기에서 추진되기도 한다. 미국에서는 기업이 당년도에 순영업손실을 낸 경우 세법상의 소급(carry-back) 및 이월(carry-forward)조항에 의거, 과거 3개년 동안에 납부한 법인세를 환급받거나 향후 15년 동안 영업손실을 이월하여 과세대상소득이 있을 때 공제받을 수 있다. 수익성이 높은 기업이 세금을 줄이기 위해서 이월영업손실의 규모가 큰 기업을 인수대상으로 선정하는 것이 여기에 해당한다.

기업의 최적재무구조는 부채이용에 의한 세금절감효과의 현재가치가 파산비용 등 부채이용에 따르는 비용의 현재가치와 일치하는 수준에서 결정된다. 합병은 포트폴리오 분산효과에 의해서 파산위험을 감소시켜 준다. 또한 파산비용도 두 기업의 결합 이전보다는 줄어들 수 있으므로, 합병결과 기업의 부채수용능력(負債受容能力, debt capacity)이 늘어난다. 부채비율이 증가하면 지급이자의 손비인정에 따라 세금절감효과를 추가할 수 있다.

일반적으로 수수료 등 부채와 주식을 발행하는 데 드는 비용은 증권의 발행규모가 커질수록 줄어든다. 두 회사가 합병할 경우 발행비용에 규모의 경제가 발생하므로 자본비용이 절감될 수 있다.

참고

전략적 제휴(戰略的 提携, strategic alliance)

합병은 아니지만 합병과 유사한 시너지효과를 낼 수 있는 기업 간의 협력이 전략적 제휴이다. 전략적 제휴란 두 회사가 생산, 기술개발, 마케팅 등 상호보완적인 효과를 낼 수 있는 분야에서 협력하기로 하는 약정을 맺는 것을 말한다. 일반적인 전략적 제휴의 예로는 제품과 유통망을 갖춘 대기업이 우수한 기술개발능력을 보유한 신생 벤처기업과 특정기술개발 분야에서 상호협력하기로 하는 약정을 들 수 있다. 이 경우 대기업은 벤처기업에게 기술개발에 필요한 자금을 지원하고 개발된 기술에 대하여 일정한 지분을 갖고 제품생산과

---

4) 한국은행 전게자료, pp. 28~29.

마케팅 등을 담당하게 된다. 현재 이러한 전략적 제휴는 생명공학기술(BT : biotechnology), 정보기술(IT : information technology), 소프트웨어 분야 등에서 활발히 전개되고 있다.

전략적 제휴는 비단 대기업과 벤처기업 간은 물론이고 같은 업종에서 라이벌관계에 있는 대기업 상호 간에 즉 이른바 '적(敵)과의 동침(同寢)'도 불사하는 형태로도 전개되는 것을 볼 수 있다. 예를 들어 2000년 8월 2일 세계 1위와 2위의 철강회사인 한국의 포항제철과 일본의 신일본제철(新日本製鐵)은 일본 도쿄의 신일본제철 본사에서 경영 전반에 걸친 포괄적·전략적 제휴의 조인식을 가졌다.[5] 이날 두 회사는 철강기술개발, 제3국 합작사업, 정보통신분야 투자 및 신소재사업 등 다양한 분야에서 공동 보조를 취하기로 공식 합의하였다. 또 두 회사는 적대적인 M&A에 대응하는 등 경영권 안정을 위해 상호지분보유 한도를 18개월 안에 3%까지 늘리기로 합의하였다. 이날 조인식 후 유상부 포철 회장은 기자회견에서 "전략적 제휴로 두 회사는 개발비용 절감과 비상 시 소재공급, 해외 공동투자에 따른 투자위험 경감 등으로 많은 시너지효과를 낼 것"이라고 밝혔다.

2) 목표기업의 저평가 및 경영자동기

합병과 인수는 시너지효과 이외에도 목표기업의 저평가(target undervaluation) 및 경영자동기(經營者動機, managerial motives)에서 비롯된다는 견해가 있다.[6]

목표기업의 주가수준이 내재가치에 비하여 낮다면, 합병에 의해 기존의 공장과 시설을 인수하는 것이 설비투자를 통하여 새로운 공장과 시설을 갖추는 것보다 유리하다. 즉, 기존의 공장과 시설의 인수에서 나오는 순현가가 설비투자의 순현가를 상회하므로, 합병이 일어나게 된다. 이 주장은 전통적인 것으로 자본시장의 불완전성 내지 비효율성에 근거를 두고 있다.

경영자들은 보상이 기업규모에 비례한다는 신념을 갖고 있으므로, 기업규모를 늘리기 위해서 합병을 택한다는 견해가 있다. 그러나 보상이 규모 자체가 아닌 수익성과 관련하여 이루어진다면 이 주장의 설득력은 약화된다.

이보다도 설득력이 있는 주장은 경영자는 자신의 고용위험을 분산시킬 목적으로 합병을 선호한다는 것이다. 즉, 경영자의 자산은 인적 자본(人的 資本, human capital)과 평판인데, 인적 자본에 부가된 위험을 분산시킬 수 있는 시장이 현실에서는 존재하지 않는다. 그러므로 경영자들은 기업의 수익과 이익을 안정시킬 수 있고 파산위험도 감소시킬 수 있는 복합적 합병을 선택하여 위험을 분산시킬 수 있다.

5) 매일경제신문, 2000년 8월 3일자.

6) B. Lev, "Observations on the Merger Phenomenon and a Review of the Evidence," in *The Revolution in Corporate Finance*, J.M. Stern and D.H. Chew, eds.(Basil Blackwell, 1986), pp. 357~367.

2. 기업구조 재편성의 유형과 동기

기업의 합병 및 인수 못지 않게 빈번하게 발생하고 있는 기업거래가 기업구조의 재편성(corporate restructuring)과 관련된 거래이다. 유형으로는 사업부문의 처분, 자발적 청산, 회사분할 등 기업이 보유자산의 일부 또는 전부를 매각하는 거래와, 경영자에 의한 기업매수와 부채에 의한 기업매수 등의 거래가 포함된다.[7)]

사업부문의 처분(divestiture)은 한 회사가 현금 또는 증권을 받고 일부 사업부문을 다른 회사에 매각하는 거래로서, 자산을 매각하는 회사의 입장에서는 역합병(reverse merger)이다. 사업부문의 처분이 발표될 때 매각기업의 주가가 상승하는 경우가 많다. 이는 매각되는 사업부문이 사업부문을 매입하는 회사에게 시너지 및 규모의 경제를 가져다주거나, 매입회사의 경영자가 그 사업부문을 더 효율적으로 경영할 수 있을 것이라는 예상을 반영한다.

사업부문을 처분하는 회사의 동기는 다음과 같다. ① 회사의 특정사업부문이 기업의 다른 사업부문이나 장기전략과 맞지 않을 경우 그 사업부문의 매각으로 마이너스의 시너지를 제거함으로써 기업가치를 상승시킬 수 있다. ② 회사가 부채를 상환하거나 타 회사를 인수할 목적으로, 또는 적대적인 기업인수에 대한 방어를 위해 현금을 확보하려는 경우가 있다. ③ 일부 기업은 자사의 시장가치가 저평가되고 있다고 간주한다. 기업자산의 일부를 진실한 가치로 매각할 경우, 증권시장의 평가오류를 시정하고 기업의 주가를 상승시킬 수 있다고 믿는다.

자발적 청산(自發的 淸算, self-liquidations)은 사업부문 처분의 극단적인 유형으로서, 기업은 보유하고 있는 자산의 일부 또는 전부를 다른 회사에 매각하고 매각대금은 주주들에게 배분한다. 자발적 청산은 기업의 부실화과정에서 발생하는 채권자에 의한 청산과 다르며, 매각되는 사업부문이 매입회사에 의해 계속 운영되는 특징이 있다. 자발적 청산은 자산의 일부를 매각하는 부분청산과, 회사가 소멸하는 완전청산으로 나누어진다. 회사가 계속기업(going concern)으로서의 존재가치가 없고, 보유하고 있는 자산이 타 회사에게 더욱 이용가치가 높으며, 또한 회사 전체를 대상으로 하는 기업인수의 기회도 없다면, 경영자는 보유자산을 분할해서 매각하는 완전청산을 택할 것이다.

회사분할(會社分割, spin-offs)은 모회사가 일부 사업부문을 별도의 기업으로 분리하는

---

7) 기업구조의 재편성에 관한 논의는 다음 논문을 참조하였음. G.L. Hite and J.E. Owers, "The Restructuring of Corporate America : On Overview," in *The Revolution in Corporate Finance*, J.M. Stern and D.H. Chew, eds.(Basil Blackwell, 1986), pp. 418~427.

거래인데, 분리된 사업부문은 별도의 경영자와 이사회를 갖춘 독립된 회사로 탄생되며 가장 일반적인 인적 분할의 경우 새 회사의 주식은 모회사의 주주들에게 지분비율에 따라(on pro rata basis) 배분된다.[8)]

회사분할의 동기는 네 가지로 요약된다. ① 모회사가 가장 잘 할 수 있는 사업, 즉 본업(本業, basics)에 충실하기 위해서이다. ② 모회사의 사업부문이 금융업이나 공익사업과 같이 규제를 받는 부문과 규제를 받지 않는 부문으로 구성되어 있을 때, 규제당국은 모회사 전체의 경영활동을 감시하고 통제하려 한다. 이 경우 규제대상이 되는 사업부문을 분할하려는 동기가 생긴다. ③ 모회사가 사업부문을 독립된 회사로 분할시키면, 기업인수의 목표가 명확해져 합병이 용이하게 이루어진다. ④ 기업이 부동산과 같이 그 가치가 재무제표에 제대로 반영되지 않은 '숨은 자산'(hidden assets)을 보유하고 있을 때, 기업가치가 증권시장에서 저평가되는 경향이 있다. 이 경우 숨은 자산이 포함된 사업부문을 별도의 회사로 독립시키면 모회사의 가치가 상승한다.

사례 15-4 LG화학의 회사분할

2000년 11월 15일 LG화학은 회사를 2001년 4월 1일을 분할기준일로 하여 3개의 법인으로 분할하기로 결정하였다고 공시하였다.[9)] 기존법인 중 존속부문은 사명을 LGCI로 변경하여 지주회사로서의 출자관리와 생명과학사업을 담당하게 되었다. 기존의 화학부문은 신설법인인 LG화학으로서 석유화학 · 정보전자소재 · 산업재 사업을 맡게 되었고, 기존의 생활건강부문은 신설법인인 LG생활건강으로서 생활용품과 화장품 사업을 맡게 되었다. 존속 및 신설되는 3개 법인의 자산, 부채, 자본 및 자본금은 다음 〈표 15-2〉와 같다.

표 15-2 분할 전후 요약재무구조(2000.6.30. 기준) (단위 : 백만 원)

구분	분할 전 LG화학	분할 후		
		LGCI	LG화학	LG생활건강
자 산	6,171,067	2,153,023	3,474,532	543,512
부 채	3,890,693	1,214,233	2,314,420	362,040
자 본	2,280,374	938,790	1,160,112	181,472
(자본금)	553,684	99,663	365,432	88,589
(자본금구성비율)	100.0%	18.0%	66.0%	16.0%

자료 : LG화학의 분할신고서(2000.11.15.)

8) 물적 분할의 경우에는 신설되는 새 회사의 주식을 모회사가 100% 출자, 보유하는 방식이므로 모회사 주주의 지분비율에는 변동이 없다.

9) 자세한 공시내용은 금융감독원의 전자공시시스템(dart.fss.or.kr)을 참조 바람.

회사의 분할은 분할되는 회사, 즉 기존법인의 주주가 신설되는 회사의 주주가 되는 인적 분할방식에 의하였다. 따라서 2001년 4월 1일을 기준으로 보통주나 우선주 모두 기존의 LG화학 1주를 보유하는 기존주주는 신설되는 LG화학 주식 0.66주와 LG생활건강 0.16주를 배정받게 되며, 존속법인인 LGCI의 주식은 자본금이 축소되었으므로 기존의 1주에 대하여 0.18주를 배정받게 된다. 회사는 분할의 기대효과로서 1) 비관련 다각화 사업의 분리 및 핵심사업에의 집중으로 전문화 및 효율화가 용이, 2) 외자유치의 원활화 및 공정한 기업가치의 평가가 가능, 3) 사업부 간 전략적 충돌의 해소 및 방지가 가능, 4) 고객의 요구가 반영된 제품 및 서비스의 신속한 제공이 가능, 5) 임직원의 동기부여 및 인센티브 제공 등을 제시하고 있다.[10]

2020년 LG화학이 세계 1위 배터리 사업을 분사하였다. 이와 관련 LG화학은 2020년 9월 17일 이사회를 개최해 전문사업 분야로의 집중을 통한 기업가치 및 주주가치 제고를 위해 회사분할안을 결의했다고 밝혔다. 이에 따라, LG화학은 10월 30일 개최되는 임시주주총회 승인을 거친 후 12월 1일부터 배터리 사업을 전담하는 신설법인인 'LG에너지솔루션'을 출범하였다. 이번 분할은 LG화학이 분할되는 배터리 신설법인의 발행주식 총수를 소유하는 물적 분할 방식으로 LG화학이 비상장 신설법인 지분 100%를 가지게 되었다.[11] LG화학은 이번 회사분할에 대해 "배터리 산업의 급속한 성장 및 전기차 배터리 분야의 구조적 이익 창출이 본격화되고 있는 현재 시점이 회사분할의 적기라고 판단했다."며 "회사분할에 따라 전문사업 분야에 집중할 수 있고, 경영 효율성도 한층 증대되어 기업가치 및 주주가치를 한 단계 끌어올릴 수 있을 것"이라고 밝혔다. 이와 함께 분할 방식인 물적 분할에 대해서는 "신설법인의 성장에 따른 기업가치 증대가 모회사의 기업가치에도 긍정적인 영

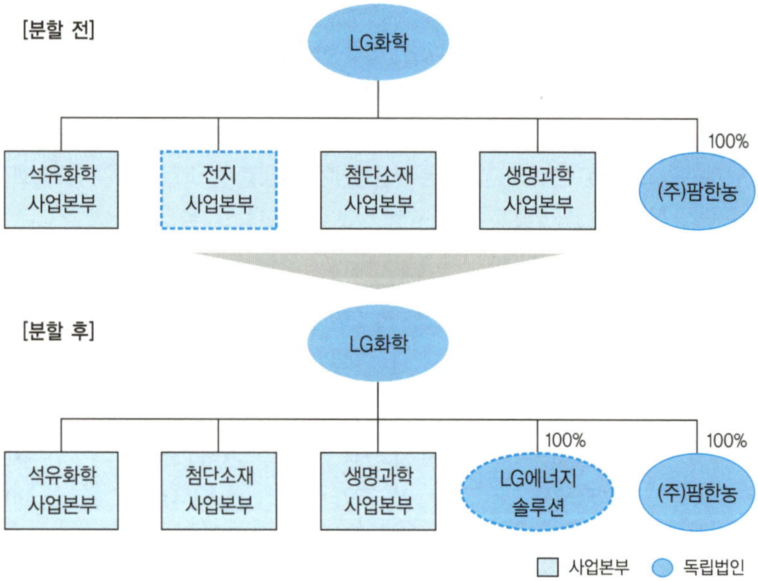

10) 이후 2002년 8월 1일자로 LGCI는 제약 및 신약 개발 등을 담당하던 생명과학사업부문을 분할하여 LG생명과학을 신설하였고, 2003년 3월 4일자로 LGCI는 전자부문의 지주회사격인 LGEI와 LG MRO의 일부사업부문을 합병하여 LG그룹의 지주회사인 LG가 되었다. 그리고 LG화학은 2009년 4월 1일자로 산업재사업부문을 분할하여 LG하우시스를 신설한 바 있다.

11) 2022년 1월 27일 유가증권시장에 상장되었다.

향을 미치고, R&D 협력을 비롯해 양극재 등의 전지재료사업과의 연관성 등 양사 간의 시너지 효과에 대한 장점을 고려했다."고 밝혔다.

1980년대 이후 공개기업의 비공개기업화(非公開企業化, going private)도 활발히 추진되고 있다. 공개기업(public company)에서는 상장기업으로 회사의 지분이 다양한 외부투자자에 의해 분산소유되지만, 비공개기업에서는 지분이 기존기업의 경영자를 포함한 소수의 투자자에 의해 집중소유되므로 상장이 폐지된다. 비공개기업화의 거래에서 중요한 것이 경영자에 의한 기업매수와 부채에 의한 기업매수이다.[12)]

경영자에 의한 기업매수(management buyout : MBO)는 기존기업의 경영자 또는 지배적인 소유경영자가 외부주주의 보유지분을 매수하여 기업의 소유구조를 집중된 형태로 재편성하는 거래이다. MBO는 다음에 설명할 LBO의 한 형태로서 외부주식의 매입이 기존의 경영자만에 의해 이루어지며, 주식의 매입자금을 차입으로 조달하므로 부채비율이 크게 높아진다.[13)]

비공개기업화 거래에서 주목되는 것이 부채에 의한 기업매수(leveraged buyout : LBO)이다. LBO는 거래를 시작하기 전에 경영자가 소유하는 지분비율이 낮고, 제3의 외부투자자가 지분참가를 하며, 매수자금의 대부분을 차입에 의존하므로 부채비율이 대폭 상승한다. 차입금은 매수대상기업의 자산을 담보로 하거나 그 회사의 인지도를 바탕으로 금융기관으로부터 조달하게 된다.

비공개기업화의 동기는 다음과 같다. ① 공개기업의 경우 유가증권의 상장, 각종 보고서작성과 공시(公示), 그리고 주주에 대한 서비스에 상당한 비용이 들어가고, 이는 소규모기업일수록 부담이 크다. ② 소유와 경영의 분리에서 나오는 대리문제를 해소할 수 있어, 경영자는 기업의 경영성과를 높이기 위해 더 많은 노력을 기울이게 된다.

12) 젠센(M.C. Jensen)은 부채이용은 경영자로 하여금 부채의 상환을 위해 경영성과를 높이도록 하는 통제기능(control function of debt)을 제공한다는 이론을 주장하고 있다. 이에 대해서는 다음 논문을 참조 바람. M.C. Jensen, "Agency Costs of Free Cash Flow, Corporate Finance and Takeovers," *American Economic Review*(May 1986), pp.323~329.

13) 예로서 RCA는 Gibson Greeting Cards를 이 회사의 경영진을 비롯한 일단의 투자자에게 81백만 달러에 매각하였다. 매입자 측은 현금으로 1백만 달러를 조달하고 나머지 80백만 달러는 은행차입으로 조달하였다.

3. 기업인수거래의 현황

(1) 미국과 영국의 경우

기업의 합병, 인수는 증권시장이 발달하고 소유와 경영의 분리가 충실하게 이루어진 미국과 영국에서 가장 활발하다. 먼저 미국을 중심으로 역사와 현황을 간단히 살펴보기로 한다.

미국에서는 19세기 말부터 20세기 초에 걸쳐 독점력을 확보하기 위한 수평적 합병이 성행하였다. 이 당시 합병을 통하여 U.S. Steel Co.와 같은 거대기업이 탄생하였다. 1920년대에는 과점적 지위를 획득하기 위한 신설합병붐이 일어났고, 이 움직임은 1930년대 초의 대공황과 함께 막을 내리게 된다. 1950년대부터 1970년대까지는 비관련업종에 속한 기업 간의 합병, 즉 복합적 합병이 활발했던 시기로 간주된다.

미국에서 1980년대 초부터 진행되고 있는 합병 및 인수는 복합적 합병에 더하여, 종래 금기시되어 왔던 수직적 합병과 수평적 합병이 다시 등장하였다는 점이 특징이다. 또한 거래건수 및 규모에 있어 종래와는 비교가 안 될 정도로 커져 이 시기는 '합병(合倂)의 광란시대(狂亂時代)' (age of merger mania)라 일컬어진다. 그런데 1980년대에 들어와 기업인수활동이 폭발적으로 이루어진 데는 몇 가지 원인이 있다. 첫째, 1982년도에 수직적 합병을 규제하여 오던 반독점법이 폐지되었고, 법원 및 연방상업위원회(FTC)와 같은 감독기관도 수평적 합병에 대한 규제를 완화하였다. 이는 국제경쟁에서 이기기 위해서는 기업의 대규모화가 필요하다는 공감대가 형성된 것을 배경으로 한다. 둘째, 1978년 이후 금융업, 운송업, 석유 및 가스업, 방송 및 통신업 등에서 진행된 규제완화(deregulation)가 기업 간의 결합을 촉진하였다. 셋째, 기업인수를 위한 자금조달에 있어 혁신적 방법이 도입되어, 인수가 기업규모에 관계없이 이루어질 수 있게 되었다는 점이다. 대표적인 것으로는 목표기업의 자산을 담보로 하여 조달한 차입금으로 기업을 인수하는 부채에 의한 기업매수(LBO) 방법, 그리고 신용도가 낮은 기업이라도 투기등급채권(投機等級債券, junk bond)을 발행하여 인수에 필요한 자금을 확보하는 방법 등을 들 수 있다.

1980년대는 MBO, LBO 등에 의한 기업인수를 통해서 공개기업의 비공개기업화가 성행한 시기이기도 하다. 1985년부터 1987년까지 매년 기업인수거래를 통해서 시가총액의 5.5% 내지 7.0%가 주식시장에서 사라져버렸다.[14)]

---

14) W.H. Fruhan, "Corporate Raiders : Head' em Off at Value Gap," *Harvard Business Review*(July-

1990년대의 경우 미국의 M&A는 통신 · 석유 · 금융 분야에서 일어난 초대형 기업결합으로 인하여 급격한 신장세를 보인 바 있는데 주요 요인은 다음과 같다.[15] 첫째, 1992년 이후 1999년 말까지 미국경제의 호황국면 및 금리의 하향 안정화 추세, 그리고 주식시장의 활황국면이 장기간 지속됨으로써 M&A에 유리한 여건이 조성되었다는 점이다. 특히 낮은 금리와 주가의 상승은 M&A에 필요한 자금조달을 용이하게 하였다. 둘째, 미국기업들은 기업의 경쟁력을 강화하는 주요 전략으로서 M&A를 적극 활용하고 있다는 것이다. 즉, 종전에는 경쟁력과 수익성 향상을 위하여 정리해고 등의 경영합리화 방안을 추진하였으나, 90년대 이후에는 업종전문화 및 구조조정의 주요 수단으로 M&A를 더 선호하고 있다. 셋째, 정부가 미국기업의 국제경쟁력을 강화할 목적으로 M&A 관련 규제를 완화하고 있다는 점이다. 즉, 1992년 미국 법무부는 합병지침(Merger Guideline)을 개정하여 종래 시장점유율 위주로 되어있던 합병심사기준을 시장특성을 감안한 실질적 경쟁제약여부로 완화하였다. 이후 M&A에 관한 규제를 담당하는 기관인 공정거래위원회(FTC : Federal Trade Commission)는 시장경쟁을 저해하지 않으면 기업규모에 구애받지 않고 M&A를 승인하는 입장을 견지하고 있으며, 이에 따라 항공분야의 보잉(Boeing)과 맥도넬더글러스(McDonnell Douglas) 간의 합병, 통신분야의 MCI와 월드컴(WorldCom)의 합병 등이 성사되었다. 특히, 통신 및 금융 분야의 규제완화로 인하여 장거리전화 · 지역전화 · 케이블 TV 시장 간에 상호진입이 허용되었고, 대형상업은행(money center banks) 간의 합병이 촉진되었다.

영국에서도 1980년대에 들어와 건당 거래규모가 크게 늘어나는 등 기업인수활동이 매우 활발하게 이루어지고 있다. 이에 대한 배경은 미국의 경우와 비슷하다. 예를 들면, 1984년도 이후로 독점 및 합병위원회(MMC)는 영국기업의 국제경쟁력을 강화하는 합병에 대해서는 규제를 완화하였다. 또한 영국기업은 해외시장에서의 효과적인 활동을 위해 해외기업을 적극 인수하고 있는데, 특히 1980~1989년 기간 중 미국의 기업인수시장에서 외국기업으로서는 가장 많은 건수의 기업인수를 기록하였다.

2000년의 주식시장 폭락 이후 시장의 회복이 마무리된 2003년에 시작된 M&A 붐의 가장 큰 특징은 글로벌 시장에서의 산업통합(industry consolidation) 추세이며, 1990년대와 마찬가지로 미국, 유럽 및 아시아 시장에서 골고루 진행되었다. 주요 배경과 특징은 다음과 같다.[16] 첫째, 2000년 초의 주식시장 폭락과 경기침체로 부실화된 기업과 개발도상국의

August 1988), pp.63~68.

15) 한국은행 조사부, 전게자료, pp.13~16.

16) 자본시장연구원, "세계 M&A 시장 전망과 시사점," 「자본시장연구원 이슈&정책」 11-07(2011.11.).

민영화로 M&A 매물이 증가하였다, 둘째, 현금이 풍부한 기업에 의한 신규 해외시장 진출을 위한 M&A가 증가하였다. 셋째, 세계 M&A 시장에서 사모펀드(private equity)의 역할이 강화되며 대형화가 진행되었다.

(2) 일본과 한국의 경우

일본기업의 경우에는 경영환경이 미국이나 영국과는 다르다.[17)] 우선 주주는 주가의 극대화보다는 기업의 성장과 안정을 더 중시하는 경향을 지닌다. 경영자는 신제품(新製品) 및 신사업비율(新事業比率)의 확대, 시장점유율의 유지 및 확대를 중요한 경영목표로 삼고 있다. 또 종업원은 회사와 공동운명체라는 의식이 강하다. 따라서 경영목표는 주로 내적 성장전략에 의해 달성되어 왔으며, 기업인수는 대개 부실기업을 구제하기 위한 수단으로서 이용되었다.

그러던 것이 1980년대에 들어와 합병, 인수가 활발하게 전개된 바 있는데, 인수하는 기업측의 입장에서 본 배경은 다음과 같다. ① 일본기업의 상당수가 본업에 있어서 성숙단계에 접어들었고, 이에 대하여 본업의 강화, 경쟁력 향상, 국제화, 다각화 등을 대책으로 강구하였다. 그런데 이들 대책도 국내외의 경쟁격화, 제품라이프사이클의 단축, 기술혁신의 가속화 등의 환경하에서는 짧은 시간 안에 추진하지 않으면 효과를 보기 어렵게 되었다는 점이다. 따라서 M&A가 시간을 벌기 위한 가장 효과적인 방안으로 등장하게 되었다. ② 일본기업이 무역수지 흑자와 주식관련 자금의 왕성한 조달에 의해 M&A에 필요한 자금을 확보하고 있었다. ③ 엔화가치의 상승에 의해서 기업인수에 필요한 투자자금이 엔화기준으로 경감되었다.

이러한 배경으로 일본기업은 시장점유율의 확대 및 사업의 다각화, 국제화의 신속한 전개, 신기술 및 인재의 확보, 특정 자산 및 부문의 취득 등 경영전략의 일환으로 M&A를 활발히 전개하고 있다. 그러나 일본기업의 M&A는 다음 두 가지 면에서 차이가 난다. 첫째, 국내기업 간의 합병, 인수보다 일본기업의 해외기업 인수를 위한 것이 많다. 1989년도의 경우 590건의 M&A 중 일본기업 간의 M&A는 172건, 일본기업의 해외기업 인수는 408건으로서 M&A가 해외진출을 위한 수단으로 정착되고 있다. 진출지역은 미국과 EC가 중심이다.[18)]

17) 小林 廣, "日本企業의 M&A," 「財界觀測」(노무라총합연구소, 1990.10.), pp.88~115.

18) 1989년까지 이루어진 해외기업 인수의 주요 사례는 다음과 같다. 소니(SONY)의 Columbia Pictures 인수(미국, 1989년, 34억 달러), 브릿지스톤의 Firestone 인수(미국, 1988년, 26억 달러), 세이부 · 사손그룹의 Intercontinental Hotel 인수(미국, 1988년, 21억 5천만 달러), 소니의 CBS레코드 인수(미국, 1987년, 20억

둘째, 일본기업의 경영풍토로 인하여 우호적인 M&A가 많고 적대적인 M&A는 실패할 가능성이 높다는 것이다.

1990년대에 진행된 일본의 M&A는 금액과 건수 면에서 미국이나 유럽지역에 비하여 아주 저조하지만 다음과 같은 특징이 있다.[19] 우선 부실채권의 급증에 의한 수익성악화로 부실화된 금융기관을 구제하기 위한 합병이 다수 진행되었다. 또한 1990년대 중반 이후에는 재무구조가 건실한 금융기관도 국제업무 강화를 위하여 합병하거나 투자금융 및 자산운용기법을 습득할 목적으로 국제금융기관과의 업무제휴를 확대하였다. 한편, 일본의 경우에도 금융 · 통신 · 석유업을 중심으로 경쟁력을 강화하기 위한 규제완화 조치가 추진되고 있다. 예를 들면, 1998년 6월에는 은행 · 증권 · 보험업의 상호진출을 허용한 '금융시스템개혁법안' 이 통과됨으로써 금융기관 간의 M&A가 활성화될 수 있는 계기가 마련되었다.

우리나라의 경우 기업들은 내부성장전략을 중시하는 것으로 평가된다. 또한 소유구조의 폐쇄성, 증권시장의 미발달, 차입의존형 경영 등의 원인도 있어 1990년대 초반까지는 기업 간의 합병 및 인수가 그다지 활발하지 못하였다. 따라서 그간 이루어진 기업인수의 특징은 두 가지로 요약된다. 첫째, 합병과 인수가 계열기업(系列企業) 간의 사업조정(事業調整)이나 부실기업의 정리를 위한 수단으로 이루어진 경향이 있다. 예를 들면, 1975년 7월부터 1990년 9월까지 이루어진 89건의 중요한 합병 중에서 계열기업 간의 거래는 76건이었으나 비계열기업 간의 거래는 13건에 불과하였다.[20] 둘째, 합병과 인수는 비경쟁적이고 우호적인 방법으로 이루어졌으며, 공개매수제의 등 증권시장을 통한 인수시도는 거의 없었다.[21] 셋째, 합병동기에 관한 연구를 보면 차입능력증대를 통한 성장재원의 확보나 재무구조개선이 주요 동기로 제시되고 있다.[22]

1990년대 초반 이후 중반까지는 한국에서도 M&A가 태동기를 맞이한 시기였다고 평가할 수 있으며, 이 당시 상당수 기업의 경영권이 우호적이거나 적대적인 방법으로 다른 기업에 넘겨지는 사태가 발생하였다. 당시 진행되었던 주요한 M&A 거래의 특징은 다음과 같다.[23] ① 금융기관의 설립규제로 계열기업이나 신흥재벌 등에 의한 종합금융회사 또는 단자회사의 인수가 활발하였다(예 : 나산그룹의 한길종금 인수). ② 대주주가 복수인 기업에

달러) 등.

19) 한국은행 조사부, 전게 자료.

20) 갈정웅, 「기업도 상품이다」(명진출판, 1991), p.254.

21) 김희석, "기업합병 및 인수가 주주부에 미치는 영향"(서울대 박사학위논문, 1990.9.), pp.145~150.

22) 장영광 · 송인만, "한국기업의 합병동기에 관한 실증적 연구," 「경영학연구」(1991.5.), pp.1~37.

23) 정광선, "M&A 관련제도 개선방향," 재정경제원 공청회자료(1996.7.12.).

서 창업자 또는 창업 2세들 간의 내분을 틈타 제2대주주 등과 연합한 제3의 연대세력에 의한 경영권인수가 가시화되고 있다(예 : 신원그룹의 제일물산 인수). ③ 산업의 구조조정기를 맞아 전자 · 통신사업, 환경산업 등 첨단 유망산업으로 진출하기 위한 기업인수가 많았다(예 : 한솔그룹의 한화통신 · 옥소리 · 한국마벨 · 광림전자 인수). 이와 같은 기업인수에는 대주주 지분을 우호적인 방법으로 인수하는 경우가 많았지만, 한솔제지의 동해종금 인수를 시작으로 대주주의 동의 없이 주식을 공개매수한 적대적인 방법도 활용된 바 있다.

1990년대 후반인 1997년 말에 닥친 외환위기는 생존을 위한 구조조정 차원에서 많은 기업 간의 M&A를 초래하였다. 당시 진행된 대표적인 사례로서는 반도체업계의 구조조정 차원에서 현대전자와 LG반도체가 정부주도의 소위 빅딜에 의하여 합병된 것, 한화기계가 베어링사업부문을 3,200억 원에 독일의 FAG에 양도한 것, 삼양사와 SK케미칼이 자율적으로 양사의 폴리에스터 화섬사업부문을 분리하여 SS TECH(신설법인)를 만들어 통합한 것 등을 들 수 있다. 1997년 이후 M&A에 관련된 제도적 측면에서도 많은 개선이 이루어졌다. 예를 들면, 상장법인 주식의 대량소유를 제한하는 규정의 폐지(1997.4.),[24] 의무공개매수제도의 폐지(1998.2.),[25] 외국인의 구주취득관련 제도의 개정(1998.5.),[26] 펀드의 50%까지 특정기업 주식으로 편입할 수 있는 사모(私募)펀드의 허용(2000.7.) 등에 의하여 기업간의 적대적 M&A가 허용이 되었고 공개매수의 장애요소가 사라지게 되었다.

한편, 한국기업의 해외기업 인수는 1986년 이후 대우중공업이 미국의 반도체 설계제조회사인 자이모스를 인수한 이후로 본격화되었다.[27] 해외기업 인수는 전자 및 통신분야에서의 첨단기술습득과 연구개발능력의 강화, 현지생산을 통한 채산성확보와 해외시장의 확보, 무역장벽의 극복 등을 목적으로 이루어지고 있다.[28]

국내기업에 의한 해외 M&A는 세계 M&A 시장과 유사한 추세를 형성하고 있다. 2008

---

24) 이는 기업의 창업주나 대주주의 경영권을 보호하기 위하여 상장 당시 10% 이상 지분을 소유한 주주 이외의 자는 원칙적으로 10% 이상의 주식취득을 금지한 종전의 증권거래법 200조를 개정한 것이다.

25) 이는 기보유 주식을 포함하여 발행주식총액의 25% 이상을 취득하고자 할 경우 「50%+1주」에서 기보유 주식을 차감한 수 이상의 주식을 공개매수하도록 의무화한 종전의 증권거래법 21조 2항을 개정한 것이다.

26) 이는 외국인 투자자 1인의 구주취득이 10% 이상인 경우에도 이사회의 동의가 불필요하도록 외국인투자촉진법 6조를 개정한 것이다.

27) 1986년 이후 중요한 해외기업 인수로는 포항종합제철의 UPI 인수(미국, 1986년, 1억 4천만 달러), 삼미특수강의 아틀라스철강 인수(캐나다, 1989년, 2억 1천만 달러), 대한항공의 힐튼호텔 LA 인수(미국, 1989년, 1억 7천만 달러), 삼성전자의 AST 인수(미국, 1995년, 3억 8천만 달러), LG전자의 Zenith 인수(미국, 1995년, 3억 5천만 달러), 대우의 Kazak Telecom 인수(카자흐스탄, 1997년, 1억 달러) 등을 들 수 있다. 이에 관해서는 다음 논문을 참조 바람. 장광호, "국내 상장회사의 국제 M&A에 관한 고찰," 「주식」(1998.10.).

28) 서준석, "국제화전략으로서의 한국기업의 해외기업 인수에 관한 연구," 「경영연구」(고려대학교, 1991 상반기), pp.5~27.

년 글로벌 금융위기 직후까지 활발하던 국내기업의 해외 M&A가 2009년 급감 후 2010년부터 회복되기 시작하였다. 국내기업의 글로벌 M&A는 점차 심화되는 국제적 경쟁 환경에서 시장 확보를 위한 기업의 해외진출과 성장 동력 발굴의 주요 수단으로 활용되고 있다. 즉, 국내기업에 의한 해외 M&A의 주된 목적은 자원 확보와 거대 소비시장인 중국 및 기타 아시아 국가로의 진출이다. 국내기업들은 공기업과 일부 대기업을 중심으로 에너지, 광업, 금융 및 소비재 기업 인수에 주력하였다.

한편, 국내 M&A 시장은 금융위기의 영향으로 2008년부터 시장의 침체가 계속되다 2010년부터 회복되었다. 2010년 기준 총 215.4조 원, 499건의 M&A를 기록하였으나, 이 중 국내에서 이루어진 외국계기업 간 M&A 규모인 184.4조 원을 제외하면, 국내기업이 관여한 총 M&A 규모는 31.0조 원으로 전체 국내 M&A 금액의 14.4%에 불과하다. 국내기업 간 주요 M&A 거래는 대우 및 금호그룹 관련 구조조정 M&A가 대형 M&A의 상당 부분을 차지하고 있어서 기업의 향후 경제 및 시장 전망에 의한 자발적인 M&A가 주류를 이루고 있는 상황은 아니었다.

사례 15-5 한국의 기업결합 동향

공정거래위원회(www.ftc.go.kr)는 매년 전년도에 이루어진 우리나라의 기업인수거래, 즉 기업결합 동향을 분석한 자료를 발표하고 있다. "2020년도 기업결합 동향 분석(2021.2.18.)"에 의하면 2020년도에 공정위가 심사한 기업결합 건수는 865건, 금액은 210.2조 원으로, 2019년 대비 건수는 12.9% 증가(766건 → 865건)한 반면, 금액은 53.1% 감소(448.4조 원 → 210.2조 원)했다. 업종별로 보면, 기계 · 금속(95건 → 80건), 석유화학(66건 → 60건) 등 전통적인 제조업 분야의 기업결합은 수년간 비슷한 수준을 유지하고 있다. 그러나 정보통신 · 방송(45건 → 73건), 도소매 · 유통(48건 → 68건) 등 서비스업 분야의 기업결합 사례는 크게 증가했다. 수평결합(258 → 243건) · 수직결합(64건 → 53건)은 감소하였으나 혼합결합(444건 → 569건)은 증가하고 있다. 이는 기업들이 새로운 사업 분야를 중심으로 미래 성장동력 확보를 위해 노력하고 있는 데 따른 것으로 보인다. 〈표 15-3〉은 2020년도에 이루어졌던 우리나라의 M&A 중 가장 규모가 큰 상위 10건의 사례를 보여주고 있다.

표 15-3 금액기준 상위 10대 기업결합 사례(2020년)

신고 회사			상대 회사			결합수단	결합금액 (십억 원)
회사명	국적	업종	회사명	국적	업종		
KB금융지주	한국	금융지주	푸르덴셜생명보험	한국	생명보험	주식취득	2,226
넷마블	한국	게임	웅진코웨이	한국	렌탈	주식취득	1,740

우미개발	한국	건설	우심홀딩스 등 6개사	한국	경영 컨설팅	합병	1,142
엘지화학	한국	석유화학	General Motors Holdings LLC	미국	자동차 부품	합작회사 설립	1,044
코람코에너지플러스 위탁관리부동산투자회사	한국	부동산 투자업	에스케이네트웍스	한국	석유제품 유통업	영업양수	965
신한카드	한국	신용 카드업	신한캐피탈	한국	여신전문 금융업	영업양수	954
디에코플랫폼	한국	경영 컨설팅	환경시설관리	한국	폐기물 처리업	주식취득	946
스카이레이크 에쿼티파트너스	한국	투자업	두산솔루스	한국	동박 제조업	주식취득	698
코리아피아이홀딩스	한국	투자업	에스케이씨 코오롱피아이	한국	폴리이미드 필름	주식취득	608
아이엠엠로즈골드4 사모투자 합자회사	한국	PEF	한국콜마	한국	화장품, 의약	영업양수	576

사례 15-6 한화의 삼성테크윈 및 삼성종합화학 등 인수

2014년 11월 26일 한화그룹의 한화 및 한화케미칼은 삼성그룹의 삼성테크윈과 삼성종합화학 등을 1조 9,000억 원에 인수하는 초대형 M&A를 발표하였다. 한화는 삼성전자 등이 보유하던 삼성테크윈 지분 32.4%를 인수하고, 한화케미칼과 한화에너지는 삼성물산 등이 보유하던 삼성종합화학 지분 57.6%를 인수하여 경영권을 확보한 것이다. 인수당시 삼성테크윈은 한국항공우주산업(KAI) 지분 10.0%, 삼성탈레스 지분 50.0%, 삼성종합화학 지분 22.7%를 보유하고 있었고, 삼성종합화학은 삼성토탈 지분 50.0%를 보유하는 구조로 되어 있었다([그림 15-1] 참조).[29]

이러한 삼성과 한화 M&A는 상호 간에 '윈윈' 하는 것으로 평가되고 있다. 즉, 한화는 기존의 탄약과 정밀유도무기 중심에서 자주포, 전투기 및 함정용 엔진, 레이더 등 방위산업 전체로 포트폴리오를 확대할 수 있으며, 삼성테크윈이 보유하고 있는 전투기제조업체 한국항공우주산업의 지분 10%와 로봇사업도 확보하는 효과를 거두었다. 또 석유화학부문에서도 한화는 삼성종합화학 및 삼성토탈의 인수로 에틸렌 생산에서 세계9위로 올라섰고 나프타, 콘텐세이트, LPG 등으로 다각화할 수 있게 된 것이다. 따라서 이번 M&A는 한화의 주력인 방위산업과 화학부문의 경쟁력을 크게 강화시켜 줄 것으로 평가되었다. 한편, 전자와 금융, 건설을 주력으로 하는 삼성은 경쟁력이 상대적으로 뒤처지는 방산과 화학관련 계열사를 매각하여 '마이너스 시너지' 를 제

29) 한화로 인수된 후 삼성테크윈은 한화테크윈으로, 삼성탈레스는 한화탈레스로, 삼성종합화학은 한화종합화학 등으로 사명이 변경되었으며, 한화로 인수된 후 이들 회사의 경영실적도 좋아져 M&A가 성공적인 것으로 평가되고 있다(머니투데이, 2015.11.26.).

| 그림 15-1 | 한화와 삼성의 M&A (단위 : %, 보유지분)

거하고 매각대금을 주력사업 부문에 투자하여 경쟁력을 한층 강화할 수 있게 된 것으로 평가되고 있다.[30)]

제 2 절 인수대상기업의 가치평가

기업의 합병, 인수 및 사업구조 재편성이 어떤 목적으로 이루어지든 간에 그 절차는 다음과 같다.

- 기업의 장기목표 설정
- 기업전략의 마련(국제화, 다각화, 사업구조 재편성, 철수)
- M&A 대상기업의 선정
- M&A 대상기업의 평가
- 교섭과 인수의 실행
- 인수 후의 통합화전략 실행

이 절차 중에서 대상기업의 선정과 대상기업의 평가단계에서 재무정보의 유용성이 크

30) 이상의 내용은 관련 회사의 공시와 뉴스핌, 매경닷컴, 연합뉴스 등의 기사를 참조한 것임.

다. 본절에서는 재무정보가 대상기업의 가치평가에 어떻게 활용될 수 있는가를 살펴보기로 한다.

1. 기본원칙과 NPV 계산 예

(1) 기본원칙

기업 A가 기업 B를 목표기업으로 정하여 합병(혹은 인수)을 시도하는 경우를 생각하여 보자. 합병의 타당성여부는 다음 세 단계로 검토하는 것이 바람직하다.[31] 첫째, 합병 후의 기업가치 V_{AB}가 합병 전의 기업 A의 가치 V_A와 기업 B의 가치 V_B의 합을 초과하느냐, 즉 시너지가 발생하는지를 평가한다.

$$\text{합병에 의한 이득} = V_{AB} - (V_A + V_B) \tag{15-1}$$

합병에 의한 이득이 양(+)일 때, 즉 시너지가 있을 경우에만 합병이 경제적으로 타당성을 갖는다. 둘째, 기업 B를 인수하는 데 들어가는 비용을 고려해야 한다. 비용은 기업 B를 합병하기 위해 지급한 대가(현금, 주식)로부터 기업 B의 가치를 차감한 것으로 정의된다.

$$\text{합병에 의한 비용} = \text{합병대가} - V_B \tag{15-2}$$

셋째, 최종적인 합병의 타당성은 합병에 의한 이득이 합병에 의한 비용을 초과하느냐를 검토하여 결정한다. 즉,

$$\begin{aligned} \text{합병의 } NPV &= \text{합병에 의한 이득} - \text{합병에 의한 비용} \\ &= V_{AB} - (V_A + V_B) - (\text{합병대가} - V_B) \end{aligned} \tag{15-3}$$

한편, (식 15-3)을 다시 쓰면 (식 15-4)가 된다.

$$\begin{aligned} \text{합병의 } NPV &= (V_{AB} - \text{합병대가}) - V_A \\ &= V_{AB} - (\text{합병대가} + V_A) \end{aligned} \tag{15-4}$$

(식 15-4)의 상단에서 등호 오른쪽의 첫째 항은 합병을 행한 후에 기업 A에 돌아가는

31) R.A. Brealey and S.C. Myers, *Principles of Corporate Finance*(McGraw-Hill, 1989), pp. 794~795.

부(富)이고, 둘째 항은 합병을 하지 않은 경우에 기업 A에 돌아가는 부이다. 그러므로 기업 A는 전자가 후자를 초과할 경우에만 합병으로 이득을 볼 수가 있고, 예상된 시너지가 나타나지 않거나 합병대가를 지나치게 높게 부담한다면 합병에 의해서 오히려 손해를 볼 수도 있을 것이다. 즉, (식 15-4)의 하단에서 보듯이 합병으로 인한 시너지효과를 포함한 전체기업가치가 A사 단독의 기업가치 및 B사에 지급된 합병대가를 초과해야만 합병의 경제적 타당성이 있게 된다는 말이다.

(2) 합병의 NPV 계산과 해석 예

합병의 경제적 타당성을 계산하고 해석하는 예를 들어보자. 시멘트업종에 속하는 A사의 기업가치는 4,000억 원으로 추정되고 있고 A사보다 규모가 작은 B사의 기업가치는 1,000억 원으로 추정되고 있다. 최근 A사의 이사회는 B사를 흡수, 합병할 것을 결정하였는데, 합병이 이루어질 경우 규모의 경제에 의한 제조원가의 하락, 마케팅비용과 연구개발비의 절감 등으로 인하여 원가절감의 현재가치가 500억 원에 이를 것으로 전망되고 있다. 한편, B사의 이사회는 A사의 합병 제안에 대하여 원칙적으로 동의하였으며, 다만 B사의 기업가치를 현재의 기업가치 대비 30%의 프리미엄을 가산한 1,300억 원으로 평가해 줄 것을 요구하기로 하였다. B사의 요구대로 합병거래가 성사된다고 간주하고 두 회사 합병의 NPV를 산출하여 보면 다음과 같다.

$$\text{합병에 의한 이득} = V_{AB} - (V_A + V_B) = 5{,}500 - (4{,}000 + 1{,}000) = 500\text{억 원}$$

$$\text{합병에 의한 비용} = \text{B사 합병대가} - V_B = 1{,}300 - 1{,}000 = 300\text{억 원}$$

$$\text{합병의 } NPV = 500\text{억 원} - 300\text{억 원} = 200\text{억 원}$$

그러므로 두 회사의 합병은 양(+)의 NPV를 발생시키므로 경제적 타당성이 있다.

그러면 합병이 결정되어 발표되었을 경우 각 회사의 주가는 어떤 반응을 보일 것인가? B사의 주주들은 현재가치에 비하여 30%의 프리미엄을 더 받게 되므로 주가도 30% 상승이 예상된다. 그러나 A사의 주주는 합병의 이득 500억 원 중에서 200억 원만을 차지하게 되므로 주가상승은 5%(200억 원/4,000억 원)에 그칠 것으로 보인다. 따라서 합병의 NPV는 (식 15-4)의 상단과 같이 A사의 주주 입장에서 평가한 순이득과 동일하다. 즉,

$$
\begin{aligned}
\text{A사 입장에서 본 합병의 순이득} &= \text{합병을 한 경우의 기업가치} \\
&\quad - \text{합병을 안한 경우의 기업가치} \\
&= (V_{AB} - \text{합병대가}) - V_A \\
&= (5{,}500 - 1{,}300) - 4{,}000 = 200\text{억 원}
\end{aligned}
$$

많은 경우 두 회사 간의 합병이 발표되었을 때 목표기업(피합병기업)의 주가는 크게 상승하지만, 제의기업(합병기업)의 주가는 상승폭이 미미하거나 오히려 하락하는 것을 볼 수 있다. 이는 투자자들이 "제의기업이 추정하는 합병의 이득(즉, 시너지효과)이 의심스럽다."거나, 아니면 "피합병기업에 지불하는 합병대가가 너무 비싸다."는 시그널을 자본시장에 보내는 것이라고 해석할 수 있다.

이상에서 분석한 바와 같이 합병의 타당성을 평가하기 위해서는 합병에 의한 이득과 합병에 의한 비용을 정확히 파악할 필요가 있다. 여기서 합병 후의 기업가치 V_{AB}를 추정해야 하고, 시너지 및 합병대가를 결정하기 위해서는 합병대상기업의 가치 V_B를 산정해야 한다. 이 중에서 합병 후의 기업가치 V_{AB}를 추정함에 있어서는 전략적 우위에 의한 매출증대, 규모의 경제에 의한 원가절감, 그리고 영업손실의 이월에 의한 세금절감 등 시너지효과에 의한 현금흐름의 증가를 반드시 고려해야 한다. 따라서 어떤 평가방법을 이용하더라도 V_{AB}를 정확하게 추정한다는 것은 아주 어려운 작업이다.

합병대상기업의 가치를 정확히 계산하는 것은 합병대가결정의 기초가 되기 때문에 합병 이후의 기업가치를 추정하는 것 못지 않게 중요하며, 이는 일반적인 기업인수거래에서도 마찬가지이다. 다음 항에서는 인수대상기업(목표기업) 또는 사업부문의 가치를 파악하는 방법을 알아보기로 한다.

2. 여유현금흐름할인법

여유현금흐름할인법(discounted free cash flow method : DFCF법)은 인수대상기업이나 사업부문에서 기대되는 여유현금흐름을 그 기업이나 사업부문의 위험을 고려한 적절한 자본비용으로 할인한 현재가치를 구하여 기업가치를 평가하는 방법이다.[32] 이방법은 ① 여유현금흐름을 예측해야 하는 기간의 결정 ② 예측기간 중의 여유현금흐름 및 예측기간 말

32) 여유현금흐름할인모형에 관한 자세한 내용은 제13장을 참조하기 바람.

의 잔여가치에 대한 추정 ③ 기간별 여유현금흐름 및 잔여가치의 할인에 의한 현재가치 결정의 순으로 이루어진다.

여유현금흐름(free cash flow : FCF)은 다음과 같이 계산된다.

$$\begin{aligned}\text{여유현금흐름} = &(\text{매출액} - \text{영업비용}) \times (1 - \text{법인세율}) \\ &+ \text{감가상각비 등 비현금영업비용} \\ &- \text{순운전자본투자액} \\ &- \text{자본투자지출액} \end{aligned} \qquad (15\text{-}5)$$

(식 15-5)에서 보는 바와 같이 여유현금흐름은 세후영업이익에다 감가상각비 등 비현금영업비용을 가산하고, 순운전자본, 부동산과 시설투자 등 자본투자지출액을 차감하여 계산한다. 따라서 여유현금흐름에는 이자비용이나 현금배당과 같은 자금조달과 관계된 현금흐름은 포함되지 않는다.

여유현금흐름에 적용할 할인율은 부채와 지분의 자본비용을 부채와 지분의 구성비로 가중한 가중평균자본비용(weighted average cost of capital : WACC)을 이용한다. 가중평균자본비용은 (식 15-6)과 같다.

$$WACC = k_d(1-t)(B/V) + k_p(P/V) + k_e(S/V) \qquad (15\text{-}6)$$

k_d : 부채의 세전자본비용(세전만기수익률)
t : 법인세율
B : 이자지급부채의 시장가치
V : 평가대상기업의 시장가치($V = B + P + S$)
k_p : 우선주의 세후자본비용
P : 우선주의 시장가치
k_e : 보통주의 자본비용
S : 보통주의 시장가치

(식 15-6)에서 WACC를 추정하기 위해서는 B/V, P/V, S/V를 구해야 하는데 이는 목표기업의 자본구성의 변화여부를 감안하여 결정할 수 있다. 우선주의 세후비용 k_p는 우선주에 대한 배당금을 우선주의 주가로 나누어 계산한다. 보통주의 자본비용 k_e는 자본자산가격결정모형(CAPM)의 증권시장선(SML)이나 배당할인모형(DDM)을 이용하면 된다.

$$SML : k_e = R_f + [E(R_m) - R_f]\beta$$

$$DDM : k_e = \frac{E(D)}{P} + g \qquad (15\text{-}7)$$

위 식에서 R_f는 무위험이자율을, $E(R_m)$은 종합주가지수의 예상수익률을, 그리고 β (beta)는 주식의 체계적 위험을 나타낸다. $E(D)$는 예상되는 주당배당금을, P는 현재주가를, g는 주당배당금의 성장률을 의미한다.

예를 들어, 과자류제조회사인 H사는 2×10년 초에 냉동식품(冷凍食品)을 취급하는 J사의 인수를 고려 중이라 하자. 현금흐름의 예측기간은 10년으로 잡고 있는데, 〈표 15-4〉에는 그중 3개연도(2×10~2×12)에 대하여 영업실적의 추정치, 예상되는 운전자본의 증감 및 자본지출, 기타자산의 변화를 근거로 여유현금흐름을 산출하는 과정을 적어놓았다.

표 15-4 J사의 여유현금흐름 계산과정 (단위 : 백만 원)

항목	2×09(실적)	2×10(추정)	2×11(추정)	2×12(추정)
매출액	2,170	2,387	2,625	2,888
(−)영업비용	1,893	2,083	2,291	2,520
영업이익	277	304	334	368
(−)법인세	61	67	73	81
세후영업이익	216	237	261	287
(+)감가상각비	56	63	70	77
총현금흐름	272	300	331	364
순운전자본투자액	39	18	20	22
자본투자지출액	242	148	163	180
(−)총투자액	281	166	160	202
여유현금흐름	(9)	134	148	162

2×10년부터 2×19년까지의 10년간에 걸쳐 이상과 같은 방법으로 구한 여유현금흐름의 추정치 및 2×19년 말의 잔여가치가 〈표 15-5〉와 같다고 하자.

표 15-5 J사의 여유현금흐름과 잔여가치 (단위 : 백만 원)

항목	2×10	2×11	2×12	2×13	2×14	2×15	2×16	2×17	2×18	2×19
여유현금흐름	134	148	162	174	187	202	218	236	255	276
잔여가치										4,200

주 : 2×19년 말의 잔여가치 4,200백만 원은 2×19년의 여유현금흐름 276백만 원이 연 5%로 무한히 성장한다고 가정하고 항상성장모형을 이용하여 계산한 것임. 이 경우 자본비용은 11.9% 적용. 그러므로 잔여가치=276×(1+0.05)/(0.119−0.05)=4,200.

J사에 적용할 자본비용을 구하여 보자. J사는 시장가치를 기준으로 현재 부채가 25.0%, 보통주지분이 75.0%로 구성되어 있고 앞으로도 자본구성에는 변동이 없을 것으로 추정되고 있다. 현재 부채의 세전수익률로 측정한 세전자본비용은 9.9%, 보통주의 자본비용은 13.3%이고 향후 변동이 없다고 가정한다. 전기간 중 예상되는 법인세율은 22.0%이다. 이때 가중평균자본비용은 11.9%로 계산된다. 즉,

$$
\begin{aligned}
WACC &= k_d \times (1 - t) \times (B/V) + k_e \times (S/V) \\
&= 9.9 \times (1 - 0.22) \times (0.25) + 13.3 \times (0.75) \\
&= 11.9\%
\end{aligned}
$$

이상의 자료에 의해서 J사의 기업가치를 구하면 〈표 15-6〉와 같이 2,416백만 원이 된다. 만약 이 회사의 부채가치가 254백만 원이라면 총주식가치는 2,162백만 원이며, 이 회사의 발행주식수가 100,000주라면 적정 주당주식가치는 21,620원으로 추정된다.

여유현금할인법이 과학적인 평가방법이긴 하지만, 미래의 여유현금흐름과 자본비용의 추정에 오류가 발생하기 쉽고 이에 따라 추정된 기업가치 역시 실제의 내재가치와는 다를 수 있다. 그러므로 분석자는 여유현금할인법에 의한 기업가치와 이를 보완할 수 있는 방법에 의한 기업가치를 비교하면서 인수대상기업을 평가하는 것이 바람직하다.

표 15-6 J사의 기업가치와 보통주가치 (금액 단위 : 백만 원)

연도	여유현금흐름(FCF)	현가요소(11.9%)	FCF의 현가
2×10	134	0.8937	119.7
2×11	148	0.7986	118.2
2×12	162	0.7137	115.6
2×13	174	0.6378	111.0
2×14	187	0.5700	106.6
2×15	202	0.5094	102.9
2×16	218	0.4552	99.2
2×17	236	0.4068	96.0
2×18	255	0.3635	92.7
2×19	276	0.3249	89.7
잔여가치	4,200	0.3249	1,364.4
기업가치			2,416.0
(−)부채가치			(−)254.0
총주식가치			2,162.0
주당주식가치(발행주식수 : 100,000주)(원)			21,620

3. 보완방법

(1) 증권시장의 이용

주식시장에서 특정회사의 주식이 거래되므로, 그 회사의 기업가치에 관한 직접적인 정보를 알 수 있다. 목표기업의 현재주가는 인수를 시도하는 측이 지불해야 하는 최소가격을 나타낸다. 그 이유는 다음과 같다. ① 인수 또는 매수는 경영진교체 등에 의한 시너지효과를 통하여 목표기업의 가치를 증가시킬 것으로 예상된다. ② 인수를 시도하는 측은 현재의 주가에 반영되지 않았다고 생각하는 내부정보를 보유할 수도 있다. ③ 주식시장은 공개된 정보조차도 완전히 반영하지 못하고 있어, 인수나 매수의 시도는 목표기업가치의 저평가를 겨냥한 것으로 간주된다. 실제로 인수 시에 지불되는 프리미엄의 비율은 평균적으로 현재주가의 38~50%에 이른다.

주식시장은 또한 기업가치에 관하여 간접적인 정보도 제공한다. 즉, 목표기업의 기업가치를 추정함에 있어 동일업종에 상장된 다른 회사의 주가를 참조할 수 있다. 이 경우에는 다음과 같은 과정이 필요하다. ① 목표기업과 대응시킬 수 있는 몇 개의 적절한 비교기업을 선정한다. ② 비교기업의 재무제표정보와 기타특성이 주가와 어떤 관계를 갖는가를 조사하여 본다. ③ 앞에서 조사한 관계와 목표기업의 재무적 특성을 이용하여 목표기업의 주가를 추정한다. 이 방법은 개인기업이나 사업부문을 평가하고자 할 때 도움이 될 것이다.

(2) 기업인수시장의 이용

기업인수시장은 합병, 인수, 사업부문의 처분, 부채에 의한 기업매수 등을 통하여 기업의 전체 또는 부분이 거래되는 시장을 말한다. 기업인수시장에서는 특정 회사 또는 사업부문을 사고자 하는 가격이 이미 형성되어 있을 수 있다. 기업인수시장이 활발할 경우, 미래에 이루어질 기업인수에 대해 지불해야 하는 프리미엄의 예측이 용이하게 된다.

(3) 개별자산과 부채가치의 평가

이는 기업이 보유하는 개별자산과 부채의 가치를 비교하여 기업가치를 평가하는 방법이다. 보통 대차대조표에 계상되는 자산과 부채의 항목들은 취득원가로 계상되어 있으므로 그대로 이용할 수는 없지만, 기업가치를 평가하는 데 기초자료가 될 수 있다. 취득원가와 시가가 많이 차이나는 항목인 재고자산, 토지, 건물, 관계회사 투자자산 등에 대해서는 조정이 필요하다. 또한 유형자산과 무형자산에 대한 상각의 적정성 여부, 영업권과 특허권 및 개발비 등 무형자산의 가치를 검토할 필요가 있다.

(4) 주가수익비율 및 주가순자산비율의 이용

목표기업의 주식이 상장되지 않은 경우에는 같은 업종에 있는 비교기업의 주가수익비율(PER)이나 주가순자산비율(PBR)을 이용하여 주식가치를 평가할 수 있다. 즉,

목표기업의 주식가치 = 비교기업의 PER × 목표기업의 세후순이익

목표기업의 주식가치 = 비교기업의 PBR × 목표기업의 순자산

예를 들어, 자동차부품제조기업으로 비상장된 D사를 목표기업으로 정하여 주식가치를 평가해야 하는 경우를 상정하기로 한다. D사는 비상장회사이므로 상장회사로서 자동차제조업에 속한 A, B, C사의 PER에 관한 자료를 수집하였는데, 자료는 〈표 15-7〉의 상반부와 같다.

D사의 주식가치를 산출하기 위해서 적용할 PER을 계산해야 하는데, 최근 연도에 큰 비중을 두는 가중평균을 쓰는 것이 바람직하다. 가중평균 PER의 계산 예가 〈표 15-7〉의 하반부에 나와 있다.

표 15-7 비교기업의 PER

구분	2×08	2×09	2×10
A	27	24	20
B	23	21	17
C	18	20	18
평균 PER	22.7	21.7	18.3
연도	**평균 PER**	**가중치**	**평균 PER×가중치**
2×10	18.3	6	109.8
2×09	21.7	3	65.1
2×08	22.7	1	22.7
합계		10	197.6
가중평균 PER = 197.6/10 = 19.76 = 19.8			

이제 목표기업인 D사의 2×10년도 세후순이익총액이 6,460백만 원이라면 이 회사의 지분가치는 127,908백만 원으로 평가된다.

$$\text{D사의 지분가치} = 19.8 \times 6,460 = 127,908\text{백만 원}$$

(5) 합병비율의 산정

합병신고에 있어서 가장 핵심적인 사항이 합병비율의 산정이다. 왜냐하면 합병비율이 당사회사의 기업가치를 정확히 반영하지 못할 경우 특정회사나 그 대주주 등에게 부당이득이나 손실을 갖다줄 수 있기 때문이다.

현행규정에 의하면 주권상장법인 간 합병의 경우에는 기준주가를 기준으로 하여 합병비율을 결정하도록 되어 있다.[33] 여기서의 기준주가란 합병을 위한 이사회 결의일과 합병계약을 체결한 날 중 앞서는 날의 전일을 기산일로 하여 기산일의 종가(A)와, 기산일을 기준으로 소급하여 거래량으로 가중평균한 1개월과 1주일의 평균종가 및 기산일종가의 산술평균주가, 즉「(1개월 평균종가+1주일 평균종가+기산일종가)/3」(B) 중에서 낮은 금액으로 결정된다.

사례 15-7 삼성물산과 제일모직의 합병

2015년 9월 1일 이루어진 삼성물산과 제일모직의 합병에 대하여 소개하고자 한다. 구체적인 과정은 다음과 같다. 2015년 5월 26일 삼성그룹 계열회사인 제일모직과 삼성물산은 이사회 결의를 거쳐 합병비율 1 : 0.35로 합병하기로 하는 합병계약을 체결하고, 2015년 7월 17일 합병계약서의 승인을 위한 주주총회를 개최하기로 하였다. 제일모직과 삼성물산은 2015년 7월 17일 주주총회를 거쳐 같은 해 9월 1일까지 합병을 마무리한다는 계획이었지만 삼성물산 주주들의 반대가 강하였다. 문제는 1(제일모직) : 0.35(삼성물산)의 합병비율이었다. 자본시장법에서는 합병비율을 합병계약 전날인 2015년 5월 25일을 기산일로 하여 최근 1개월간 거래량 가중산술평균종가, 최근 1주일간 거래량 가중산술평균종가, 기산일의 종가를 산술평균하여 산정하도록 규정하고 있다(자본시장법 시행령 제176조의 5(합병의 요건 · 방법 등)). 이 규정에 따라 삼성물산 주식의 기준시가는 55,767원, 제일모직 주식의 기준시가는 159,294원으로 계산되었으며 합병비율도 자동적으로 산정되었다. 하지만 삼성물산 주주들은 합병계획이 발표되었던 시기가 삼성물산의 주가는 저평가된 반면 제일

---

33) 합병 시 기업가치의 평가와 관련된 법규 및 규정으로는 '자본시장과 금융투자업에 관한 법률 시행령(제176조의 5〈합병의 요건 · 방법 등〉)', '증권의 발행 및 공시 등에 관한 규정(제5-13조〈합병가액의 산정기준〉)', '증권의 발행 및 공시 등에 관한 규정 시행세칙(4조〈합병가액의 산정방법〉, 5조〈자산가치〉, 6조〈수익가치〉, 7조〈상대가치〉, 8조〈분석기준일〉)' 등이 있다.

모직의 주가는 가장 고평가된 시기라고 주장하며 합병을 반대하였다.

국내외 의결권 자문회사들도 대부분 반대 의견을 표명했다. 국내에서는 서스틴베스트와 한국기업지배구조원이 반대 입장을 밝혔다. 해외에서는 ISS와 글라스루이스가 반대 의견을 제시하였다. 특히 ISS는 삼성물산의 주가는 순자산에 비해 49.8% 저평가되어 있고 제일모직 주가는 41.4% 고평가되어 있기 때문에, 합병이 삼성물산 주주들의 부를 훼손함을 주장하였다.

삼성물산 지분 33%를 차지하는 외국인 투자자의 대부분은 반대 입장을 취하였다. 특히 외국계 펀드인 엘리엇 (Elliot Associates, L.P.)은 2015년 6월 4일경 삼성물산 주식 7.12% 보유사실을 공시하고 경영참가 목적을 밝히며 합병비율이 삼성물산 주주에게 불리하다는 이유로 합병을 적극 반대하였다. 또한 엘리엇은 삼성물산이 우호지분 확보를 위해 KCC에 매각한 자사주 899만 주의 주주총회 의결권을 인정하지 말아달라며 법원에 가처분 신청을 하였다. 하지만 2015년 7월 1일 법원은 이를 기각하였다.

삼성물산은 합병안 통과를 위해 출석주주 의결권의 3분의 2 이상을 확보해야 했다. 이와 같은 상황에서 삼성물산 주식 11.21%를 보유한 국민연금의 의결권행사 방향에 따라 합병의 성사여부가 갈리게 되었다. 국민연금이 합병 안건의 캐스팅보드를 쥐게 된 것이다. 최종적으로 국민연금은 2015년 7월 10일 투자위원회 회의를 통해 합병 안건에 대한 '찬성' 을 의결하였다.

2015년 7월 17일 개최된 삼성물산의 주주총회에서는 83.57%의 주주가 참여하였으며 이 중 69.3%의 주주가 합병에 찬성하였다. 국내 기관투자자 133곳 가운데 국민연금을 비롯한 130곳이 찬성 투표를 하였고, 국내 증권사 22곳 가운데 한화투자증권만 반대에 투표하였다.

주권상장법인과 주권비상장법인 간 합병에 있어, 주권상장법인의 경우에는 주권상장법인 간 합병 시에 산출한 기준주가를 합병가액으로 하되 합병가액이 자산가치에 미달하는 때는 자산가치를 합병가액으로 할 수 있다. 주권비상장법인의 경우에는 본질가치와 상대가치를 산술평균한 것을 합병가액으로 한다. 다만, 상대가치를 구할 수 없는 경우에는 본질가치를 합병가액으로 한다. 본질가치는 당해 회사의 주당순자산으로 계산되는 자산가치와 주당추정이익을 자본환원율로 나눈 수익가치의 가중산술평균으로 산출된다. 즉,

$$\text{주당합병가액} = \frac{\text{본질가치} + \text{상대가치}}{2}$$

$$\text{본질가치} = \frac{\text{자산가치} \times 1.0 + \text{수익가치} \times 1.5}{2.5}$$

$$\text{자산가치} = \frac{\text{순자산}}{\text{발행주식의 총수}}$$

$$\text{수익가치} = \frac{\text{주당추정이익}}{\text{자본환원율}}$$

단, 자본환원율 = 시중은행의 1년만기 정기예금 평균이자율×1.5

한편, 상대가치란 평가대상회사와 업종이 유사한 주권상장법인, 즉 유사회사의 주가를 기준으로 평가대상회사와 유사회사의 주당순자산 및 주당법인세비용차감전 계속사업이익을 비교하여 구한 주권비상장법인의 추정주가를 의미한다.[34] 구체적으로는 유사회사의 비교가치를 평균한 가액의 30% 이상을 할인하여 계산하며, 유사회사별 비교가치는 다음과 같이 구한다.

$$\text{유사회사별 비교가치} = \text{유사회사 주가} \times \left[\frac{\text{당해 회사 주당법인세비용차감전 계속사업이익}}{\text{유사회사 주당법인세비용차감전 계속사업이익}} + \frac{\text{당해 회사 주당순자산}}{\text{유사회사 주당순자산}} \right] \times \frac{1}{2}$$

$$\text{상대가치} = \text{유사회사별 비교가치의 평균} \times 0.70$$

사례 15-8 S&T중공업의 S&T브레이크 합병

2008년 9월 2일 주권상장법인 S&T중공업은 이사회결의를 거쳐 계열사로서 주권비상장법인인 S&T브레이크를 흡수합병한다고 발표하였다. S&T중공업은 차축과 변속기 등 차량부품, 공작기계, 주물, 장갑차용 트랜스미션 등의 방위산업제품을 생산하는 회사이며, 헬기 및 스마트무인항공기 개발참여와 풍력발전용 파워트레인개발 등으로 신성장동력도 확보한 것으로 평가되고 있다. 합병의 목적은 "양사 간 합병을 통하여 국내외 경영환경 변화에 적극 대처하고 경영효율성 증대 및 시너지효과의 극대화를 통하여 장기적인 기업가치를 제고하기 위함"으로 제시되었다. 합병비율은 S&T브레이크 보통주식 1주당 S&T중공업 보통주식 1.879533주를 교부하게 되는 1:1.879533으로 결정되었으며 산출근거는 다음과 같다.

합병회사인 S&T중공업의 합병가액 10,700원(액면가액 2,500원)은 이사회결의일과 합병계약을 체결한 날의 전날(2008년 9월 1일)을 기산일로 하여 계산된 기준주가 10,700원과 이 회사의 자산가치 9,054원 중 높은 가액으로 선정된 것이다. 기준주가는 [기산일종가 10,700원+1주일간의 거래량 가중산술평균종가 11,071원+1개월간의 거래량 가중산술평균종가 11,576원]/3=11,116원과 기산일종가 10,700원 중 낮은 가액, 즉 Min [11,116원, 10,700원]=10,700원에 의하여 계산되었다.

피합병회사인 S&T브레이크의 합병가액 20,111원(액면가액 2,500원)은 이 회사와 비교할 수 있는 2사 이상의 유사회사를 찾을 수 없어 본질가치로만 산정된 것이다. 본질가치의 계산과정은 다음과 같다.

---

34) 유사회사는 합병당사회사와 자본금, 매출액규모, 주요 재무비율, 주당수익력 및 제품구성비 등이 가장 유사한 주권상장법인으로서 다음의 요건을 구비한 2사 이상의 주권상장법인으로 하도록 되어 있다. 1) 주당법인세비용차감전 계속사업이익이 액면가액의 10% 이상일 것, 2) 주당순자산이 액면가액 이상일 것, 3) 상장일이 속하는 사업연도의 결산을 종료하였을 것, 4) 최근 사업년도의 재무제표에 대한 감사인의 감사의견이 '적정' 또는 '한정' 일 것 등이다(증권의 발행 및 공시 등에 관한 시행세칙 제7조).

$$\text{주당자산가치} = \frac{\text{조정후 순자산가액}}{\text{발행주식총수}}$$

$$= \frac{3{,}251{,}625\text{천 원}}{180{,}000\text{주}} = 18{,}065\text{원}$$

$$\text{주당수익가치} = \frac{\text{가중평균주당추정이익}}{\text{자본환원율}}$$

$$= \frac{1{,}188\text{원}}{0.05532} = 21{,}475\text{원}$$

$$\text{본질가치} = \frac{\text{주당자산가치} \times 1.0 + \text{주당수익가치} \times 1.5}{2.5}$$

$$= \frac{18{,}065 \times 1.0 + 21{,}475 \times 1.5}{2.5} = 20{,}111\text{원}$$

그러므로 두 회사 간의 합병비율은 10,700원 : 20,111원=1 : 1.879533으로 결정된 것이다.

제3절 인수후보기업의 발견과 재무정보

합병, 인수 및 구조 재편성의 연구에서는 인수기업과 피인수기업의 재무적 특성이 어떻게 다른가, 그리고 인수목표가 되는 후보기업(takeover candidates)을 어떻게 발견할 수 있을 것인가에 관해서 관심이 많다. 여기서는 재무정보를 이용하여 후보기업을 발견하고자 한 연구와, 예측모형에 의해 선정된 후보기업의 주가움직임을 분석한 연구를 살펴보자.

1. 인수후보기업의 발견

재무정보를 이용하여 인수대상이 될 만한 후보기업을 선정하고자 하는 연구로는 먼저 팔레프(K. Palepu)의 연구를 들 수 있다. 팔레프는 합병, 인수에 관한 기존이론 및 실무를 검토하여 다음과 같은 가설과 설명변수를 제시하였다.[35)]

35) K.G. Palepu, "The Determinants of Aquisition Likelihood," *Working Paper*(Harvard Univ. Press, 1985); K.G. Palepu, "Predicting Takeover Targets : A Methodological and Empirical Analysis,"

첫째, 낮은 경영성과만을 내고 있는 기업은 후보기업이 될 가능성이 높다. 경영성과의 지표로는 실제수익률에서 시장모형에 의한 정상수익률을 차감한 수익률을 평균한 평균초과수익률(AER)이 선정되었다.

둘째, 성장성과 재무자원이 불균형상태에 있는 기업이 후보기업이 될 가능성이 높다. 즉, 성장성이 낮은 반면 재무자원이 많은 기업이나, 성장성은 높은 반면 재무자원이 적은 기업일수록 후보로 선택된다는 것이다. 성장성은 매출액의 연간증가율(GRS)로 측정되었다. 재무자원은 현금과 유가증권의 합에서 유동부채를 차감한 순유동성자산을 자산총계로 나눈 유동성비율(LIQA)과, 고정부채를 자기자본으로 나눈 부채비율(LEV)로 계산되었다. 연구에서는 저성장/고유동성/저부채비율의 조합이나 고성장/저유동성/고부채비율의 조합을 갖는 기업에는 1을, 나머지 기업에는 0을 부여하는 더미변수(MDUM)를 이용하고 있다.

셋째, 구조 재편성이 활발한 업종에 속한 기업일수록 후보기업이 되기 쉽다. 이 가설은 기술, 산업구조, 규제환경의 변화와 업종이 관계가 있고, 이런 업종에서 기업인수가 많이 일어난다는 견해를 반영하고 있다. 대용변수로는 더미변수(IDUM)를 쓰고 있는데, 1년 전에 적어도 1건 이상의 인수가 일어난 산업에 속한 기업에는 1을, 나머지 기업에는 0을 부여하고 있다.

넷째, 기업의 규모가 작을수록 후보기업이 될 가능성이 높다. 이는 기업규모가 작을수록 인수관련 비용이 적게 들고 또 원매자(願買者)의 수도 적어 인수가 용이하다는 현실을 반영한다. 기업규모는 자산총계(SIZE)로 측정하였다.

다섯째, 기업의 시장가치가 장부가치에 비하여 낮은 기업일수록 후보기업으로 선정될 것이다. 이는 보유하는 자산의 가치에 비하여 시장가치가 저평가된 기업일수록 인수되기 쉽다는 견해를 검토하기 위한 것이다. 보통주의 시장가치를 장부가치로 나눈 비율(PBR)이 선정되었다.

여섯째, 주가수익비율(PER)이 낮은 기업일수록 인수대상이 되기 쉽다. 현실적으로 볼 때, PER이 높을수록 인수비용이 많이 들게 된다. 또 PER이 낮다는 것은 미래의 현금흐름이 지나치게 높은 할인율로 할인된다는 것을 의미한다. PER은 주가를 주당이익으로 나누어 산출하였다.

팔레프는 1971년부터 1979년까지 인수된 163개 기업(목표기업)과, 인수되지 않은 기업(통제기업) 256개를 무작위로 선택하여 표본을 구성하였다. 〈표 15-8〉은 목표기업과 통제

Journal of Accounting and Economics, 8(1986), pp. 3~35.

기업에 대하여 재무정보가 어떻게 차이나는지를 보여주고 있다. t값은 평균의 차이가 통계적으로 의미가 있는가를 검증하기 위한 것으로, 그 값이 클수록 평균의 차이를 신뢰할 수 있다는 것을 뜻한다.

표 15-8 목표기업과 통제기업의 재무적 특성

설명변수	목표기업	통제기업	t값
AER(%)	0.08	0.13	2.63
MDUM	0.41	0.30	2.38
GRS(%)	12.70	16.40	2.63
LIQA(%)	29.60	29.70	0.05
LEV(%)	46.20	62.10	1.44
IDUM	0.23	0.38	3.32
SIZE(백만 달러)	134.90	818.00	4.62
PBR(배)	1.08	1.09	0.04
PER(배)	11.00	8.40	1.75

자료 : Palepu(1985), p.26.

〈표 15-8〉의 내용을 요약하면 다음과 같다. ① 목표기업은 인수 이전의 통제기업에 비하여 낮은 주식수익률을 보이고 있다. 이는 기업인수가 비효과적인 경영진을 교체하는 수단이 된다는 가설과 일치한다. ② 목표기업은 성장과 재무자원의 불균형이 심한 경향이 있는데, 특히 성장률과 부채비율이 낮다. ③ 목표기업의 평균적 규모는 인수되지 않은 기업에 비하여 작다. ④ 예상과 달리 기업의 인수는 전년도에 인수가 있었던 산업보다 그렇지 않은 산업에서 더 많이 일어나는 것으로 나타나고 있다. ⑤ 유동성수준, 기업의 주가순자산비율, 그리고 PER 수준은 인수기업과 통제기업 간에 큰 차이가 없는 것으로 보인다. 결국 〈표 15-8〉을 통해서 어떤 특성을 가진 기업이 인수후보가 되기 쉬운가를 짐작할 수 있다.

디트리치와 소렌슨(J.K. Dietrich and E. Sorenson)도 재무정보가 합병대상기업을 사전에 예측하는 데 도움이 된다는 것을 보이고 있다.[36] 이들은 1969~1973년 기간 중 합병당한 24개 기업과 합병되지 않은 43개 기업을 추정표본으로 하여 로짓모형(logit model)을 작성하였다. 괄호 안의 숫자는 계수의 통계적 신뢰도를 나타내는 t통계량의 값이다.[37]

36) J.K. Dietrich and E. Sorenson, "An Application of Logit Analysis to Prediction of Merger Targets," *Journal of Business Research*, 12(1984), pp.393~402.

37) 일반적으로 로짓모형은 다음과 같다.

$$P(Y) = [1 + e^{-Y}]^{-1} \qquad \text{단, } Y = a + b_1 X_1 + \cdots + b_k X_k$$

$$P(Y) = 1/[1 + e^{-Y}] \qquad (15\text{-}8)$$

단, $P(Y)$: 목표기업으로 선정될 확률

$$Y = -10.84 - 1.33LEV - 0.74DIV - 11.64TUV - 5.74SIZE + 2.55VOL$$
$$(-3.20)\quad(-1.37)\quad(-2.51)\quad(-3.01)\quad(-2.40)\quad(1.62)$$

(식 15-8)에서는 LEV는 고정부채/자산총계로 측정한 부채비율이고, DIV는 배당금/세후순이익으로 측정한 배당성향이다. TUV는 매출액/자산총계로 측정한 총자산회전율이고, SIZE는 지분의 시장가치로 측정한 기업규모이다. VOL은 인수연도의 주식거래량이다. LEV의 계수가 (–)인 것은 부채비율이 높을수록 이용하지 않은 부채수용능력이 별로 없어 합병될 가능성이 낮다는 것을 의미한다. DIV의 계수 및 TUV의 계수가 (+)인 것은 배당성향이 높은 기업일수록 수익성 있는 투자기회가 적기 때문에, 그리고 회전율이 높은 기업은 효과적인 경영활동을 수행함으로써 합병대상이 될 가능성이 낮다는 것을 의미한다. SIZE는 팔레프의 연구와 마찬가지로 계수가 (–)로 나오고 있다. VOL의 계수가 (+)인 것은 거래량이 높은 기업일수록 합병관련 거래비용이 적게 들어 피합병가능성이 높다는 것으로 해석된다.

디트리치와 소렌슨의 모형은 추정표본의 89.6%, 그리고 6개의 합병된 기업과 16개의 통제기업으로 이루어진 확인표본의 90.9%를 정확하게 분류하고 있다.

한국의 경우 M&A의 인수후보기업으로 거론되고 있는 기업의 특징은 다음과 같다.[38] ① 제1대주주의 지분비율이 낮으면서 주식의 소유분산이 잘 되어 있는 기업, ② 복수의 대주주가 동업상태에 있으나 대주주의 지분비율이 낮으며, 대주주들 간의 내분으로 지분확보의 경쟁이 벌어질 가능성이 높은 기업, ③ 자본금규모가 작아 소규모자본으로도 인수가 가능한 기업, ④ 토지 등 보유자산의 가치가 높으나 주가에 반영이 되어 있지 않은 기업, ⑤ 정보통신 · 금융업 등 경영다각화에 필요한 업종을 영위하는 기업, ⑥ 공익법인의 주식소유비율이 높은 기업, ⑦ 민영화관련 기업으로 민영화과정에서 지분확보의 경쟁이 발생가능한 기업 등. 이 외에도 전환사채(CB), 신주인수권부사채(BW) 등의 잠재주식을 많이 발행하여 향후 대주주의 지분비율이 낮아질 가능성이 있는 기업, 경영능력의 부족으로 적자가 지속되거나 자본잠식이 된 기업, PER이나 PBR 등의 투자지표로 보았을 때 주가가

위 식에서 $P(Y)$는 목표기업으로 선정될 확률이다. $X_1, \cdots, X_k$는 기업특성을 나타내는 변수들이고, a, b_1, $\cdots$, b_k는 추정되어야 할 계수이다. 로짓분석은 판별분석에 비하여 충족되어야 하는 통계적 조건들이 엄격하지 않고, 또한 계수의 의미가 명확한 장점이 있다. 모형의 추정 시에는 종속변수에 대하여 목표기업에는 1을, 통제기업에는 0을 부여한다. 자세한 내용은 제10장을 참조 바람.

38) 매일경제신문(1996.3.12.) 및 중앙일보(1995.12.30.).

저평가된 기업, 지주회사로 자회사(子會社)까지 인수가능한 기업 등도 인수대상기업으로 지적되고 있다.

2. 인수후보기업의 주가변화

일반적으로 인수목표가 된 기업은 단기간에 상당한 주가상승을 보이고 있다(제4절의 내용 참조). 만약 인수목표가 될 만한 기업을 사전에 찾아낸다면, 인수후보종목으로 포트폴리오를 구성하여 초과수익을 올릴 수 있을 것이다.

원슬리(J.W. Wanseley) 등은 인수후보를 찾기 위한 모형을 작성하고, 이를 이용하여 인수후보를 선정한 다음 일정기간에 걸쳐 인수후보기업의 주가변화를 조사한 바 있다.[39)]

| 그림 15-2 | 인수후보기업의 주가변화

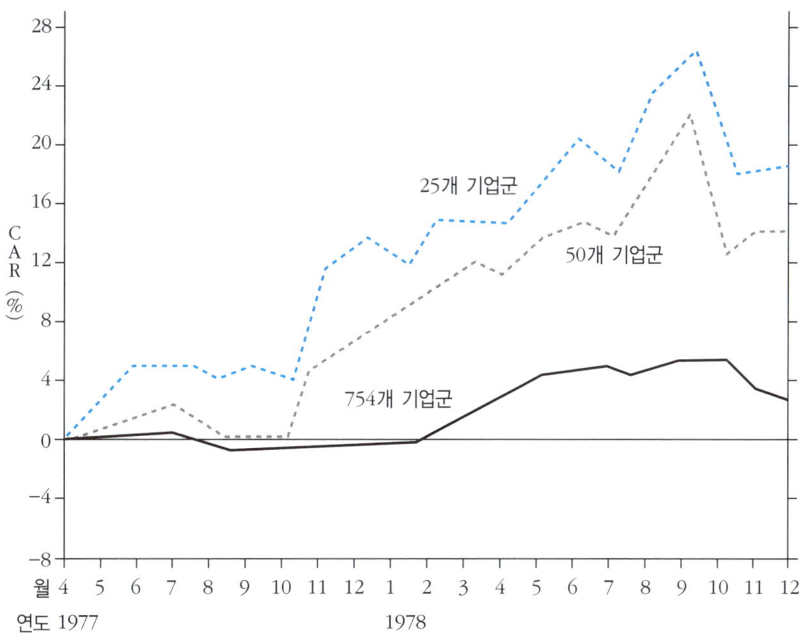

자료 : Wanseley *et al.*(1983), p.160.

39) J.W. Wanseley, R.L. Roenfeld, and P.L. Cooley, "Abnormal Returns from Merger Profiles," *Journal of Financial and Quantitative Analysis*(June 1983), pp. 149~162.

1975~1976년 기간 중 인수된 44개 기업과 인수되지 않은 44개 기업을 표본으로 하여 작성된 판별모형(判別模型)은 표본의 75%를 정확하게 분류하는 것으로 나타났다. 모형에는 주가수익비율(PER), 부채비율(고정부채/자산총계), 기업규모(순매출액), 성장성(순매출액의 증가율); 지분의 시장가치/자산총계의 5변수가 포함되었다.

이들은 다음 단계로 754개의 기업을 대상으로 1975~1976년 기간의 재무정보를 이용하여 인수후보를 선정하였다. 그중 25개 기업은 인수가능성이 아주 높은 것으로, 그리고 50개의 기업은 인수가능성이 높은 것으로 평가되었다. 이들은 1977년 3월 말을 기준으로 인수가능성이 높은 25개 기업 및 50개 기업, 그리고 754개 기업별로 포트폴리오를 만든 다음, 1977년 4월부터 1978년 12월에 걸쳐 누적초과수익률(CAR)을 계산하였다. 결과는 [그림 15-2]와 같은데, 인수후보기업에 투자했을 경우 12~21개월간 12~28%의 누적초과수익률을 올릴 수 있었다는 것이 나타나 있다.

제4절 기업인수거래의 경제적 효과분석

합병, 인수 및 기업구조 재편성 등 기업인수거래는 관련 기업의 이해관계자에게 대단한 영향을 미치게 된다. 그런데 학계나 실무계에서는 기업인수거래에 대한 규제와 관련하여 두 가지 주장이 맞서고 있다. 하나는 규제반대론(規制反對論)이다. 즉, 강제적인 기업인수는 무능한 경영자를 교체하거나 자원의 낭비를 줄이도록 하고 소유자와 경영자 간의 이해상반(利害相反)을 해소시키는 데 유효한 수단이 되고 있다. 따라서 기업의 경영성과를 개선시키고 나아가 경제 전체의 효율을 증진시키는 활동이므로 규제를 해서는 안된다는 견해이다.

다른 하나는 규제옹호론(規制擁護論)으로 논리는 다음과 같다. 기업인수는 경영자를 포함하여 거래를 주도하는 특정집단에만 이득을 주는 반면, 인수후보기업에 대해 장기적인 관점에서의 기업경영을 곤란하게 함으로써 경영성과를 떨어뜨리기 쉽다. 그리고 거래과정에서도 근로자 및 경영자를 감원시키는 등 경제 · 사회적인 측면에서도 부정적인 영향을 미치므로, 기업인수거래는 규제되어야 한다는 입장이다.

이 문제와 관련하여 중요한 것은 기업인수거래의 경제적 효과를 측정하는 것이다. 경제적 효과의 측정은 기업거래의 발표시점을 전후로 관련 기업의 주가변화를 분석하는 방법과, 재무지표를 이용하여 경영성과의 개선여부를 검토하는 방법으로 나누어진다.

1. 주가변화의 분석

기업의 합병, 인수 및 구조 재편성의 결정이 발표되면 관련 기업의 주가가 크게 변동하는 것을 볼 수 있다. 합병 및 인수에서는 목표기업(目標企業, target firms)의 주가가 단기간 내에 큰 폭으로 상승하고, 사업부문의 처분이나 기업분가의 경우에는 자산을 매각 또는 분할하고자 하는 기업의 주가가 상승하는 것이 보통이다. 이 분야의 실증연구에서는 대부분 누적초과수익률(累積超過收益率, CAR)을 이용하여 발표당일을 기준으로 수일간 또는 수주간의 주가변화를 조사함으로써, 합병 또는 사업구조 재편성과 관련된 거래의 발표가 주가에 미치는 영향을 조사하고 있다. 여기서는 합병제의, 공개매수제의, MBO 및 LBO 거래, 사업부문의 처분 및 기업분가 등 기업거래의 발표가 관련 기업의 주가에 미치는 영향을 검토하기로 한다.

기업의 합병, 인수관련 거래의 발표와 주가변화의 관계를 조사한 연구는 엄청나게 많다.[40] 그 일부를 〈표 15-9〉와 〈표 15-10〉에 정리하였다. 〈표 15-9〉는 목표기업의 주가변화를, 〈표 15-10〉은 제의기업의 주가변화를 보여주고 있다. 프랭크스와 해리스(J.R. Franks and R.S. Harris)는 영국에서 이루어진 기업인수를 대상으로 하고 있고, 그 외 도드(P. Dodd), 브래들리(M. Bradley) 등의 연구는 미국에서 이루어진 기업인수를 조사한 것이다.[41]

두 표의 내용을 요약하면 다음과 같다. 첫째, 합병, 인수관련 거래에 있어서 제의기업(提議企業)보다는 목표기업의 주가가 크게 올라 기업거래에서 나오는 이득의 대부분이 목표

40) 이 분야의 실증연구에 대한 요약은 다음 문헌을 참조하기 바람. T.E. Copeland and J.F. Weston, *Financial Theory and Corporate Policy*(Addison Wesley, 1988)의 Chap. 20 : Mergers and Restructuring : Tests and Applications ; 김희석, 앞의 논문, 2~4장.

41) P. Dodd, "Merger Proposals, Management Discretion and Stockholder Wealth," *Journal of Financial Economics*, 8(1980), pp.105~138 ; M. Bradley, A. Desai, and E.H. Kim, "Specialized Resources and Competition in the Market for Corporate Control," *Working Paper*(Univ. of Michigan 1982) ; M. Bradley, A. Desai, and E.H. Kim, "Synergistic Gains from Corporate Acquisitions and their Division between the Stockholders of Target and Acquiring Firms," *Journal of Financial Economics*, 21(1988), pp.3~40 ; J.R. Franks and R.S. Harris, "Shareholder Wealth Effects of Corporate Takeovers : The U.K. Experience 1955~1985," *Journal of Financial Economics*, 23(1989), pp.225~249.

표 15-9 합병, 공개매수제의와 목표기업의 주가변화

연구자	거래유형	발표기간	발표 전 기간	발표 후 기간
도드 (1980)	합병	13.0% (−1*d*, 0*d*)	23.4% (−40*d*, 0*d*)	−2.0% (+1*d*, +40*d*)
브래들리 등 (1982)	공개매수 제의	16.1 (−1*d*, 0*d*)	22.9 (−20*d*, 0*d*)	8.9 (+1*d*, +20*d*)
브래들리 등 (1988)	공개매수 제의	17.0 (−1*d*, 0*d*)	24.6 (−20*d*, 0*d*)	6.7 (+1*d*, +80*d*)
프랭크스와 해리스 (1989)	합병	23.3 (0*m*)	29.7 (−4*m*, +1*m*)	−

주 : *d*는 날수(days)를, *m*은 달수(months)를 의미하고, 0은 발표가 난 날이나 달을 가리킴.

기업의 주주들에게 돌아가고 있다. 둘째, 목표기업의 주가는 발표기간 중 큰 폭으로 올라 합병, 인수에 관한 정보가 증권시장에서 사전에 예상하지 못한 경우가 많았다는 점이다. 셋째, 목표기업의 경우에도 발표 이후의 주가는 큰 변화가 없는 것으로 나타나고 있다. 그러나 발표 이후 기업인수가 성사되지 못한 경우에는 하락하는 경우가 많다. 넷째, 일부 연구에서 합병 및 공개매수제의(公開買收提議) 거래의 발표 시 제의기업의 주가가 소폭 올랐으나, 대부분의 경우 제의기업의 주가는 별로 영향을 받지 않았다.

표 15-10 합병, 공개매수제의와 제의기업의 주가변화

연구자	거래유형	발표기간	발표 전 기간	발표 후 기간
도드 (1980)	합병	−1.2% (−1*d*, 0*d*)	5.4% (−40*d*, 0*d*)	−0.2% (+1*d*, +40*d*)
브래들리 등 (1982)	공개매수 제의	0.9 (−1*d*, 0*d*)	2.9 (−20*d*, 0*d*)	0.6 (+1*d*, +20*d*)
브래들리 등 (1988)	공개매수 제의	0.3 (−1*d*, 0*d*)	1.8 (−20*d*, 0*d*)	−0.4 (+1*d*, +80*d*)
프랭크스와 해리스 (1989)	합병	1.0 (0*m*)	7.9 (−4*m*, +1*m*)	−

주 : *d*는 날수(days)를, *m*은 달수(months)를 의미하고, 0은 발표가 난 날이나 달을 가리킴.

한편, 하나의 목표기업을 두고 다수의 기업이 인수경쟁을 벌일 경우가 있는데, 이때는 당연히 인수대가가 비싸게 먹힌다. 따라서 특정의 목표기업에 대하여 인수를 시도하는 기업의 수가 하나인 경우보다는 다수인 경우에, 목표기업의 주가는 더 큰 폭으로 오르게 된다. [그림 15-3]은 인수를 시도하고 있는 기업이 하나인 경우와 둘인 경우로 나누어 목표기업의 주가변화를 보여주고 있다.

| 그림 **15-3** | 인수경쟁과 목표기업의 주가변화

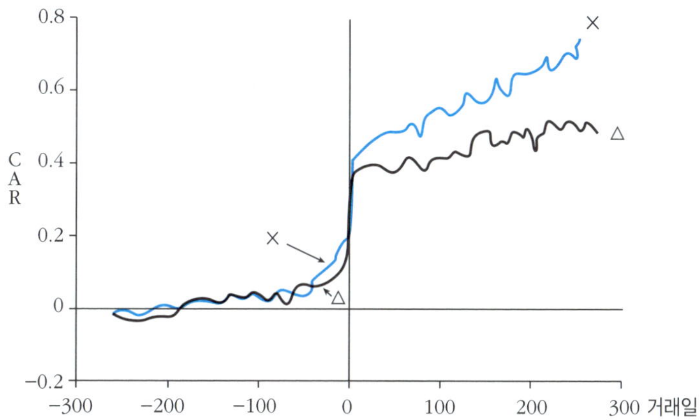

〈기호〉
△ : 인수시도 기업이 하나인 경우 × : 인수시도 기업이 둘인 경우

자료 : A. Michel and I. Shaked, "Corporate Takeovers : Excess Returns and the Multiple Bidding Phenomena," *Journal of Business Finance and Accounting*(Summer 1988), p. 267.

기업구조재편성과 관련된 거래의 발표가 주가에 미치는 영향을 조사한 연구도 매우 많은데, MBO의 대상이 된 기업 또는 사업부문의 처분이나 기업분할을 실행하는 기업의 주가변화를 〈표 15-11〉에 요약하였다.[42)]

42) H. DeAngelo, L. DeAngelo, and E.M. Rice, "Going Private : Minority Freezeouts and Stockholder Wealth," *Working Paper*(Univ. of Rochester, N.Y., 1982); K. Schipper and A. Smith, "Effects of Recontracting on Shareholder Wealth : The Case of Voluntary Spinoffs," *Journal of Financial Economics*(December 1983), pp. 437~467; S.C. Linn and M.S. Rozeff, "The Effects of Voluntary Divestiture on Stock Prices : Sales of Subsidiary," *Unpublished Paper*(Univ. of Iowa, 1984); G.L. Hite, J.E. Owers, and R.C. Rogers, "The Market for Interim Asset Sales : Partial Sell-offs and Total Liquidations," *Journal of Financial Economics*, 18(1987), pp. 229~252; L.T. Cheng and W.N. Davidson, "Reinterpretation of the Shareholder Gains in Selloff Transactions," *Journal of Business Finance and Accounting*(June 1993), pp. 599~611; M.B. Slovin, M.E. Sushka, and S.R. Ferraro, "A

표 15-11 사업구조 재편성 거래의 발표와 주가변화

연구자	거래유형	발표기간	발표 전 기간	발표 후 기간
데안젤로 등 (1982)	MBO	22.3% (−1*d*, 0*d*)	30.4% (−40*d*, 0*d*)	−1.9% (+1*d*, +40*d*)
쉬퍼와 스미스 (1983)	회사분할	2.8 (−1*d*, 0*d*)	2.1 (−40*d*, 0*d*)	−2.0 (+1*d*, +40*d*)
린과 로제프 (1984)	사업부문처분	1.5 (−1*d*, 0*d*)	5.4 (−40*d*, 0*d*)	0.6 (+1*d*, +40*d*)
하이트 등 (1987)	사업부문처분	1.7 (−1*d*, 0*d*)	4.7 (−50*d*, 0*d*)	2.2 (=1*d*, +50*d*)
하이트 등 (1987)	완전청산	12.2 (−1*d*, 0*d*)	18.2 (−50*d*, 0*d*)	−2.1 (+1*d*, +50*d*)
쳉과 데이비드슨 (1993)	사업부문처분	0.56 (−1*d*, +1*d*)	3.86 (−90*d*, −2*d*)	−0.86 (+2*d*, +90*d*)
슬로빈 등 (1995)	사업부문처분	1.70 (0*d*, +1*d*)	0.98 (−10*d*, −1*d*)	−0.20 (+2*d*, +11*d*)
슬로빈 등 (1995)	회사분할	1.32 (0*d*, +1*d*)	0.67 (−10*d*, −1*d*)	−1.65 (+2*d*, +11*d*)

주 : *d*는 날수(days)를 의미하고, 0은 발표가 난 날을 가리킴.

첫째, 재편성거래 중 개인기업화를 가져오는 MBO의 목표가 된 기업의 주가가 큰 폭으로 상승하고 있다. 둘째, 기업분가 및 사업부문처분의 경우에는 실행기업의 주가가 소폭 오르고 있으나, 발표기간 중의 초과수익률은 통계적 의미가 강하다. 셋째, 기업을 자발적으로 완전청산하는 경우에는 주가가 크게 상승하고 있다.

2. 경영성과의 분석

합병을 실행한 기업의 합병 후의 경영성과를 분석한 연구는 드물다. 영국기업을 대상으로 연구한 미크스(G. Meeks)는 합병 후 7년간에 걸쳐 수익성지표의 변화를 조사하였다.[43)]

Comparision of the Information Conveyed by Equity Carve-outs, Spin-offs, and Asset Sell-offs," *Journal of Financial Economics* 37(1995), pp.89~104.

43) G. Meeks, *Disappointing Marriage : A Study of the Gains from Merger*(Cambridge Univ. Press,

이 연구에서는 수익성지표가 합병 후 계속 하락하는 것으로 나타났다. 그러나 벨기에, 독일, 미국, 영국 등 7개국에서 이루어진 합병을 검토한 무엘러(D. C. Mueller)는 합병을 실행한 기업의 수익성에 일관된 변화는 없다고 발표하였다.[44)]

힐리(P.M. Healey) 등은 1974~1984년 기간 중 미국에서 이루어진 50건의 대규모 합병을 대상으로 합병 이후의 경영성과를 조사한 바 있다.[45)] 이들이 사용한 성과지표는 세전영업현금흐름(즉, 영업이익+감가상각비+영업권상각액)을 연도 초의 지분 및 부채의 시장가치로 나눈 영업현금흐름수익률(operating cash flow returns)이다. 합병 전의 영업현금흐름수익률은 두 기업의 영업현금흐름수익률을 두 기업의 시장가치로 가중평균함으로써 측정되었다. 분석결과 합병 후의 영업현금흐름수익률은 합병 전에 비하여 연평균 2.8% 상승한 것으로 나타났다. 이 연구에서는 합병 후 현금흐름이 개선된 것이 자본지출이나 R&D투자 등 장기적 성장 및 생존(生存)에 필요한 지출을 감소시킴으로써 나온 것이 아니고, 합병 이후에 자산의 효율적인 활용으로 인한 생산성증가에 기인한다고 밝히고 있다.

랑(L.H. Lang) 등은 공개매수제의와 관련 공개매수를 실행한 전후로 목표기업과 제의기업의 경영성과를 조사한 바 있다.[46)] 이들이 성과지표로 이용한 것은 토빈(J. Tobin)이 제시한 q비율이다. q비율은 「기업의 시장가치/자산의 대체원가」로 측정되는데, 현재 및 예상 경영성과가 q비율을 결정하게 된다. 이들은 목표기업과 제의기업의 q비율을 공개매수가 이루어진 연도를 기준으로 5년 이전부터 5년 이후까지 조사하였다. 그 결과 목표기업의 q비율은 5년 전의 1.20에서 공개매수연도에는 0.96으로 감소하였다가, 5년 후에는 1.03으로 상승하는 것으로 나타났다. 그리고 제의기업의 q비율은 5년 전의 0.97에서 공개매수연도에는 0.80이었으며, 5년 후에도 0.80으로 변화가 없는 것으로 나타나고 있다. 이 연구에서는 q비율이 높은 기업이 q비율이 낮은 기업을 매수하였을 때, 기업인수의 효과가 가장 크다는 사실도 발견하였다.

MBO는 주식을 소수의 경영자나 투자자에게 집중시키므로 소유구조에 큰 변화를 가져오게 되며, 소유자와 경영자의 이해관계가 일치하게 되어 경영자의 특권적 소비(特權的 消費)가 줄어든다. 또한 경영자는 부채상환을 위해 낭비적인 투자지출 등 불필요한 자원의 낭

1977).

44) D.C. Mueller, "A Cross-National Comparison of Results," in D.C. Muller ed., *The Determinants and Effects of Merger*(Oelgeschlager, Gunn & Hain, 1980), pp. 299~314.

45) P.M. Healey, K.G. Palepu, and R.S. Ruback, "Does Corporate Performance Improve after Merger?" *Journal of Financial Economics*(April 1992), pp. 135~175.

46) L.H. Lang, R.M. Stultz, and R.A. Walking, "Managerial Performance, Tobin's Q, and the Gains from Successful Tender Offer," *Journal of Financial Economics*, 24(1989), pp. 137~154.

비를 줄이고, 현금흐름의 개선을 위해 더 노력할 것이다. 그러므로 MBO에 의해 대리비용이 감소되고 경영자가 더 열심히 일할 수 있는 유인을 갖게 된다면, 경영성과가 개선될 가능성이 높다.

재무정보는 MBO대상기업의 경영성과 변화를 측정하는 데 이용될 수 있다. 이 분야의 연구는 카플란(S. Kaplan) 및 스미스(A.J. Smith)에 의하여 수행된 바 있다.[47] 카플란의 연구에서는 성과지표로서 「감가상각비차감전 영업이익/자산총계」(OI/TA), 「순영업현금흐름(영업이익-자본지출)/자산총계」(OCF/TA), 「자본지출/자산총계」(CE/TA)의 세 가지가 이용되었다. 스미스의 연구에서는 성과지표로서 현금 및 유가증권의 증가액을 영업자산(유동자산+유형고정자산)으로 나눈 비율(CF/OA) 및 현금흐름을 종업원수로 나눈 비율(CF/NE)의 두 가지가 이용되었다. 이들은 MBO가 행하여지기 1년 전을 기준으로 각 성과지표의 변화율을 측정하고 있으며, 산업이 미치는 영향을 조정하였다. 결과는 〈표 15-12〉와 같이 요약된다.

〈표 15-12〉로부터는 MBO 이후에 영업이익 및 현금흐름이 개선된 것과, 종업원 1인당 현금흐름도 증가한 것을 볼 수 있다. 그리고 투자지출은 상당히 감소한 것으로 나타났는데, 이는 경영자의 낭비적인 투자지출이 줄어든 것이므로 경영성과의 개선으로 해석된다. 따라서 두 연구는 MBO가 대상기업의 경영성과 개선에 도움이 된다는 증거를 제시하고 있다.

LBO의 경우에도 특정기업이 소수의 주주에게 인수된 이후 경영성과가 평균적으로 개선된 것으로 연구결과가 제시되고 있다. 오플러(T. Opler)는 미국에서 1985~1989 기간 중

표 15-12 MBO 대상기업의 경영성과 변화

연구자	성과지표	−3~−1	−2~−1	−1~+1	−1~+2	−1~+3
카플란(1989)	ΔOI/TA(%)	−	5.0	16.6	36.1	21.3
	ΔOCF/TA(%)	−	4.3	50.5	85.4	64.3
	ΔCE/TA(%)	−	−3.5	−6.1	−5.7	−19.3
스미스(1990)	ΔCF/OA(%)	3.3	3.3	4.3	5.9	−
	ΔCF/NE($)	514.0	−103.0	2,588.0	948.0	−

47) S. Kaplan, "The Effects of Management Buyout on Operating Performance and Value," *Journal of Financial Economics*, 24(1989), pp. 217~254; A.J. Smith, "Corporate Ownership Structure and Performance : The Case of Management Buyout," *Journal of Financial Economics*, 27(1990), pp. 143~164.

에 완료된 44건의 비공개기업화 거래를 표본으로 LBO가 기업의 경영성과에 미친 효과를 분석하였다.[48] 주요 결과는 다음과 같이 요약되고 있다.

- LBO가 일어난 시점을 *T*년도라 할 때, *T*+2년도의 매출액영업이익률(영업이익/매출액)은 *T*−1년도에 비하여 16.5%가 증가하였다. 업종의 추세를 조정한 경우에도 매출액영업이익률은 같은 기간 중 11.6% 증가하였다.
- *T*+2년도의 종업원 1인당 영업활동으로 인한 현금흐름은 *T*−1년도에 비하여 31.3% 증가하였으며, 업종의 추세를 조정한 후에는 증가율이 40.3%로 나타났다.
- 이 기간 중 영업현금흐름에서 자본지출(설비투자액)을 차감한 순현금흐름은 80.7%나 증가하였다.
- 이 기간 중 자본지출액은 28.1% 감소하고 법인세비용은 무려 89.1%나 감소하였으나, 연구개발(R&D) 지출액은 LBO에 의하여 별 영향을 받지 않는 것으로 나타났다.

연 습 문 제

01 다음 용어를 설명하라.

① 수평적 합병	② 복합적 합병
③ 공개매수제의	④ 회사분할
⑤ LBO	⑥ MBO
⑦ 수익가치	⑧ 상대가치
⑨ 합병비율	⑩ 의결권대리행사권유

02 합병과 인수의 유형과 동기에 대하여 설명하라.

03 기업구조의 재편성에 속하는 거래의 유형과 동기에 대하여 설명하라.

04 인수대상기업의 가치는 어떻게 평가할 수 있는가? 평가의 기본원칙을 설명하고 구체적인 방법을 제시하라.

05 현행 관련 법과 규정을 적용하여 주권상장법인 간의 합병, 주권상장법인과 주권비상장법인 간의 합병에 있어 합병가액을 산출하는 방법을 설명하라.

---

48) T.C. Opler, "Operating Performance in Leveraged Buyouts : Evidence from 1985~1989," *Financial Management*(Spring 1992), pp. 27~34.

06 인수대상기업의 재무적 특성은 무엇인가? 재무정보는 인수대상후보기업을 선정하는 데 어떻게 이용될 수 있나? 설명하여 보라.

07 기업인수거래에 대한 규제와 관련하여 규제를 반대하는 주장과 규제를 옹호하는 주장이 맞서고 있다. 각 주장의 근거는 무엇인가? 또 각 주장의 타당성은 어떻게 검증할 수 있는가? 설명하여 보라.

08 A사가 B사를 흡수합병하였다. 합병비율은 B사 주식 2주에 대하여 A사 주식 1주를 교부하므로 1 : 0.5로 결정되었다. 합병 이전에 각 사의 세후순이익과 발행주식수는 다음과 같다.

	A사	B사
세후순이익	200,000백만 원	100,000백만 원
발행주식수	100,000,000주	50,000,000주

① 두 회사가 결합한 직후의 결합된 회사의 주당순이익을 계산하라. 시너지효과는 없다고 가정한다.

② 합병비율이 B사 주식 5주에 대하여 A사 주식 1주를 교부하는 1 : 0.2라면 결합된 회사의 주당순이익은 얼마인가?

09 목표기업인 K사의 향후 10년간 연간 여유현금흐름은 10,000백만 원으로 예상되며, 그 이후에는 연 10%의 증가율로 무한히 성장할 것으로 전망된다. 이 회사의 현금흐름에 적용될 할인율(자본비용)은 연 15%이다. K사를 합병할 경우 시너지효과로 얻게 되는 이득은 현재가치로 80,000백만 원으로 평가된다. 목표기업 K사의 발행주식수는 10,000,000주이고, 현재주가는 10,000원이다. 현재 K사는 부채가 없다. K사를 인수한다고 할 경우 협상 시 제시할 수 있는 최저가액과 최대가액을 제시하여 보라.

연습문제 풀이 및 해답

제 Ⅰ 편 경영분석의 개요

제1장 경영분석의 개요

생략

제 Ⅱ 편 경영분석의 기본개념 및 분석기법

제2장 비율분석의 기초

생략

제3장 비율분석의 실제

3-1~3-5. : 생략

3-6. 각 수치를 구하는 순서와 근거는 다음과 같다(단위 : 백만 원).

- 매입채무 : $\text{부채비율} = \dfrac{\text{매입채무}}{\text{자기자본}}$, $\dfrac{\text{매입채무}}{30{,}000} = 1.5$에서

  매입채무 = 45,000
- 부채와 자본총계(=자산총계) : 45,000 + 10,000 + 20,000 = 75,000
- 매출액 : $\text{총자산회전율} = \dfrac{\text{매출액}}{\text{총자산}}$, $\dfrac{\text{매출액}}{75{,}000} = 1.5$에서

  매출액 = 75,000 × 1.5 = 112,500
- 매출원가 : 매출액 × 매출원가율 = 매출액 × (1 − 매출액총이익률)

  = 112,500 × 0.75 = 84,375
- 매출채권 : $\text{매출채권평균회수기간} = \dfrac{\text{매출채권}}{\text{1일평균매출액}}$

  $\text{1일평균매출액(365일 기준)} = \dfrac{112{,}500}{365} = 308$

$$매출채권 = 308 \times 20 = 6,160$$

• 현금 : $당좌비율 = \frac{당좌자산}{유동부채} = \frac{현금 + 매출채권}{매입채무}$

$$\frac{현금 + 6,160}{45,000} = 0.4에서\ 현금 = 45,000 \times 0.4 - 6,160 = 11,840$$

• 재고자산 : $재고자산회전율 = \frac{매출원가}{재고자산}$, $\frac{84,375}{재고자산} = 5에서$

$$재고자산 = \frac{84,375}{5} = 16,875$$

• 유형자산 : 자산총계 − (현금 + 매출채권 + 재고자산)

= 75,000 − (11,840 + 6,160 + 16,875) = 40,125

3-7.

① G사의 재무비율과 업종평균비율의 비교

	G사	업종평균비율	비고
유동비율(유동자산/유동부채)	350%	310%	양호
부채총계/자산총계	46%	45%	유사
이자보상비율(영업이익/이자비용)	3.1배	5.8배	불량
재고자산회전율(매출원가/재고자산)	2.1회	6.2회	불량
매출채권평균회수기간(365/매출채권회전율)	50일	46일	약간불량
매출액순이익률(당기순이익/매출액)	2.2%	2.8%	약간불량
총자산순이익률(당기순이익/자산총계)	3.5%	8.6%	불량
자기자본순이익률(당기순이익/자본총계)	6.4%	10.2%	불량

② 이 가구회사의 단기적인 유동성은 업종평균보다 약간 양호하며, 정태적으로 본 장기지급능력(부채비율)은 업종평균과 유사하다. 그러나 수익성의 저하로 인하여 동태적으로 본 장기지급능력(이자보상비율)은 업종평균에 비하여 불량하다. 수익성은 업종평균에 크게 미달하고 있는데 이는 재고자산에 대한 과대한 투자에서 비롯된 것으로 판단되고 있다. 따라서 재고자산의 효율적인 관리로 재고관련 비용을 절감하고, 단기부채규모를 줄이는 동시에 적극적인 마케팅으로 매출의 신장을 기하는 것이 바람직하다.

3-8.

① 20×1~20×3년간 M사의 재무비율과 업종평균재무비율은 다음과 같다. 그래프는 생략하였다.

	20×1	20×2	20×3	업종평균비율(20×3)
당좌비율(%)	191.4	94.8	70.2	100.0
유동비율(%)	389.0	242.2	195.4	270.0
재고자산회전율(회)	6.7	4.5	2.8	7.0
매출채권평균회수기간(일)	35.4	37.4	55.1	32.0
비유동자산회전율(회)	11.2	10.4	12.4	13.0
총자산회전율(회)	3.1	2.5	1.9	2.6
총자산영업이익률(%)	28.5	20.1	18.9	14.0
자기자본순이익률(%)	24.3	14.5	8.2	18.0
자기자본비율(%)	58.7	50.9	39.2	50.0
매출액순이익률(%)	4.6	2.9	1.7	3.5
주가이익비율(PER)(배)	5.9	4.6	4.1	6.0

② M사의 강점 : 다른 회사에 비하여 이 회사가 가진 유일한 강점은 총자산영업이익률을 통해 알 수 있는 바와 같이 원가관리가 잘 되어 있다는 것이다. 그러나 최근의 상황을 보면 이 비율도 급격히 하락하고 있어 원가관리상의 강점도 급격히 악화되고 있는 것으로 나타나고 있다. 비유동자산회전율은 업종평균에 약간 미달하지만 유형자산과 투자자산 등 비유동자산은 어느 정도 효율적으로 운용되는 것으로 보인다.

M사의 약점 : 유동성비율, 레버리지비율, 수익성비율, 활동성비율 등으로 볼 때 이 회사의 경영성과와 재무상태가 최근 들어 급속히 악화되어 가고 있다. 특히 유동자산 중 재고자산과 매출채권의 급증으로 인하여 운전자본에 대한 소요가 증가하고 수익성과 재무구조가 악화되고 있다. 이와 같은 경영내용의 악화로 인하여 주가가 최근 들어 급격하게 떨어졌으며 PER도 하락하고 있다. 이 회사의 매출액이 최근 거의 정체상태에 있는 것으로 미루어보아 회사가 취급하는 제품계열(product line)에도 문제가 있는 것 같다. 과도한 금융비용부담으로 인하여 수익성이 악화되고 있으므로 시급한 개선이 요구된다.

3-9.

① 주요 재무비율의 비교

재무비율	비율산식	H텔레텍(H)	C컴퓨터(C)	평가의견
유동비율(%)	유동자산/유동부채	260.07	855.42	C사 양호
부채비율(%)	부채총계/자본총계	150.47	25.44	C사 양호
비유동장기적합률(%)	비유동자산/(비유동부채+자본총계)	43.32	42.89	유사
이자보상비율(배)	영업이익/이자비용	0.50	1.59	C사 양호
매출액순이익률(%)	당기순이익/매출액	3.05	7.48	C사 양호
금융비용부담률(%)	이자비용/매출액	10.50	3.11	C사 양호
총자산회전율(회)	매출액/자산총계	0.43	1.03	C사 양호
매출채권회전율(회)(A)	매출액/매출채권	2.05	9.78	C사 양호
재고자산회전율(회)(B)	매출원가/재고자산	1.60	3.47	C사 양호
매입채무회전율(회)(C)	매출원가/매입채무	8.77	18.49	C사 지급속도 빠름

② H텔레텍이 도산하였다. 이 회사의 유동비율, 부채비율, 비유동장기적합률, 이자보상비율, 매출액순이익률 등은 재무내용이 매우 좋은 C컴퓨터에 비하여는 저조하지만 그 자체로 아주 나쁜 수준은 아니어서 이들 재무비율로는 도산가능성을 판단하기는 어렵다. 그러나 10%가 넘는 금융비용부담률과 매우 저조한 활동성지표는 이 회사가 매우 어려운 곤경에 처해 있다는 것을 잘 보여주고 있다.

③ 주가이익비율(PER)과 주가순자산비율(PBR)을 비교하면 다음과 같다. .

	H텔레텍	C컴퓨터
PER(주가/주당순이익)	29.59배	4.75배
PBR(주가/주당순자산)	1.01배	1.47배

제4장 비율분석의 보완

4-1~4-4. : 생략

4-5.

① 동양정밀과 업종의 주요 재무비율을 비교하면 다음 표와 같다.

재무비율	동양정밀	업종	비고
유동비율(%)	123.70	114.97	약간 양호
부채비율(%)	468.38	252.62	불량
자기자본비율(%)	17.59	28.36	불량
이자보상비율(배)	0.57	1.60	불량
비유동장기적합률	56.10	89.40	양호
매출채권회전율(회)	3.42	5.93	불량
재고자산회전율(회)	1.05	4.16	매우 불량
유형자산회전율(회)	5.17	2.85	양호
총자산회전율(회)	0.58	1.01	불량
총자산순이익률(%)	−1.94	1.67	매우 불량
매출액순이익률(%)	−3.34	1.65	매우 불량
금융비용부담률(%)	19.01	5.27	매우 불량

- 당시 동양정밀이 부실화된 사유는 두 가지로 요약된다. 첫째, 주제품인 통신기기, 컴퓨터 및 주변기기의 매출부진으로 인하여 재고가 누적되고 판매대금의 회수가 부진하였다는 점이다. 둘째, 노사분규 및 매출부진에 의한 자금압박을 대규모의 차입금에 의존하여 금융비용부담이 급증하고 재무구조가 극도로 악화되었다는 점이다.
- 이와 같은 내용은 부채비율, 이자보상비율 등의 레버리지비율, 매출채권회전율, 재고자산회전율, 총자산회전율 등의 활동성비율, 총자산순이익률, 매출액순이익률, 금융비용부담률 등의 수익성비율에서 확인할 수 있다.
- 한 가지 주의할 점은 유동비율의 상승이 반드시 단기지급능력의 개선을 의미하지 않는다는 점이다. 즉, 재고누적, 판매대금회수지연 등에 의한 유동자산의 증가는 자금사정을 악화시킬 수 있기 때문이다.

② 지수법으로 동양정밀을 업종과 비교하여 종합평가하면 다음 표와 같다.

재무비율	동양정밀(A)	업종(B)	관계비율(C=A/B)	가중치(D)	평점(C×D)
유동비율(%)	123.70	114.97	1.076	10	10.76
부채비율(%)	468.38	252.62	0.539	15	8.09
이자보상비율(배)	0.57	1.60	0.356	10	3.56
비유동장기적합률(%)	56.10	89.40	0.627	10	6.27
매출채권회전율(회)	3.42	5.93	0.577	10	5.77
재고자산회전율(회)	1.05	4.16	0.251	10	2.51
유형자산회전율(회)	5.17	2.85	1.814	15	27.21
총자산순이익률(%)	−1.94	1.67	−1.161	20	−23.22
합계				100	40.96

주 : 부채비율, 비유동장기적합률의 관계비율은 B/A로 계산함.

• 평가 : 업종평균점수가 100인 데 비해 동양정밀은 40.96점을 얻고 있는데, 이는 저조한 수익성과 매출부진에 의한 재고누적에 주로 기인한다.

4-6.

1) 브리체트의 지수모형 중 사채권자 모형을 적용하여 삼성전자의 장기지급능력을 애플과 비교하여 평가한 결과는 다음 표와 같다.

재무비율	삼성전자(A)	애플(B)	관계비율(C=A/B)	가중치(D)	평점(C×D)
유동비율(%)	247.58	107.46	2.30	3	6.91
당좌자산/유동자산(%)	74.01	45.40	1.63	3	4.89
매출채권/재고자산(%)	98.38	399.36	0.25	3	0.74
부채비율(%)	39.92	456.35	11.43	20	228.62
재고자산회전율(회)	6.76	55.60	0.12	4	0.49
매출채권회전율(회)	6.87	13.92	0.49	4	1.97
총자산회전율(회)	0.66	1.04	0.63	20	12.58
이자보상비율(배)	119.65	37.92	3.16	30	94.66
매출액순이익률(%)	14.27	25.88	0.55	8	4.41
총자산순이익률(%)	9.35	26.97	0.35	5	1.73
합계				100	357.00

2) 삼성전자의 종합점수는 357.00점으로 애플의 점수 100점에 비하여 상당히 높다. 이는 삼성전자의 회전율과 순이익률이 다소 낮지만, 유동비율, 당좌자산/유동자산, 이자보상비율이 애플에 비해 높고 특히, 부채비율에서 큰 차이가 나는 데 원인이 있다.

제5장 자금흐름분석

5-1~5-4. : 생략

5-5.

① 현금회수예측 (단위 : 천 원)

	20×3.10.	11.	12.	20×4.1.	2.	3.	4.	5.	6.
총매출액	300,000	350,000	400,000	150,000	200,000	200,000	300,000	250,000	200,000
회수액									
판매된 달(25%)	75,000	87,500	100,000	37,500	50,000	50,000	75,000	62,500	50,000
둘째 달(잔액의 60%)		135,000	157,500	180,000	67,500	90,000	90,000	135,000	112,500
셋째 달(잔액의 30%)			67,500	78,750	90,000	33,750	45,000	45,000	67,500
넷째 달(잔액의 10%)				22,500	26,250	30,000	11,250	15,000	15,000
총현금회수액	75,000	222,500	325,000	318,750	233,750	203,750	221,250	257,500	245,000

② 현금예산 (단위 : 천 원)

	20×4.1.	2.	3.	4.	5.	6.	합계
월초현금잔액	100,000	226,750	258,500	162,750	102,000	137,300	100,000
가산 : 현금수입							
총현금회수액	318,750	233,750	203,750	221,250	257,500	245,000	1,480,000
총가용현금	418,750	460,500	462,250	384,000	359,500	382,300	1,580,000
차감 : 현금지출							
상품구매	160,000	160,000	240,000	200,000	160,000	240,000	1,160,000
급료와 노임	30,000	40,000	50,000	50,000	40,000	35,000	245,000
임차료	2,000	2,000	2,000	2,000	2,000	2,000	12,000
지급이자			7,500			7,500	15,000
부가가치세				50,000			50,000
설비투자						30,000	30,000
총현금지출액	192,000	202,000	299,500	302,000	202,000	314,500	1,512,000
잠정현금잔액	226,750	258,500	162,750	82,000	157,500	67,800	68,000
최저현금보유액	100,000	100,000	100,000	100,000	100,000	100,000	
은행차입	0	0	0	20,000	0	35,000	55,000
차입금상환	0	0	0	0	20,000	0	20,000
이자지급	0	0	0	0	200	0	200
월말현금잔액	226,750	258,500	162,750	102,000	137,300	102,800	102,800
은행차입금잔액	0	0	0	20,000	0	35,000	

주 : 1) 5월 말 지급이자 = 20,000 × 0.06 × 2/12 = 200천 원(4월 초 차입, 5월 말 상환).

5-6.

① 현금예산작성

[표 1] 월별 현금회수예측 (단위 : 천 원)

항목	2월	3월	4월	5월	6월	7월	합계
매출액	400,000	500,000	1,000,000	600,000	600,000	400,000	3,500,000
현금회수액							
판매당월 : 10%	40,000	50,000	100,000	60,000	60,000	40,000	350,000
1개월 후 : 72%		288,000	360,000	720,000	432,000	432,000	2,232,000
2개월 후 : 18%			72,000	90,000	180,000	108,000	450,000
총회수액	40,000	338,000	532,000	870,000	672,000	580,000	3,032,000

* 6월 말 매출채권 : 600,000×0.18+600,000×0.9=648,000

[표 2] 비용추정자료(4~6월 중) (단위 : 천 원, %)

항목	비율(금액)	기준
매출원가	60%	매출액
감가상각비	4,000	월별
판매비와 관리비		
급료와 수당	20%	매출액
성과급	4%	매출액
관리비	80,000	

[표 3] 제품구입 및 현금지출예측(4~6월 중) (단위 : 천 원)

항목	4월	5월	6월	합계
당월매출원가(매출액×0.6)	600,000	360,000	360,000	1,320,000
당월구입액(차기매출액×0.6)	360,000	360,000	240,000	960,000
현금지출액	600,000	360,000	360,000	1,320,000

* 6월 말 매입채무 : 240,000

[표 4] 현금예산(20×2년 4월~20×2년 6월) (단위 : 천 원)

항목	4월	5월	6월	합계
Ⅰ. 월초현금잔액	42,000	40,000	40,240	42,000
Ⅱ. 현금유입액				
총회수액(표 1)	532,000	870,000	672,000	2,074,000
현금수입합계	532,000	870,000	672,000	2,074,000
Ⅲ. 총가용현금(Ⅰ+Ⅱ)	574,000	910,000	712,240	2,116,000
Ⅳ. 현금지출액				
매출원가(표 3)	600,000	360,000	360,000	1,320,000
급료와 수당	200,000	120,000	120,000	440,000
성과급	40,000	24,000	24,000	88,000
관리비	80,000	80,000	80,000	240,000
미지급금상환	80,000			80,000
현금지출합계	1,000,000	584,000	584,000	2,168,000
Ⅴ. 잠정현금잔액(Ⅲ−Ⅳ)	−426,000	326,000	128,240	−52,000
Ⅵ. 최저현금보유액	40,000	40,000	40,000	
은행차입	466,000			466,000
차입금상환		282,000	86,000	368,000
이자비용지급		3,760	1,720	5,480
Ⅶ. 기말현금잔액	40,000	40,240	40,520	40,520
Ⅷ. 차입금잔액	466,000	184,000	98,000	98,000

주 : 1) 5월 말 상환액(X)과 그 이자액은 다음과 같이 계산함.
$326,000-X-0.08\times2/12\times X=40,000$, $X=282,236.8$이므로 $X=282,000$.
이자비용$=282,000\times0.08\times2/12=3,760$.

2) 6월 말 상환액(X)과 그 이자액은 다음과 같이 계산함.
$128,240-X-0.08\times3/12\times X=40,000$, $X=86,509.8$이므로 $X=86,000$.
이자비용$=86,000\times0.08\times3/12=1,720$.

3) 6월 말 미지급이자비용$=98,000\times0.08\times3/12=1,960$

② 추정재무제표 작성

[표 5] 추정손익계산서(20×2년 4월~20×2년 6월) (단위 : 천 원)

항 목		금 액	비고
매출액		2,200,000	[표 1]
매출원가		1,320,000	[표 3]
매출총이익		880,000	
판매비와 관리비			
급료와 수당	440,000		[표 4]
성과급	88,000		[표 4]
관리비	240,000		[표 4]
감가상각비	12,000	780,000	[표 2]
영업이익		100,000	
금융비용			
이자비용		7,440	[표 4]
세전이익		92,560	
법인세비용(20%)		18,512	
당기순이익		74,048	

주 : 1) 이는 지급이자 5,480과 미지급이자 1,960의 합계임.

[표 6] 추정재무상태표 (단위 : 천 원)

항 목	20×2.3.31.	20×2.6.30.	비고
자산			
현금	42,000	40,520	[표 4]
상품재고	600,000	240,000	[표 3]
매출채권	522,000	648,000	[표 1]
유형자산(순)	300,000	288,000	[표 5]
자산총계	1,464,000	1,216,520	
부채와 자본			
매입채무	600,000	240,000	[표 3]
미지급이자	0	1,960	[표 4]
미지급금	80,000	0	[표 4]
미지급법인세	0	18,512	[표 5]
단기차입금	0	98,000	[표 5]
자본금	600,000	600,000	
이익잉여금	184,000	258,048	[표 5]
부채와 자본총계	1,464,000	1,216,520	

주 : 1) 유형자산은 감가상각누계액을 차감한 순액으로 계산함.

[표 7] 유동비율, 당좌비율, 부채비율 추이

재무비율	20×2.3.31.	20×2.6.30.	비고
유동비율	171.18	259.02	개선
당좌비율	82.94	192.07	개선
부채비율	86.73	41.78	개선

→ 하이센서의 유동성과 레버리지비율들이 기간 중 개선된 것을 알 수 있다.

5-7.

① 현금흐름표(20×4.1.1.~12.31.) (단위 : 억 원)

Ⅰ. 영업활동으로 인한 현금흐름		
1. 당기순이익	4	
2. 현금의 지출이 없는 비용 등의 가산		
가. 감가상각비	8	
3. 영업활동으로 인한 자산, 부채의 변동		
가. 매출채권의 증가	(15)	
나. 재고자산의 증가	(31)	
다. 선급비용의 증가	(2)	
라. 매입채무의 증가	25	
마. 미지급법인세의 증가	2	(9)
Ⅱ. 투자활동으로 인한 현금흐름		
1. 투자활동으로 인한 현금유출액		
가. 설비자산구입	(49)	(49)
Ⅲ. 재무활동으로 인한 현금흐름		
1. 재무활동으로 인한 현금유입액		
가. 장기차입금의 차입	40	
2. 재무활동으로 인한 현금유출액		
가. 배당금지급	(1)	39
Ⅳ. 현금의 감소		(19)

② 순운전자본(유동자산−유동부채)은 기간 중 27억 원에서 29억 원으로 2억 원 증가하였다. 그러나 매출채권 및 재고자산이 급증하여 현금흐름을 46억 원 감소시킨 것이 현금감소의 주요인이 되고 있다.

③ 1) 일정기간 중 자금조달의 원천과 자금의 사용처를 알 수 있다. 2) 영업활동으로 인한 현금흐름이 적자인 경우 부족한 자금을 어떻게 조달하는가를 보여준다. 3) 매출채권이나 재고자산 등 운전자본의 증가가 회사의 자금사정에 어떤 영향을 미치는가를 알 수 있다. 4) 여유현금흐름을 파악할 수 있게 해 준다. 5) 영업활동으로 시설투자 등

투자활동에 필요한 자금을 조달할 수 있는지에 관한 정보를 제공한다.

제6장 재무계획과 추정재무제표

생략

제7장 기업위험분석

7-1~7-5. : 생략

7-6.

① 손익계산서 (단위 : 천 원)

	60,000병		90,000병	
매출액		2,100,000		3,150,000
변동비	900,000		1,350,000	
고정비	160,000		160,000	
총비용		1,060,000		1,510,000
영업이익		1,040,000		1,640,000

② $Q(BEP) = \dfrac{FC}{P-V} = \dfrac{160,000,000}{35,000-15,000} = 8,000$병

$S(BEP) = 8,000 \times 35,000 = 280,000,000$원

③ $DOL = \dfrac{Q(P-V)}{Q(P-V)-FC}$

60,000병 : $DOL = \dfrac{60,000(35,000-15,000)}{60,000(35,000-15,000)-160,000,000} = 1.15$

90,000병: $DOL = \dfrac{90,000(35,000-15,000)}{90,000(35,000-15,000)-160,000,000} = 1.10$

④ $Q(BEP) = \dfrac{160,000,000}{40,000-15,000} = 6,400$병

$S(BEP) = 6,400 \times 40,000 = 256,000,000$원

손익분기점의 하락으로 회사의 안전여유(margin of safety)가 높아진다.

⑤ $Q(BEP) = \dfrac{160,000,000}{40,000-20,000} = 8,000$병

$S(BEP) = 8,000 \times 40,000 = 320,000,000$원

7-7.

① A) 보통주로 5억 원을 조달하는 경우의 EPS :

영업이익	200,000,000원
법인세(t=0.5)	100,000,000
세후순이익	100,000,000

$$EPS = \frac{\text{세후순이익}}{\text{발행주식수}} = \frac{100,000,000}{120,000} = 833\text{ 원}$$

B) 부채로 5억 원을 조달하는 경우의 EPS :

영업이익	200,000,000원	
지급이자	45,000,000	← 500,000,000 × 0.09 = 45,000,000
세전이익	155,000,000	
법인세(t=0.5)	77,500,000	
세후순이익	77,500,000	

$$EPS = \frac{\text{세후순이익}}{\text{발행주식수}} = \frac{77,500,000}{20,000} = 3,875\text{ 원}$$

② $DFL = \dfrac{OP}{OP - INT}$

$$= \frac{200,000,000}{200,000,000 - 45,000,000} = 1.29$$

제8장 재무제표의 한계와 분식회계

생략

제9장 경영환경, 산업 및 기업 분석

생략

제 Ⅲ 편 경영분석의 주요 과제 : 부실예측, 신용평가 및 여신결정

제10장 기업부실의 원인분석과 예측

10-1~10-6. : 생략

10-7.

① A) 수지비율(TE/OR)(%)

	정상기업	부실기업
평균	71.0	94.6
표준편차	17.5	3.4

B) 이자보상비율(TIE)(배)

	정상기업	부실기업
평균	2.49	−0.26
표준편차	1.65	0.59

② 수지비율과 이자보상비율의 순위

회사명	수지비율	실제상태	회사명	이자보상비율	실제상태
A	104.8	N	H	3.93	N
J	97.0	B	G	3.56	N
I	92.2	B	E	3.10	N
G	80.0	N	C	2.91	N
E	76.6	N	D	2.82	N
F	71.8	N	F	2.81	N
B	69.6	N	B	2.16	N
H	62.8	N	J	0.16	B
C	54.8	N	I	−0.68	B
D	47.4	N	A	−1.37	N

주 : N → 정상기업, B → 부실기업

각 비율별로 중간점에 의하여 최적절사점을 구해 보면 다음과 같다.

A) TE/OR(X)의 경우 : X가 다음 중간점을 초과하면 부실기업으로 예측

절사점	제1종 오류	제2종 오류	전체오류
X>100.9	2	1	3
X>94.6	1	1	2
X>86.1	0	1	1
X>78.3	0	2	2
X>74.2	0	3	3

주 : 제1종 오류 : 부실기업 → 정상기업, 제2종 오류 : 정상기업 → 부실기업

그러므로 최적절사점은 86.1%로서 TE/OR>86.1%이면 부실기업으로 판단한다. 이때 판별력은 90%이다.

B) TIE(Y)의 경우 : Y가 다음 중간점을 초과하면 정상기업으로 예측

절사점	제1종 오류	제2종 오류	전체오류
Y>−1.025	2	1	3
Y>−0.260	1	1	2
Y>1.160	0	1	1
Y>2.485	0	2	2
Y>2.815	0	3	3

주 : 제1종 오류 : 부실기업 → 정상기업, 제2종 오류 : 정상기업 → 부실기업

그러므로 최적절사점은 1.160배로서, TIE<1.160이면 부실기업으로 분류한다. 이때의 판별력도 역시 90%이다.

10-8.

① 비율분석

재무비율	계산식	SM특수강	철강업
유동비율(%)	유동자산/유동부채	99.55	102.67
당좌비율(%)	당좌자산/유동부채	55.42	71.76
자기자본비율(%)	자본총계/총자본	5.37	36.80
부채비율(%)	부채총계/자본총계	1,762.02	171.72
이자보상비율(배)	영업이익/이자비용	0.11	1.66
총자산순이익률(%)	당기순이익/총자산	−7.98	2.08
자기자본순이익률(%)	당기순이익/자본총계	−148.65	5.74
매출액영업이익률(%)	영업이익/매출액	1.97	8.36

매출액순이익률(%)	당기순이익/매출액	-14.24	2.88
금융비용부담률(%)	이자비용/매출액	17.27	3.15
총자산회전율(회)	매출액/총자산	0.56	0.72
비유동자산회전율(회)	매출액/비유동자산	1.34	1.13
매출채권회전율(회)	매출액/매출채권	2.68	5.72
재고자산회전율(회)	매출원가/재고자산	2.05	6.59
이익잉여금/총자산(%)		-11.91	11.72

- SM특수강은 철강업종 평균에 비하여 재무구조, 수익성, 활동성 등의 측면에서 대단히 취약한 모습을 보이고 있다. 특히, 부채비율, 이자보상비율, 총자산순이익률, 매출액순이익률, 총자산회전율 등 거의 모든 재무비율이 업종에 비하여 저조한 상태이다. 17.27%에 달하는 금융비용부담률은 이 회사가 이미 이자지급능력이 한계에 이르렀다는 것과 -11.91%에 달하는 이익잉여금/총자산의 비율은 결손의 누적으로 자본잠식 직전상황이라는 것을 말해주고 있다. 그러나 유동비율이나 당좌비율, 비유동자산회전율 등은 업종평균과 큰 차이가 나지 않거나 소폭 상회하여 부실예측에 별 도움이 안되는 것으로 판단된다. 참고로 이 회사는 취약한 재무구조를 개선하기 위하여 계열사정리 및 부동산처분, 사업부문의 처분 등 자구노력을 추진하였으나, 1997년 3월 19일에 결국 부도를 내고 법정관리를 신청하였다.

② A. *Z*-Score Model

재무변수	판별계수(A)	재무변수값(B)	A×B
순운전자본/총자산	1.2	-0.003	-0.003
이익잉여금/총자산	1.4	-0.119	-0.167
영업이익/총자산	3.3	0.011	0.036
지분시장가치/총부채	0.6	0.143	0.086
총자산회전율	1.0	0.561	0.561
Z-Score			0.513

B. *Z′*-Score Model

재무변수	판별계수(A)	재무변수값(B)	A×B
순운전자본/총자산	0.7	-0.003	-0.002
이익잉여금/총자산	0.8	-0.119	-0.095
영업이익/총자산	3.1	0.011	0.034
자본총계/총부채	0.4	0.057	0.023
총자산회전율	1.0	0.561	0.561
Z′-Score			0.521

따라서, Z-Score=0.513<1.81, Z'-Score=0.521<1.81이므로 이 회사는 부실가능성이 아주 높다고 판정한다.

③ A. $K1$-Score Model

재무변수	판별계수(A)	재무변수값(B)	A×B
Ln(총자산, 백만 원)	1.472	14.243	20.966
Ln(매출액/총자산)	3.041	−0.578	−1.759
이익잉여금/총자산	14.839	−0.119	−1.768
자본총계/총부채	1.516	0.057	0.086
상수항	−17.862	1.000	−17.862
$K1$-Score			−0.337

B. $K2$-Score Model

재무변수	판별계수(A)	재무변수값(B)	A×B
Ln(총자산, 백만 원)	1.501	14.243	21.379
Ln(매출액/총자산)	2.706	−0.578	−1.565
이익잉여금/총자산	19.76	−0.119	−2.354
지분시장가치/총부채	1.146	0.143	0.164
상수항	−18.696	1.000	−18.696
$K1$-Score			−1.072

$K1$-Score=−0.337, $K2$-Score=−1.072는 모두 판정유보에 속한다. 이런 결과가 나온 것은 이들 모형에 기업규모변수가 포함되어 있어 규모가 큰 기업일수록 높은 점수를 받도록 모형이 설계되어 있기 때문이다.

10-9.

① 비율분석

재무비율	YK		IC	
	19×8	19×9	19×8	19×9
매출액영업이익률(%)	7.87	7.05	8.62	3.90
매출액순이익률(%)	1.14	3.07	−3.45	−6.91
총자산순이익률(%)	0.92	2.43	−2.12	−6.69
금융비용부담률(%)	9.05	6.98	14.21	12.98
자기자본비율(%)	30.28	41.48	14.60	11.25
부채비율(%)	230.27	141.08	584.92	789.23
자본총계/부채총계(%)	43.43	70.88	17.10	12.67
총자산회전율(회)	0.81	0.79	0.62	0.97
이익잉여금/총자산(%)	3.11	5.66	0.00	0.00
영업현금흐름/총부채(%)	21.66	21.74	−12.86	−13.33

- YK의 경우 19×9년도의 수익성, 재무구조, 누적수익성 등이 전년에 비하여 개선되고 있으나, IC는 총자산회전율을 제외하고는 모든 지표가 전년에 비하여 악화되고 있어 부실화가 급속히 진행됨을 알 수 있다.

② *K*1-Score Model에 의한 부실판정(19×9년 재무변수 이용)

재무변수	판별계수(A)	재무변수(B)	A×B
Ln(총자산, 백만 원)	1.472	14.677	21.604
Ln(매출액/총자산)	3.041	−0.032	−0.098
이익잉여금/총자산	14.839	0.000	0.000
자본총계/총부채	1.516	0.127	0.192
상수항	−17.862	1.000	−17.862
*K*1-Score			3.837

- *K*1-Score=3.837>0.75이므로 부실가능성은 없다고 판정한다. 이런 결과가 나온 것은 역시 이 모형에 포함된 기업규모변수 때문이다.

제11장 채권의 신용평가와 수익률차분석

생략

제12장 여신결정과 신용위험평가

생략

제 Ⅳ 편 경영분석의 주요 과제 : 주식가치평가와 M&A

제13장 주가결정요인과 현금흐름평가모형

13-1~13-3. : 생략

13-4.

(식 13-16)의 지속적 성장률을 구하는 공식을 이용하여 구한다. 즉

$$SGR = b \times ROE = (1-\text{배당성향}) \times ROE = (1-0.4) \times 12\% = 0.6 \times 12\% = 7.2\%$$

13-5.

(식 13-18)의 CAPM을 이용한다. 즉,

$$k_{ei} = R_f + [E(R_m) - R_f] \times \beta_i$$
$$= 6\% + [14\% - 6\%] \times 0.75 = 6\% + 8\% \times 0.75 = 12\%$$

13-6.

배당금의 증가율과 예상주당배당금은 다음과 같다.

$$g = b \times ROE = 0.6 \times 12.5\% = 7.5\%$$
$$D_1 = EPS_1 \times (1 - b) = 2{,}500 \times (1 - 0.6) = 2{,}500 \times 0.4 = 1{,}000\text{원}$$

(식 13-7)을 이용하여 내재가치를 구한다. 즉,

$$P_0 = \frac{D_1}{k_e - g} = \frac{1{,}000}{0.11 - 0.075} = 28{,}571\text{원}$$

13-7.

(식 13-12)의 2기간 성장모형을 이용한다. D_1=1,920, g_1=20%, g_2=4%, k_e=9%, N=10을 대입한다.

$$P_0 = \frac{D_1}{k_e - g_1}\left[1 - \frac{(1+g_1)^N}{(1+k_e)^N}\right] + \frac{D_1(1+g_1)^{N-1}(1+g_2)}{(k_e - g_2)(1+k_e)^N}$$
$$= \frac{1{,}920}{0.09 - 0.20}\left[1 - \frac{(1+0.20)^{10}}{(1+0.09)^{10}}\right] + \frac{1{,}920(1+0.20)^{10-1}(1+0.04)}{(0.09-0.04)(1+0.09)^{10}}$$
$$= 28{,}197 + 87{,}042 = 115{,}239\text{원}$$

제14장 상대가치평가모형

14-1~14-3. : 생략

14-4.

(식 14-1)을 이용하여 D사의 주식가치를 먼저 추정하고 시가총액을 구하면 된다. 즉,

$$P_D = PER_C \times EPS_D = 3{,}000 \times 20 = 60{,}000\text{원}$$

시가총액 = 발행주식수 × 주가 = 1,000,000주 × 60,000원 = 60,000,000,000원
= 600억 원

14-5.

① 영업활동 기업가치(EV)와 EBITDA는 그 정의에 따라 구한다. 즉,

EV = [주식의 총시장가치 + 이자지급부채의 시장가치 − 현금과 예금, 장·단기금융상품 등 현금성자산의 가치]

EBITDA = (영업이익 + 감가상각비 + 무형자산상각비)

먼저, 2007년에 대하여 EV와 EBITDA를 구하면 다음과 같다. 단, 이자지급부채의 시장가치와 현금성자산의 시장가치는 장부상의 가치와 같다고 가정한다.

주식의 총시장가치 = 3,440,000주 × 140,000원 = 481,600백만 원

이자지급부채의 시장가치 = 단기차입금 = 22,085백만 원

현금성자산의 가치 = 현금 및 현금성자산 + 장기금융상품
= 38,339 + 2,841 = 41,180백만 원

∴ EV = 481,600 + 22,085 − 41,180 = 462,505백만 원

EBITDA = 58,667 + 18,206 + 1,251 = 78,124백만 원

그러므로 (식 14-5)에 의하여 EV/EBITDA를 구하면 다음과 같다.

EV/EBITDA(오뚜기, 2007) = 462,505/78,124 = 5.92배

같은 방법으로 나머지 연도에 대해서도 EV, EBITDA, EV/EBITDA를 구하면 표와 같다.

	2007	2008	2009(F)
EV			
총주식가치-①	481,600	495,360	522,880
부채가치-②	22,085	11,973	6,000
현금성자산가치-③	41,180	36,444	63,741
EV=①+②−③	462,505	470,889	465,139
EBITDA			
영업이익-④	58,667	71,157	72,000
감가상각비-⑤	18,206	17,217	19,000
무형자산상각비-⑥	1,251	1,661	1,000
EBITDA = ④+⑤+⑥	78,124	90,035	92,000
EV/EBITDA(배)	5.92	5.23	5.06

② (식 14-7)과 (식 14-8)에 설명된 바와 같이 오뚜기의 2010년 주가를 추정하는 절차는 「유사회사의 EV/EBITDA 평균치 구하기→오뚜기의 EBITDA 추정→오뚜기의 EV 추정→오뚜기의 총주식가치 추정→오뚜기의 주가 추정」과 같다. 이에 의하여 각 시나리오별로 주가를 추정하면 표와 같다.

	CASE 1	CASE 2
EV		
EBITDA-①	108,000	108,000
EV/EBITDA-②	6.8	6.8
EV-①×②	734,400	734,400
순이자지급부채가치		
이자지급부채가치-③	6,000	6,000
현금성자산가치-④	105,741	75,741
ND-(③-④)	-99,741	-69,741
투자자산가치		
기타투자자산(OIA)	90,259	0
총주식가치=[EV-ND+OIA]-⑤	924,400	804,141
주당주식가치		
발행주식수(주)-⑥	3,440,000	3,440,000
주당주식가치(원)-⑤/⑥	268,721	233,762
2009년 말 주가대비		
상승여력(%)	76.79	53.79

- 현금성자산 전체와 투자자산가치를 모두 포함하여 추정한 주당주식가치는 268,721원으로 2009년 말 주가 대비 76.79%의 상승여력이 있는 것으로 평가되며, 현금성자산가치 중 300억 원을 차감하고 투자자산가치를 제외하여 보수적으로 추정한 주당주식가치는 233,762원으로 2009년 말 주가 대비 53.79%의 상승여력이 있는 것으로 평가된다.

제15장 합병, 인수 및 기업구조의 재편성

15-1~15-7. : 생략

15-8.

① 두 회사가 결합된 직후 세후순이익은 300,000백만 원이 된다. 발행주식수는 125,000,000주로 늘어난다. 즉,

100,000,000주 + 50,000,000주 × 0.5 = 100,000,000주 + 25,000,000주 = 125,000,000주

그러므로 주당순이익은 300,000백만 원/125,000,000주 = 2,400원이다.

② 합병비율이 1 : 0.2인 경우에는 결합후 발행주식수는 110,000,000주로 늘어난다. 그러므로 결합후 주당순이익은 다음과 같다.

결합후 주당순이익 = 300,000백만 원/110,000,000주 = 2,727원

15-9.

먼저, K사의 향후 10년간 여유현금흐름에 대한 현재가치를 구한다.

향후 10년간 현금흐름의 현재가치 = 10,000백만 원 × 연금현가요소(할인율 15%)
= 10,000 × 5.019 = 50,190백만 원

단, 연금현가요소(할인율 15%)는 함수–재무–PV를 이용하여, =PV(15%, 10, −1, 0, 0)로 구한다.

10년 이후 발생하는 현금흐름은 연 10%로 성장하므로, 이들 현금흐름의 10년 말 잔여가치는 항상성장모형을 이용하여 구한다.

10년 이후 현금흐름의 10년 말 시점 잔여가치=10,000 × 1.10/(0.15−0.10)=220,000백만 원
10년 말 잔여가치의 현재가치=220,000/$(1+0.15)^{10}$=220,000 × 0.247=54,340백만 원

K사의 기업가치는 다음과 같다.

향후 10년간 현금흐름의 현재가치 + 10년 말 잔여가치의 현재가치
= 50,190 + 54,340 = 104,530백만 원

그러므로 목표기업에 대한 최대가액은 기업가치에 시너지효과를 더한 것과 같다. 즉,

최대가액 = 104,530 + 80,000 = 184,530백만 원

최저가액은 현재주가를 기준으로 평가한다. 즉,

최저가액 = 10,000,000주 × 10,000원 = 100,000,000,000원 = 100,000백만 원

찾아보기

[국문 찾아보기]

[영문 찾아보기]

B

C

D

E

F

Q

R

S

T

[저 자 약 력]

• 박 정 식

서울대학교 문리과대학 졸업
미국 플로리다 주립대학교 석사
미국 플로리다 주립대학교(경영학박사 : 재무관리)
중앙대학교 조교수 역임
미국 MIT대학 초빙교수
서울대학교 경영연구소 소장 역임
한국재무학회 회장 역임
전, 서울대학교 경영대학 교수

• 신 동 령

서울대학교 경영대학 경영학과 졸업
서울대학교 대학원 졸업(경영학박사 : 재무관리)
한국은행 조사 제2부 근무
미국 일리노이대학 초빙교수
현, 단국대학교 경영경제대학 경영학부 명예교수

• 양 철 원

서울대학교 경영학 학사
서울대학교 경영학 석사
서울대학교 경영학 박사(재무관리 전공)
현, 단국대학교 경영경제대학 경영학부 교수

• 김 류 미

서울대학교 자연대학 지구환경과학부 졸업
서울대학교 건설환경공학부 석사
서울대학교 경영대학 경영학박사(재무관리, 석박사통합과정)
서울대학교 증권금융연구소 객원연구원
현, 충북대학교 경영대학 경영학부 교수

제7판 경영분석

1989년 1월 20일 제1판 1쇄 발행
1992년 8월 15일 제2판 1쇄 발행
1997년 2월 25일 제3판 1쇄 발행
2002년 2월 25일 제4판 1쇄 발행
2010년 3월 15일 제5판 1쇄 발행
2016년 8월 30일 제6판 1쇄 발행
2023년 2월 25일 제7판 1쇄 인쇄
2023년 2월 28일 제7판 1쇄 발행

저 자 박정식 · 신동령 · 양철원 · 김류미
발행인 강 희 일 · 박 은 자

저자와의 협의에 의해 인지첩부를 생략합니다.

발행처 **다 산 출 판 사**

서울특별시 마포구 대흥로 6길 8
등 록 1979. 6. 5. 제 3-86호(윤)
전 화 717-3661~2
F A X 716-9945

정가 30,000원

파본은 바꾸어 드립니다.

http://www.dasanbooks.co.kr
ISBN 978-89-7110-635-8 93320